Thomas Bernauer, Staaten im Weltmarkt

Thomas Bernauer

Staaten im Weltmarkt

Zur Handlungsfähigkeit von Staaten
trotz wirtschaftlicher Globalisierung

Leske + Budrich, Opladen 2000

Gedruckt auf säurefreiem und alterungsbeständigem Papier.

Die Deutsche Bibliothek – CIP-Einheitsaufnahme

Bernauer, Thomas:
Staaten im Weltmarkt : zur Handlungsfähigkeit von Staaten trotz wirtschaftlicher
Globalisierung - Opladen : Leske + Budrich, 2000
ISBN 978-3-8100-2498-5   ISBN 978-3-322-95147-2 (eBook)
DOI 10.1007/978-3-322-95147-2

© 2000 Leske + Budrich, Opladen

Inhaltsverzeichnis

Vorwort 9

Einführung 13
    Staat und Markt 15
    Ende des Staates? 17
    Inhalt dieses Buches 19

Kapitel 1
Veränderungen in der Weltwirtschaft und ihre
Folgen 25
    1.1. Was bedeutet Globalisierung? 27
    1.2. Strukturveränderungen in der internationalen politischen
          Ökonomie (IPÖ) 29
    1.3. Der Staat 36
        1.3.1. *Wie und weshalb entstehen Staaten?* 36
        1.3.2. *Entstehung des souveränen Territorialstaates* 40
        1.3.3. *Globalisierung des territorialstaatlichen Prinzips* 44
        1.3.4. *Konstitutive Elemente des Westfälischen Staates* 47
        1.3.5. *Der moderne Wohlfahrtsstaat* 48
    1.4. Folgen der wirtschaftlichen Globalisierung: Theorien und
          empirische Befunde 54
        1.4.1. *Staaten und Märkte: Ein theoretischer Rückblick* 56
        1.4.2. *Von der Interdependenz zur Globalisierung* 58
        1.4.3. *Wo steht die Forschung 1999?* 62

Kapitel 2
Wunschdenken und Albträume vom "virtuellen"
Staat 69
    2.1. Grundfragen 70
    2.2. Stand der Forschung 71
    2.3. Hypothesen 76
    2.4. Daten und Methoden 82
        2.4.1. *Wirtschaftliche Offenheit und Volumen der*
            Staatstätigkeit 82
        2.4.2. *Daten und Methode* 85
    2.5. Wachstum oder Niedergang des öffentlichen Sektors? 87
        2.5.1. *Aussenhandelsquote und Staatsquote* 87

2.6. Rivalisierende Erklärungen..89
   2.6.1. *Landesgrösse und Bevölkerung* 89
   2.6.2. *Innerstaatliche Wirtschaftstrends und -strukturen* 89
   2.6.3. *Politische Strukturen* 91
   2.6.4. *Verwundbarkeit gegenüber Entwicklungen im Ausland* 94
2.7. Kapitalmobilität 98
2.8. Konvergiert das Volumen der Staatstätigkeit? 99
2.9. Wirtschaftliche Offenheit und Teilbereiche des öffentlichen
   Sektors 102
2.10. Schluss...103
2.11. Annex...110
   2.11.1. *Indikatoren*..110
   2.11.2. *Abbildungen* 114

Kapitel 3
Staatliche Regulierung in einer offenen
Weltwirtschaft

Weltwirtschaft..119
3.1. Regulatorische Spannungsfelder und ihre Konsequenzen........123
   3.1.1. *Steigende Regulierungsdichte*............................124
   3.1.2. *Regulatorische Spannungsfelder* 126
3.2. Zu erklärende Politikergebnisse................................129
3.3. Herkömmliche Erklärungen....................................132
   3.3.1. *Traditionelle Meta–Theorien der IPÖ: Realismus und*
     Institutionalismus 132
   3.3.2. *Neuere Theorien der IPÖ* 133
3.4. Positive Theorien der Regulierung.............................137
   3.4.1. *California- und Delaware-Effekte und ihre Erklärung*......138
3.5. Hypothesen..140
   3.5.1. *Hypothese 1: Produkt- versus Prozessregeln* 143
   3.5.2. *Hypothese 2: Standortgebundenheit von Investitionen*
     und Transaktionen 146
   3.5.3. *Hypothese 3: Marktstrukturen*...........................147
   3.5.4. *Hypothese 4: Verteilung der Regulierungskosten und*
     -nutzen..148
   3.5.5. *Hypothese 5: Aggregationstechnologie*...................151
   3.5.6. *Re-regulierung oder Rückzug des Staates?* 158
3.6. Fallstudien..160

Kapitel 4
Kapitalvorschriften für Banken

Kapitalvorschriften für Banken 163
4.1. Hintergrund...164
4.2. Politikergebnisse 171
4.3. Erklärungen 184

4.3.1. *Hypothese 1* 185
4.3.2. *Hypothese 2* 191
4.3.3. *Hypothese 3* 193
4.3.4. *Hypothese 4* 195
4.3.5. *Hypothese 5* 201
4.4. Schluss 207

Kapitel 5
"Full Monti" oder voller Steuerwettbewerb? 215
5.1. Hintergrund 217
5.2. Politikergebnisse 224
    5.2.1. *Konzepte und Indikatoren* 225
    5.2.2. *Versuche zur Harmonisierung der Quellensteuern* 227
    5.2.3. *Bemühungen zur Koordination der Besteuerung von*
           Zinseinkünften 229
    5.2.4. *Tendenz zur Deregulierung und Konvergenz* 235
5.3. Erklärungen 237
    5.3.1. *Hypothese 1* 239
    5.3.2. *Hypothese 2* 241
    5.3.3. *Hypothese 3* 243
    5.3.4. *Hypothese 4* 244
    5.3.5. *Hypothese 5* 248
5.4. Schluss 253

Kapitel 6
Multinationale Unternehmen (MNU) 261
6.1. Hintergrund 264
    6.1.1. *Politökonomische Forschung zu MNU* 266
    6.1.2. *Besteuerung von MNU* 269
6.2. Politikergebnisse 273
    6.2.1. *Konzepte und Variablen* 273
    6.2.2. *Regulierungsebene* 275
    6.2.3. *Steuererträge* 289
    6.2.4. *Folgerung* 296
6.3. Erklärungen 296
    6.3.1. *Hypothese 1* 298
    6.3.2. *Hypothese 2* 302
    6.3.3. *Hypothese 3* 307
    6.3.4. *Hypothese 4* 308
    6.3.5. *Hypothese 5* 311
6.4. Schluss 318

Kapitel 7
Weltwirtschaftliche Integration und politische Fragmentierung

Weltwirtschaftliche Integration und politische Fragmentierung........ 323
7.1. Gegenläufige Trends in Wirtschaft und Politik.................. 324
7.2. Herkömmliche Erklärungen.. 328
7.3. Verursacht Globalisierung politische Fragmentierung? – Ein Erklärungsmodell.. 330
7.4. Fallstudien... 337
    7.4.1. *Quebec*.. 338
    7.4.2. *Schottland*.. 349
    7.4.3. *Quebec und Schottland im Vergleich*.......................... 359
7.5. Schlussbemerkungen... 363

Schluss... 369
Weltwirtschaftliche Integration und öffentlicher Sektor.............. 371
Re-regulierung und Deregulierung..................................... 376
Erklärungsmodell und Fallstudien................................... 378
Internationale Banken.. 381
Besteuerung von Kapitalgewinnen in der EU.......................... 383
Multinationale Unternehmen... 386
Veränderte Logik des kollektiven Handelns?........................... 389
Fördert die wirtschaftliche Globalisierung die politische Fragmentierung?.. 397
Und sie können doch nicht ohne einander sein........................ 400

Literaturverzeichnis... 403

Vorwort

Die in diesem Buch enthaltenen theoretischen Gedankengänge und Resultate empirischer Untersuchungen sind über einen Zeitraum von mehreren Jahren hinweg entstanden. Im Wesentlichen versuche ich damit eine wichtige Lücke in meiner bisherigen Forschungstätigkeit zu schliessen.

Von 1987 bis 1992 hatte ich mich vorwiegend mit der Entstehung internationaler Rüstungskontroll-Regimes sowie deren Umsetzung befasst. Bei diesen Untersuchungen wurde mir klar, dass selbst in einem so traditionell zwischenstaatlichen Bereich wie der Sicherheitspolitik Verhandlungen nicht nur nach klassischem Muster zwischen den diplomatischen Vertretern der einzelnen Länder geführt wurden. So verbrachten beispielsweise die an der Schaffung des 1992 beschlossenen globalen Chemiewaffen-Verbotes beteiligten Regierungen einen beträchtlichen Teil ihrer Zeit damit, gegensätzliche Interessen innerstaatlicher Akteure auszugleichen. Darüber hinaus wurde mir im fast täglichen Kontakt mit den Verhandlungsteilnehmern das eigentlich Evidente immer wieder drastisch vor Augen geführt: die souveräne Gleichheit der Staaten war (und ist) nur ein winziges Feigenblatt, hinter dem sich sehr unterschiedliche Fähigkeiten von Regierungen verbargen, internationale Verpflichtungen zu beeinflussen, einzugehen und auf ihrem jeweiligen Territorium umzusetzen.

Trotz der Erkenntnis, dass internationale Verhandlungsprozesse nur dann verstanden werden können, wenn man die einzelnen Staaten nicht als *Black Box* betrachtet, sondern auch innerstaatliche Politikprozesse analysiert, blieben meine Forschungsansätze dennoch weitgehend der Annahme verhaftet, dass aus Gründen der Komplexitätsreduktion bei der Theoriebildung Staaten als einheitliche Akteure begriffen werden sollten. Zwischenstaatliche Kooperationstheorien im Stile des klassischen *billard ball models* standen im Vordergrund. Internationale Kooperation zur Lösung von Problemen der Interdependenz von Staaten blieb das Leitmotiv.

Von 1992 bis 1999 befasste ich mich unter anderem mit der Frage, wie einzelne kooperationsunwillige oder -unfähige Akteure im internationalen Umweltschutz- und Rüstungskontroll-Bereich mittels positiven und negativen Anreizen zur Zusammenarbeit bewegt werden können. Spätestens an diesem Punkt wurde eine verstärkte Beschäftigung mit den Wechselwirkungen zwischen Innen- und Aussenpolitik beziehungsweise internationalen Beziehungen unumgänglich. Um zu verstehen, auf welche Anreizstrategien ein bestimmtes politisches System – ein Staat – wie reagiert, ist eine Analyse innenpolitischer Prozesse unabdingbar. Besonders bei der Untersuchung internationaler Umweltschutzzusammenarbeit war auch nicht zu übersehen, dass die internationale Kooperation häufig eines der Mittel war, mit dem Staaten die ihnen durch globale Veränderungen in Wirtschaft und Gesellschaft abhanden gekommenen Handlungskapazitäten wieder zu erlangen versuchten. Während es bei der sicherheitspolitischen Regulierungsaktivität noch darum ging, Interdependenzprobleme zu lösen, die sich die Staaten weitgehend selbst geschaffen hatten, handelte es sich bei Umweltschutzfragen vorwiegend um Probleme, bei denen die Verursacher ausschliesslich nichtstaatliche Akteure waren. Traditionelle Theorien der Internationalen Beziehungen, insbesondere der bis in die 1990er Jahre hinein äusserst populäre Neorealismus und die Regimeanalyse, lieferten jedoch nur ungenügende Antworten auf die Frage, wie sich unterschiedliche Handlungskapazitäten der einzelnen Staaten im innerstaatlichen Bereich und gegen aussen auf Möglichkeiten zur Lösung grenzüberschreitender Kooperationsprobleme auswirkten. Genau hier setzt das vorliegende Buch an.

Wichtige gedankliche Vorläufer dieser Arbeit entstanden im Zusammenhang mit einem Projekt, in dem ich von 1995 bis 1998 zusammen mit Dieter Ruloff, Richard Senti und Andreas Ziegler die Frage des institutionellen Umgangs mit Streitigkeiten an der Schnittstelle zwischen Handelsliberalisierung einerseits und Umwelt- und Konsumentenschutz andererseits untersuchte. In diesem Kontext stiess ich immer wieder auf die Hypothese, dass die Handelsliberalisierung, und die wirtschaftliche Globalisierung ganz allgemein, wirksamen innerstaatlichen und internationalen Umweltschutz verunmöglichen würden. In den von uns damals untersuchten Fällen zeigte sich allerdings oft das Gegenteil: Gleichzeitig mit der Öffnung der Weltmärkte verstärkten besonders die westlichen Industriestaaten ihre Umweltschutzmassnahmen. Die Liberalisierung des Handels und die gestiegene Mobilität der Produktionsfaktoren schienen die Handlungsfähigkeiten der Staaten im Umweltschutz nicht signifikant verringert zu haben. Unsere Antworten auf die generellere Frage, unter welchen Bedingungen wirtschaftliche Globalisierungsprozesse einzel- oder zwischenstaatliche Regulierungskapazitäten in spezifischen Politikbereichen verringern, und wann nicht, blieben im erwähnten Projekt allerdings skizzenhaft.

Ausgehend von Arbeiten David Vogels (bes. 1995), Dale Murphys (1995), Suzanne Bergers und Ronald Dores (1996) und vielen anregenden Diskussionen mit Kenneth Oye (MIT), Renate Schubert (ETH), Jim Foster (MIT) und anderen an einem gemeinsamen Projekt zur Regulierung von Umwelt- und Gesundheitsrisiken beteiligten Personen gelangte ich zum Entschluss, der genannten Frage systematischer und auf breiterer Basis nachzugehen. In allgemeiner Form lautet diese Forschungsfrage:

Wie wirkt sich die grenzüberschreitende Mobilität von Produktionsfaktoren im Verbund mit den traditionellen Erklärungsfaktoren des "neuen Institutionalismus" (v. a. Macht- und Interes-

10

senstrukturen) auf die einzelstaatliche und zwischenstaatliche (kollektive) Fähigkeit von Staaten aus, in den verschiedenen Politikbereichen in wirksamer Weise bestimmte gesellschaftliche Probleme zu lösen?

Bei Streifzügen quer durch die Literatur zur Globalisierung und zur internationalen Politik allgemein fand ich keine befriedigenden Antworten auf die gestellte Frage. Sehr viele Autoren formulierten zwar Behauptungen, welche die Beziehung zwischen Globalisierungsprozessen und staatlichen Handlungskapazitäten betrafen. Von Ulrich Beck bis Susan Strange und Dutzenden von anderen Autoren blieb die mangelhafte theoretische Kohärenz und die magere empirische Basis der Argumente jedoch unübersehbar. Spektakulär formulierte Behauptungen auf schmaler empirischer Grundlage – in Paul Krugmans (1996) Worten auch als *pop internationalism* zu bezeichnen – dominieren die Globalisierungsdebatte bis heute. Der grösste Teil dieses Buches (Kap. 3–6) ist somit dem Versuch gewidmet, diesem Trend entgegenzusteuern und theoretische und empirische Grundlagen zur Erklärung von innerstaatlichen und zwischenstaatlichen Regulierungsprozessen zu schaffen.

Bei der Lektüre von Volker Bornschiers Buch "Westliche Gesellschaft im Wandel" stiess ich 1994 auf eine sehr knappe Bemerkung zum Zusammenhang zwischen wirtschaftlicher Offenheit von Staaten und der Staatstätigkeit. Dieser Hinweis Bornschiers motivierte mich zur Lektüre der Arbeiten von Cameron und anderen Autoren, die Ende der 1970er und Anfang der 1980er Jahre publiziert wurden. Die Forschungsdesigns dieser Analysen waren aus heutiger Sicht mangelhaft, die Datenbasis war eher schwach und die Resultate widersprüchlich. Nichtsdestotrotz verblüffte mich der erstaunlich enge Zusammenhang zwischen diesen älteren Arbeiten und der Globalisierungsdiskussion der 1990er Jahre. Begriff man die wirtschaftliche Offenheit von Staaten (in aggregierter Form die weltwirtschaftliche Integration) als Ausmass wirtschaftlicher Globalisierung und das Volumen staatlicher Tätigkeit (der wohl geläufigste Indikator ist die Staatsquote) als Messgrösse für die Handlungskapazitäten von Staaten, so liess sich die oben gestellte Frage mit statistischen Verfahren auf der Makroebene angehen. Kapitel 2 dieses Buches fasst meine Arbeiten in diesem Bereich zusammen. Da der makro-quantitative Ansatz die am stärksten verallgemeinerbaren Aussagen, allerdings zum Preis eher grobgestrickter Folgerungen, ermöglicht, habe ich dieses Kapitel der Analyse von Deregulierungs- und Re-regulierungsprozessen (Kap. 3–6) vorangestellt.

Bei meiner Antrittsvorlesung an der ETH Zürich im Juni 1996 trug ich einige Gedanken zum Paradox der Gleichzeitigkeit von beschleunigten weltwirtschaftlichen Integrationsprozessen einerseits und politischer Fragmentierung des internationalen Systems andererseits vor (vgl. Kap. 7). Ich scherzte damals, dass ich, mit 32 Jahren zum Professor gewählt, nun bis zur Pensionierung nochmals ungefähr den gleichen Zeitraum zur Verfügung hätte, um die im Vortrag aufgeworfenen Fragen zu beantworten. Dass es nicht ganz solange gedauert hat, bis ich wenigstens einige Antworten vorlegen kann, habe ich nicht zuletzt vielen KollegInnen, MitarbeiterInnen und anderen Personen zu verdanken, die mir immer wieder wesentliche Unterstützung verschiedenster Art haben zukommen lassen.

Mein grösster Dank geht an meine MitarbeiterInnen Vit Styrsky, Roy Suter und Erika Meins von denen ich unzählige Kommentare und Hinweise erhalten habe, und ohne deren Unterstützung bei der Endredaktion die Arbeit an diesem Buch wohl in zehn Jahren noch nicht abgeschlossen worden wäre. Viele intensive Gespräche mit Ken Oye haben mir besonders bei der Entwicklung meiner theoretischen Argumente enorm geholfen. Ken ist der eloquenteste, am schärfsten argumentierende und gleichzeitig freundlichste Politökonom, den ich kenne. Ebenfalls danken möchte ich Peter Moser und Christoph Achini. Mit Peter Moser zusammen habe ich 1995 einen Beitrag zum Zusammenhang von Globalisierung und politischer Fragmentierung verfasst, der mir als Ausgangspunkt für das Kapitel 7 dieses Buches diente. Mit Christoph Achini zusammen führte ich 1997–1998 statistische Untersuchungen zur Beziehung zwischen wirtschaftlicher Integration und Veränderungen im öffentlichen Sektor durch. Dieses Projekt wurde durch die Stiftung Weltgesellschaft gefördert, der an dieser Stelle gedankt sei. Natalie Robison und Max Mader haben mich in äusserst kompetenter Weise bei der sprachlichen Bereinigung des Manuskripts unterstützt. Schliesslich danke ich Dieter Ruloff, Renate Schubert, Richard Senti, Andreas Ziegler, Rolf Kappel, Sandra Lavenex, Dale Murphy, Cedric Dupont, Volker Bornschier, Adriano Lucatelli, Claudia Jäggi, Stefano Bruno, Bill Gasser, Vally Koubi, Stefan Brem, Raphaël Tschanz und Ladina Caduff, die einzelne Teile des Manuskripts kommentiert oder mich anderweitig bei der Arbeit an diesem Buch unterstützt haben.

Zürich, im Oktober 1999
Thomas Bernauer

Einführung

Das Schlagwort *Globalisierung* ist am Ende des 20. Jahrhunderts aus der
öffentlichen Diskussion nicht mehr wegzudenken. Abbildung 1 weist auf die
fast explosionsartige Häufigkeit der Verwendung dieses Begriffs in deutsch-
sprachigen Printmedien hin.

Abbildung 1: Globalisierung im Vokabular der Medien

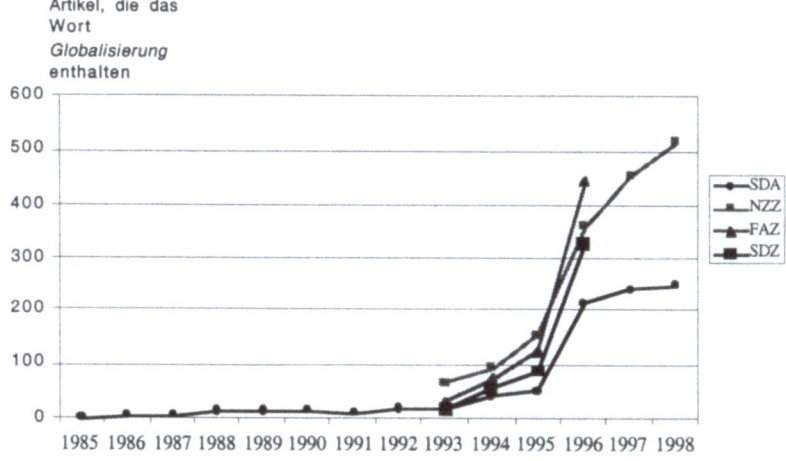

Quelle: Datastar. SDA = Schweizerische Depeschenagentur; NZZ = Neue Zürcher Zeitung;
FAZ = Frankfurter Allgemeine Zeitung; SDZ = Süddeutsche Zeitung.

Eine nähere Betrachtung des Phänomens führt allerdings schnell zur Erkenntnis, dass grosse Uneinigkeit darüber besteht, wie die Globalisierung zu definieren und empirisch zu erfassen sei. In Wissenschaft, Medien und Politik
werden unterschiedliche Ursachen und Konsequenzen der Globalisierung thematisiert. Uneinig ist man sich auch darüber, ob die Globalisierung lediglich
eine Intensivierung der seit den 1970er Jahren im Vokabular der Wirtschaft,
Wissenschaft und Politik allgegenwärtigen *Interdependenz* sei, oder ob die
internationale politische Ökonomie, das heisst das Beziehungssystem zwi-

schen grenzüberschreitenden Märkten und politischen Strukturen, nun einen Quantensprung gemacht habe. Begleitet ist diese facettenreiche und breit angelegte gesellschaftliche Diskussion von verschiedensten Hoffnungen, Ängsten und politischen Vorschlägen, wobei sich positivistische und normative Aussagen auch in der sozialwissenschaftlichen Literatur häufig vermengen.

Anstatt den bereits übersättigten Markt an Büchern, die "alles, was man über die Globalisierung wissen muss", auf 300 Seiten anbieten und schon damit aus wissenschaftlich-methodischer Sicht zum Scheitern verurteilt sind, noch weiter zu strapazieren, verfolge ich in diesem Buch eine sehr eingeschränkte Fragestellung:

Inwiefern haben sich die Handlungskapazitäten von Staaten als Folge weltwirtschaftlicher Integrationsprozesse verändert, und wie wirken sich diese Veränderungen auf die Fähigkeit der Staatenwelt aus, bestimmte gesellschaftliche Probleme zu lösen?

Unter Handlungskapazitäten verstehe ich das Ausmass, in dem staatliche Akteure in der Lage sind, regulierend oder kontrollierend in die Zivilgesellschaft, allem voran das innerstaatliche und trans- oder internationale Wirtschaftsgeschehen, einzugreifen um bestimmte gesellschaftliche Probleme zu lösen (vgl. auch Reinicke 1998). Diese Definition unterscheidet sich von der in der Globalisierungsdiskussion oft thematisierten Souveränität der Staaten gegen aussen, die als Folge der Globalisierung unter Druck geraten sei. Diese letztere Form der Souveränität beruht auf der Annahme des Nichtvorhandenseins einer dem Staat übergeordneten Autorität. In diesem Buch wird hingegen davon ausgegangen, dass Globalisierungsprozesse den völkerrechtlichen Stellenwert der Souveränität wenig beeinträchtigen. Gefahren für diese Art der Souveränität gehen eher von klassischen Formen der Interdependenz, der gegenseitigen Abhängigkeit und Verwundbarkeit der Staaten, aus. Ein Beispiel für eine solche Interdependenz ist die gegenseitige militärische Bedrohung von Staaten. Nur in Extremfällen ist zu erwarten, dass eine durch die wirtschaftliche Globalisierung verursachte Verminderung der Handlungskapazität eines Staates im innerstaatlichen Bereich auch die völkerrechtliche Souveränität desselben in Frage stellen könnte. Ein solcher Fall ist mir nicht bekannt.

Vielmehr fordern wirtschaftliche Globalisierungsprozesse staatliche und nichtstaatliche Akteure heraus, die räumliche Reichweite gesellschaftlicher Problemlösungsmechanismen der veränderten Geographie wirtschaftlicher Strukturen anzupassen. Wenn dies nicht gelingt, nehmen staatliche Handlungskapazitäten ab. Die Staatenwelt ist aber keineswegs untätig geblieben ist. Die steigende Internationalisierung der Innenpolitik, vor allem seit den 1990er Jahren, ist kein Zufall. Über internationale und transnationale Regime vermittelt, geben Staaten auf der Basis von Gegenseitigkeit Teile ihrer operationellen (nicht der völkerrechtlichen) Souveränität gegen aussen in spezifischen Bereichen auf, um dadurch ihre innerstaatliche Handlungsfähigkeit –

man könnte sie als operationelle Souveränität im innerstaatlichen Bereich bezeichnen – zu stärken.

Damit rücken internationale und transnationale Kooperationsprozesse und -strukturen ins Zentrum des Interesses. Diese Prozesse und Strukturen – das eigentlich Politische an der internationalen politischen Ökonomie – gewinnen mit fortschreitender Globalisierung eine neue Qualität. Sie dienen nicht mehr nur dazu, klassische Probleme der Interdependenz, also der gegenseitigen Abhängigkeit oder Verwundbarkeit von Staaten zu lösen, sondern aufgrund der wirtschaftlichen Globalisierung den Einzelstaaten abhanden kommende Steuerungskapazitäten wiederherzustellen. Ob Staaten weiterhin die zentralen Akteure in der internationalen politischen Ökonomie bleiben werden, hängt weitgehend davon ab, ob diese Regenerierung bzw. Reorganisation staatlicher Einflussnahme gelingt. Dass grenzüberschreitende Zusammenarbeit je nach Problembereich im Verbund mit nichtstaatlichen Akteuren erfolgen muss, versteht sich von selbst.

Staat und Markt

Im Zentrum der Debatte um die Konsequenzen der Globalisierung steht die Frage nach Veränderungen im Verhältnis von "Staat" und "Markt". Im Prozess der Globalisierung verdichten sich grenzüberschreitende Verflechtungen ökonomischer, sozialer und kultureller Natur. Marktwirtschaftliche Prinzipien sind seit Ende des Kalten Krieges weltweit auf dem Vormarsch. Rufe nach einer Angleichung politischer Steuerungsmechanismen an diese veränderte Welt hingegen haben bisher weder in einer "Welt-Innenpolitik" noch einem "Weltstaat" gemündet. Wirtschaftliche Globalisierung und die Staatenwelt koexistieren in einem spannungsreichen Verhältnis.

Wirtschaftsführer, Politiker wie auch Wissenschaftler sprechen oft von einer Entfremdung zwischen Wirtschaft und Politik. Der Referenzrahmen für die Wirtschaft sei mittlerweile der Weltmarkt, während die meisten Politiker noch immer Lokalpolitiker seien und ihre Handlungskompetenz an den nationalen Grenzen ende. Die Entfernung der beiden "Lebenswelten" voneinander äussert sich in vielerlei Hinsicht. Die einen rufen nach mehr Markt, vom Sozialbereich bis zum Bildungs- und Kultursektor. Andere beklagen die zunehmende Ökonomisierung der Politik.

In der Tat sind Formen, Inhalte und Prozesse in Markt und Politik (Staat) unterschiedlich beschaffen. In gut – im Sinne von effizient – funktionierenden Märkten werden Entscheidungen über die Allokation knapper Ressourcen und die Produktion von Gütern verschiedenster Art dadurch gefällt, dass Produzenten, Konsumenten, Arbeitnehmer und Besitzer anderer Produktionsfaktoren freiwillig Tauschbeziehungen eingehen. Dieser Tausch findet auf der Basis von Preisen statt, welche wiederum von Nachfrage und Angebot bestimmt sind. Entscheidungsprozesse sind somit dezentralisiert, sie werden von Gruppen oder Individuen unabhängig getroffen und folgen weitgehend dem Verhaltensmodell des *homo oeconomicus*. In Marktwirtschaften sind die Produktionsfaktoren zum grossen Teil im Besitz privater Akteure, nicht des Staates.

In der Politik, zumindest derjenigen in demokratisch verfassten Staaten, fällen gewählte Repräsentanten und die Stimmbevölkerung Entscheidungen, wobei Letzteren häufig nur schwerlich monetarisierbare Sachverhalte und Motivationen zu Grunde liegen. Im Markt hingegen streben Individuen und Firmen nach einer Maximierung ihrer individuellen und meist monetär fassbaren Gewinne. Die "unsichtbare Hand" führt in effizienten Märkten gemäss gängiger Wirtschaftstheorie dazu, dass auch das kollektive Ergebnis individuellen Gewinnstrebens in den meisten Fällen aus einem Wohlstandsgewinn für alle besteht. Staatliche Politik wiederum ist das Mittel, mit dem die meisten Gesellschaften wirtschaftliche oder soziale Ergebnisse zu erzielen versuchen, die der Markt alleine nicht zustande bringt (z. B. Marktversagen) oder die aus normativen Gründen unerwünscht sind (z. B. extrem ungleiche Wohlstandsverteilung). Gleichzeitig stellt sie, durch politische Prozesse vermittelt, Ordnungsrahmen bereit, die für das effiziente Funktionieren der Märkte notwendig sind.

Bezeichnenderweise stellen Politikwissenschaftler oft andere Fragen als Ökonomen. Letztere interessieren sich vorwiegend dafür, wie effizient die Allokation knapper Ressourcen unter bestimmten Bedingungen ist, wo und weshalb Marktversagen auftritt, inwiefern sich die Effizienz steigern liesse, wie wirtschaftliches Wachstum zu erklären ist usw. Politikwissenschaftler interessieren sich, gemäss der klassischen Formulierung von Harold Lasswell (1958), vor allem für die Frage "Wer bekommt was, wann und wie?" Ob die Allokation von Ressourcen effizient ist oder nicht, interessiert hier oft weniger. Gefragt wird, wie und weshalb eine bestimmte Allokation von Ressourcen zustande kommt. Machtbeziehungen stehen bei der Erklärung von Form (polity), Inhalt (policy) und Prozess (politics) im Zentrum des Interesses. Max Weber (vgl. Böhret et al. 1982: 27) definiert Politik als Streben nach Machtanteil oder nach Beeinflussung der Machtverteilung. David Easton (1953) bezeichnet Politik als autoritative (von Regierenden oder Herrschenden) verfügte Verteilung von materiellen und immateriellen Werten in der Gesellschaft. Gerhard Lehmbruch (vgl. Böhret et al. 1982: 27) erachtet Politik als gesellschaftliches Handeln, das darauf ausgerichtet ist, gesellschaftliche Konflikte über Werte verbindlich zu regeln. Karl Deutsch (1963: 120) betrachtet Macht als das Zahlungsmittel der Politik: "So wie der Wert des Geldes den Gütern entspricht, die man damit kaufen kann, ist Macht nicht mehr wert als die Zusammenarbeit, die sie bewirken kann."[1] Aus politikwissenschaftlicher Perspektive ist also Politik untrennbar mit Macht verbunden.

---

1 Alle fremdsprachigen Zitate wurden vom Verfasser in die deutsche Sprache übersetzt.

Das traditionelle politikwissenschaftliche Verständnis geht von einer Dreiteilung des Gemeinwesens aus. Der Staat ist laut Böhret et al. (1982: 35) "der verfassungsmässig konstituierte Bereich des Gemeinwesens, in dem Regeln und Normen gesetzt, Politikinhalte formuliert und durchgesetzt sowie Konflikte verbindlich geregelt werden". Die Wirtschaft ist "der Teilbereich, in dem Güter produziert und verteilt werden". Die Gesellschaft ist "der Teilbereich, der den Mitgliedern des Gemeinwesens persönliche Entfaltungsmöglichkeiten anbietet (Bildung, Kultur, usw.), in dem Interessen artikuliert und Motivationen erzeugt werden".

Besonders seit dem in den 1930er Jahren beginnenden Aufbau moderner Wohlfahrtsstaaten in westlichen Industrieländern sind diese drei Teilbereiche des Gemeinwesens durch ein kompliziertes Geflecht von innerstaatlichen und internationalen Institutionen aufs Engste miteinander verbunden. Der "Staat" wird dabei durch die "Gesellschaft" in variablem Ausmass legitimiert. Aus der "Gesellschaft" stammen Produzenten, Konsumenten, Arbeitnehmer und Besitzer anderer Produktionsfaktoren, die als Marktteilnehmer fungieren. Der "Staat" wiederum schafft die ordnungspolitischen Voraussetzungen, damit Märkte überhaupt funktionieren können und greift dort ein, wo Akteure aus "Wirtschaft" und "Gesellschaft" Probleme nicht alleine lösen können. Er sichert beispielsweise Eigentumsrechte, erleichtert oder erschwert neuen Teilnehmern den Marktzugang, korrigiert bestimmte Formen von Marktversagen und verteilt Wohlstand um. In praktisch allen Staaten fungiert der Staat auch selbst als Marktteilnehmer (z. B. Staatsbetriebe, öffentliches Beschaffungswesen).

Ende des Staates?

Als Folge der wirtschaftlichen Globalisierung werden, so vermuten viele Beobachter der Weltwirtschaft, die Karten im Verhältnis von Staat, Wirtschaft und Gesellschaft neu gemischt. Besonders die Beziehungen zwischen Staat und Wirtschaft scheinen aus den Fugen geraten. In den 1990er Jahren tauchen in Wissenschaft und politischer Praxis bislang kaum beachtete Fragen auf. Diktiert der Weltmarkt in zunehmendem Masse politische Entscheidungen? Sinken damit die Handlungsmöglichkeiten politischer Entscheidungsträger und Behörden? Wird der Staat zunehmend zu einer "virtuellen" Institution während die gesellschaftlich wichtigen Entscheidungen in den Chefetagen der Grosskonzerne und auf den globalen Märkten fallen? Richard Rosecrance (1996: 45f.) beispielsweise behauptet:

Heute und in absehbarer Zukunft wird die einzige internationale Zivilisation, welche diesen Namen verdient, die vorherrschende ökonomische Kultur des Weltmarktes sein [...] Der virtuelle Staat – ein Staat der seine territorial begründeten Produktionsmöglichkeiten reduziert hat – ist die logische Konsequenz dieser Emanzipation vom Territorium [...] der virtuelle Staat ist in diesem Sinne eine verhandelnde Einheit. Er hängt genauso stark oder stärker vom Zugang zu ausländischen Märkten ab, wie von der inländischen ökonomischen Kontrolle [...] der politische Staat wird kleiner, nicht grösser [...] die Zentralregierung wird an Autorität verlieren. Als Folge dieser Veränderungen wird der Markt das Vakuum auffüllen und an Macht gewinnen [...] Der Staat wird lediglich zu einem der vielen Akteure auf dem internationalen Markt werden, und er wird direkt mit ausländischen wirtschaftlichen Akteuren verhandeln müssen, um innerstaatliche ökonomische Probleme lösen zu können [...].

Dass diese Fragen nicht allein von akademischem, sondern von breiterem gesellschaftlichem Interesse sind, zeigt sich an verschiedensten Phänomenen, die den Alltag der 1990er Jahre prägen. Bücher mit Titeln wie "Terror der Ökonomie", "The Retreat of the State", "Mad Money" oder "Has Globalization Gone Too Far?" erscheinen reihenweise auf dem Markt. Wie oft in wissenschaftlichen und weniger wissenschaftlichen Publikationen schon das Ende des Staates prophezeit wurde, lässt sich schon gar nicht mehr zählen. Gewalttätige Krawalle begleiteten die Jubiläumsfeier zum 50-jährigen Bestehen der WTO in Genf. Das Gespenst der "Deindustrialisierung" westlicher Länder geht um. Der amerikanische Präsidentschaftskandidat Ross Perrot sprach gar von einem "giant sucking sound", der von der Verlagerung US-amerikanischer Arbeitsplätze nach Mexiko ausginge. Gewerkschafter behaupten bisweilen, den Industriestaaten gehe aufgrund des technologischen Fortschritts und der Globalisierung der Märkte die Arbeit aus. Enthüllungen über sexuelle Abenteuer des amerikanischen Präsidenten hatten 1998 spürbare Auswirkungen auf die Börsenkurse in Frankfurt, Zürich und Singapur. Grosskonzerne verabschieden sich an einem Tag aus der Politik und rufen am nächsten Tag nach mehr Staat. Der Verwaltungsratspräsident einer der grössten Schweizer Konzerne bemerkte einmal, vor ein paar Jahren seien Klagen über die Politik des schweizerischen Bundesrates noch fester Diskussionspunkt jeder Sitzung gewesen, heute werde die innerstaatliche Politik in den Chefetagen kaum mehr zur Kenntnis genommen. Ein anderer Schweizer Wirtschaftskapitän hingegen monierte im Zusammenhang mit der Kontroverse um aus dem Zweiten Weltkrieg stammendes Raubgold, die Schweizer Grosskonzerne hätten mittlerweile ein schwerwiegendes Problem: sie seien riesig und weltweit tätig, könnten jedoch im Falle ungerechtfertigter Zugriffe ausländischer Staaten durch ihren kleinen Heimatstaat nur ungenügend geschützt werden.

Das Wechselspiel von Politik und (Welt-)Wirtschaft ist zentraler Untersuchungsgegenstand der *Internationalen Politischen Ökonomie* (IPÖ), einem Forschungsbereich, der Politikwissenschaftler und Ökonomen seit dem ausgehenden 18. Jahrhundert beschäftigt. Die jüngere Forschung in diesem Bereich hat sich unter anderem damit auseinandergesetzt, ob und inwiefern wirtschaftliche Globalisierungsprozesse tatsächlich beobachtbar sind, welche Verteilungseffekte und Wachstumschancen sich daraus ergeben und welche ordnungspolitischen Probleme damit verbunden sind. Die Forschung zu letzterem Aspekt, und im Besonderen die wissenschaftliche Diskussion über die

Auswirkung von Veränderungen in der Weltwirtschaft auf staatliche Handlungskapazitäten, eine der Kernfragen der Globalisierungsdiskussion, steckt noch in den Kinderschuhen. Arbeiten zu diesem Thema werden nicht zuletzt dadurch erschwert, dass die Phänomene "Globalisierung" und "Staat" multidimensional sind und die beobachtbaren Trends auf spezifischen Dimensionen oft nicht mit gleicher Intensität in die gleiche Richtung verlaufen. Dementsprechend fällt es leicht, Beispiele für oder gegen die Hypothese eines Diktats der Weltwirtschaft zu finden, zumal der Grossteil der empirischen Forschung auf einzelne Wirtschafts- oder Politikbereiche oder auch Länder ausgerichtet ist. Bücher mit Titeln wie "The Retreat of the State" und "The Myth of the Powerless State" können somit ungestört koexistieren. Der Wettbewerb der Theorien bleibt oft ein Scheingefecht.

In dieser Forschungslücke ist das vorliegende Buch situiert. Sein Hauptgegenstand sind die Handlungskapazitäten von Staaten unter Bedingungen zunehmender Verflechtungen in der Weltwirtschaft. Damit liefert es auch theoretisch und empirisch fundierte Antworten auf die Frage, wie die grundlegenden Strukturen der internationalen politischen Ökonomie am Ende des 20. Jahrhunderts beschaffen sind.

Inhalt dieses Buches

Als Ausgangspunkt für die weitere Analyse diskutiere ich in Kapitel 1 den Stand der Forschung. Dies erfordert unter anderem eine Klärung von Konzepten wie Staat und wirtschaftliche Globalisierung, die Besprechung der wichtigsten wissenschaftlichen Kontroversen um die Rolle des Staates im Zeichen der Globalisierung sowie Ausführungen zur bisherigen empirischen Forschungspraxis. Die folgenden Teile des Buches beleuchten drei Arten von Auswirkungen weltwirtschaftlicher Veränderungen auf die Staatenwelt:

(1) Auswirkungen auf die Staatstätigkeit (Kap. 2);
(2) Auswirkungen auf Regulierungsprozesse (Kap. 3–6);
(3) Konsequenzen für die politische Geographie (Kap. 7).

In Kapitel 2 stehen die Auswirkungen aussenwirtschaftlicher Offenheit und Verflechtung auf den öffentlichen Sektor im Vordergrund. Ich untersuche die Frage, ob die Staatstätigkeit mit zunehmender Integration von Staaten in die Weltwirtschaft schrumpft (die gängige Globalisierungsthese) oder an Bedeutung gewinnt (Gegenhypothese). Zudem analysiere ich, ob das Volumen staatlicher Aktivität über die untersuchten Staaten und die Zeit hinweg konvergiert, sei es nach oben oder unten. Konvergenz, falls beobachtbar, könnte bedeuten, dass alle Staaten einem ähnlichen Druck der Weltwirtschaft ausgesetzt sind und ähnlich darauf reagieren. Besonders im Falle einer Konvergenz nach unten (im Extremfall ein "Wettlauf nach unten") wäre dies ein Zeichen für sinkende einzelstaatliche Handlungskapazitäten. Statistische Tests dieser Hypothesen mit Daten für über 100 Staaten liefern, im Gegensatz zu vielen anderen Untersuchungen, Resultate, die ein hohes Mass an Generalisierbarkeit aufweisen. Der Preis dafür: Bei einer solchen Makroanalyse bleiben Unterschiede zwischen einzelnen Staaten und Wirtschaftsbereichen unterbelichtet.

Im folgenden und längsten Teil des Buches (Kap. 3–6) konzentriere ich mich deshalb auf die Frage, wann und weshalb sich der Staat aus bestimmten gesellschaftlichen Bereichen zurückzieht – das heisst eine *Deregulierung* zustande kommt – und weshalb unter bestimmten Bedingungen das Gegenteil, eine *Re-regulierung*, das heisst eine verstärkte staatliche Intervention, auf innerstaatlicher oder internationaler Ebene, beobachtbar ist. In Kapitel 3 entwickle ich eine diesbezügliche Theorie.

Die in Kapitel 3 entworfenen Hypothesen werden in drei Fallstudien (Kap. 4–6) auf ihre Plausibilität hin untersucht. Von besonderem Interesse sind dabei Fälle, in denen Staaten eine Re-regulierung anstreben, ihren Bemühungen jedoch ein von Fall zu Fall oder Land zu Land unterschiedlicher Erfolg, in einem noch zu definierenden Sinne, beschieden ist. An solchen Fällen lassen sich die Handlungskapazitäten von Staaten besser ausloten als an Fällen, in denen Staaten aus klar ersichtlichem Eigeninteresse deregulieren. In der ersten Fallstudie werden die Möglichkeiten und Grenzen der staatlichen Regulierung international tätiger Finanzintermediäre unter die Lupe genommen, insbesondere Kapitalvorschriften für Banken. In der zweiten Fallstudie befasse ich mich mit den Bemühungen der Europäischen Union um eine Harmonisierung der Besteuerung von Zinserträgen. Gegenstand der dritten Fallstudie sind Regulierungs- und Deregulierungsprozesse in Bezug auf multinationale Unternehmen, vorwiegend im Bereich der Besteuerung.

Alle drei Fälle sind im Hinblick auf die Kernfrage dieses Buches – wann und weshalb verändern sich staatliche Handlungskapazitäten – kritische Testfälle. In diesen drei Regulierungsbereichen wird die Mobilität der Produktionsfaktoren von den meisten Beobachtern der Weltwirtschaft als relativ hoch eingeschätzt. Somit sind aus Sicht einer geläufigen Globalisierungsthese, bei der diese Mobilität die alles dominierende Erklärungsvariable ist, die Chancen für eine erfolgreiche Re-regulierung ausgesprochen gering. Sollten wir nun trotzdem unterschiedliche Politikergebnisse (im Wesentlichen Kombinationen von Deregulierung – Re-regulierung und Konvergenz – Heterogenität) in den drei Regulierungsbereichen beobachten und erklären können, ergäben sich daraus mindestens zwei Erkenntnisse. Erstens liesse sich dadurch aufzeigen, dass staatliche Handlungskapazitäten nicht, oder nicht ausschliesslich, durch weltwirtschaftliche Veränderungen determiniert sind. Für die vielen, vielleicht sogar die überwiegende Zahl der nationalen und internationalen Regulierungsbereiche, in denen die Mobilität der Produktionsfaktoren geringer ist als in den drei untersuchten Fällen würde diese Erkenntnis bedeuten, dass die regulatorischen Zugriffsmöglichkeiten von Staaten beträchtlich grösser sind als die vorherrschende Rhetorik von der Entmachtung des Staates vermuten lässt. Zweitens würde ein solches Resultat verdeutlichen, dass auch unter Bedingungen zunehmender weltwirtschaftlicher Integration die Logik des kollektiven Handelns nicht völlig neuen Gesetzen unterworfen ist. Vielmehr liesse sich aufzeigen, dass Regulierungsprozesse nach wie vor anhand von Theorien der Politischen Ökonomie, welche die Interessen von und Machtbeziehungen zwischen Staaten, Firmen, Konsumenten und anderen Akteuren berücksichtigen, erklärbar sind.

Um zu einer umfassenderen Beurteilung der Konsequenzen weltwirtschaftlicher Veränderungen für die Staatenwelt zu gelangen, befasse ich mich in einem dritten Schritt mit dem scheinbaren Paradox der wirtschaftlichen Globalisierung bei gleichzeitiger politischer Fragmentierung. Politische Fragmentierung impliziert nicht notwendigerweise einen Bedeutungsgewinn oder einen Einflussverlust des Staates gegenüber dem Markt. Veränderungen der politischen Ordnungsstrukturen können jedoch erhebliche Auswirkungen auf die menschliche Wohlfahrt haben. Deshalb sollte eine Untersuchung zu dieser Frage in einem Buch, das sich mit der Rolle von Staaten in der Weltwirtschaft befasst, nicht fehlen. In Kapitel 7 wird ein Erklärungsmodell vorgestellt, das weltwirtschaftliche Integration und politische Fragmentierung miteinander in Verbindung bringt. Die Plausibilität dieses Modells wird mittels Fallstudien zu Sezessionsbewegungen in Quebec und Schottland bewertet.

Die Inhalte der Kapitel 1–7 werden abschliessend zusammengefasst und in einen breiteren Kontext gestellt. Dem eiligen Leser sei die Lektüre dieses Schlussteils empfohlen, bevor er sich anderen ausgewählten Passagen des Buches zuwendet. Die Resultate der statistischen Analyse in Kapitel 2 sind so dargestellt, dass sie auch für Personen ohne spezielle Vorkenntnisse verständlich sein sollten. Kapitel 3 ist vermutlich derjenige Teil des Buches, der den meisten Lesern die grösste Konzentration abfordern wird, weil er eine Vielzahl recht dicht dargestellter theoretischer Argumente enthält. Leser, welche die dafür nötige Geduld und Mühe nicht aufbringen möchten oder können, dürften jedoch trotzdem in der Lage sein, die folgenden Fallstudien und die ihnen zu Grunde liegenden Hypothesen zu verstehen und den entsprechenden Kapiteln in theoretischer und empirischer Hinsicht etwas abzugewinnen. In den Schlussbetrachtungen finden sie nämlich eine Zusammenfassung der wichtigsten Resultate.

Das Schlagwort Globalisierung steht für den aus dem Blickwinkel wissenschaftlicher Stringenz meist zum Scheitern verurteilten Versuch, eine Vielfalt gesellschaftlicher Veränderungen auf einen Nenner zu bringen. Obschon die Kernfrage im vorliegenden Buch und deren Beantwortung mittels einer Analyse von drei Arten von Auswirkungen weltwirtschaftlicher Veränderungen nur einen kleinen Teilbereich des gesamten Phänomens beleuchtet, ist auch dieser Teilbereich noch vielschichtig. Dementsprechend bietet jedes der sieben folgenden Kapitel Einsichten, die sich nicht unbedingt alle über einen Leisten schlagen lassen. Auf allgemeinster Ebene lassen sich die in diesem Buch präsentierten Erkenntnisse dennoch auf folgende fünf Aussagen zuspitzen:

(1) Staaten, die im Aussenhandelsbereich stärker in die Weltwirtschaft integriert sind, weisen tendenziell eine grössere Staatstätigkeit auf. Die wirtschaftliche Offenheit von Staaten im Finanzbereich hingegen hat, entgegen einer gängigen Annahme, keine statistisch nachweisbare Auswirkung auf die Grösse des öffentlichen Sektors. In Kapitel 2 werden theoretische Begründungen für diese unterschiedlichen Auswirkungen der wirtschaftlichen Offenheit im Aussenhandel und Finanzbereich vorgestellt. Ob der Korrelation zwischen Aussenhandel und Staatstätigkeit ein theoretisch begründbarer und empirisch nachweisbarer kausaler Zusammenhang zu Grunde liegt, konnte nicht zweifelsfrei nachgewiesen werden. Falls sich in zukünftigen Untersuchungen herausstellen sollte, dass die Grösse des öffentlichen Sektors von Einflüssen bestimmt ist, die mit weltwirtschaftlichen Integrationsprozessen wenig oder nichts zu tun haben, wäre den aus der Untersuchung in Kapitel 2 resultierenden Ergebnissen jedoch kein Abbruch getan. Im Gegenteil, es ergäbe sich umso stärkere Evidenz, dass eine der zentralen Thesen in der Globalisierungsdiskussion, dass die wirtschaftliche Globalisierung zu einer Demontage des Staates führe, falsch ist.

(2) Weltwirtschaftliche Integrationsprozesse beeinflussen die innerstaatliche und grenzüberschreitende Regulierungstätigkeit und setzen dem Bestreben von Staaten nach Kontrolle über das Wirtschaftsgeschehen bisweilen Grenzen. Selbst in kritischen Fällen, das heisst in Regulierungsbereichen, die von einer hohen Mobilität der Produktionsfaktoren geprägt sind, vermögen jedoch Staaten, sei es unilateral oder, was immer häufiger der Fall ist, durch internationale Zusammenarbeit Deregulierungsdynamiken zu bremsen oder gar wirksame Re-regulierungsprozesse einzuleiten. Die wirtschaftliche Globalisierung übt keinen uniformen Deregulierungsdruck auf breiter Front aus. Vielmehr sind Deregulierungs- und Re-regulierungsprozesse sowie Konvergenz und Heterogenität das Produkt von Wechselwirkungen zwischen innerstaatlicher und internationaler Politik und innerstaatlichen und grenzüberschreitenden wirtschaftlichen Austauschbeziehungen.

(3) Trotz deutlich erkennbaren Einflüssen auf die staatliche Regulierungstätigkeit führt die wirtschaftliche Globalisierung nicht zu einer völlig neuen Logik des kollektiven Handelns und wirft gängige Theorien der Politischen Ökonomie nicht über den Haufen. Bei einem angemessenen Einbezug der Interessen von und Machtbeziehungen zwischen Staaten, Produzenten, Konsumenten sowie anderen Akteuren ist eine griffige Erklärung von Regulierungsprozessen nach wie vor möglich. Eine theoretische Revolution ist nicht erforderlich um staatliches Handeln im Zeitalter der Globalisierung verstehen zu können. Notwendig ist jedoch eine Abkehr von den die Disziplin der Inter-

nationalen Beziehungen immer noch prägenden Modellen, die Staaten als uniforme *Black Boxes* betrachten. Notwendig ist auch eine Rückbesinnung auf zum Teil schon ältere Theorien der Politischen Ökonomie, eine Weiterentwicklung dieser Theorien, und vor allem mehr und methodisch rigorosere empirische Forschung.

(4) Weltwirtschaftliche Integrationsprozesse können die politische Fragmentierung begünstigen: erstens, indem sie es den Zentralregierungen schwerer machen, mit dem bestehenden Staat unzufriedene Teilgebiete mittels Ressourcentransfers bei der Stange zu halten; zweitens, indem sie die ökonomischen Kosten einer Abspaltung unzufriedener Teilgebiete vom bestehenden Staat senken.

(5) Wechselwirkungen zwischen Staat und Wirtschaft sind weitaus komplizierter als von den meisten Thesen vom Niedergang der Politik und des Staates im Zeitalter der Globalisierung unterstellt wird. Die Beziehung zwischen diesen beiden gesellschaftlichen Bereichen entspricht nicht einem Nullsummenspiel. Im Gegenteil, mehr Markt kann ohne weiteres mit vermehrter Regulierungstätigkeit von Staaten und mehr staatlichem Einfluss einhergehen. Ohne wirksame staatliche Einflussnahme auf das Marktgeschehen, die unter anderem auch soziale Absicherungsmassnahmen für vom weltwirtschaftlichen Wandel negativ betroffene Wirtschaftsakteure sowie Lösungsmechanismen für internationale Handels- und Investitionsstreitigkeiten umfassen muss, könnte die wirtschaftliche Globalisierung zum Nachteil aller, auch der schärfsten Globalisierungskritiker, ohne weiteres zum Stillstand kommen.

Kapitel 1
Veränderungen in der Weltwirtschaft und ihre Folgen

> Wir können die Politik innerhalb von Staaten – die
> wir immer noch konventionell als Innenpolitik be-
> zeichnen – nicht mehr verstehen, ohne dass wir die
> Beziehungen zwischen den nationalen Ökonomien
> und der Weltwirtschaft begreifen.
> (Milner/Keohane 1996: 3)

In diesem Kapitel befasse ich mich mit dem Stand der Forschung und konkre-
tisiere, in welcher Hinsicht das vorliegende Buch zur sozialwissenschaftlichen
Beschäftigung mit der Globalisierungsthematik beiträgt. In einem ersten
Schritt diskutiere ich den Begriff der Globalisierung und grenze ihn für die
weitere Untersuchung auf weltwirtschaftliche Veränderungen ein. Zweitens
werden drei Strukturveränderungen in der internationalen politischen Ökonomie (IPÖ) skizziert, die in den folgenden Kapiteln von Interesse sind: Die
zunehmende Integration der Weltwirtschaft (wirtschaftliche Globalisierung);
die wachsende Bedeutung politischer Steuerungsstrukturen jenseits des Staates
(v. a. internationale Institutionen); und die zunehmende politische Fragmentierung.

Da es im vorliegenden Buch die Konsequenzen der wirtschaftlichen Globalisierung für den Staat zu erfassen und zu erklären gilt, wird drittens der
Werdegang des modernen Territorialstaates nachgezeichnet. Dabei blicke ich
etwas weiter in die Geschichte zurück. Historisch weniger interessierte Leser
mögen diesen Teil überspringen und direkt zur Lektüre meiner Ausführungen
zu den konstitutiven Elementen des Westfälischen Staates übergehen. In Bezug auf seine Handlungskapazitäten bildet der moderne Wohlfahrtsstaat, ein
spezifischer Typus des Westfälischen Staates, den bisherigen Höhepunkt in
der Entwicklungsgeschichte staatlicher Organisationsformen. Anhand verschiedener Daten wird aufgezeigt, dass sich der Einfluss des modernen Wohlfahrtsstaates auf die Zivilgesellschaft zumindest in wirtschaftlicher Hinsicht
auf historischen Rekordwerten bewegt.

Im verbleibenden Teil des Kapitels werden Theorien und empirische Befunde zur Frage der Folgen weltwirtschaftlicher Veränderungen für den Staat
besprochen. Im Zentrum steht die Frage, ob nach dem in diesem Kapitel
nachgezeichneten Siegeszug des modernen Territorialstaates nun im Zeichen
der Globalisierung dessen Rückzug oder gar Demontage im Gange sei. Als

Ausgangspunkt beleuchte ich das Verhältnis von Staat und Markt, wie es in den herkömmlichen Meta-Theorien der Politischen Ökonomie erscheint. Danach kommt die Forschung zur Interdependenz, in der die jüngeren Arbeiten zur Globalisierungsfrage ihre Wurzeln haben, zur Sprache. Bei der Diskussion der bisherigen Forschung zur Globalisierungsproblematik komme ich zum Schluss, dass es an weitschweifigen Theoriedebatten nicht mangelt, dafür aber an systematischen und theoriegeleiteten empirischen Arbeiten.

Für die in den folgenden Kapiteln zu beantwortenden Fragen erweist sich ein Forschungsansatz, der oft als *second image reversed* bezeichnet wird, als am gewinnbringendsten.[1] Mit diesem Ansatz, der Ende der 1970er Jahre entstand, wird versucht, die Auswirkungen weltwirtschaftlicher Veränderungen auf Strukturen und Prozesse im Inneren von Staaten zu erfassen und zu erklären. Kapitel 2–6 dieses Buches knüpfen an zwei Forschungsrichtungen innerhalb des *second image reversed*-Ansatzes an. In der ersten werden mittels statistischer Analysen Auswirkungen weltwirtschaftlicher Einflussgrössen auf innerstaatliche Variablen untersucht. Solche Untersuchungen basieren auf dem Vergleich von mehreren bis vielen Ländern und Jahren. Die zweite Forschungsrichtung basiert auf qualitativen Fallstudien und befasst sich mit Regulierungsprozessen.

Damit ist die Analyse in den folgenden Kapiteln vorgezeichnet: In Kapitel 2 versuche ich mittels makro-quantitativer Methoden weltwirtschaftliche Veränderungen mit Veränderungen in der Staatätigkeit in Zusammenhang zu bringen. In Kapitel 3 entwickle ich eine Theorie, die erklärt, unter welchen Bedingungen Staaten ihre regulatorischen Eingriffe in das Marktgeschehen verstärken oder reduzieren. Diese Theorie wird anhand von drei Fallstudien in den Kapiteln 4–6 auf ihre Plausibilität hin überprüft. In Kapitel 7 gehe ich über die zwei genannten Forschungsrichtungen im Rahmen des *second image reversed*-Ansatzes hinaus, befasse mich jedoch ebenfalls mit den Auswirkungen weltwirtschaftlicher Veränderungen auf den Staat und somit die Grundstrukturen der internationalen politischen Ökonomie. In Kapitel 7 knüpfe ich an der weiter oben gemachten Beobachtung an, dass die weltwirtschaftliche Integration, aber auch die politische Fragmentierung zugenommen haben und versuche, diese zwei Trends in einen Zusammenhang zu bringen.

---

1 Der Begriff *image* bezieht sich auf verschiedene Erklärungsparadigmen. Ursprünglich bezogen sich drei *images* auf Ansätze zur Erklärung internationaler (In)Stabilität. *First image*-Erklärungen suchen die Ursachen in der menschlichen Natur, *second image*-Ansätze wiederum in politischen Strukturen und *third image*-Erklärungen im internationalen System (vgl. Waltz 1979).

1.1. Was bedeutet Globalisierung?

Obschon der Begriff in aller Munde ist, streiten sich Sozialwissenschaftler sowie wirtschaftliche und politische Praktiker seit Jahren darüber, was unter Globalisierung zu verstehen sei. Richard Barnet und John Cavenagh (1994: 14) behaupten gar:

> Globalisierung ist das modischste Wort der 1990er Jahre, so wunderbar und flexibel, dass man damit Alice im Wunderland verblüffen und die Rote Königin in Entzücken versetzen könnte, weil dieses Wort genau das aussagt, was auch immer der Anwender mit ihm ausdrücken möchte.

Die in der Literatur anzutreffenden Definitionen unterscheiden sich vorwiegend in ihrer Breite (McGrew 1998)[2]. Eine Vorreiterrolle bei der Einführung des Begriffs in die sozialwissenschaftliche Literatur hatte vor allem Marshall McLuhan, der schon in den 1960er Jahren anhand von Untersuchungen zu den Medien von einer "Kompression" und einem "Schrumpfen" der Welt sowie vom *global village* sprach (McLuhan/Powers 1995). Roland Robertson führte den Begriff in den 1980er Jahren in die Soziologie ein (vgl. Robertson 1992; Featherstone 1990). Vor allem in soziologischen Arbeiten sowie in Beiträgen konstruktivistischer Prägung finden sich sehr breite Definitionen der Globalisierung. Diese Autoren begreifen das Phänomen oft als gesellschaftlichen und kulturellen Prozess. Die Globalisierung erscheint hier als materielle, aber auch sozial konstruierte Lebenswelt, in der sich Bezugsräume ausdehnen und gleichzeitig verdichten. Globalisierung ist aus Sicht dieser Autoren ein im Wesentlichen von technologischen Innovationen verursachter Prozess, bei dem geographische Eingrenzungen durch soziale und kulturelle Bezugsrahmen schwinden und Menschen sich zunehmend bewusst werden, dass diese Eingrenzungen schwinden. Ereignisse und Strukturveränderungen in einem Teil der Welt haben in wachsendem Masse Auswirkungen auf entfernte Teile der Welt. Damit einher geht eine Bedeutungsänderung von Territorialität (vgl. Robertson 1992; Giddens 1990; Elkins 1995; Scholte 1996).

In breit angelegten Untersuchungen (vgl. Zürn 1998) wird das Phänomen in Anlehnung an die klassische Nationalismusforschung (vgl. Deutsch 1969; Hobsbawm 1992) bisweilen auch als "Denationalisierung" bezeichnet. Dieser Begriff betont einerseits die über wirtschaftliche Belange weit hinausreichende gesellschaftliche Bedeutung des Phänomens, andererseits auch die Tatsache, dass die damit erfassten Prozesse den Globus nicht flächendeckend umspannen.

---

2 McGrew (1998:300) identifiziert vier Thematiken, die den gängigen Definitionen der Globalisierung innewohnen: "Die Vorstellung materieller Wechselwirkungen; das subjektive Bewusstsein von *Globalität*; die Dynamik einer Raum-Zeit Verdichtung; und die veränderte Bedeutung von Territorialität (die Verschiebung der Geographie/Räumlichkeit von Machtbeziehungen)."

Er weist auch auf die Annahme der betreffenden Autoren hin, Globalisierungsprozesse würden den Zusammenhang zwischen Nationalstaaten und den auf diese Staaten bisher eng bezogenen Gesellschaften auflösen, was mit einer "Entgrenzung" der Welt verbunden sei.

In der politökonomischen Literatur, zu der auch das vorliegende Buch zählt, wird der Begriff häufig enger gefasst. Hier wird meist postuliert, dass Globalisierungsprozesse gleichzusetzen sind mit einer zunehmenden Ausdehnung und Intensität ökonomischer Austauschbeziehungen. Grenzüberschreitende Ströme von Waren, Dienstleistungen, Kapital, Wissen und auch Menschen nehmen zu. Als idealtypische Modelle fungieren die stark binnenwirtschaftlich orientierte "inter-nationale" Wirtschaft auf der einen und der vollständig globalisierte oder integrierte Weltmarkt auf der anderen Seite (Hirst/Thompson 1996). Im ersten Modell dominiert die binnenwirtschaftliche Aktivität. Die grenzüberschreitenden Transaktionen finden zwischen klar unterscheidbaren Wirtschaftsräumen statt, deren Grenzen entlang den staatlichen Grenzen verlaufen. Im Modell des Weltmarktes, der am Endpunkt der wirtschaftlichen Globalisierung steht, haben nationale Grenzen keine Auswirkungen mehr auf die Ströme von Produkten und Produktionsfaktoren. Multinationale Unternehmen werden in dieser Welt zu transnationalen Unternehmen, die keinerlei Bindungen mehr an den ursprünglichen Heimatstaat aufweisen. Deren Wertschöpfungsketten werden meist länger und orientieren sich nur noch an wirtschaftlichen Effizienzkriterien. Finanzmärkte können dann als integriert betrachtet werden, wenn vollständige Kapitalmobilität herrscht. Identische Zinssätze in verschiedenen Märkten sind ein Indikator für vollständige Kapitalmobilität. Dieser Indikator beruht auf der Annahme, dass bei vollkommener Kapitalmobilität für die gleichen Güter die gleichen Preise verlangt werden, unabhängig davon, auf welchem Markt eine Transaktion stattfindet (*law of one price*). Ein weiteres Indiz für zunehmende Kapitalmobilität ist die abnehmende Korrelation zwischen nationalen Spar- und Investitionsquoten. Wenn keine Kapitalverkehrsbeschränkungen bestehen, werden Investitionen effizient und damit implizit international und nicht unbedingt national getätigt (vgl. Garrett 1998).

Neomarxistische Definitionen der Globalisierung liegen irgendwo in der Mitte zwischen den breiteren, vorwiegend soziologischen oder konstruktivistischen und den meist etwas engeren, politökonomischen Definitionen. Neomarxisten beziehen sich bei Diskussionen zum Thema der Globalisierung oft auf die "Globalisierung des Kapitals", die Dominanz transnationaler Unternehmen in einem "neuen globalen Kapitalismus", die steigende "Internationalisierung kapitalistischer Produktionsverhältnisse", einen "entfesselten Weltmarkt", einen "ungehemmten Konkurrenzkampf" und andere Phänomene. Die meisten Autoren entwickeln jedoch keine klaren Definitionen des Begriffs, sondern beziehen sich vor allem auf die tatsächlichen oder vermeintlichen Entwicklungen in der Weltwirtschaft (vgl. Altvater/Mahnkopf 1996; Narr/Schubert 1994; Hirsch 1995).

Über die Vor- und Nachteile der einzelnen Definitionen liessen sich Bücher schreiben. Vor allem bei eher deskriptiven Untersuchungen oder schwergewichtig induktiven Forschungsanlagen kann es durchaus lohnenswert sein, mit einer sehr breiten Operationalisierung des Konzepts der Globalisierung zu arbeiten. Marianne Beisheim et al. (1998; vgl. auch Zürn 1998) beispielsweise unterscheiden fünf Dimensionen (Gewalt, Kommunikation und Kultur, Mobilität, Wirtschaft, Umwelt), die ein enormes Spektrum grenzüberschreitender Verflechtungen und Interaktionen abdecken. In zweierlei Hinsicht bieten allerdings die eng gefassten politökonomischen Definitionen klare Vorteile. Erstens lassen sich damit viele Dimensionen der wirtschaftlichen Globalisierung relativ systematisch erfassen, oft sogar mit quantitativen Daten, welche über eine grössere Zahl von Ländern und Jahren hinweg vergleichbar sind. Zweitens erlaubt eine enge Definition der Globalisierung eine klarere Unterscheidung von Ursachen und Wirkungen der Globalisierung auf der einen und den eigentlichen Globalisierungsprozessen auf der anderen Seite. Dieser Vorteil fällt um so gewichtiger aus, als ich in diesem Buch nach den Auswirkungen der Globalisierung auf "den Staat" und staatliche Handlungskapazitäten im Besonderen frage. Bei breiteren Definitionen, die eine "Entterritorialisierung" des Weltgeschehens (Brock/Albert 1995) schon beinhalten, ist eine solche Unterscheidung nicht mehr möglich. Der Gebrauch einer engen Definition der Globalisierung wird mir voraussehbarerweise den Vorwurf der Ökonomielastigkeit eintragen. Ein solcher Vorwurf ist wohl der Preis, der für eine systematische und positivistische Forschungsanlage zu zahlen ist. Um den Leser mit Wortwiederholungen nicht allzusehr zu quälen, verwende ich im Folgenden die Begriffe "wirtschaftliche Globalisierung", "grenzüberschreitende Integration der Märkte", "weltwirtschaftliche Integration" und "internationale Wirtschaftsverflechtung" synonym. Diese Begriffe benennen nicht einen Endzustand, sondern die Richtung, in der weltwirtschaftliche Prozesse verlaufen.

1.2. Strukturveränderungen in der internationalen politischen Ökonomie (IPÖ)

Letztlich ist der Streit darüber, was Globalisierung bedeutet, eine empirische und keine rein konzeptionelle Frage. Die meisten Autoren versuchen denn auch, ihren Definitionen etwas Datenmaterial beizufügen, um abzuschätzen, wie weit die Globalisierung, wie auch immer definiert, fortgeschritten ist. Je breiter die Definition ist, desto evidenter die Schwierigkeiten, eine systematische Beschreibung von Zuständen und Trends zu liefern. Deutlich wird dies beispielsweise in Büchern von Malcolm Waters (1995) und Marianne Beisheim et al. (1998), in denen die Autoren verschiedenste Dimensionen der Globalisierung diskutieren und empirisch zu beschreiben versuchen. So reicht denn auch das Spektrum der sozialwissenschaftlichen Forschung von Arbeiten, welche die Globalisierung klar und eng definieren und systematisch mit quantitativen Daten erfassen (z. B. Albert et al. 1997; Beisheim et al. 1998) über Arbeiten, die nur punktuelle oder anekdotische Evidenz liefern (Strange 1996), bis hin zu fast rein theoretischen Traktaten (Cerny 1993b, 1995). Da die Liste der Literatur, die Globalisierungsprozesse beschreibt, bereits sehr lang ist, beschränke ich mich im Folgenden auf einige zentrale Dimensionen der wirtschaftlichen Globalisierung sowie Veränderungen in den politischen Grundstrukturen der IPÖ, die für die vorliegende Untersuchung von besonderer Relevanz sind.[3]

Erstens hat sich das Ausmass der weltwirtschaftlichen Verflechtungen verändert. Trends dieser Art können anhand grenzüberschreitender Ströme von Waren, Dienstleistungen und Kapital im Verhältnis zu den binnenwirtschaftlichen Strömen sowie anhand spezifischer Indikatoren zum Integrationsgrad der Märkte erfasst werden. Die betreffenden Indikatoren geben in ihrer Gesamtheit damit auch Auskünfte über die Mobilität von Produktionsfaktoren. Wie Abbildung 1 zeigt, ist im Durchschnitt die Bedeutung des Aussenhandels im Vergleich zur Binnenwirtschaft über die Zeit hinweg tendenziell gestiegen (vgl. auch Chase-Dunn et al. 1999).

Abbildung 2 weist darauf hin, dass der Bestand an Direktinvestitionen im Vergleich zum Bruttoinlandprodukt zugenommen hat. Viele Ökonomen gehen mittlerweile davon aus, dass Direktinvestitionen den internationalen Handel als Motor der wirtschaftlichen Globalisierung abgelöst haben. Auch der über die Jahre hinweg massiv gestiegene Anteil des grenzüberschreitenden Handels innerhalb von Firmen, der mittlerweile über 30% des gesamten Handelsvolumens beträgt, deutet auf die zunehmende Bedeutung von Direktinvestitionen und die grenzüberschreitende Integration von Märkten hin. Im gleichen Sinne ist die weltweite Zunahme von Firmenzusammenschlüssen, Joint-ventures, strategischen Allianzen usw. zu interpretieren (vgl. UNCTAD 1998).

---

3   Strukturveränderungen in der internationalen politischen Ökonomie liessen sich auf beliebig vielen Dimensionen erfassen. Der Einfachheit halber beschränke ich mich auf drei. Susan Strange (1988) hingegen spricht von der Sicherheits-, der Produktions-, der Finanz- und der Wissens-Struktur der internationalen politischen Ökonomie.

Abbildung 1: Bedeutung des Aussenhandels im Vergleich zu den Binnenmärkten

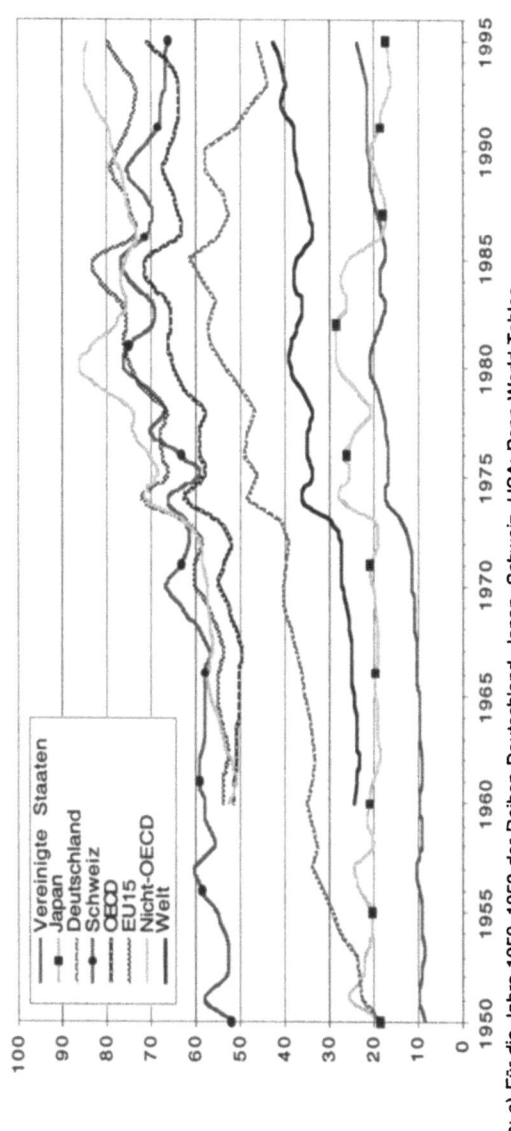

Aussenhandelsquote
(Exporte + Importe als % des BIP)

Quelle: a) Für die Jahre 1950–1959 der Reihen Deutschland, Japan, Schweiz, USA: Penn World Tables.
b) Für die Jahre 1950–1990 der Reihe Deutschland beziehen sich die Zahlen nur auf die BRD: Penn World Tables.
c) Alle anderen Zahlen: Weltbank: World Development Indicators, 1998.

Abbildung 2: Bedeutung der ausländischen Direktinvestitionen im Vergleich zur Grösse der Binnenwirtschaft

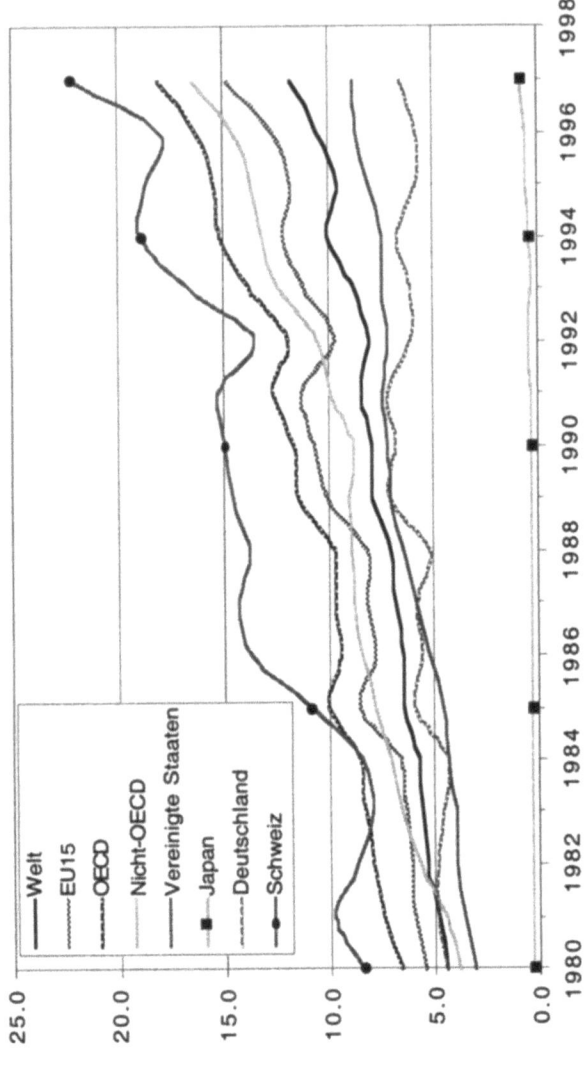

Foreign Direct Investment Inward Stocks (% of GDP)

Quelle: UNCTAD.

Ebenso zugenommen hat der Integrationsgrad der Finanzmärkte. Dieser lässt sich beispielsweise anhand eines Indexes von Dennis Quinn (1997) aufzeigen (Abb. 3). Dieser Index erfasst die durchschnittliche Offenheit der Finanzmärkte von OECD-Staaten. Er setzt sich zusammen aus Indikatoren für das Ausmass diverser nationaler Restriktionen im Finanzbereich und Indikatoren für die Beteiligung von Staaten an internationalen Abkommen, die eine Liberalisierung im Finanzbereich zum Ziel haben und damit die staatlichen Fähigkeiten zur Aufrechterhaltung von Restriktionen verringern.[4] In die gleiche Richtung wie der Index von Quinn deuten auch die massive Expansion der Eurogeldmärkte seit Anfang der 1970er Jahre sowie andere Indikatoren für die weltweite Integration der Finanzmärkte, zum Beispiel Zinskonvergenzen.

Abbildung 3: Liberalisierung des internationalen Kapitalverkehrs

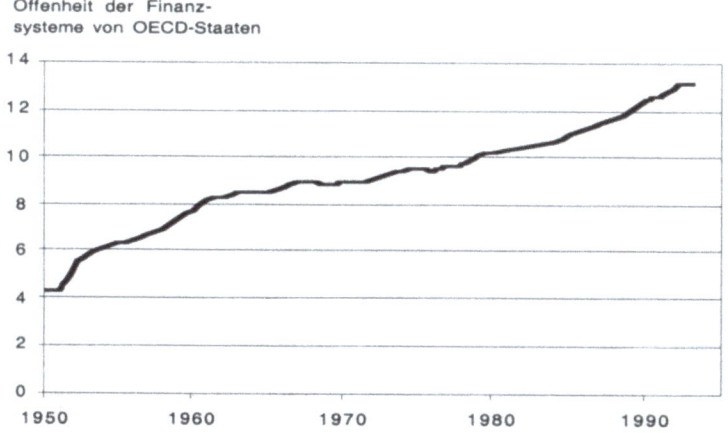

Quelle: Quinn 1997.

Dass die hier identifizierten Trends in Richtung verstärkter weltwirtschaftlicher Integration auch Grenzen haben, wird aus den verfügbaren Daten ebenso klar ersichtlich. Wirtschaftliche Integrationsprozesse sind geographisch sehr ungleichmässig verteilt: Die Globalisierung ist eine weltumspannende, aber keine flächendeckende Erscheinung (Ruloff/Holitscher 1997). Gemessen etwa am internationalen Handelsvolumen, dem Devisenhandel oder den Internet-

---

4   Dieser Index ist in Kapitel 2, Annex, beschrieben. Politökonomen (vgl. Garrett 1998) streiten sich seit langem darüber, ob grenzüberschreitende Transaktionen im Handels-, Finanz- und Produktionsbereich zuverlässigere Indikatoren für wirtschaftliche Globalisierungsprozesse bzw. verdichtete soziale Interaktionsräume sind als Indikatoren, die stärker auf Transaktionskosten und Konvergenz von Preisen aller Art ausgerichtet sind. Es ist jedoch hier nicht notwendig, sich für die eine oder andere Variante zu entscheiden.

Anschlüssen beschränkt sich die Globalisierungsdynamik weitgehend auf die westlichen Industriestaaten und die *emerging markets*. Der Rest der Welt, der den grösseren Anteil an der Weltbevölkerung und der Landfläche besitzt, bleibt wenigstens vorläufig von diesem Prozess weitgehend abgekoppelt. Selbst im OECD-Raum konzentriert sich beispielsweise die Investitionstätigkeit vorwiegend auf das Inland. So werden immer noch ungefähr 95% der Investitionen im jeweiligen Heimatstaat getätigt. Selbst die vermeintlichen Motoren der weltwirtschaftlichen Verflechtung, die multinationalen Unternehmen (MNU), erweisen sich bei genauerer Analyse mit ganz wenigen Ausnahmen (z. B. Nestlé, Schweizer Rück) immer noch als nationale Unternehmen mit internationalen Aktivitäten (vgl. Goldblatt et al. 1998; Weiss 1998; Neyer 1996; Thomson/Krasner 1989; Hirst/Thompson 1996; Albert et al. 1997).

Nichtsdestotrotz wäre es falsch, die gegenwärtigen Veränderungen in der Weltwirtschaft als unbedeutend abzutun. In der so oft als "globalisiert" bezeichneten Zeit vor dem Ersten Weltkrieg (z. B. Zevin 1992) beschränkte sich die weltwirtschaftliche Integration auf ganz wenige Bereiche, während die Verflechtungsprozesse heute auf viel breiterer Front vonstatten gehen, vor allem wenn nicht nur wirtschaftliche, sondern auch sicherheits- und umweltpolitische sowie kulturelle und kommunikationsbezogene Aspekte einbezogen werden. Atomwaffen, das Treibhausproblem oder das Internet existierten im 19. Jahrhundert schlicht noch nicht. Aber auch in Bezug auf Finanzen, Handel und die internationale Arbeitsteilung als solche ist der Weltmarkt spätestens seit den 1980er Jahren stärker integriert als in der Zeit vor dem Ersten Weltkrieg (vgl. Beisheim et al. 1998). In der Literatur zur Globalisierungsthematik taucht häufig die Frage auf, ob ein vollständig integrierter Weltmarkt heutzutage bereits bestehe. Die Antwort muss zweifellos verneint werden. Die vermutlich sinnvollere Frage ist allerdings die, in welcher Richtung Veränderungen spezifischer Natur verlaufen sind und wie stark diese Trends sind. Im Besonderen interessiert, ob Produkte und Produktionsfaktoren mobiler oder weniger mobil geworden sind.

Eine zweite Veränderung in der IPÖ besteht darin, dass sich die grenzüberschreitenden politischen Steuerungsstrukturen stark verändert haben. Die Zahl der internationalen Organisationen ist seit dem Zweiten Weltkrieg massiv gestiegen. Anfänglich befassten sich diese Organisationen mit sehr beschränkten technischen Fragen wie beispielsweise mit Abwicklung des grenzüberschreitenden Postverkehrs oder der Schifffahrt auf internationalen Flüssen. Heute kümmern sich die mittlerweile auf Tausende zu beziffernden Institutionen um zentrale Fragen wie den Weltfrieden, die Bewältigung der internationalen Verschuldung, Liberalisierung des Welthandels oder globale Umwelt- und Energieprobleme. Im Rahmen der Europäischen Union hat sich die internationale Zusammenarbeit in manchen Politikbereichen in Richtung supranationaler, das heisst dem Staat übergeordneter, Regierungsformen entwickelt. Dies betrifft vor allem die Wirtschaftspolitik, weit weniger jedoch die Aussen- und Sicherheitspolitik, die nach wie vor weitgehend in den Händen der Einzelstaaten bleibt. Parallel zur wachsenden Zahl der internationalen Organisationen und Verträge haben sich auch die grenzüberschreitend tätigen nichtstaatlichen Akteure fast explosionsartig vermehrt. Mittlerweile existieren mehrere zehntausend international operierende *non-governmental organizations* (NGOs) und mehrere zehntausend multinationale Unternehmen (MNU), denen viele Autoren einen stark gewachsenen Einfluss auf politische Prozesse und deren Ergebnisse zuschreiben (UNCTAD 1998; Mathews 1997).

Drittens scheint im internationalen System eine regelrechte Staaten-Inflation zu herrschen. Wie Abbildung 4 zeigt, hat seit Anfang dieses Jahrhunderts die Zahl der Staaten stetig zugenommen. Heute sind wir bei rund 200 angelangt. Nur in Europa existiert ein Trend in Richtung eines grösseren politischen Gebildes, obschon die Transformation der Europäischen Union in einen Bundesstaat in weiter Ferne zu liegen scheint (Bernauer/Moser 1995). Überall sonst sind, mit Ausnahme der bereits wieder untergegangenen Sowjetunion, in den letzten hundert Jahren keine grossen Staaten mehr entstanden. Im Gegenteil, Grossreiche sind nur noch zerfallen, einschliesslich das Osmanische Reich, Österreich-Ungarn, die Kolonialreiche und die Sowjetunion. Viele von Zerfallserscheinungen geprägte Staaten wie beispielsweise Russland, Ex-Jugoslawien und mehrere Staaten in Schwarzafrika und Asien lassen eine weitere Zunahme der Staatenzahl erwarten. Auch der ansonsten verhältnismässig stabile und von gewaltsamen Konflikten weitgehend verschonte OECD-Raum ist gegen politische Fragmentierungsprozesse nicht gefeit. So sind verschiedene zentrifugale politische Prozesse in hochentwickelten Industriestaaten zu verzeichnen, wie beispielsweise im Baskenland, in Quebec, Norditalien und Schottland. Ob und inwiefern diese politische Fragmentierung mit weltwirtschaftlichen Integrationsprozessen in Zusammenhang gebracht werden kann, untersuche ich in Kapitel 7.

Abbildung 4: Zahl der Staaten im internationalen System seit 1900

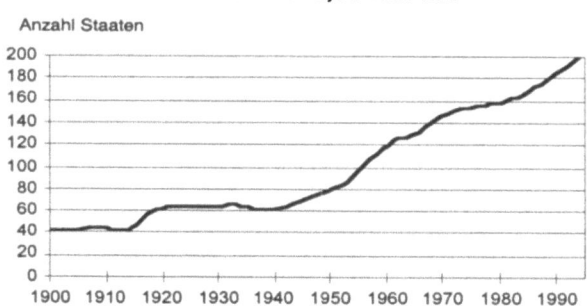

Quelle: Bernauer/Moser 1995.

35

Zusammenfassend lässt sich festhalten, dass das Ausmass der weltwirtschaftlichen Verflechtungen besonders seit den 1970er Jahren stark zugenommen hat. Diese Dynamik ist allerdings je nach Dimension, auf der diese Prozesse empirisch erfasst werden, und je nach Land unterschiedlich stark und ist vorwiegend auf die OECD-Welt konzentriert. Politische Steuerungsmechanismen jenseits des Nationalstaates, die sich unter anderem in der Anzahl internationaler Institutionen und nichtstaatlicher Organisationen äussern, haben zweifellos an Bedeutung gewonnen. Gleichzeitig sind politische Fragmentierungsprozesse zu beobachten, die von Dezentralisierungsbewegungen innerhalb einzelner Staaten bis zum Zerfall existierender Staaten und damit zur Vermehrung der Staatenzahl führen können.

1.3. Der Staat

Im Sinne eines umfassenderen Hintergrundwissens und als Ausgangspunkt für die Untersuchung von Konsequenzen weltwirtschaftlicher Veränderungen für die Handlungskapazitäten von Staaten erläutere ich im Folgenden den Werdegang des souveränen Territorialstaates sowie die grundlegenden Charakteristika dieses Staatstypus. Untersucht werden unter anderem die Fragen, wie und weshalb Staaten entstehen, weshalb sich der souveräne Territorialstaat als gesellschaftliche Organisationsform weltweit durchgesetzt hat und welches die konstitutiven Elemente dieses Staatstypus sind. Es zeigt sich, dass der moderne Wohlfahrtsstaat, eine spezielle Form des souveränen Territorialstaates, in Bezug auf seine Handlungskapazitäten den bisherigen Höhepunkt in einer langen historischen Entwicklung bildet. Damit ist eine Grundlage für die im Folgenden zu untersuchende Frage geschaffen, ob nun im Zeichen der Globalisierung ein Rückzug oder gar ein Niedergang des Staates zu beobachten sei.

1.3.1. Wie und weshalb entstehen Staaten?

Abhängig von der gewählten Staatsdefinition kann der Ursprung des Staates sehr unterschiedlich datiert werden. Werden Staaten als "Zwang ausübende Organisationen, die sich von Haushalten und Verwandtschaftsgruppen unterscheiden und innerhalb eines substanziellen Territoriums in bestimmten Bereichen eine klare Vormacht über alle anderen Organisationen besitzen" (Tilly 1990: 1), begriffen, lassen sich die ersten rudimentären Formen staatlicher Ordnung bereits im 6. Jahrtausend v. Chr. feststellen. Dieser weitgefassten Definition können verschiedenste Typen von Staaten zugeordnet werden, beispielsweise Kaiser- und Königreiche, Theokratien, Stadtstaaten, Städtebünde, religiöse Orden und Soldatengruppen. Diese Formen der Organisation von Gemeinwesen haben fast die gesamte Weltgeschichte, wie wir sie heute kennen, dominiert. Erst relativ spät, während der letzten drei bis vier Jahrhunderte, wichen diese Organisationsformen den modernen National- oder Territorialstaaten.

Der Frage, wie Staaten entstehen, sind bereits etliche Autoren nachgegangen, und entsprechend vielfältig fallen die Forschungsergebnisse aus (Tilly 1985; Mann 1990; Krippendorff 1985; Zürn 1998). In Anbetracht der mannigfaltigen, von Region zu Region variierenden und zeitlich bedingten Entstehungsgründe liegt es auf der Hand, dass eine schlüssige und einfache Antwort auf diese Frage nicht existiert. Im Zentrum der meisten Analysen steht, über sehr lange Zeiträume betrachtet, der Krieg. Staaten sind üblicherweise als Folge der Bemühungen von gewaltbereiten Gruppen entstanden, Macht über eine bestimmte Bevölkerung und deren Ressourcen zu gewinnen. Stiessen die nach einer Machtvermehrung strebenden Gruppen auf keine vergleichbare Gegenmacht, erfolgten Eroberungen. Waren Rivalen vorhanden, kam es zum Krieg. Gelang es den Eroberern oder Siegern, eine stabile Kontrolle über die unterworfene Bevölkerung herzustellen und sich einen gesicherten Zugang zu den vorhandenen Ressourcen zu verschaffen, wurden sie zu Herrschern. Um ihre Herrschaft abzusichern – sei es vor Gefahren von innen oder aussen – waren sie auf ein gewisses Mass an Administration angewiesen, was zur Herausbildung zumindest minimaler staatlicher Strukturen führte.

Auch nach der gewaltbegleiteten Gründung eines minimalen staatlichen Gebildes blieben Krieg und Kriegsvorbereitung die treibenden Kräfte im Staatenbildungsprozess. Dieser Zusammenhang zwischen Krieg und Kriegsvorbereitung einerseits und dem Aufbau staatlicher Strukturen andererseits wird ersichtlich, wenn man sich die wichtigsten Staatsaktivitäten und das Zusammenspiel zwischen denselben vergegenwärtigt. Um die eigene Existenz im zwischenstaatlichen Wettbewerb zu gewährleisten, konzentrierte sich gemäss Charles Tilly (1985) jeder Staat auf folgende vier Tätigkeitsfelder: a) *Staatenbildung* – Konkurrenten und Herausforderer innerhalb des vom Staat beanspruchten Gebietes oder Einflussbereichs zu unterwerfen bzw. zu kontrollieren; b) *Kriegsführung* – Rivalen ausserhalb des vom Staat beanspruchten Gebiets oder Einflussbereichs zu unterwerfen oder zu kontrollieren; c) *Schutz* – Rivalen der wichtigsten Verbündeten des Herrschers zu unterwerfen oder zu kontrollieren, wenn solche innerhalb oder ausserhalb des vom Staat beanspruchten Territoriums oder Einflussbereichs existierten; d) *Ressourcen eintreiben* – die für die erfolgreiche Umsetzung der drei erstgenannten Staatsaufgaben notwendigen Mittel von der unterworfenen Bevölkerung einzuziehen.

Vor allem in der Neuzeit begannen die meisten Staaten, drei weitere Aufgaben wahrzunehmen: a) *Konfliktlösung* – Streit zwischen einzelnen Gruppen oder Individuen innerhalb der unterworfenen Bevölkerung verbindlich bzw.

autoritär zu schlichten; b) *Verteilung* – die Allokation von Gütern zu beeinflussen; c) *Produktion* – die Herstellung und Transformation von Gütern und Dienstleistungen innerhalb der unterworfenen Bevölkerung zu kontrollieren.

Kriegsführung und Staatenbildung verstärkten sich gegenseitig, zumindest bis Staaten sichere und anerkannte Grenzen um grosse, aneinander grenzende Gebiete zu errichten begannen. Diese beiden Staatsaktivitäten führten zum Eintreiben von Ressourcen: Um bereits eroberte Gebiete zu sichern und sich auf allfällige kriegerische Auseinandersetzungen vorzubereiten, waren Herrscher darauf angewiesen, die dafür notwendigen Ressourcen von der unterworfenen Bevölkerung zu beschaffen. Üblicherweise waren aber die wichtigsten Gruppen innerhalb dieser Bevölkerung nur gegen starkem Druck oder gegen Kompensationen dazu bereit, den Herrschern diese Ressourcen zu gewähren. Das Eingehen von Allianzen mit den mächtigsten Bevölkerungsgruppen und der Versuch, von denselben Ressourcen zu erhalten, führten zu mehr staatlicher Aktivität im Bereich der *Schutzes*.

In dem Masse, in welchem der Staat das Eintreiben von Ressourcen und seine Schutzfunktionen ausbaute, verstärkten sich die Forderungen nach Konfliktlösung innerhalb der unterworfenen Bevölkerung und schliesslich nach der rechtlichen Regelung des Eintreibens von Ressourcen und Schutzfunktionen selbst. Im Laufe der Zeit nahmen die mit Konfliktlösung, Produktion und Verteilung umschriebenen Staatsaktivitäten im Vergleich zu den anderen Aktivitäten an Ausmass und Bedeutung zu, auch wenn Kriegsführung und Staatenbildung weiterhin eine fundamentale Rolle spielten.

Diese Entwicklung lässt sich wiederum anhand des Ringens von Herrschern mit mächtigen Bevölkerungsgruppen um die Bereitstellung von Zwangsmitteln erklären. Als Herrscher der eigenen Bevölkerung immer mehr Ressourcen für Kriege und sonstige Aktivitäten abverlangten, gelang es den wichtigsten Bevölkerungsgruppen in zunehmendem Masse, ihre Ansprüche an den Staat durchzusetzen und somit Staatsaktivitäten auch ausserhalb der Kriegsführung erfolgreich zu fordern. Die dabei entstandenen staatlichen Institutionen waren somit der Preis für und das Ergebnis von Verhandlungen zwischen Herrschern und mächtigen Bevölkerungsgruppen. Im übertragenen Sinne verwandelten sich somit Staaten im Lauf der Zeit von Kriegsmaschinerien zu multifunktionalen Organisationen mit relativ starker Regierungsbeteiligung verschiedener gesellschaftlicher Gruppen. Staaten behielten zwar weiterhin das Gewaltmonopol, betätigten sich aber zunehmend auch in regulativer, kompensatorischer, distributiver und protektiver Hinsicht.

Die wichtigsten organisatorischen Strukturen des Staates entstanden allerdings nicht nur als Folge der Bemühungen von Herrschern, die Mittel zur Sicherung der eigenen Macht zu erlangen, sondern auch als direkte Folge von Kriegen (Giddens 1985; Krippendorff 1985). Kriege erzeugten meist eine grössere Ausdehnung des Staatsapparates, sei es hinsichtlich der Zahl der "Staatsangestellten" (inklusive Soldaten), des Umfangs der Institutionen oder

der Grösse des Staatshaushaltes, der Schulden oder der geforderten Steuern. Armeen im Besonderen trugen entscheidend zur Entstehung staatlicher Organisationen bei. Einerseits, weil sie selbst mächtige und meist straff geführte Organisationen innerhalb des Staates und somit oft ein organisatorischer Nukleus desselben waren. Andererseits, weil ihre Entstehung und ihr Unterhalt komplementäre staatliche Organisationen wie Schatzämter, Versorgungsstätten, Einberufungs- und Steuerämter erforderten. Darüber hinaus mussten Herrscher immer wieder zur Kenntnis nehmen, dass, sobald sie Organisationen aufbauten, diese selbst allmählich eigene Interessen, Bedürfnisse und Ansprüche entwickelten, was wiederum eine Ausdehnung des bürokratischen Apparates zur Folge haben konnte.

Insbesondere der Übergang von relativ kleinen Söldnerheeren, auf welche die Herrscher vor dem 17. Jahrhundert noch kaum verzichten konnten, zu grossen, stehenden Armeen, die aus der eigenen Bevölkerung rekrutiert wurden, übte einen wesentlichen Einfluss auf die Entstehung staatlicher Strukturen, zumindest im europäischen Raum, aus. Mit einer ganzen Nation unter Waffen erhöhte sich einerseits die Extraktions-Fähigkeit des Staates – dieser Schritt bewirkte eine Verstärkung der direkten Herrschaft, indem er dem Staat eine weitreichende Kontrolle über seine Untertanen verlieh. Andererseits stiegen durch die Bildung grosser Volksheere die Ansprüche der betroffenen Bevölkerungsgruppen an den Staat. Anliegen wie Rechte und Vergütungen für ihre Dienste vermochten die Soldaten in zunehmendem Masse durchzusetzen, weil die Herrscher bis zu einem gewissen Grad auf ihre Dienste angewiesen waren.

Die bisherigen Ausführungen, die vorwiegend auf den Arbeiten von Charles Tilly (1985, 1990), Ekkehard Krippendorff (1985) und Michael Mann (1990) beruhen, fussen auf der Annahme, dass Staaten primär durch Kriege entstehen. Diese These ist nicht unumstritten, vor allem deshalb, weil die entsprechenden Autoren mit einem weit gefassten, wenig differenzierten Staatsbegriff operieren. Insbesondere die Erklärung der Entstehung der souveränen Territorialstaaten seit dem Ende des Mittelalters weist grundlegende Schwächen auf.[5] Die Frage, weshalb sich aus einer Vielfalt staatlicher Orga-

---

5   Die Zentralisierung der Regierungsgewalt, ein wichtiges Merkmal des Territorialstaates, kann nicht alleine durch Kriegsführung erklärt werden. Einerseits konnten die oft schwachen Könige kaum die wichtigsten "Lieferanten" von Schutz vor Gewalt sein. Der französische König war beispielsweise noch während des Hochmittelalters vielen Feudalherren in machtpolitischer Hinsicht unterlegen. Andererseits ist der mit den Innovationen im Militärbereich im 15. Jahrhundert einhergehende, erhöhte kompetitive Druck im internationalen System zeitlich nach der Zentralisierung der Regierungsgewalt in verschiedenen Staaten (z. B. Frankreich und England) entstanden. Charles Tilly erklärt den Selektionsprozess, durch den der Territorialstaat andere Organisationsformen verdrängte, durch Erfolge in der Kriegsführung. Im Zentrum dieser Erklärung steht die physische Grösse des nationalen Staates (grösseres Territorium und grössere Bevölkerung, ergo mehr Ressourcen für die Kriegsführung). Auch diese Erklärung bleibt unbefriedigend: Erstens lässt sich dadurch nicht erklären, weshalb sehr kleine Staaten (vor allem im Raum des heutigen

nisationsformen zwischen dem ausgehenden Mittelalter und dem 20. Jahrhundert eine einzige Form staatlicher Organisation, der souveräne Territorialstaat, weltweit etablierte und damit die moderne Staatenwelt zum zentralen Organisationsprinzip der IPÖ wurde, bleibt weitgehend unbeantwortet. Dieser Frage ist der folgende Abschnitt gewidmet.

1.3.2. Entstehung des souveränen Territorialstaates

Die meisten Autoren konstatieren, dass sich der Territorialstaat allmählich aus der feudalen Ordnung des Mittelalters entwickelte. Sie gehen von einem unilinearen Erklärungsansatz aus: Der Territorialstaat ersetzte feudale Organisationsformen, weil er sich im zwischenstaatlichen Wettbewerb, vor allem als Kriege seit dem 15. Jahrhundert kostspieliger und allmählich mit grossen stehenden Heeren ausgefochten wurden, als effizienter erwies. Bei dieser Erklärung wird jedoch übersehen, dass am Ende des Mittelalters in Europa, der Wiege des modernen Territorialstaates, drei unterschiedliche Staatsformen entstanden waren: Der souveräne Territorialstaat (z. B. in Frankreich und England); Städtebünde (z. B. die Hanse im heutigen Deutschland) und Stadtstaaten (z. B. im heutigen Italien). Diese drei Staatsformen hatten sich vielerorts gegenüber feudalen Organisationsformen (d. h. Feudalherren, katholische Theokratie und Heiliges Römisches Reich Deutscher Nation) durchgesetzt. Zu jenem Zeitpunkt war ganz und gar nicht ersichtlich, dass der souveräne Territorialstaat in Zukunft die beiden anderen Staatsformen verdrängen würde. Im Gegenteil, Stadtstaaten und auch Städtebünde schienen anfänglich dem territorialstaatlichen Modell sogar überlegen zu sein, vor allem hinsichtlich der Mobilisierung von Ressourcen. Der Stadtstaat Genua erwirtschaftete beispielsweise am Ende des 13. Jahrhunderts ein Mehrfaches der Einnahmen von Frankreich und konnte ohne weiteres eine Truppe von 40'000 Mann aufstellen. Die Hanse führte zwischen dem 14. und 17. Jahrhundert mehr oder weniger erfolgreich Kriege gegen England, Schweden, Holland und Dänemark.

Die bislang überzeugendste Antwort auf die Fragen, wie die drei genannten Staatstypen entstanden sind und weshalb sich das Organisationsmodell des souveränen Territorialstaates gegenüber alternativen Staatsformen durchgesetzt

---

Deutschland und Italien) bis ins 19. Jahrhundert überlebt haben. Zweitens widerspricht diesem Erklärungsmodell die Tatsache, dass es kleineren Staaten (z. B. Holland) gelungen ist, grössere Staaten in Bedrängnis zu bringen (z. B. Spanien). Hinzu kommt, dass vom Territorialstaat abweichende Staatsformen nicht zwingend durch eine entscheidende militärische Niederlage beseitigt wurden: Der Niedergang der Hanse dauerte sehr lange und kann nicht auf eine militärische Niederlage zurückgeführt werden – die Hanse löste sich erst 1669 auf. Obschon die Stadtstaaten Italiens mehrere Niederlagen gegen Territorialstaaten einstecken mussten, führten diese nicht zwingend zum Ende der Besiegten – das definitive Aus der Stadtstaaten in Italien erfolgte erst zur Zeit der Napoleonischen Kriege.

hat, findet sich in den Arbeiten von Hendrik Spruyt (1994a, 1994b), auf denen die folgenden Ausführungen weitgehend beruhen.

Der souveräne Territorialstaat, der Städtebund und der Stadtstaat, die drei gängigsten Staatsformen im spätmittelalterlichen Europa, können in institutioneller Hinsicht alle als Staaten bezeichnet werden, vor allem dann, wenn eine breite Definition des Staates zur Anwendung gelangt. Der souveräne Territorialstaat unterscheidet sich von den anderen beiden Staatsformen jedoch hinsichtlich des Souveränitätsprinzips. Dieses Prinzip besagt, dass die Autorität des Souveräns territorial beschränkt ist und dass dieser Souverän keine andere Autorität über sich selbst anerkennt. Mit Letzterem geht der Anspruch des Souveräns auf die höchste Autorität im Staatsinneren einher. Im souveränen Staat existiert somit eine klare interne Hierarchie. Die Stadtstaaten anerkannten zwar territorial definierte Grenzen ihrer Autorität, doch fehlte ihnen eine interne Hierarchie: Ihre Souveränität im Innern war fragmentiert. Den Städtebünden fehlten sowohl eine territoriale Beschränkung ihres jeweiligen Herrschaftsanspruches – die Städtebünde besassen kein einheitliches, in sich geschlossenes Gebiet und keine klaren Grenzen – als auch eine interne Hierarchie. In der Regel waren Städtebünde lose Konföderationen ohne einheitlichen Souverän.

Weshalb waren die drei genannten Staatsformen entstanden? Die feudale politische Ordnung des Mittelalters erwies sich in zunehmendem Masse als ungeeignet für das sich allmählich ausbreitende vorkapitalistische Umfeld. Letzteres manifestierte sich in Form eines erhöhten Wirtschaftswachstums und der Expansion des Fernhandels zwischen dem 11. und dem 14. Jahrhundert. Durch die wirtschaftliche Expansion wuchsen die Städte, und es entstand eine neue politische und soziale Interessengemeinschaft, diejenige der Handel treibenden Bürger. Die feudale Ordnung gewährte dieser neuen, aufstrebenden Bevölkerungsgruppe wenig politischen Einfluss und beschränkte ihr merkantiles Wachstum. Diese Ordnung war geprägt durch ein weitgehendes Fehlen schriftlich fixierter Gesetze und rationeller Prozeduren im Justizwesen. Sie war auch gekennzeichnet von sich gegenseitig überlappenden und rivalisierenden Jurisdiktionen, einer unüberblickbaren Vielfalt von Münzen, Gewichten und Messeinheiten sowie unklaren Eigentumsrechten. Diese Umstände behinderten den "translokalen" Handel in einer zunehmend monetarisierten Wirtschaft, indem sie hohe Informations- und Transaktionskosten für die Handel Treibenden verursachten. Die neuen Staatsformen, die gegen Ende des Mittelalters (spätestens zu Beginn des 14. Jahrhunderts) allmählich entstanden, waren daher in einem übertragenen Sinne breit angelegte Versuche, die Spannungen zwischen aufkommenden translokalen Märkten und bestehenden politischen Institutionen zu entschärfen.

Beim Umbau der bestehenden politischen Institutionen nahmen die Städte eine führende Rolle ein. Gestärkt durch die relative Machtverschiebung gegenüber anderen Akteuren (Feudalherren, Königen, Kirche) – die Städte wurden nicht zuletzt durch den expandierenden Handel reich – drängten die Städte auf eine Umwandlung der bestehenden politischen Institutionen, um ihre Interessen besser wahrnehmen zu können. Dieser Umbau beinhaltete unter anderem eine Rationalisierung der Wirtschaft und eine Zentralisierung des Justizwesens sowie einen Abbau der feudalen Beziehungen, um die hohen Informations- und Transaktionskosten zu senken. Um diese Ziele zu verwirklichen, mussten die Städte teilweise Koalitionen mit anderen sozialen Akteuren eingehen. Je nachdem wie und ob Koalitionen zwischen den Städten und anderen sozialen Gruppen zustande kamen oder nicht, resultierten verschiedene institutionelle Antworten auf die Krise der feudalen Ordnung: In Frankreich und England entstanden souveräne Territorialstaaten, in Deutschland organisierten sich die Städte in Städtebünden, und in Italien setzten sich die Stadtstaaten durch.

Weshalb setzte sich der souveräne Territorialstaat durch? Die erfolgreichste Institution ist, abgeleitet aus obigen Aussagen, erwartungsgemäss diejenige, welche die Probleme des feudalen Partikularismus am besten zu lösen versteht. Eine erfolgreiche Institution sollte insbesondere die Anzahl von sich gegenseitig überlappenden und rivalisierenden Jurisdiktionen reduzieren. Indem sie das Justizwesen und die Regierungsgewalt zentralisiert, kann sie auch die Nicht-Kooperation oder ein Trittbrettfahren ihrer Mitglieder verhindern. Im Weiteren sollte eine erfolgreiche Institution mittels einer internen Hierarchie die Anzahl von verschiedenen (lokalen) Gesetzen und Zöllen reduzieren, das Prozessverfahren standardisieren und Berufungsmöglichkeiten schaffen. In wirtschaftlicher Hinsicht sollte man den Erfolg der Institution daran messen können, inwieweit sie das Münzwesen zu zentralisieren und Gewichts- und Messeinheiten zu standardisieren vermag. Im Weiteren sollten sich Institutionen glaubwürdig gegen aussen verpflichten können (Spruyt 1994a: 539–40).

Die Herrscher souveräner Territorialstaaten hatten erkannt, dass eine Rationalisierung der Wirtschaft und die Förderung des Handels ihren eigenen Interessen zugute kamen. Im Inneren bekämpften sie den feudalen Partikularismus, um eine effiziente "innerstaatliche" Wirtschaft zu schaffen. Nach aussen schufen sie Bedingungen, die langfristiges, iteratives Verhalten vorhersehbar und relativ stabil machten. Dadurch erhielten sie die Unterstützung der Städte und damit auch der wichtigen Kapitalbesitzer. Indem sie die Wohlfahrt ihres Landes förderten, erhöhten sie ihre Fähigkeit, Ressourcen für ihre eigenen Interessen zu mobilisieren.

In Städtebünden fehlte das Souveränitätsprinzip. Es existierten weder interne Hierarchie noch klare territoriale Grenzen. Keine zentrale Autorität konnte auf legitime Art und Weise für sich beanspruchen, innerstaatliche Kollektivgüter bereitzustellen. So blieben wirtschaftliche Transaktionen instabil. Versuche zur Standardisierung von Münzen, Gewichten und Messeinheiten waren meist erfolglos. Auch die grosse Vielfalt sich gegenseitig überlappender und widersprüchlicher Gesetze konnte nicht beseitigt werden. Die

Durchsetzung gemeinsamer Beschlüsse, beispielsweise in der Hanse, blieb Sache der einzelnen Städte. Eine gegenseitige Kontrolle war nur in Ansätzen vorhanden. Das weitverbreitete Misstrauen zwischen den einzelnen Städten führte zum Trittbrettfahren bei der Bereitstellung von Kollektivgütern, zum Beispiel bei der Verteidigung. Die Herrscher von Territorialstaaten ihrerseits versuchten, die Mitglieder der Städtebünde gegeneinander auszuspielen. Das Fehlen einer internen Hierarchie führte zu Problemen, wenn es darum ging, sich glaubwürdig gegen aussen zu verpflichten. Eine Expansion der Städtebünde stiess dort an Grenzen, wo die Anwerbung neuer Mitglieder den Herrschaftsbereich souveräner Territorialstaaten tangierte. Schliesslich wurden Städtebünde wie beispielsweise die Hanse von den nationalen Territorialstaaten nicht als legitime Akteure anerkannt. Die Ineffizienzen bei der Mobilisierung der Bevölkerung und ihrer Ressourcen sowie die Schwächen in der Strukturierung ihrer Beziehungen zum äusseren Umfeld führten schliesslich zum Niedergang dieser Staatsform. Die Mitglieder von Städtebünden schlossen sich entweder bereits existierenden Territorialstaaten an oder kopierten schliesslich dieses Staatsmodell.

In den Stadtstaaten fehlte eine klare innere Hierarchie. Die von den mächtigen Städten unterworfenen Städte und Dörfer (das Untertanengebiet der Stadtstaaten) behielten eine grosse (lokale) Autonomie. Innerhalb der Stadtstaaten existierten rivalisierende Fraktionen, die um das Gewaltmonopol rangen. Unter diesen Bedingungen konnten die Stadtstaaten keine Rationalisierung der innerstaatlichen Wirtschaft erzielen. Die Standardisierung von Gewichten und Messeinheiten erfolgte meistens spät. Das Münzwesen hingegen konnte meistens zentralisiert werden. Die lokalen Gesetze blieben sehr heterogen. Anfängliche Versuche, Stadtstaaten in Territorialstaaten umzuwandeln, schlugen meistens fehl, und es konnte kein integrierter Wirtschaftsraum geschaffen werden. Nach aussen verhielten sich die Stadtstaaten wie Territorialstaaten: Sie anerkannten Grenzen ihres Herrschaftsanspruches und unterhielten einen standardisierten, diplomatischen Verkehr mit anderen Einheiten des internationalen Systems. Daher konnten sich Stadtstaaten im Gegensatz zu Städtebünden glaubwürdig gegen aussen verpflichten. Allerdings starben auch die Stadtstaaten allmählich aus – das endgültige Ende kam zur Zeit der Napoleonischen Kriege. Zwar wurden sie von anderen Einheiten des internationalen Systems als legitime Akteure anerkannt, doch führte das Fehlen von interner Hierarchie zu erheblichen Schwierigkeiten bei der Rationalisierung der Wirtschaft. Deswegen unterlag der Stadtstaat dem Territorialstaat im Selektionsprozess. Schliesslich blieb den Stadtstaaten nur noch die Nachahmung territorialstaatlicher Ordnungen oder der Anschluss an bereits existierende Territorialstaaten.

1.3.3. *Globalisierung des territorialstaatlichen Prinzips*

Das von Europa ausgehende territorialstaatliche Organisationsprinzip wurde in der Folge zur Grundstruktur der Gesamtheit der Staaten und damit auch des internationalen Systems schlechthin. Die Gründe für diese Globalisierung des souveränen Territorialstaates sind vielfältig. Erstens lässt sich auf sehr abstrakter Ebene aus oben Gesagtem schliessen, dass aufgrund der Vielfalt von abgegrenzten Jurisdiktionen in Europa kein territorialer Herrscher seine Untertanen in dem Masse ausbeuten konnte, wie dies einem feudalen Herrscher möglich war. Der Grund war, dass die Untertanen prinzipiell die Möglichkeit besassen, einen Territorialstaat zu verlassen und in einem anderen Umfeld Zuflucht zu suchen (vgl. die Flucht der Hugenotten aus Frankreich oder die Migration der Juden). Die Legitimitätsbasis und damit oft auch die Kohäsion souveräner Territorialstaaten waren deshalb meist grösser als im Falle anderer staatlicher Organisationsformen. Zweitens wurde die Entwicklung der einzelnen Territorialstaaten in Europa durch ein intensives und kompetitives Verhältnis zueinander vorangetrieben. Der Wettbewerb zwischen den Territorialstaaten förderte die innerstaatliche Entwicklung und institutionelle Innovation. Dies machte die europäischen Territorialstaaten vielfach zu militärisch und politisch schlagkräftigen Akteuren. Drittens waren Grossreiche wie beispielsweise China nicht kompatibel mit dem internationalen System der souveränen Territorialstaaten – nicht zuletzt, weil sie keine territorialen Grenzen ihres Herrschaftsanspruches anerkannten. Territorialstaaten besassen somit gute Gründe, nur ähnlich strukturierte Staatswesen anzuerkennen und wirksam in die internationale Arbeitsteilung zu integrieren. Somit blieben den nichtterritorialstaatlichen Staaten wichtige Vorteile der internationalen Zusammenarbeit weitgehend vorenthalten.

Die durch grössere wirtschaftliche Effizienz und straffere innerstaatliche Organisation gewonnenen Machtressourcen kamen spätestens im Zeitalter der Kolonialisierung seit dem 16. und 17. Jahrhundert verstärkt zur Geltung. Durch ihre Herrschaft über weite Gebiete Amerikas, Asiens, Ozeaniens und Afrikas legten die europäischen Staaten den Grundstein für die heutigen Territorialstaaten auf diesen Kontinenten. Als die Dekolonialisierungswelle nach dem Zweiten Weltkrieg einsetzte, standen für die betreffenden Unabhängigkeitsbewegungen allenfalls noch unterschiedliche Wirtschafts- und Regierungsmodelle, die in den existierenden Territorialstaaten in Ost und West bereits praktiziert wurden, zur Debatte; nicht mehr aber die Form des souveränen Territorialstaates selbst (Jackson/James 1993).

Die Tatsache, dass nach dem Zweiten Weltkrieg das Recht der Völker auf Selbstbestimmung von der Fähigkeit der Selbstorganisation im Rahmen eines Staates juristisch abgekoppelt wurde, verursachte allerdings gravierende Probleme, die bis heute in vielen Entwicklungsländern noch nicht gelöst sind. Noch in der Zwischenkriegszeit hatte der Völkerbund die althergebrachte

Doktrin aufrechterhalten, welche die Fähigkeit und das Recht zur Unabhängigkeit eng miteinander verknüpft. In der Resolution 1514 (XV) vom 14. Dezember 1960 hingegen beschloss die Generalversammlung der Vereinten Nationen, dass mangelnde Fähigkeiten auf politischem, wirtschaftlichem oder sozialem Gebiet kein Grund für den Aufschub der Unabhängigkeit sein dürften. Dieser Akt ist, was die grundlegende Organisation der Staatengemeinschaft betrifft, wohl die grösste völkerrechtliche Revolution der jüngsten Zeit. Zumindest juristisch hat sie eine völlig neue Ausgangslage geschaffen, indem sie die klassische Völkerrechtslehre (vgl. Verdross/Simma 1984), die definiert, welche Akteure als völkerrechtliche Subjekte gelten können, völlig durcheinander gebracht hat.

Mit Blick auf die lange Entwicklungsgeschichte der europäischen Staaten erstaunt es unter diesen Bedingungen nicht, dass viele neue Staaten, besonders in Afrika, nach nur wenigen Jahrzehnten der Unabhängigkeit noch nicht vollständig dem Prototypen des souveränen Territorialstaates entsprechen (zu den Grundelementen des souveränen Territorialstaates, vgl. den Abschnitt "Konstitutive Elemente des Westfälischen Staates"; vgl. auch Ayoob 1989; Singh/Bernauer 1993). Robert Jackson (1987) spricht gar von "Quasi-Staaten". Diese verdanken ihre Existenz primär der Anerkennung und Hilfe durch andere Staaten und internationale Institutionen (z. B. der Weltbank oder des Internationalen Währungsfonds). Viele Entwicklungsländer weisen klare territoriale Grenzen auf, innerhalb derer eine Regierung das Gewaltmonopol und sonstige exklusive Kontrollbefugnisse wie beispielsweise die Aussenbeziehungen beansprucht. De facto ist die Oberhoheit staatlicher Behörden über ihr Staatsgebiet in vielen Fällen umstritten und es existieren keine gefestigten und gut legitimierten Mechanismen des friedlichen Interessenausgleichs (fehlende interne Hierarchie). In diesen Defiziten liegt die Instabilität vieler der "neuen" Staaten begründet (vgl. Singh/Bernauer 1993). Bezeichnend ist allerdings, dass selbst im Falle "gescheiterter" Staaten die betreffenden Gebilde in den vergangenen Jahrzehnten nie von anderen Staaten absorbiert wurden. Entweder zerfielen diese Staaten, was in einer Vermehrung der weltweiten Staatenzahl resultierte (z. B. Äthiopien, Ex-Jugoslawien), oder retteten sich unter mehr oder weniger prekären Bedingungen und mit variierender Hilfe der internationalen Gemeinschaft über die Runden (z. B. Afghanistan, Somalia, Sudan, Kongo, vgl. Jackson 1982).

Die juristische Entkoppelung von staatlichen Fähigkeiten zur Unabhängigkeit und Anerkennungspraxis hat jedoch bis heute nicht zu der von manchen Autoren befürchteten Atomisierung in der Staatenwelt geführt – eine Gewährung der staatlichen Unabhängigkeit entlang ethnischer Linien könnte prinzipiell tausende von neuen Staaten zur Folge haben. Öyvind Österud (1997) führt das beschränkte Wachstum der Staatenzahl auf eine weniger juristische denn pragmatische Handhabung der *gatekeeper*-Funktion der bestehenden Staaten zurück. Gleichzeitig dürfte die Abhängigkeit der Quasi-Staaten von der Unterstützung anderer Länder und internationaler Organisationen längerfristig bewirken, dass diese Staaten sich weiter in Richtung des prototypischen souveränen Territorialstaates entwickeln, sozusagen in den Klub dieser Staaten sozialisiert werden (vgl. Schimmelfennig 1995). Damit dürfte sich das Problem eines explosionsartigen Wachstums der Zahl von Quasi-Staaten und das damit verbundene Konfliktpotential auch längerfristig als kontrollierbar erweisen.

Ein erneutes Wachstum der Anzahl souveräner Territorialstaaten erfolgte im Zusammenhang mit dem Ende des Kalten Krieges und dem Zerfall der Sowjetunion. Die Gründe dafür sind vielfältig und können hier nicht im Detail nachgezeichnet werden (vgl. Hobsbawm 1996; Cederman 1997; Jackson/James 1993). Meist hängt dieser Fragmentierungsprozess mit dem Unvermögen von Staaten zusammen, wichtige Regierungsziele, vor allem die innere und äussere Sicherheit, Wohlfahrt und kollektive Identität und Legitimität zu gewährleisten. Graham Fuller (1997: 11) schreibt dazu:

Diejenigen Staaten, welche mit ihren ethnischen Minderheiten nicht in einer Weise zurechtkommen, dass sowohl Missstände aus der Vergangenheit als auch zukünftige Aspirationen auf mehr Selbstbestimmung berücksichtigt werden können, sind dazu verurteilt auseinander zu brechen.

In diesem Sinne erstaunt es kaum, dass diejenigen Staaten, die seit 1989 auseinander gebrochen sind, Länder sind, die ethnisch oder kulturell sehr heterogen waren, starke Wohlstandsgefälle aufwiesen, sich in einer massiven Wirtschaftskrise befanden und ein Wegfallen äusserer Existenzbedrohungen zu verzeichnen hatten (Fuller 1997; Economist 19.12.1998: 19f.; Österud 1997).

Im Zusammenhang mit der Globalisierungsdiskussion stellt sich schliesslich die Frage, inwiefern weltwirtschaftliche Integrationsprozesse den Zerfall bestehender und damit auch die Entstehung neuer Staaten beeinflussen oder zumindest zentrifugale Tendenzen in bestehenden Staaten verursachen. Von zentralem Interesse in diesem Zusammenhang ist die Feststellung vieler Autoren, die zunehmende wirtschaftliche, kulturelle und soziale Integration der Welt gehe einher mit einer politischen Fragmentierung. Die Ansichten zur Frage ob Globalisierung die politische Fragmentierung fördere sind geteilt. Thomas Bernauer (1996a) und Michael Zürn (1998) beispielsweise gehen aus jeweils unterschiedlichen Gründen davon aus, dass die Globalisierung zentrifugalen Kräften Vorschub leiste. Nicola Phillips (1998) hingegen argumentiert anhand einer Untersuchung lateinamerikanischer Staaten, dass es ein "Paradox der Staatsmacht" gebe. Einerseits habe die Internationalisierung dieser Staaten deren Handlungsautonomie gegen aussen reduziert, andererseits aber die Handlungskapazitäten gegen innen verstärkt. In Kapitel 7 gehe ich dieser Frage im Detail nach.

1.3.4. Konstitutive Elemente des Westfälischen Staates

Der souveräne Territorialstaat ist ein Idealtypus, dem nur wenige Staaten dieser Erde vollumfänglich entsprechen. Da die Handlungskapazitäten von Staaten in diesem Buch als zentrale Analysekategorie figurieren, und da Begriffe wie Souveränität, Autonomie und Territorialität, aus denen sich ein Bezug zur Frage der Handlungskapazitäten ergibt, in der Globalisierungsdiskussion omnipräsent sind, ist es allerdings sinnvoll, die wesentlichen Elemente des souveränen Territorialstaates, die bisher in meiner Argumentation nur verstreut zur Sprache kamen, auf einen Nenner zu bringen.

Der Westfälische Friede, der im Jahre 1648 das Ende des Dreissigjährigen Krieges besiegelte, wird gemeinhin als Beginn des modernen Staatensystems begriffen. Damals sicherten sich die Staaten Europas gegenseitig zu, keine gleichgesinnten religiösen Gruppierungen in anderen Staaten mehr zu unterstützen. Sie verpflichteten sich somit zur Nichteinmischung in die inneren Angelegenheiten anderer Staaten. Gleichermassen sollte es keine den Staaten übergeordnete (supranationale) Macht geben. Diese internationale Vereinbarung war der Ausgangspunkt für die territorial bezogene Autorität des modernen Staates. Dieses in Europa geprägte Staatsmodell kam im 18. Jahrhundert in den USA, im 19. Jahrhundert in Lateinamerika und im 20. Jahrhundert praktisch in der ganzen restlichen Welt zur Anwendung – das erfolgreichste europäische Exportgut aller Zeiten (Anderson 1996; Jackson/James 1993).

Der Nationalismus des 19. und 20. Jahrhunderts verstärkte die Dominanz des Staates, indem er politische Macht mit kultureller oder sogar ethnischer Homogenität verknüpfte. Zusammen mit der Demokratisierung politischer Systeme, ausgehend von den USA und Teilen Westeuropas, verstärkte diese Homogenität in der Regel die Legitimität von Regierungen und somit auch ihre Kontrollmöglichkeiten im jeweiligen Territorium (z. B. zu Zwecken der Steuererhebung oder Kriegsführung). Kulturelle Homogenität und Demokratie (in verschiedenen Ausprägungen) sind bezeichnenderweise ein fester Bestandteil der "nationalen Selbstbestimmung" im Rahmen zeitgenössischer Debatten um das Anrecht bestimmter Populationen auf einen eigenen Staat.

Der modernen Staatenwelt liegen somit souveräne Institutionen zu Grunde, welche die ausschliessliche Autorität innerhalb ihrer eigenen geographischen (territorialen) Grenzen beanspruchen. Der Westfälische Staat ist also eine Organisation politischer Autorität, die auf den Grundsätzen der Territorialität und Autonomie beruht (vgl. Krasner 1995: 115ff). Territorialität bedeutet, dass der Staat seine politische Autorität in erster Linie über ein klar definiertes geographisches Gebiet (sein Hoheitsgebiet) ausübt, und nicht direkt über Menschen. Autoritätsstrukturen, die diesem Modell nicht entsprechen, sind zum Beispiel politische Steuerungsstrukturen sowie supranationale Gebilde wie die Europäische Union, oder die katholische Kirche. Autonomie bedeutet, dass kein externer Akteur seine Autorität innerhalb der Grenzen eines bestimmten Staates ausüben kann. Beispiele für Abweichungen von diesem Idealtypus sind: die weltweite Einflussnahme der katholischen Kirche auf Fragen der Geburtenkontrolle und Abtreibung; vom Internationalen Währungsfonds verordnete Strukturanpassungsprogramme; von der EU vorgeschriebene Mindestsätze für die Mehrwertsteuer; internationale Protektorate, wie diejenigen in Bosnien und Kosovo. Autonomie ist somit gleichzusetzen mit der Handlungsfähigkeit von Staaten bzw. deren Handlungsspielräumen.

In diesem Buch gehe ich davon aus, dass Souveränität den Hoheitsanspruch und die rechtliche (nicht die De-facto-)Unabhängigkeit von Staaten umschreibt (Held 1995: 100). In der gängigen Literatur zu Fragen staatlicher Souveränität wird der Begriff allerdings meist weiter gefasst. Stephen Krasner (1995: 118f.) unterscheidet vier Konzeptionen der Souveränität. In der vergleichenden Politikwissenschaft wird Souveränität oft gleichgesetzt mit dem Ausmass der Kontrolle öffentlicher Institutionen und der Organisation von Autorität innerhalb der Staatsgrenzen. Institutionalistische Theorien der Internationalen Beziehungen betrachten die Souveränität meist im Sinne des Ausmasses an Kontrolle staatlicher Organe über grenzüberschreitende Transaktionen. Für Völkerrechtler besteht Souveränität aus dem Recht eines Staates, internationale Verträge einzugehen. Schliesslich lässt sich Souveränität auch als ein institutioneller Rahmen zur Organisation politischer Prozesse begreifen, der auf den Prinzipien von Territorialität und Autonomie beruht. Souveränität ist somit ein vielschichtiges Phänomen. Beispielsweise kann eine Einbusse an Souveränität bei der Kontrolle grenzüberschreitender Transaktionen zu Einbussen an Souveränität im Inneren des Staates führen. Oder die Wahrnehmung völkerrechtlicher Souveränität kann zu einer Reduktion der grenzüberschreitenden Wirtschaftstransaktionen führen. Wie Stephen Krasner (1995: 121) richtig feststellt: "Es gibt keine einheitliche Bedeutung von 'Souveränität', weil die Bedeutung des Begriffs vom theoretischen Kontext, in dem er gebraucht wird, abhängt." Ich werde auf die Begriffe der Territorialität, Autonomie und Souveränität wieder zu sprechen kommen, wenn es um den Stand der Forschung zu den Konsequenzen der Globalisierung geht.

1.3.5. Der moderne Wohlfahrtsstaat

Der in der Weltwirtschaftskrise der Zwischenkriegsjahre lancierte Ausbau der politischen und wirtschaftlichen Steuerungsmöglichkeiten des Staates in den Industrieländern mündete in die Schaffung moderner Wohlfahrtsstaaten (Grimm 1996). Diese erheben, nebst den traditionellen Staatsaufgaben, zwei Ansprüche. Erstens betreiben sie aktiv Politiken, die auf eine Förderung des wirtschaftlichen Wachstums abzielen. Diese Ziele sollen durch die Schaffung bzw. Sicherstellung effizienter Märkte und der dafür notwendigen Rahmenbedingungen (z. B. Eigentumsrechte, Währung, Infrastruktur) erreicht werden. Zweitens überlässt der moderne Wohlfahrtsstaat die Verteilung des erwirtschafteten Wohlstands nicht alleine den Märkten, sondern verteilt Wohlstand über verschiedenste Mechanismen um (z. B. Sozialhilfe, Alters- und Krankenvorsorge, Steuerpolitik). Diese Umverteilung erfolgt zum Zwecke der Erhaltung gesellschaftlicher Stabilität und zur Befriedigung bestimmter, auch zeitabhängiger, Gerechtigkeitsnormen.

Der Auf- und Ausbau dieser Tätigkeiten erforderte eine bereits von Charles Tilly thematisierte Expansion grundlegender Staatsfunktionen wie *extraction, distribution, production* und *adjudication*. Die bis in die 1990er Jahre hinein in den meisten Ländern steigenden Staats- und Steuerquoten (Anteil der Staatsausgaben bzw. Steuern am BIP) können als Indikatoren für diese enorme Ausweitung staatlicher Tätigkeit seit Anfang dieses Jahrhunderts dienen (Abb. 5 und 6). 1996 erwirtschafteten die OECD-Staaten 8 Billionen US$ an Steuern. Dies sind 37.7% ihres BIP und damit der grösste Betrag, seit diese Daten von der OECD systematisch erhoben werden (1965). Der historische Trend im Durchschnitt steigender Steuerquoten ist somit an einem neuen Höhepunkt angelangt. Die Staatsquote stieg im Durchschnitt aller OECD-Länder von 29% im Jahre 1970 auf 33% im Jahre 1980 auf 36% im Jahre 1990 und auf fast 38% im Jahre 1996. Nur gerade in Belgien, Irland, Luxemburg, den Niederlanden, Mexiko, Norwegen und Grossbritannien sind die Steuerquoten seit 1985 leicht gefallen. Deutschland weist 1996 die gleiche Steuerquote wie 1985 auf.

Seit den 1960er Jahren ist in den Industriestaaten auch ein markanter Anstieg der staatlichen Sozialausgaben zu beobachten (Abb. 7). Auffällig ist die Erhöhung der Ausgaben in den Jahren 1974/75, welche auf die Ölkrise und die nachfolgende tief greifende Rezession zurückzuführen ist. Eine ähnliche Erhöhung der Sozialleistungen lässt sich auch während der Rezession zu Beginn der 90er Jahre erkennen. Ein weiteres Indiz für die expandierende Staatstätigkeit ist die Zunahme der im öffentlichen Sektor Angestellten (Abb. 8).

Der Aufstieg des modernen Wohlfahrtsstaates zur mächtigsten gesellschaftlichen Institution ging weitgehend zur Zeit des Kalten Krieges vonstatten. Während in den ehemals kommunistischen Ländern die staatliche Aktivität im Zeichen der Planwirtschaft stand (und in ganz wenigen Fällen auch noch heute steht), glaubte ein Grossteil der staatstragenden Eliten im Westen, dass eine geschickte staatliche Steuerung, zum Beispiel in Form einer antizyklischen Wirtschaftspolitik bzw. einer geschickten Geld- und Fiskalpolitik, Vollbeschäftigung und stetiges Wachstum sichern könnte. Der Kalte Krieg zementierte diesen Zustand, indem er den Staat als einzigen Garanten für die Sicherheit des jeweiligen Gesellschaftssystems erscheinen liess. Wirksame wirtschaftliche und soziale Regulierung durch den Staat wurde in Ost und West gar als Voraussetzung militärischer Verteidigungsbereitschaft gesehen. Paradebeispiele sind die Landwirtschafts- und Energiepolitik in Europa. Eine Schwächung oder ein Niedergang des Staates würden den Gegner zu Versuchen

Abbildung 5: Staatsausgaben als % des BIP 1870 – 1995

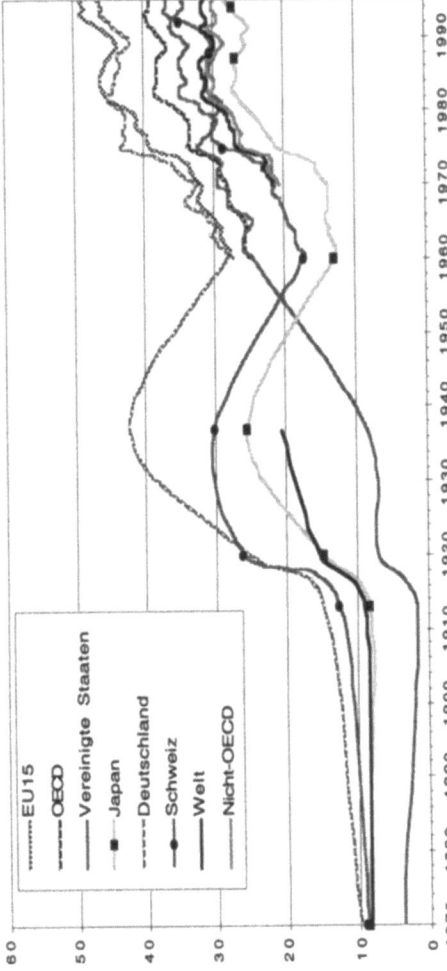

Quellen: a) Für die Jahre 1870, 1913, 1920 und 1937: Tanzi/Schuknecht, The Growth of Government and the Reform of the State in Industrial Countries, IMF Working Paper, International Monetary Fund, December 1995. Bemerkung: Für die Jahre 1870, 1913, 1920 und 1937 entsprechen die
Zahlen der Reihe "Welt" dem Mittel aus den folgenden Ländern: Belgien, Deutschland, Frankreich, Italien, Japan, Kanada, Niederlande, Norwegen,
Österreich, Spanien, Schweden, Schweiz, Vereinigtes Königreich, Vereinigte Staaten. Bei fehlenden Werten für die vier ausgewählten Jahre wurde
jeweils der nächstliegende Wert nach 1870, vor 1913, nach 1920 und vor 1937 berücksichtigt.
b) Für die Jahre ab 1960 der Reihen EU15, Vereinigte Staaten, Japan, Deutschland und Schweiz: OECD: Historical Statistics, 1997.
c) Für die Jahre ab 1970 der Reihen Welt und Nicht-OECD: Worldbank: World Development Indicators, 1998.

Abbildung 6: Staatliche Steuereinnahmen als % des BIP in OECD-Staaten, 1965–1995

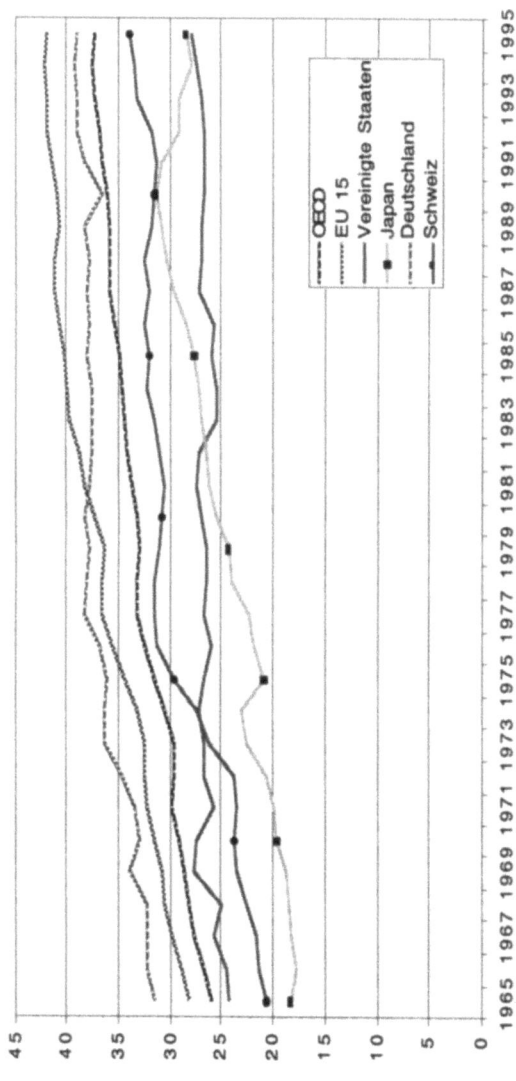

Quelle: OECD, Historical Statistics 1997.

Abbildung 7: Sozialausgaben gemessen als % des BIP

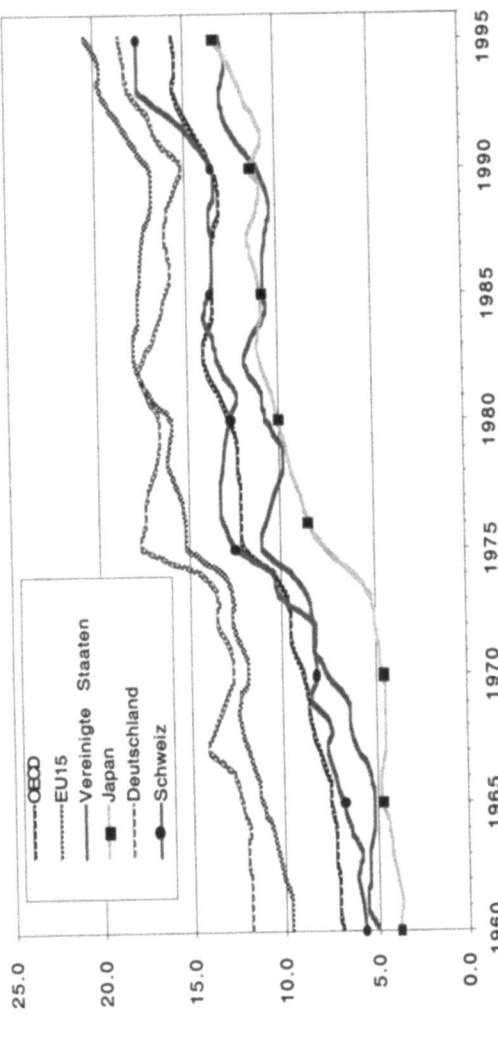

Quelle: OECD Historical Statistics, 1997 (definiert als Social Security Transfers).

Abbildung 8: Angestellte im öffentlichen Sektor in OECD-Staaten (in % aller Angestellten)

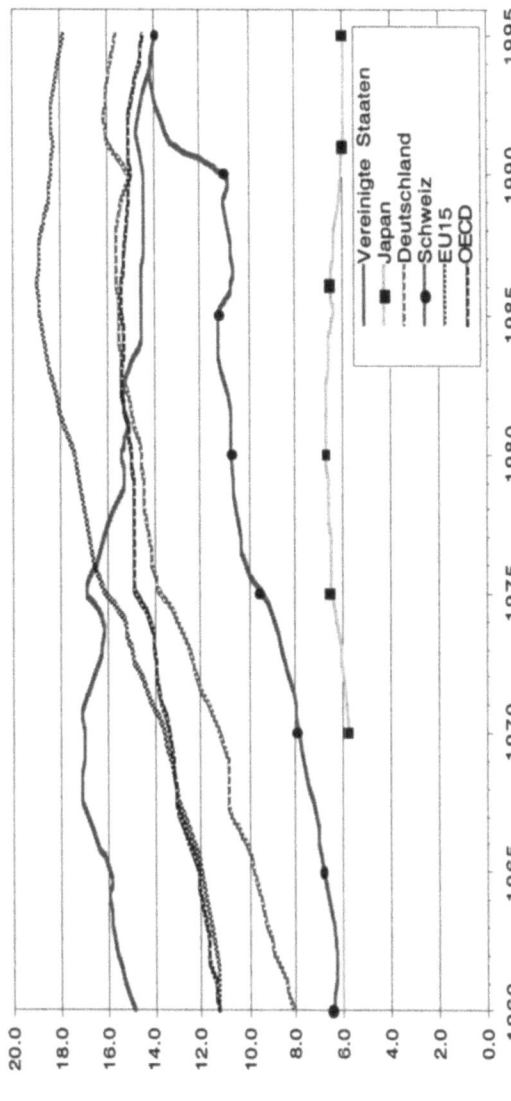

Quelle: OECD, Historical Statistics 1997.

der Unterwanderung oder gar zum militärischen Angriff einladen. In diesem Sinne erwies sich der Staat – zumindest in den Industriestaaten – als weitgehend stabil. Bewaffnete Konflikte traten mit wenigen Ausnahmen nur in den Randzonen der beiden Machtblöcke und der Dritten Welt auf. In den USA und der Sowjetunion wie auch in den direkten Einflusszonen der beiden Supermächte waren relative Stabilität und wachsender Wohlstand zu verzeichnen (Singer/Wildavsky 1993).

1.4. Folgen der wirtschaftlichen Globalisierung: Theorien und empirische Befunde

Die hegemoniale Stellung der USA kurz nach dem Zweiten Weltkrieg wich im militärischen Bereich seit den 1950er Jahren einer Parität mit der Sowjetunion und einer Festigung der beiden Militärblöcke, die durch die NATO und den Warschauer Pakt institutionalisiert wurden. Ende der 1980er Jahre begann sich diese bipolare Struktur des internationalen Systems mit dem Niedergang der Sowjetunion aufzulösen. Damit verbunden sind Verschiebungen in der relativen Machtposition einzelner Staaten. Im Sinne der Fähigkeit zur weltweiten Machtprojektion ist die USA Ende der 1990er Jahre die einzige verbliebene Supermacht. Die NATO verbleibt als weltweit schlagkräftigste Allianz. In wirtschaftlicher Hinsicht machte die Vormachtstellung der USA bereits ab den 1970er Jahren einer Tripolarität (USA, Japan/Asien, Europa) Platz. Diese wirtschaftliche Tripolarität wird sich mit dem weiteren Aufstieg der *emerging markets* vor allem in Asien anfangs des nächsten Jahrhunderts relativieren, aber wohl nicht zu einer eigentlichen Multipolarität führen.

Schon früher, besonders ab den 1970er Jahren, akzentuierten sich technologische, wirtschaftliche und soziale Prozesse, die, wie oben dargelegt, unter dem Stichwort der Globalisierung zusammengefasst werden können. Das Wegfallen des Ost-West-Antagonismus und die Transformation der ehemaligen Planwirtschaften zu mehr oder weniger marktwirtschaftlich verfassten Staaten haben dieser Entwicklung zweifellos eine zusätzliche Dynamik verliehen. Während sich also die relative Machtposition einzelner Staaten im internationalen System, und damit auch die Machtstruktur dieses Systems als solche verändert hat, postulieren nun viele Beobachter und Praktiker der Weltpolitik, dass sich auch bei den Grundeinheiten des internationalen Systems selbst, den Staaten, etwas verändert habe. Dieser *doppelte Strukturwandel* (Bernauer 1997) – Machtverschiebungen plus Globalisierung – ist besonders seit Mitte der 1990er Jahre von der Frage begleitet, ob und inwiefern Staaten und internationale Institutionen bei in wachsendem Masse pluralistischen Autoritätsstrukturen (vgl. Cerny 1993a) innerstaatliche und grenzüberschreitende Probleme verschiedenster Natur überhaupt noch lösen können, seien es

Armut, Umweltprobleme, Arbeitslosigkeit, Finanzkrisen, organisierte Kriminalität, bewaffnete Konflikte usw.

Auf den ersten Blick erscheint die empirische Evidenz widersprüchlich. Die zunehmende Zahl der internationalen, supranationalen und nichtstaatlichen Organisationen und Akteure sowie verschiedenste Diskussionen um die Krise oder gar das Scheitern von Staaten deuten auf eine Verlagerung von Entscheidungs- und Handlungszentren weg vom Staat hin. Diese Verlagerung scheint nach allen Seiten stattzufinden: nach oben, in Richtung supranationaler Institutionen; horizontal, indem Staaten im Rahmen internationaler Zusammenarbeit einen Teil ihrer territorial bezogenen Handlungsautonomie gegen die Möglichkeit der Kontrolle des Verhaltens anderer Staaten eintauschen – die Souveränität wird zum Zwecke der Produktion von Kollektivgütern zusammengefasst (gepoolt) (Keohane 1995); und schliesslich nach unten, hin zu nichtstaatlichen Organisationen oder zum Markt, im Falle effizienter Märkte die dezentralisierteste Form der Entscheidungsfindung schlechthin.

Die beobachtete Staaten-Inflation andererseits scheint im Gegensatz zu den vorher genannten Trends zu stehen: Wenn doch der Staat (so wird angenommen) zunehmend an Bedeutung verliert, weshalb wollen dann offenbar immer mehr Menschen einen eigenen und implizit kleineren Staat? Ähnliches gilt für die im vorhergehenden Abschnitt aufgezeigte Expansion der Staatstätigkeit. Einerseits monieren viele Autoren, der Staat verliere an Einfluss und Bedeutung. Andererseits zeigen die Daten, dass der über die Staatskasse fliessende Anteil am BIP kontinuierlich gestiegen ist.

In den Medien wie auch in grossen Teilen der sozialwissenschaftlichen Fachliteratur wird sehr oft die These vertreten, dass Globalisierungsprozesse die Handlungsfähigkeit von Staaten nach einer langen Phase der Expansion der staatlichen Einflussnahme nun zunehmend einschränken oder Staaten gar entmachten. Susan Strange (1996) spricht vom "Retreat of the State", Kenichi Ohmae (1995a) vom "End of the Nation State", Joseph Camilleri und Jim Falk (1993) vom "End of Sovereignty", Wolf-Dieter Narr und Alexander Schubert (1994) von der "Misere der Politik" gegenüber der Weltökonomie, Jürgen Neyer (1996) von "Jenseits des sozial kompetenten Staates". Dies ist ein Frontalangriff auf eine grundlegende Annahme der IPÖ. Das wichtigste Merkmal der modernen Staatenwelt, der Grundstruktur der IPÖ schlechthin, ist die gegenseitige Abgrenzung von Territorien und die exklusive Kontrolle von Staaten über ihre jeweiligen Territorien – das heisst die Dominanz des Westfälischen Staates. Globalisierung verursacht, so die gängige These, einen zunehmenden Verlust an souveräner Kontrolle und führt so zur Aufweichung oder gar zum Obsoletwerden traditioneller nationaler Grenzen. Globalisierung bewirke somit eine *Entterritorialisierung* wirtschaftlicher Produktions- und Tauschsysteme und gesellschaftlicher Aktivität ganz allgemein (vgl. Brock/Albert 1995).

Dieser These wird von anderen Autoren widersprochen. Linda Weiss (1998) spricht vom "Myth of the Powerless State", Paul Hirst und Grahame Thompson (1996) von "Globalization in Question". Andere Autoren wiederum argumentieren, dass die Globalisierung ein "Paradox der Staatsmacht" bewirkt: Staaten bzw. Regierungen werden im innerstaatlichen Bereich mächtiger, während ihre Handlungsautonomie gegen aussen sinkt (Phillips 1998).

Im Folgenden diskutiere ich den Stand der Forschung zur Frage der Konsequenzen von Globalisierungsprozessen für den Staat. Ich gehe dabei von generellen Überlegungen zum Verhältnis von Staaten und Märkten in den traditionellen Meta-Theorien der Politischen Ökonomie sowie der älteren Interdependenzliteratur aus, stelle die wichtigsten der in der neueren Literatur auftauchenden Thesen vor und beleuchte zentrale empirische Befunde.

1.4.1. Staaten und Märkte: Ein theoretischer Rückblick

Die Frage nach staatlichen Handlungskapazitäten unter Bedingungen weltwirtschaftlicher Integration ist eine Frage nach dem Verhältnis von Staat und Markt. Als Ausgangspunkt für die Diskussion zum Stand der Forschung seien deshalb einige Bemerkungen zum Verhältnis von Staat und Markt in den herkömmlichen Meta-Theorien der Politischen Ökonomie erlaubt.[6]

Die klassischen Ökonomen erfassten mit dem Begriff Politische Ökonomie ein System der Bedürfnisbefriedigung, das über die Familie hinausreichte und auf bestimmten Strukturen der Arbeitsteilung innerhalb eines Landes beruhte. Dieses System basierte auf Austauschbeziehungen zwischen unabhängigen Besitzern verschiedener Produktionsfaktoren und Güter. Das Gesellschaftssystem war in dieser Sichtweise in klar abgegrenzte Bereiche der Politik und der (depolitisierten) Wirtschaft unterteilbar. Die Ökonomie war nur insofern politisch, als ihre Grenzen politisch definiert waren, vor allem durch die Landesgrenzen und die Abgrenzung zwischen politischem und (privat-) wirtschaftlichem Bereich.

Die marxistische Politische Ökonomie lehnt sich erstaunlich stark an die Lehre der klassischen Ökonomen an, was Aussagen über das Funktionieren des kapitalistischen Wirtschaftssystems betrifft. Politische Ökonomie ist für Marx eine Analyse der Anatomie der Zivilgesellschaft, vor allem des Marktes als Kernelement des nichtpolitischen Teils der Gesellschaft. Im Gegensatz zur klassischen Ökonomie gilt jedoch das Hauptinteresse der marxistischen Theorie der Kritik an der ungleichen Wohlstandsverteilung, die aus den vorherrschenden Marktstrukturen hervorgeht, und den daraus abgeleiteten politischen Handlungsanleitungen. Marx, Engels und ihre Schüler versuchen zu belegen, dass das kapitalistische Wirtschaftssystem, wie es auch die klassischen Öko-

---

6 Eine ausführlichere Darstellung der hier diskutierten Theorien findet sich beispielsweise in Caporaso/Levine 1993.

nomen beschreiben, mit unlösbaren Klassengegensätzen verbunden ist und unweigerlich zu einer politischen Infragestellung oder gar Zerstörung der damit einhergehenden politischen Institutionen, des kapitalistischen Staates, führt. In der marxistischen Staatstheorie ist der Staat der politische Überbau des kapitalistischen Wirtschaftssystems. Die Gesellschaft ist eine Klassengesellschaft und der Staat vertritt die Interessen der dominierenden Klasse (der Kapitalbesitzer). In dieser Konzeption kommt – obschon Marx den Begriff Politische Ökonomie verwendet und die politisch/normative Komponente seiner Aussagen stark betont – das Primat der Wirtschaft zum Ausdruck.

In den 1870er Jahren begann mit dem Aufstieg der neoklassischen Theorie ein Prozess, der zu einer bis heute vorherrschenden Trennung von Wirtschaftswissenschaften auf der einen und Staats- oder Politikwissenschaften auf der anderen Seite führte. Damit geht auch ein Wandel im Verständnis der Beziehungen zwischen Politik und Wirtschaft einher. Die neoklassische Wirtschaftstheorie interessiert sich ausschliesslich für nutzenmaximierende Individuen, die sich in mehr oder weniger effizient funktionierenden Märkten bewegen. Das Ökonomische an der Gesellschaft sind ihre Märkte. Solange diese Individuen ihre Bedürfnisse in den Märkten ausreichend befriedigen können, sind politische Prozesse für die Theorie nicht von Interesse. Ausmass und Funktionen staatlichen Handelns werden durch die Effizienz der Märkte bestimmt. Politische Massnahmen sind vor allem dann erforderlich und damit für den Ökonomen interessant, wenn Märkte versagen (z. B. im Falle externer Effekte) bzw. bestimmte, für die Gesellschaft und ihre Märkte unabdingbare Güter aus der individualistischen Marktlogik heraus nicht oder nur unzureichend produziert werden (z. B. öffentliche Sicherheit, eine funktionierende Währung, wirksame Eigentumsrechte).

Die bedeutendste Kritik an diesem starken Vertrauen in effiziente Märkte und an der den Märkten untergeordneten Rolle des Staates ist diejenige von John Maynard Keynes. Dieser legte anhand von Untersuchungen zur grossen Depression der 1930er Jahre dar, dass jenseits der Problematik öffentlicher Güter und externer Effekte der Markt bisweilen nicht mehr zu gesamtgesellschaftlich sinnvollen Gleichgewichten zurückfindet. In der Theorie von Keynes spielt der Staat eine zentrale Rolle bei der Arbeitsmarktpolitik und der Konjunktursteuerung.

Insofern sich die am Ende der 1990er Jahre dominierende neoklassische Wirtschaftslehre für politische Prozesse überhaupt interessiert, versucht sie im Rahmen der "Neuen Politischen Ökonomie" bzw. der *Public Choice*-Theorie ihre traditionellen Konzepte des methodologischen Individualismus auf nichtwirtschaftliche Bereiche (in welchem Sinne auch immer definiert) anzuwenden. Diese Ansätze sind bisher jedoch eher eine Randerscheinung in der Wirtschaftswissenschaft als Ganzes geblieben, obschon die Defizite der Mainstream-Ökonomie evident erscheinen. Andrej Shleifer und Robert Vishny (1999) argumentieren in ihrem Buch "The Grabbing Hand" (im Gegensatz zur *helping hand* des Staates bei Marktversagen und der *invisible hand* in effizienten Märkten) gar, dass die Annahmen vieler Ökonomen über die Rolle das Staates völlig falsch seien.

Die Politikwissenschaft, inklusive der Lehre von den Internationalen Beziehungen, hat sich in der Zeit nach dem Zweiten Weltkrieg über weite Strecken genau in die entgegengesetzte Richtung bewegt. Sie hat zunehmend das Politische ins Zentrum der Analyse gestellt. In dieser Sichtweise ist Politik weit autonomer gegenüber anderen gesellschaftlichen Bereichen als dies viele Marxisten und neoklassische Ökonomen behaupten. Im Vordergrund standen vor allem in der Zeit des Kalten Krieges Machtverhältnisse als Determinanten politischer Prozesse und Entscheidungen. Auch die internationale Wirtschaftspolitik wurde unter dem Blickwinkel der Machtpolitik analysiert. Untersuchungen zum Aufstieg und Niedergang der OPEC und der neuen Weltwirtschaftsordnung in den 1970er Jahren sind Paradebeispiele (vgl. Krasner 1995). Die neoklassische Wirtschaftstheorie ihrerseits operierte, und tut es heute noch, mit eng definierten Konzepten der Macht (vgl. Theorien über Mono- oder Oligopole).

Besonders seit den 1980er Jahren lässt sich wieder eine gewisse Annäherung der beiden Disziplinen feststellen, indem das Interesse der Ökonomie an politischen Prozessen und Institutionen allgemein stark zugenommen hat und auch Modelle zur Anwendung gelangen, die psychologische und andere Einflussgrössen einbeziehen und einen verfeinerten Umgang mit Machtphänomenen zulassen. Politikwissenschaftler ihrerseits interessieren sich besonders im Rahmen der IPÖ viel stärker für wirtschaftswissenschaftliche Theorien und *Rational Choice*-Ansätze als noch vor zehn Jahren.

1.4.2. Von der Interdependenz zur Globalisierung

In diesem Abschnitt versuche ich, die Theoriebildung der vergangenen 30 Jahre zur Beziehung zwischen Weltwirtschaft und Staatenwelt in groben Zügen nachzuzeichnen. Besonders in den 1970er und 1980er Jahren war in der Lehre von den Internationalen Beziehungen häufig von zunehmender *Interdependenz* der Staaten, das heisst gegenseitiger Abhängigkeit und Verwundbarkeit, die Rede. Viele der massgebenden Autoren gingen anfänglich von einem liberal-idealistischen Verständnis aus, das auf das Gedankengut von Klassikern der Wirtschaftswissenschaften (z. B. Adam Smith, David Ricardo) zurückgeführt werden kann und auch in der Zwischenkriegszeit schon die Diskussion dominierte (Muir 1932). Diese Beobachter der internationalen Politik erwarteten von einer wachsenden internationalen Interdependenz eine Zivilisierung der internationalen Beziehungen, vor allem einen Rückgang kriegerischer Auseinandersetzungen.

Dieser *idealistischen* Sichtweise folgte erst Anfang der 1970er Jahre, und nach langjähriger Dominanz des *realistischen*, machtpolitischen Paradigmas, eine *positivistische*. Neu wurde nun danach gefragt, wie gross die Interdependenz denn tatsächlich sei und welche Konsequenzen sie habe. Diese positivistische Wende ist weitgehend auf die Erdölkrisen von 1973 und 1979, das Ende des Bretton-Woods-Systems der fixierten Wechselkurse 1971/73 und andere weltpolitische Umbrüche der 1970er Jahre zurückzuführen. Diese Ereignisse führten einer breiten Öffentlichkeit die gegenseitige, und nicht unbedingt nur positiv zu bewertende, Abhängigkeit nationalstaatlich organisierter Gesellschaften drastisch vor Augen. Hinzu kamen Diskussionen um den "nuklearen Winter", der die spätestens seit der Kuba-Krise von 1962 sattsam bekannte gegenseitige Verwundbarkeit im Nuklearwaffenbereich, das Gleichgewicht des Schreckens, nochmals drastisch in Erinnerung rief (Greene et al. 1985), sowie die neomalthusianischen Diskussionen um die Begrenztheit natürlicher Ressourcen und das "Raumschiff Erde", das heisst die Furcht vor dem weltweiten ökologischen und damit auch ökonomischen Kollaps (Meadows 1972).

Mit diesem Wandel der Betrachtungsweise entstand auch eine wissenschaftliche Debatte, in der die heutige Globalisierungsdiskussion ihre Wurzeln hat. Die einen Autoren behaupteten, die internationalen Beziehungen seien zunehmend durch wechselseitige Abhängigkeiten und damit einen Bedeutungsverlust nationalstaatlicher Politik bei gleichzeitigem Bedeutungsgewinn der internationalen Zusammenarbeit geprägt. Andere Exponenten der Debatte postulierten, dass in den hoch entwickelten Industriestaaten die Ausweitung der Staatstätigkeit und die differenzierte Ausgestaltung politischer Steuerungsinstrumente zu einer Relativierung internationaler Einflüsse und damit zu mehr Unabhängigkeit geführt hätten. Viele Autoren begnügten sich allerdings mit einer ausschliesslich deskriptiven Untersuchung der "komplexen Interdependenz" (Cooper 1968; Keohane/Nye 1977; Jones 1995).

In der Retrospektive erweist sich der wissenschaftliche Nutzen der Interdependenzdebatte als eher beschränkt. Das starke praxeologische Interesse an einem "Management der Interdependenz" verleitete viele Forscher dazu, ohne angemessene empirische Erfassung der im internationalen System erfolgten Veränderungen sogleich zur Kontroverse um die Einschätzung der Auswirkungen von Interdependenz auf die Gestaltungsmöglichkeiten innerstaatlicher und internationaler Politik zu schreiten. Die begriffliche Fassung dessen, was unter Interdependenz zu verstehen sei, blieb in vielen Arbeiten ebenso unterentwickelt wie die Beantwortung der Frage nach den Triebkräften der nationalen und internationalen Politik (Kohler-Koch 1990).

Ohne dass die wichtigsten Fragen beantwortet waren, gingen die meisten Autoren in den 1980er Jahren zu einer bis in die 1990er Jahre anhaltenden und über weite Strecken wenig fruchtbaren Debatte zwischen (Neo-)Realisten und neoliberalen Institutionalisten über (Keohane 1986; Baldwin 1993). Die Resultate der Forschung zur Interdependenz waren hierbei nur insofern nützlich, als sie den Institutionalisten halfen, ihr Weltbild gegenüber demjenigen des etablierteren und aus den politischen Erfahrungen des Zweiten Weltkrieges gestärkt hervorgegangenen (Neo-)Realismus abzugrenzen. Die Institutionalisten postulierten vor allem, die gestiegene Interdependenz habe zu einem wachsenden internationalen Kooperationsbedarf beigetragen. Die anfängliche Behauptung, die Nachfrage nach internationalen Steuerungsmechanismen jenseits des Nationalstaates führe auch, quasi automatisch, zu einem vermehrten Angebot an solchen Strukturen, erwies sich bei genauem Hinsehen jedoch bald als wenig stichhaltig und sehr anfällig für tautologische Schlüsse – internationale Institutionen existieren, weil eine Nachfrage nach ihnen besteht; die Nachfrage ist anhand der existierenden Institutionen ersichtlich. Die einzige These, die der systematischen Prüfung recht gut standgehalten hat, ist die, dass durch steigende Interdependenzen Kriege, zumindest zwischen hochentwickelten Demokratien, unwahrscheinlicher werden. Die hinter dieser empirisch klar nachweisbaren Korrelation stehenden Kausalitäten bleiben allerdings umstritten (Keohane/Nye 1977; Risse-Kappen 1994). Eine weitere Hypothese, dass zunehmende Interdependenzen die politische Integration in Richtung supranationaler Gebilde vorantreiben, liess sich hingegen kaum bestätigen (Deutsch 1957; Kohler-Koch 1990; Jones 1995).

Das institutionalistische Paradigma, die dominierende Denkschule in der Lehre von den Internationalen Beziehungen in den 1980er und 1990er Jahren, zumindest im angelsächsischen und deutschen Sprachraum, fragte vorwiegend nach den Bedingungen für erfolgreiche internationale oder supranationale Zusammenarbeit. Vergleichbar mit dem (Neo-)Realismus figurierte der Staat als zentrale Konstante in der Theorie. Die Frage, ob sich die Staaten selbst als Folge der "komplexen Interdependenz" (Keohane/Nye 1977) in ihrer Funktion und Bedeutung verändern und damit selbst zu einem zu erklärenden Phänomen würden, wurde nur ganz am Rande thematisiert.

Jenseits dieser Debatte zwischen Neorealisten und neoliberalen Institutionalisten begannen sich Ende der 1970er Jahre einige wenige Politökonomen mit der Frage zu beschäftigen, wie genau weltwirtschaftliche Veränderungen auf den Staat bzw. die innerstaatliche Politik einwirken. Meilensteine sind unter anderem die Arbeiten von Gourevitch (1978), Katzenstein (1978, 1985), Cameron (1978) und Rogowski (1989). Gourevitch (1978) und Katzenstein (1978) analysierten, wie internationale Entwicklungen politische Koalitionen im innerstaatlichen Bereich und damit auch die Aussenpolitik von Staaten beeinflussten. Katzenstein (1985) untersuchte, wann und wie kleine Staaten, die weltwirtschaftlichen Veränderungen bzw. Krisen ausgesetzt waren, mehr oder weniger erfolgreich darauf reagierten. Er identifizierte die korporatistischen Strukturen dieser Staaten als institutionellen Mechanismus, um den gesellschaftlichen Konsens, der für die erfolgreiche Anpassung an wirtschaftliche Veränderungen notwendig war, zu erzielen. Weiterführende Arbeiten in dieser Tradition (z. B. Garrett und Lange 1996; Vogel 1996; Armingeon 1996) knüpfen am grundlegenden Argument Katzensteins an, dass politische

Strukturen im Inneren von Staaten die Wechselwirkungen zwischen Weltwirtschaft und innerstaatlichen Interessen und Verhaltensweisen (z. B. in der Fiskal- oder Arbeitsmarktpolitik) stark beeinflussen. Cameron (1978), an dessen Arbeit in Kapitel 2 dieses Buches angeknüpft wird, kam zum Ergebnis, dass eine stärkere aussenwirtschaftliche Verflechtung von Staaten mit der Weltwirtschaft eine Expansion des öffentlichen Sektors bewirke.

In seinem Buch "Commerce and Coalitions" griff Rogowski (1989) ein bereits 1941 von Stolper und Samuelson formuliertes Argument auf, welches die Kosten- und Nutzeneffekte des Aussenhandels für verschiedene gesellschaftliche Gruppen erklärt, und untersuchte es anhand historischer Fallstudien. Seine Arbeit steht für eine Forschungsrichtung der jüngsten Zeit, in der unter Rückgriff auf wirtschaftswissenschaftliche Theorien versucht wird, die Präferenzen und das Verhalten innerstaatlicher Akteure (z. B. Koalitionsbildung, Aussenhandelspolitik) durch die sie betreffenden aussenwirtschaftlichen Umstände zu erklären. In weiterführenden Arbeiten (z. B. Frieden/Rogowski 1996; Milner 1988) wurde versucht, die Erklärung von Präferenzen und Verhalten nicht nur auf Besitzer einzelner Produktionsfaktoren zu beziehen, sondern auch auf einzelne Wirtschaftssektoren und Firmen. Dadurch lassen sich auch die innerstaatlichen Konfliktlinien in Fragen der Aussenwirtschaft ausdifferenzieren.

Als Ausgangspunkt für diese Art der Argumentation wird meist angenommen, dass weltwirtschaftliche Integrationsprozesse, wenn man deren Effekte aufs Wesentlichste reduziert, die relativen Preise von Waren, Dienstleistungen, Produktionsfaktoren usw. verändern. Globalisierungspozesse bewirken in dieser Sichtweise v. a. Veränderungen der Preise internationaler im Vergleich zu innerstaatlichen Transaktionen. Diese Veränderungen der Preise ziehen Veränderungen der Kosten- und Nutzenerwartungen im Inneren von Staaten nach sich. Daraus lassen sich Hypothesen zu den Präferenzen von Akteursgruppen ableiten. Frieden und Rogowski (1996) z. B. identifizieren drei diesbezügliche Theorien. Erstens besagen aus dem Heckscher-Ohlin-Modell und dem Stolper-Samuelson-Theorem abgeleitete Hypothesen, dass eine Liberalisierung des Aussenhandels die Besitzer von weniger knappen Produktionsfaktoren gegenüber den Besitzern von knapperen Produktionsfaktoren begünstigt. Letztere werden sich, im Gegensatz zu ersteren, gegen Liberalisierungsschritte wehren. Gesellschaftliche Konfliktlinien entwickeln sich hier entsprechend der Ausstattung eines Landes mit Produktionsfaktoren. Zweitens prognostiziert der Ricardo-Viner-Ansatz sektorspezifische Auswirkungen der Veränderung relativer Preise. Präferenzen für oder gegen eine Öffnung der Märkte variieren mit der Standortgebundenheit von Investitionen und der Wettbewerbsfähigkeit von bestimmten Sektoren auf dem Weltmarkt. Drittens lassen sich aus Argumenten zu Skaleneffekten und gesamter Faktorproduktivität Hypothesen ableiten. Firmen, die von Skaleneffekten profitieren können, befürworten eine Öffnung der Märkte, während kleinere Firmen dagegen sind.

Firmen, die schon stark in die globalen Märkte integriert sind und das nötige Know-how dafür besitzen, befürworten eher die Öffnung der Märkte. Wie sich diese Präferenzen vermittels politischer Prozesse in Entscheidungen und staatliches Handeln umsetzen, ist schwerlich verallgemeinerbar. Es ist jedoch davon auszugehen, dass, wie von Katzenstein und anderen Autoren postuliert, staatliche Institutionen diese Vorgänge stark beeinflussen und wiederum von diesen Vorgängen beeinflusst werden. Das heisst weltwirtschaftliche Integrationsprozesse haben Auswirkungen auf staatliche Politiken und gleichzeitig auch innerstaatliche politische Strukturen.

Dem *second image reversed*-Ansatz, wie er in den Arbeiten Gourevitchs, Katzensteins, Camerons, Rogowskis und anderer Autoren zum Ausdruck kommt, ist auch das vorliegende Buch verpflichtet. Die folgende Analyse geht allerdings insofern über die genannten Arbeiten hinaus, indem sie diesen Ansatz explizit mit der Frage nach den Folgen wirtschaftlicher Globalisierung für staatliche Handlungskapazitäten verknüpft und damit eine Verbindung zur Globalisierungsdiskussion herstellt.

1.4.3. Wo steht die Forschung 1999?

Die Globalisierungsforschung kann zumindest in Teilen als Versuch betrachtet werden, die im Zusammenhang mit der Interdependenzdiskussion vernachlässigten und vom *second image reversed*-Ansatz in die neuere Forschung eingebrachten Fragen aufzugreifen und zu beantworten: Was bedeutet Globalisierung und inwiefern lässt sie sich empirisch beobachten? Welche Ursachen liegen ihr zu Grunde? Welche Konsequenzen ergeben sich daraus? Das Konzept der Globalisierung unterscheidet sich von der Interdependenz nach gängiger Meinung vor allem dadurch, dass die Ausdehnung und Frequenz der grenzüberschreitenden Transaktionen und Verflechtungen, so die Vermutung, noch weiter zugenommen haben (Bernauer 1997). Damit stellen sich die bereits früher formulierten, aber nicht schlüssig beantworteten Fragen nach der Veränderung wirtschaftlicher, politischer und sozialer Bezugsräume sowie der Bedeutung staatlicher Grenzen, des Idealtypus des Westfälischen Staates und der politischen Steuerungskapazitäten noch ausgeprägter.

Der sozialwissenschaftlichen Forschung zu den Folgen der Globalisierung für den Staat mangelt es nicht an weitschweifigen Theoriedebatten und damit verbundenen Hypothesen, sondern an systematisch durchgeführten empirischen Arbeiten (vgl. McGrew 1998; Beisheim/Walter 1997). Die zentralen Hypothesen und die noch spärlichen empirischen Befunde lassen sich den weiter oben dargelegten konstitutiven Elementen des Westfälischen Staates zuordnen: Territorialität, Autonomie und Souveränität.[7]

---

7   Als Alternative liessen sich die gängigen Hypothesen in der Globalisierungsdiskussion
    drei Denkschulen zuordnen (vgl. McGrew 1998). Die *Globalisierungstheoretiker* be-

Viele Autoren prognostizieren als Folge der Globalisierung eine Entterritorialisierung der internationalen Beziehungen (sofern letzterer Terminus bei Zutreffen der Hypothese überhaupt noch sinnvoll ist), eine Restrukturierung sozialer Räume, eine zunehmende Nichtterritorialität, ein *unbundling* oder *rebundling* von territorialen Einheiten, ein *disembedding* von Märkten aus territorialen Bindungen usw. (vgl. Elkins 1995; Waters 1995; Altvater/Mahnkopf 1996; Hirsch 1995). David Elkins (1995: 87f.) beispielsweise behauptet, Kapitalismus und Territorialstaat hätten sich über grosse Zeiträume hinweg gegenseitig unterstützt. Nun befinde sich die Wirtschaft in einer Phase der Loslösung vom Territorialstaat, während auch die externen Effekte der Wirtschaftsaktivität zunehmend nationalstaatliche Grenzen überschritten. Der Soziologe Malcolm Waters (1995) argumentiert, es seien vor allem kulturelle Beziehungen, die sich vom Staat am meisten lösten. In seinen Worten: "[...] materielle Austauschbeziehungen lokalisieren; politische Austauschbeziehungen internationalisieren; und symbolische Austauschbeziehungen globalisieren [...]" (Waters 1995: 9). Nach Waters sind es besonders die Massenmedien, die Unterhaltungsindustrie und der Dienstleistungssektor, die der Globalisierung Vorschub leisten. Die meisten Arbeiten dieser Art basieren auf Thesen von hohem Abstraktionsgrad. Falls die Konsequenzen für den Staat überhaupt thematisiert werden, bleiben die Aussagen vorwiegend spekulativer oder normativer Natur. Es liegt ihnen kaum empirische Forschung zugrunde.

Bei Fragen der Souveränität ergibt sich ein ähnliches Bild. Joseph Camilleri und Jim Falk (1993) und andere behaupten, die Souveränität werde als Folge der Globalisierung gegen innen und aussen ausgehöhlt. Sie sei heute weder Garant für die exklusive Kontrolle eines Staates innerhalb seines Territoriums noch gegen Interventionen von aussen. Die Souveränität schrumpfe zur Entscheidungsbefugnis darüber, wo öffentliche Güter hergestellt und Regulierungsstrukturen jenseits des Staates angesiedelt werden. Souveränität wird zur Verhandlungsressource: Im Zeichen eines *pooling of sovereignty* (Keohane 1995) wird sie gegen Leistungen anderer Staaten eingetauscht. Staaten werden somit zu Bausteinen in einem zunehmend komplizierten, "plurilateralen" Geflecht von Steuerungsstrukturen auf allen Ebenen (Cerny 1995; Held 1995).

---

trachten die Globalisierung als grundlegend neue Epoche im Weltsystem, in der ein Niedergang der traditionellen Nationalstaaten vonstatten geht. Die *Skeptiker* beschränken sich auf eine weitgehend ökonomische Sichtweise von Globalisierungsprozessen. Sie behaupten, diese seien in ihrer Tragweite weder historisch neu, noch würden sie die von den Globalisierungstheoretikern prognostizierten Konsequenzen zeitigen. Die *Transformalisten* erachten die Globalisierung als wichtige Triebkraft von Veränderungsprozessen aller Art, sind jedoch unsicher, wohin diese graduellen Veränderungen führen werden und verneinen das Szenario vom Ende des Nationalstaats. Der Grundtenor dieses Buches entspricht der letztgenannten Denkschule.

Gleichermassen als Rufer in der Wüste tritt Stephen Krasner (1995) auf. Er kann der neuen Rhetorik vom "Ende der Souveränität" wenig Positives abgewinnen, weil das Westfälische Modell, wie oben bereits erwähnt, schon immer ein Idealtypus war. Die Souveränität von Staaten sei schon immer lückenhaft gewesen. Diese Unvollständigkeit nun plötzlich auf vermeintliche Veränderungen in der internationalen politischen Ökonomie zurückzuführen, sei deshalb unzulässig. So ist nach Krasner das Westfälische Modell schon immer durch vier Umstände relativiert worden (1995: 116–123):

Regierungen gehen Pareto-verbessernde internationale Abkommen ein, die nicht auf Gegenseitigkeit beruhen, weil sie davon Gewinne erwarten. Beispiel: Schutz der Menschenrechte – nur in seltenen Fällen wird Land A die Menschenrechte verletzen, wenn Land B dies auch tut. Beim Schutz von Menschenrechten durch internationale Abkommen beruhen diese Normen meist nicht auf strikter Reziprozität.

Regierungen sind bereit, auf der Basis von Gegenseitigkeit und einer Pareto-Verbesserung die Prinzipien der Territorialität und Autonomie zu verletzen, wenn sie davon Gewinne erwarten. Beispiel: Zollreduktionen – Staaten geben auf der Basis der Gegenseitigkeit ihre Kompetenz auf, im Aussenhandel nach Belieben Zölle festzulegen, weil sie sich davon Wohlfahrtsgewinne erhoffen.

Regierungen stärkerer Staaten zwingen schwächere Staaten durch glaubwürdige Drohungen zu Interaktionen, die gegenseitig bedingt aber nicht Pareto-verbessernd sind. Beispiel: Verhalten der NATO gegenüber Serbien – die NATO drohte Serbien mit Luftschlägen, um es zur Annahme eines Lösungsvorschlages für das Kosovo-Problem zu zwingen.

Regierungen stärkerer Staaten zwingen schwächere Staaten, sich den Präferenzen der stärkeren zu beugen. Diese Interaktionen sind nichtkontingent und nicht Pareto-verbessernd. Beispiel: Die UNSCOM Kontrollen im Irak.

In jüngerer Zeit hat sich zur Souveränitätsdiskussion eine normativ befrachtete Demokratiediskussion gesellt, welche sich an eine bereits seit langem geführte Debatte zum Demokratiedefizit der EU anlehnt (z. B. Scharpf 1993; Zürn 1998). Einerseits träfen die im Innern der Staaten gewählten und so demokratisch legitimierten Entscheidungsträger immer mehr Entscheidungen, die auch über die nationalen Grenzen hinaus Auswirkungen hätten. Die Entscheidungsträger Wählenden decken sich somit nicht mehr mit den durch die Entscheidungen Betroffenen. Andererseits würden zunehmend Kompetenzen nach unten und nach oben bzw. aussen (an internationale oder transnationale Institutionen) verlagert, wobei immer unklarer werde, wer legitimerweise an den dortigen Entscheidungsfindungen partizipieren und wer wem verantwortlich sein solle. Viele De-facto-Entscheidungsträger werden von den formalen, demokratischen Legitimationsverfahren nunmehr unvollständig bis gar nicht erfasst. Die daraus entstandene Debatte dreht sich um die Möglichkeiten demokratieverträglicher Regulierungssysteme, die auch in Bezug auf ihre Problemlösungskapazitäten jenseits des Nationalstaates wirksam sind.

Die empirisch gehaltvollste Forschung befasst sich mit Fragen der staatlichen Autonomie. Viele Autoren behaupten, innerstaatliche Politiken würden als Folge der Globalisierung an Wirksamkeit verlieren.[8] Die Reichweite autonom konzipierter Steuerungsmechanismen ende meist an den nationalen Grenzen, während viele gesellschaftliche Probleme keine Grenzen kennen. Beispiele finden sich in der Tat zuhauf. Sie reichen von der Flüchtlingsproblematik bis zum Treibhauseffekt.

Es wird auch behauptet, die Weltmärkte würden zunehmend die staatliche Wirtschaftspolitik diktieren – das heisst die Handlungskapazitäten der modernen Territorialstaaten seien im Schwinden begriffen. Auch hier finden sich plausible Beispiele. Eine antizyklische Wirtschaftspolitik scheint heute in offenen Volkswirtschaften schwieriger zu bewerkstelligen denn je: Eine expansive Fiskalpolitik beispielsweise kann von den internationalen Finanzmärkten schnell bestraft werden (z. B. durch höhere Risikoprämien bei Staatsanleihen). Eine Ankurbelung der Nachfrage durch den Staat mag mitunter lediglich zu mehr Importen aus dem Ausland führen und damit die gewünschten Effekte auf dem einheimischen Arbeitsmarkt zunichte machen. Eine Senkung der Zinsen kann bisweilen nicht zur gewünschten Erhöhung der Investitionen, sondern zu einer Abwanderung von Investoren in Länder mit höheren Zinsen führen. Dieser Verlust an Wirksamkeit staatlicher Politiken, so wird behauptet, liesse sich in vielen Fällen auch über eine verstärkte internationale Zusammenarbeit nicht wiedergewinnen. Gesamthaft seien internationale Steuerungssysteme unterentwickelt.

Gleichermassen argumentieren viele Autoren, dass im Zuge der Globalisierung staatliche Massnahmen aller Art in den Sog des verschärften Standortwettbewerbs gerieten und so einem starken Deregulierungsdruck unterlägen (Scharpf 1996), beispielsweise in Bereichen wie der Sozialpolitik und dem Umweltschutz. Die Allokation von Produktionsfaktoren würde in zunehmender Weise nach rein ökonomischen Kriterien erfolgen. Die steigende Mobilität dieser Faktoren bewirke, dass Staaten immer mehr gezwungen seien, attraktive Standortbedingungen zu schaffen, da sonst die Investitionen und damit auch Arbeitsplätze in andere Länder abflössen. Es wird hierbei unterstellt, dass hohe Sozialkosten, Umweltstandards und Regulierungen aller Art die Produktionskosten erhöhen und damit Produktivitätsprobleme schaffen. Dadurch, dass die Weltmärkte auf die meisten Staaten gleichförmig einwirkten, sei auch eine Konvergenz einzelstaatlicher Wirtschaftspolitiken zu erwarten, vorwiegend auf dem Niveau geringerer regulatorischer Eingriffe des Staates in die Gesellschaft, das heisst im Extremfall ein "Wettlauf nach unten" (vgl. Hirsch 1995; Berger/Dore 1996; Boyer 1996b; Andrews 1994). Der Staat werde zum

---

8   Zum Beispiel Zacher (1992), Beck (1998), Narr/Schubert (1994), Scharpf (1995), Held/McGrew (1993), Altvater/Mahnkopf (1996), Walter/Zürn (1997), Ohmae (1995a).

Wettbewerbsstaat (Hirsch 1995; Narr/Schubert 1996: 152), einer Deutschland GmbH oder Schweiz AG. Besonders die kritische und neomarxistische Literatur prognostiziert die Demontage des Sozialstaates und der Umweltschutzpolitik als Folge der Globalisierung (Hirsch 1995; Altvater/Mahnkopf 1996; Mittelmann 1996).

Aus Versuchen, diese Hypothesen in ein empirisches Forschungsprogramm umzusetzen, sind bisher widersprüchliche Resultate hervorgegangen. Einige statistische Analysen deuten darauf hin, dass die postulierten Konvergenzbewegungen nach unten sich kaum mit der Realität decken (vgl. Garrett 1995, 1998; Armingeon 1996). Innerstaatliche Institutionen, so nehmen einige Autoren in Fortführung der Argumente Katzensteins und Gourevitchs an, wirkten als starke "Filter", durch welche die Einflüsse der Weltwirtschaft hindurch müssten, bevor sie auf die innerstaatliche Politik einwirkten. Dies erzeuge die beobachtete Varianz in der Art und Weise, wie einzelne Staaten auf weltwirtschaftliche Veränderungen reagieren. Andere wiederum glauben, mindestens gewisse Konvergenzbewegungen feststellen zu können. Die Schwachstellen dieser Forschungsbemühungen liegen oft an zwei Punkten. Erstens werden in vielen Untersuchungen lediglich Konvergenz- oder Divergenzbewegungen von Indikatoren gemessen, die bestimmte Politiken widerspiegeln, zum Beispiel die Sozialausgaben. Ohne die Ursachen systematisch zu erforschen und exogene Einflussfaktoren zu kontrollieren, werden dabei Konvergenzbewegungen im Sinne eines zunehmenden Drucks der Weltmärkte gedeutet (z. B. Armingeon 1996). Zweitens konzentrieren sich andere Autoren einseitig auf die Frage, ob die Kapitalmobilität denn so hoch sei, wie von vielen Globalisierungstheoretikern postuliert wird. Falls diese Annahme nicht zutrifft, würde dies vielen der in diesem Abschnitt besprochenen Hypothesen die Grundlage entziehen (Hirst/Thompson 1996). Eine Analyse der kausalen Beziehungen zwischen weltwirtschaftlichen Integrationsprozessen und ihren Folgen für den Staat bieten solche Analysen jedoch nicht. Bei den ganz wenigen Untersuchungen, welche die Beziehungen zwischen Variablen der Globalisierung einerseits und Konsequenzen für den Staat andererseits rigoros untersuchen, sind zum Teil erhebliche Probleme bei der Operationalisierung von Variablen (v. a. Validität benutzter Indikatoren) und methodische Unterschiede festzustellen (vgl. z. B. Rodrik 1996, Garrett/Mitchell 1997 und Garrett 1998).

Einige Autoren haben versucht, mittels qualitativer Fallstudien zu ermitteln, inwiefern weltwirtschaftliche Integrationsprozesse einen Deregulierungsdruck auf bestimmte Politikbereiche ausüben. Diese Arbeiten sind insofern interessant, als sie empirisch und im Detail die Kausalketten nachzuzeichnen versuchen, die zwischen Veränderungen in der Weltwirtschaft und staatlichen Handlungsspielräumen liegen. In einer der bekanntesten Untersuchungen ist David Vogel (1995) zum Ergebnis gekommen, dass unter bestimmten Rahmenbedingungen die in der Globalisierungsdiskussion meist prognostizierte

Deregulierung zustande kommen kann, in manchen Fällen aber auch eine verstärkte staatliche Intervention, also das Gegenteil erfolgt. Bei diesen Forschungsbemühungen liegt das Problem vor allem darin, dass die wenigen bisherigen Untersuchungen zwar empirisch reichhaltig, aber theoretisch wenig fundiert sind. Vogel (1995) beispielsweise geht vorwiegend von einer Sogwirkung der Entscheidungen von Jurisdiktionen mit grossen Marktanteilen in einem bestimmten Regulierungsbereich sowie dem Einfluss grosser multinationaler Unternehmen aus.

Arbeiten von Andrew Sobel (1994), Fritz Scharpf (1996), Steven Vogel (1996), Dale Murphy und Kenneth Oye (1998) und einigen anderen Autoren liefern bereits theoretisch besser fundierte Hypothesen zu Deregulierungs- und Re-regulierungsprozessen. Von griffigen, theoretisch gut verankerten und empirisch haltbaren Erklärungsmodellen zur Frage, wann der Staat unter Bedingungen der Globalisierung verstärkt in bestimmten gesellschaftlichen Bereichen interveniert oder sich zurückzieht, sind wir allerdings noch weit entfernt.

Bei den zwei hier zuletzt diskutierten Forschungsbemühungen – quantitativen Analysen der Beziehung zwischen Globalisierungsvariablen und staatlichen Handlungskapazitäten und qualitativen Fallstudien zu Regulierungsprozessen – haken Kapitel 2–6 dieses Buches ein. In Kapitel 7 interessiere ich mich, um die Konsequenzen wirtschaftlicher Globalisierung umfassender beurteilen zu können, weniger für die Konsequenzen weltwirtschaftlicher Veränderungen für staatliche Handlungskapazitäten, sondern für die Auswirkungen auf grundlegende Strukturierungsmerkmale der internationalen politischen Ökonomie, wie sie in der politischen Fragmentierung zum Ausdruck kommen.

Kapitel 2
Wunschdenken und Albträume vom "virtuellen" Staat

Viele Sozialwissenschaftler und politische Praktiker argumentieren, dass wirtschaftliche Integrationsprozesse zu einem regulatorischen Wettbewerb zwischen Staaten, einem Rückgang der Staatseinnahmen und sinkenden Handlungskapazitäten des Staates schlechthin führen. Der Staat werde dadurch zu einer "virtuellen" Institution (Rosecrance 1996). Andere behaupten genau das Gegenteil: Weltwirtschaftliche Öffnungsprozesse würden die Nachfrage nach und das Angebot an staatlichen Massnahmen zum Schutze der Bevölkerung vor den Risiken einer offenen Weltwirtschaft erhöhen. Die Globalisierung führe somit zu "mehr Staat".[1]

In diesem Kapitel zeige ich mittels theoretischer Überlegungen und statistischen Analysen auf, dass das Volumen der Staatstätigkeit trotz verstärkter Offenheit beziehungsweise Integration der Weltwirtschaft nicht geschrumpft ist. Die Gegenhypothese, dass wirtschaftliche Globalisierung zu einem Wachstum der Staatstätigkeit führt, lässt sich durch die verfügbare empirische Information nur begrenzt erhärten: Entgegen einer weit verbreiteten Behauptung hat die Offenheit eines Landes im Aussenhandelsbereich eine stärkere (und positive) Auswirkung auf das Volumen der Staatstätigkeit als die Offenheit im Finanzbereich. Zudem lässt sich die Logik der Risikoabsicherung, die dieser Hypothese zu Grunde liegt, empirisch nur schwer fassen. Die folgende Analyse führt des Weiteren zum Schluss, dass kein statistisch signifikanter Zusammenhang zwischen weltwirtschaftlicher Integration und Konvergenz oder Divergenz der Grösse des öffentlichen Sektors über die einzelnen Länder hinweg besteht. Das Diktum vom "virtuellen" Staat ist somit, gemessen an der heute verfügbaren empirischen Information, Wunschdenken ultraliberaler Kreise oder Albtraum der "alten Linken".

---

[1] Die statistischen Analysen, auf denen der empirische Teil dieses Kapitels weitgehend beruht, wurden gemeinsam mit Christoph Achini durchgeführt (vgl. Bernauer/Achini 2000).

2.1. Grundfragen

Die zentrale Stellung des Staates in der Gesellschaft fungiert in den meisten Arbeiten zur Internationalen Politischen Ökonomie als Annahme, beispielsweise in der älteren Literatur zu transnationalen Beziehungen und Interdependenz (Cooper 1968; Keohane/Nye 1972; vgl. auch Jones 1995) und der neueren Literatur über internationale Regime (Krasner 1983; Young 1994; Keohane 1989). Autoren, die sich mit multinationalen Unternehmen (MNU) befassten, schnitten bereits in den 1970er Jahren bisweilen die Frage an, ob nichtstaatliche Aktivitäten über nationale Grenzen hinweg den Einfluss von Regierungen reduzieren würden (Deutsch 1957; Modelski 1979; Gilpin 1987). Spätestens seit den beiden Erdölkrisen der 1970er Jahre wurde jedoch klar, dass Staaten – in diesem Falle die OPEC-Staaten, die durch ihre Produktionsdrosselung die Erdölpreise emporschnellen liessen – sich selbst gegen die grössten MNU, die Giganten im Erdölgeschäft, mühelos durchsetzen konnten. Somit war das Thema vom Tisch und ab den 1980er Jahren befasste sich die IPÖ-Forschung ausschliesslich mit dem Entstehen, dem Zerfall und der Wirksamkeit internationaler Regime oder Institutionen, dies im Rahmen von staatszentrierten Theorien.

Wie in Kapitel 1 aufgezeigt, taucht seit Mitte der 1990er Jahre in der IPÖ-Literatur immer öfter die Frage auf, welche Konsequenzen die Globalisierung für den Staat habe (McGrew 1998; Beisheim/Walter 1997). Viele Meinungsmacher in der Globalisierungsdiskussion bringen vor, der Staat befinde sich aufgrund der nicht mehr zu bremsenden Triebkräfte der Globalisierung auf dem Rückzug (Ohmae 1985, 1995a, 1995b; Falk 1997; Camilleri/Falk 1992; Beck 1997; Scharpf 1994). Die konträre Position nehmen die politischen Realisten oder Neorealisten ein. Sie behaupten, das Modell des westfälischen Staates und damit die vollumfängliche Kontrolle von Staaten über alle Aktivitäten auf ihrem Territorium sei schon immer ein Idealtypus gewesen (vgl. Kap. 1). Die Welt funktioniere heute kaum anders als in der Zeit vor dem "Ausbruch" der Globalisierungsdebatte (Krasner 1994, 1995).[2]

Ein grosser Teil der Literatur zu den Konsequenzen der Globalisierung ist deskriptiv, beruht auf nicht falsifizierbaren Hypothesen oder beschränkt sich auf die Analyse spezifischer Politikbereiche (vgl. Mittelman 1996; Cerny 1995). In vielen Arbeiten (z. B. Waters 1995) fungiert zudem der Rückzug des Staates mehr als Annahme denn als Explanandum oder wird als Teildimension der Globalisierung selbst betrachtet. In letzterem Fall ist eine Untersuchung der Auswirkungen wirtschaftlicher Globalisierung auf staatliche Handlungskapazitäten unmöglich, da Ursachen und Ergebnisse konzeptionell und empirisch nicht mehr trennbar sind.

---

2   Für eine Kritik an Krasner vgl. Strange 1994, 1996.

In diesem Kapitel frage ich nach den Konsequenzen wirtschaftlicher Globalisierung für den Staat aus einer Makro-Perspektive, sozusagen aus der
Vogelschau. Es werden falsifizierbare Hypothesen entworfen und mit statistischen Verfahren getestet. Im Vordergrund steht die Beziehung zwischen der
Offenheit von Staaten gegenüber der Weltwirtschaft auf der einen und staatlichen Handlungskapazitäten auf der anderen Seite. Im folgenden Teil des Kapitels kommt der Stand der Forschung zur Sprache. Danach entwickle ich vier
Hypothesen:

1. Je offener ein Staat gegenüber der Weltwirtschaft ist, desto *kleiner* ist sein
    öffentlicher Sektor.
2. Je offener ein Staat gegenüber der Weltwirtschaft ist, desto *grösser* ist
    sein öffentlicher Sektor.
3. Je stärker die weltwirtschaftliche Integration ist, desto stärker konvergiert
    die Grösse des öffentlichen Sektors über die einzelnen Staaten hinweg.
4. Die negativen Auswirkungen, welche die wirtschaftliche Offenheit eines
    Staates auf die Grösse des öffentlichen Sektors hat, sind in denjenigen
    Teilbereichen des öffentlichen Sektors am stärksten, die für die interna-
    tionale Wettbewerbsfähigkeit am wenigsten relevant sind. Diese Teilbe-
    reiche beinhalten vor allem redistributive Aktivitäten des Staates.

Im dritten Teil des Kapitels werden die wichtigsten Konzepte sowie die verwendeten Daten und Methoden vorgestellt. Im vierten Teil werden die Resultate zu den Hypothesen 1 und 2 diskutiert, in Teil fünf und sechs die Resultate
zu den Hypothesen 3 und 4. Abschliessend fasse ich die Ergebnisse zusammen
und stelle einige Ideen für weiterführende Analysen vor.

2.2. Stand der Forschung

Im Zentrum der folgenden Analyse steht der Zusammenhang zwischen dem
Ausmass weltwirtschaftlicher Verflechtungen und der Grösse des öffentlichen
Sektors. Diese Fokussierung beleuchtet nur einen kleinen Teilbereich der
Frage, welche auf die Konsequenzen der Globalisierung für den Staat zielt.
Diese Zuspitzung ist jedoch insofern nützlich, als sie falsifizierbare Hypothe-
sen zulässt und damit den Grundstein für weiterreichende Arbeiten zu breiter
angelegten Fragestellungen legt.

Hier sollen vorweg die wichtigsten Variablen der Analyse in Kürze genannt werden: "Wirtschaftliche Offenheit", die erklärende Variable, erfasst das
Ausmass, in dem ein Staat in die Weltwirtschaft integriert ist – das heisst den
Grad der Offenheit dieses Staates gegenüber wirtschaftlichen Transaktionen
über seine Landesgrenzen hinweg. Diese Definition impliziert, dass der einzelne Staat die Untersuchungseinheit ist. In Hypothese 3 verwenden wir das

Konzept "wirtschaftliche Integration", um die durchschnittliche wirtschaftliche Offenheit aller Staaten in der Untersuchung zu messen. Die Untersuchungseinheit in diesem Fall ist das internationale System beziehungsweise eine bestimmte Staatengruppe in einem bestimmten Jahr.

Die Konsequenzen wirtschaftlicher Offenheit für den Staat sind das zu erklärende Phänomen. In vielen Arbeiten zu Globalisierungsfragen werden diese Konsequenzen, und damit die abhängige Variable, nur vage definiert. Diese Unschärfen hängen unter anderem damit zusammen, dass viele Autoren die genannten Konsequenzen im Sinne von Veränderungen in den Machtbeziehungen zwischen Staaten und Märkten oder anderen Akteuren begreifen. Staatliche Macht wiederum wird oft mit Konzepten wie Autonomie, Souveränität, Unabhängigkeit, Autorität usw. in Verbindung gebracht (vgl. Rosenau 1996). Mittels dieser Konzepte beschreiben oder erklären die meisten Autoren das Ausmass des Einflusses von Regierungen oder Staaten auf gesellschaftliche Prozesse in ihrem Hoheitsgebiet. Auf der Grundlage von "neuen und viel umfassenderen Konzepten sowohl von Macht, wie auch von Politik" versucht beispielsweise Susan Strange zu erklären "[wer] wirklich die Weltwirtschaft leitet" (Strange 1996, cover). Solch breite Konzepte von Macht sind allerdings nicht neu und machen es der Autorin zugleich praktisch unmöglich, in griffiger Weise zu untersuchen, ob, weshalb und wie einzelne Staaten in unterschiedlichem Ausmass soziale Vorgänge in ihrem Staatsgebiet oder sogar darüber hinaus kontrollieren.

In diesem Kapitel kommt ein viel einfacheres Konzept staatlicher Handlungskapazitäten zur Anwendung. Dieses Konzept beruht auf der Unterscheidung von externer und interner Macht eines Staates. Externe Macht bezieht sich auf die Beziehungen eines Staates mit anderen Staaten oder anderen Akteuren jenseits seiner Grenzen. Interne Macht bezieht sich auf Beziehungen innerhalb der Staatsgrenzen. John Boli-Bennett (1980: 77) definiert den letzteren Machtbegriff als *state dominance*: "das Ausmass, in dem der Staat die ökonomische Aktivität in seiner dazugehörigen Gesellschaft leitet und reguliert." Diesbezügliche staatliche Kapazitäten lassen sich in einfacher und über viele Länder hinweg vergleichbarer Weise durch die Grösse des öffentlichen Sektors erfassen. Dieser Indikator misst die Kapazität eines Staates, aus seiner Bevölkerung beziehungsweise seiner Zivilgesellschaft Ressourcen abzuschöpfen und diese durch politische Prozesse wieder zu verteilen.

Das seit langem beobachtbare Wachstum des öffentlichen Sektors in vielen Staaten der Welt (vgl. Kap. 1) wird in der Fachliteratur meist auf innerstaatliche Ursachen zurückgeführt. Schon im 19. Jahrhundert argumentierte der Deutsche Ökonom Adolf Wagner, dass wirtschaftlicher und sozialer Fortschritt fast automatisch mit einem Wachstum der staatlichen Aktivität verbunden sei. Wagners Hypothese wurde später verfeinert: Das Wachstum des öffentlichen Sektors beruhe, so das Argument der "Neo-Wagnerianer", auf der Einkommenselastizität und der Tatsache, dass der Staat viele soziale Kosten der wirtschaftlichen Entwicklung zu tragen habe (Bird 1971). Die verfügbaren Daten zeigen in der Tat, dass traditionelle Staatsausgaben wie diejenigen für Verteidigung, öffentliche Sicherheit und staatliche Administration weniger stark gewachsen sind als Ausgaben, die im Zusammenhang mit der wirtschaftlichen Entwicklung stehen, zum Beispiel Infrastruktur, Raum- und Stadtplanung, soziale Wohlfahrt oder Umweltschutz (Taylor 1983; Gurr et al. 1990; Tilly 1975; Evans et al. 1985; Thomas/Meyer 1984; Tanzi/Schuknecht 1995). Weiterführende Forschungsarbeiten wiesen auf andere innerstaatliche Erklärungsfaktoren hin, beispielsweise Formen der Besteuerung, politische Ausrichtung staatstragender Parteien und Strukturmerkmale politischer Systeme (Cameron 1978; Garrett 1998).

In den 1960er und 1970er Jahren erkannten einige Autoren, dass das Ausmass der Staatstätigkeit auch mit Entwicklungen jenseits des Staates zu tun haben könnte. Diese Erkenntnis beruhte nicht zuletzt auf dem Wissen um die Tatsache, dass die Entstehung von Staaten wesentlich von ihrem internationalen Umfeld bestimmt ist – Staaten werden durch das internationale Staatensystem konstituiert (Boli-Bennett 1980; Anderson 1996; Jackson/James 1993). Einige Autoren bemerkten zudem, dass viele Staaten, und vor allem kleine Staaten, gegenüber der Weltwirtschaft sehr offen waren, und dass damit innerstaatliche Preise von Gütern, Arbeit und Kapital in unterschiedlichem Ausmass von Veränderungen in der Weltwirtschaft beeinflusst wurden (Dahl/Tufte 1973; Lindbeck 1976). Staaten konnten somit als Bindeglied zwischen innerstaatlicher Politik und Wirtschaft einerseits und internationalen Märkten andererseits begriffen werden. 1960 stellte Gunnar Myrdal (1960: 70) fest, dass Staaten immer stärker in die Zivilgesellschaft eingriffen, um als negativ bewertete Konsequenzen weltwirtschaftlicher Veränderungen für die innerstaatliche Produktion und den Arbeitsmarkt abzuschwächen. Richard Cooper (1972: 164), Robert Gilpin (1975: 45), Gerhard Lehmbruch (1977), Peter Katzenstein (1978) und andere Autoren gelangten zu ähnlichen Schlüssen. Gilpin bemerkte beispielsweise, dass die wachsende wirtschaftliche Interdependenz Angstgefühle hervorrufe. Diese könnten (neo-)merkantilistischen Strömungen, und damit implizit verstärkten staatlichen Eingriffen in das Marktgeschehen, Vorschub leisten.

Spätestens an diesem Punkt wurde klar, dass die Expansion der staatlichen Tätigkeit und staatliche Massnahmen zum Schutz von Binnenmärkten (Protektionismus) zwei Seiten derselben Medaille waren. Diese beiden Politikinstrumente gewannen in dem Masse an Bedeutung, wie traditionelle staatliche Instrumente wie beispielsweise die Geld- und Zinspolitik als Folge weltwirtschaftlicher Integrationsprozesse weniger wirksam wurden. Darüber hinaus bemerkten einige Autoren (z. B. Lindbeck 1977), dass internationale Zusammenarbeit für das Wiedererlangen staatlicher Einflussmöglichkeiten unter Bedingung zunehmender Interdependenzen von wachsender Bedeutung sei. Dieses Thema sollte in der IPÖ-Literatur der 1990er Jahre wieder verstärkt auftauchen.

In den 1970er und frühen 1980er Jahren wurden statistische Analysen durchgeführt, die auf einen positiven Zusammenhang zwischen der Grösse des öffentlichen Sektors und der wirtschaftlichen Offenheit von Staaten hinwiesen – die beiden Konzepte wurden mit dem Anteil der Steuereinnahmen am BIP und dem Anteil von Importen plus Exporten ebenfalls am BIP operationalisiert (Cameron 1978; Boli-Bennett 1980; Schmidt 1982).[3] Diese Analysen beruhten auf sehr kleinen Ländergruppen (normalerweise wenige OECD-Staaten), kurzen Zeitreihen und teilweise fragwürdigen Forschungsdesigns (z. B. keine Kontrolle exogener Variablen). Theoretische Argumente in Bezug auf eine mögliche Kausalbeziehung, die der beobachteten Korrelation zu Grunde liegen könnte, blieben vage. Einige Autoren (z. B. Bornschier 1988: 281–87) argumentierten, dass dieser Zusammenhang darauf beruhe, dass zwischen dem Streben nach wirtschaftlicher Effizienz in einer expandierenden Weltwirtschaft und demjenigen nach Wählerstimmen und Legitimität, die sich teilweise durch Umverteilung von Wohlstand erzielen lassen, ein Spannungsverhältnis existiere.

Im wohl substanziellsten Beitrag zu dieser Frage in den 1970er und 1980er Jahren schlug David Cameron (1978: 1256) ein Kausalmodell vor, nach welchem die wirtschaftliche Offenheit von einem Wachstum des Industriesektors begleitet sei. Dadurch gewönnen Gewerkschaften und Kollektivverhandlungen an Bedeutung, und der öffentliche Sektor expandiere durch Einkommenszuschüsse beziehungsweise Lohnnebenkosten. Camerons empirische Evidenz blieb allerdings sehr spärlich. Zudem erscheint sein Argument aus heutiger Sicht fraglich, da in den vergangenen drei Jahrzehnten der Industriesektor zugunsten des Dienstleistungssektors stark geschrumpft ist, die Staatsausgaben in vielen Ländern aber trotzdem gewachsen sind (vgl. Garrett 1998).[4]

---

3 Für theoretische Argumente im selben Sinne vgl. Katzenstein 1985 und Ruggie 1983.

4 Vergleichende Fallstudien, die besonders seit Mitte der 1980er Jahre vermehrt zu verzeichnen sind, haben ein komplexeres Bild der Staaten als Bindeglied zwischen innerstaatlicher Zivilgesellschaft und Weltwirtschaft gezeichnet. Hier seien zwei Beispiele erwähnt. Peter Katzenstein (1985) hat aufgezeigt, dass sieben kleine westeuropäische Staaten, die gegenüber der Weltwirtschaft sehr verletzlich waren, es verstanden haben, mittels Mechanismen des "demokratischen Korporatismus" im internationalen Wirtschaftswettbewerb mitzuhalten und gleichzeitig ihre innerstaatlichen politischen Strukturen zu bewahren. Dieser demokratische Korporatismus ist sozusagen ein dritter Weg zwischen staatlichem Interventionismus und Laisser-faire-Strategien in der Wirtschaftspolitik. Er besteht aus einer Mischung von ideologischem Konsens und zentralisierten Verhandlungen zwischen Politikern, Interessengruppen sowie staatlichem Verwaltungsapparat. Robert Wade (1990) analysiert die Rolle des Staates in Entwicklungsprozessen in Taiwan, Südkorea und Hong-Kong. Alle drei Staaten verfolgten exportorientierte Wachstumsstrategien. Vergleichbar mit Katzensteins Argument behauptet Wade, dass eine dichotome Betrachtungsweise von Laisser-faire- oder Marktstrategien versus

Die Bedeutung dieser älteren Arbeiten für die Globalisierungsdebatte der 1990er Jahre wurde erst in jüngster Zeit erkannt. Aufbauend auf den älteren Beiträgen von David Cameron (1978) und anderen Autoren sowie neueren Arbeiten, zum Beispiel von Dani Rodrik (1996), Paul Bowles und Barnet Wagman (1997), Thomas Cusack und Geoffrey Garrett (1992), Geoffrey Garrett und Deborah Mitchell (1997), Dennis Quinn (1997) und Geoffrey Garrett (1998) wird im Folgenden der Zusammenhang zwischen wirtschaftlicher Offenheit oder Integration auf der einen und dem Ausmass der Staatstätigkeit auf der anderen Seite untersucht. Dieser Beitrag geht in mehreren Punkten über die bisher verfügbaren Analysen hinaus.

(a) Verglichen mit Garrett/Mitchell (1997), Quinn (1997) und Garrett (1998) erstreckt sich die Analyse auch auf Nicht-OECD-Länder. Diese Erweiterung ist deshalb wichtig, weil zu erwarten ist, dass Entwicklungsländer auf weltwirtschaftliche Integrationsprozesse anders reagieren als hochentwickelte und demokratisch verfasste Marktwirtschaften.

(b) Die meisten der bisherigen Arbeiten kontrollieren nur wenige exogene Variablen und liefern für diese nur rudimentäre theoretische Begründungen. Ebenso werden selbst für umstrittene theoretische Konzepte, zum Beispiel Staatstätigkeit oder weltwirtschaftliche Integration, nur selten Tests für verschiedene Indikatoren durchgeführt.

(c) Die Möglichkeit einer Zeitgebundenheit von Beziehungen wird nur selten untersucht. Eine Beschränkung der Untersuchung auf OECD-Staaten würde die Anwendung gepoolter Längs-/Querschnittsanalysen erlauben. Beim Einbezug von Nicht-OECD-Staaten verunmöglichen die vielen fehlenden Daten diese Methode. Sinnvolle Analysen für eine grosse Länderzahl müssen somit bei Querschnittsuntersuchungen in verschiedenen Zeiträumen ansetzen. Nur Dani Rodrik (1996) hat bisher eine solche Untersuchungsanlage gewählt, analysiert aber nur wenige Zeiträume.

(d) Der Einfluss wirtschaftlicher Offenheit im Finanzbereich bleibt umstritten. Die Ergebnisse von Dennis Quinn (1997) deuten darauf hin, dass ein Abbau von Kapitalverkehrskontrollen eher mit einem grösseren öffentlichen Sektor einhergeht. Geoffrey Garrett und Deborah Mitchell (1997) und Garrett (1998) kommen zu ähnlichen Resultaten. Dani Rodrik (1996) hingegen argumentiert, dass Offenheit im Finanzbereich die ansonsten positive Beziehung zwischen Offenheit im Aussenhandel und Grösse des öffentlichen Sektors unterminiere, da sie die Steuereinnahmen reduziere. Mit Blick auf die Finanzkrisen in Mexiko, Thailand und anderswo ist zu erwarten, dass diese Effekte im Falle der Entwicklungsländer besonders stark sind. Während Den-

---

Staatsinterventionismus wenig gewinnbringend sei. Die Rolle des Staates müsse differenzierter betrachtet werden, indem im Detail untersucht wird, wie Entscheidungen über die Allokation von Gütern getroffen werden und welche Rolle der Staat und die Märkte dabei spielen. Um die Argumentation in diesem Kapitel nicht zu überladen, erwähne ich diese Arbeiten nur am Rande.

nis Quinn (1997) nur OECD-Staaten untersucht, bietet Dani Rodrik (1996) nur eine sehr rudimentäre Analyse in Bezug auf eine solche Hypothese.

(e) Die genannten Autoren haben die Konvergenzthese bisher kaum untersucht. So liesse sich zum Beispiel behaupten, dass die Konvergenz der Grösse des öffentlichen Sektors von OECD-Ländern stärker sei, weil eine natürliche Grenze des Staatswachstums existiere. Dieser Konvergenztrend könnte durch die, relativ gesehen, grössere wirtschaftliche Verflochtenheit dieser Länder untereinander noch verstärkt werden.

2.3. Hypothesen

Die ersten beiden Hypothesen, die in diesem Kapitel untersucht werden, beinhalten gegensätzliche Prognosen zu den Auswirkungen wirtschaftlicher Offenheit auf den öffentlichen Sektor. Die Hypothesen drei und vier ergänzen die ersten beiden Hypothesen, indem sie Konvergenz-/Divergenztrends sowie verschiedene Formen staatlicher Aktivität zur Sprache bringen.

Hypothese 1: Je offener ein Staat gegenüber der Weltwirtschaft ist, desto kleiner ist sein öffentlicher Sektor.

Viele Exponenten der Globalisierungsdiskussion behaupten, dass weltwirtschaftliche Integrationsprozesse zu einem regulatorischen Wettbewerb zwischen Jurisdiktionen führen. Der Wettbewerb um ausländische Direktinvestitionen und grössere Produktivität sowie das Bestreben von Regierungen, eine Abwanderung gebietsansässiger Unternehmen zu verhindern, bewirke einen "Wettlauf nach unten", beispielsweise in Bereichen der sozialen Wohlfahrt oder des Umwelt- und Arbeitnehmerschutzes. Richard Rosecrance (1996) behauptet gar, der öffentliche Sektor werde dermassen schrumpfen, dass letztlich von "virtuellen" Staaten gesprochen werden müsse.

Die treibenden Kräfte hinter dieser prognostizierten Entwicklung sind die Kapitalmobilität und der Wettbewerb im Handels- und Produktionsbereich. Politisch bewusst herbeigeführte Deregulierungsprozesse sowie technologische Innovationen, welche die Transaktionskosten sinken liessen, haben seit den 1970er Jahren eine wachsende Integration der internationalen Finanzmärkte bewirkt (Helleiner 1994; Cohen 1996). Grenzüberschreitende Finanztransaktionen (z.B. Devisen, Obligationen, Aktien, Derivate) sind am Ende des 20. Jahrhunderts um ein Vielfaches grösser als der Wert des Welthandels mit Gütern und Dienstleistungen oder die Devisenreserven der staatlichen Zentralbanken. Diese Entwicklung impliziert, dass die Möglichkeiten von Staaten, in die Finanzmärkte einzugreifen, drastisch abgenommen haben (Lucatelli 1997; Frankel 1996). Auch längerfristig angelegte Finanztransaktionen sind stark angestiegen, zum Beispiel ausländische Direktinvestitionen. Dieser Finanzfluss deutet auf eine wachsende Integration von Produktionsstrukturen hin. Grenzüberschreitende Verflechtungen im Welthandel hingegen stagnieren seit den 1980er Jahren auf hohem Niveau. Paul Bowles und Barnet Wagmann (1997) bezeichnen die letzten Dekaden des 19. Jahrhunderts treffend als eine Zeit der Internationalisierung (wachsende Beziehungen zwischen nationalen Ökonomien), die 1960er und 1970er Jahre als eine Zeit der Multinationalisierung (zunehmende Aktivität von MNU) und die 1990er Jahre als eine Zeit der Globalisierung (steigende Integration globaler Produktions-, Handels- und Finanzstrukturen).

Viele Autoren behaupten, Globalisierungsprozesse würden nebst der Erzeugung von Deregulierungsdruck zur Senkung der Produktionskosten auch die Möglichkeiten der staatlichen Steuererhebung drastisch reduzieren. Der Economist (31.5.1997) spricht gar vom "verschwindenden Steuerzahler". Für einige Zeit seien viele Staaten in der Lage, sich durch Verschuldung über die Runden zu bringen. Die Möglichkeiten solcher Staaten, Geld zu leihen, würden jedoch ebenfalls sinken, da aufgrund der gestiegenen Integration der Finanzmärkte mit dem Ausmass der Verschuldung auch die Risikoprämien bei der Neuaufnahme von Geld stiegen. Staaten würden für ihre Verschuldung heute schneller und härter bestraft als noch zu Zeiten geringerer Kapitalmobilität. Politiken des "Wettbewerbsstaates" (Cerny 1995) und sinkende Staatseinnahmen zusammen führen zu einem Schrumpfen des öffentlichen Sektors. Gleiche Argumente liessen sich für die Auswirkungen der internationalen Handelsverflechtung vorbringen.

Neomarxistische, "kritische" und konstruktivistische Theorien der IPÖ haben immer wieder auf Ideen als Ursache des Rückzuges von Staaten aus der Zivilgesellschaft hingewiesen. Regierungen, die aus ideologischen Gründen stärker wirtschaftsliberal ausgerichtet und dem Gedankengut der komparativen Vorteile verpflichtet sind, öffnen ihre Wirtschaft vergleichsweise stärker gegenüber den Weltmärkten und sind meistens an einem "schlanken" Staat interessiert. Viele der entsprechenden Autoren argumentieren auch, dass die wirtschaftliche Globalisierung zu Veränderungen im relativen innerstaatlichen Einfluss verschiedener Interessengruppen oder Klassen geführt hat. Das Kapital, als gesellschaftliche Gruppe, habe an Bedeutung gewonnen. Andere Gruppen wie beispielsweise die Arbeitnehmerschaft oder Gewerkschaften hätten an Einfluss verloren (Amenta 1993). Wenn wir also ein Schrumpfen des öffentlichen Sektors beobachten könnten, hätte diese Entwicklung nicht nur mit tatsächlichen Integrationsschüben im Wirtschaftsbereich zu tun. Vielmehr schüfe der öffentliche Diskurs, in dem wirtschaftsliberale Kreise die Oberhand gewonnen hätten, seine eigene Realität. Materielle und ideelle Bedingungen vermengen sich zu einer Triebkraft, die einen Deregulierungsdruck auf den öffentlichen Sektor ausübte.

Hypothese 2: Staaten, die gegenüber der Weltwirtschaft offener sind, weisen einen grösseren öffentlichen Sektor auf.

Aufbauend auf Arbeiten von Adolf Wagner (1883) und anderen Autoren fand David Cameron (1978) in seiner Analyse eine starke Korrelation zwischen der wirtschaftlichen Offenheit von 18 OECD-Staaten (operationalisiert als Aussenhandelsquote) im Jahr 1960 und den Anteil der Steuereinnahmen dieser Staaten an ihrem BIP in den Jahren 1960–1975. Er schloss daraus, dass diese Korrelation eine kausale Beziehung folgender Natur spiegle: Im Aussenhandel offenere Staaten wiesen eine grössere Konzentration im Industriesektor auf. Dies führe zu stärkeren Gewerkschaften und, damit verbunden, einer ausgeprägteren Umverteilung von Wohlstand zur Reduktion der Risiken, die mit der wirtschaftlichen Öffnung verbunden seien. Camerons Untersuchungsgruppe war zu klein und zu wenig repräsentativ, um Generalisierungen in Bezug auf die gesamte Staatenwelt zuzulassen. Gleichermassen liess die geringe Anzahl Fälle in der Untersuchung keine genügende Kontrolle exogener Variablen zu, womit ein systematisches Sich-Herantasten an hinter der Korrelation stehende Kausalbeziehungen unmöglich war.

Trotz der genannten methodischen Probleme ist das Argument, die Staatsaktivität könne als Folge steigender weltwirtschaftlicher Integration im Sinne einer Risikoabsicherung zunehmen, grundsätzlich plausibel. In der politökonomischen Literatur wird vorwiegend die Ansicht vertreten, dass der öffentliche Sektor in vielen Ländern deshalb expandieren konnte, weil die Zivilgesellschaft im Zuge der Industrialisierung vermehrt Schutz vor den Risiken der Marktwirtschaft (früher vorwiegend der Binnenwirtschaft) suchte. Gleichermassen stieg die Nachfrage nach Massnahmen zur Erhaltung der sozialen Stabilität mittels einer Umverteilung von Wohlstand, und zur Erhöhung der Produktivität, zum Beispiel durch verbesserte Ausbildung und verbesserte Betreuung kranker Menschen. Um der Wiederwahl und der Legitimität willen waren viele Regierungen bereit, diese Nachfrage zu befriedigen. Die wirtschaftliche Integration über staatliche Grenzen hinaus kann in diesem Zusammenhang lediglich als zusätzliche Entwicklung in die gleiche Richtung interpretiert werden.

Robert Bates, Philip Brock und Jill Tiefenthaler (1991) behaupten, dass Staaten, die höheren *terms-of-trade*-Risiken ausgesetzt sind, eher zu protektionistischen Massnahmen im Aussenhandelsbereich greifen. Sie weisen auch darauf hin, dass verstärkte soziale Absicherungsmassnahmen für die Wählerschaft die Neigung reduzieren, nach protektionistischen Instrumenten zu greifen, um vom Weltmarkt ausgehende Risiken zu vermindern. Hier taucht wieder das bereits oben angesprochene Argument auf, dass Protektionismus und die Vergrösserung des öffentlichen Sektors zwei Seiten derselben Medaille sind. Dani Rodrik (1996: 1–26) vertritt das Risikoargument sehr explizit:

Gesellschaften scheinen als Preis für ihre Bereitschaft, grössere Risiken zu akzeptieren, einen grösseren öffentlichen Sektor zu verlangen (und auch zu erhalten), [...] die Globalisierung könnte somit durchaus "mehr" und nicht "weniger" Staat erforderlich machen.[5]

Es ist zu erwarten, dass die Offenheit von Staaten im Finanzbereich einen stärkeren Einfluss auf die Grösse des öffentlichen Sektors ausübt als die Offenheit im Aussenhandelsbereich. Das Ausmass der Aussenhandelsverflechtung verändert sich meist nur sehr langsam und die Volatilität im Aussenhandel ist für die meisten Staaten gering. Die Finanzmärkte hingegen können wild fluktuieren und auch im Binnenmarkt mit grosser Geschwindigkeit für breite Bevölkerungsschichten zu schmerzlichen Änderungen führen, indem sie beispielsweise persönliche Vermögen vernichten oder höhere Arbeitslosigkeit bewirken. In Bezug auf Hypothese 1 führt dies zur Prognose, dass eine hohe Kapitalmobilität im Finanzbereich einen sehr starken Deregulierungsdruck auf den öffentlichen Sektor ausübt. Dani Rodrik (1996) beispielsweise behauptet, dass Offenheit im Aussenhandel die Nachfrage nach dem Staat erhöht, dass aber die Kapitalmobilität die Fähigkeit von Staaten, Steuern zu erheben und diese Nachfrage zu befriedigen mit zunehmender Kapitalmobilität abnehme. In Bezug auf Hypothese 2 ist zu erwarten, dass das grössere Risiko, welches mit einer Öffnung im Finanzbereich verbunden ist, zu einer stärkeren Nachfrage und einem grösseren Angebot an Massnahmen zur Risikoabsicherung und damit auch zu einem grösseren öffentlichen Sektor führt.

Hypothese 3: Je stärker die weltwirtschaftliche Integration ist, desto stärker konvergiert die Grösse des öffentlichen Sektors über die einzelnen Staaten hinweg.

Diese Hypothese knüpft an die ersten beiden Hypothesen an, liegt jedoch auf einer anderen Analyseebene. Die Untersuchungseinheit in den Hypothesen 1, 2 und 4 ist der einzelne Staat. Diejenige von Hypothese 3 liegt auf der Systemebene – alle Staaten in einer bestimmten Untersuchungsgruppe in einem bestimmten Jahr. In Hypothese 3 wird behauptet, die wirtschaftliche Integration innerhalb einer bestimmten Staatengruppe verursache eine Konvergenzbewegung der Grösse der öffentlichen Sektoren dieser Staaten. Integration ist somit eine aggregierte Form wirtschaftlicher Offenheit. Mit Blick auf die Hypothesen 1 und 2 lässt sich argumentieren, dass diese Konvergenzbewegung prinzipiell auf verschiedensten Niveaus zustande kommen kann. Vertreter von Hypothese 1 prognostizieren eine Konvergenz bei einem geringen Volumen der öffentlichen Sektoren, Vertreter von Hypothese 2 hingegen

---

5 Die "neue Wachstumstheorie" geht noch weiter und behauptet, einige Bestandteile des Wohlfahrtsstaates hätten positive Auswirkungen auf das Wirtschaftswachstum.

erwarten eine Konvergenz nach oben. Die stärksten Konvergenzeffekte sollten bei denjenigen Staatengruppen auftreten, die eine hohe gegenseitige Wirtschaftsverflechtung aufweisen.

Hypothese 3 stützt sich auf Konvergenztheorien, die seit den 1950er Jahren aus ökonomischen und politikwissenschaftlichen Arbeiten hervorgegangen sind. Die These, wirtschaftliche Integration führe zu Konvergenzbewegungen in verschiedenen Bereichen der Gesellschaft, kann auf zwei unterschiedliche Argumente gestützt werden.

Erstens argumentieren Beobachter der Industriegesellschaft, dass Modernisierungsprozesse unterschiedliche Gesellschaften durch ähnliche Entwicklungspfade führen. Technologie sei der Motor der Entwicklung und Konvergenz. Sie schaffe ähnliche Probleme für alle Staaten und biete ähnliche Lösungen für diese Probleme (Kerr et al. 1960; Berger/Dore 1996). Hinter dieser Behauptung steht die Annahme, dass wachsende Interdependenz zwischen Staaten zu einer schnelleren Verbreitung von Technologien führt.

Diese Theorie geriet in den 1970er Jahren zunehmend unter Beschuss, als die vergleichende Politikwissenschaft nationale Unterschiede auf Länder-, Industrie- und Firmenebene zu untersuchen begann (Dore 1973). Gleich erging es älteren neoklassischen Wirtschaftstheorien. Diese hatten prognostiziert, dass der steigende wirtschaftliche Wettbewerb zu einer Angleichung der Produktionskosten, Produktivität und auch Wirtschaftspolitik führen werde (Boyer 1996a). Diese Argumente wurden vor allem vom neuen Institutionalismus, der strategischen Handelstheorie und der Theorie des endogenen Wachstums angefochten (vgl. Berger 1996: 5). Dessen ungeachtet werden diese Theorien für die Globalisierungsdiskussion immer wieder ausgegraben. In den meisten Fällen behaupten die entsprechenden Autoren, dass Konvergenzprozesse, vor allem solche in Richtung eines kleineren öffentlichen Sektors, ein Sinken staatlicher Handlungskapazitäten anzeigen, zum Beispiel in Bereichen der Sozial- und Umweltschutzpolitik (vgl. Scharpf 1995: 10; Beck 1997).

Dem zweiten theoretischen Argument, auf das sich Konvergenzprognosen stützen können, liegt eine funktionalistische Integrationslogik zu Grunde, die im Zusammenhang mit Theorien der Europäischen Integration prominent geworden ist. Dort wird behauptet, Integrationsschübe in Bereichen der *low politics*, vor allem der Wirtschaft, hätten zeitverzögert und in via *spill-over*-Prozesse politische Integrationsschübe zur Folge (Haas 1964; Keohane/Hoffmann 1991; Gabriel 1996). Aus diesem Argument lässt sich ableiten, dass wirtschaftliche Integrationsprozesse auf breiterer Front (d. h. im gesamten internationalen System, nicht nur auf regionaler Ebene) zu einer Konvergenz und allenfalls gar Integration öffentlicher Politiken in verschiedensten Bereichen führen kann. Diese politische Integration mag teilweise quasi-automatisch ablaufen, in anderen Fällen aus gezielten Harmonisierungsbemühungen, das heisst zwischenstaatlichen Verhandlungen hervorgehen. Die meisten Vertreter funktionalistischer Integrationstheorien würden wohl behaupten, Konvergenzbewegungen fänden eher auf höherem Niveau statt, das heisst in Richtung stärkerer staatlicher Interventionen und eines grösseren öffentlichen Sektors. Aus einer funktionalistischen Integrationslogik heraus ist somit ein Politikergebnis zu erwarten, das dem in Hypothese 2 postulierten entspricht. Allerdings unterscheiden einige Autoren zwischen "negativer" Integration (Liberalisierung der Märkte) und "positiver" Integration (verstärkter Staatsintervention). Die Beschaffenheit von Regulierungsgegenständen sowie die institutionellen Merkmale des internationalen Systems würden oft die negative Integration begünstigen, wodurch eine Konvergenz nach unten in vielen zentralen Politikfeldern wahrscheinlicher sei (vgl. Scharpf 1995).

Hypothese 4: Negative Auswirkungen der wirtschaftlichen Offenheit eines Staates gegenüber der Weltwirtschaft auf die Grösse des öffentlichen Sektors sind in denjenigen Teilbereichen des öffentlichen Sektors am stärksten, die für die internationale Wettbewerbsfähigkeit am wenigsten relevant sind, vor allem die redistributiven Aktivitäten des Staates.

Diese Hypothese verfeinert die bisherigen Argumente. Wir gehen davon aus, dass die einzelnen Bereiche der öffentlichen Ökonomie unterschiedlich auf Veränderungen in der Weltwirtschaft reagieren. Ausserdem nehmen wir an, den Regierungen sei an der Wettbewerbsfähigkeit ihres Landes in den globalen Märkten viel gelegen. Dabei versuchen sie, sich möglichst grossen Handlungsspielraum im innerstaatlichen Bereich offenzuhalten, ihre Wähler nicht zu verprellen und die soziale Stabilität im Innern des Staates zu wahren. Unter diesen Bedingungen sollten wir sektorspezifische Anpassungsprozesse an Veränderungen in der Weltwirtschaft erwarten.

Ausgaben für Militär und öffentliche Sicherheit werden sich vermutlich weitgehend unabhängig von weltwirtschaftlichen Integrationsprozessen entwickeln. Im Ernstfall haben auch nach dem Ende des Kalten Krieges sicherheitspolitische gegenüber wirtschaftspolitischen Überlegungen den Vorrang. In der Globalisierungsdebatte findet sich bisweilen der Hinweis, dass wirtschaftliche Integration die Unzufriedenheit weiter Bevölkerungskreise und damit auch die innerstaatliche Instabilität vergrössern könnte. Dadurch würden auch die Ausgaben für die innere Sicherheit steigen. Da keine zuverlässigen Daten zu diesen Ausgaben verfügbar waren, verfolge ich diese Hypothese nicht weiter.

Bei anderen Typen von Staatsausgaben ist zu erwarten, dass diejenigen Staatsaktivitäten, welche für die internationale Wettbewerbsfähigkeit am wenigsten relevant sind oder diese gar negativ beeinträchtigen, zuerst unter Druck geraten. Vertreter von Hypothese 1 nehmen in der Regel an, dass Transferzahlungen zum grossen Teil in diese Kategorie fallen. Dazu gehören in variablem Ausmass Pensionen, Arbeitslosenunterstützung, Familienzulagen, Sozialhilfe usw. In anderen Bereichen, die für die Wettbewerbsfähigkeit wichtiger sind, wie Bildung, staatliche Förderung von Forschung und Entwicklung, Subventionen der Industrie usw. ist kein oder nur ein geringerer Rückgang staatlicher Aktivität als Folge wirtschaftlicher Globalisierung zu erwarten.

Man könnte nun allerdings auch das Gegenteil behaupten: Vertreter von Hypothese 2 argumentieren, dass offene Weltmärkte für Personen mit geringen Berufsqualifikationen und, meist damit verbunden, geringem Einkommen die grössten Probleme schaffen. Dies ist auch der Personenkreis, der am stärksten von staatlichen Umverteilungsprogrammen profitiert. Zunehmende weltwirtschaftliche Verflechtung bewirkt bei dieser Personengruppe eine stärkere Nachfrage nach Wohlstandstransfers und hat auch ein stärkeres Angebot Letzterer zur Folge. Globalisierung, so die Prognose, führt deshalb zu einem Wachstum der Transferzahlungen (Garrett/Mitchell 1997).

Diese Argumente lassen sich wiederum mit den oben genannten Aussagen bezüglich Offenheit im Handels- und Finanzbereich in Verbindung bringen. Es ist zu erwarten, dass die stärksten positiven oder negativen Konsequenzen für kritische Bereiche des öffentlichen Sektors, allen voran Transferzahlungen, von Verflechtungen im Finanzbereich ausgehen.

2.4. Daten und Methoden

2.4.1. Wirtschaftliche Offenheit und Volumen der Staatstätigkeit

Erklärende (unabhängige) Variable: Wirtschaftliche Offenheit kann anhand von Daten zum Fluss von Gütern, Dienstleistungen oder Finanzen sowie anhand von Restriktionen dieses Flusses erfasst werden, das heisst auf realwirtschaftlicher und regulatorischer Ebene. In dieser Analyse liegt der Schwerpunkt auf der Offenheit im Aussenhandels- und Finanzbereich. Die Offenheit im Aussenhandel wird anhand der Aussenhandelsquote gemessen. Diese wird definiert als Anteil der Exporte plus Importe am BSP.[6] Die Aus-

---

6   In Extremfällen kann die Aussenhandelsquote über 100% betragen – das Aussenhandelsvolumen ist grösser als das BSP. Dies trifft vor allem für Singapur und Hong-Kong zu, die als wichtige Transitländer für Exporte und Importe anderer Staaten dienen. Diese zwei Staaten wurden von der Analyse ausgeschlossen, da sie die Varianz der anderen Länder stark reduzieren würden. Zudem sind die Daten für Hong-Kong sehr unvollständig. Einige Autoren verwenden bei der Berechnung der Aussenhandelsquote anstelle des BSP auch das BIP. Es wurde stichprobenweise untersucht, ob dieser Unterschied die Resultate beeinträchtigt. Dies war nicht der Fall.

senhandelsquote ist nur eines der möglichen Masse für die wirtschaftliche Offenheit von Staaten, und darüber hinaus ein eher traditionelles, vielleicht sogar etwas veraltetes. Letzteres trifft insofern zu, als Direktinvestitionen nach Meinung vieler Experten mittlerweile den Welthandel als Motor der Globalisierung abgelöst haben (vgl. Kap. 1). Am besten lässt sich dieses Problem anhand der USA verdeutlichen. Die USA weisen eine vergleichsweise geringe Aussenhandelsquote auf, obschon sie gerade im Bereich der Direktinvestitionen und der Finanzmärkte sehr offen sind.

Um diese Schwäche etwas zu mildern und Aussagen zu Unterschieden in der Auswirkung von Offenheit im Handels- und Finanzbereich machen zu können, ist die Analyse auf zusätzliche Masse für die wirtschaftliche Offenheit von Staaten abgestützt. Erstens verwenden wir einen Indikator für die wirtschaftliche Offenheit in Bezug auf regulatorische Hemmnisse im Finanzmarkt. Dieser Indikator wurde von Dennis Quinn (1997)[7] entwickelt und ist für 21 OECD-Länder und den Zeitraum 1950–1993 verfügbar. Höhere Werte dieses Indikators zeigen eine grössere Offenheit des Finanzsektors an (vgl. auch Kap. 1). Der zweite Indikator erfasst Schwarzmarktprämien. Diese Prämien erfassen die Differenz zwischen offiziellen Wechselkursen und Wechselkursen auf dem Schwarzmarkt. Länder mit offeneren Finanzmärkten weisen geringere Schwarzmarktprämien auf. Während der Indikator zur regulatorischen Offenheit nur für OECD-Staaten verfügbar ist, besteht das Problem des Indikators für Schwarzmarktprämien darin, dass die Werte für praktisch alle OECD-Staaten Null sind. Eine sinnvolle statistische Analyse – dafür ist zumindest eine gewisse Varianz der Variablen nötig – lässt sich mit letzterem Indikator somit nur für Entwicklungsländer durchführen.[8]

Zu erklärende (abhängige) Variable: Staatliche Handlungskapazitäten sind durch eine notwendigerweise zu begrenzende Auswahl an Indikatoren ebenso schwierig zu erfassen wie das Konzept der wirtschaftlichen Globalisierung. Dies nicht zuletzt, weil der Staat ein Akteur und eine soziale Institution oder

---

7   Quinns 14-Punkte-Index beruht auf einer Inhaltsanalyse von Dokumenten. Der Index erfasst ein- und ausfliessende Transaktionen in der Kapitalbilanz (0–4 Punkte), ein- und ausfliessende Transaktionen in der Leistungsbilanz (*current account*, 0–8 Punkte) sowie internationale Abkommen (0–2 Punkte). Die drei Werte werden addiert und bilden den Index für die Offenheit des Finanzsektors eines Landes.

8   Der vielleicht naheliegendste Indikator für Offenheit im Finanzbereich, der Finanzfluss, wurde nicht verwendet weil damit erhebliche Validitätsprobleme verbunden sind. Das wichtigste Problem ist, dass ein grösserer Kapitalfluss lediglich Ausdruck einer Nervosität oder Unsicherheit der Finanzmärkte sein kann, nicht aber eine valide Messgrösse für Offenheit im Finanzbereich. Andere Indikatoren für die Offenheit im Finanzbereich finden sich beispielsweise in Borner/Brunetti/Weder (1995) und Garrett/Mitchell (1997). Die meisten dieser Indikatoren sind nur für wenige Länder und Jahre verfügbar, z. B. *covered interest rate differentials*. Letztere erfassen die Differenzen zwischen dem innerstaatlichen und internationalen Preis von Kapital, konkret zum Beispiel die um erwartete Veränderungen der Wechselkurse korrigierten Differenzen zwischen nationalen und Eurodollarpreisen.

Struktur zugleich ist. Eine optimale Lösung dieses Problems existiert nicht und wird es auch nie geben. In diesem Kapitel beschränke ich mich auf eine sehr enge Auswahl an Indikatoren zur Erfassung staatlicher Handlungskapazitäten. Diese Messgrössen erfassen Varianzen im Volumen der Staatstätigkeit im Längs- und Querschnitt, das heisst zwischen einzelnen Staaten und Zeiträumen. Hier wird unterstellt, dass ein grösserer öffentlicher Sektor auch grössere Handlungskapazitäten zur Folge hat. Die Grösse des öffentlichen Sektors wird anhand des Anteils der Staatsausgaben am BSP (insgesamt und in einzelnen staatlichen Aufgabenbereichen) erfasst. Um die Stabilität der Resultate auszuloten, werden auch Staatseinnahmen in die Analyse einbezogen.

Mit der Operationalisierung staatlicher Handlungskapazitäten durch Indikatoren zu staatlichen Ausgaben und Einnahmen sind zwei Validitätsprobleme verbunden. Erstens geben diese Indikatoren keine direkte Antwort auf die Frage, wie mächtig staatliche Akteure im Vergleich zu den Kräften des Marktes sind. Um diese Machtbeziehung direkt erfassen zu können, müsste eruiert werden, bis zu welchem Grad Staaten gegen den Druck internationaler Märkte (wie auch immer definiert) bestimmte Politiken betreiben können. Es ist fast überflüssig zu sagen, dass ein solcher Indikator nicht existiert und eine Entwicklung und Erfassung solcher Daten für viele Länder und lange Zeiträume mit einem enormen Aufwand und etlichen Problemen verbunden wäre. In den Kapiteln 3–6 versuche ich allerdings, mich in qualitativen Fallstudien an diese Fragestellung heranzutasten. Zugunsten der Validität der Staatsquote als Mass für staatliche Handlungskapazitäten lässt sich anführen, dass ein grösserer Staatssektor, und damit auch eine grössere Binnenwirtschaft, gegenüber Veränderungen in der Weltwirtschaft trotz eventueller Ineffizienzen grundsätzlich weniger empfindlich ist, womit auch die staatliche Handlungskapazität und der Handlungsspielraum des Staates grösser sind.

Das zweite Validitätsproblem besteht darin, dass die Grösse des öffentlichen Sektors wenig über dessen Effizienz und die Wirksamkeit öffentlicher Politiken (wie auch immer definiert) aussagt. So mag es prinzipiell Staaten mit riesigen öffentlichen Sektoren geben, die völlig ineffizient und unwirksam sind. Gleichermassen könnte es sein, dass, wie beispielsweise Steven Vogel (1996) behauptet, die Liberalisierung der Märkte mit verstärkter staatlicher Regulierungstätigkeit einhergeht. Eine Gewichtung der Staatsquote mit Kriterien der Effizienz und Wirksamkeit wäre allerdings für ein grösseres Set von Fällen wegen des Aufwandes und der Umstrittenheit verschiedener Kriterien ein hoffnungsloses Unterfangen. Allerdings ist auch dieses Problem nicht gravierend. Kaum jemand wird beispielsweise bestreiten, dass trotz grotesker Ineffizienzen die Kontrolle des riesigen sowjetischen Staatsapparates über die Zivilgesellschaft und damit die staatlichen Handlungskapazitäten sehr stark waren. Zusätzliche Indikatoren werden bei der Diskussion der Resultate eingeführt.

2.4.2. Daten und Methode

Die empirische Analyse der vier Hypothesen beruht auf statistischen Verfahren. Um die Robustheit der Resultate durch Einbezug relativ vieler Kontrollvariablen zu evaluieren und gleichzeitig signifikante Resultate zu erhalten, ist ein relativ grosses Set von Fällen notwendig. Die folgende Analyse beruht zu grossen Teilen auf den *World Bank Data (1995)*. In diesem Datensatz sind lange Zeitreihen für sehr viele Länder und Variablen zu finden. Wo nötig, wird dieser Datensatz um Daten aus den *Penn World-Tables* (1995), den *Polity III Data* (1995) und anderen Quellen ergänzt. Eine Liste der Indikatoren und ihrer Quellen befindet sich im Annex.

Um die historische Dynamik der zu untersuchenden Hypothesen zu erfassen, wäre eine gepoolte Längs-/Querschnittsanalyse ideal. Viele fehlende Werte für Indikatoren würden eine solche Analyse de facto aber auf die OECD-Länder seit Mitte der 1980er Jahre reduzieren.[9] Deshalb wurde eine Querschnittsanalyse gewählt (Ländervergleich). Um dennoch die Zeitgebundenheit der Resultate abschätzen zu können, wurden diese Querschnittsanalysen für verschiedene Zeiträume und mit *time-lags* durchgeführt. Jede Beziehung zwischen zwei oder mehr Variablen wurde zuerst mittels einer Querschnitts-Regressionsanalyse für alle Staaten im Datensatz geschätzt. Diese und auch alle folgenden Regressionen weisen folgende Form auf:

$$y = a + \beta_{x1}*x_1 + \beta_{x2}*x_2 + \beta_{cv1}*cv_1 + \beta_{cv2}*cv_2... + C.$$

y bezeichnet die abhängige Variable (Staatstätigkeit), $x_{1...i}$ die erklärenden Variablen, $cv_{1...i}$ die Kontrollvariablen, a ist ein *intercept*, C eine Konstante. Die Koeffizienten (β), welche die Stärke der Beziehung zwischen abhängigen und unabhängigen Variablen erfassen, wurden mit der *ordinary least square*-Methode (OLS) geschätzt. R^2 bezeichnet die erklärte Varianz (1.0 besagt, dass $x_{1...i}$ 100% der Varianz von y erklären). Koeffizienten, die auf dem .05-Niveau (5%-Fehlerwahrscheinlichkeit) signifikant sind, werden mit "*" bezeichnet,

---

9 Zum Vergleich wurde eine gepoolte Längs-/Querschnittsanalyse durchgeführt. In diese flossen die Aussenhandelsquote, regulatorische Offenheit im Finanzbereich, die Schwarzmarktprämie (Indikatoren für wirtschaftliche Offenheit), Exportkonzentration, *terms-of-trade*-Volatilität, Grösse des Landes und der Wirtschaft (Indikatoren für Risiken des Weltmarktes für ein Land), sowie die Staatsquote ein. Diese Analyse musste auf OECD-Länder begrenzt werden. Das grösste Problem dabei war, dass nur für eine kleine Zahl von Ländern vollständige Daten verfügbar waren. Einerseits stieg aufgrund der Multiplikation von Ländern und Jahren in dieser Forschungsanlage die Fallzahl stark an. Andererseits wuchsen die Probleme der Autokorrelation, als die Zahl der Länder kleiner als die Zahl der Jahre wurde. Die meisten Koeffizienten wurden insignifikant, als stärkere Kontrollen der Autokorrelation eingeführt wurden. Die meisten Koeffizienten zeigten allerdings in die gleiche Richtung wie die Koeffizienten, die für die OECD-Staaten aus der Querschnittsanalyse hervorgingen.

diejenigen auf dem .01-Niveau (1%-Fehlerwahrscheinlichkeit) mit "**". N ist die Zahl der Fälle, die einer Schätzung zu Grunde liegen.

Danach wurde der Datensatz in OECD- und Nicht-OECD-Staaten aufgeteilt und die Regressionsanalyse für jede Ländergruppe wiederholt.[10] Weiter teilten wir den Datensatz in OPEC- und Nicht-OPEC-Staaten auf, um mögliche Verzerrungen der Resultate durch die teilweise sehr hohe Exportkapazität und Staatseinnahmen dieser Länder zu kontrollieren. Diese Querschnittsanalysen der vier Hypothesen wurden nicht nur für verschiedene Gruppen von Staaten, sondern auch für verschiedene Zeiträume und *time-lags* zwischen erklärenden und abhängigen Variablen durchgeführt. Für viele Länder und Indikatoren sind Zeitreihen zwischen 1970 und 1994 verfügbar. Um Verzerrungen durch Ausreisser vorzubeugen, kamen 5-Jahres-Durchschnitte zur Anwendung (1960–64 / 1965–69 / ... / 1990–94).

Zuerst wurde eine Regressionsanalyse unter Einbezug der Staatsquote und von Indikatoren für wirtschaftliche Offenheit durchgeführt. Diese Prozedur wurde für jeden Zeitraum und jede Ländergruppe wiederholt. Es ist davon auszugehen, dass eine Veränderung in der wirtschaftlichen Offenheit erst mit zeitlicher Verzögerung Wirkungen auf die Staatsquote zeitigt. Deshalb wurde die Analyse auch mit *time-lags* von fünf und zehn Jahren durchgeführt: Das heisst wir analysierten die Staatsquote in Bezug auf den vorangehenden Fünf- oder Zehnjahresdurchschnitt der Indikatoren für wirtschaftliche Offenheit.

In einem zweiten Schritt wurden Kontrollvariablen einzeln in die Regressionsgleichung, bestehend aus der Staatsquote und verschiedenen Massen für wirtschaftliche Offenheit, einbezogen und die Zusammenhänge wurden für jede Ländergruppe und verschiedene Zeiträume geschätzt. Dieses schrittweise Vorgehen wurde aus zwei Gründen gewählt. Erstens sank die Fallzahl aufgrund vieler fehlender Daten dramatisch, als alle Kontrollvariablen zusammen in die Gleichung genommen wurden, so dass Signifikanzprobleme auftraten. Zweitens könnten sich, wenn mehrere Kontrollvariablen stark mit der wirtschaftlichen Offenheit und/oder der Staatsquote korrelieren würden, bei einem schrittweisen Vorgehen Verzerrungen bei den Resultaten ergeben. Allerdings zeigte sich, dass nur die Militärausgaben eine starke Auswirkung auf die Beziehung zwischen wirtschaftlicher Offenheit und Staatsquote haben. Damit ist es sehr unwahrscheinlich, dass eine umfassende Regression, die alle Variablen enthält, zu wesentlich anderen Resultaten führen würde.

---

10 Dieses Vorgehen wurde aus zwei Gründen gewählt. Erstens erlaubt es in einfacher Weise, Unterschiede in der sozio-ökonomischen Struktur von Ländern zu erfassen. Zweitens sind die Daten für Nicht-OECD-Staaten oft sehr unvollständig. Deshalb drängt sich eine getrennte Untersuchung der beiden Ländergruppen auf. Der Einfachheit halber behandeln wir Länder, die im Verlauf eines bestimmten Untersuchungszeitraums OECD-Mitglieder wurden, als Mitglieder von Anfang dieses Untersuchungszeitraums an.

2.5. Wachstum oder Niedergang des öffentlichen Sektors?

Als Ausgangspunkt für die Untersuchung der Hypothesen 1 und 2 diskutiere ich die Resultate einer einfachen Regressionsanalyse, die sich auf die Aussenhandelsquote und die Staatsquote beschränkt. Zweitens wird die Stabilität der Resultate kritisch bewertet, indem verschiedenste Kontrollvariablen in die Regression eingeführt werden. Diese Kontrollvariablen beziehen sich auf die Landesgrösse, innerstaatliche Strukturmerkmale der Wirtschaft, politische Strukturen eines Staates und die Verwundbarkeit gegenüber Entwicklungen im Ausland. Drittens wird der Einfluss der Offenheit im Finanzbereich auf die Staatstätigkeit analysiert. Viertens folgt eine Untersuchung von Konvergenz-/Divergenztrends (Hypothese 3). Fünftens gehe ich der Frage nach, ob wirtschaftliche Integrationsprozesse auf verschiedene staatliche Aktivitäten unterschiedlich einwirken (Hypothese 4).

2.5.1. Aussenhandelsquote und Staatsquote

Wie stark hängen die Höhe der Aussenhandelsquote und die Höhe der Staatsquote zusammen? Abbildung 1 zeigt die Resultate einer einfachen Regressionsanalyse für verschiedene Zeitabschnitte (ohne *time-lags*).

Abbildung 1: Aussenhandelsquote und Staatsquote

alle Staaten	β AH-Quote	R^2	N
1960–1964	.	.	.
1965–1969	.	.	.
1970–1974	.41**	.16	77
1975–1979	.39**	.14	92
1980–1984	.44**	.18	110
1985–1989	.31**	.09	111
1990–1994	.31**	.09	82

Ab 1970 ist eine recht starke Beziehung zwischen der Aussenhandelsquote und der Staatsquote beobachtbar, die erklärte Varianz ist allerdings eher bescheiden. Die Richtung, in welche die Koeffizienten zeigen, widerspricht Hypothese 1 und deckt sich mit den Prognosen von Hypothese 2. Diese Beziehung wurde für verschiedene *time-lags* getestet, ohne dass sich die Resultate wesentlich veränderten (vgl. Abb. 3 im Annex). Aus statistischer Sicht besteht somit keine Notwendigkeit, *time-lags* in der weiteren Analyse zu verwenden. Ähnliches gilt für die Steuerquote: Die Koeffizienten für die Beziehung zwischen Aussenhandelsquote und Steuerquote zeigen in die gleiche Richtung wie die Koeffizienten in Abbildung 1 (vgl. Annex, Abb. 2).

Als erster, einfacher Test der Stabilität der Resultate wurden die OPEC- und die OECD-Mitgliedschaft als Kontrollgruppen eingeführt. Die Kontrolle der OPEC-Mitgliedschaft stellt sicher, dass die Resultate nicht durch die (vermuteten) hohen Aussenhandels- und Staatsquoten der erdölexportierenden Staaten verzerrt werden. Bei einer Aufteilung des Samples in OPEC- und Nicht-OPEC-Staaten zeigte sich allerdings, dass die Werte beider Variablen für beide Staatengruppen sich im Zeitverlauf fast gleichförmig bewegen. Zudem waren die Resultate der Regressionsanalyse für die beiden Staatengruppen sehr ähnlich. Damit besteht kein Grund, die OPEC-Staaten von der Analyse auszuschliessen oder separat zu behandeln.

Die OECD-Mitgliedschaft andererseits erwies sich als wichtige Kontrollgruppe. So folgt die Staatsquote der OECD- und Nicht-OECD-Staaten einer recht unterschiedlichen Entwicklung (vgl. Annex, Abb. 1). Die OECD-Mitgliedschaft erfasst in sehr genereller Form den Entwicklungsstand eines Landes und dessen wirtschaftliche Strukturen: OECD-Staaten sind marktwirtschaftlich verfasste Länder auf relativ hohem Entwicklungsniveau. Abbildung 2 zeigt, dass die Beziehung zwischen Aussenhandels- und Staatsquote im Falle der OECD-Länder etwas stärker ist, sie bleibt jedoch auch bei der anderen Staatengruppe signifikant.

Abbildung 2: Aussenhandels- und Staatsquote, OECD- und Nicht-OECD-Staaten

OECD und Nicht-OECD	β AH-Quote OECD	R^2 OECD	N OECD	β AH-Quote Nicht-OECD	R^2 Nicht-OECD	N Nicht-OECD
1960–1964	.	.	.	.	.	.
1965–1969	.	.	.	.	.	.
1970–1974	.49*	.20	22	.45**	.19	55
1975–1979	.68**	.44	23	.46**	.20	69
1980–1984	.63**	.37	23	.47**	.21	87
1985–1989	.56**	.29	22	.32**	.09	89
1990–1994	.57**	.31	22	.41**	.15	60

Die bisher aufgeführten Resultate widersprechen Hypothese 1 und stärken Hypothese 2, zumal sie sich beim Einbezug verschiedener *time-lags* und Kontrollgruppen für OPEC- und OECD-Mitglieder als robust erweisen.

2.6. Rivalisierende Erklärungen

Bei der Diskussion des Forschungsstandes wurde erwähnt, dass verschiedenste Erklärungen für das Wachstum der Staatstätigkeit existieren. In diesem Abschnitt führen wir Schritt für Schritt alternative Erklärungsvariablen in das Modell ein, das heisst solche Variablen, die sich nicht auf die aussenwirtschaftliche Verflechtung beziehen.

2.6.1. Landesgrösse und Bevölkerung

Mehrere Autoren haben festgestellt, dass kleinere Staaten meist eine offenere Wirtschaft aufweisen (vgl. Geser 1992). Dafür gibt es folgende Erklärungen: Eine Erhöhung der Produktivität kann in vielen Wirtschaftsbereichen nur über Skaleneffekte erzielt werden, wofür möglichst grosse Märkte notwendig sind. Kleine Staaten sind somit auf eine offene Weltwirtschaft stärker angewiesen als grosse Staaten, die einen grossen Binnenmarkt besitzen. Darüber hinaus sind kleine Staaten oft auf den Import von Gütern angewiesen, die im Binnenmarkt nur ineffizient oder gar nicht produziert werden können (z. B. gewisse Rohstoffe). Um eine einigermassen ausgeglichene Handels- und Leistungsbilanz herzustellen, müssen kleine Staaten Güter und Dienstleistungen exportieren. Wenn man diese Annahmen mit Hypothese 2 kombiniert, ist zu vermuten, dass kleine Staaten, weil sie gegenüber der Weltwirtschaft tendenziell offener und damit verwundbarer sind, einen grösseren Staatssektor aufweisen.

Um diese rivalisierende Hypothese zu testen, wurden zwei Indikatoren für die Staatsgrösse verwendet: die Grösse des Territoriums und die Bevölkerungszahl. Keiner der beiden Indikatoren trat in der Regression signifikant in Erscheinung, auch nicht bei Berücksichtigung verschiedener Zeitperioden, *time-lags* und Kontrollgruppen (vgl. Annex, Abb. 7). Dieses Resultat ist einigermassen erstaunlich, stellt es doch die Logik von Hypothese 2 in Frage: gehen wir davon aus, dass kleine Staaten gegenüber der Weltwirtschaft verwundbarer sind, hätten wir eigentlich eine stärkere Auswirkung der Staatsgrösse auf die Beziehung zwischen Aussenhandels- und Staatsquote feststellen müssen.

2.6.2. Innerstaatliche Wirtschaftstrends und -strukturen

BSP-Wachstum, BSP, Grösse des Dienstleistungssektors: Erweiterte Versionen der Hypothese von Wagner, dass Wirtschaftswachstum einen direkten Einfluss auf das Wachstum der Staatstätigkeit hat, wurden vor allem in den 1980er und 1990er Jahren einer vertieften Analyse unterzogen (vgl. Abramowitz 1986; Baumol 1986; Durlauf 1996). Letztere Autoren argumentierten, dass bei steigendem Volkseinkommen die Konsumstrukturen und Preise konvergieren. Dieser Trend, so nahmen sie an, gelte auch für Strukturen des Wohlfahrtsstaates. Vertreter von Modernisierungstheorien hatten bereits zuvor behauptet, dass die Industrialisierung und die damit einhergehende Mobilität, Urbanisierung und Individualisierung traditionelle Sozialstrukturen zerstörten oder in ihrer wirtschaftlichen Bedeutung reduzierten, zum Beispiel die Familie, die Kirche, den Adel oder die Zünfte. Dadurch wachse die Nachfrage nach sozialen Ersatzstrukturen (Esping-Andersen 1990: 13). Ähnliche Argumente waren von Neomarxisten zu hören (vgl. O'Connor 1973; Boli-Bennett 1980).

In Bezug auf die Grösse des BSP und den Dienstleistungssektor lassen sich vergleichbare Hypothesen bilden. Staaten, die den Industrialisierungsbeziehungsweise Modernisierungsprozess noch nicht durchlaufen haben oder sich in einem frühen Stadium desselben befinden, werden soziale Risiken mittels anderer Mechanismen auffangen. Diese Staaten haben es noch nicht geschafft, die technischen, wirtschaftlichen und sozialen Aufgaben im Zusammenhang mit dem Aufbau einer grösseren öffentlichen Ökonomie zu meistern. Die gleichen Argumente lassen sich auf die Grösse des Dienstleistungssektors anwenden, der als weiterer Indikator für den Entwicklungsstand betrachtet werden kann.

Interessanterweise ergab die Analyse keine statistisch signifikanten Ergebnisse zugunsten der "Wagner-Hypothese". Das BSP-Wachstum als Erklärung des Wachstums der Staatsausgaben erscheint nicht signifikant in der Regression (vgl. Annex, Abb. 5). Für den Dienstleistungssektor und die Grösse des BSP ergeben sich sehr ähnliche Resultate (vgl. Annex, Abb. 4 und 5). Diese Resultate widersprechen den Befunden von David Cameron (1978). Dieser behauptete, grössere wirtschaftliche Offenheit führe zu einem grösseren Industriesektor und damit auch stärkeren Gewerkschaften, was wiederum eine Expansion des öffentlichen Sektors bewirke. Folgt man dieser Hypothese, hätten wir eigentlich in Staaten mit einem kleineren Dienstleistungsbeziehungsweise einem grösseren Industriesektor eine höhere Staatsquote beobachten müssen. Die Resultate geben jedoch keinen Hinweis auf eine solche Beziehung.

Besteuerungssystem: Einige Autoren behaupten, dass Staaten mit einem höheren Anteil indirekter Steuern eine höhere Staatsquote aufweisen sollten (vgl. Cameron 1978). Steuerzahler nehmen indirekte Steuern weniger wahr als direkte. Regierungen können von dieser Illusion profitieren, indem sie vor allem auf die Karte der indirekten Steuern setzen. Um diese alternative Erklärung für das Staatswachstum zu testen, wurde ein Index konstruiert, der das Verhältnis zwischen indirekten und direkten Steuern erfasst. Höhere Werte dieses Indexes zeigen einen höheren Anteil an indirekten Steuern an. Positive Koeffizienten in der Regressionsgleichung wären im Einklang mit der Hypothese. Aufgrund der vielen fehlenden Werte (durchschnittlich 10 Fälle) und damit meist insignifikanter Werte der Koeffizienten lassen sich keine aussagekräftigen Resultate vorweisen. Im Falle der OECD-Staaten weisen einige Koeffizienten Werte in der erwarteten Richtung auf, jedoch nicht in allen untersuchten Zeiträumen. Der Einfluss des Besteuerungssystems auf die Beziehung zwischen Aussenhandels- und Staatsquote bleibt somit schwer einzuschätzen, nach verfügbarem Wissen ist er jedoch wohl eher gering.

Verschuldung: Probleme bei der Sicherstellung der Staatseinnahmen können bis zu einem gewissen Grad durch Verschuldung kompensiert werden. Hier liesse sich die Hypothese anbringen, dass wirtschaftliche Globalisierungsprozesse die staatliche Einnahmeseite stärker negativ tangierten als die Ausgabenseite. Damit müsste die Verschuldung die Grundbeziehung zwischen Aussenhandels- und Staatsquote, im Sinne einer Verstärkung der in Hypothese 1 unterstellten Effekte, intensivieren. Die statistische Analyse stützte diese Hypothese nicht: Der positive Zusammenhang zwischen Aussenhandels- und Staatsquote bleibt trotz Einführung der Verschuldung in die Regression stabil. Dieses Resultat steht im Einklang mit den Resultaten der Regression für die Aussenhandels- und die Steuerquote.

2.6.3. Politische Strukturen

Regierungsstrukturen: Als erstes wurde die Hypothese untersucht, dass demokratische Staaten mehr für soziale Wohlfahrt ausgeben als nichtdemokratische Staaten und dadurch einen grösseren öffentlichen Sektor aufweisen. Zur Erfassung des Demokratisierungsgrades wurde ein Index aus den *Polity III Data* (1995) verwendet. Dieser beruht auf 14 Indikatoren, die verschiedenste politische Merkmale von Ländern erfassen, zum Beispiel das Ausmass des Wettbewerbs um Ämter in der Exekutive.

Ebenfalls untersucht werden zwei spezifischere Hypothesen. Erstens behaupten wir, dass ein offener Zugang von Nicht-Eliten zu den "höheren Etagen" der Politik einen *bargaining up*-Effekt bei den Staatsausgaben nach sich zieht. Dieser Zugang wird mit einem Indikator aus den *Polity III Data* gemessen, der das Ausmass erfasst, in dem Nicht-Eliten Zugang zu Institutionen erlangen, in denen sie ihre politischen Präferenzen ausdrücken können. Zweitens wird prognostiziert, dass Länder mit föderalistischen Systemen grössere Staatsquoten aufweisen. Der dafür verwendete Indikator stammt ebenfalls aus den *Polity III Data* und erfasst die geographische Konzentration der Entscheidungsautorität. Die Föderalismushypothese beruht auf zwei Annahmen. Föderalistische Systeme sind weniger gut in der Lage, bei der Ausarbeitung und Umsetzung öffentlicher Politiken Skaleneffekte zu ihren Gunsten wirken zu lassen, was zu höheren Regierungsausgaben führt. Solche Systeme bieten der Bevölkerung auch einen besseren Zugang zu politischen Prozessen, was den bereits erwähnten *bargaining up*-Effekt verstärkt. Diese zwei alternativen Erklärungen für das Staatswachstum sind mit der Argumentation von Mancur

Olson (1982) verwandt, der, stark vereinfacht ausgedrückt, behauptet hat, dass in stabilen Staaten beziehungsweise Demokratien zunehmend komplexe Interessengruppen entstehen. Durch einen immer komplizierteren politischen Interessenausgleich gewinne der Staat an Bedeutung, was sich negativ auf das Wirtschaftswachstum auswirke.

Beide Indikatoren – derjenige für die Zugangsmöglichkeiten zu politischen Prozessen und derjenige für die Konzentration der Entscheidungsautorität – sind Komponenten des Demokratieindexes aus den *Polity III Data*. Die Werte für den erstgenannten Index reichen von 1–5, wobei höhere Werte einen stärkeren Zugang anzeigen. Der Zentralisierungsgrad wird auf einer Skala von 1–3 erfasst, wobei höhere Werte eine stärkere Dezentralisierung oder Föderalisierung bezeichnen. Wenn die hier diskutierten Alternativerklärungen stichhaltig sind, müssten der Index und beide Indikatoren mit positiven Koeffizienten in der Regression erscheinen.

Bei der statistischen Analyse zeigte sich, dass der Indikator für Demokratie mit positiven Koeffizienten in der Regressionsgleichung auftaucht. Die Koeffizienten für 1975–1985 und die 1990er Jahre sind signifikant, die Beziehung zwischen Aussenhandelsquote und Staatsquote bleibt jedoch ebenfalls weitgehend signifikant, wird allerdings etwas schwächer (vgl. Annex, Abb. 8). Aufgrund der geringen Anzahl von Fällen (fehlende Daten) und Problemen mit der Varianz der Indikatoren konnten die Tests für die Kontrollgruppen nicht durchgeführt werden. Die Resultate für die Indikatoren "Zugang zu politischen Prozessen" und "Zentralisierung" erwiesen sich als nicht signifikant.

Für eine der wichtigen Alternativerklärungen des Staatswachstums, die politische Ausrichtung von Regierungen, konnte aufgrund der schlechten Datenlage keine Analyse durchgeführt werden. In der Regel wird angenommen, dass politisch linke Regierungen ausgabenfreudiger sind als rechte. Neuere Untersuchungen, die auf einer Auswahl weniger OECD-Länder beruhen, weisen auf mögliche Zusammenhänge zwischen Globalisierungsprozessen, politischer Ausrichtung von Regierungen und Staatsausgaben hin. Die meisten dieser Analysen knüpfen an Arbeiten von Peter Katzenstein (1985) und John Ruggie (1983) an, die wesentliche Einsichten in die Zusammenhänge zwischen politischen Strukturen und dem Marktgeschehen lieferten.

Geoffrey Garrett (1998) legt dar, dass die gestiegene Kapitalmobilität die Beziehung zwischen der Dominanz linker Parteien einerseits und Wirtschaftspolitiken, die auf eine Reduktion der durch den Markt verursachten Ungleichheiten abzielen, andererseits nicht abgeschwächt oder gar aufgehoben hat. Er behauptet auch, die wirtschaftliche Leistung von Ländern, die von Strukturen des sozialdemokratischen Korporatismus geprägt sind, sei insgesamt nicht schlechter als diejenige anderer Länder. Sozialdemokratischer Korporatismus bedeutet, dass ein Land eine mächtige Linksregierung und breit abgestützte und zentral organisierte Gewerkschaften aufweist. Im Gegensatz zu vielen anderen Autoren, zum Beispiel Fritz Scharpf (1991) und Paulette Kurzer

(1993), die einen Niedergang sozialdemokratischer Politik prophezeien, zeigt Geoffrey Garrett auf, dass die gestiegene Kapitalmobilität in Ländern mit sozialdemokratischem Korporatismus eher zu "mehr Staat" geführt hat. Wie auch Dani Rodrik (1997) betrachtet Garrett (1998) eine Vergrösserung des öffentlichen Sektors als Mittel zur Risikoverminderung im Zeichen zunehmend offener Weltmärkte. An diesem Punkt gehen allerdings die Argumente auseinander. Rodrik prophezeit zunehmende Spannungen zwischen Gewinnern und Verlierern der Globalisierung. Garrett (1998: 5) hingegen betrachtet sozialdemokratisch und korporatistisch ausgerichtete politische Strukturen als ideale Lösung dieses Problems:

Sozialdemokratische, korporatistische Staatsstrukturen beruhen auf einer äusserst vorteilhaften Symbiose aus staatlichen Politiken, die eine soziale Abfederung der vom Markt verursachten Verwerfungen bewirken, und einer Regulierung der nationalen Arbeitsmärkte durch die Führung breit abgestützter Gewerkschaften.

Die wichtigste Schwäche von Garretts Beitrag liegt darin, dass die empirische Analyse auf nur 14 OECD-Staaten beruht und nur bis ins Jahr 1990 reicht. Es ist damit unklar, inwiefern die Resultate verallgemeinerbar sind. Nichtsdestotrotz bleibt die politische Ausrichtung von Regierungen zumindest hypothetisch eine wichtige exogene Variable, die es zu kontrollieren gilt. Im Folgenden wird deshalb ein (gezwungenermassen) grober Versuch unternommen, die Variable Korporatismus in die Analyse einzubringen.

Korporatismus: Mehrere Autoren behaupten, korporatistische Strukturmerkmale von Staaten hätten eine starke Auswirkung auf die Grösse des öffentlichen Sektors. Korporatistische politische Strukturen beruhen auf zentralisierten und institutionalisierten Formen des Verhandelns zwischen Arbeitnehmern, Arbeitgebern und staatlichen Akteuren (vgl. Nollert 1992: 61). In diesem Sinne ist der Korporatismus als ein Modell des Konfliktmanagements auf Ebene des Nationalstaates zu betrachten.

Aufbauend auf Arbeiten von Peter Katzenstein (1985) ist in der IPÖ-Literatur immer wieder das Argument zu finden, korporatistische Staaten würden es besser verstehen, sich veränderten Verhältnissen in der Weltwirtschaft anzupassen. Ob das Ausmass des Korporatismus in einem Staat die öffentlichen Ausgaben negativ oder positiv beeinflusst, bleibt allerdings meist unklar. Einerseits könnten korporatistische Strukturen zu flexibleren Arbeitsmarktstrukturen und, als Ausgleich dafür, einer höheren Staatsquote im Sinne einer besseren sozialen Abfederung führen. Andererseits könnte der Korporatismus Anpassungsprozesse an veränderte wirtschaftliche Rahmenbedingungen erleichtern und dabei im Sinne einer (innenpolitischen) Reaktion auf die wirtschaftliche Globalisierung zu einer Reduktion der Staatsquote führen.

Paul Bowles und Barnet Wagman (1997), F. Green et al. (1994) und andere Autoren behaupten, korporatistische Strukturen könnten prinzipiell verschiedene Auswirkungen haben. Korporatistische und nichtkorporatistische Strukturen könnten beide mit einer Senkung der Staatsquote einhergehen. Es könnte aber auch eine Konvergenz der Staatsquoten gegen oben nur in korporatistischen Staaten zu verzeichnen sein. In der Tat haben Bowles und Wagman (1997) nur innerhalb der korporatistischen Staatengruppe eine Konvergenz der Sozialausgaben beobachtet.

Zum Konzept des Korporatismus sind nur wenige Daten verfügbar, wodurch der Analyse enge Grenzen gesetzt sind. In dieser Untersuchung verwende ich Daten von Michael Nollert. Dieser erfasst korporatistische Strukturen auf einer einfachen 3-Punkte-Skala. Auf dieser Skala werden 18 OECD-Staaten in pluralistische, sektorielle und neokorporatistische Länder eingeteilt. Trotz Einführung dieses zusätzlichen Indikators in die Regression blieb die Beziehung zwischen Aussenhandelsquote und Staatsquote stabil. Dieser Test sollte allerdings nicht überbewertet werden. Abgesehen von mangelhaften Daten bleibt die Richtung der Beziehung zwischen Korporatismus und Staatstätigkeit unklar – so lassen sich theoretische Argumente für und gegen eine Auswirkung korporatistischer Strukturen auf das Volumen der Staatstätigkeit ausmachen. In dieser Hinsicht bleibt somit noch einiges an Forschungsarbeit zu leisten.

Weiterführende Arbeiten könnten unter anderem an die Behauptung einiger Autoren anknüpfen, die Grösse des öffentlichen Sektors werde von einer nichtlinearen Beziehung zwischen der Stärke der organisierten Arbeitnehmerschaft und der wirtschaftlichen Leistungsfähigkeit eines Landes beeinflusst. Dieses Argument beruht auf folgenden Annahmen zur Beziehung zwischen Institutionen im Arbeitsmarkt und wirtschaftlichem Erfolg eines Landes. Wenn die Arbeitnehmerschaft schlecht oder gar nicht organisiert ist, können die Unternehmer das Lohnniveau nach unten drücken, ohne dass es zu sozialer Instabilität kommt. Niedrigere Löhne und soziale Stabilität sind komparative Vorteile im internationalen Markt und führen zu mehr Produktivität. Wenn die Arbeitnehmerschaft gut organisiert ist, kann sie in korporatistische Strukturen eingebunden werden. Als Gegenleistung für höhere Einkommen und einen gut ausgebauten Sozialstaat wird die Arbeitnehmerschaft weniger streiken. Hier existiert eine *win-win*-Situation. Konstellationen zwischen diesen beiden Extremen sind suboptimal, weil es dort eher zu sozialer Instabilität (Streiks usw.) kommt. Eine systematische Analyse dieser Hypothesen erfordert allerdings Daten, die bis heute nur für ganz wenige Länder verfügbar sind (vgl. Garrett/Lange 1995; Calmfors/Driffill 1988).

2.6.4. Verwundbarkeit gegenüber Entwicklungen im Ausland

Die Staatstätigkeit dient nicht zuletzt auch dazu, Risiken, die durch Öffnungsprozesse gegenüber dem Weltmarkt entstehen, zu vermindern sowie die Bevölkerung gegenüber machtpolitischen Risiken, beispielsweise einem bewaffneten Angriff, abzusichern. Die theoretische Logik, die hinter den zwei Arten von Risiken steht, und die Auswirkungen auf die Beziehung zwischen wirtschaftlicher Offenheit und Staatsquote sind unterschiedlich. Wenn letztere Beziehung wesentlich durch aus der Weltwirtschaft stammende ökonomische Risiken beeinflusst wird, wäre dies ein Hinweis auf die Stichhaltigkeit des hinter Hypothese 2 stehenden kausalen Argumentes (Staatätigkeit als Risikoversicherung). Die Untersuchung der Auswirkungen wirtschaftlicher Risiken ist deshalb als Versuch zu betrachten, die kausale Logik von Hypothese 2 direkt zu analysieren. Militärische Risiken hingegen sind als rivalisierende Erklärung zu betrachten: Hier wird postuliert, dass das Volumen der Staatstätigkeit nicht so sehr von ökonomischen Integrationsprozessen, sondern eher vom sicherheitspolitischen Umfeld eines Landes beeinflusst wird. Diese Erklärung richtet sich auf die traditionellste Funktion des Staates, die Bereitstellung des öffentlichen Gutes "Sicherheit" im engsten Sinne.

Oft wird die wirtschaftliche Verwundbarkeit von Staaten mit der Aussenhandelsquote erfasst. Dieser Indikator ist sicherlich nützlich, wenn es darum geht, die wirtschaftliche Offenheit eines Landes zu erfassen. Seine Validität in Bezug auf die Messung von Verwundbarkeit ist jedoch fraglich, da Verwundbarkeit normalerweise im Sinne der Kosten definiert wird, welche Veränderungen in der Weltwirtschaft einem Staat verursachen können. Wie solche Verwundbarkeiten sinnvoll erfasst werden sollten, ist in der Literatur allerdings umstritten. Als wichtige Indikatoren gelten die Grösse des Binnenmarktes, Export- und Importkonzentrationen sowie Schwankungen der Wechselkurse und der *terms-of-trade*. Für die meisten dieser Indikatoren existieren nur sehr unvollständige Daten. Die "besten der schlechten" Daten erfassen Exportkonzentrationen, weshalb wir diese hier verwenden.[11]

Abbildung 3: Staatsquote, Aussenhandelsquote und Exportkonzentration

OECD und Nicht-OECD	β AH-Quote OECD	β Exp. konz. OECD	R^2 OECD	N OECD	β AH-Quote Nicht-OECD	β Exp. konz. Nicht-OECD	R^2 Nicht-OECD	N Nicht-OECD
'60–'64	.	.		.	.	.	.	.
'65–'69	.	.		.	.	.	.	.
'70–'74	.68**	-.20	0.44	21	.53**	-.18	0.22	52
'75–'79	.74**	-.22	0.55	22	.49**	-.06	0.20	65
'80–'84	.68**	-.15	0.43	23	.50**	-.07	0.22	77
'85–'89	.71**	-.01	0.45	21	.34**	-.11	0.09	76
'90–'94	.69**	-.14	0.43	21	.45**	-.13	0.15	49

11 Dieser Indikator erfasst den Anteil der wichtigsten Exportgüter an den Gesamtexporten eines Landes an den wichtigsten Exportpartner des betreffenden Landes. Wenn das Argument der Risikominderung plausibel sein soll, müsste dieser Indikator mit positiven Koeffizienten in der Regression auftauchen.

Die Resultate der Analyse widersprechen der Prognose. Bei der Untersuchung aller Länder waren die Koeffizienten für die Exportkonzentration negativ und signifikant. Nach der Einführung der OECD-Kontrollgruppe wurden die Koeffizienten statistisch insignifikant (vgl. Abb. 3). Die Beziehung zwischen Aussenhandelsquote und Staatsquote hingegen bleibt stark.

An diesem Befund änderte sich kaum etwas, als wir eine grösser angelegte Regression durchführten, die folgende Variablen beinhaltete: Aussenhandelsquote, regulatorische Offenheit im Finanzbereich, Schwarzmarktprämien im Wechselkursbereich (alles Indikatoren für wirtschaftliche Offenheit); Exportkonzentration, Volatilität der *terms-of-trade*, Landesgrösse (alles Indikatoren für die Verwundbarkeit); und die Staatsquote.[12] In dieser Regression stiegen die Koeffizienten für die Aussenhandelsquote leicht an, die Koeffizienten für die anderen Indikatoren blieben insignifikant. Wir können somit Hypothese 2 nicht falsifizieren, die dahinter stehende kausale Risiko-Logik lässt sich allerdings empirisch nicht direkt bestätigen.

Dieses Resultat weicht ab von Ergebnissen, die sich in Studien von Dani Rodrik (1996, 1997) und Geoffrey Garrett und Deborah Mitchell (1997) finden. Ob diese unterschiedlichen Ergebnisse auf methodische Unterschiede zurückzuführen sind, oder ob die der Hypothese 2 zu Grunde liegende Risiko-Logik komplizierter ist als angenommen, muss hier offen bleiben. Methodische Differenzen bestehen in Bezug auf die Indikatorenwahl (z. B. gesamte Regierungsausgaben vs. -einnahmen, unterschiedliche Risikoindikatoren), untersuchte Länder, Behandlung von Daten (z. B. logarithmieren und extrapolieren von Werten), sowie statistische Methoden. In Bezug auf die Risiko-Logik liesse sich anmerken, dass politische Entscheidungsträger die Nachfrage nach Risikoverminderung aufgreifen können, dass diese Nachfrage sich aber keineswegs automatisch in ein Angebot von Risikoreduktion umsetzt. Weiter unten argumentiere ich, dass, wenn Offenheit im Aussenhandelsbereich, Kapitalmobilität und expandierende öffentliche Sektoren aufeinandertreffen, politische Entscheidungsträger mit komplizierten Optimierungsproblemen konfrontiert sind, die über die in Hypothese 2 postulierte Logik hinausgehen.

Im Sinne einer rivalisierenden Erklärung lässt sich behaupten, dass das sicherheitspolitische Umfeld eines Staates die Grösse des öffentlichen Sektors beeinflusse; das Einbringen von Indikatoren für dieses Umfeld in die Regressionsgleichung würde damit auch die Beziehung zwischen wirtschaftlicher Offenheit und Staatsquote abschwächen. Wenn die Resultate diese Hypothese nicht stützen, gewinnt Hypothese 2 an Plausibilität. Das sicherheitspolitische Umfeld eines Staates kann in verschiedenster Weise erfasst werden, beispielsweise anhand der Existenz bewaffneter Konflikte mit anderen Staaten oder in der Nähe des betreffenden Staates, anhand der geostrategischen Lage eines Landes oder anhand perzeptiver beziehungsweise verbaler Indikatoren, die auf Inhaltsanalysen von Dokumenten beruhen. Der Einfachheit halber benutze ich

---

12 Die Beschreibung dieser Daten und deren Quellen befinden sich im Annex.

jedoch den Indikator Militärausgaben als % des BIP. Dieser spiegelt wenigstens in groben Zügen die Konflikthaftigkeit der Beziehungen eines Staates mit dem Ausland, obschon Militärausgaben natürlich bis zu einem gewissen Grad auch von innenpolitischen Variablen beeinflusst sind, zum Beispiel den Interessen der Rüstungsindustrie oder innerstaatlicher Instabilität.

Im Gegensatz zu den meisten anderen Kontrollvariablen haben die Militärausgaben einen signifikanten Einfluss auf die Beziehung zwischen wirtschaftlicher Offenheit und Staatstätigkeit. Wie erwartet sind die Koeffizienten positiv: Je höher die Militärausgaben (d. h. je risikoreicher das sicherheitspolitische Umfeld), desto höher ist die Staatsquote. Die im Zentrum der Analyse stehende Beziehung zwischen Aussenhandels- und Staatsquote bleibt allerdings signifikant, Militärausgaben erklären jedoch einen grösseren Teil der Varianz der Staatsquote als die Aussenhandelsquote.

Abbildung 4: Staatsquote, Aussenhandelsquote und Militärausgaben als % des BIP

alle Länder	β AH-Quote	β Militär-ausgaben	R^2	N
1960–1964	.	.	.	.
1965–1969	.	.	.	.
1970–1974	.36**	.66**	.58	66
1975–1979	.33**	.52**	.38	80
1980–1984	.39**	.43**	.34	94
1985–1989	.29**	.33**	.17	87
1990–1994	.23*	.45**	.29	63

Bei der Einführung der Kontrollvariable "OECD-Mitgliedschaft" wurde ersichtlich, dass die in Abbildung 4 gezeigten Ergebnisse weitgehend vom Resultat für die Nicht-OECD-Staaten geprägt sind. Für letztere Staaten reichen die Koeffizienten bis .72 in den 1970er Jahren, die erklärte Varianz beträgt gegen 70%. Ein weiterer Grund, die genannten Resultate mit Skepsis zu betrachten, liegt darin, dass die Militärausgaben (Explanans) in den Regierungsausgaben, und damit auch in der Staatsquote (Explanandum), bereits enthalten sind. Dadurch ist der Effekt der Militärausgaben sehr wahrscheinlich künstlich überhöht, besonders im Falle der Entwicklungsländer. Aus diesem Grund werde ich diese Frage wieder aufgreifen, wenn die Auswirkungen wirtschaftlicher Offenheit auf verschiedene Bereiche der Staatstätigkeit zur Sprache kommen.

2.7. Kapitalmobilität

Die statistische Analyse ergab, dass zwischen regulatorischer Offenheit von Staaten im Finanzbereich (Index von Quinn, vgl. Annex) und der Grösse des öffentlichen Sektors keine signifikante Beziehung besteht. Ebenso korreliert der Index zur regulatorischen Offenheit im Finanzbereich nur sehr schwach mit der Aussenhandelsquote. Offensichtlich erfassen diese zwei Messgrössen unterschiedliche Phänomene. Als beide Indikatoren für wirtschaftliche Offenheit auf die erklärende Seite der Regression gesetzt wurden, blieb die Beziehung zwischen Aussenhandelsquote und Staatsquote signifikant. Die Aussenhandelsquote hat somit einen recht starken positiven Einfluss auf das Volumen der Staatstätigkeit, während wirtschaftliche Offenheit im Finanzbereich (stellvertretend für das Konzept der Kapitalmobilität) nur eine geringe Auswirkung auf die öffentliche Ökonomie hat (Abb. 5). Dieses Resultat widerspricht der Prognose, dass die positiven oder negativen Effekte der Offenheit im Finanzbereich stärker sind als die Effekte der Offenheit im Aussenhandelsbereich. Gleichermassen widerspricht es der Behauptung von Dani Rodrik (1996), dass Kapitalmobilität die positive Beziehung zwischen Aussenhandels- und Staatsquote unterminiere. Schliesslich weicht unser Resultat auch von demjenigen von Dennis Quinn (1997) ab, der eine positive Beziehung zwischen Kapitalmobilität und Staatsausgaben beobachtet. Dieser Befund ist allerdings unvollständig, da der Indikator von Quinn nur für OECD-Länder verfügbar ist.

Abbildung 5: Aussenhandelsquote, Offenheit im Finanzbereich und Staatsquote

OECD-Länder	β Reg. Offenheit im Finanzbereich	β AH-Quote	R^2	N
1960–1964	.	.	.	.
1965–1969	.	.	.	.
1970–1974	0.09	0.62**	0.32	18
1975–1979	-0.08	0.79**	0.57	19
1980–1984	-0.08	0.72**	0.46	19
1985–1989	-0.08	0.7**	0.45	17
1990–1994	-0.17	0.7**	0.4	18

Um die Auswirkungen der Kapitalmobilität auf Entwicklungsländer abzuschätzen, benutzten wir Schwarzmarktprämien. Die Regressionsanalyse für Schwarzmarktprämien (ein Indikator für wirtschaftliche Offenheit im Wechselkursbereich) und die Aussenhandelsquote auf der erklärenden Seite sowie für das Volumen der Staatstätigkeit auf der abhängigen Seite ergab für die Nicht-OECD-Länder leicht positive aber nicht signifikante Koeffizienten. Die Beziehung zwischen Aussenhandelsquote und Staatsquote blieb stabil und positiv. Auch hier ergibt sich keine Unterstützung für die Hypothese, dass Offenheit im Finanzbereich stärkere Auswirkungen auf das Volumen der Staatstätigkeit habe als Offenheit im Aussenhandel. Gleichermassen hat die Kapitalmobilität die positive Beziehung zwischen Aussenhandels- und Staatsquote nicht unterminiert.

Diese Resultate sind allerdings mit Vorsicht zu geniessen, da die Datenlage im Bereich der Finanzbeziehungen problematisch ist. Entweder sind für Nicht-OECD-Staaten keine Daten erhältlich (z. B. im Falle der Daten von Quinn), oder die Varianz der Indikatoren ist bei bestimmten Staatengruppen für eine sinnvolle statistische Analyse aller Länder ungenügend (z. B. im Falle der Schwarzmarktprämien). Weiterführende Analysen sollten einerseits darauf ausgerichtet sein, bessere Indikatoren für die Offenheit im Finanzbereich zu entwickeln. Andererseits sollten auch griffigere theoretische Argumente für oder gegen stärkere Effekte des Finanzbereichs im Vergleich zum Aussenhandelsbereich erarbeitet werden.

Zwischenbilanz: Die von David Cameron (1978), Dani Rodrik (1997), Geoffrey Garrett (1998) und anderen vorgebrachte These, Offenheit im Aussenhandel gehe mit vermehrter Staatstätigkeit einher, erweist sich als erstaunlich robust. Die erste Hypothese kann verworfen werden: Wirtschaftliche Globalisierung wirkt sich nicht negativ auf die Staatstätigkeit aus. Weitere Elemente der Theorie von Rodrik, Garrett und anderen Autoren sind allerdings kritisch zu hinterfragen. *Erstens* zeigte sich, dass eine zunehmende Kapitalmobilität die positive Beziehung zwischen Aussenhandels- und Staatsquote nicht schwächt, dies im Gegensatz zur Hypothese Rodriks (1997) und Garretts (1995). Gleichermassen ergibt sich keine Evidenz zugunsten von Quinns (1997) und Garretts (1998) Befund, dass Kapitalmobilität mit mehr Staatstätigkeit einhergeht. Im Schlussteil dieses Kapitels gehe ich näher auf diese unterschiedlichen Auswirkungen der Offenheit im Aussenhandel und Finanzbereich ein. *Zweitens* bleibt die kausale Logik von Hypothese 2 fraglich. Offenheit im Finanzsektor, von der ein grösseres Risiko ausgehen könnte, hat keinen Einfluss auf die Staatstätigkeit. Auch andere Indikatoren, die von der Weltwirtschaft verursachte Risiken direkt zu erfassen versuchen, haben keinen erkennbaren Einfluss auf die Staatstätigkeit. An diesen zwei Problempunkten wird die zukünftige Forschung ansetzen müssen.

2.8. Konvergiert das Volumen der Staatstätigkeit?

Die dritte Hypothese besagt, dass weltwirtschaftliche Verflechtungen zu einer Angleichung der Volumen der Staatstätigkeit der einzelnen Länder führen. Solche Konvergenzbewegungen lassen sich am besten mittels Variationskoeffizienten (Standardabweichung dividiert durch den Mittelwert) für die Staatsquote eruieren. Diese Koeffizienten wurden für spezifische Staatengruppen und Jahre berechnet. Um die Resultate nicht durch Extremwerte zu verzerren, benutzten wir gleitende Dreijahresdurchschnitte. Die Berechnungen resultierten in Zeitreihen von Koeffizienten für spezifische Ländergruppen. Abnehmende Werte der Koeffizienten zeigen einen Konvergenztrend an.

Mit der dritten Hypothese bewegen wir uns auf der Systemebene. Dies erfordert ein Mass für die wirtschaftliche Integration innerhalb bestimmter Staatengruppen oder der Gesamtheit der Länder. Letzteres wäre gleichzusetzen mit dem Konzept der Integration der Weltwirtschaft. Dieses Mass der wirtschaftlichen Integration ist in Beziehung zu setzen zu den Koeffizienten für Konvergenz- oder Divergenztrends. Der Einfachheit halber wird die wirtschaftliche Integration mittels der durchschnittlichen wirtschaftlichen Offenheit der Staaten in bestimmten Ländergruppen erfasst. Als erstes diskutiere ich beobachtete Konvergenz- oder Divergenztrends, um dann die Beziehung zwischen wirtschaftlicher Integration und Konvergenz zu untersuchen.

Abbildung 6 zeigt, dass in der ersten Hälfte der 1970er Jahre die Divergenz zunahm. Diese Entwicklung könnte allerdings ein statistisches Artefakt sein, weil für diesen Zeitraum viele Länder fehlende Daten aufweisen. Die Zeitreihen flachen danach ab und deuten seit Anfang der 1990er Jahre auf eine Konvergenz bei den Nicht-OECD-Staaten und bei der Gesamtheit der Staaten. Die beobachteten Trends stützen Hypothese 3 nicht. Die OECD-Staaten sind vergleichsweise – diese Ansicht teilen die meisten Beobachter der Weltwirtschaft – wirtschaftlich am stärksten miteinander verflochten und in die Weltwirtschaft integriert. Just bei diesen Staaten nimmt die Divergenz Anfang der 1990er Jahre aber zu, dies also in einem Zeitraum, in dem nach weitverbreiteter Auffassung starke wirtschaftliche Globalisierungsschübe zu verzeichnen sind (vgl. Kap. 1). Der beobachtete Konvergenztrend für die Nicht-OECD-Staaten ist, aus den gleichen Gründen, kontra-intuitiv, könnte allerdings auf künstlichen Verzerrungen aufgrund vieler fehlender Daten beruhen. Vor allem für die ärmsten Entwicklungsländer, die das Ausmass der Divergenz vermutlich erhöht haben, fehlen oft die Informationen. Im Gegensatz zu Paul Bowles und Barnet Wagman (1997) konnten wir keinen stärkeren Konvergenztrend innerhalb der Gruppe der korporatistischen Staaten feststellen.

Abbildung 6: Konvergenz und Divergenz der Staatsquoten

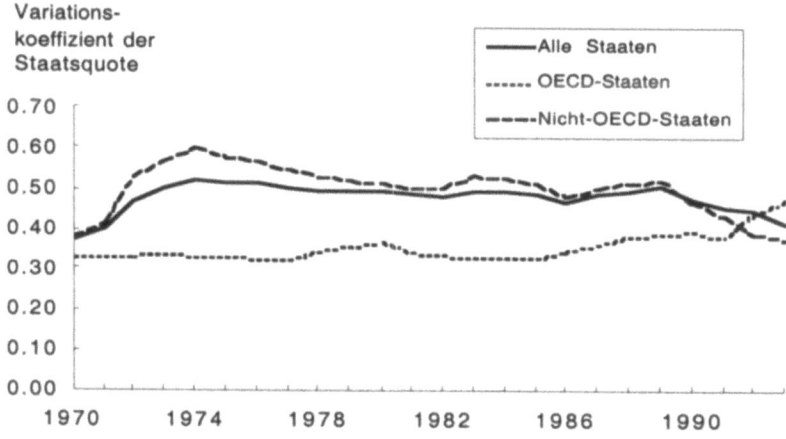

Dieser der Hypothese 3 widersprechende Befund macht es sinnvoll, über die univariate Analyse hinauszugehen. Abbildung 7 zeigt, dass zwischen der Integration der Weltwirtschaft (durchschnittliches Ausmass der Aussenhandelsquote) und Konvergenz-/Divergenzbewegungen der Staatsquote (Variationskoeffizienten) kein statistisch signifikanter Zusammenhang besteht.

Abbildung 7: Konvergenz/Divergenz der Staatsquote und Aussenhandelsquote, 1970–93

	β ø-AH-Quote	R^2	N (Anzahl Jahre)
Alle Staaten	.21	.04	22
OECD-Staaten	.33	.07	22
Nicht-OECD-Staaten	-.04	-.06	22

Die Variationskoeffizienten beruhen auf gleitenden Dreijahresdurchschnitten für die Staatsquote. Die Werte für das Jahr 1994 wurden wegen zu vieler fehlender Daten ausgeschlossen.

Ähnliche Resultate ergaben sich für den Zusammenhang zwischen der Integration im Finanzbereich und den Variationskoeffizienten für die Staatsquote. Diese Ergebnisse widersprechen Hypothese 3, die postuliert, dass steigende weltwirtschaftliche Integration zu einer Konvergenz der Staatsquote gegen oben oder unten führt. Weiterführende Analysen könnten sich beispielsweise auf die Frage richten, ob natürliche Grenzen des Staatswachstums existieren, und ob wirtschaftliche Globalisierung einen allfälligen Trend hoch entwickelter Industriestaaten auf diese Grenze hin beschleunigt oder bremst.

2.9. Wirtschaftliche Offenheit und Teilbereiche des öffentlichen Sektors

Wie weiter oben schon erwähnt, kann man davon ausgehen, dass zwischen wirtschaftlicher Offenheit und Militärausgaben kein Zusammenhang besteht. In der Tat lässt sich keine statistisch signifikante Korrelation zwischen den beiden Variablen finden. Abbildung 8 zeigt, dass die Koeffizienten für die Beziehung zwischen wirtschaftlicher Offenheit und Staatsquote sogar stärker werden, wenn nur die nichtmilitärischen Regierungsausgaben auf der abhängigen Seite stehen.

Abbildung 8: Aussenhandelsquote und Staatsquote ohne Militärausgaben

OECD und Nicht-OECD	β AH-Quote OECD	R^2 OECD	N OECD	β AH-Quote Nicht-OECD	R^2 Nicht-OECD	N Nicht-OECD
1960/64	.	.	.	.	.	.
1965/69	.	.	.	.	.	.
1970/74	.56**	.28	19	.56**	.29	49
1975/79	.70**	.46	21	.55**	.29	61
1980/84	.64**	.39	22	.48**	.22	74
1985/89	.61**	.34	20	.29*	.07	69
1990/94	.55*	.27	18	.48**	.22	47

In einem zweiten Schritt wurde versucht, die Staatsquote für nichtmilitärische Regierungsausgaben durch wirtschaftliche Offenheit im Aussenhandels- (Aussenhandelsquote) und im Finanzbereich (regulatorische Offenheit, Schwarzmarktprämien) sowie durch Exportkonzentration, *terms-of-trade*-Schwankungen und Ländergrösse zu erklären. Die Koeffizienten für die Offenheit im Handelsbereich blieben signifikant, alle anderen Koeffizienten waren nicht signifikant.

Aus theoretischer Sicht lässt sich das Argument vorbringen, durch wirtschaftliche Offenheit gerieten vor allem diejenigen Staatstätigkeiten unter Druck, die für die internationale Wettbewerbsfähigkeit nicht essenziell sind. Darunter fallen nach Ansicht vieler Ökonomen Staatstätigkeiten, die einen Umverteilungscharakter haben (z. B. Pierson 1991). Umgekehrt ist zu erwarten, dass Regierungsausgaben, die der Stärkung der internationalen Wettbewerbsfähigkeit dienen, durch die wirtschaftliche Globalisierung eine Steigerung erfahren. Welche Staatstätigkeiten nun die Wettbewerbsfähigkeit stärken und welche nicht, kann nicht mit Sicherheit bestimmt werden. Darüber streiten sich auch Vertreter der "neuen Wachstumstheorie". Viele Exponenten der

Globalisierungsdiskussion argumentieren jedoch, dass vor allem die Sozial- und Gesundheitsausgaben unter zunehmender wirtschaftlicher Offenheit leiden. Beide Arten der Staatstätigkeit weisen ein ausgeprägtes Umverteilungselement auf. Besonders die steigende Integration im Finanzbereich sollte, gemäss der weiter oben geäusserten Hypothese, starke Wirkungen in der postulierten Richtung zeigen.

Diese Hypothese konnte durch die statistischen Tests nicht erhärtet werden. Im Gegenteil: Eine umfassendere Regressionsanalyse ergab, dass die Koeffizienten für die Beziehung zwischen Offenheit im Aussenhandel und Ausgaben für die soziale Vorsorge, Gesundheitsausgaben und Transferzahlungen im Sozialbereich meistens signifikant und positiv sind. Bei den Indikatoren für die Offenheit im Finanzbereich und Verwundbarkeit gegenüber den Weltmärkten ergaben sich keine signifikanten Resultate.

2.10. Schluss

In diesem Kapitel habe ich versucht, die Frage der Auswirkungen weltwirtschaftlicher Integrationsprozesse auf die Rolle und Bedeutung des Staates mittels quantitativer Daten und statistischer Methoden anzugehen. Freilich liefern die vier untersuchten Hypothesen keine umfassende Antwort auf die gestellte Frage. Wie nahezu jede statistische Untersuchung weist auch diese Analyse Schwächen auf. Die verfügbaren Daten sind oft unvollständig oder unzuverlässig, besonders im Falle der Entwicklungsländer. Oft messen die Indikatoren die in den theoretischen Konzepten erfassten Phänomene nicht zufriedenstellend. Die Fallzahl sinkt rapide, wenn exogene Variablen kontrolliert werden. Schliesslich liegt die erklärte Varianz selten über 50%. Der Vorteil dieses Ansatzes liegt jedoch in seiner Systematik und der Generalisierbarkeit der Resultate. Auf jeden Fall lohnt es sich, empirisch einigermassen fassbare Argumente vorzubringen und zu testen, bevor man sich in wolkigen Theoriedebatten verliert.

Im Zentrum der Analyse stand die Beziehung zwischen wirtschaftlicher Offenheit und dem Volumen der Staatstätigkeit (Staatsquote). Das erste Konzept steht stellvertretend für wirtschaftliche Globalisierung, das zweite für die Kapazität des Staates, gesellschaftliche Prozesse zu beeinflussen. Die Untersuchung ergab, dass wirtschaftliche Offenheit im Aussenhandelsbereich meist mit einer höheren Staatsquote einhergeht. Wir testeten die Stabilität dieser Beziehung, indem wir verschiedenste Kontrollvariablen aus theoretischen Argumenten ableiteten und in die statistische Analyse einführten. Die wichtigsten Kontrollvariablen waren die Mitgliedschaft in der OECD, die Grösse des Staates, innerstaatliche Wirtschaftstrends und -strukturen, innerstaatliche politische Strukturen sowie die Verwundbarkeit durch sicherheitspolitische und wirtschaftliche Vorgänge im Ausland. Damit erhält die ursprünglich von David Cameron formulierte und jüngst von Dani Rodrik, Geoffrey Garrett, Dennis Quinn und anderen Autoren neu belebte These zusätzliche Unterstützung. Die Hypothese, dass wirtschaftliche Globalisierung zu einem Schrumpfen des öffentlichen Sektors führt, muss verworfen werden.

Gute Daten zur Offenheit im Finanzbereich sind Mangelware. Trotzdem lässt die diesbezügliche Analyse den Schluss zu, dass die Kapitalmobilität im Gegensatz zur These von Quinn (1997), Garrett/Mitchell (1997) und Garrett (1995, 1998) kaum einen Einfluss auf den öffentlichen Sektor hat und die positive Beziehung zwischen Aussenhandels- und Staatsquote im Gegensatz zur These Rodriks (1996) nicht abschwächt. Diese sehr unterschiedlichen Auswirkungen der Offenheit im Aussenhandel und im Finanzbereich sind das wohl überraschendste Resultat dieser Untersuchung.

Falls diesem Unterschied nicht nur ein methodisches Artefakt oder schlechte Daten zu Grunde liegen, müsste bei weiterführenden Arbeiten zur "Dreiecksbeziehung" zwischen Aussenhandel, Kapitalmobilität und Staatstätigkeit eine theoretische Begründung gefunden werden.[13] Folgende zwei Argumente könnten sich dabei als interessant erweisen.

Erstens lässt sich behaupten, dass die Liberalisierung der Finanzmärkte direkte Gewinne für einen kleinen Akteurskreis abwirft, zum Beispiel für internationale Banken, transnationale Konzerne und vermögende Privatpersonen. Die Kosten dieser Deregulierung, vor allem mehr Einkommensungleichheit und Beschränkungen makro-ökonomischer Instrumente der Wirtschaftspolitik, sind hingegen breiter gestreut. Die Theorie kollektiven Handelns (Olson 1965) besagt, dass bei einer solchen Kosten-Nutzen-Verteilung oft diejenigen Akteure ihre Interessen durchsetzen können, welche die konzentrierteren Gewinne erwarten.

---

13 Unterschiedliche Effekte von Freihandel und Kapitalmobilität werden schon seit langem thematisiert, ohne dass sie allerdings systematisch untersucht wurden. Die Architekten des Bretton-Woods-Systems waren in den 1940er Jahren der Auffassung, dass die Kapitalmobilität zugunsten des freien Welthandels beschränkt bleiben müsse. Die Kapitalmobilität würde ansonsten grosse, durch Spekulation angeheizte Fluktuationen des Kapitalflusses verursachen. Dies würde das Bretton-Woods-System der fixen Wechselkurse stören und zu grossen Wechselkursschwankungen führen. Letztere wiederum hätten schmerzliche Anpassungsprozesse in der weniger flexiblen Handelsbilanz zur Folge, was dem Protektionismus Vorschub leisten würde. Das System der fixen Wechselkurse brach bekanntlich Anfang der 1970er Jahre zusammen und die Kapitalverkehrskontrollen wurden im OECD-Raum im Verlauf der 1980er und 1990er Jahre nahezu vollständig abgeschafft. Die vergangenen 30 Jahre sind in der OECD-Welt insofern einmalig, als zum erstenmal weitgehender Freihandel und freier Kapitalverkehr koexistieren. Ob die damit verbundene stärkere Volatilität des Kapitalflusses die Handelsliberalisierung behindert hat, ist eine offene Frage. Manche Autoren fragen sich sogar, ob die westlichen Regierungen im Vergleich zum Zeitraum 1945–1970 in den vergangenen 30 Jahren ihre Prioritäten umgekehrt hätten, den freien Kapitalverkehr über alles stellten und dadurch ein gewisses Mass an Protektionismus im Welthandel in Kauf nähmen (vgl. Helleiner 1994: 207).

Im Gegensatz zur Liberalisierung der Finanzmärkte sind die Auswirkungen der Handelsliberalisierung im innerstaatlichen Bereich direkter sicht- und spürbar. Es lässt sich in der Tat beobachten, dass die Handelsliberalisierung meist zu konfliktreicheren politischen Debatten führt als die Deregulierung im Finanzbereich. Die Handelsliberalisierung hat oft direktere Auswirkungen auf die Binnenwirtschaft, zum Beispiel im Sinne von Fabrikschliessungen oder dem Verlust von Arbeitsplätzen. Diese Kosten fallen in konzentrierter Form an. Der Nutzen der Handelsliberalisierung hingegen entfällt auf eine breite Bevölkerungsschicht, u. a. die Konsumenten von billigeren Importgütern. Bei diesen Kosten-Nutzen-Strukturen sind stärkere Widerstände gegen die Handelsliberalisierung als gegen die Deregulierung der Finanzmärkte zu erwarten.

Aus diesem Argument lässt sich ableiten, dass im Falle der Handelsliberalisierung die Nachfrage nach (und wahrscheinlich auch das Angebot an) Risiko-Reduktion oder Kompensation grösser ist als bei der Liberalisierung der Finanzmärkte. Offenheit im Finanzbereich hat also eine geringere Auswirkung auf den öffentlichen Sektor als die Handelsliberalisierung. Dieses Argument, das sich mit den (wenn auch sehr provisorischen) Befunden der obigen Analyse deckt, steht im Gegensatz zur Hypothese, von der wir anfänglich ausgingen.

Das zweite Argument bezieht sich auf Unterschiede in der ökonomischen und politischen Logik des Staatswachstums. Staaten, die eine höhere Staatsquote aufweisen, zahlen dafür wahrscheinlich einen Preis, beispielsweise in Form höherer Realzinsen, Wechselkursschwankungen oder mehr Inflation. Allerdings ist zu erwarten, dass unterschiedliche politische Systeme (z. B. korporatistische vs. nichtkorporatistische Staaten) diese ökonomischen Kosten unterschiedlich rezipieren. Dementsprechend könnten weltwirtschaftliche Sachzwänge abhängig vom politischen System des jeweiligen Staates unterschiedliche Auswirkungen auf den öffentlichen Sektor haben.[14]

Daniel Verdier (1998) beispielsweise behauptet, dass die Koexistenz von Freihandel und freiem Kapitalverkehr ein Ungleichgewicht bei Nachfrage und Angebot von Finanzinstrumenten bewirkt. Freier Kapitalverkehr verstärke das Angebot von handelbaren Instrumenten, Freihandel erhöhe die Nachfrage nach transaktionsspezifischen Instrumenten. Kleinere Firmen und Banken und stark auf den Binnenmarkt konzentrierte Akteure würden durch dieses Ungleichgewicht negativ beeinträchtigt, weil diese Akteure besonders stark von transaktionsspezifischen Instrumenten abhängig seien. Nach Verdier können sich

---

14 Mögliche Reaktionen sind: (a) Akzeptanz wirtschaftlicher Kosten, die eine Risikoabsicherung in Form eines grösseren Staatssektors mit sich bringt; (b) Reduktion der Staatstätigkeit; (c) Reduktion der Offenheit im Finanzsektor; (d) internationale Zusammenarbeit zur Beschränkung des Steuerwettbewerbs; (e) Umstellungen im öffentlichen Sektor, die dessen Gesamtgrösse nicht tangieren, aber Umlagerungen in Richtung Staatstätigkeiten bringen, die für die internationale Wettbewerbsfähigkeit zentral sind.

diese Verlierer in zentralisierten Regierungssystemen schlechter durchsetzen als in dezentralisierten Systemen.

Dieses Argument, welches das Ausmass der Offenheit von Staaten im Finanzbereich erklärt, kann wie folgt erweitert werden: Kapitalmobilität verursacht vor allem in dezentralisierten politischen Systemen Widerstände. Um diese Opposition zu überwinden, muss der Staat Kompensationen anbieten. Dadurch dürfte sich in solchen Staaten die Staatsquote erhöhen. Regierungen könnten allerdings auch mit Protektionismus im Aussenhandel und Beschränkungen der Kapitalmobilität auf die genannte Opposition antworten. Somit wäre das Grundmodell für eine solche Analyse wie folgt zu formulieren: Die Beschaffenheit innerstaatlicher politischer Systeme fungiert als intervenierende Variable zwischen wirtschaftlicher Offenheit und öffentlichem Sektor. Bei konstanter Offenheit im Aussenhandel und wachsender Kapitalmobilität ist zu erwarten, dass in dezentralisierten politischen Systemen (oder unter anderen Bedingungen, die zu spezifizieren wären) die Staatsquote steigt. Der Unterschied dieses zweiten Modells gegenüber dem ersten liegt darin, dass Kapitalmobilität unter bestimmten Bedingungen eine positive Wirkung auf die Staatsquote haben kann. Beim ersten Model wurde postuliert, dass Kapitalmobilität grundsätzlich einen geringen bis keinen Effekt auf die Staatstätigkeit hat.

Für die Annahme, dass Staaten abhängig von ihrem politischen System unterschiedlich auf ähnliche weltwirtschaftliche Rahmenbedingungen reagieren, sprechen gewisse sich bei der Analyse von Konvergenztrends ergebende Hinweise. Die Konvergenzhypothese – weltwirtschaftliche Integration führt zur Konvergenz der Staatsquoten – liess sich anhand der verfügbaren Daten nicht erhärten. Paradoxerweise lässt sich eine leichte Konvergenz nur im Falle der Nicht-OECD-Länder beobachten, die nach allgemeiner Auffassung weniger stark in die Weltwirtschaft integriert sind als die OECD-Länder. Die statistische Untersuchung der Beziehung zwischen der Integration im Aussenhandels- und Finanzbereich einerseits und Variationskoeffizienten für die Staatsquote andererseits ergab keine signifikanten Zusammenhänge. Dieses Ergebnis deckt sich mit den Befunden vieler qualitativer Fallstudien. In Letzteren findet sich meist der Schluss, dass selbst in sehr stark integrierten Wirtschaftsräumen, wie demjenigen der EU oder der USA, Arbeitsmarktstrukturen oder -politiken, Umweltregulierungen, wohlfahrtsstaatliche Strukturen usw. sich nicht signifikant angeglichen haben (vgl. Berger/Dore 1996).

Die fortbestehende Heterogenität könnte unter anderem auf drei Ursachen zurückgeführt werden. Erstens ist es möglich, dass die Mobilität von Kapital, Arbeit und anderen Produktionsfaktoren geringer ist als oft vermutet oder als in den hier verwendeten Daten zum Ausdruck kommt (vgl. Hirst/Thompson 1996). Zweitens könnte institutionelle Trägheit zu sehr langsamen innerstaatlichen Prozessen der Anpassung an Veränderungen in der Weltwirtschaft führen. Es ist deshalb möglich, dass die nur bis 1994 verfügbaren Daten zur

Staatstätigkeit den von der Weltwirtschaft ausgehenden Deregulierungsdruck in den 1980er und 1990er Jahren erst unvollständig abbilden. Ebenfalls denkbar ist, dass innerstaatliche Strukturen so rigide sind, dass sie die aus der Weltwirtschaft stammenden Einflüsse neutralisieren. Drittens wird von Vertretern der neuen Wachstumstheorie unterstellt, dass die Staatstätigkeit positive Externalitäten produzieren kann, die von den Kritikern, welche die wachstumshemmenden Auswirkungen des Staatsinterventionismus betonen, vielfach übersehen werden. In diesem Zusammenhang stellt zum Beispiel Geoffrey Garrett (1998: 8) fest: "Dort, wo Linksparteien mit breit abgestützten Gewerkschaften verbündet sind, ist es unwahrscheinlich, dass Politiken, die auf eine Umverteilung von Wohlstand und Risiken abzielen, eine Kapitalflucht bei den Inhabern mobiler Vermögenswerte bewirken."

Die Hypothese, dass weltwirtschaftliche Integration im Finanzbereich vorwiegend auf staatliche Umverteilungsaktivitäten negative Auswirkungen hat, liess sich durch die verfügbare Evidenz nicht erhärten. Im Gegenteil: Zwischen Offenheit im Aussenhandelsbereich und Staatstätigkeit mit Umverteilungseffekten besteht tendenziell eine positive Beziehung.

Damit bleibt die Frage der Kausalität. Der Einbezug vieler Kontrollvariablen erlaubte es, die Wirkung von Variablen, die aus theoretischer Sicht hier von weniger Interesse waren, auszufiltern. Trotzdem können durch diese Analysen Kausalbeziehungen zwischen den einzelnen Variablen nicht direkt eruiert werden. Hinzu kommt, dass wir Hypothese 1 falsifizieren konnten, dass aber die Ergebnisse der in Hypothese 2 postulierten kausalen Logik teilweise widersprechen. Im Besonderen hat die Verwundbarkeit gegenüber Veränderungen in der Weltwirtschaft keine signifikante Auswirkung auf die Beziehung zwischen wirtschaftlicher Offenheit und Staatstätigkeit. Es bleibt also in diesem Punkt noch einiges an Arbeit zu leisten.

Beim gegenwärtigen Stand der Forschung lassen sich mindestens zwei kausale Erklärungen für die positive Beziehung zwischen wirtschaftlicher Offenheit und Staatstätigkeit aufführen. Die erste Erklärung geht auf David Cameron (1978) zurück: Wirtschaftlich offenere Staaten haben einen grösseren Industriesektor, was den Einfluss von Gewerkschaften und linken Parteien erhöht und in vermehrter Staatstätigkeit resultiert. Die in diesem Kapitel diskutierten Resultate decken sich nicht mit diesem Argument. Beispielsweise besitzen viele wirtschaftlich offene Länder mittlerweile einen recht kleinen beziehungsweise schrumpfenden Industriesektor, und der Grad der gewerkschaftlichen Organisation ist oft nicht sehr hoch. Gleichzeitig ist aber die Staatstätigkeit in diesen Ländern gewachsen. Es wäre allerdings verfrüht, diese Erklärungsvariante schon abzuschreiben. Neuere Arbeiten zeigen auf, dass Globalisierungsprozesse die Beziehungen zwischen politischem Einfluss linker Parteien und Gewerkschaften auf der einen und marktkorrigierenden Wirtschaftspolitiken auf der anderen Seite verstärkt haben. So argumentiert Geoffrey Garrett (1998), dass die Wirkungsmechanismen innerstaatlicher Politik durch die Weltmärkte nicht überrollt worden seien und linke Regierungen in wirtschaftlicher Hinsicht nicht schlechter abgeschnitten hätten. Allerdings bleibt weitgehend unklar, inwiefern diese Argumente auf eine grössere Anzahl von Ländern verallgemeinerbar sind. So beziehen sich Garretts (1998) Analysen nur auf wenige OECD-Länder und reichen nur bis ins Jahr 1990.

Die zweite Erklärung, die ansatzweise bereits in den 1960er und 1970er Jahren in der wissenschaftlichen Literatur vorzufinden ist und jüngst von Autoren wie Dani Rodrik (1996) wieder aufgenommen wurde, betrachtet die Staatstätigkeit als eine Risikoversicherung. Offenere Wirtschaften sind einem grösseren Risiko ausgesetzt. Die Wählerschaft verlangt von der Regierung im Gegenzug für ihre Zustimmung zu Liberalisierungsmassnahmen bestimmte Absicherungen. Politiker und Staatsverwaltungen liefern diese Absicherungen, weil sie wiedergewählt werden beziehungsweise die politische Unterstützung behalten oder verstärken wollen. Auch dieses Argument lässt sich anhand der verfügbaren empirischen Informationen nicht direkt erhärten. Einerseits sind gute Indikatoren für Risiken der Weltwirtschaft, die sich auf ein Land auswirken, schwer zu finden. Andererseits erwies sich in unserer Analyse der Einfluss von Indikatoren wie zum Beispiel Exportkonzentration, *terms-of-trade*-Volatilität und Grösse der Wirtschaft auf die Beziehung zwischen wirtschaftlicher Offenheit und Staatsquote als nicht signifikant.

Eine mögliche Erklärung für letzteres Resultat ist wiederum, dass Regierungen gezwungen sein könnten, mit zwei gegenläufigen Trends zurechtzukommen, ohne allzuviel politische Unterstützung zu verlieren; einerseits die Nachfrage nach Risikominderung, die mit der wirtschaftlichen Öffnung und damit einhergehenden Strukturveränderungen steigt; andererseits die durch weltwirtschaftliche Integrationsprozesse verursachte Beschränkung der Fähigkeit von Staaten, ihre Ausgaben mittels zusätzlicher Steuereinnahmen und Verschuldung zu erhöhen. In dieser Situation könnten unterschiedliche Randbedingungen der einzelnen Länder das zu erklärende Politikergebnis (Staatsausgaben) in die eine oder andere Richtung beeinflussen. Die Analyse wird zusätzlich durch die Möglichkeit erschwert, dass Staaten als Ausweg aus diesem Dilemma die wirtschaftliche Offenheit durch protektionistische Massnahmen wieder reduzieren (vgl. Ruggie 1983; Rodrik 1996). Auf jeden Fall lohnt es sich, auch diesen zweiten Erklärungsansatz weiterzuentwickeln und dabei detaillierter als bisher auf die Determinanten der Nachfrage nach und dem Angebot an risikomindernden Staatsaktivitäten einzugehen. Idealerweise sollten zukünftige Arbeiten bessere Indikatoren für wirtschaftliche Offenheit und weltwirtschaftliche Risiken entwickeln und neuere Theorien des Wirtschaftswachstums (vgl. Kobler 1997) in die Modellbildung einbeziehen. Zusätzlich könnte in weiterführenden Analysen versucht werden, Erklärungen für den Zusammenhang zwischen wirtschaftlicher Offenheit und Staatstätigkeit in allgemeinere Theorien zu Nachfrage nach und Angebot von staatlichen

Leistungen einzubetten. Allerdings stecken solche Theorien trotz erheblicher Bemühungen noch in den Kinderschuhen (vgl. Breton 1998: 286f.).

Auch die beiden soeben diskutierten Ansätze können, selbst wenn sie noch beträchtlich weiterentwickelt werden, nur sehr allgemeine Erklärungen für Veränderungen der staatlichen Handlungskapazitäten als Folge wirtschaftlicher Globalisierungsprozesse liefern. Der wichtigste Vorteil makro-quantitativer Forschung liegt in der Generalisierbarkeit der Aussagen, die auf dem systematischen Vergleich vieler Länder über einen langen Zeitraum beruhen. Der Preis für dieses Vorgehen sind Aussagen auf hohem Abstraktionsniveau, eine Reduktion der Information auf quantitativ erfassbare Phänomene sowie mangelhafte empirische Hinweise auf Kausalketten, die zwischen wirtschaftlicher Offenheit und staatlichen Handlungskapazitäten liegen.

Die eben erwähnten Forschungslücken lassen sich am besten mittels qualitativer Fallstudien zu spezifischen Politikbereichen schliessen. Solche Untersuchungen müssen sich mit der Frage befassen, wann, wie und weshalb Staaten Entscheidungskompetenzen an die Märkte oder andere Akteure abtreten (Deregulierung) und wann, wie und weshalb das gegenteilige Ergebnis (stärkere staatliche Intervention, d. h. eine Re-regulierung) zustande kommt. Genau diesen Fragen sind die Kapitel 3–6 dieses Buches gewidmet.

2.11. Annex

2.11.1. Indikatoren

Quelle: Bernauer/Achini 2000. Die Bezeichnung der Indikatoren in englischer Sprache wurde beibehalten.

Indikator (Bezeichnung)	Beschreibung	Masseinheit	Quelle
▪ BLACK MARKET PREMIUM	1 + log(BMP)	%	Kobler 1997
▪ CENTRALI-ZATION	Zentralisierung der Entscheidungs-kompetenzen	1, 2, 3 1 = stark; 2 = mittel 3 = schwach (föderalistisch)	Polity III Data 1995
▪ CORPORATISM	Ausmass des Korporatismus in politischen Verhandlungs-prozessen	1, 2, 3 1 = pluralistisch; 2 = sektoriell; 3= korporatistisch	Nollert 1992
▪ DEBT	Öffentliche Schulden als % des BIP	%	World Data 1995
▪ DEFENSE EXPENDITURE	Militärausgaben	Lokalwährung	World Data 1995 (GV XPD DEFN CN)

Indikator (Bezeichnung)	Beschreibung	Masseinheit	Quelle
▪ DEMOCRACY	Ausmass der Demokratie	0, 2, 3, ... , 10 0 = gering; 10 = hoch	Polity III Data
▪ DIRECT TAXES	Staatliche Einnahmen aus Besteuerung von Löhnen, Einkommen und Gewinnen	Lokalwährung	World Data 1995 (GV TAX PAYR CN) (GV TAX YPKG CN)
▪ EDUCATION EXPENDITURE	staatliche Bildungsausgaben	Lokalwährung	World Data 1995 (GV XPD EDUC CN)
▪ EXCHANGE RATE	Wechselkurs	Lokalwährung zu US$	World Data 1995 (PA NUS ATLS)
▪ EXPORT	Import von Gütern und Dienstleistungen (non manufacturing services)	current US$	World Data 1995 (NE EXP GNFS CD)
▪ EXPORT CONCENTRA-TION	Exporte wichtigster Güter als Anteil der Gesamtexporte an wichtigsten Handelspartner	%	UNCTAD 1996
▪ GNP GROWTH	GNP(t)*100 / GNP(t-1) -100	%	eigene Berechnung
▪ GNP LEVEL	GNP / POPULATION	current US$	eigene Berechnung
▪ GOVERNMENT EXPENDITURE	gesamte Staatsausgaben	Lokalwährung	World Data 1995 (GV XPD TOTL CN)

Indikator (Bezeichnung)	Beschreibung	Masseinheit	Quelle
▪ GNP	Bruttosozial-produkt	current US$	World Data 1995 (NY GNP MKTP CD)
▪ HEALTH EXPENDITURE	Staatsausgaben im Gesundheits-bereich	Lokalwährung	World Data 1995 (GV XPD HLTH CN)
▪ IMPORT	Import von Gütern und Dienst-leistungen (non manufacturing services)	current US $	World Data 1995 (NE IMP GNFS CD)
▪ INDIRECT TAXES	staatliche Einnahmen aus Steuern auf Gütern und Dienst-leistungen	Lokalwährung	World Data 1995 (GV TAX GSRV CN)
▪ INDUSTRY	Anteil der industriellen Produktion am BSP	%	World Data 1995
▪ OPEC	OPEC-Mitgliedschaft	Dummy-Variable	eigene Erhebung
▪ PARTICIPATION	Zugang von Nicht-Eliten bei der Rekrutierung der Exekutive	0, 1, 2, 3, 4 0 = unreguliert; 1 = geschlossen; 4 = offen	Polity III Data
▪ POPULATION	Zahl der Einwohner	1, 2, 3, ...	World Data 1995 (SP POP TOTL)
▪ REGULATORY FINANCIAL OPENNESS	Offenheit eines Landes gegenüber Kapitaltransfers	1, 2, 3, ... , 14	Quinn 1997

Indikator (Bezeichnung)	Beschreibung	Masseinheit	Quelle
• SERVICES	Anteil des Dienstleistungs-sektors am BSP	%	World Data 1995
• SIZE	Grösse des Landes	km^2	World Data 1995 (SR ARE SURF K2)
• SOCIAL SECURITY AND WELFARE EXPENDITURE	Staatsausgaben für soziale Sicherheit und Wohlfahrt	Lokalwährung	World Data 1995 (GV XPD SSEC CN)
• TAX REVENUE	staatliche Steuereinnahmen	Lokalwährung	World Data 1995 (GV TAX TOTL CN)
• TAXQUOTA	Indirect Taxes / Direct Taxes	%	eigene Berechnungen
• TRADE OPENNESS	(IMPORT+EX-PORT) / GNP	%	eigene Berechnung
• SOCIAL SECURITY TRANSFERS	Pensionen, Arbeitslosen-gelder, Familien-zulagen, andere Beiträge als % des BIP	%	OECD 1995
• TERMS OF TRADE VOLATILITY	Volumen des Aussenhandels, gewichtet nach der Volatilität der *terms-of-trade* (Standardab-weichung der log-Differenzen)	1, 2, 3, ...	World Bank

2.11.2. Abbildungen

Abbildung 1: Staatsquote

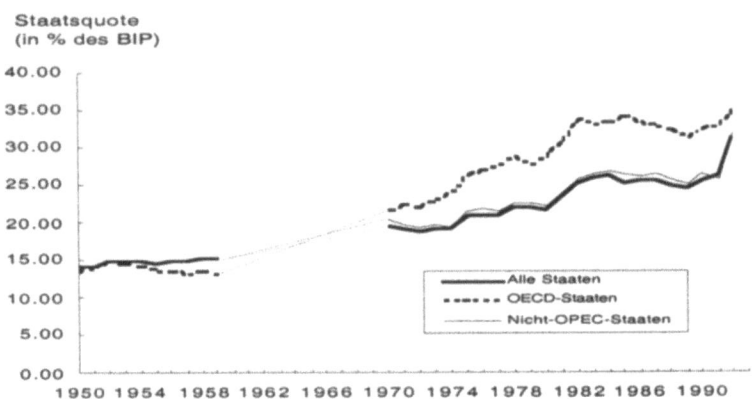

Die Zeitreihen zeigen Durchschnittswerte für alle Länder, für welche Daten vorliegen. Die Werte für die Jahre 1950–60 beruhen auf extrapolierten Werten.

Abbildung 2: Steuerquote und Aussenhandelsquote

Koeffizienten mit ** in dieser und den folgenden Abbildungen sind auf dem 0.01 Niveau signifikant, Koeffizienten mit * auf dem 0.05 Niveau und Koeffizienten ohne * auf dem 0.1 Niveau.

alle Länder	β AH-Quote	R^2	N
1960–1964	.	.	.
1965–1969	.	.	.
1970–1974	.49**	.23	83
1975–1979	.44**	.18	100
1980–1984	.44**	.18	115
1985–1989	.40**	.16	118
1990–1994	.30**	.08	89

Abbildung 3: Aussenhandels- und Staatsquote, time-lags

alle Staaten	β AH-Quote	R^2	β AH-Quote t-5	R^2 t-5	N
1960–1964	.	.	.	.	.
1965–1969	.	.	0.42**	0.16	78
1970–1974	0.41**	0.16	0.37**	0.13	89
1975–1979	0.39**	0.14	0.43**	0.17	100
1980–1984	0.44**	0.18	0.33**	0.1	112
1985–1989	0.31**	0.09	0.34**	0.11	88
1990–1994	0.31**	0.9	.	.	.

Abbildung 4: Aussenhandelsquote, Dienstleistungsquote und Staatsquote (als % des BIP)

OECD-Länder	β AH-Quote	β Dienstleist.	R^2	N
1960–1964	.	.	.	.
1965–1969	.	.	.	.
1970–1974	0.46	0	0.09	14
1975–1979	0.67**	0.18	0.42	16
1980–1984	0.54*	0.09	0.25	17
1985–1989	0.53*	0.08	0.25	21
1990–1994	0.58*	0.03	0.28	21

Abbildung 5: Aussenhandelsquote, Wirtschaftswachstum, Staatsquote

alle Staaten	β AH-Quote	β Wirt.Wachstum	R^2	N
1960–1964	.	.	.	.
1965–1969	.	.	.	.
1970–1974	0.4**	0.23	0.25	92
1975–1979	0.39**	-0.09	0.14	103
1980–1984	0.48**	-0.16	0.23	111
1985–1989	0.31**	0.05	0.08	84
1990–1994	0.31**	0	0.07	76

Abbildung 6: Aussenhandelsquote, Industriesektor, Staatsquote

alle Staaten	β AH-Quote	β Industrie	R^2	N
1960–1964	.	.	.	.
1965–1969	.	.		.
1970–1974	0.47**	0.35**	0.38	61
1975–1979	0.44**	0.35**	0.3	79
1980–1984	0.46**	0.21*	0.26	97
1985–1989	0.31**	0.28**	0.15	100
1990–1994	0.34**	-0.01	0.16	73

OECD Staaten				
1960–1964	.	.	.	.
1965–1969	.	.	.	.
1970–1974	0.55**	-0.11	0.18	15
1975–1979	0.72**	-0.18	0.42	16
1980–1984	0.56**	-0.18	0.27	17
1985–1989	0.46*	-0.26	0.31	21
1990–1994	0.53*	-0.19	0.32	20

Abbildung 7: Aussenhandelsquote, Bevölkerung, Staatsquote

alle Staaten	β AH-Quote	β Bevölkerung	R^2	N
1960–1964	.	.	.	.
1965–1969	.	.	.	.
1970–1974	0.41**	0	0.15	79
1975–1979	0.38**	-0.02	0.13	94
1980–1984	0.43**	-0.02	0.18	110
1985–1989	0.31**	0.01	0.08	112
1990–1994	0.29*	-0.08	0.08	83

Abbildung 8: Aussenhandelsquote, Demokratie, Staatsquote

alle Staaten	β AH-Quote	β Demokratie	R^2	N
1960–1964	.	.	.	.
1965–1969	.	.	.	.
1970–1974	0.25	0.37**	0.18	47
1975–1979	0.39**	0.4**	0.34	52
1980–1984	0.43**	0.17	0.24	51
1985–1989	0.24	0.2	0.09	58
1990–1994	0.34**	0.33**	0.21	61

Kapitel 3
Staatliche Regulierung in einer offenen Weltwirtschaft

Die Analyse in Kapitel 2 führte zum Schluss, dass die Offenheit von Staaten gegenüber der Weltwirtschaft – im Kollektivergebnis mit weltwirtschaftlicher Integration gleichzusetzen – bisher nicht zu einer Reduktion der Staatstätigkeit oder einer Konvergenz der Volumina verschiedener Typen staatlicher Aktivität über die einzelnen Länder hinweg geführt hat. Anhand der Daten zu Konvergenzen beziehungsweise Divergenzen liess sich auch feststellen, dass Staaten trotz steigender weltwirtschaftlicher Verflechtungen nach wie vor unterschiedliche Wege beschreiten, jedenfalls insofern sich die Ausrichtung öffentlicher Politiken anhand der Staatsausgaben und -einnahmen erfassen lässt. Diese Ergebnisse deuten darauf hin, dass Staaten weiterhin beträchtlichen *Handlungsspielraum* besitzen, da gegenüber der Weltwirtschaft ähnlich offene Staaten unterschiedliche Politiken verfolgen. Die Grenzen dieses, auf einen möglichst weitreichenden und methodisch rigorosen Vergleich vieler Staaten ausgerichteten Forschungsdesigns sind evident. So arbeiteten wir mit sehr hoch aggregierten Konstrukten und Variablen sowie mit Daten, die oft nur sehr unvollständig das abbilden, was wir eigentlich erfassen möchten.

Aufgrund dieser Einschränkungen untersuche ich in diesem und in den folgenden Kapiteln mit einem "feinmaschigeren" analytischen Ansatz, ob und unter welchen Bedingungen weltwirtschaftliche Integrationsprozesse zu einer *Deregulierung* in bestimmten Politikbereichen oder zu ihrem Gegenteil, einer *Re-regulierung*, führen. Beide Konzepte erfassen Veränderungen im Ausmass staatlicher Intervention, die von einem bestimmten Status quo wegführen. Deregulierung ist gleichzusetzen mit einem Prozess der Verringerung des regulatorischen Zugriffs von Staaten auf Firmen, andere Kollektivakteure oder Individuen sowie deren Ressourcen. Re-regulierung bezeichnet einen Prozess hin zu stärkerer staatlicher Intervention, das heisst einem intensiveren regulatorischen Zugriff auf die genannten Akteure. Deregulierung erhöht somit generell die Handlungsmöglichkeiten nichtstaatlicher Akteure, eine Re-regulierung wiederum verringert diese. Eine Deregulierung im Telekommunikationsbereich beispielsweise öffnet Anbietern einen neuen Markt und erhöht die Konsummöglichkeiten von Individuen. Eine Re-regulierung in diesem Bereich bedeutet stärkere staatliche Einflussnahme auf Marktzugang und Preisgestaltung. In allgemeinster Form lautet somit die Forschungsfrage wie folgt:

Wann zieht sich der Staat aus bestimmten gesellschaftlichen Bereichen zurück und wann interveniert er vermehrt? Welche Rolle spielen dabei weltwirtschaftliche Integrationsprozesse?

Im Hinblick auf die übergeordnete Fragestellung dieses Buches werde ich staatliche Handlungskapazitäten dann als minimal bezeichnen, wenn im Ländervergleich öffentliche Politiken in spezifischen Bereichen gleichzeitig einer Deregulierung und einer Konvergenz unterworfen sind, das heisst Konvergenz nach unten beobachtbar ist. Mit anderen Worten sinkt das durchschnittliche Ausmass staatlicher Intervention, und die regulatorischen Standards der betroffenen Staaten gleichen sich an. Das Gegenteil trifft zu – das heisst staatliche Handlungskapazitäten steigen tendenziell – wenn öffentliche Politiken ausgehend vom Status quo stärker divergieren und das Ausmass staatlicher Intervention über die einzelnen Länder hinweg durchschnittlich steigt.

Am meisten Aufschluss über staatliche Handlungskapazitäten geben Fälle, in denen ein von den Weltmärkten ausgehender Deregulierungsdruck für staatliche Akteure (aus ihrer Sicht) unerwünschte Folgen zeigt, und diese Akteure versuchen, dem Deregulierungsdruck entgegenzuwirken oder gar eine Re-regulierung einzuleiten.

Je nach Politikbereich müssen Deregulierung und Re-regulierung sowie Konvergenz und Divergenz unterschiedlich operationalisiert werden. Aus theoretischer und methodischer Sicht ist diese Schwierigkeit von geringer Bedeutung, solange wir Längsschnittanalysen innerhalb einzelner Politikbereiche vornehmen. Bei der Besteuerung von Firmen beispielsweise lassen sich Deregulierung und Re-regulierung anhand der fiskalischen Belastung erfassen. Das Ausmass staatlicher Intervention ist hier gleichzusetzen mit dem Ausmass des Zugriffs von Staaten auf die Ressourcen von Körperschaften. Konvergenz beziehungsweise Divergenz kann in diesem Beispiel daran abgelesen werden, wie stark die fiskalische Belastung von Firmen über einzelne Länder und die Zeit hinweg variiert. In solchen Fällen lassen sich Politikergebnisse sogar quantifizieren, in anderen Bereichen, zum Beispiel der Regulierung internationaler Banken, werden wir auf "weichere" Indikatoren zurückgreifen müssen.

Die soeben formulierte Fragestellung steht in direktem Zusammenhang mit der in der Globalisierungsdiskussion oft geäusserten Hypothese, die politisch gesteuerte und von vielen Staaten oft bewusst und im Eigeninteresse herbeigeführte Liberalisierung der Märkte würde innerstaatliche Handlungskapazitäten zunehmend verringern (vgl. Nader et al. 1993; Lang/Hines 1993). Dem Staat als "Zauberlehrling" würde damit gleichermassen die Kontrolle über sein einmal geschaffenes Werk, die Liberalisierung der Weltmärkte, entgleiten. In diesem Kapitel entwerfe ich ein Erklärungsmodell, mit dem sich der Einfluss weltwirtschaftlicher Integrationsprozesse auf die oben genannten vier Politikergebnisse (Deregulierung, Re-regulierung, Konvergenz und Divergenz) eruieren lässt. Ich prüfe die entsprechenden Hypothesen in den Kapiteln 4–6 anhand qualitativer Fallstudien zu verschiedenen Politikbereichen auf ihre Plausibilität.

Weshalb Deregulierung, Re-regulierung, Konvergenz oder Divergenz zustande kommen, lässt sich nur über die Frage beantworten, *wie* diese Phänomene zustande kommen. Bei dieser Analyse gehe ich davon aus, dass weltwirtschaftliche Integrationsprozesse (oft im Sinne von zunehmender Mobilität von Gütern und Produktionsfaktoren konzipiert) meist nur eine indirekte kausale Wirkung auf die genannten Politikergebnisse haben. Dies hängt mit zwei Dingen zusammen. Erstens ist die weltwirtschaftliche Integration politisch verfasst. Sie wurde weitestgehend von Staaten im Rahmen internationaler Verhandlungen bewusst herbeigeführt oder zumindest nachträglich durch internationale Regime konstitutionell verankert und gegen allseits unerwünschte "Rückfälle" wie etwa Protektionismus abgesichert. Zweitens ist staatliches Handeln in einen institutionellen Kontext von bereits existierenden innerstaatlichen und grenzüberschreitenden Regulierungssystemen eingebettet. Ich nehme an, dass staatliches Handeln und die hier zu untersuchenden Politikergebnisse von institutionellen Faktoren beeinflusst und nicht allein durch reines, von Institutionen unabhängiges Kosten-Nutzen-Kalkül einheitlicher und rationaler Akteure erklärbar sind.

Diese Annahmen haben weitreichende Folgen. Erstens hinterfrage ich die populäre Hypothese, beobachtbare Deregulierungsprozesse oder gar Konvergenzen nach unten seien die direkte Folge wirtschaftlicher Globalisierungsprozesse. Dies bedeutet auch eine Abkehr von den gängigen Konvergenztheorien (vgl. Kap. 2). Zweitens gestaltet sich die empirische Analyse der interessierenden Phänomene bei diesem Ansatz viel komplizierter, was einfache Forschungsdesigns, wie dasjenige in Kapitel 2, verunmöglicht und qualitative Fallstudien erfordert. Der grosse Vorteil dieses Vorgehens liegt allerdings darin, dass mein Ansatz realitätsnähere und validere Ergebnisse produziert, auch wenn er vielleicht weniger "griffig" ist. Zudem bietet er Erklärungen nicht nur für Konvergenzen nach unten, sondern auch für gegenteilige Politikergebnisse. Herkömmliche Erklärungen, die auf direkten Beziehungen zwischen Kapitalmobilität und Konvergenzen nach unten beruhen, liefern nur zwei (und oft wenig plausible) Antworten auf Re-regulierungsprozesse und Heterogenität.[1] Erstens behaupten sie, dass die Kapitalmobilität doch nicht so hoch sei, wie viele Analytiker annehmen. Zweitens wird postuliert, dass innerstaatliche "Rigiditäten" als nicht weiter ausgeführte Restkategorie im Erklärungsmodell Konvergenz- oder Deregulierungsprozesse blockieren oder zeitlich verzögern. In meinem Modell gehe ich grundsätzlich davon aus, dass trotz steigender Mobilität von Gütern und Produktionsfaktoren nicht nur Deregulierungs- oder Konvergenzprozesse, sondern ebenso auch Re-regulie-

---

1   Eine Ausnahme ist Garrett/Lange 1995.

rungsprozesse auftreten beziehungsweise Heterogenitäten regulatorischer Standards bestehen bleiben können, und dass diese Prozesse von verschiedenen, theoretisch fassbaren Rahmenbedingungen abhängig sind.

Aus dem eben Gesagten lässt sich ableiten, dass die genannten Politikergebnisse nur dann befriedigend erklärt werden können, wenn wir auf Wechselwirkungen zwischen Regulierungsprozessen im innerstaatlichen und internationalen Bereich eingehen. Dass dieses Vorgehen sinnvoll ist, zeigen die Fallstudien in den Kapiteln 4–6. Aus diesen wird ersichtlich, dass zunehmende weltwirtschaftliche Integration innerstaatlich und international zu einem Zusammenwachsen von regulatorischen Prozessen führt. Einige Beobachter behaupten gar, dass eine "Domestizierung" internationaler Politik und gleichzeitig eine "Internationalisierung" des Staates Realität geworden seien (Caporaso 1997: 580).[2] Die zwischenstaatliche Politik sei zunehmend durch Systeme von Normen und Regeln sowie organisationelle Strukturen geprägt, welche Hierarchien zwischen diesen Normen und Regeln schaffen. Die innerstaatliche Politik ihrerseits sei zunehmend mit internationalen Politikprozessen verflochten.

In der weiteren Argumentation in diesem Kapitel sind diese Aussagen im Detail zu entwickeln, wobei von zwei Beobachtungen auszugehen ist: Erstens hat die grenzüberschreitende wirtschaftliche Integration in vielen Teilen der Welt seit dem Zweiten Weltkrieg stark zugenommen (Hirst/Thompson 1996; Albert et al. 1997; vgl. auch Kap. 1 und 2 dieses Buches). Dieser Integrationstrend ist meist politisch gesteuert und verfasst, vorwiegend durch internationale und innerstaatliche Regime, das heisst Systeme von Normen, Regeln und Entscheidungsprozeduren (Krasner 1983; Rittberger/Meyer 1993). Zweitens sind gesellschaftliche Institutionen im innerstaatlichen Bereich – das Pendant zu internationalen Regimen auf grenzüberschreitender Ebene – oft sehr unterschiedlich beschaffen, das heisst länderspezifisch. Die je nach Politikbereich mehr oder weniger ausgeprägten Unterschiede zwischen den einzelnen Staaten im regulatorischen Umgang mit bestimmten gesellschaftlichen Problemen lassen sich durch verschiedene Variablen erklären: unter anderem durch unterschiedliche Bedürfnisse nach Regulierung, durch finanzielle Restriktionen oder politische Strukturen, die Regulierungsprozesse und deren Ergebnisse beeinflussen. Aus diesem Blickwinkel können wir die anfangs formulierte Frage nach den Handlungskapazitäten von Staaten unter Bedingungen wirtschaftlicher Globalisierung wie folgt präzisieren:

Welche Politikergebnisse resultieren und weshalb, wenn zunehmende und durch internationale Regime regulierte Mobilität von Gütern und Produktionsfaktoren auf der einen und nationale Unterschiede im regulatorischen Um-

---

2   Im gleichen Sinne verweisen besonders deutschsprachige Sozialwissenschaftler auf eine "Zivilisierung" der internationalen Politik, die Herausbildung einer "Weltgesellschaft" und einer "Weltinnenpolitik" (Czempiel 1993; Bornschier 1988).

gang mit bestimmten gesellschaftlichen Fragen auf der anderen Seite zusammentreffen?

Regulatorische Anpassungsprozesse, die aus diesem Wirkungsgeflecht hervorgehen und grundsätzlich entlang den zwei Dimensionen Deregulierung–Reregulierung und Konvergenz–Divergenz verlaufen, gehen in verschiedensten Formen vonstatten. Ein oft beobachtbarer Auslöser für solche Anpassungsprozesse, der im folgenden Teil des Kapitels diskutiert wird, ist, dass unterschiedliche regulatorische Standards einzelner Staaten, sowohl in Bezug auf die Intensität staatlicher Intervention als auch die Ausgestaltung regulatorischer Massnahmen, grenzüberschreitende Wirtschaftsbeziehungen stören. In manchen dieser Fälle entstehen sogar manifeste Kompatibilitätsprobleme zwischen innerstaatlichen Regeln oder Institutionen einerseits und internationalen Regimen, welche die Liberalisierung der Märkte steuern, andererseits. Solche Probleme äussern sich vorwiegend in Form von Konflikten zwischen Staaten, Firmen und anderen Akteuren. Als Folge dieser Probleme oder Konflikte, können die vier genannten Politikergebnisse beziehungsweise Kombinationen davon zustande kommen. Diese Wirkungskette ist nur eine Möglichkeit, wie steigende internationale Wirtschaftsintegration auf das Geflecht von innerstaatlichen und internationalen Regulierungssystemen einwirken und regulatorische Anpassungsprozesse mit verschiedenen Ergebnissen auslösen kann. Ich thematisiere diese Möglichkeit etwas ausführlicher, weil sie erstens besonders komplex ist und zweitens in der Literatur zur Beziehung zwischen Handelsliberalisierung und Umwelt- und Konsumentenschutz sowie Sozialpolitik (vgl. Bernauer/Ruloff 1999a) häufig diskutiert wird.

Im zweiten und dritten Teil dieses Kapitels entwickle ich das Erklärungsmodell, welches die Fallstudien in den Kapiteln 4–6 strukturiert. Zuerst kommen herkömmliche Ansätze zur Erklärung der vier genannten Politikergebnisse und die Schwächen dieser Ansätze zur Sprache. Danach entwerfe ich, ausgehend von "positiven" Theorien der Regulierung, ein Modell zur Erklärung regulatorischer Anpassungsprozesse unter Bedingungen steigender weltwirtschaftlicher Integration. Schliesslich begründe ich die Auswahl der in den folgenden Kapiteln zu untersuchenden Fälle.

3.1. Regulatorische Spannungsfelder und ihre Konsequenzen

Ausgangspunkt für die folgende Argumentation ist die in den Kapiteln 1 und 2 erwähnte Beobachtung, dass die Integration der Weltwirtschaft in vielerlei Hinsicht zugenommen hat. Gleichzeitig hat die Regulierungsdichte im internationalen, transnationalen und innerstaatlichen Bereich stark zugenommen.

Dies bei je nach Politikbereich markanten Unterschieden zwischen einzelnen Staaten im regulatorischen Umgang mit den gleichen oder ähnlichen gesellschaftlichen Problemen. Diese Konstellation erzeugt Spannungsfelder zwischen regulatorischen Steuerungsversuchen der Staatenwelt in verschiedenen Politikbereichen und führt in manchen Fällen gar zu manifesten Kompatibilitätsproblemen. Wie oben erwähnt, hebe ich dieses Beziehungsmuster zwischen wirtschaftlicher Globalisierung und staatlichen Regulierungsprozessen besonders hervor, weil es in der Globalisierungsliteratur oft zur Sprache kommt und institutionelle Faktoren dabei verstärkt zum Tragen kommen. Die in den folgenden Teilen des Kapitels entworfenen Hypothesen fussen allerdings auf der Annahme, dass die Beziehungen zwischen der Mobilität von Gütern und Produktionsfaktoren einerseits und staatlichen Regulierungsbemühungen andererseits auch etwas weniger komplex sein können.

Im folgenden Abschnitt kommt die Entstehung regulatorischer Spannungsfelder und die Frage, wie darauf innerstaatlich und international reagiert wird, zur Sprache. Ich diskutiere ebenfalls, inwiefern sich aus der Analyse des Umgangs mit regulatorischen Spannungsfeldern Hinweise auf staatliche Handlungskapazitäten ergeben. Daraus werden die zu erklärenden Politikergebnisse abgeleitet.

3.1.1. Steigende Regulierungsdichte

Das Ausmass der zwischenstaatlichen Regulierungstätigkeit hat seit dem Zweiten Weltkrieg stark zugenommen. Dies zeigt sich unter anderem an der gestiegenen Zahl internationaler Verträge und Organisationen, obschon diese Zahlen allein natürlich noch nichts über die Tragweite oder Wirksamkeit staatlicher Regulierungstätigkeit aussagen.

Ebenfalls gestiegen ist das Ausmass grenzüberschreitender Regulierungsbemühungen durch nicht- oder parastaatliche Akteure. Meist wird diese Aktivität als transnationale Regulierung bezeichnet (Haufler 1997). Hier seien zwei Beispiele angefügt. (a) Die International Organization of Securities Commissions (IOSCO) ist im Bereich des globalen Handels mit Wertschriften tätig. Sie versucht, die Vorschriften von über 50 Staaten zu koordinieren und zu harmonisieren und den gegenseitigen Informationsaustausch über die Finanzmärkte zu fördern. (b) Grenzüberschreitend tätige Banken unterhalten sogenannte *netting arrangements* mittels derer sie ihre gegenseitigen Finanztransaktionen vereinfachen und Liquiditätsrisiken reduzieren (Lucatelli 1997). Transnationale Regulierungstätigkeit ist meist dort anzutreffen, wo Staaten den Firmen, parastaatlichen Organisationen oder NGOs freiwillig Kompetenzen abgetreten haben. Dies ist zum Beispiel im Finanzbereich der Fall, weil effiziente regulatorische Eingriffe einen hohen Informationsaufwand verursachen, der vom Staat kaum getragen werden könnte. Die Marktteilnehmer hingegen sind weitgehend im Besitz der notwendigen Informationen und haben einen relativ grossen Anreiz, sich selbst und ihre Konkurrenten zu beobachten und somit die Einhaltung von Abkommen sicherzustellen (Kapstein 1994; Helleiner 1994). Es ist also für den Staat von Vorteil, den Marktteilnehmern in diesem speziellen Bereich einen Teil seiner angestammten Autorität zu überlassen und nur noch als "Schiedsrichter" im Hintergrund zu wirken. Aus diesem Nebeneinander von internationalen, transnationalen und innerstaatlichen Institutionen ergeben sich Beziehungsgeflechte, die nicht mehr den traditionellen Mustern des "Marktes" (horizontale Struktur) oder der "Hierarchie" (vertikale Struktur) entsprechen (Williamson 1985), sondern von einigen Autoren als "Netzwerke" bezeichnet werden, in die beispielsweise die internationalen Finanzmärkte eingebettet sind (Cerny 1997).

Trotz transnationaler Regulierungsbemühungen in verschiedensten Bereichen besteht das Rückgrat der "Domestizierung" des internationalen Systems bis anhin jedoch vorwiegend aus internationalen, das heisst von Staaten geschaffenen, Regimen (Young 1994). Die meisten internationalen Regime sind nicht spontan entstanden, sondern aus zwischenstaatlichen Verhandlungen hervorgegangen und entfalten ihre regulatorische Wirkung in ganz spezifischen gesellschaftlichen Bereichen. Sie sind meist unabhängig voneinander entstanden und wurden zu verschiedenen Zeitpunkten von unterschiedlichen Regierungen oder Teilen der Regierungen ausgehandelt und umgesetzt. Zudem variieren internationale Regime stark, was die Mitgliedsschaft, den juristischen Status, den Grad der Institutionalisierung, die Reichweite und die Wirksamkeit betrifft (Bernauer/Ruloff 1999a).

Auch im innerstaatlichen Bereich ist in den meisten Ländern das Ausmass beziehungsweise die Dichte der Regulierung erheblich gestiegen (Grimm 1996). Dabei ist allerdings festzustellen, dass der regulatorische Umgang von Staaten mit ähnlichen gesellschaftlichen Problemen im Ländervergleich stark variiert. Als Beispiele mögen regulatorische Unterschiede in Bezug auf genveränderte Organismen in Nahrungsmitteln, Lenkungsabgaben auf fossile Brennstoffe, den Arbeitnehmerschutz und die Steuergesetzgebung dienen. Die Gründe für diese Varianz sind vielfältig und zunehmend Gegenstand sozialwissenschaftlicher Forschung. Vier Hauptgründe auf sehr abstrakter Ebene lassen sich hier aufführen. Erstens perzipieren Entscheidungsträger aus historischen, kulturellen, umweltbedingten oder anderen Gründen bei bestimmten Problemen einen unterschiedlichen Handlungsbedarf. Zweitens sind die zur Lösung eines Problems verfügbaren Ressourcen (Geld, Technologie, Know-how usw.) auf die einzelnen Länder unterschiedlich verteilt. Drittens bestehen erhebliche Unterschiede bei den politischen Strukturen, über die regulatorische Massnahmen erarbeitet und umgesetzt werden. Schliesslich sind auch die Interessen- und Machtstrukturen im Ländervergleich oft sehr unterschiedlich.

Gesamthaft gesehen überzieht ein zunehmend grösserer und dichterer regulatorischer Flickenteppich die verschiedensten zwischen- und innerstaatlichen Politikbereiche. Im internationalen Bereich ist dieser Flickenteppich sicherlich umfassender und weitreichender als die oft genannte Metapher der "Inseln der Ordnung in einem Meer der Anarchie" suggeriert (Bernauer/Ruloff 1999a), jedoch weniger dicht und konsistent als die Gesamtheit der Regulierungssysteme im Inneren der meisten Staaten.

Aufgrund der genannten Unterschiede im regulatorischen Umgang mit gesellschaftlichen Problemen auf nationaler und grenzüberschreitender Ebene bei gleichzeitig zunehmender Dichte und steigendem Ausmass der Regulierung ist zu erwarten, dass vermehrt Synergien, aber auch regulatorische Spannungsfelder entstehen. Für das Verhältnis zwischen internationalen Regimen stellt Oran Young (1995: 10) beispielsweise fest, dass solche Regime horizontale und nicht vertikale oder hierarchische politische Steuerungssysteme (*systems of governance*) sind. Diese dezentralisierten und oft unkoordinierten "Inseln öffentlicher Ordnung" haben bisweilen Doppelspurigkeiten zur Folge. Dieser Zustand birgt Vorteile: einzelne Regime sichern die Ordnung, wenn andere Bestandteile des politischen Steuerungssystems versagen. Der Nachteil besteht jedoch darin, dass auf internationaler Ebene die Kapazitäten zur Bearbeitung von Doppelspurigkeiten und zur Lösung von Kompatibilitätsproblemen unterentwickelt sind. Im Folgenden wird dargelegt, dass die Liberalisierung der Weltwirtschaft das Problem regulatorischer Spannungsfelder erhöhen kann.

3.1.2. Regulatorische Spannungsfelder

Internationale Regime und innerstaatliche Institutionen können als Strukturen begriffen werden, innerhalb derer Staaten und andere Akteure (z. B. Firmen oder NGOs) ihre jeweiligen Eigeninteressen verfolgen. Diese Strukturen sind Ausdruck der bei ihrer Entstehung vorherrschenden Interessen- und Machtverhältnisse, können jedoch über die Zeit hinweg ein gewisses Eigenleben entwickeln und Auswirkungen haben, die von ihren Begründern nicht beabsichtigt worden sind. Weil Regime oder Institutionen Strukturen und keine Akteure sind, können sie auch nicht direkt miteinander in Konflikt geraten. Vielmehr manifestieren sich regulatorische Spannungsfelder in Form von Konflikten zwischen Akteuren (Staaten, NGOs, Firmen usw.), die sich der jeweiligen Strukturen bedienen, um ihre eigennützigen Ziele zu erreichen.

Regulatorische Spannungsfelder können auf zwei Wegen entstehen. Erstens kann es zu Problemen an der Schnittstelle von innerstaatlichen und internationalen Institutionen kommen. Dabei behauptet in den meisten Fällen ein Staat oder ein Akteur in diesem Staat, dass bestimmte innerstaatliche Regeln oder Institutionen in einem anderen Staat gewissen internationalen Regeln oder Institutionen widersprechen. Zweitens können Probleme an der Schnittstelle von zwei oder mehr internationalen Regimen entstehen. Zum Beispiel kann sich ein Staat beklagen, dass die Regeln eines internationalen Regimes denjenigen eines anderen internationalen Regimes widersprechen. In

126

beiden Fällen benutzen Staaten regulatorische Strukturen, um ihre jeweiligen Interessen durchzusetzen. Kompatibilitätsprobleme äussern sich somit als Konflikte verschiedener Form und Intensität zwischen Staaten und anderen Akteuren. Nationale und internationale Strukturen dienen: (a) als Mittel, um die jeweiligen Forderungen zu legitimieren und somit das Verhandlungsgewicht und den Einfluss zu erhöhen; und (b) als Strukturen, deren Mechanismen der Konfliktbearbeitung dienen. Folgende zwei Beispiele seien zur Illustration angefügt.

Besteuerung des Schwerverkehrs in der EU: Die Schweiz auferlegt dem Schwerverkehr kostspieligere Beschränkungen als Österreich (u. a. Gewichtslimite, Sonntags- und Nachtfahrverbot). Deshalb ist ein beträchtlicher Umwegverkehr auf der Nord-Süd-Achse über Österreich entstanden. Um den Schwerverkehr einzudämmen, hob Österreich die Besteuerung des Schwerverkehrs an (Maut-Gebühren). Dies wiederum führte zu Konflikten mit anderen EU-Mitgliedsstaaten und der EU-Kommission. Diese Parteien erachteten die erhöhten Gebühren Österreichs als inkompatibel mit den existierenden supranationalen Regeln des europäischen Binnenmarktes, welche den freien Güterverkehr vorschreiben. Es existiert also ein Spannungsfeld zwischen politisch verfasster Liberalisierung der Märkte im EU-Raum und Unterschieden im einzelstaatlichen Umgang mit dem Schwerverkehr. Österreich wurde von der Kommission beim Europäischen Gerichtshof eingeklagt. Die im Konflikt mit Österreich stehenden Akteure nutzten also diese supranationale Einrichtung der EU, um ihre Interessen zu verfolgen, das heisst ihr Transportgewerbe vor höheren Kosten zu schützen. Österreich wiederum forderte, dass die von der Schweiz dem Schwerverkehr auferlegten Beschränkungen finanzieller und anderer Art denjenigen Österreichs angeglichen würden, damit der Umwegverkehr abnehme. Als Vehikel für diese Forderungen dienten die bilateralen Verhandlungen zwischen der Schweiz und der EU über die stärkere Einbindung ersterer in den Europäischen Wirtschaftsraum. Diese Verhandlungen wurden im Dezember 1998 abgeschlossen und resultierten in erheblichen Konzessionen der Schweiz. Ob die regulatorischen Bemühungen der betroffenen Staaten in diesem Spannungsfeld zwischen Integration der Märkte und Umweltschutz längerfristig zu einer Konvergenz nach unten – schwächerem regulatorischem Zugriff auf den Schwerverkehr und damit wahrscheinlich auch dessen Zunahme – oder zu einer stärkeren Regulierung und damit Eindämmung des Schwerverkehrs oder zu dessen Verlagerung auf die Schiene führen, ist im Moment noch nicht absehbar.

Australien-Gruppe und Chemiewaffenverbot: Als immer evidenter wurde, dass die wichtigsten Lieferanten für die Waffenprogramme des Iraks in westlichen Industriestaaten zu finden waren, führten diese Staaten in den 1980er Jahren zunehmend strenge Exportkontrollen für Güter und Technologie ein, die für die Herstellung von biologischen und chemischen Waffen verwendet werden konnten. Daraus entwickelte sich ein internationales Regime, die sogenannte Australien-Gruppe, in der die Exportkontrollen der einzelnen Mitgliedsstaaten harmonisiert wurden. Diese staatlichen Massnahmen schränken grenzüberschreitende Transaktionen von Gütern, Technologien und Know-how besonders im Bereich der chemischen und pharmazeutischen Industrie ein, setzen also der Liberalisierung der Weltmärkte Grenzen. 1992 wurde in einem anderen Rahmen, der Genfer Abrüstungskonferenz, nach langjährigen Verhandlungen ein globales Chemiewaffenverbot beschlossen. Mittlerweile sind über hundert Staaten diesem Regime beigetreten, so auch die Mitglieder der Australien-Gruppe. Das globale Verbots-Regime verlangt, dass der Handel mit Chemikalien und entsprechender Technologie für friedliche Zwecke zwischen den Mitgliedsstaaten des C-Waffen-Regimes erleichtert werden soll, dies als Anreiz für den Vertragsbeitritt. Nun argumentieren einige Entwicklungsländer, dass die Exportkontrollen der Australiengruppe gegenüber Mitgliedsstaaten des C-Waffen-Regimes mit den vorgesehenen Handelserleichterungen (Liberalisierung der Märkte in einem bestimmten Bereich) nicht vereinbar seien. Die meisten Mitglieder der Australien-Gruppe hingegen sind nicht bereit, ihre Exportkontrollen gegenüber allen Parteien des globalen Verbots-Regimes aufzuheben, zumal auch Staaten wie der Iran und Indien darunter sind. Dieses Spannungsfeld wird im Rahmen der durch das globale C-Waffen-Regime geschaffenen internationalen Organisation (Organization for the Prohibition of Chemical Weapons OPCW) in Den Haag bearbeitet. Ob nach Jahren der Konvergenz nach oben – das heisst Harmonisierung der Exportkontroll-Standards auf zunehmend strengem Niveau – nun ein über das globale Verbots-Regime bewirkter Deregulierungstrend einsetzt, ist eher unwahrscheinlich, aber nicht ausgeschlossen (Bernauer 1996b).

Im innerstaatlichen Bereich koordinieren Regierungsbürokratien, Legislativen, Gerichte und andere Mechanismen die Regulierungstätigkeit in verschiedenen Bereichen. Legislativen können beispielsweise verlangen, dass das Verfassungsgericht untersucht, ob ein neues Gesetz mit der Verfassung vereinbar ist. Individuen steht in vielen Staaten das Recht zu, vor Gericht zu klagen, wenn sie ein lokales Gesetz als mit einem Gesetz auf höherer Ebene unvereinbar erachten. Spannungen zwischen Regulierungsbemühungen in verschiedenen Politikbereichen oder auf verschiedenen politischen Ebenen sind ein altbekanntes Problem der Innenpolitik. In gut funktionierenden politischen Systemen werden solche Probleme durch die genannten Entscheidungsmechanismen bearbeitet und vielfach gelöst.

Wie wird mit regulatorischen Spannungsfeldern auf internationaler Ebene umgegangen und welche Konsequenzen ergeben sich daraus? Die sozialwissenschaftliche Forschung hat sich mit dieser Frage bislang kaum beschäftigt. Seit Mitte der 1970er Jahre befasst sie sich weitgehend mit den Bedingungen, unter denen internationale Regime entstehen, stabil bleiben oder untergehen (Krasner 1983; Young et al. 1996). Seit Beginn der 1990er Jahre richtet sie den Blick zunehmend auch auf Fragen der Wirksamkeit von Regimen (Victor

1997; Bernauer 1995). Zwar wird bisweilen darauf hingewiesen, dass einzelne Regime in übergeordnete Normen- und Regelsysteme eingebettet sein können (Ruggie 1983; Aggarwal 1985). Auch wurde festgestellt, dass sich Regulierungsbemühungen überlappen und dabei Probleme entstehen können (vgl. Young 1994). Doch haben sich bisher nur wenige Autoren um die Frage gekümmert, wie es mit den Wechselwirkungen zwischen einzelnen Regulierungsbemühungen auf internationaler und innerstaatlicher Ebene aussieht.

3.2. Zu erklärende Politikergebnisse

In diesem Kapitel und in den drei folgenden Fallstudien interessieren vor allem die Konsequenzen, die sich aus Wechselwirkungen zwischen der Liberalisierung der grenzüberschreitenden Handels- und Finanzbeziehungen einerseits und der Varianz im einzelstaatlichen regulatorischen Umgang mit bestimmten gesellschaftlichen Problemen andererseits ergeben. Dabei steht vor allem die Frage im Vordergrund, welche Interessen sich in diesem Spannungsfeld von weltwirtschaftlicher Integration und inner- oder zwischenstaatlicher Regulierung durchsetzen und weshalb. Es wird postuliert, dass Unterschiede im innerstaatlichen regulativen Umgang mit bestimmten gesellschaftlichen Problemen bei gleichzeitiger Liberalisierung der Weltwirtschaft zur Entstehung von regulatorischen Spannungsfeldern führen können, welche wiederum auf die regulatorischen Möglichkeiten der Staaten im Innern und Äussern (internationale und transnationale Zusammenarbeit) zurückwirken.

Aus diesen Wirkungsketten heraus und unter dem Einfluss noch zu diskutierender Bedingungen kann das beobachtbare Politikergebnis, das zu erklärende Phänomen, verschieden ausfallen. Bei meinem Erklärungsversuch in diesem Buch stehen vier mögliche Politikergebnisse im Vordergrund: *Deregulierung, Re-regulierung, Konvergenz und Divergenz*. Alle vier Konzepte bezeichnen Trends, die von einem in jedem Regulierungs- oder Politikbereich speziell zu bestimmenden Status quo wegführen. De- und Re-regulierung sind als Trends in entgegengesetzte Richtungen auf der gleichen Achse zu betrachten, welche die Intensität des regulatorischen Zugriffs von Staaten, das heisst das Ausmass staatlicher Intervention, erfasst. Je nach Regulierungsbereich sind für diese Konzepte unterschiedliche Indikatoren zu wählen. Bei der Regulierung internationaler Banken beispielsweise lässt sich die Intensität staatlicher Intervention anhand der vorgeschriebenen Höhe des Eigenkapitals und der Umsetzung der Vorschriften erfassen (vgl. Kap. 4). Am einfachsten gestaltet sich die Indikatorenwahl bei Regulierungsbereichen, in denen der Staat bei nichtstaatlichen Akteuren Ressourcen abschöpft, in denen also ein Transfer von Ressourcen hin zum oder weg vom Staat stattfindet. Dies ist in der Fiskalpolitik der Fall (vgl. Kap. 5 und 6). Konvergenz und Divergenz bezeichnen ebenfalls Trends in entgegengesetzte Richtungen auf der gleichen Achse. Erfasst wird die Varianz zwischen den einzelnen Staaten im regulatorischen Umgang mit demselben gesellschaftlichen Problem. Abbildung 1 fasst die zu erklärenden Politikergebnisse zusammen.

Abbildung 1: Zu erklärende Politikergebnisse

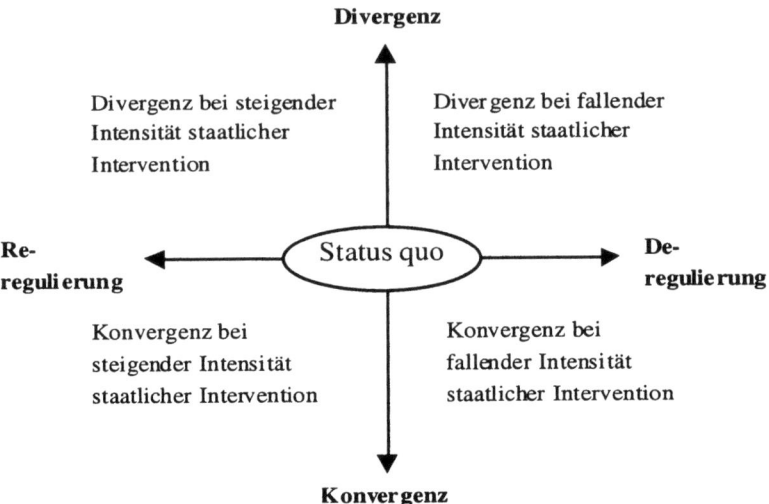

Das Spektrum der zu erklärenden Politikergebnisse wird in Abbildung 1 auf zwei Achsen – Intensität der staatlichen Intervention (Re-regulierung/Deregulierung) und Konvergenz beziehungsweise Divergenz – abgebildet, welche als Dimensionen der Varianz oder als abhängige Variablen aufzufassen sind. Der Anschaulichkeit halber sind diese Politikergebnisse, das heisst die möglichen Werte der beiden abhängigen Variablen, in vier Einheiten aufgeteilt. In der Realität muss natürlich von Kontinua auf den zwei Achsen ausgegangen werden. Am Kreuzungspunkt der beiden Achsen befindet sich der Status quo, von dem aus die bezeichneten Trends in unterschiedliche Richtungen verlaufen können.

Von besonderem Interesse sind die Felder links oben und rechts unten in Abbildung 1. Feld links oben: Bei steigender Intensität staatlicher Intervention und gleichzeitig wachsender oder zumindest grosser Divergenz ist davon auszugehen, dass staatliche Handlungskapazitäten (Divergenzen und Intensität der Intervention) zunehmen. Feld rechts unten: Sinkende Intensität staatlicher Intervention und stärkere Konvergenz (Konvergenz nach unten, Harmonisierung nach unten, im Extremfall Wettlauf nach unten) hingegen lassen sich als sinkende Handlungskapazitäten der betreffenden Staaten deuten.

Nebenbei sei noch bemerkt, dass ich mit den genannten Politikergebnissen keine normativen Assoziationen verbinde. Die Analyse ist rein positivistisch angelegt. Alle genannten Politikergebnisse mögen somit unter bestimmten Bedingungen und in Anbetracht spezifischer Kriterien (z. B. ökonomische Wohlfahrt, Gerechtigkeit, andere ethisch, religiös, kulturell oder anderweitig bedingte Normen) mehr oder weniger wünschbar sein. Diese Fragen überlasse ich jedoch anderen Autoren.

In der realen Welt existieren viele Politikbereiche, die sich in die Felder von Abbildung 1 einordnen lassen. Die Varianz auf den zu erklärenden Variablen ist somit ausreichend für eine sinnvolle Analyse. Hier seien nur vier Beispiele genannt. (a) Setzt man den Status quo Anfang der 1980er Jahre im Vorfeld der Schaffung des EU-Binnenmarktes an, so sind bei der Umweltschutzpolitik im EG-Raum nur eine geringe Konvergenzbewegung und tendenziell verstärkte regulatorische Eingriffe der einzelnen Staaten zu beobachten (Weibust 1998). Das Politikergebnis tendiert somit vom Status quo horizontal gegen links oder gar ins Feld links oben. (b) Bei der Registrierung von Hochseeschiffen hingegen tendiert aufgrund der Anziehungskraft von *flags-of-convenience*-Staaten seit den 1960er Jahren das Politikergebnis in das Feld rechts unten (Konvergenz nach unten) (vgl. Murphy 1995). (c) Bei der Kontrolle von Exporten sicherheitspolitisch relevanter Güter wiederum (vgl. das oben erwähnte Beispiel der Australiengruppe) ist seit Mitte der 1980er Jahre zumindest im OECD-Raum eine Konvergenzbewegung bei gleichzeitig verstärkter staatlicher Intervention (Trend in Richtung Feld links unten) zu verzeichnen. (d) Transnationale Unternehmen und ausländische Direktinvestitionen sind im allgemeinen einem eher geringen regulatorischen Zugriff der Staaten ausgesetzt. Vor allem in Entwicklungsländern verläuft der Trend seit den 1980er Jahren von ehemals investitionshemmenden staatlichen Praktiken hin zu Politiken, welche ausländische Direktinvestitionen anzulocken trachten. Allerdings ist im Bereich der Regulierung von Direktinvestitionen wenig Konvergenz zu beobachten und internationale Harmonisierungsversuche, zum Beispiel in Form internationaler Verhaltenskodizes für MNU oder Massnahmen zur Reduktion des Steuerwettbewerbs, sind nicht weit gediehen. Der Trend in diesem Fall verläuft somit vom Status quo horizontal gegen rechts oder gar ins Feld rechts oben. In den Ausführungen zur Fallselektion für die empirische Analyse komme ich noch ausführlicher auf die Frage der Varianz erklärender und abhängiger Variablen zu sprechen. Wie und weshalb Trends der beschriebenen Art zustande kommen, und welche Rolle die Integration der Weltmärkte beziehungsweise die Mobilität von Gütern und Produktionsfaktoren dabei spielt, ist Gegenstand der folgenden Teile dieses Kapitels.

3.3. Herkömmliche Erklärungen

Im vorherigen Teil des Kapitels argumentierte ich, dass bei steigender Integration der Weltwirtschaft und zunehmender Regulierungsdichte innerstaatlich und grenzüberschreitend die Wahrscheinlichkeit regulatorischer Spannungsfelder zunimmt. Wohin tendieren die damit verbundenen Anpassungsprozesse? Wann und weshalb führen regulatorische Spannungsfelder zu einer Konvergenz der Intensität und Form staatlicher Intervention in bestimmten Politikbereichen? Wann und weshalb bleiben Unterschiede bestehen oder nehmen Divergenzen zwischen einzelstaatlichen Politiken zu? Wann und weshalb nimmt die Intensität staatlicher Einflussnahme zu oder ab? Die sozialwissenschaftliche Forschung zu dieser Fragestellung steht noch am Anfang. In diesem Abschnitt versuche ich, aus allgemeineren Theorien der Internationalen Politischen Ökonomie einige Aussagen abzuleiten, stelle aber fest, dass diese nur sehr unvollständige Antworten auf die formulierten Fragen geben. In der Folge greife ich Theorien kollektiven Handelns und andere politökonomische Ansätze auf, um griffigere Hypothesen zu formulieren.

3.3.1. Traditionelle Meta-Theorien der IPÖ: Realismus und Institutionalismus

Die zumindest zur Zeit des Kalten Krieges dominierende Denkschule der Internationalen Beziehungen, der Realismus, behauptet, dass im anarchischen internationalen System die relative Macht und die Interessen der Staaten die Politikergebnisse bestimmen (Krasner 1983; Waltz 1979; Keohane 1984). Die Handlungsfähigkeit des Staates taucht in den entsprechenden Theorien lediglich als nicht hinterfragte Annahme auf, und das Verhältnis zwischen innerstaatlicher und internationaler Ebene ist kein Thema; der Staat ist eine *Black Box* und verfolgt seine Eigeninteressen, die sich aus seiner Stellung (meist als relative Machtposition definiert) im internationalen System ableiten lassen. Aus diesen Annahmen lassen sich jedoch einige generelle Aussagen zur hier behandelten Frage ableiten. Realisten würden wohl behaupten, dass bei regulatorischen Spannungsfeldern und damit verbundenen Konflikten zwischen betroffenen Akteuren die daraus hervorgehenden Politikergebnisse den Interessen der mächtigeren Akteure entsprechen. Wenn wir also beispielsweise einen "Wettlauf nach unten" beobachten, muss dies den Interessen der mächtigeren Staaten entsprechen.

Eine solche Erklärung besitzt mehrere Schwachpunkte. Erstens ist unklar, wie Macht definiert werden soll – der traditionelle Ansatz der Realisten, Macht mit militärisch relevanten Ressourcen gleichzusetzen, scheint für Bereiche wie den Umweltschutz oder die Finanzmärkte wenig aussagekräftig. Indirektere oder "weichere" Formen der Macht oder des Einflusses – zum Beispiel konzipiert als asymmetrische Interdependenzen – sind sehr schwer zu erfassen. Zugleich besteht die Gefahr, dass Macht am beobachtbaren Politikergebnis gemessen wird und die Untersuchung so in tautologische Erklärungen verfällt: Weil ein von einem Akteur gewünschtes Politikergebnis zustande gekommen ist, muss dieser Akteur mächtig sein. Schliesslich finden sich viele Beispiele in der internationalen Politik, in denen die vermeintlich mächtigen Staaten ihre Forderungen nicht durchsetzen können. Hier sei nur die Tatsache genannt, dass sich Deutschland, Frankreich, Italien und einige andere bedeutende westeuropäische Staaten mit ihrer Forderung nach einer Harmonisierung der Körperschafts- und Kapitalsteuern gegenüber europäischen Kleinstaaten wie Luxemburg bisher nicht durchsetzen konnten (vgl. Kap. 6).

Rational-Choice-Theorien institutionalistischer Prägung, die vor allem in der Wirtschafts- und Politikwissenschaft entwickelt wurden, behaupten, dass Politikergebnisse durch die Präferenzen (Interessen) der Akteure und die relative Machtverteilung bestimmt sind. Bis hierher sind sich Realisten und Institutionalisten einig. Letztere gehen jedoch einen Schritt weiter und postulieren, dass zusätzlich auch institutionelle Strukturen Politikergebnisse wesentlich beeinflussen. So können regulatorische Konflikte auf internationaler Ebene über verschiedene Mechanismen bearbeitet werden, beispielsweise bilaterale oder multilaterale Konsultationen, spezifische Mechanismen der Konfliktschlichtung oder gar einen internationalen oder supranationalen Gerichtshof. In welchem Rahmen solche Konflikte bearbeitet werden, muss aus Sicht des Institutionalismus ein zentraler Teil der Erklärung von Politikergebnissen sein. Über diese sehr allgemeine Aussage hinaus lassen sich jedoch nur schwerlich Hypothesen zur Erklärung der in diesem Kapitel im Zentrum stehenden Politikergebnisse ableiten. Allenfalls könnte man behaupten, dass regulatorische Konflikte in einem stärker institutionalisierten Umfeld einfacher zu lösen und Synergieeffekte zwischen Regulierungsprozessen im innerstaatlichen und grenzüberschreitenden Bereich wahrscheinlicher sind. Dies hängt damit zusammen, dass die Transaktionskosten der Zusammenarbeit in einem stärker institutionalisierten Umfeld in der Regel geringer ausfallen (Keohane 1984). Darüber hinaus trägt jedoch auch der Institutionalismus traditioneller Prägung kaum zur Beantwortung der Frage bei, wie die hier interessierenden Politikergebnisse zu erklären sind.

3.3.2. Neuere Theorien der IPÖ

Die traditionelle IPÖ befasste sich in den 1960er bis 1980er Jahren vorwiegend mit zwei Themengebieten. Vor allem in Anlehnung an die ältere marxistische und neomarxistische Literatur konzentrierten sich viele Politikwissenschaftler und Ökonomen auf Ungleichgewichte und Abhängigkeiten in der Weltwirtschaft sowie ihre entwicklungspolitischen Folgen (z. B. Elsenhans 1984; Senghaas 1983). Arbeiten liberal-institutionalistischer Prägung hingegen sind vorwiegend der Frage gewidmet, wie internationale Märkte durch zwischenstaatliche Zusammenarbeit (internationale Regime) geöffnet sowie offen und stabil gehalten werden können (Keohane 1984; Oye 1992). Die Rückwirkungen offener Märkte auf die Handlungsmöglichkeiten von Staaten wurden zwar im Rahmen der Diskussion über den Einfluss multinationaler Unternehmen in Entwicklungsländern und der Interdependenz-Debatte angesprochen (Jones 1995), die entsprechenden Arbeiten blieben jedoch weitgehend deskriptiv. Sie liefern kaum Antworten auf die hier interessierende Frage nach den Handlungskapazitäten von Staaten, die im Zentrum der Globalisierungsdebatte stehen.

Die IPÖ-Forschung der 1990er Jahre hat sich intensiver mit dem Ausmass, dem Charakter und den Konsequenzen der weltwirtschaftlichen Integration befasst. Im Gegensatz zu älteren Arbeiten stehen nun, wie in Kapitel 1 aufgezeigt, die Konsequenzen der wirtschaftlichen Globalisierung für die regulatorischen Handlungsmöglichkeiten von Staaten vermehrt im Zentrum des Interesses (Beisheim/Walter 1997; Hirst/Thompson 1996). In diesen Arbeiten lassen sich drei Thesen finden, die für unsere Fragestellung relevant sind.

Dominanz der Märkte: Die erste These besagt, dass sich das gesellschaftliche Modell der demokratisch verfassten Marktwirtschaft nach dem Ende des Kalten Krieges immer mehr ausbreiten werde. In der naivsten Form entspricht diese Aussage der Hypothese vom "Ende der Geschichte", wie sie von Francis Fukuyama 1989 in Anlehnung an Hegel vorgebracht wurde.

Mit Blick auf Weltsystemtheorien, die Dependenztheorie und neomarxistische Ansätze (Gill/Law 1988: 76–80; Cox 1996) liesse sich dieser Behauptung eine zusätzliche These beifügen, nämlich dass bestimmte gesellschaftliche Institutionen, besonders aber marktorientierte Strukturen westlichdemokratischer Provenienz, eine dominierende Stellung erlangt haben, unter anderem auch mit Hilfe internationaler Organisationen wie der Weltbank, dem Internationalen Währungsfonds, der OECD, regionaler Entwicklungsbanken und anderer Akteure. Deshalb ist zu erwarten, dass bei regulatorischen Spannungsfeldern oder Konflikten in der Regel diejenigen Interessen obsiegen, die eine offene Weltwirtschaft beziehungsweise die wirtschaftliche Globalisierung favorisieren. Im Sinne Antonio Gramscis (Gill 1993) haben wir es hier mit hegemonialen Konglomeraten von Ideen und materiellen Bedingungen zu tun. Diese hegemonialen Strukturen verlaufen nicht entlang nationalstaatlicher Grenzen, sondern eher entlang den Interessen transnationaler sozialer Gruppen oder Klassen. Wenn Spannungsfelder zwischen politisch verfasster Liberalisierung der Weltmärkte einerseits und andererseits Regulierungsbemühungen in anderen Politikbereichen bestehen, sollten wir deshalb einen Deregulierungsdruck in den letzteren Bereichen erwarten.

Konvergenz: Aus einer zweiten Forschungsrichtung der IPÖ lässt sich die These ableiten, dass weltwirtschaftliche Integration zu Konvergenzbewegungen in verschiedensten Bereichen führt, beispielsweise bei Management- und

Finanzierungsstrukturen transnationaler Konzerne, der Privatisierung staatlicher Firmen, der Liberalisierung von Telekom- und Energiemärkten, der (De-) Regulierung der Finanzmärkte, der Wettbewerbspolitik oder im Umwelt- und Arbeitnehmerschutz.

Diese Hypothese kann auf zwei unterschiedlichen Argumentationen beruhen. Erstens haben Beobachter der Industriegesellschaft der Nachkriegszeit in den 1950er und 1960er Jahren behauptet, dass aufgrund der Modernisierung anfänglich verschiedene Gesellschaften ähnliche Entwicklungspfade durchlaufen (Bornschier 1988). Der Motor dieser Konvergenz sei die Technologie. Diese erzeuge ähnliche Probleme für die Staaten sowie ähnliche Lösungsansätze (Kerr 1960; Berger/Dore 1996). Die zunehmende grenzüberschreitende Verflechtung der Wirtschaft bewirke die Diffusion von Technologie und verstärke damit den Trend der Angleichung. In den 1970er Jahren wurden diese Theorien des technologischen Determinismus stark angefochten, besonders diejenigen marxistischer Prägung. Die auf Länder, Industrien und Firmen konzentrierte vergleichende Forschung leistete dazu einen erheblichen Beitrag (Dore 1973).

Der zweite Argumentationsstrang fusst auf neofunktionalistischen Integrationstheorien, die zur Erklärung der europäischen Integration seit den 1950er Jahren entwickelt wurden (Michelmann/Soldatos 1994). Diese Theorien besagen, dass die Integration in eher "technischen" Bereichen, zum Beispiel dem Handels- und Finanzbereich, in "politische" Bereiche überschwappen werde (*spill-over-Effekte*). Daraus liesse sich die These ableiten, dass die auf intensiver internationaler Zusammenarbeit beruhende Liberalisierung der Weltwirtschaft zur Konvergenz innerstaatlicher Institutionen oder der Harmonisierung verschiedenster innerstaatlicher Strukturen auf internationaler Ebene führt.

"Wettlauf nach unten": Drittens behaupten viele Protagonisten der Globalisierungsdebatte, dass die Integration der Weltwirtschaft zu steigendem regulatorischem Wettbewerb und zu marktkonformen Angleichungsprozessen auf allen politischen Ebenen führe. Diese Argumentation baut auf älteren, neoklassischen Wirtschaftstheorien auf. Diese besagen, dass sich die Produktionskosten durch den wirtschaftlichen Wettbewerb graduell angleichen. Damit verbunden ist eine Konvergenz der Produktivität und der Wirtschaftspolitiken der Einzelstaaten (Boyer 1996). In jüngster Zeit wurden diese Thesen durch den neuen Institutionalismus, die "neue Handelstheorie", die "endogene Wachstumstheorie" sowie die Resultate empirischer Analysen (vgl. Berger/Dore 1996: 5) stark angefochten. Nichtsdestotrotz findet sich in der Globalisierungs-Literatur sehr häufig die These, dass die Kapitalmobilität enorm gewachsen sei und dass diese vor allem im Bereich der Sozial- und Umweltpolitik zu einem "Wettlauf nach unten" führe. Staaten kämpfen zusehends um die immer mobileren Produktionsfaktoren, vor allem das Kapital, und reduzieren im verschärften Standortwettbewerb regulatorische Eingriffe aller Art

(Scharpf 1994: 10; Beck 1997). Die Liberalisierung der Weltmärkte untergrabe die regulatorischen Kapazitäten und Handlungsspielräume von Staaten. Die erste These prognostiziert somit Konvergenz in Richtung eines bestimmten Gesellschaftsmodells, nämlich desjenigen der offenen Marktwirtschaft. Die zweite These sagt ebenfalls Konvergenz voraus, allerdings ohne die Stossrichtung, das heisst das Ausmass staatlicher Intervention in bestimmten Politikbereichen, zu benennen. Die dritte These schliesslich prognostiziert eine Konvergenz nach unten, das heisst einen Rückzug des Staates aus vielen gesellschaftlichen Bereichen.

Die Erklärungskraft der genannten Theorien in Bezug auf unsere Frage nach den Handlungskapazitäten des Staates unter Bedingungen weltwirtschaftlicher Integration ist sehr begrenzt. Ähnlich wie bei den traditionellen Meta-Theorien der IPÖ lassen sich auch hier nur sehr vage Hypothesen ableiten. Darüber hinaus prognostizieren diese Thesen lineare Effekte, die für alle Regulierungsbereiche, in denen regulatorische Spannungsfelder bestehen, mit gleicher Stärke in die gleiche Richtung gehen. Diese grundlegende Annahme deckt sich nicht mit der Realität, in der wir, wie oben angesprochen, bisweilen Tendenzen der Deregulierung, Re-regulierung, Konvergenz oder Divergenz beobachten.

Einige Autoren haben diese Forschungslücke erkannt, so zum Beispiel Susan Strange (1996). Sie behauptet, dass "wer oder was für die Änderungen verantwortlich sei" und "wer was bekomme" in der Weltwirtschaft durch drei interagierende Kräfte bestimmt sei: Technologie, Märkte und Politik.

Nur das Dreiecksmodell von Markt, Technologie und Politik kann Veränderungen [...] in internationalen Organisationen, der auf den Binnenmarkt bezogenen Innenpolitik und dem Wettbewerb zwischen Firmen im Markt erklären. (Strange 1996: 187)

Sie behauptet auch, dass ihr Modell die für uns zentrale Frage erkläre:

Das Dreiecksmodell trägt im Weiteren dem erheblichen Unterschied zwischen Wirtschaftssektoren in Bezug auf die Beschaffenheit von Autorität und dem Ausmass der Intervention in das Spiel der Marktkräfte Rechnung. (Strange 1996: 187)

Aufgrund der sehr breit angelegten Analyse und eines Erklärungsmodells mit nur vage definierten Variablen und Hypothesen kann die Untersuchung von Susan Strange keine präzisen Antworten auf die von uns hier verfolgten Fragen liefern. Der Wert von Stranges Arbeit liegt deshalb vor allem darin, dass interessante Fragen gestellt, einige empirische Beispiele geliefert werden und darauf hingewiesen wird, dass zukünftige Untersuchungen das Beziehungsgeflecht zwischen Staaten und Firmen oder Märkten stärker zu berücksichtigen hätten.

Gefragt sind offensichtlich Theorien, die präzisere Aussagen darüber machen, wann sich welche Staaten aus welchen gesellschaftlichen Bereichen zurückziehen und wann und wo sie stärker intervenieren. Im Zentrum solcher Theorien sollten die Beziehungen zwischen Staaten (und anderen regulatorisch tätigen Akteuren), Märkten, Firmen sowie anderen innerstaatlichen oder transnationalen Interessengruppen stehen. Ausgehend von Theorien kollektiven Handelns (Olson 1965; Sandler 1992) formuliere ich im folgenden Teil des Kapitels eine solche Theorie, die als "positive Theorie der Regulierung" bezeichnet werden kann.

3.4. Positive Theorien der Regulierung

Die meisten wirtschaftswissenschaftlichen Theorien der Regulierung sind normativer Natur, das heisst sie versuchen, optimale Formen und Ebenen der Regulierung für spezifische gesellschaftliche Probleme zu identifizieren – optimal in Bezug auf die Wohlfahrtseffekte der Allokation von Risiken, Produktionsfaktoren usw. Die "positive" Frage, wann und weshalb welche Form der Regulierung in der Praxis zustande kommt, wird hingegen viel seltener bearbeitet (vgl. Baron 1995). Die für unsere Forschungsfrage relevantesten politökonomischen Erklärungen gehen auf Mancur Olson (1965), George Stigler (1971), Sam Peltzman (1976), Gary Becker (1983) und andere Autoren zurück.

Diesen "positiven" Theorien ist gemeinsam, dass sie nicht vom Modell eines wohlfahrtsmaximierenden Regulierers ausgehen, der ein Marktversagen zu korrigieren hat. Ähnlich wie ältere Versionen des neoliberalen Institutionalismus in der Theorie der Internationalen Beziehungen (Keohane 1984) gingen die älteren Regulierungstheorien davon aus, dass Marktversagen aufgrund monopolistischer oder oligopolistischer Strukturen, externer Kosten oder externen Nutzen, oder Informationsasymmetrien eine Nachfrage nach Regulierung erzeugt. Diese Nachfrage wiederum hat praktisch kostenlos ein Angebot an neuen Institutionen zur Folge. Mit den Worten von Sam Peltzman (1989):

Die Existenz von Marktversagen reicht aus, um eine Nachfrage nach Regulierung hervorzurufen, [...] in einer grob geschichteten Umkehrung des Say'schen Gesetzes wird diese Nachfrage durch den politischen Prozess kostenlos befriedigt.

Bei genauerer Betrachtung gerieten diese funktionalistischen Annahmen in zunehmenden Widerspruch mit den empirischen Informationen. Thomas Oatley und Robert Nabors (1998: 37) kamen zu folgendem Schluss:

Die empirische Information zeigte, dass Regulierung, anstatt Marktversagen zu eliminieren, vielmehr solches in Märkten entstehen liess, in denen zuvor kein Marktversagen existierte. In Märkten wiederum, welche durch Marktversagen betroffen waren, schaffte es die Regulierung nicht, dieses zu beseitigen. [...] Regulierung diente eher zur Umverteilung von Wohlstand, anstatt dass sie diesen schuf.

Als Folge dieser sicher überzogenen Kritik basieren positive Theorien der Regulierung seit den 1980er Jahren meist auf der traditionellen Annahme der *Public-Choice-Theorie*: Dass Politiker oder Regulierer nicht die gesamtgesellschaftliche Wohlfahrt zu maximieren trachten, sondern die Wahrscheinlichkeit ihrer Wiederwahl, die Absicherung ihrer Stellung, das Budget ihrer Institution oder einen anderweitigen Nutzen (Frey/Kirchgässner 1994). Für meine Untersuchung bedeutet dies, dass ich nicht vom Modell der Regulierung als Korrektur eines Marktversagens (auf nationaler oder internationaler Ebene) ausgehe, sondern das Augenmerk vor allem auf Interessen- und Machtstrukturen und damit auch stärker auf innenpolitische Prozesse richte, wenn es die oben identifizierten Politikergebnisse zu erklären gilt. Damit verbunden ist auch die Annahme, dass Regulierung keine allseitigen Gewinne abwerfen muss, um realisiert zu werden. Sie kann in Extremsituationen rein distributiven Charakter haben (Oatley/Nabors 1998). Im Folgenden diskutiere ich den Stand der Forschung und entwickle anschliessend fünf Hypothesen zur Erklärung von Deregulierungs-, Re-regulierungs-, Konvergenz- und Divergenzprozessen.

3.4.1. California- und Delaware-Effekte und ihre Erklärung

Grundsätzlich kann man davon ausgehen, dass die Beschaffenheit der von regulatorischen Massnahmen betroffenen oder anvisierten gesellschaftlichen Aktivitäten sowie die relevanten Interessen und Machtverhältnisse einen Einfluss darauf haben, ob regulatorische Spannungsfelder in einer offenen Weltwirtschaft zu Deregulierung, Re-regulierung, Konvergenz oder Divergenz führen. David Vogel (1995) hat als einer der ersten Autoren aufzuzeigen versucht, dass regulatorische Spannungsfelder im Umwelt- und Konsumentenschutz im Zuge weltwirtschaftlicher Liberalisierungprozesse verschiedene Politikergebnisse zur Folge haben können. Manchmal tritt ein Ergebnis ein, das Vogel als California-Effekt bezeichnet. Dieser Effekt ist gleichzusetzen mit einer Konvergenz nach oben (vgl. Feld links unten in Abb. 1). In anderen Fällen hingegen entsteht ein Delaware-Effekt – ein regulatorischer Wettbewerb setzt ein und führt zu einer allgemeinen Deregulierung (Feld rechts unten in Abb. 1). Der Begriff California-Effekt stammt daher, dass der betreffende US-Bundesstaat als erster unilateral strengere Abgasnormen für Automobile einführte und nach und nach die anderen US-Bundesstaaten mit "nach oben" zu ziehen vermochte. Der US-Bundesstaat Delaware hingegen deregulierte unilateral im Bereich des *corporate chartering*. Dies führte zu einem landesweiten Abbau des Schutzes von Aktionären, Angestellten und anderen Akteuren.

David Vogel (1995), Miles Kahler (1996) und andere Autoren gehen davon aus, dass der innerstaatliche Regulierungsbereich wie eine Zwiebel beschaffen ist: Internationale Bemühungen zur Liberalisierung der Weltmärkte (v. a. im Handels- und Finanzbereich) haben zuerst zur mengenmässigen

Senkung oder Beseitigung von Zöllen und Importbeschränkungen sowie zur Verringerung oder Aufhebung von Restriktionen im internationalen Kapitalverkehr geführt. Diese Bemühungen stossen nun immer wieder auf neue innerstaatliche Institutionen, die nach Ansicht vieler Ökonomen wettbewerbsverzerrend wirken beziehungsweise internationale Transaktionen behindern. Hier liegen die weiter oben angesprochenen regulatorischen Spannungsfelder zwischen der durch internationale Regime gesteuerten Mobilität von Gütern und Produktionsfaktoren einerseits und den regulatorischen Bemühungen der Staatenwelt in anderen Politikbereichen andererseits. Anhand vergleichender Fallstudien zu sechs Handelsabkommen und ihren Auswirkungen auf den Umwelt- und Konsumentenschutz kommt Vogel (1995) zum Schluss, dass die Prognose einer unweigerlichen Deregulierung in den mit der Wirtschaftsliberalisierung im Spannungsverhältnis stehenden Politikbereichen (in Vogels Buch sind dies Umwelt- und Konsumentenschutz) übertrieben sei.

[Die] gestiegene wirtschaftliche Interdependenz ist mit stärkeren und nicht schwächeren Konsumenten- und Umweltregulierungen einhergegangen. Im Gegensatz dazu bedroht der "Ökoprotektionismus" sowohl den freien Handel wie auch ironischerweise Fortschritte im Umwelt- und Konsumentenschutz. [...] Handel und Handelsabkommen sind Transmissionsriemen, über die Produzenten, Konsumenten- und Umweltgruppen die Regulierungspolitik ihrer Handelspartner beeinflussen können und wiederum durch diese beeinflusst werden. (Vogel 1995: X, 2)

Vogels Beitrag ist sehr induktiv ausgerichtet und erfasst ein breites Spektrum von Auswirkungen des Umwelt- und Konsumentenschutzes auf den internationalen Handel und umgekehrt. Der Preis für den hohen empirischen Sättigungsgrad der Analyse ist jedoch eine eher schwammige theoretische Argumentation in Bezug auf den California- und Delaware-Effekt. Seine wichtigste Erklärung ist die folgende:

Es existiert nichts Automatisches an diesem Prozess. Der Einfluss einer Handelsliberalisierung auf regulatorische Standards hängt in erster Linie von den Präferenzen der wohlhabenden mächtigen Staaten sowie vom Grad ihrer ökonomischen Integration untereinander und mit ihren Handelspartnern ab. (Vogel 1995: 5)

Vor allem die USA, insbesondere Kalifornien, und Deutschland dienen immer wieder als Beispiele für Akteure, die das Politikergebnis in die eine oder andere Richtung beeinflussen können. Weiter argumentiert Vogel:

Je stärker das Engagement der Nationen bei der Koordination ihrer Regulierungspolitiken ist, desto stärker ist der California-Effekt. Ebenso gilt: Je schwächer die Institutionen sind, die auf regionalen oder internationalen Abkommen beruhen, desto schwächer ist der California-Effekt. (Vogel 1995: 8)

Diese Argumentation weist ähnliche Schwächen auf wie der weiter oben diskutierte Realismus – der Machtbegriff bleibt unklar: In der Realität setzen sich die vermeintlich mächtigen Staaten mit ihren Forderungen öfters nicht durch. Das Scheitern deutscher Bemühungen um eine EU-weite Harmonisierung der Quellensteuern auf durchschnittlich höherem Niveau ist ein Beispiel (vgl. Kap. 5). Gleichermassen ist beobachtbar, dass eine Konvergenz nach oben (California-Effekt) auch bei schwachen institutionellen Rahmenbedingungen zustande kommen kann. Beispiele dafür sind die im Rahmen der Bank für Internationalen Zahlungsausgleich ausgehandelten, rechtlich nicht bindenden, aber zumindest bis Mitte der 1990er Jahre erfolgreichen Kapitalstandards für Banken, sowie die auf dem Niveau stärkerer staatlicher Intervention konvergierenden Exportkontrollstandards der Australiengruppe.

Ein zusätzliches Problem besteht darin, dass unklar ist, inwiefern Vogels Argumente auf Politikbereiche ausserhalb des Umwelt- und Konsumentenschutzes anwendbar sind. Weiter unten postuliere ich zum Beispiel, dass bei einer Verallgemeinerung von Vogels Argumenten die Einkommenselastizität und die sogenannte Aggregationstechnologie bei den entsprechenden kollektiven Regulierungsbemühungen berücksichtigt werden müssen. Was Ersteres betrifft, so wächst mit steigendem Einkommen oft auch die Nachfrage nach Umwelt- und Konsumentenschutz. In anderen Politikbereichen, beispielsweise der Regulierung transnationaler Unternehmen, ist dies nicht unbedingt der Fall. Bei der Aggregationstechnologie geht es darum, welche Zahl von Staaten in der Lage ist, eine kollektive Regulierung zu bewerkstelligen oder zu erleichtern beziehungsweise zu verhindern oder zu erschweren. Diese Zahl kann je nach Politikbereich stark variieren.

3.5. Hypothesen

Ausgehend von Arbeiten von David Vogel (1995), Kenneth Oye und Dale Murphy (1994), Kenneth Oye und James Maxwell (1995), Dale Murphy und Kenneth Oye (1998), Thomas Bernauer und Dieter Ruloff (1999a) und anderen Autoren[3] entwerfe ich in diesem Teil des Kapitels fünf Hypothesen zur Erklärung von Deregulierungs- und Re-regulierungs- beziehungsweise Konvergenz- und Divergenztrends. Diese Hypothesen beruhen weitgehend auf Theorien kollektiven Handelns, welche wiederum auf der Annahme nutzenmaximierender Akteure (Theorien rationalen Handelns) beruhen.

Bei Theorien kollektiven Handelns richtet sich die Aufmerksamkeit auf die Möglichkeiten der Bereitstellung kollektiver Güter. In den folgenden Fallstudien sind diese kollektiven Güter unterschiedlicher Natur. Sie können anhand des durchschnittlichen Grades staatlicher Intervention in den einzelnen Ländern (das durchschnittliche, nichtkooperative Regulierungsniveau inner-

---

3   Zum Beispiel Yandle 1983; Bennett 1991; Hirschman 1970; Wilson 1980; Noll 1989; Laffont/Tirole 1991; Oye/Bernauer/Schubert 1997; Oatley/Nabors 1998.

halb einer bestimmten Staatengruppe) oder auch durch den Erfolgsgrad internationaler Regulierungsbemühungen erfasst werden. Im Bereich der Besteuerung von Kapitalerträgen (vgl. Kap. 5) beispielsweise besteht das kollektive Gut in der Erhaltung der durchschnittlichen Steuereinnahmen der einzelnen Staaten sowie des zuströmenden Kapitals. Das kollektive Gut ist auch in Form des Erfolgsgrades internationaler Harmonisierungsversuche messbar. Bei der Regulierung international tätiger Banken kann das kollektive Gut als Erhaltung der Solvenz der betreffenden Banken bezeichnet werden. In empirischen Fallstudien kann dieses Gut beispielsweise anhand der durchschnittlichen Kapitalausstattung der Banken erfasst werden.

Ich verbinde mit den kollektiven Gütern, die in diesem Buch zur Sprache kommen, keine normativen Assoziationen. Eine internationale Steuerharmonisierung auf höherem Niveau mag von manchen, die den Steuerwettbewerb als wirtschaftlich sinnvoll erachten, für schädlich gehalten werden (sie wird dementsprechend oft als "Steuerkartell" bezeichnet). Andere wiederum mögen darin ein legitimes Mittel zur Rettung des Wohlfahrtsstaates sehen. Mich interessieren diese Argumente sowie der Nutzen und die Kosten, die für die einzelnen Akteure aus dem kollektiven Gut resultieren, nur insofern, als sie zur Erklärung der beobachteten Politikergebnisse beitragen. Ein kollektives Gut wird also keinesfalls automatisch mit einem positiven Inhalt in Verbindung gebracht.

Von besonderem Interesse sind Fälle, in denen die Mehrheit von Staaten innerhalb einer bestimmten Staatengruppe eine Re-regulierung anstrebt. Solche Re-regulierungsversuche, besonders wenn sie auf internationaler Ebene erfolgen, deuten darauf hin, dass Staaten ihnen tatsächlich oder vermeintlich verloren gehende Handlungskapazitäten wiederzugewinnen versuchen. Wenn es Staaten in solchen Situationen gelingt, das Steuer herumzureissen und eine Re-regulierung zu bewerkstelligen, deutet dies auf intakte (kollektive) staatliche Handlungskapazitäten hin. Diese Betrachtungsweise impliziert, dass Deregulierungsprozesse, in denen ein allseitig klar erkennbares Eigeninteresse staatlicher Akteure an der Deregulierung im Vordergrund steht, aus dem Blickwinkel der Fragestellung in diesem Buch weniger interessieren. Bei der Auswahl der zu untersuchenden Fälle komme ich auf diesen Punkt zurück.

Die zentralen Erklärungsvariablen der folgenden Hypothesen erfassen die Beschaffenheit der zu produzierenden kollektiven Güter und die Bedingungen, unter denen diese Güter produziert oder nicht produziert werden. Im Gegensatz zu den traditionellen Theorien der Internationalen Beziehungen interessieren in diesem Zusammenhang nicht nur die Beziehungen zwischen Staaten, sondern auch diejenigen zwischen regulierenden Behörden, Firmen und anderen relevanten Akteuren. In Anlehnung an Albert Hirschman (1970) und Dale Murphy und Kenneth Oye (1998) nehme ich an, dass Firmen jeweils drei Handlungsoptionen haben. Firmen können ihre Produktion ins Ausland verlagern (*exit*). Sie können durch Lobbying, Informationskampagnen, juristische

Schritte und andere Mittel versuchen, das nationale und internationale regulatorische Umfeld zu ihren Gunsten zu gestalten (*voice*). Oder sie können das akzeptieren, was ihnen der Staat vorschreibt (*loyality*). Firmen streben nach einer Vermehrung ihres Wertes (sei es im Sinne des Firmengewinnes, des Shareholder Value, des Umsatzes oder sonst eines Kriteriums). Sie stehen in Konkurrenz mit anderen Firmen im In- und Ausland, wobei es zwischen Firmen, welche auf dem Binnenmarkt mit Importen aus dem Ausland konkurrieren, und Firmen, welche bei ihren Exporten ins Ausland mit Firmen im Ausland konkurrieren, zu unterscheiden gilt. Regierungen ihrerseits können unilateral regulatorische Eingriffe abbauen, um die Produktionskosten von Firmen im betreffenden Land zu senken (Deregulierung). Sie können unilateral Regulierungen neu einführen, um einheimische Firmen vor der ausländischen Konkurrenz zu schützen (Protektionismus). Schliesslich können sie andere Staaten dazu anhalten oder zwingen, in einem bestimmten Bereich ebenfalls regulierend einzugreifen (Einfluss), um so eine Konvergenz auf dem Niveau stärkerer oder schwächerer staatlicher Intervention zu erzielen.

Die erste der im Folgenden formulierten Hypothesen beleuchtet das Ziel staatlicher Eingriffe und die Beschaffenheit der entsprechenden Massnahmen. Bei dieser Hypothese wird zwischen regulatorischen Interventionen, die sich auf Produkte richten, und solchen, die auf Produktionsprozesse ausgerichtet sind unterschieden. Die zweite und dritte Hypothese erfassen die Marktstrukturen im gegebenen Regulierungsbereich und deren Einflüsse auf die hier interessierenden Politikergebnisse. Die vierte Hypothese erklärt Politikergebnisse durch die Verteilung der Kosten und des Nutzens regulatorischer Eingriffe. Die fünfte Hypothese gilt der "Aggregationstechnologie", das heisst der Zahl der Akteure, die notwendig ist, um kollektive Güter unter bestimmten Bedingungen zu produzieren; oder anders gesagt, der Möglichkeit, dass Trittbrettfahrer beziehungsweise nichtkooperierende Akteure eine Deregulierung herbeiführen können.

Zwischen den fünf Hypothesen bestehen gewisse Querverbindungen. Bisweilen überlappen oder gleichen sich die dahinter stehenden kausalen Argumente, oder eine Hypothese konzentriert sich auf einen Teilaspekt einer anderen Hypothese. Prinzipiell liessen sich somit die fünf Hypothesen zu einem einzigen theoretischen Erklärungsmodell zusammenfügen. Dieses wäre allerdings so komplex, dass die Verständlichkeit der Argumentation besonders auch im empirischen Teil (Kap. 4–6) darunter leiden würde. Ich entwickle deshalb die fünf Hypothesen einzeln, weise aber immer wieder auf Querverbindungen hin. Zusätzlich fasse ich am Ende des Abschnitts die Hypothesen in einem vereinfachten zweidimensionalen Schema zusammen. Aus diesem wird ersichtlich, bei welchen Werten der erklärenden Variablen das Politikergebnis in Richtung Deregulierung (Rückzug des Staates aus dem betreffenden gesellschaftlichen Bereich) oder in Richtung Re-regulierung (stärkere Intervention des Staates) tendiert.

3.5.1. Hypothese 1: Produkt- versus Prozessregeln

Regulatorische Interventionen des Staates können grundsätzlich auf zwei Ziele ausgerichtet sein. Erstens können sie den Verkauf, den Konsum oder die Entsorgung von Produkten regulieren. Dabei wird die Beschaffenheit dieser Produkte reguliert. Zum Beispiel: Automobile ab einem bestimmten Baujahr müssen Katalysatoren aufweisen; Nahrungsmittel dürfen keine genmanipulierten Organismen beinhalten; bestimmte Medikamente unterliegen einer Bewilligungspflicht. Mich interessieren hier vor allem Produkte, die international handelbar sind, da sich daraus ein Zusammenhang mit der weltwirtschaftlichen Integration ergibt. Zweitens kann der Staat vorschreiben, wie bestimmte Produkte hergestellt werden müssen, oder er kann gewisse Produktionsprozesse verbieten. Zum Beispiel: Firmen müssen ihre Gewinne versteuern; Kinderarbeit ist verboten; Abwasser von Firmen darf bestimmte Grenzwerte nicht überschreiten. Im Unterschied zu Produkteregeln, in denen die Qualität der Produkte durch eine Regulierung direkt verändert wird, haben Prozessregeln höchstens indirekte Auswirkungen auf die Qualität von Produkten – man sieht einem Produkt nicht an, ob es von Kindern, mittels schmutziger oder sauberer Technologie oder von stark oder schwach besteuerten Firmen hergestellt wurde.[4]

Hypothese 1 besagt, dass die Beschaffenheit staatlicher Regulierungsversuche im soeben definierten Sinne einen Einfluss darauf hat, wie stark regulatorische Eingriffe des Staates unter Bedingungen eines hohen Grades an weltwirtschaftlicher Integration ausfallen. Diese Hypothese erklärt somit vor allem das Ausmass staatlicher Intervention und weniger von Konvergenz- oder Divergenzbewegungen. Wichtig in diesem Kontext ist die Unterscheidung der Interessen von importkonkurrierenden und exportorientierten Wirtschaftszweigen sowie von Produzenten und Konsumenten.

Die Hypothese besteht aus zwei Teilbehauptungen, die von einem Status quo (vgl. Abb. 1) ausgehen, in dem Staaten unterschiedliche Regulierungen in einem bestimmten Bereich aufweisen:

a) Wenn Länder unterschiedliche Regulierungen in Bezug auf Produktionsprozesse, die international handelbare Güter betreffen, aufweisen, sinkt unter Be-

---

4 Die Entstehung dieser Hypothese geht auf die Unterscheidung von Produkte- und Prozessregulierungen im GATT zurück. Im GATT respektive der WTO ist diese Unterscheidung von Produkte- und Prozessregeln insofern von grosser Bedeutung, als Einfuhrbeschränkungen nur aufgrund der Qualität von Produkten erlaubt sind, und dies nur, wenn diese Beschränkungen Importeure gegenüber einheimischen Gütern nicht diskriminieren. Importrestriktionen aufgrund von Produktionsprozessen sind (mit ganz wenigen Ausnahmen, z. B. Sklavenarbeit) nicht zulässig. Die Unterscheidung von Produkte- und Prozessregeln wurde im Lauf der Jahre durch das GATT respektive die WTO ausdifferenziert (vgl. Senti 1999). Erste Ansätze, diese Unterscheidung auch zur Erklärung von Regulierungsprozessen zu nutzen, finden sich in Vogel 1995, Murphy 1995 und Scharpf 1995.

dingung einer offenen Weltwirtschaft die durchschnittliche Intensität staatlicher Intervention.

Eine internationale Konvergenz regulatorischer Massnahmen (besonders deren Intensität) kommt, wenn überhaupt, nur auf tieferem Niveau zustande. Das heisst das Politikergebnis tendiert in Richtung Deregulierung und schwankt zwischen Konvergenz und Divergenz, liegt also in einem der beiden Felder auf der rechten Seite von Abbildung 1.

(b) Wenn Länder unterschiedliche Regulierungen in Bezug auf Produkte aufweisen, führt dies unter Bedingung einer offenen Weltwirtschaft tendenziell zu einer stärkeren Intensität staatlicher Intervention, das heisst zu einer Re-regulierung.

Das Politikergebnis tendiert somit in Richtung stärkerer staatlicher Intervention und schwankt zwischen regulatorischer Konvergenz und Divergenz und liegt somit in einem der beiden Felder auf der linken Seite von Abbildung 1.

Diese gegensätzlichen Prognosen bezüglich der Konsequenzen regulatorischer Unterschiede in einer offenen Weltwirtschaft beruhen auf zwei Überlegungen. Erstens führen starke und prozessorientierte staatliche Interventionen eher zu einem "deregulatorischen Wettbewerb"[5], weil sie die Produktionskosten der betroffenen Akteure erhöhen und oft zu einer Interessenkoalition von importkonkurrierenden und exportorientierten Produzenten und der Arbeitnehmer führen.

Die Interessenlage der exportorientierten Wirtschaftszweige ist die, dass ihnen aus einer unilateralen Belastung mit Prozessregeln gegenüber der ausländischen Konkurrenz auf den internationalen Märkten Nachteile erwachsen. Diese Nachteile können nur abgebaut werden, indem eine internationale Harmonisierung auf dem Niveau der interventionsfreudigeren Staaten zustande kommt, damit alle Produzenten mit "gleich langen Spiessen kämpfen"; oder indem der Staat und alle Zielländer für Exporte dieses Staates Kompensationszölle auf Importen aus Ländern mit tieferer Regulierungsintensität erheben. Solange solche Zölle, die sich auf Produktionsprozesse richten, von der WTO nicht erlaubt sind (von einer internationalen Koordinierung dieser Zölle ganz abgesehen) und eine internationale Harmonisierung der Prozessstandards nach oben nicht zustande kommt oder schwierig scheint, werden exportorientierte Unternehmen und ihre Angestellten eine Deregulierung fordern oder zumindest eine unilaterale Erhöhung der Regulierungsintensität ablehnen.

Dass sich importkonkurrierende Produzenten und ihre Angestellten dieser Koalition anschliessen, basiert auf einer zusätzlichen Annahme. Importkonkurrierende Unternehmer und ihre Angestellten könnten in einigen Fällen an einer unilateralen Regulierung von Produktionsprozessen interessiert sein, um

---

5   Vgl. Cary 1974; Winter 1977; Vogel 1995.

so ihre einheimischen Märkte vor ausländischer Konkurrenz zu schützen. So könnte beispielsweise ein Verbot des Importes von Stahl, der in die Umwelt verschmutzenden Werken (wie auch immer definiert) hergestellt wurde, nur darauf ausgerichtet sein, die marode einheimische Stahlindustrie zu schützen. Allerdings erlauben die GATT/WTO-Regeln mit ganz wenigen Ausnahmen keine auf Produktionsprozesse ausgerichteten Importbeschränkungen (auf Produkte bezogene, nichtdiskrimierende, Beschränkungen sind hingegen erlaubt). Da diese institutionelle Rahmenbedingung den Regulierungsmöglichkeiten der meisten Staaten Grenzen setzt, erachten importkonkurrierende Akteure die Deregulierung als die eher praktikable Handlungsoption.

Solange keine internationale Harmonisierung von Prozessstandards auf dem (höheren) Niveau des eigenen Staates oder eine internationale Koordination entsprechender Kompensationszölle möglich ist, wird eine breite Koalition von exportorientierten und importkonkurrierenden Produzenten und ihren Angestellten eine Senkung der Regulierungsintensität im eigenen Land fordern oder zumindest die Verstärkung staatlicher Intervention im Heimatstaat ablehnen. Wir erwarten deshalb, dass das nicht-kooperative internationale Ergebnis bei Prozessstandards, die den Produzenten signifikante Kosten verursachen, in Richtung Konvergenz nach unten tendiert.

Weshalb tendiert das Politikergebnis bei Produktestandards eher in die umgekehrte Richtung, das heisst hin zu stärkerer staatlicher Intervention? Der Hauptgrund liegt darin, dass einzelstaatliche Regulierungen in Bezug auf den Verkauf, den Konsum oder die Entsorgung von Produkten (Produktestandards) dazu verwendet werden können, importkonkurrierende Wirtschaftszweige vor der ausländischen Konkurrenz zu schützen. Gemäss WTO-Regeln sind Produkteregulierungen nur zulässig, wenn sie Importeure gegenüber einheimischen Produzenten nicht diskriminieren. Protektionistisch motivierten, unilateralen Produkteregeln sind somit Grenzen gesetzt. Andererseits gehen auch von erlaubten einseitigen Produkteregulierungen oft Wirkungen aus, die nicht tarifären Handelshemmnissen entsprechen und inländische Produzenten bevorteilen. Beispielsweise müssen ausländische Produzenten, auch wenn keine explizite Diskriminierung vorliegt, ihre Produkte den inländischen Standards im Exportland anpassen, um den Zugang zum entsprechenden Markt zu erhalten. Unter Umständen reduziert dies die Skaleneffekte der ausländischen Produzenten und verteuert so ihre Produkte. In manchen Fällen kann ein ausländischer Produzent aus technischen Gründen seine Produkte nicht anpassen und wird so vom Markt desjenigen Staates verdrängt, der seine Produktestandards unilateral, aber nicht explizit diskriminatorisch verschärft. Auch wenn dies nicht der Fall ist, sind die Kosten für ausländische Produzenten oft höher als für inländische, da Letztere mehr Einfluss auf die Gestaltung regulatorischer Eingriffe im Inland haben und diese Eingriffe eher zu ihren Gunsten gestalten können. Zudem steigen mit unilateral verschärfter Regulierung für ausländische Unternehmen die Informations- und Transaktionskosten oft stärker an als für die importkonkurrierenden Produzenten. Durch unilaterale Produktestandards können somit importkonkurrierende Produzenten ihre Wettbewerbssituation gegenüber den ausländischen Konkurrenten verbessern.

Die unilaterale Anhebung von Produktestandards in einem Land hat Auswirkungen auf die Nachfrage nach Produktestandards in anderen Ländern. Falls die durch das zuerst regulierende Land verursachten Handelshemmnisse nicht über internationale Zusammenarbeit (Harmonisierung in Richtung stärkerer oder schwächerer staatlicher Intervention) beseitigt werden können, haben Unternehmer und Arbeitnehmer in schwächer regulierten Staaten einen Anreiz, ihrerseits unilaterale Produktestandards zu verlangen, die sie ebenfalls vor der ausländischen Konkurrenz schützen. Dieses Wechselspiel kann zu einer allgemeinen Verschärfung von Produktestandards führen. Diese Standards bleiben jedoch heterogen (da ansonsten ja die protektionistische Wirkung entfallen würde) und reflektieren die Interessen der importkonkurrierenden Produzenten.

Bisweilen gehen Interessengruppen, die protektionistische Massnahmen anstreben, mit anderen gesellschaftlichen Interessengruppen, die aus völlig anderen Gründen die gleichen regulatorischen Mittel befürworten, eine Koalition ein, was die Aussichten auf eine Re-regulierung erhöht. So finden sich in Extremsituationen etwa konservative, binnenmarktorientierte Industrielle im gleichen Lager wie radikale Umweltschützer. In der angelsächsischen Literatur werden solche Koalitionen als "Prediger und Schmuggler" oder als "die Guten und die Gierigen" bezeichnet (vgl. Yandle 1983; Oye/Maxwell 1995).

3.5.2. Hypothese 2: Standortgebundenheit von Investitionen und Transaktionen

Während die erste Hypothese vor allem die Intensität staatlicher Eingriffe erklärt, trägt die zweite Hypothese mehr zur Erklärung der Stärke des Konvergenz-/Divergenzeffekts bei. Ihr wichtigstes Argument beruht auf dem Investitionsprofil von grossen Firmen, im Speziellen auf der Standortgebundenheit von Investitionen und Transaktionen (Williamson 1985; Murphy/Oye 1998).[6] Unternehmen, die in mehreren Ländern tätig sind und dort jeweils längerfristige, standortgebundene Investitionen getätigt haben oder in Transaktionen längerfristiger Natur eingebunden sind (Direktinvestitionen, Bewirtschaftung von Märkten, etc.), neigen dazu international harmonisierte Regulierungen zu verlangen. Bei international harmonisierten Regulierungen können diese Firmen ihre Skaleneffekte besser ausspielen, indem sie die gleichen

---

6   In der angelsächsischen Literatur wird von *asset-specificity* gesprochen. "Assets sind dann spezifisch, wenn sie auf längerfristigen Investitionen beruhen, die auf spezifische Transaktionen hin angelegt sind, und die stark an Wert verlieren würden, wenn diese Transaktionen frühzeitig beendet würden." (Murphy/Oye 1998:6)

Produkte oder Produktionsprozesse in verschiedenen Ländern herstellen oder vertreiben beziehungsweise anwenden können. Auch sinken dadurch ihre Transaktionskosten.[7]

Umgekehrt werden sich Firmen, die stark binnenmarktorientiert sind und dort spezifische, standortgebundene Investitionen besitzen, gegen eine Konvergenz besonders von Produkteregulierungen auf internationaler Ebene sträuben. Wie im Zusammenhang mit Hypothese 1 erwähnt, sind unilaterale Produkteregulierungen ein Mittel, um sich vor der ausländischen Konkurrenz zu schützen.

Firmen, deren Investitionen weniger bis gar nicht standortgebunden sind, können hingegen bei Bedarf ihre Investitionen an schwächer regulierte Standorte verlagern und sind deshalb weniger oder überhaupt nicht auf eine internationale Harmonisierung angewiesen. Diese Firmen werden eher eine unilaterale oder internationale Deregulierung fordern.

Somit erwarten wir unter der Bedingung einer offenen Weltwirtschaft in Bereichen, in denen Firmen mit internationalen und standortgebundenen Investitionen dominieren, eine stärkere regulatorische Konvergenz als in den beiden anderen Fällen (binnenmarktorientierte Firmen, nicht oder wenig standortgebundene Firmen).

Die Reichweite dieser Hypothese ist sehr begrenzt. Erstens bleibt offen, ob eine Konvergenz nach oben (Re-regulierung) oder unten (Deregulierung) stattfindet. Zweitens sind die erklärende und die zu erklärende Variable auf unterschiedlichen Analyseebenen angesiedelt (einzelne Firma, Firmengruppe oder Industriezweig; kollektives Ergebnis in einem Regulierungsbereich auf internationaler Ebene). Drittens ist unklar, ob und wie sich die Nachfrage nach internationaler Konvergenz oder das Gegenteil davon in ein Angebot an Re-regulierung oder Deregulierung umsetzt. Die zweite Hypothese muss deshalb zusammen mit einer dritten Hypothese kombiniert werden, welche sich auf die Marktstrukturen bezieht.

3.5.3. Hypothese 3: Marktstrukturen

Welche Firmeninteressen in spezifischen Bereichen dominieren und welches Politikergebnis zustande kommt, hängt wesentlich von den Marktstrukturen und den damit verbundenen Machtverhältnissen ab. Diese Annahme zieht sich wie ein roter Faden durch die Literatur zur Politischen Ökonomie und zu positiven Theorien der Regulierung im Speziellen (Olson 1965; Yandle 1983;

---

7 Ein Vorläufer dieser Hypothese findet sich in Murphy (1995). Vogel (1995) argumentiert, dass MNU internationale Konvergenzen begünstigen, berücksichtigt aber dabei die Spezifität von Investitionen nicht.

Laffont/Tirole 1991; Stigler 1971). Sie entspricht auch einer gängigen These des (Neo-)Realismus und neoliberalen Institutionalismus. Als Einzelhypothese ist sie wenig aussagekräftig, sondern dient dazu, Hypothesen 1 und 2 und 4 zu ergänzen. Aus dieser Annahme leiten wir ab, dass

unter Bedingungen einer offenen Weltwirtschaft dominante und etablierte Firmen in Märkten mit hohem Konzentrationsgrad eher in der Lage sind, das regulatorische Umfeld nach ihren Vorstellungen zu beeinflussen.

So sind von Regulierungsprozessen betroffene Firmen unter oligopolistischen oder gar monopolistischen Bedingungen eher in der Lage, Kosten einer Regulierung zu tragen, aber auch Entscheidungsträger durch Lobbying, Informationskampagnen, Werbung, Gerichtsprozesse usw. in der gewünschten Richtung zu beeinflussen. Sie versuchen oft erfolgreich, ihr regulatorisches Umfeld vor allem dahingehend zu gestalten, dass ihre Marktanteile und Gewinne gleich bleiben oder steigen. Wie sich diese Hypothese in Zusammenhang mit den anderen Hypothesen bringen lässt, diskutiere ich am Schluss der Ausführungen zu Hypothese 4 und nach der Besprechung von Hypothese 5.

3.5.4. Hypothese 4: Verteilung der Regulierungskosten und -nutzen

Die vierte Hypothese, welche in Teilen die Argumente von Hypothese 3 ausdifferenziert, erklärt, ähnlich wie Hypothese 1, vor allem die Intensität staatlicher Interventionen. Aus der Theorie kollektiven Handelns lässt sich ableiten, dass nicht nur die Höhe der Regulierungskosten und -nutzen, sondern auch deren Verteilung einen wesentlichen Einfluss auf Politikergebnisse hat. Abbildung 2 fasst die vierte Hypothese zusammen. Besonders interessant sind die in den Feldern links unten und rechts oben vermerkten Aussagen.

Abbildung 2: Kosten- und Nutzenverteilung und ihre Konsequenzen

	Regulierungskosten	
	konzentriert	breit gestreut
Nutzen der Regulierung konzentriert	Status quo	Re-regulierung
breit gestreut	De-regulierung	Status quo

Wenn die Kosten der Einführung neuer oder verschärfter staatlicher Regulierungen stark auf spezifische gesellschaftliche Gruppen oder Firmen konzentriert sind und der Nutzen breit gestreut ist, ist ein Scheitern des Regulierungsversuchs oder gar eine Deregulierung zu erwarten. Diese Hypothese geht auf Arbeiten von Mancur Olson (1965) zurück. Die kleine und somit besser organisierbare Gruppe der Kostentragenden wird sich gegen die neuen Regulierungen wehren, dies natürlich abhängig von den Kosten der Regulierung, von Budgetrestriktionen sowie anderen Faktoren, die das Einflusspotential der Opposition bestimmen (vgl. auch Hypothese 3). Die zahlenmässig grössere Gruppe der Gewinner einer Regulierung wird sich hingegen weniger gut organisieren und ihre Interessen durchsetzen können. Gemäss einer Standardhypothese der Theorie kollektiven Handelns sinkt die Wahrscheinlichkeit der Kooperation mit steigender Zahl der Akteure. Dies hat damit zu tun, dass nicht zuletzt aufgrund wachsender Heterogenität der Interessen und Informationsproblemen bei zunehmender Gruppengrösse die Transaktionskosten der Kooperation steigen und der auf den einzelnen Akteur entfallende Nutzen sinkt. Zudem verschärfen sich Trittbrettfahrer-Probleme.

Eine Anhebung regulatorischer Standards erfordert in dieser Situation oft die Kompensation der Kostentragenden in irgendeiner Form. Die Umsetzung dieser Handlungsstrategie gestaltet sich in der Praxis jedoch vielfach schwierig, beispielsweise weil die grosse Gruppe der Gewinner wiederum Mühe hat, die Kompensation zu mobilisieren, oder weil Angst vor Präzedenzfällen besteht (vgl. Bernauer/Ruloff 1999b).

Das gegenteilige Politikergebnis – Re-regulierung – ist dann zu erwarten, wenn die Nutzen einer Regulierung konzentriert und die Kosten breit gestreut sind. Diese Konstellation wurde erstmals von George Stigler (1971) systematischer diskutiert. Aus den auch für die Olson-Situation relevanten Annahmen bezüglich Einfluss der Gruppengrösse auf die Kooperations-Chancen lässt sich ableiten, dass die kleine Gruppe der potenziellen Gewinner einer verstärkten staatlichen Intervention sich besser organisieren und die neue Regulierung unterstützen wird. Dies zumal die Gewinner dadurch auch einen direkten und auf wenige Akteure aufzuteilenden Nutzen erzielen können. Die breit gestreuten Kosten hingegen implizieren, dass der einzelne Verlierer nur gering belastet wird. Die Opposition wird sich zudem aufgrund der mit der Gruppengrösse zusammenhängenden Probleme (vgl. oben) bei den Entscheidungsträgern weniger Gehör verschaffen können.

Wenn man die Frage der Interessen von Konsumenten und Produzenten näher betrachtet, ergeben sich interessante Erweiterungen der obigen Hypothese. In manchen Fällen können die mit einer Regulierung verbundenen Kosten-Nutzen-Strukturen so beschaffen sein, dass sich für regulierende Akteure ein Dilemma ergibt. Ein solches Dilemma existiert, wenn aus bestimmten Gründen eine starke innerstaatliche Nachfrage nach einer Regulierung besteht, die für einheimische Produzenten kostspielig ist, jedoch einen breiten

Nutzniesserkreis aufweist. Als Beispiel kann die Forderung von Umwelt-schutzverbänden nach einer unilateralen Reduktion von Luftschadstoffen in der Industrie dienen. Das Dilemma besteht darin, dass die Regulierer wiederge-wählt werden müssen (bei Politikern) oder die öffentliche Unterstützung für ihre Behörde nicht verlieren wollen (v. a. beim Verwaltungsapparat), es aber unmöglich ist, beide Interessengruppen (Umweltschützer; Industrie) gleichzei-tig zufriedenzustellen. In der amerikanischen Literatur (vgl. Peltzman 1976, 1989; Oatley/Nabors 1998) wird dieses Dilemma oft als eines von Politikern stilisiert, die gleichzeitig Stimmen (die meisten Wähler sind Konsumenten) und Wahlkampfspenden (in vielen Ländern zu grossen Teilen von Produzen-ten) maximieren möchten.

In dieser Dilemma-Situation ringen Produzenten und Konsumenten um Nutzen-Transfers, die aus verschiedenen Regulierungsoptionen hervorgehen. Die Politiker, oder Entscheidungsträger allgemein, versuchen einen *trade-off* zu bewerkstelligen, um beide Interessengruppen zu befriedigen. Gemäss Man-cur Olson (1965) kommen die Politikergebnisse oft auf die Produzentenseite zu liegen, weil diese Gruppen kleiner und ihre Präferenzen homogener sind, wodurch auch der Nutzen konzentrierter ist (vgl. oben). Allerdings arbeiten Regulierer hier in einem eng gesetzten Rahmen, der durch Wählerpräferenzen bestimmt ist. Die Befriedigung der Interessen beider Seiten bleibt somit grundsätzlich schwierig.

In einer offenen Wirtschaft bietet sich nun eine neue Möglichkeit für Re-gulierer, dem beschriebenen Dilemma zu entkommen. Diese können in einem ersten Schritt den innerstaatlichen Produzenten die Kosten einer neuen Regu-lierung aufbürden und damit Konsumentenpräferenzen (im obigen Fall die Umweltschützer) befriedigen. Sie können dann in einem zweiten Schritt ver-suchen, ausländische Produzenten über internationale Regulierungsprozesse ebenfalls regulatorisch zu belasten und damit die Verluste der einheimischen Produzenten wenigstens indirekt zu kompensieren (vgl. Oatley/Nabors 1998), in jedem Fall aber Wettbewerbsnachteile einheimischer Produzenten gegen-über der ausländischen Konkurrenz abzubauen. Dieser Lösungsmechanismus kann zu einer Konvergenz von Regulierungen in Richtung stärkerer staatlicher Intervention führen. Eine wichtige Voraussetzung dabei ist jedoch, dass der zuerst re-regulierende Staat eine erhebliche Marktmacht besitzt und damit andere Staaten zur Verstärkung ihrer Regulierungsintensität bewegen kann. Es erstaunt deshalb nicht, dass die meisten Fälle dieser Art von Regulierungspro-zessen von den USA oder Europa ausgehen (vgl. Kap. 4 und 6).

Spätestens an diesem Punkt sollte klar geworden sein, dass sich die Hy-pothesen 2–4 relativ einfach kombinieren lassen. Zum Beispiel ist im Falle einer Dominanz internationaler standortgebundener Investitionen, kombiniert mit einem stark konzentrierten Markt und konzentrierter Nutzen und breit gestreuten Kosten, eine regulatorische Konvergenz nach oben zu erwarten. Nach den Ausführungen zu Hypothese 5 werde ich näher ausführen, bei welchen Konstellationen der Erklärungsfaktoren welche Politikergebnisse zu erwarten sind.

3.5.5. Hypothese 5: Aggregationstechnologie

Die fünfte Hypothese befasst sich mit der "Aggregationstechnologie" (Sandler 1998). Dabei geht es um die Frage, wie viele und welche Staaten ihre regulatorischen Eingriffe koordinieren oder harmonisieren müssen, damit eine staatliche Intervention oder eine Verschärfung bestehender Regulierungen in einem bestimmten Politikbereich in einem oder mehr Staaten zustande kommt. Umgekehrt formuliert: Wie viele und welche Staaten müssen deregulieren, damit die Intensität der Regulierung in anderen Staaten ebenfalls fällt? In Beantwortung dieser Fragen erklärt Hypothese 5 vorwiegend die Intensität staatlicher Interventionen, teilweise aber auch Konvergenz- und Divergenztrends.

Hypothese 5 besitzt eine statische und eine dynamische Dimension. Die statische Variante identifiziert die Zahl der Akteure (und die Art der Akteure), die zu einem kollektiven Gut beitragen müssen, damit dieses zustande kommt. Beim kollektiven Gut kann es sich zum Beispiel um die Verschärfung von Kapitalvorschriften für Banken zur Vorbeugung gegen Systemkrisen im globalen Finanzbereich handeln oder um die Unterbindung des internationalen Handels mit bedrohten Arten. Die dynamische Variante konzentriert sich auf die Frage, ob mit steigender Zahl der kooperierenden, das heisst zum kollektiven Gut beitragenden Akteure der Anreiz zum Trittbrettfahren beziehungsweise Nicht-Kooperieren eher zu- oder eher abnimmt. Ersteres fördert die Deregulierung, Letzteres die Re-regulierung.

Statische Variante
Gemäss Mancur Olson (1965) beeinflusst die Grösse der k-Gruppe die uns interessierenden Politikergebnisse. Die k-Gruppe bezeichnet die Zahl derjenigen Länder, die, wenn sie als Kollektiv re-regulieren, von dieser Re-regulierung profitieren würden, unabhängig davon, was die anderen Länder tun. Je kleiner diese Gruppe ist, desto eher ist eine kollektive Zunahme der Intensität staatlicher Intervention möglich. Wenn zum Beispiel in einer Gruppe von zehn Staaten vier Staaten zur Auffassung gelangen, sie würden durch eine gemeinsame Re-regulierung zu viert einen Gewinn verbuchen, auch wenn die anderen sechs Staaten nicht mitmachen, kommt ein Re-regulierungsprozess eher in Gang – und ergreift vielleicht später auch die verbleibenden sechs Staaten –, als wenn diese "Pioniergruppe" (k-Gruppe) beispielsweise acht Staaten umfasst. Anhand der neueren Literatur zu Kollektivgütern lässt sich dieses Argument ausdifferenzieren.

Im einfachsten Fall haben wir es mit der Produktion rein öffentlicher Güter zu tun, das heisst mit Gütern, bei denen Nicht-Ausschliessbarkeit und

Nicht-Rivalität im Konsum besteht. Nicht-Ausschliessbarkeit bedeutet, dass kein Akteur, auch nicht Trittbrettfahrer, von der Nutzniessung des kollektiven Gutes ausgeschlossen werden kann. Nicht-Rivalität bedeutet, dass der Konsum des kollektiven Gutes durch einen Akteur die den anderen Akteuren zur Verfügung stehende Quantität oder Qualität dieses Gutes nicht verringert. Im Falle rein öffentlicher Güter folgt die Aggregationstechnologie folgendem Muster:

$$Q = \sum_{i=1}^{n} q_i$$

Die Bereitstellung des kollektiven Gutes (Q) ist gleichzusetzen mit der Summe der individuellen Beiträge von n Akteuren (q_i). Dabei ist der Beitrag jedes Akteurs ein perfekter Ersatz für den Beitrag eines beliebigen anderen Akteurs. Die Reduktion von CO_2-Emissionen zur Bekämpfung des Treibhauseffekts ist ein Beispiel. Wo auf der Welt solche Emissionen reduziert werden und von wem, ist unerheblich. Es spielt nur eine Rolle, wieviel CO_2 reduziert wird. Niemand kann vom Nutzen eines reduzierten Treibhauseffekts ausgeschlossen werden, und der Konsum dieses Nutzens durch einen Akteur schmälert den Nutzen der anderen Akteure nicht.[8]

Das Grundproblem, das hier der internationalen Kooperation oder Koordination im Wege steht (in unserem Fall einer Harmonisierung einzelstaatlicher regulatorischer Standards nach oben), entspricht dem des Gefangenendilemmas. Die dominante Strategie jedes Akteurs in diesem Dilemma, und somit auch das Nash-Gleichgewicht, sind nichtkooperativer Natur – in unserem Fall bedeutet dies Deregulierung oder ein Scheitern von Re-regulierungsversuchen. Gemäss dem "Neutralitätstheorem" (Sandler 1998) führt unter diesen Bedingungen auch eine Umverteilung des Einkommens bei gleichbleibender Gruppengrösse nicht zu einer Erhöhung der Produktion des öffentlichen Gutes. Besonders wenn die Mitarbeit einer grossen Zahl von Akteuren für das Zustandekommen des kollektiven Gutes nötig ist (grosse k-Gruppe), wird eine Re-regulierung kaum zustande kommen.

Die Überwindung der eben skizzierten Situation ist unter verschiedenen Bedingungen möglich. Erstens können nichtkooperierende Akteure bestraft beziehungsweise besteuert werden. Zweitens ist es möglich, durch Umverteilung des Einkommens die Zahl der kooperierenden Akteure und damit die Grösse der k-Gruppe zu beeinflussen. Drittens entspricht die Aggregationstechnologie oft nicht dem Modell der simplen Aufsummierung (vgl. oben). Viertens ist das kollektive Gut vielfach gemischt, das heisst das Aus-

---

8 Wenn man das Treibhausproblem allerdings im Sinne der Nutzung der Atmosphäre als natürlicher Ressource, das heisst eines *carbon sink*, betrachtet, muss die Problemstruktur als die einer *common pool resource* definiert werden, das heisst eines gemischten öffentlichen Gutes bei dem Nicht-Ausschliessbarkeit, aber Rivalität besteht.

schliessbarkeitsprinzip ist anwendbar. Schliesslich hilft auch eine Wiederholung der Interaktion (am besten ohne vorher definierte Zahl von Runden) kombiniert mit einer *tit-for-tat*-Strategie bei der Lösung von Kooperationsproblemen (Axelrod 1984).

In der Realität sind reine öffentliche Güter, die der oben beschriebenen Aggregationstechnologie unterliegen, eher selten. Aus den soeben bezeichneten Situationen oder Strategien, welche die Produktion kollektiver Güter erleichtern, greife ich die folgende heraus, die mir besonders wichtig erscheint. Kosten und Nutzen einer Regulierung sind oft ungleich auf die einzelnen Akteure verteilt, und es kann auf bestimmte Akteure ein privater Nutzen variabler Grösse entfallen. Diese ungleiche Verteilung beruht oft auf "objektiven" Faktoren (z. B. der topographischen Lage bei einem Umweltproblem), ist aber vielfach auch durch Diskontraten und andere "subjektive" Attribute der Akteure beeinflusst (z. B. Risikoaversion, Tradition des Etatismus). Hypothese 4 bezeichnet eine spezielle Situation dieser Art. Diese Problematik wird in Theorien kollektiven Handelns häufig mit verschiedenen Formen der Aggregationstechnologie, im Besonderen mit der "gewichteten Aufsummierung" umschrieben. Diese hat folgende Form:

$$Q_i = \sum_{j=1}^{n} a_{ij} q_j$$

Q_i ist der Konsum des kollektiven Gutes durch Akteur i. q_j ist der Beitrag von Akteur j an das kollektive Gut. a_{ij} ist der Anteil des Beitrags von Akteur j, den Akteur i erhält. Für eine ganze Akteursgruppe entspricht die Aggregationstechnologie dann der folgenden Form:

$$Q = Aq$$

Q repräsentiert einen n x 1 Vektor $(Q_1,...,Q_n)'$. A ist die n x n Matrix von allen a_{ij}. q ist gleichzusetzen mit einem n x 1 Vektor $(q_1,...,q_n)'$ (vgl. Sandler 1998). In dieser Form lässt sich ein relativ einfacher Sachverhalt ausdrücken: Je grösser der Anteil an privatem Nutzen, der bei der Produktion des kollektiven Gutes anfällt, desto eher kommt dieses zustande.

Situationen dieser Form sind einer international koordinierten Re-regulierung, und damit auch einer Konvergenz nach oben, zugänglicher. So kann zum Beispiel eine Umverteilung von Ländern mit kleinen a_{ij} zu Ländern mit grossen a_{ij} oder eine Umverteilung zugunsten von Ländern mit grösserem privatem Nutzen die Produktion des kollektiven Gutes erhöhen. Darüber hinaus kommt es in der Realität öfters vor, dass einige Staaten auch bei unilateralem oder minilateralem Vorgehen einen Nettonutzen erzielen können. Hier lässt sich Mancur Olsons Argument mit den k-Gruppen zuordnen.

Für diese Untersuchung von Interesse sind auch zwei weitere Aggregationstechnologien: die des *weakest-* und *weaker-link* und die des *best-* und *better-shot*. Beim *weakest-link* determiniert der geringste Beitrag an das kollektive Gut das Gesamtergebnis. Dies lässt sich in der Form:

$$Q = \min\{q_i,...,q_n\}$$

ausdrücken. Bei einem perfekten internationalen Markt und vollständiger Kapitalmobilität könnte sich beispielsweise die fiskalische Belastung von Firmen auf dem Niveau der Niedrigsteuerländer angleichen. Das extrem mobile Kapital würde so lange in das Land mit der geringsten Steuerbelastung fliessen, bis alle anderen Staaten ihre Steuern auch auf dieses Niveau gesenkt hätten. Ein anderes Beispiel: Wenn auch nur ein Staat einem proliferationswilligen Staat Nukleartechnologie liefert, kann er damit die Herstellung des kollektiven Gutes, der Nicht-Weiterverbreitung von Kernwaffen, das im Rahmen des 1968 abgeschlossenen Atomsperrvertrags "produziert" wird, für alle in Frage stellen. Bei der *weaker-link*-Aggregation übt das Land mit dem geringsten Beitrag an das kollektive Gut den grössten Einfluss auf die Produktion des kollektiven Gutes aus, gefolgt vom Land mit dem zweitkleinsten Beitrag usw. Dies bedeutet, dass die k-Gruppe bei einer *weakest-link*-Technologie sehr gross ist: wenn alle Akteure wissen, dass ein einziger nichtkooperierender Akteur die Produktion des kollektiven Gutes zum Scheitern bringen kann, werden sie nur kooperieren, wenn alle mitmachen, die k-Gruppe also sehr gross ist. Bei der *weaker-link*-Technologie ist die Hürde etwas kleiner. Grundsätzlich ist jedoch bei *weakest-* und *weaker-link*-Situationen ein Scheitern von Re-regulierungsversuchen wahrscheinlich.

Die *best-* und *better-shot*-Aggregationstechnologie kehrt das obige Argument einfach um. Sie entspricht der Form

$$Q = \max\{q_i,...,q_n\}$$

Dasjenige Land, das am meisten zum kollektiven Gut beiträgt, determiniert das Ausmass der Produktion. Bei der *better-shot*-Technologie hat das Land mit dem grössten Beitrag den grössten Einfluss auf das Ergebnis, gefolgt vom Land mit dem zweitgrössten Beitrag usw. Bei *best-* oder *better-shot*-Situationen ist eine Re-regulierung wahrscheinlicher, weil die k-Gruppe recht klein bis sehr klein ist.

Aus diesen sehr abstrakten Zusammenhängen lassen sich Hypothesen ableiten, die erklären, wann eine Re-regulierung und wann eine Deregulierung wahrscheinlicher ist.

Wir erwarten in Bereichen mit hoher Mobilität der Produktionsfaktoren eher eine Deregulierung, weil die k-Gruppe unter diesen Bedingungen grösser und

154

die Kooperation zur Abwendung einer Deregulierung beziehungsweise zum Zweck einer Re-regulierung in grösseren Gruppen schwieriger ist.

Die relativ grosse k-Gruppe in diesem Fall stammt daher, dass bei hoher Mobilität der Produktionsfaktoren die Möglichkeiten von Firmen zum *exit* steigen. Das heisst es besteht eine *weakter*- oder im Extremfall gar *weakest-link*-Situation.

Diese deregulatorischen Effekte der Mobilität von Produktionsfaktoren können abgeschwächt oder aufgehoben werden, wenn in einer bestimmten Gruppe Akteure (Staaten oder auch grosse Firmen) existieren, die einen sehr grossen privaten Nutzen aus dem kollektiven Gut ziehen und/oder diese Staaten (Firmen) ein grosses Einkommen aufweisen.

Diese "neutralisierenden" Wirkungen sind vor allem bei "normalen" Gütern zu erwarten. Die Nachfrage nach solchen Gütern steigt mit dem Einkommen. Dies hat den Effekt, dass reiche Staaten verglichen mit ärmeren Staaten eher gewillt sind, diese Kollektivgüter bereitzustellen. Viele Formen des Umweltschutzes können als normales Gut betrachtet werden. Falls zusätzlich die Möglichkeiten der zu einem bestimmten Umweltschutzzweck regulierten Akteure zum *exit* (das heisst die Mobilität von Produktionsfaktoren) gering sind und ein privater Nutzen aus der Regulierung hervorgeht (im Extremfall nach dem Muster von Hypothese 4 – konzentrierter Nutzen, breitgestreute Kosten) ist die k-Gruppe relativ klein. Vor allem reiche Industriestaaten werden minilateral kooperieren und dann versuchen, andere Staaten nach Möglichkeit zur Kooperation zu bewegen. Eine internationale Vereinheitlichung der Besteuerung von Kapitalgewinnen (Steuerharmonisierung) hingegen ist kein normales Gut – einige der reichsten Staaten der Welt, zum Beispiel die Schweiz und Luxemburg, sind Gegner entsprechender Bestrebungen. Wenn wir annehmen, dass in diesem Bereich die Kapitalmobilität recht hoch ist und die regulierten Akteure wenig Interesse daran haben, mehr Steuern zu bezahlen, so ist eher ein Scheitern von Re-regulierungsversuchen oder gar eine Deregulierung zu erwarten. Diesen Beispielen gehe ich in Kapitel 5 und 6 im Detail nach.

Dynamische Variante

Aus einem breiten Spektrum von empirischen Untersuchungen, beispielsweise zu Handelssanktionen (Martin 1992) ist bekannt, dass Regulierungskosten und -nutzen nicht statisch sind, sondern sich mit der Grösse der teilnehmenden/betroffenen beziehungsweise nichtteilnehmenden/nichtbetroffenen Akteursgruppe für die einzelnen Akteure verändern. Mit anderen Worten: Der Nutzen eines bestimmten Akteurs ist abhängig von seinem eigenen Verhalten *und* vom Verhalten anderer Akteure. Die Re-regulierung oder Deregulierung durch einen Akteur oder eine Gruppe von Akteuren kann externe Effekte haben, die sich für andere Akteure positiv oder negativ auswirken. Diese dynamische Kosten- und Nutzenentwicklung und ihre Auswirkungen können je nach Regulierungsbereich sehr verschieden sein. Diese Zusammenhänge lassen sich in folgender Hypothese ausdrücken:

Wenn die Arbitragegewinne (Nutzen des Trittbrettfahrens beziehungsweise Nutzen der Nicht-Kooperation) mit zunehmender Zahl der re-regulierenden Akteure steigen, so ist eine Deregulierung oder das Scheitern eines Re-regulierungsversuchs wahrscheinlicher als im umgekehrten Fall.

In Abbildung 3 wird diese Hypothese mit dem k-Gruppen-Argument kombiniert. In dieser Illustration des Arguments nehme ich stark vereinfacht an, dass Staaten nur die Wahl zwischen Re-regulierung und Deregulierung haben. Auf der vertikalen Achse wird der Nutzen des Akteurs i (N_i) angezeigt, auf der horizontalen Achse die Zahl der Akteure, die für den betreffenden Politikbereich relevant sind. Die Kurven D_1 und D_2 zeigen den Nutzen einer Deregulierung für Akteur i in zwei verschiedenen Politikbereichen. Die Kurven R_1 und R_2 zeigen den Nutzen einer Re-regulierung für den jeweils gleichen Akteur im jeweils gleichen Politikbereich.

Abbildung 3: Arbitragedynamik und k-Gruppen

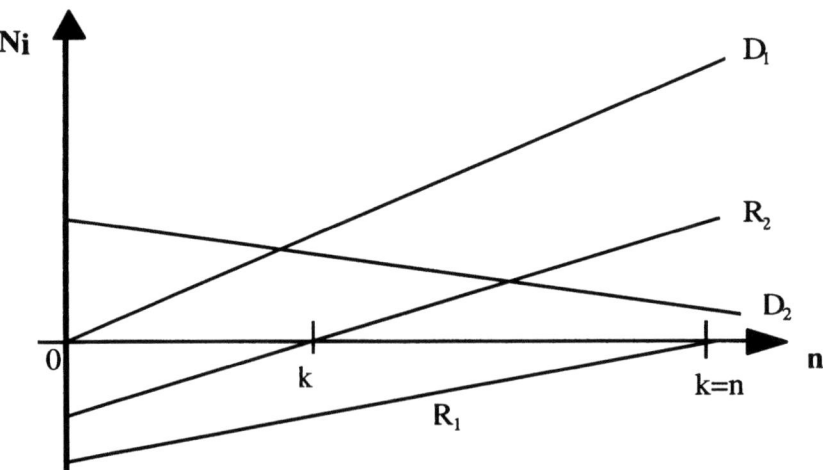

Fall 1: in diesem Fall (D_1, R_1) steigt der Nutzen von Akteur i (N_i) mit zunehmender Zahl der Akteure, die re-regulieren. Gleichzeitig erreicht die Kurve R_1 den Nutzen $N_i = 0$ jedoch erst bei einer Re-regulierung durch alle Akteure

(k=n). Im oben erwähnten Beispiel einer internationalen Steuerharmonisierung wäre dies zum Beispiel bei perfekter Kapitalmobilität, null Transaktionskosten und genau gleichen Möglichkeiten bei der Kapitalanlage zu erwarten. Auch wenn k < n wäre, also R eine grössere positive Steigung aufweisen oder der erste Akteur bei einem weniger negativen Nutzen starten (die Kurve R_1 also parallel etwas nach oben geschoben) würde, käme aufgrund der divergierenden Kurven kein Schnittpunkt zustande, ab welchem alle Akteure einen Nettonutzen aus der Re-regulierung ziehen würden. Eine Re-regulierung ist somit sehr unwahrscheinlich, zumal die Gruppengrösse und damit auch die Erschwernis der Kooperation durch die grössere Heterogenität der Interessen nicht reduziert werden kann.

Fall 2: Der Nutzen der Re-regulierung erreicht bei der Kurve R_2 recht schnell die 0-Grenze, wobei der Punkt k die Grösse der k-Gruppe benennt. Gleichzeitig sinkt der Nutzen einer Deregulierung. D_2 und R_2 konvergieren also; mit steigender Akteurszahl erhöht sich der Nutzen der Re-regulierung stärker als der Nutzen der Deregulierung. Je mehr Akteure re-regulieren, desto leichter fällt es dieser Gruppe, die noch Abseitsstehenden zur Kooperation zu bewegen. Damit sinkt auch die Notwendigkeit, zu diesem Zwecke kostspielige positive oder negative Anreize (z. B. Transferzahlungen, Junktims, Sanktionen) einzusetzen. Spätestens an jenem Punkt, in dem R_2 und D_2 sich kreuzen, werden die verbleibenden Akteure auf den Re-regulierungszug aufspringen. In diesem Fall ist somit eine Re-regulierung wahrscheinlich. Im Gegensatz dazu kreuzen sich die Kurven R_1 und D_1 nie.

Zusammengefasst zeigt die k-Gruppe in stark abstrahierender Weise den Punkt der Initialzündung zu einer Re-regulierung an. Die Steigungen der beiden Kurven und die Konvergenz oder Divergenz der Kurven D und R zeigen, ob die Arbitrage Dynamik in Richtung Deregulierung (Fall 1) oder Re-regulierung (Fall 2) tendiert. Die Grösse der k-Gruppe und die Steigung der Kurven hängen insofern zusammen, als man annehmen kann, dass bei steigender Gruppengrösse auch die Heterogenität der Interessen zunimmt und die internationale Kooperation schwieriger wird. Wenn nun die k-Gruppe klein und die Steigung von D relativ schwach positiv oder gar negativ ist, entfällt oder verschwindet ein wichtiges Kooperationsdilemma, nämlich, dass die Produktion öffentlicher Güter die Kooperation vieler Akteure erfordert (diese Bedingung wiegt am schwersten bei reinen öffentlichen Gütern), dass aber die Kooperationsprobleme mit der Gruppengrösse steigen (vgl. Martin 1993: 98–100). Abbildung 4 verdeutlicht diese Zusammenhänge.

Die Frage, wo die Grösse der k-Gruppe liegt und ob eine Re-regulierung durch einen Staat (eine Staatengruppe) zu positiven oder negativen Anreizen in Bezug auf den Re-regulierungswillen anderer Staaten führt, muss im einzelnen empirischen Fall eruiert werden. Auf dem Hintergrund der oben erwähnten empirischen Arbeiten (z. B. Vogel 1995; Bernauer/Ruloff 1999a) und der Hypothesen 1–4 können wir jedoch davon ausgehen, dass die

Mobilität von Gütern und Produktionsfaktoren, die Marktgrösse/Marktmacht eines Staates sowie der Charakter des zu produzierenden Gutes (öffentlich, gemischt, privat) die Grösse der k-Gruppe und der Arbitrage Dynamik wesentlich beeinflussen. So basiert die Hypothese von David Vogel (1995) zum California-Effekt vorwiegend auf der starken Marktposition dieses US-Bundesstaates. Mit der unilateralen Anhebung der regulatorischen Intensität droht nicht oder weniger stark regulierenden Staaten eine Behinderung des Marktzugangs im regulierenden Staat. Mit zunehmender Bedeutung eines Marktes steigen die negativen Konsequenzen der Nichtkooperation. Paradebeispiele für diesen Effekt sind die internationale Verschärfung der Kapitalvorschriften für Banken (vgl. Kap. 4) und der Schutz von Seeschildkröten und Delphinen (vgl. De Sombre 1996). In all diesen Fällen ging die regulatorische Konvergenz nach oben von Bemühungen der USA aus. Des Weiteren können wir davon ausgehen, dass die k-Gruppe umso kleiner ist, je grösser der Anteil privaten Nutzens an der Produktion des kollektiven Gutes ist, was sich wiederum positiv auf die Re-regulierungsmöglichkeiten auswirkt. Schliesslich lässt sich behaupten, dass die Grösse der k-Gruppe und auch die Divergenz zwischen Grenznutzen der Re-regulierung und Deregulierung mit der Mobilität von Gütern und Produktionsfaktoren zunimmt, was eher zu einer Deregulierung führt.

Abbildung 4: k-Gruppe, Grenznutzen von Re-regulierung und Deregulierung

| | | k-Gruppe | |
		klein	gross
Grenznutzen von Re-regulierung und Deregulierung	divergieren	heterogene Re-regulierung	Konvergenz nach unten (allseitige Deregulierung)
	konvergieren	Konvergenz nach oben (allseitige Re-regulierung)	heterogene Deregulierung

3.5.6. Re-regulierung oder Rückzug des Staates?

Als Ausgangspunkt für die Fallstudien in den folgenden Kapiteln werden die obigen fünf Hypothesen in diesem Abschnitt in vereinfachter Form in einem zweidimensionalen Schema zusammengefasst. Abbildung 5 zeigt, welche

Werte die erklärenden Variablen gemäss der dargelegten Theorie aufweisen
sollten, damit das Politikergebnis in Richtung Re-regulierung oder Deregulierung beziehungsweise Konvergenz oder Divergenz tendiert. Der Übersicht-
lichkeit halber betone ich in der Abbildung die Re- und Deregulierungsdimen-
sion. Ob diese Erklärungsvariablen notwendige oder gar hinreichende Bedingungen für das Zustandekommen eines bestimmten Politikergebnisses darstellen, wird aus der empirischen Analyse hervorgehen müssen. Die den Kapiteln
4–6 zu Grunde liegende Forschungsanlage ist dementsprechend relativ offen
konzipiert. So wird lediglich evaluiert, ob die Gesamtkonstellation der Erklärungsfaktoren eher auf Deregulierung oder Re-regulierung beziehungsweise
Konvergenz oder Divergenz deutet, und ob sich die entsprechende Prognose
mit der empirischen Information deckt. Es wird nur in Ansätzen versucht
werden, die Effekte der einzelnen Erklärungsvariablen systematisch auf ihre
relative Stärke hin zu untersuchen.

Abbildung 5: Erklärung von Re-regulierung, Deregulierung, Konvergenz und Divergenz

Stärkere Intervention des Staates (Re-regu-lierung) erfolgt bei...	*Rückzug des Staates (Deregulierung) erfolgt bei...*
• Regulierung der Beschaffenheit von Produkten (Politikergebnis: Heterogenität mit Tendenz zu verstärkter staatlicher Intervention);	• Regulierung von Produktionsprozessen (Politikergebnis: Konvergenz nach unten);
• entsprechender Nachfrage nach Re-regulierung durch Unternehmen, die multinationale, standortgebundene Investitionen aufweisen(Politikergebnis: Konvergenz nach oben); starkem Einfluss von standortgebundenen, binnenmarktorientierten Produzenten (Politikergebnis: Heterogenität mit Tendenz zur Re-regulierung);	• entsprechender Nachfrage nach Deregulierung durch Unternehmen, die multinationale, standortgebundene Investitionen aufweisen (Politikergebnis: Konvergenz nach unten); starkem Einfluss von Unternehmen mit nicht standortgebundenen Investitionen;
• konzentrierten Märkten mit dominanten Grossfirmen (v. a. oligopolistischen und monopolistischen Marktstrukturen), die eine Re-regulierung nachfragen;	• Märkten mit vielen gleichgewichtigen Anbietern und Nachfragern;
• konzentriertem Nutzen der Regulierung und breit gestreuten Kosten;	• breit gestreutem Nutzen der Regulierung und konzentrierten Kosten;
• kleiner k-Gruppe; Konvergenz von Grenzkosten der Re-regulierung und Deregulierung (mit jedem zusätzlich re-regulierenden Akteur ein geringerer Anreiz zum Trittbrettfahren/Nicht-Kooperieren).	• grosser k-Gruppe; Divergenz von Grenzkosten der Re-regulierung und Deregulierung (mit jedem zusätzlich re-regulierenden Akteur ein grösserer Anreiz zum Trittbrettfahren/Nicht-Kooperieren).

3.6. Fallstudien

In den folgenden drei Kapiteln versuche ich, die hier entworfene Theorie anhand qualitativer Fallstudien auf ihre Plausibilität hin zu prüfen. Entsprechend gängigen methodischen Anforderungen (Mitchell/Bernauer 1998; Van Evera 1997; King/Keohane/Verba 1993) strebe ich eine Auswahl der zu analysierenden Fälle beziehungsweise Fallstudien aufgrund spezifischer Werte der unabhängigen und abhängigen Variablen an.

Als Untersuchungsgegenstände interessieren, generell ausgedrückt, Politikbereiche, in denen die Öffnung internationaler Märkte (wirtschaftliche Globalisierung) einen erkennbaren Druck auf staatliche Handlungskapazitäten ausübt. Dieser Druck kann sich entweder direkt als Druck internationaler Märkte und der Marktteilnehmer (objektiv oder subjektiv wahrgenommen) und der damit verbundenen Mobilität von Gütern und Produktionsfaktoren auf inner- oder zwischenstaatliche Regulierungsbemühungen manifestieren. Oder er kann in Form der oben diskutierten Spannungsfelder zwischen internationalen Regimen zur Marktliberalisierung (v. a. im Handels- und Finanzbereich) einerseits und Regulierungsbemühungen in anderen Politikbereichen andererseits auftreten.

Mit anderen Worten: Fälle, in denen Staaten unangefochten und wirksam regulieren, interessieren aus Sicht der hier verfolgten Fragestellung weniger. Von zentralem Interesse in diesem Buch sind "kritische Testfälle", in denen Staaten offensichtlich Mühe haben, ein bestimmtes Problem durch eine regulatorische Intervention zu lösen, und in denen die Schwierigkeit des Regulierens zumindest teilweise mit der Offenheit der Weltwirtschaft beziehungsweise der grenzüberschreitenden Mobilität von Gütern und Produktionsfaktoren zusammenhängt. Es stehen somit zwei Fragen im Vordergrund:

- *Wie*, das heisst über welche Wirkungsketten (intervenierende Variablen), und *wie stark* wirkt sich die Mobilität von Gütern und Produktionsfaktoren auf regulatorische Handlungskapazitäten von Staaten aus?
- Unter welchen Umständen gelingt es Staaten, unter Bedingungen weltwirtschaftlicher Integration wirksame Re-regulierungsprozesse in Gang zu setzen und, im Extremfall, in einem für die Mehrheit der betroffenen Staaten unerwünschten Deregulierungsprozess das Steuer herumzureissen und eine Re-regulierung einzuleiten?

Die für die empirische Untersuchung ausgewählten Fälle sollten aus verschiedenen Politikbereichen stammen, um die Generalisierbarkeit der Theorie zu gewährleisten. Daraus ergeben sich gewisse Schwierigkeiten oder Nachteile. Aufgrund des mit qualitativen Fallstudien verbundenen grossen Arbeitsaufwandes und des beschränkten Platzes in diesem Buch müssen die einzelnen Fallstudien stark auf die zu untersuchenden Variablen fokussiert werden. Allfällig interessierende Nuancen bleiben somit unterbelichtet. Ich habe allerdings versucht, in den folgenden Fallstudien einen Mittelweg zu beschreiten. Diese Fallstudien enthalten etwas mehr Informationen, als zur Evaluation der Hypothesen streng genommen nötig wäre. Sie sollten somit auch für diejenigen Leser von Interesse sein, die sich stärker für die analysierten Regulierungsprozesse als solche interessieren.

Die Analyse von Regulierungsprozessen in verschiedenen Politikbereichen erschwert zudem die Berücksichtigung der je nach Bereich unterschiedlichen Rahmenbedingungen und Beschaffenheiten der Regulierungsgegenstände. Aus methodischer Sicht besteht die Schwierigkeit hier darin, viele exogene, aus Sicht der zu testenden Theorie weniger stark interessierende Variablen kontrollieren zu müssen (d. h. konstant zu halten). Andererseits erlaubt eine breit angelegte Untersuchung eine umso kritischere Beurteilung der Frage, ob die entworfene Theorie die interessierenden Politikergebnisse weitgehend unabhängig vom spezifischen Politikbereich zu erklären vermag. Im *trade-off* zwischen interner und externer Validität legt diese Untersuchung somit etwas mehr Gewicht auf die externe Validität (Generalisierbarkeit der Ergebnisse). Dies hat damit zu tun, dass ich nach einer eher generellen Antwort auf die Frage suche, unter welchen Bedingungen wirtschaftliche Globalisierung Staaten dazu drängt, zu deregulieren und Entscheidungskompetenzen an die Märkte abzutreten, und wann das Politikergebnis in die gegenteilige Richtung tendiert.

Wie bei vielen qualitativen Fallstudien stellt sich auch hier das Problem, dass der Forscher zuerst viele Fälle untersuchen sollte, um die Werte der abhängigen und unabhängigen Variablen in diesen Fällen zu kennen. Idealerweise würde erst dann eine Auswahl getroffen, die der Logik des Quasi-Experiments entspricht, wobei die Werte der erklärenden Variablen im Vordergrund stehen sollten (King/Keohane/Verba 1993; Mitchell/Bernauer 1998). In der Praxis setzen die knappen Ressourcen jedes Forschers diesem Anspruch klare Grenzen, da qualitative Fallstudien enorm zeitaufwendig sind. Ich habe rund zehn Regulierungsbereiche (gezwungenermassen eher oberflächlich) durchleuchtet: Regulierung transnationaler Konzerne resp. ausländische Direktinvestitionen; Steuerwettbewerb in der EU; Regulierung internationaler Banken; Geldwäscherei; Europäisches Währungssystem respektive Währungsunion; Regulierung beziehungsweise Deregulierung der Strommärkte in Europa; Registrierung von Hochseeschiffen; Umweltschutzpolitik im EU-Raum; Handel mit Giftmüll; Kontrolle der Exporte sicherheitspolitisch relevanter Güter. Aus diesen zehn Bereichen habe ich schliesslich drei ausgewählt:

- Die Regulierung international tätiger Banken, im Besonderen die Frage der Kapitalvorschriften für Finanzintermediäre;
- Bemühungen der EU-Länder zur Koordinierung oder Harmonisierung der fiskalischen Belastung von Kapitalgewinnen;

• Die Regulierung multinationaler Unternehmen, speziell die Frage der fiskalischen Belastung solcher Unternehmen und Bemühungen der EU und OECD zur Eindämmung des Steuerwettbewerbs.

Die Auswahl dieser drei Fälle erfolgte nach folgenden Kriterien. Erstens ist die Mobilität von Gütern und Produktionsfaktoren in allen drei Fällen ein zentrales Problem, welches die Regulierungsbemühungen der Staatenwelt in diesem Bereich erschwert oder zumindest die Diskussion um mögliche Handlungsoptionen prägt. Wir haben es also mit kritischen Fällen im oben definierten Sinn zu tun. Zweitens ergab sich bei der (gezwungenermassen oberflächlichen) Sichtung der verfügbaren empirischen Information eine deutliche Varianz in Bezug auf die meisten erklärenden Variablen. Drittens weisen auch die Politikergebnisse innerhalb und zwischen den einzelnen Fällen deutliche Varianzen auf.

In den einzelnen Fallstudien (Kap. 4–6) wird nun untersucht, ob die erklärenden (unabhängigen) Variablen diejenigen Werte aufweisen, die wir gemäss den fünf Hypothesen aufgrund der Werte der zu erklärenden (abhängigen) Variablen erwarten. Ich gehe bei dieser Analyse von einer Formulierung der empirischen Bedingungen aus, die gegeben sein müssten, damit die einzelnen Hypothesen falsifiziert wären. Ich analysiere ebenfalls, ob sich die in den Hypothesen postulierten kausalen Argumente beziehungsweise Wirkungsketten in der zusammengetragenen empirischen Information erkennen lassen. Dieses Vorgehen birgt eine methodische Schwäche, die im Voraus schon erwähnt sei. Innerhalb der jeweiligen Fallstudie (Längsschnitt) kann die erklärende Variable der Hypothese 1 nur einen Wert aufweisen, da sie die Struktur der Regulierung erfasst und diese sich in der Regel über die Zeit hinweg nicht ändert. Es existiert konkret keine Varianz der unabhängigen Variable innerhalb der Fallstudie. Für einen einfachen, korrelativen Test einer Hypothese sind hingegen mindestens zwei Beobachtungen nötig. Dieses Problem wird umgangen, indem die Evaluation der Hypothese innerhalb der einzelnen Fallstudie eher auf eine Falsifikation der Hypothese und die kausale Logik, die hinter der Hypothese steht, ausgerichtet ist, und indem am Schluss des Buches die Resultate der drei Fallstudien verglichen werden.

Jede Fallstudie ist eine in sich abgeschlossene Untersuchung. Erstens liefere ich jeweils einige Hintergrundinformationen zum betreffenden Politikbereich. Zweitens erfolgt eine Analyse der Politikergebnisse im gegebenen Regulierungsbereich. Drittens untersuche ich die Erklärungskraft der fünf Hypothesen in Bezug auf das beobachtete Politikergebnis. Schliesslich fasse ich die wichtigsten Resultate zusammen. Im Schlusskapitel des Buches werden die Ergebnisse der einzelnen Fallstudien verglichen.

Kapitel 4
Kapitalvorschriften für Banken

Nur wenige Dinge erschrecken
Regierungen so sehr wie der Zu-
sammenbruch einer Bank.
(Economist, 28.2.1998: 83)

In den 1970er und 1980er Jahren schrumpfte die Kapitalisierung international
tätiger Banken in vielen westlichen Industrieländern.[1] Gleichzeitig stiegen im
Zusammenhang mit den Schuldenkrisen in Entwicklungsländern und säkularen Trends im Finanzsektor die Risiken des internationalen Bankengeschäfts.
Durch diese Scherenbewegung von sinkender Kapitalisierung – dem Risiko-
polster der Banken – und wachsenden Risiken drohte vermehrte Instabilität im
internationalen Finanzsystem.[2] Ende der 1980er Jahre gelang es den im Baseler Bankenausschuss vertretenen Aufsichtsbehörden der G-10 Staaten, das
Steuer herumzureissen und die Kapitalvorschriften für international tätige
Banken zu verschärfen. Dieser verstärkte regulatorische Zugriff staatlicher
Behörden auf den privaten Finanzsektor hat zu einer höheren Kapitalausstattung der meisten Banken in Industrieländern beigetragen. Die einzelstaatlichen
Standards, deren praktische Umsetzung und die tatsächliche Kapitalisierung
der Banken der einzelnen Staaten sind jedoch auf diesem etwas erhöhtem Niveau heterogen geblieben. Ab Mitte der 1990er Jahre hat die Kritik an der
Wirksamkeit und Effizienz der vom Baseler Bankenausschuss (begrenzt) harmonisierten staatlichen Interventionen zugenommen. In dieser Fallstudie
erkläre ich das beobachtete Politikergebnis anhand der fünf in Kapitel 3 entworfenen Hypothesen und bewerte deren Validität.

---

1   Unter den vielen Personen, die mir bei dieser Fallstudie in der einen oder anderen Form
    Unterstützung gewährt haben, möchte ich besonders Adriano Lucatelli von der Credit
    Suisse Group, Christian Walter von der Schweizerischen Nationalbank und Jim Foster
    vom MIT hervorheben, die den ersten Entwurf dieses Kapitels ausführlich kommentiert
    haben.

2   Die Begriffe "Kapitalisierung" und "Kapitalausstattung" werden in dieser Fallstudie
    synonym verwendet. Sie bezeichnen die Höhe des Eigenkapitals einer Bank im Verhältnis
    zu deren gesamten Forderungen beziehungsweise Guthaben. Zum Eigenkapital gehören
    beispielsweise Aktieneinlagen und deklarierte Rückstellungen. Kapitalvorschriften
    beziehungsweise Eigenkapital-Mindeststandards definieren, was zum Eigenkapital einer
    Bank gezählt werden darf und wieviel Eigenkapital diese Bank im Verhältnis zu ihren
    Forderungen (z. B. ausstehende Kredite) besitzen muss.

4.1. Hintergrund

Als Folge des Ersten Weltkrieges, der Grossen Depression der 1930er Jahre und des Zweiten Weltkrieges schrumpften die vormals wichtigen internationalen Finanzmärkte.[3] In dieser 30-jährigen Krisenzeit dienten sie vorwiegend der Finanzierung des internationalen Handels und waren, gesamthaft gesehen, binnenwirtschaftlich orientiert und starken staatlichen Kontrollen unterworfen. Der Handlungsspielraum der Banken blieb stark eingeschränkt. So wurden beispielsweise mögliche Finanzgeschäfte und Zinsen in vielen Fällen vom Staat festgelegt. Andererseits bot der Staat den Banken auch handfeste Protektion gegenüber ausländischen Konkurrenten. An dieser Situation änderte sich auch mit der Reorganisation der internationalen Wirtschaft am Ende des Zweiten Weltkrieges wenig. Die Architekten der Bretton-Woods-Abkommen hatten längerfristig die Liberalisierung des Welthandels und die Stabilisierung des internationalen Währungsgefüges zum Ziel, nicht aber die Liberalisierung der Finanzmärkte. Die meisten Banker führten in ihrem stark regulierten, aber auch protegierten Wirtschaftsbereich ein eher geruhsames Dasein nach dem Motto "3-6-3" – nimm Geld zum Zins von 3% auf, vergib es zu 6% und gehe um 3 Uhr Golf spielen.

Die Trennung von Liberalisierung des internationalen Handels und der Finanzmärkte begann sich ab den 1950er Jahren aufzulösen. In der Anfangsphase wurde diese erneute Liberalisierung und Internationalisierung der Finanzmärkte vor allem dadurch gefördert, dass Finanzintermediäre in zunehmendem Masse Einlagen in Fremdwährungen ermöglichten, transnationale Konzerne expandierten und die Euromärkte entstanden. Letztere sind Märkte, in denen keine oder nur geringe Auflagen bei Geschäften mit Fremdwährungen bestehen. Bedeutende Internationalisierungsschübe sollten allerdings erst in den 1970er Jahren erfolgen. Anfang der 1970er Jahre brach das Bretton-Woods-System der fixierten Wechselkurse zusammen. In den folgenden 20 Jahren bauten sehr viele Staaten ihre Kapitalverkehrskontrollen ab (Helleiner 1994; Andrews/Willett 1997; Lucatelli 1997).

Der Übergang in den 1970er Jahren von fixen Wechselkursen zum *floating* hatte für das internationale Finanzgeschäft unvorhergesehene Folgen. Nicht zuletzt aufgrund dieses Strukturwandels, der mit Ereignissen wie den

---

3   Ich subsumiere hier eine breite Palette von Aktivitäten unter den Begriff internationale Finanzmärkte. Diese beinhalten grenzüberschreitende Kreditaufnahmen oder -vergaben, den Handel mit Währungen oder Finanztiteln (z. B. Obligationen, Aktien, Derivaten), Aktivitäten des kommerziellen Bankgeschäfts und andere Finanzdienstleistungen, sowie den Kapitalis im Zusammenhang mit Direktinvestitionen. Finanzielle Globalisierung ist in diesem Kontext gleichzusetzen mit der grenzüberschreitenden Integration vormals nationaler Finanzmärkte. Diese Integration zeichnet sich durch einen höheren relativen Finanzfluss über nationalstaatliche Grenzen hinweg sowie durch eine hohe Kapitalmobilität aus (vgl. Cohen 1996:269).

beiden Ölkrisen zusammentraf, waren die 1970er Jahre durch hohe Inflation, starke Wechselkursschwankungen und hohe Zinsen geprägt. Diese Rahmenbedingungen veranlassten viele Finanzinstitute, ihren Kunden eine zunehmend breite Palette von Strategien zum Schutz vor makro-ökonomischen Risiken anzubieten. Dies wiederum führte zu drei wesentlichen Veränderungen auf den Finanzmärkten (Cooper/Fraser 1984; Pecchioli 1983; Kapstein 1989).

Erstens tätigten Finanzintermediäre nun in zunehmendem Ausmass grenzüberschreitende Geschäfte, um sich gegen wirtschaftliche Veränderungen auf dem Binnenmarkt abzusichern. Daraus entwickelte sich auch ein dichteres Beziehungsgeflecht zwischen Finanzinstituten. Zweitens entstanden besonders in den 1970er und 1980er Jahren viele neue Finanzpraktiken. Eine der wichtigsten Innovationen lässt sich in der Verbriefungstendenz (*securitization*) erkennen. Finanzinstitute transformierten ab den 1970er Jahren immer öfter Hypotheken, Kredite und andere Aktiven (*assets*) in Finanzinstrumente (*securities*), die international gehandelt werden konnten und häufig aus den Bilanzen der Banken verschwanden. Letzteres trifft auch auf die Verbindlichkeiten der Finanzinstitute zu, im Besonderen auf bedingte Verbindlichkeiten (*contingent liabilities*), beispielsweise Kreditbriefe oder *note issuance facilities*. Bei einigen Grossbanken in den USA machten solche Verbindlichkeiten Mitte der 1980er Jahre über 20% der gesamten Guthaben aus (American Banker, 1.5.1987: 1). Mit dieser Veränderung der Portfolio-Strukturen wurde in den Augen der für die Aufsicht über das Finanzgeschäft zuständigen staatlichen Behörden und wohl auch vieler Marktteilnehmer zunehmend unklar, ob wichtige Intermediäre für das Funktionieren des globalen Finanzsystems genügend Kapital besassen, um beispielsweise mit einer unvorhergesehenen Inanspruchnahme bedingter Verbindlichkeiten fertigzuwerden. Diese Unsicherheiten wurden zusätzlich verstärkt, indem die meisten Finanzinstitute kaum Informationen über ihre nicht in den Bilanzen aufgeführten Guthaben und Verbindlichkeiten lieferten. Ein dritter Trend, der in den 1970er Jahren einsetzte, waren zunehmend risikobehaftete Geschäfte auf den internationalen Devisenmärkten. Vor allem aufgrund von Fehlleistungen in diesem Bereich gingen zwei Grossbanken, die Herstatt Bank (Deutschland) und die Franklin National Bank (USA) in den Konkurs.

Als Resultat dieser Entwicklungen sind die internationalen Finanzmärkte am Ende des 20. Jahrhunderts viel stärker integriert als sie es Ende des Zweiten Weltkrieges waren. Die Zahlungsbilanzen der Staaten belegen, dass die grenzüberschreitenden Finanztransaktionen relativ zu den binnenwirtschaftlichen enorm zugenommen haben. Die Zahl und Typen der Finanzinstrumente, mit denen die Marktteilnehmer bestimmte Kombinationen von Ertrag, Liquidität und Risiko anstreben können, sowie die Zahl der Orte, an denen diese Instrumente gehandelt werden, sind massiv gestiegen. Schliesslich sind durch die Verbriefungstendenz, durch den Abbau regulatorischer Hemmnisse sowie durch ein aktives Risikomanagement der Marktteilnehmer selbst die Unterschiede zwischen dem traditionellen kommerziellen Bankgeschäft und dem Investment-Banking gesunken (White 1996: 5).[4] Diese Entwicklung setzt sich in der zunehmenden Verflechtung von Banken und Versicherungen zu Allfinanz-Konglomeraten fort. Ein Beispiel ist die Credit Suisse Group, welche unter anderem die Credit Suisse, die Winterthur Versicherungen und die CS First Boston in sich vereinigt. Die meisten Beobachter sind allerdings noch immer der Ansicht, dass zwischen der heutigen Situation und einem voll globalisierten Finanzmarkt noch ein weites Stück Weg liegt. Am Diktum von Jeffry Frieden (1991: 429) – "internationale Investitionen sind noch keineswegs ein nahtloses Gewebe" – wird sich vorläufig nicht viel ändern.

Die besonders seit den 1970er Jahren zu beobachtende Integrationsdynamik erstaunt allemal und wird in der sozialwissenschaftlichen Forschung auf verschiedene Ursachen zurückgeführt. Viele Autoren bringen diese Entwicklung mit Liberalisierungsschüben in grossen Industriestaaten (v. a. USA und Grossbritannien) in Verbindung, die aus innenpolitischen oder ideologischen Gründen erfolgten (z. B. Helleiner 1994; Sobel 1994). Die Liberalisierung wichtiger Märkte habe dann durch die gesteigerte Kapitalmobilität eine kompetitive Deregulierung in anderen Staaten ausgelöst. Als wichtige Einflüsse gelten zudem technologische Innovationen (Cohen 1996; Cerny 1993b). Oft werden auch verschiedene Einflussgrössen in einen Zusammenhang gestellt, so beispielsweise von Andrew Sobel (1994: 151–52), der Folgendes behauptet:

US-Akteure bestimmten durch Innovation und Erfindung von Finanz- und Regulierungspraktiken die Agenda und die Parameter von Veränderungen in anderen Märkten [...] dieser begrenzte Einfluss bewirkte ein Ergebnis, das grösstenteils den Präferenzen der US-Akteure entspricht, weil andere Akteure bereits im US-Markt gewählte Handlungsoptionen akzeptierten und dieses Ergebnis die Transaktionskosten für US-Firmen und US-Marktteilnehmer im Ausland reduzierte, und dies zu weit geringeren Kosten, als direkter Druck der USA dies vermocht hätte.

Die Liberalisierung und die damit einhergehende Integration der Finanzmärkte ist von verschiedensten Regulierungsbemühungen auf nationaler, zwischen-

---

4 Das kommerzielle Bankgeschäft beinhaltet vor allem Kreditvergaben und Einlagengeschäfte. Das Investment-Banking umfasst das Emissionsgeschäft, Firmenfinanzierungen, Wertschriftenhandel, Beratungstätigkeiten und andere Aktivitäten. Ein weiterer Unterschied besteht darin, dass beim kommerziellen Bankgeschäft die Guthaben von Bankkunden oft durch staatliche Garantien (teilweise) gedeckt sind, sollte die Bank zahlungsunfähig werden. Beim Investment-Banking übergeben Kunden der Bank auf eigenes Risiko Mittel, welche die Bank verwaltet beziehungsweise investiert. In den USA, Grossbritannien und Japan beispielsweise dürfen Kommerz- und Investment-Banking nicht in ein und derselben Firma getätigt werden – diese Staaten unterhalten sogenannte Trennbankensysteme. In anderen Staaten wiederum, z. B. Deutschland und der Schweiz, sind sogenannte Universalbanken die dominante Form. Diese Universalbanken können Einlagen-, Wertpapier- , Kredit-, und Versicherungsgeschäfte gleichzeitig betreiben und auch eigene Industriebetriebe besitzen.

staatlicher, aber auch transnationaler Ebene (zwischen den privaten Marktteilnehmern) begleitet. Die meisten regulatorischen Bemühungen zielen auf die Deregulierung der Finanzbeziehungen (Steigerung bzw. Stärkung des Wettbewerbs) und deren möglichst reibungslose Abwicklung (Reduktion der Transaktionskosten) ab. Beispiele sind die im Rahmen der WTO geschlossenen Abkommen über Finanzdienstleistungen, die Bemühungen der OECD zur Liberalisierung des Kapitalverkehrs und die Vereinbarungen der International Organization of Securities Commissions (IOSCO). Staatliche Interventionen sind jedoch auch auf zwei zusätzlichen Gebieten zu verzeichnen. Erstens hat das seit dem Zusammenbruch des Bretton-Woods-Systems vorherrschende "Nicht-System" der flexiblen Wechselkurse zu einem erhöhten Kooperationsbedarf geführt. Staaten arbeiten in vielfältiger Weise im Rahmen von Massnahmen zusammen, die der Stabilisierung von Wechselkursen dienen. Diese Massnahmen reichen von international koordinierten Versuchen der Anbindung einzelner Währungen an eine Leitwährung bis hin zur Einrichtung von regionalen Währungssystemen und –unionen. Die Europäische Währungsunion ist sicherlich das bekannteste Beispiel. Zweitens kooperieren Staaten bei der Bearbeitung von Problemen, die direkt oder indirekt mit der Verschuldung von Staaten, aber auch von nichtstaatlichen Akteuren zusammenhängen. Diese Massnahmen umfassen im Besonderen Aktivitäten zur Unterstützung von Schuldnerländern und die Regulierung von Finanzintermediären (White 1996).

Im Zentrum dieser Fallstudie stehen staatliche Versuche zur Beeinflussung des Verhaltens und damit auch der Solvenz von Finanzintermediären. Dieser Regulierungsbereich ist für die zentrale Fragestellung dieses Buches insofern von Interesse, als die Meinungen über die regulatorischen Handlungsmöglichkeiten der Staaten (die positive Frage) und die Frage, ob und wie weit Staaten hier überhaupt regulatorisch eingreifen sollten (die normative Frage), in der Fachliteratur weit auseinander gehen (Schüller 1996). Zur positiven Frage, die hier vor allem interessiert, behauptet beispielsweise Paulette Kurzer (1993: viii):

Regierungen haben die Fähigkeit verloren, nationale wirtschaftliche Strategien zu verfolgen.

Marjorie Deane und Robert Pringle (1994: 164) argumentieren:

Das Baseler Komitee versucht fortwährend seine Kapitalregeln zu verfeinern und Anomalien zu beseitigen, um Handels-, Kredit- und andere Risiken zu erfassen. Die Banken antworten auf die traditionelle Art: Sie erfinden Wege, um die Auswirkung der Regeln zu minimieren oder zu umgehen. Mit Hilfe von Juristen können sie einige ihrer Aktiva so umgestalten, dass sie keine oder weniger Reserven ausweisen müssen, als dies die Baseler Regeln eigentlich vorschreiben. Sie können auch absichtlich ihre neuen Aktiva in Bereiche lenken, die einer tieferen Risikokategorie zugeordnet werden.

Ethan Kapstein (1994) hingegen ist der Ansicht, dass aus einer Kombination einzelstaatlicher und internationaler Regulierungsbemühungen durchaus wirksame Antworten auf Probleme der finanziellen Globalisierung hervorgehen können.

Internationale Kooperation, welche die Hauptverantwortung für die Bankenaufsicht den jeweiligen Heimatstaaten der Banken zuweist (*home country control*), bietet den Staaten die Möglichkeit, die Vorzüge der Interdependenz zu geniessen und gleichzeitig die nationale Verantwortung für den Sektor [in Kapsteins Untersuchung das kommerzielle Bankgeschäft] aufrechtzuerhalten. (Kapstein 1994: 180)

Im Folgenden analysiere ich die Bemühungen des Baseler Bankenausschusses (Standing Committee on Banking Regulations and Supervisory Practices), die einzelstaatlichen Kapitalvorschriften für Banken auf internationaler Ebene zu harmonisieren. Der Baseler Ausschuss ist ein mit der Bank für Internationalen Zahlungsausgleich (BIZ, Sitz in Basel) verbundenes, von der BIZ aber unabhängiges Gremium, das aus den Vertretern der Zentralbanken der G-10- und einiger anderer Staaten sowie den Vertretern der nationalen Aufsichtsbehörden für die Finanzmärkte beziehungsweise Banken besteht.

Kapitalvorschriften, um die es bei diesen regulatorischen Eingriffen der Staatenwelt geht, legen fest, was zum Eigenkapital einer Bank gezählt werden darf und wieviel Eigenkapital (z. B. eingezahltes Kapital, gemeldete Rücklagen) Finanzintermediäre im Verhältnis zu ihren Guthaben (z. B. ausstehende Kredite) besitzen müssen. Eng im Zusammenhang mit diesen Vorschriften stehen Massnahmen zur Erhöhung der Transparenz in Bezug auf Aktiven und Passiven der Finanzinstitute (auch der nichtbilanzierten). Kapitalvorschriften beeinflussen somit die Solvenz und auch das Risikomanagement von Finanzinstituten. Das von den Banken in einem bestimmten Ausmass zu haltende Eigenkapital dient als Polster, sollte es zu unvorhergesehenen Verlusten kommen (z. B. durch Zahlungsunfähigkeit eines Kreditnehmers oder andere Fehlinvestitionen der Bank), die nicht aus den laufenden Einnahmen gedeckt werden können. Auf diesem Kapital basiert nicht zuletzt auch das Vertrauen der Anleger. Aus Sicht aller Teilnehmer in einem nationalen oder im internationalen Markt zielen einzelstaatliche beziehungsweise internationale Kapitalstandards darauf ab, Systemkrisen zu verhindern. Darunter versteht man Krisen im gesamten nationalen oder internationalen Finanzsystem, die vom Zusammenbruch einzelner Finanzintermediäre ausgehen und, da das Finanzsystem das Rückgrat jeder modernen Marktwirtschaft ist, auch zu gesamtwirtschaftlichen Krisen führen können.

Das grundlegende Interesse staatlicher Behörden an einer genügenden Kapitalisierung der Finanzintermediäre beruht zusätzlich auch darauf, dass Krisen oder Konkurse von Finanzintermediären, ganz zu schweigen von Systemkrisen, die Zentralbanken, Einlageversicherungen oder gar den Staatshaushalt direkt belasten. Nationale und auch internationale Kapitalvorschriften für Banken sind somit auch eines der Mittel, mit dem staatliche Behörden versuchen, das Problem des moralischen Risikos (*moral hazard*) einzudämmen. Dieses Problem bezeichnet eine Ineffizienz beziehungsweise ein Marktversagen. Es besteht darin, dass Finanzinstitute ungebührliche Risiken eingehen, weil sie erwarten, dass sie bei selbst verursachten Solvenz- oder Liquiditätsproblemen vom Staat gerettet werden (*bailout*). Dieses Problem des moralischen Risikos im Bereich der Finanzintermediäre ist wiederum das Resultat früherer staatlicher Interventionen.

Bis Anfang der 1930er Jahre liessen die meisten Regierungen Banken, die das Vertrauen der Anleger verloren hatten, in Konkurs gehen oder von anderen Banken aufkaufen. Das heisst staatliche Institutionen wurden als *lender of last resort* nur selten aktiv. Die wichtigsten Retter von in Krisen geratenen Banken waren andere Banken. Diese Situation änderte sich in der Grossen Depression der 1930er Jahre, wobei die USA eine Vorreiterrolle spielten. 1932 wurde in den USA die Reconstruction Finance Corporation gegründet. Diese Institution subventionierte Banken und andere Firmen, die sich in einer Krise befanden, durch staatliche Kredite oder kaufte Aktien dieser Unternehmen. 1933 folgte die Federal Deposit Insurance, eine staatliche Versicherung beziehungsweise Garantie von Sparguthaben bei Banken. Diese Versicherung hatte zum Ziel, panikartige oder irrationale *Runs* der Anleger auf Banken zu verhindern und das Problem des *credit crunch* in Rezessionsphasen zu mildern. Viele andere Staaten richteten in der Folge ähnliche Mechanismen ein, vor allem Einlageversicherungen und *discount window lending*-Fazilitäten der Zentralbanken für insolvente Finanzinstitute (Calomiris 1997).

Dieses Sicherheitsnetz für Banken und Anleger funktionierte in den 1950er und 1960er Jahren sehr gut, nicht zuletzt deshalb, weil die Finanzmärkte sehr stabil waren. Erst die grossen Schwankungen der Zinsen und die Volatilität der Rohstoff- und Wertschriftenmärkte in den 1970er sowie die Schuldenkrisen der 1980er Jahre brachten die Schwächen des Sicherheitsnetzes im Finanzbereich zum Vorschein. Entscheidende Wendepunkte in diesem Prozess waren der Zusammenbruch des Bretton-Woods-Systems der fixierten Wechselkurse und die Lockerung oder Aufhebung von Beschränkungen des Kapitalverkehrs. Durch diese Deregulierung blieb den Zentralbanken als wichtigstes Mittel der Geldpolitik nur noch die Kontrolle der Geldzufuhr an die Banken und damit auch die Manipulation der Zinsen. Die damit verbundene und für die Banken ungewohnte Zinsvolatilität führte in den meisten Finanzinstituten zu enormen Problemen im Risikomanagement.

Einerseits drohte durch Bankenkrisen eine zunehmende finanzielle Belastung der staatlichen Versicherungen von Spareinlagen. Andererseits entstand das *too big to fail*-Problem: Der Druck auf die Staaten, auch durch staatliche Garantien nicht abgedeckten, grossen Finanzintermediären als *lender of last resort* zu dienen, wuchs beträchtlich – Regierungen wollten oder konnten Grossbanken schlicht aufgrund ihrer Grösse und des damit verbundenen Stabilitätsproblems für die Finanzmärkte nicht scheitern lassen. Wie viele empirische Studien belegen (vgl. Calomiris 1997: 9f.), hatte das bestehende Sicherheitsnetz just in der Zeit, in der es am meisten gefragt war, wiederum nachteilige Auswirkungen auf das Risikoverhalten der Finanzinstitute und damit letztlich die Nachfrage nach dem "lender of last resort". So lässt sich in vielen Fällen feststellen, dass Finanzintermediäre einen grossen Teil ihrer Verluste erst "erwirtschaftet" haben, *nachdem* sie de facto bereits insolvent waren (Calomiris 1997: 9). Mit anderen Worten, Banken reagierten auf Volatilitäten oder negative Entwicklungen der Märkte und ein damit verbundenes Schrumpfen ihres Eigenkapitals oft mit dem Eingehen höherer Risiken. Oft wurde dieses Verhalten von Anlegern sogar noch mit Wertsteigerungen der Aktien der betreffenden Institute belohnt. Indem sie den Banken vorschreiben, wieviel Eigenkapital im Verhältnis zu risikogewichteten *assets* gehalten werden müsse, versuchen staatliche Behörden genau dieses Problem des moralischen Risikos zu beseitigen.

Im Gegensatz zu regulatorischen Aktivitäten, die der Liberalisierung der grenzüberschreitenden Finanzbeziehungen und der Reduktion von Transaktionskosten dienen, geht es bei den Kapitalvorschriften um einen Fall, in dem zwischen der Liberalisierung der internationalen Finanzmärkte und dem regulatorischen Zugriff auf Finanzintermediäre durchaus ein Spannungsfeld besteht. White (1996: 7) bemerkt dazu:

> Abkommen, die grenzüberschreitende Finanztransaktionen erleichtern, wurden grösstenteils durch Akteure aus dem Privatsektor vorangetrieben. Umgekehrt übernahm bei Abkommen, welche die Expansion des grenzüberschreitenden Wettbewerbs bewusst zu verstärken suchten und auf die Förderung und Bewahrung der Stabilität im Finanzsystem zielten, der öffentliche Sektor die Führungsrolle. Da die erstere Art von Abkommen ein direktes Ergebnis von Eigeninteressen ist und die letzte Art eine Antwort auf bedeutende externe wirtschaftliche Effekte darstellt, überrascht dieser Unterschied in der Führungsrolle nicht.

Ethan Kapstein (1994: 178) spricht gar von einem *hard case*, was die Regulierung von Banken betrifft – es handelt sich hierbei um

> [...] einen Bereich, in dem die Macht von Staaten relativ gering und unwirksam erscheint [...] Wenn es Staaten trotz diesen wenig versprechenden Hintergrundbedingungen irgendwie geschafft haben, einigermassen solide Regulierungs- und Aufsichtsstrukturen [für Banken] aufzubauen, lassen sich daraus vermutlich Schlüsse von genereller Bedeutung ziehen.[5]

Bei den Bemühungen des Baseler Bankenausschusses handelt es sich somit um einen Fall, der aus Sicht der in Kapitel 3 formulierten Auswahlkriterien für die Fallstudien interessant ist: Im Sog der Deregulierung und Integration der internationalen Kapitalmärkte versuchen Staaten, ihren regulatorischen Zugriff auf Finanzintermediäre zu erhalten beziehungsweise auszubauen. Inwiefern

---

5   In ähnlichem Sinne äussert sich Dale Murphy (1995:150): "Es stellt sich die Frage, weshalb Kooperation zu diesem Zeitpunkt und in diesem Ausmass zustande kam – nach 12 Jahren schwacher Bemühungen um eine internationale Konvergenz bei der Bankenregulierung; zu einem Zeitpunkt, als die Uruguay-GATT-Runde stagnierte; parallel zu einem weltweiten säkularen Trend in Richtung Deregulierung im Bankenwesen; und trotz verstärktem Unilateralismus in der Reagan-Administration."

diese Bemühungen Erfolg zeitigen und sich das beobachtete Ausmass des regulatorischen Zugriffs durch die in Kapitel 3 formulierten Hypothesen erklären lässt, ist Gegenstand der folgenden Ausführungen.

4.2. Politikergebnisse

Konkreter Ausgangspunkt für die internationalen Bemühungen zur Harmonisierung der Kapitalvorschriften für Banken waren die Schuldenkrisen der 1980er Jahre, vor allem diejenige von Mexiko 1982. Allen voran hatten sich einige grosse US-amerikanische Banken durch ihre unvorsichtige Kreditvergabe – vorwiegend an lateinamerikanische Länder – in eine schwierige Situation manövriert, zumal bei vielen dieser Banken das Eigenkapital im Vergleich zu den Guthaben in den vorangegangenen Jahren gesunken war. Das heisst die finanziellen Polster dieser Banken waren gering und bei einer Nicht-Bedienung der Schulden durch Länder wie beispielsweise Mexiko waren exponierte Finanzintermediäre in ihrer Existenz bedroht. Edward Kane (1987) schätzt, dass die durchschnittliche Kapitalausstattung grosser US-Banken zwischen 1960 und 1980 um die Hälfte sank. Bei einem Zusammenbruch grosser Institute wiederum befürchteten viele Beobachter eine Systemkrise (Biersteker 1993; Cline 1992).

Staatliche Akteure reagierten auf diese Entwicklung mit zwei Strategien. Erstens leisteten sie einzeln und multilateral, vor allem über den Internationalen Währungsfonds (IWF), Zahlungsbilanzhilfen an die wichtigsten Schuldnerländer, führten dem internationalen Finanzsystem also Liquidität zu. Zweitens begannen die für die Bankenaufsicht zuständigen staatlichen Behörden sich intensiver darüber Gedanken zu machen, wie in Zukunft auf Seiten der Finanzintermediäre optimale Konstellationen von Ertrag, Liquidität und Risiko erzielt werden könnten. Damit sollte das Krisenmanagement vermehrt auch um Massnahmen zur Krisenprävention erweitert werden.

Zu den durch die Schuldenkrisen verursachten Problemen gesellten sich Risiken, die durch säkulare Strukturveränderungen in den Finanzmärkten besonders seit den 1970er Jahren entstanden waren (vgl. oben). Die Deregulierung der Finanzmärkte hat die Möglichkeiten der Marktteilnehmer, Risiken einzugehen, erhöht. Die räumliche und volumenbezogene Expansion der Märkte sowie die Vielzahl der Marktteilnehmer und der Finanzinstrumente haben die Komplexität der Transaktionen massiv gesteigert und die Transparenz reduziert. So "entdeckten" die Aufsichtsbehörden im Rahmen ihrer internationalen Zusammenarbeit, dass in den 1980er Jahren die nicht bilanzierten Guthaben vieler Banken um ein Mehrfaches grösser waren als die Forderungen gegenüber Entwicklungsländern (Kapstein 1992: 275).

Durch die Integration der Finanzmärkte ist der Wettbewerbsdruck auf die Finanzintermediäre gestiegen und damit auch der durch das oben genannte Problem des moralischen Risikos geförderte Anreiz, auf sinkende Renditen und Eigenkapitalausstattung mit dem Eingehen grösserer Risiken zu reagieren. William White (1996: 18) behauptet dazu:

> Dies ist die Dynamik, die dazu führte, dass faulen Krediten an Entwicklungsländer Kredite für 'leveraged buy outs', Kredite zum Ankauf von Immobilien und schliesslich der Handel mit komplexen Derivaten in jüngster Zeit folgten. Da der Wettbewerbsdruck vermutlich auch weiterhin steigen wird, ist von einem wachsenden Instabilitätspotential auszugehen.

Dass diese Befürchtungen nicht ganz unberechtigt sind und auf Seiten der Finanzintermediäre zweifellos Handlungsbedarf besteht, haben Zusammenbrüche verschiedener Grossbanken, zum Beispiel des Bankhauses Herstatt, der Hessischen Landesbank Girozentrale, der Franklin National Bank, der US National Bank of San Diego, der Banco Ambrosiano, der Continental Illinois und der Drexel-Burnham-Lambert drastisch vor Augen geführt.

Als Antwort auf die perzipierte Scherenbewegung von Risiken und Risikowilligkeit einerseits und Kapitalausstattung von Banken andererseits (vgl. Pecchioli 1983) forderten einige in der BIZ vertretene Staaten, allen voran die USA, eine internationale Harmonisierung der Mindestkapitalausstattung für Banken. Diese Harmonisierung sollte das bereits 1974 abgeschlossene Baseler Konkordat ergänzen, welches in Form eines *Gentlemen's Agreement* Prinzipien für die Lösung von Bankenkrisen geschaffen hatte.[6]

---

6 Das Baseler Konkordat wurde 1974 als Folge von Zusammenbrüchen der oben genannten Grossbanken im Baseler Bankenausschuss ausgehandelt und 1986 revidiert. Die folgenden Prinzipien (oft mit dem Begriff des *home country control* umschrieben) sind für das Krisenmanagement im Bankenbereich zentral: (1) Banken, die Liquiditäts- oder Solvenzprobleme haben und ihren Sitz im Hoheitsgebiet eines bestimmten Staates haben, sind durch die zuständige Zentralbank zu unterstützen. (2) Wenn Banken wegen Betruges in Schwierigkeiten geraten, werden sie nicht notwendigerweise mittels eines *bail-outs* durch Zentralbanken gerettet, Einlagen (*deposits*) werden aber geschützt. (3) Wenn eine Tochtergesellschaft oder ein Ableger einer Bank im Ausland Verluste erwirtschaftet, ist der Hauptsitz der Bank dafür verantwortlich und wird allenfalls durch die für den Hauptsitz zuständige Zentralbank unterstützt. (4) Wenn ein Bankenkonsortium Probleme hat, wird es anteilsmässig durch die Muttergesellschaften und, falls nötig, durch die zuständigen Zentralbanken unterstützt. Ein Grund für das rasche Zustandekommen dieser Prinzipien war, neben den erwähnten Zusammenbrüchen von Grossbanken, dass auch Off-shore-Finanzzentren an diesen Richtlinien interessiert waren. Staaten wie etwa Grossbritannien, die Mitte der 1970er Jahre grosse Anziehungskraft für Ableger internationaler Banken erlangt hatten, waren unsicher geworden, ob sie bei finanziellen Schwierigkeiten dieser Ableger zur Kasse gebeten werden könnten. Diese Unsicherheit wurde dadurch beseitigt, dass der regulatorische Zugriff weitgehend dem Heimatstaat von Banken überlassen wird (vgl. Dale 1984). Die Wirksamkeit des Baseler Konkordats ist schwer zu beurteilen. Einerseits existieren eklatante Fälle der Nichteinhaltung des Abkommens – zum Beispiel weigerte sich die italienische Zentralbank, die Luxemburger Tochter der Banco Ambrosiano, welche 1982 mit der Banco Ambrosiano zusammenbrach, im Sinne eines *lender of last resort* zu stützen. Auch die Luxemburger Zentralbank lehnte eine sol-

Die Verhandlungen im "Standing Committee on Banking Regulations and Supervisory Practices"[7], fortan Baseler Bankenausschuss genannt, begannen zu einem Zeitpunkt, zu dem die einzelstaatlichen Kapitalvorschriften sehr unterschiedlich und teilweise inexistent waren. Dies betraf vor allem die Definition von Eigenkapital, die Höhe des von den Finanzintermediären zu haltenden Kapitals im Vergleich zu den *assets* sowie die durch die Regulierung erfassten Finanzintermediäre. Diese Unterschiede drückten sich nicht zuletzt auch im Verhältnis des Eigenkapitals zu den Guthaben der Finanzinstitute einzelner Länder aus (vgl. Abb. 1). Die *capital-to-asset-ratio* der grössten Schweizer Banken betrug Mitte der 1980er Jahre beispielsweise 7%, diejenigen von Banken in den USA und Grossbritannien lagen um 6%, diejenige der grössten französischen Banken bei weniger als 2%.

Abbildung 1: *Capital-to-asset-ratios* der grössten Banken in 5 Staaten, 1979–1984

	1979	1980	1981	1982	1983	1984
Deutschland	3.3	3.3	3.3	3.3	3.3	3.4
Frankreich	2.6	2.4	2.2	2.1	2.0	1.9
Grossbritannien	7.2	6.9	6.5	6.4	6.7	6.3
Japan	5.1	5.3	5.3	5.0	5.2	5.2
USA	4.5	4.5	4.6	4.9	5.4	6.2

Quelle: IMF, International Capital Markets, April 1989.

Als erstes schuf eine Arbeitsgruppe des Baseler Bankenausschusses die Grundlagen für einen zwischenstaatlichen Vergleich der Kapitalausstattung von Banken – bis dahin hatte aufgrund sehr unterschiedlicher einzelstaatlicher Definitionen von Eigenkapital keine sinnvolle Vergleichsbasis bestanden. Weitergehende Verhandlungen, die auf eine Vereinheitlichung der Definitionen und der Höhe des Mindestkapitals abzielten, kamen allerdings schnell zum Stillstand. Länder mit strengeren Standards (z. B. die Schweiz) vertraten die

---

che Unterstützung ab, obschon die Luxemburger Filiale 88 Euromarkt-Teilnehmern rund eine halbe Milliarde US$ schuldete. Des Weiteren sind keine systematischen Analysen zur Einhaltung des Abkommens publik. Das Baseler Konkordat wurde allerdings nach dem Zusammenbruch des Banco Ambrosiano Reformen unterzogen. Die Schwächen des Konkordats traten jedoch beim Zusammenbruch der BCCI 1991 wiederum zu Tage. Das Hauptproblem in diesem Fall bestand darin, dass der Hauptsitz in Luxemburg und das operationelle Zentrum in London waren, der Besitzer jedoch in Abu Dhabi (vgl. Plümper 1996:203f.).

7 Der Baseler Bankenausschuss ist mit der Bank für Internationalen Zahlungsausgleich liiert, formell aber nicht ein Teil der BIZ. Oft wird er auch als Cooke Committee bezeichnet (nach seinem langjährigen Vorsitzenden, dem Leiter der Bankenaufsicht der Britischen Zentralbank). Zum Zeitpunkt der Verhandlungen sassen in diesem Gremium Vertreter der Zentralbanken und Aufsichtsbehörden der G-10-Staaten (Belgien, Deutschland, Frankreich, Grossbritannien, Italien, Japan, Kanada, die Niederlande, Schweden und die USA) sowie der Schweiz und Luxemburgs.

Ansicht, ihre Vorschriften seien ausreichend und die anderen Staaten sollten das Problem selbst lösen. Länder mit tieferen Standards (z. B. Japan) hingegen befürchteten, durch eine Verschärfung der Vorschriften würden ihre Banken Wettbewerbsvorteile einbüssen – denn bis zu einem gewissen Grad ist es rentabler, wenn auch risikoreicher, Kapital zu investieren, als es beispielsweise in Form von Reserven zurückzubehalten (Matten 1996).

Das Federal Reserve (Fed), die Zentralbank der USA, und die amerikanischen Aufsichtsbehörden hingegen forderten eine internationale Harmonisierung der Kapitalvorschriften zumindest auf amerikanischem Niveau. Dieses wiederum lag höher als dasjenige einiger im Baseler Bankenausschuss vertretener Staaten (z. B. Japan). Die amerikanische Forderung entstand aus einem Dilemma heraus. Einerseits war die achtgrösste amerikanische Bank, die Continental Illinois, im Mai 1984 in eine schwere Krise geraten und brach trotz eines Stützungskredits der US-Zentralbank von 6 Milliarden US$ schliesslich zusammen (das Fed übernahm die Schulden der Bank, um eine Ausweitung der Krise auf andere Banken zu vermeiden). Hinzu kamen die oben genannten Probleme mit der Verschuldung von Entwicklungsländern, gegenüber denen sich amerikanische Grossbanken besonders stark exponiert hatten. Andererseits sträubten sich die amerikanischen Finanzintermediäre gegen eine einseitige Verschärfung der Kapitalvorschriften in den USA, da sie davon Wettbewerbsnachteile gegenüber den zunehmend in den amerikanischen Markt vordringenden japanischen Banken erwarteten. Sie verlangten einen Wettbewerb mit "gleich langen Spiessen". Die Verhandlungen im Baseler Bankenausschuss befanden sich jedoch scheinbar in einer Sackgasse. Im September 1986 hielt der Baseler Bankenausschuss Folgendes fest (zit. in Tobin 1991: 208):

Es ist nicht möglich, eine einheitliche und allseits akzeptierte Definition von Kapital zu empfehlen [...] mit der Zeit werden diese Bemühungen hoffentlich zur Beurteilung der Unterschiede bei der Kapitalisierung verschiedener nationaler Bankensysteme beitragen [...].

Die Wende erfolgte, als das Fed Verhandlungen mit Grossbritannien aufnahm und im Januar 1987 ein bilaterales Abkommen zur Harmonisierung der Kapitalvorschriften schloss. Weshalb fiel die Wahl gerade auf Grossbritannien? Erstens besassen die beiden Märkte international grosses Gewicht – deshalb die Hoffnung der beiden Staaten, sie könnten anschliessend das bilaterale Abkommen "multilateralisieren". Zweitens waren die Kapitalvorschriften in den beiden Staaten bereits recht ähnlich ausgestaltet. Als Folge einer durch den Immobiliensektor verursachten Finanzkrise hatte Grossbritannien bereits 1980 risikogewichtete Kapitalstandards eingeführt. Aus innerstaatlichen Finanzkrisen heraus hatten sich also die Regulierungsansätze in den USA und Grossbritannien bereits angenähert. Schliesslich erachtete Grossbritannien die Chancen einer Harmonisierung im Rahmen der damaligen Europäischen Gemeinschaft als relativ gering, da die Kapitalvorschriften der EG-Länder sehr heterogen waren und Deutschland auf seinen eigenen Standards beharrte (Murphy 1995: 167). Das amerikanisch-britische Abkommen verlieh den Verhandlungen im Baseler Bankenausschuss wieder eine neue Dynamik und verhinderte eine Separatlösung im EG-Rahmen. Gleichzeitig begann das Fed hinter den Kulissen mit den japanischen Behörden zu verhandeln. Im Sommer 1987 stimmte Japan einer geringfügig modifizierten Version des amerikanisch-britischen Abkommens zu.[8] Die drei Staaten nahmen sich vor, im Verlauf der kommenden fünf Jahre ein neues, risikogewichtetes Bemessungssystem einzuführen. Am Ende des Finanzjahres 1992, so sah das trilaterale Abkommen vor, würden die internationalen Banken der drei Länder auf dieser Basis evaluiert. Das Zieljahr 1992 war bewusst im Hinblick auf die Einführung des EU-Binnenmarktes gewählt, da die EU im Zusammenhang mit dem Binnenmarkt ebenfalls über eine Harmonisierung der Kapitalvorschriften für Finanzintermediäre verhandelte.

Die Multilateralisierung des trilateralen Abkommens im Rahmen des Baseler Bankenausschusses erfolgte innerhalb eines halben Jahres: Im Dezember 1987 wurde ein Abkommen unterzeichnet und im Juli 1988 in definitiver Form verabschiedet. Der *Baseler Akkord* ist von der Form her ein rechtlich nicht bindendes aber politisch verpflichtendes Abkommen zwischen den Zentralbanken und Aufsichtsbehörden der beteiligten Staaten.[9] In diesem Abkommen verpflichten sich die beteiligten Behörden, die Kapitalvorschriften für die von ihnen kontrollierten international tätigen Banken zu standardisieren und zu harmonisieren. Diese Vorschriften vereinheitlichen die Bemessungsgrundlagen für das Kapital von Banken und legen fest, in welchem Verhältnis das Kapital der einzelnen Institute zu ihren risikogewichteten Guthaben stehen muss. Der Baseler Akkord wurde seither von vielen Beobachtern als bisher grösster Erfolg in der Geschichte der internationalen Zusammenarbeit im Bereich der Bankenregulierung gefeiert (Dean 1989: 5).

Der Baseler Akkord von 1988 teilt das Eigenkapital von Banken in zwei Kategorien ein. Die erste Kategorie (*tier-1*-Kapital), das *Kernkapital*, besteht im Wesentlichen aus dem eingezahlten Kapital (z. B. Aktien- und Stammka-

---

8 Die USA und Grossbritannien machten vor allem Konzessionen bezüglich der stillen Reserven (*hidden reserves*) japanischer Banken. Stille Reserven sind aus der Bilanz nicht ersichtliche Reserven eines Unternehmens. Solche Reserven können beispielsweise entstehen, wenn der Marktwert von Investitionen (z. B. Aktien) zu einem bestimmten Zeitpunkt höher liegt als deren Buchwert. Japan war vor allem daran interessiert, dass Immobilien und Firmenbeteiligungen seiner Banken am Marktwert und nicht am Buchwert bemessen würden. Somit wären auch Kapitalgewinne (damals herrschte ein Börsen- und Immobilienmarkt-Boom) zum Kernkapital gezählt worden und die *capital-to-asset-ratio* der japanischen Banken hätte sich nominell verbessert. Zur Definition von Kernkapital vergleiche die folgenden Ausführungen im Haupttext. Die USA und Grossbritannien argumentierten, dass ihre bestehenden nationalen Regeln diese Definition nicht zuliessen. Das trilaterale Abkommen kam den Japanern schliesslich entgegen, indem es erlaubte, bis zu 45% der nichtrealisierten Gewinne auf bestimmten Wertpapieren zum Kernkapital einer Bank zu zählen.

9 Die im Juli 1988 definitiv verabschiedete Version des Abkommens trägt den Titel "Report on International Convergence of Capital Measurement and Capital Standards".

pital), Gewinnvorträgen und laufenden Gewinnen sowie den offenen Reserven (in der Bilanz ausgewiesene Rücklagen). Die zweite *Kategorie (tier-2-Kapital)*, das *Ergänzungskapital*, besteht vor allem aus nichtrealisierten (stillen) Reserven und nachrangigen Anleihen. Während die Bemessungskriterien für das Kernkapital sehr eng definiert sind, lässt die Definition des Ergänzungskapitals den Behörden der einzelnen Staaten beträchtlichen Spielraum und beinhaltet nahezu alle Definitionen von Kapital, die zum Zeitpunkt des Abkommens von den beteiligten Staaten benutzt wurden (vgl. Murphy 1995: 176f.). So ist es den Aufsichtsbehörden zum Beispiel bis zu einem gewissen Grad freigestellt, ob und inwieweit sie den von ihnen kontrollierten Banken gestatten, Aktien und Immobilien im Besitz einer Bank zum Ergänzungskapital zu rechnen. Der Baseler Akkord schreibt für die international tätigen Banken ab 1993 eine Mindestkapitalausstattung von 4% in der ersten und 8% in beiden Kategorien zusammen vor. Diese Prozentwerte bemessen sich im Verhältnis zu den Guthaben einer Bank. Die Guthaben ihrerseits werden nach Risiko gewichtet.[10] Beispielsweise werden an den Privatsektor vergebene Kredite als risikoreicher eingestuft als Guthaben bei der Zentralbank oder Kredite mit staatlichen Garantien. Nichtbilanzierte Guthaben oder derivate Finanzinstrumente (z. B. Optionen, Futures) werden durch spezifische Konversionsfaktoren in Kredit-Äquivalente umgerechnet.

Abbildung 2: Baseler Akkord – Risikogewichtung und Kapitalvorschriften

Art des Guthabens	Kredit-Äquivalent	Risiko Gewichtung bez. Gegenpartei	Risiko-gewichtetes Guthaben
Swap contract (1)	7'000.–	20%	1'400.–
Swap contract (2)	250.–	50%	125.–
Kredit-Portfolio (loans)	20'000.–	100%	20'000.–
Kredite an Regierungen	15'000.–	0%	0.–
Standby facilities (5m x 50%)	250.–	100%	250.–
Total			21'775.–

Quelle: Matten 1996: 42. Die in der Abbildung aufgeführten Werte sind fiktive Zahlen in einer beliebigen Währung. Für eine detailliertere Darstellung, vergleiche Tobin 1991 und Murphy 1995: 158, 177.

---

10 Die Risikogewichtungen im Baseler Abkommen sind fast durchweg lockerer als diejenigen der früheren bilateralen, amerikanisch-britischen Abkommen. Die Definition des Kernkapitals im Baseler Abkommen wurde auf Drängen von US-Banken etwas "aufgeweicht", indem Vorzugsaktien (*preferred stock*) nun auch zum Kernkapital gezählt werden konnten.

176

Abbildung 2 illustriert die Grundstruktur des Baseler Akkords. Bei den in Abbildung 2 aufgeführten Guthaben müsste die betroffene Bank ein Kern- und Ergänzungskapital von 1'742 CHF (8% der Summe der risikogewichteten Guthaben von 21'775 CHF) ausweisen können. Die Vorschriften für Kern- und Ergänzungskapital lassen sich auch so ausdrücken, dass beispielsweise Firmenkredite mit 8% Eigenkapital (100% Gewichtung) und ein Kredit an eine andere Bank im OECD-Raum mit 1.6% (Annahme: 20% Risikogewichtung) abgesichert werden müssen.

Der Baseler Akkord wurde seit 1988 mehrmals ergänzt. 1994 legte der Baseler Bankenausschuss zum Beispiel differenziertere Kriterien für den regulatorischen Umgang mit Marktrisiken fest, die bei bestimmten nichtbilanzierten Mitteln auftreten. 1996 definierte der Ausschuss Regeln für den Umgang mit dem multilateralen *Netting* von Devisengeschäften.[11] Die bisher wichtigsten Neuerungen erfolgten 1996 sowie 1999 (siehe weiter unten). In ihrem "Amendment to the Capital Accord to Incorporate Market Risks" folgte der Baseler Bankenausschuss einem schon seit längerem vorgebrachten Anliegen der Finanzintermediäre. Diese hatten immer wieder moniert, die Gewichtungskriterien des 1988er Abkommens seien viel zu allgemein formuliert, nur auf Kreditrisiken[12] bezogen und würden dem modernen Risikomanagement der

---

11 *Netting*-Mechanismen sind ein Mittel, mit dem vor allem grosse Banken untereinander ihr *settlement risk* reduzieren. Durch diese Mechanismen gleichen die Banken rund um die Uhr ihre gegenseitigen Verpflichtungen aus, um zu vermeiden, dass, sollte eine Bank zahlungsunfähig werden, andere Banken bei ihr grössere, noch ausstehende Guthaben besitzen (vgl. Lucatelli 1997).

12 Im Finanzgeschäft werden meistens vier Arten von Risiken unterschieden: Kreditrisiken, Settlement-Risiken, Marktrisiken und andere Risiken (v. a. Liquiditätsrisiken, rechtliche Risiken, operationelle Risiken). In diesem Kapitel interessieren vor allem die Kredit- und Marktrisiken. *Kreditrisiken* beziehen sich auf das *lending* der Banken, können aber auch im Zusammenhang mit Obligationen- und Devisengeschäften entstehen. Das Risiko besteht darin, dass die Gegenpartei der Bank, der Kreditnehmer, seinen Verpflichtungen nicht, nur teilweise oder zu spät nachkommt. Dieses Risiko beschäftigt die Aufsichtsbehörden traditionellerweise am stärksten, da es oft die wichtigste Ursache für die Insolvenz von Banken ist. In die Berechnung des Kreditrisikos fliessen folgende Grössen ein: (a) die Wahrscheinlichkeit, dass ein bestimmter Kreditnehmer seine Schulden (Zins, Amortisation) nicht bedient, (b) wieviel des geschuldeten Wertes die Bank bei einem *default* noch zurückholen könnte (z. B. in einem Konkursverfahren gegen eine Firma), und (c) die Wahrscheinlichkeit, dass gleichzeitig auch Probleme mit anderen Krediten der Bank auftreten – je geringer die Korrelation verschiedener Risiken, desto geringer die Wahrscheinlichkeit eines grossen Verlustes. *Marktrisiken* bezeichnen Risiken, die im Zusammenhang mit kurzfristigeren Wertveränderungen von Guthaben auftreten, welche sich im Besitz einer Bank befinden, beispielsweise Aktien, Obligationen, Derivate, Währungen oder Rohstoffe. Das Risiko wird hier meist als *value at risk* erfasst. Dieses misst den potenziellen Gewinn oder Verlust in einer Position oder einem Portfolio, der mit der Wahrscheinlichkeit einer Preisbewegung innerhalb eines bestimmten Zeitraums verbunden ist. Eine ausgezeichnete Übersicht über die verschiedenen Risiko-Typen und die darauf ausgerichteten Instrumente des Risikomanagements findet sich auf der Web-site des International Finance and Commodities Institute (IFCI, http://www.risk.ifci.ch).

Banken nicht Rechnung tragen. Seit 1988 seien viele neue Investitionstechniken, institutionelle Kontrollmechanismen und computergestützte Modelle zur differenzierten Beurteilung von Ertrag, Liquidität und Risiko entwickelt worden.

Ab 1998 müssen nun die vom Baseler Akkord erfassten Banken Kapital auch in Bezug auf Marktrisiken ausweisen. Die Risikobemessung der Guthaben, welche das zu haltende Kapital bestimmt, können die Banken auf zwei Wegen vornehmen. Einerseits können sie standardisierte Prozeduren und Bemessungen, die im Baseler Bankenausschuss bereits 1993 erarbeitet und seither revidiert wurden, anwenden. Andererseits können Banken auch ihre eigenen Modelle zur Beurteilung von Marktrisiken benutzen und damit ihre Eigenmittel bestimmen, falls sie bestimmte Bedingungen des Baseler Bankenausschusses und der zuständigen nationalen Aufsichtsbehörden erfüllen und (in der Regel einzeln) die Bewilligung dazu erhalten.[13]

Diese Bestimmung gilt nur für Marktrisiken, nicht aber für Kreditrisiken, obschon besonders Grossbanken dies immer wieder gefordert haben. Der wichtigste Grund für diese Beschränkung ist, dass sich die Zuverlässigkeit von Kreditrisiko-Modellen nicht systematisch prüfen lässt. Im Gegensatz zu Marktrisiko-Modellen sind kaum verlässliche Daten zu Veränderungen des Marktwertes von Krediten oder des Wertes, der aus "faulen" Krediten noch gerettet werden kann, erhältlich, mit denen sich die Prognosequalität von Kreditrisiko-Modellen ex post testen liesse. Hinzu kommt, dass bei Kreditrisiken die exponierten Werte oft grösser sind als die potenziellen Verluste zum Beispiel im Wertschriftenhandel:

Das mit Abstand grösste Risiko, dem Geschäftsbanken ausgesetzt sind, ist gleichzeitig das älteste und alltäglichste aller Risiken – nicht das Risiko einer falschen Einschätzung des Wertes von Finanzinstrumenten, sondern die Kreditvergabe an jemanden, der nicht zurückbezahlt [...] die asiatische Finanzkrise bestätigt, dass Kredite und nicht der Handel mit Finanzinstrumenten immer noch die grösste Bedrohung sind. (Economist, 28.2.1998: 19)

Die Attraktivität für die Banken, ihre eigenen Modelle für Marktrisiken zu benutzen, besteht darin, dass diese Modelle die Risiken einzelner Guthaben differenzierter und realitätsnäher bewerten und die Banken in vielen Fällen dadurch weniger Kapital halten müssten als unter dem Regime der sehr grobgestrickten Vorschriften des Baseler Akkords. Allerdings sind die Entwicklung und der Unterhalt solcher Modelle äusserst kostspielig, sodass bisher nur wenige Grossbanken von dieser Möglichkeit Gebrauch gemacht haben.

Um Unsicherheiten in Bezug auf die Qualität der bankeigenen Modelle zu verringern, muss der *value at risk* jeweils mit den vom Baseler Ausschuss

---

13   Diese *value at risk*-Modelle prognostizieren in der Regel, welchen Anteil ihres Trading
     Portfolios (Devisen, Bargeld, Aktien, Derivate, usw.) eine Bank an einem Tag aufgrund
     einer ungünstigen Entwicklung der Märkte verlieren könnte (vgl. vorhergehende Fussnote
     und Matten 1996).

festgelegten Faktorwerten (je schlechter das Modell einer Bank bei ex-post-Tests abschneidet, desto höher der Faktor) multipliziert werden. Das in Bezug auf die erfassten Marktrisiken zu haltende Kapital besteht laut dem "Amendment" von 1996 aus dem im 1988er Akkord definierten Kern- und Ergänzungskapital sowie neu aus dem *tier-3*-Kapital. Dieses setzt sich vorwiegend aus kurzfristigen und nachrangigen Anleihen (*short-term subordinated debt*) zusammen.

Versuche des Baseler Ausschusses, sogenannte Finanzkonglomerate verstärkt zu kontrollieren, haben bisher wenig Erfolg gezeitigt. Solche Konglomerate bestehen aus weitverzweigten Netzwerken von Firmen, die sich nicht eindeutig den bisher regulierten Teilbereichen des Finanzsektors zuordnen lassen (z. B. Banken, Versicherungen, Investment-Gesellschaften). Seit 1996 beraten im Rahmen des neu gegründeten "Joint Forum" Mitglieder des Baseler Bankenausschusses, der "International Organization of Securities Commissions" (IOSCO) und der "International Association of Insurance Supervisors" (IAIS). Hervorgegangen sind daraus bisher lediglich Diskussionspapiere. Ein Grund dafür liegt darin, dass es den Aufsichtsbehörden für die Wertschriften- und die Versicherungsmärkte bislang selbst nicht gelungen ist, eine mit dem Baseler Abkommen vergleichbare Kooperationsbasis zu schaffen (Financial Times, 6.6.1997: 7; NZZ 19.2.1998: 20). Allerdings haben einzelne Staaten, zum Beispiel Australien, Grossbritannien, Kanada, Norwegen, Ungarn und Schweden bereits mit einer Integration der Aufsichtsbehörden für die drei genannten Bereiche begonnen. Wie wir weiter unten sehen werden, bestehen für internationale Banken beträchtliche Arbitragemöglichkeiten zur Umgehung des Baseler Akkords, solange keine koordinierte Kontrolle von Finanzkonglomeraten möglich ist.

Aus Gründen, die noch zu untersuchen sind, haben sich auch solche Staaten die Standards des Baseler Akkords zu eigen gemacht, die nicht im Bankenausschuss vertreten waren beziehungsweise sind, wie beispielsweise Australien, China, Finnland, Griechenland, Hongkong, Neuseeland, Österreich, Portugal, Spanien, die Türkei und Singapur. Auch die Europäische Union hat mit der "Capital Adequacy Directive" von 1993 (EU-Dokument: 93/6/EEC) und dem 1998 erfolgten Nachvollzug des 1996er "Amendments" zum Baseler Akkord (Abdeckung von Marktrisiken) die Baseler Standards übernommen. Die BIZ ging 1998 davon aus, dass über 80 Staaten sich bei ihren Kapitalvorschriften am Baseler Akkord orientieren.[14]

Im Gesamtbild ist somit auf regulatorischer Ebene ein Trend in Richtung Konvergenz nach oben, das heisst stärkerer staatlicher Intervention im privaten Finanzsektor zu verzeichnen. Trotz erheblichen Wettbewerbsdrucks in diesem Wirtschaftsbereich und stark gestiegener Kapitalmobilität ist es den Zentralbanken und anderen staatlichen Aufsichtsbehörden gelungen, Ende der 1980er Jahre eine damals sich andeutende kompetitive Deregulierung, eine

---

14 Interviews mit Beteiligten im Juli und August 1998.

Konvergenz nach unten, zu verhindern und die Standards für die Mindestkapitalausstattung von Banken auf höherem Niveau zu harmonisieren. Das bereits Mitte der 1970er Jahre im Baseler Konkordat vereinbarte Prinzip des *home country control* stellt sicher, dass keine internationale Bank dem regulatorischen Zugriff der Einzelstaaten entgeht. Der Baseler Akkord geht jedoch wesentlich über diese Vereinbarung hinaus und begründet ein eigentliches internationales Regime zur Regulierung grenzüberschreitend tätiger Banken.

Über die Umsetzung des Baseler Akkords und seiner Ergänzungen und somit auch das De-facto-Politikergebnis lassen sich die folgenden Angaben machen. Das Sekretariat des Baseler Bankenausschusses, welches bei der BIZ angesiedelt ist, fertigt zwar nach Angaben Beteiligter bisweilen Berichte über die Einhaltung der vereinbarten Standards an; diese sind jedoch vertraulich. Eine öffentlich zugängliche, systematische, über die einzelnen Staaten und längere Zeiträume hinweg vergleichbare Erfassung der Kapitalausstattung der regulierten Finanzintermediäre fehlt somit.[15] Ein Bericht des US Treasury Department und des Federal Reserve an den US-Kongress von 1992 zeigt jedoch, dass sich die meisten Länder an die Baseler Standards gehalten haben.[16] Weshalb sie dies getan haben, kommt im folgenden Teil des Kapitels, in dem ich die Hypothesen analysiere, zur Sprache. Die unterkapitalisierten Banken im Besonderen haben problematische Tochtergesellschaften abgestossen, Guthaben verbrieft oder verkauft, ihre Reserven erhöht, Dividenden reduziert, Kosteneinsparungen vorgenommen und andere Massnahmen ergriffen, um die neuen Mindestkapitalstandards zu erfüllen. Berichte des IWF (International Capital Markets), des Institutional Investors, Euromoney und anderer Publikationen ergeben ein ähnliches Bild, lassen aufgrund unterschiedlicher Samples und Erfassungskriterien jedoch keine systematische Aussage zu. Abbildungen 3 und 4 zeigen, dass sich die *capital-to-asset-ratios* tendenziell angeglichen haben und gestiegen sind.

---

15 Die Gründe dafür sind unklar. Ein Grund ist wohl, dass Definitionen und Erfassung der einzelnen Posten in und ausserhalb von Bankbilanzen in den einzelnen Staaten sehr unterschiedlich sind und sich der Baseler Bankenausschuss nicht zutraut, einen systematischen, länderübergreifenden Vergleich anzustellen und diesen zu publizieren. Ein anderer Grund ist, dass *rating*-Agenturen ihre Bewertungen aufgrund einer solchen Beurteilung des Bankenausschusses modifizieren könnten, was mit politischen Nebengeräuschen verbunden sein könnte.

16 Board of Governors of the Federal Reserve System and Secretary of the US Department of the Treasury, Report to Congress on Capital Equivalency, June 19, 1992.

Abbildung 3: *Capital-to-asset-ratios* der grossen Geschäftsbanken, 1982–1992

	1982	1983	1984	1985	1986	1987	1988	1989	1990	1991	1992
Deutschland	4.0	4.0	4.0	4.4	4.8	5.0	4.7	5.2	5.2	5.1	5.3
Frankreich	2.0	1.9	1.7	1.9	1.8	1.9	2.2	2.2	2.5	2.8	3.0
Grossbritannien	6.4	6.7	6.3	7.9	8.5	8.3	8.9	8.2	7.6	7.8	6.8
Japan	1.9	1.9	1.8	1.9	1.9	2.1	2.5	2.7	2.9	3.1	3.4
USA	4.7	5.0	5.2	5.4	5.5	5.2	5.6	5.4	5.7	6.1	7.1

Quellen: IMF, International Capital Markets, 1992, 1993, 1994; Murphy 1995.

Abbildung 4: Kernkapital-Anteile von Grossbanken

	1989	1991	1993
Japan	4.10	4.64	5.15
Frankreich	..	4.82	5.88
Deutschland	..	..	5.27
Grossbritannien	6.10	6.50	6.57
USA	4.23	5.13	7.69
Schweiz	..	7.77	8.04

Quelle: Matten 1996: 6.

Nach Aussagen aus Kreisen des Baseler Bankenausschusses haben sich die Kapitalausstattungen seit 1992 nicht weiter angeglichen. Der IWF (1997: 43) bemerkt auch: "Die Gesamtlage der Bankensysteme in diesen Ländern [den Industrieländern] hat sich verbessert, doch die Unterschiede zwischen stärkeren und schwächeren Instituten haben sich vergrössert." Es muss also, wenn man nicht nur die regulatorischen Standards, sondern auch deren Umsetzung betrachtet, von einer eher reduzierten, aber fortbestehenden Heterogenität auf etwas höherem staatlichen Interventionsniveau gesprochen werden. Diese Heterogenität ist einerseits das Resultat erheblichen Spielraums der Einzelstaaten besonders bei der Festlegung des Ergänzungskapitals und teilweise sogar beim Kernkapital (vgl. Financial Times, 8.4.1998: 13). Andererseits wird von Beobachtern auch eine beträchtliche Umgehung der Baseler Standards konstatiert, indem Banken auch in Ländern mit ausgewiesen hoher Kapitalausstattung ihrer Finanzinstitute zunehmend von Arbitragemöglichkeiten Gebrauch machen. Hier sei ein einfaches Beispiel genannt. Eine Bank gründet eine unabhängige Tochtergesellschaft und verkauft dieser Teile eines Kreditportfolios. Gleichzeitig garantiert die Bank, Verluste in diesem Portfolio zu finanzieren. Diese Eventualverpflichtung, die ein Risiko darstellt, erscheint nicht in der Bilanz der Bank und wird durch die Baseler Standards nicht oder

181

nur teilweise erfasst. Die Tochtergesellschaft ihrerseits ist keine Bank und unterliegt den Baseler Standards nicht oder nur teilweise. Solche Arbitragemöglichkeiten werden vor allem von US-amerikanischen Banken in grösserem Stil genutzt.

Schliesslich ist zu konstatieren, dass die Bestimmungen des Baseler Akkords national umgesetzt werden und die Möglichkeiten der nationalen Aufsichtsbehörden bei der Umsetzung eher beschränkt sind. So schliessen Aufsichtsbehörden nur in den seltensten Fällen ein Finanzinstitut, wenn dieses einigermassen solvent ist, die Kapitalausstattung aber unter den gesetzten Normen liegt. Alle diese Ursachen spielen zusammen. Aufssichtsbehörden in einigen Ländern setzen die Messlatte bisweilen etwas tiefer an, wenn ihre Banken Mühe haben, bestehende Normen zu erfüllen. Das wichtigste Beispiel ist Japan. 1994 zum Beispiel bemerkte der Institutional Investor (August 1994: 40f.): "Beispielsweise betragen gemäss japanischen Buchhaltungsstandards die *nonperforming loans* der Mitsubishi Bank 572 Milliarden ¥, gemäss US-Buchhaltungsstandards jedoch 1'150 Milliarden ¥." Bei Anwendung der in den USA oder der Schweiz gebräuchlichen Standards wären viele japanische Banken massiv unterkapitalisiert (NZZ 28.8.1998: 21). Viele Beobachter sind der Ansicht, dass die massive Unterbewertung beziehungsweise Beschönigung von Kreditrisiken in Japan sowie die vor allem von US-amerikanischen Banken betriebene Arbitrage am meisten zur Aushöhlung der Baseler Standards beitragen.

Die Umsetzung des 1996er Amendments zu den Marktrisiken wird diese Heterogenität vermutlich noch verstärken. Erstens zeichnet sich heute schon ab, dass die Bewilligungspraxis der Einzelstaaten in Bezug auf die Anwendung bankinterner Risiko-Modelle sehr unterschiedlich ist. Zweitens ergeben sich dadurch weitere Arbitragemöglichkeiten für die Finanzintermediäre. Internationale Banken können beispielsweise Kredite mit niedrigem Risiko als Guthaben im Handel und nicht im Kredit-Portfolio deklarieren. Dadurch können sie ihre eigenen Risikomodelle verwenden und müssen dafür weniger Eigenkapital halten, als sie dies bei Kreditrisiken müssten.

Seit Mitte der 1990er Jahre ist vermehrt Kritik an den Regulierungsbemühungen des Baseler Bankenausschusses zu hören. Die Kritik an der Handlungsfähigkeit der Aufsichtsbehörden wird dabei meist mit normativen Argumenten vermischt. Somit ist oft kaum zu beurteilen, ob die Kapitalvorschriften nicht mehr wirksam sind oder ob deren Effizienz zur Debatte gestellt wird. Charles Calomiris (1997: 23) beispielsweise argumentiert:

Vorschriften bezüglich Mindestkapital, wie sie in den Baseler Standards festgehalten sind, bieten eine unzureichende Lösung hinsichtlich der problematischen Anreize, die vom Sicherheitsnetz ausgehen. Kapitalvorschriften können die Subventionierung von Risiken nicht verhindern.

Als Folge dieser Kritik wurden meist von akademischer Seite mehrere Lösungsvarianten vorgebracht, wie die den Baseler Regulierungen innewohnenden Ineffizienzen zu beseitigen wären. Über den Sinn und die Machbarkeit dieser Optionen gehen allerdings die Meinungen weit auseinander. Einige dieser Vorschläge kommen im Schlusswort des Kapitels zur Sprache. Susan Strange (1998: 161) spricht in Bezug auf die Wirksamkeit der Baseler Kapitalvorschriften eine deutlichere Sprache:

1996 hat die BIZ in Bezug auf Mindestkapitalvorschriften praktisch das Handtuch geworfen. Sie gab die gesamte Idee gemeinsamer Standards bei der Bankenüberwachung auf.

Auf dem Hintergrund der oben diskutierten empirischen Information ist dieses Urteil jedoch sicher verfrüht. Falls es zutreffen sollte, könnte es zudem erst für die Zeit ab Mitte der 1990er Jahre gelten. Als Aufgabe verbliebe dann, mittels der in diesem Buch entwickelten fünf Hypothesen zu erklären, weshalb nach einer Phase der Re-regulierung in jüngster Zeit wieder ein Deregulierungsdruck einsetzt.

Im Juni 1999 legte der Baseler Bankenausschuss ein Arbeitspapier mit Reformvorschlägen vor. Beim Abschluss der vorliegenden Arbeit war die Diskussion dieser Vorschläge noch in vollem Gange. Diese Reformvorschläge beziehen sich auf die drei Eckpfeiler des Baseler Akkords: Mindestanforderungen, Überwachung durch die Aufsichtsbehörden und eine effiziente Nutzung der Marktdisziplin. In Zukunft soll die Risikogewichtung von Aktiven stärker ausdifferenziert werden. Bei der Gewichtung von Krediten an staatliche Schuldner könnte zum Beispiel die Bewertung der Bonität durch *Credit Rating Agencies* einfliessen. Ein ähnlicher Ansatz könnte bei der Gewichtung von Instrumenten zur Finanzierung von Banken, Wertschriftenhäusern und Unternehmen zur Anwendung gelangen. Bankinterne Techniken zur Risikoreduktion, beispielsweise *netting*-Verfahren, sollen in konsistenterer Weise gefördert und in die Regulierungstätigkeit einbezogen werden. Ob in speziellen Fällen auch bankinterne Risiko-Modelle oder *ratings* als Massstab für die Risikogewichtung zugelassen werden, bleibt umstritten. Andere Risikoformen, zum Beispiel Zinsrisiken, sollen in die Regulierung einbezogen werden. Die Überwachung der Einhaltung von Vorschriften soll verstärkt werden, und es soll den Aufsichtsbehörden erlaubt werden, eine über die Mindestkapitalvorschriften hinausgehende Kapitalunterlegung zu verlangen. Schliesslich ist geplant, detailliertere Richtlinien für die Offenlegung des Kapitals und der eingegangenen Risiken zu erarbeiten. Ob und inwiefern die angestrebten Reformen die oben genannten Regulierungsprobleme beseitigen, war Ende 1999 noch völlig offen.

Das zu erklärende Politikergebnis besteht somit gesamthaft gesehen in einem verstärkten regulatorischen Zugriff der Staaten auf die anvisierten Finanzintermediäre. Die nationalen Standards bleiben jedoch de facto trotz einer gewissen Angleichung heterogen. Eine weitere Zunahme staatlicher Intervention in diesem Bereich ist eher unwahrscheinlich.

4.3. Erklärungen

Unter der Annahme, dass die zunehmende Integration der internationalen Finanzmärkte zu einem verschärften Standortwettbewerb führe, prognostizierten viele Beobachter ein Scheitern internationaler Kooperationsversuche oder gar eine Konvergenz der Kapitalvorschriften für Banken nach unten. In einem 1987 (im folgenden Jahr kam der Baseler Akkord zustande!) erschienenen Beitrag argumentierten Paul Krugman und Maurice Obstfeld (1987: 639) noch folgendermassen:

[...] es ist unwahrscheinlich, dass eine Zusammenarbeit, die technisch komplex und politisch schwierig ist, in naher Zukunft zustande kommen wird. Notwendig wären insbesondere internationale Abkommen über Reservevorschriften und andere Regulierungen im Finanzbereich.

Offensichtlich lagen die beiden Ökonomen mit ihrer Beurteilung falsch. In der Zwischenzeit haben einige Autoren zu erklären versucht, weshalb die im Baseler Bankenausschuss vereinten Staaten eine kompetitive Deregulierung ihrer Kapitalvorschriften vermeiden und sogar eine gewisse Re-regulierung erreichen konnten (Kapstein 1989, 1991, 1992; Tobin 1991; Lichtenstein 1992; Murphy 1995; Genschel/Plümper 1997; Oatley/Nabors 1998; Murphy/Oye 1998).

Die Arbeiten von Ethan Kapstein, Glenn Tobin und Cynthia Lichtenstein sind empirisch recht reichhaltig, ihre Erklärungsmodelle sind aber vage und beruhen vorwiegend auf schwer überprüfbaren und verallgemeinerbaren Aussagen. Kapstein (1989,1992) nennt drei Bedingungen für das Zustandekommen einer Re-regulierung im internationalen Bankensektor: Die Regulierenden müssen das Problem als ein gemeinsames Problem wahrnehmen, sie müssen gemeinsame Ansichten darüber haben, wie das Finanzsystem funktionieren sollte und welche Lösungsansätze es dafür braucht. Mächtige Staaten müssen ausserdem Druckmittel einsetzen. In anderen Arbeiten betont Kapstein (z. B. 1994) vor allem den Einfluss der USA. Lichtenstein (1992; zit. in Murphy 1995) argumentiert, dass ,

[...] der Baseler Akkord aus mehreren Gründen entstand. Erstens waren die Aufsichtsbehörden daran interessiert, die Kapitalisierung der Banken zu verstärken, um ihnen eine bessere Absorption der durch die Verschuldung von Entwicklungsländern und andere Geschäfte bewirkten Verluste zu ermöglichen. Zweitens erachteten sie es als notwendig, einem Wettbewerb um laxere Kapitalvorschriften zuvorzukommen [...].

Dieses Argument hat die weit verbreitete Schwäche funktionalistischer Theorien: Eine wie auch immer erklärte Nachfrage nach Regulierung hat automatisch ein Angebot derselben zur Folge, oder vom beobachteten Angebot an Regulierung wird auf eine Nachfrage geschlossen. Die Arbeiten von Dale Murphy, Thomas Oatley und Robert Nabors, Dale Murphy und Kenneth Oye sowie Philipp Genschel und Thomas Plümper stehen dem in Kapitel 3 entworfenen Erklärungsmodell näher, sind mit Ausnahme von Murphy (1995) in empirischer Hinsicht jedoch weniger informativ.[17] Im Folgenden beurteile ich den Erklärungswert der fünf in Kapitel 3 formulierten Hypothesen in Bezug auf die Frage der Kapitalstandards für Banken.

4.3.1. Hypothese 1

Aus den in Kapitel 3 diskutierten Gründen erwarte ich bei Produkteregeln eher eine Re-regulierung, oft verbunden mit heterogenen Standards. Bei auf Produktionsprozesse bezogenen Interventionen des Staates wird eher eine Deregulierung eintreten. Wenn Hypothese 1 (vgl. Kap. 3) zur Erklärung des beobachteten Politikergebnisses (Re-regulierung bei etwas reduzierter, aber fortbestehender Heterogenität) beiträgt, sollte es sich bei den Kapitalvorschriften um Produkteregeln handeln, und es sollten protektionistische Motive auf Seiten der regulierten Produzenten beobachtbar sein. Die Hypothese liesse sich falsifizieren, wenn wir zum Ergebnis kämen, dass es sich bei den Kapitalvorschriften um eine Regulierung von Produktionsprozessen handelt und keinerlei protektionistische Effekte der Regulierung feststellbar sind.

Je nachdem, ob beispielsweise die Kreditvergabe oder die Kapitalaufnahme einer Bank betrachtet wird und welcher Natur die entsprechende Kreditvergabe oder Kapitalaufnahme ist, aber auch wie die anwendbaren Unterlegungsvorschriften beschaffen sind, könnte es sich bei Kapitalvorschriften prinzipiell um eine Regulierung von Produkten oder von Produktionsprozessen handeln. Aus der Sicht desjenigen Akteurs, der von einer Bank einen Kredit erhält, mögen Kapitalvorschriften bisweilen eher als eine Prozessregulierung erscheinen: Die Qualität des Produkts, das der Kreditempfänger erhält (der Kredit), wird durch die Unterlegungsvorschriften wenig berührt. Aus der Sicht des Kreditempfängers können Kapitalvorschriften allerdings dann die Qualität des Produkts beeinträchtigen, wenn beispielsweise ein Finanzintermediär durch zu wenig Kapital und unvorsichtige Kreditvergaben in Schwierigkeiten gerät und deshalb zum Beispiel Kredite gekündigt oder unvollständig

---

17 Die Arbeit von Dale Murphy (1995) entspricht dem hier verfolgten Forschungsdesign am ehesten. Sie beruht auf drei Hypothesen, von denen zwei (Produkte- vs. Prozessregulierung; Standortgebundenheit von Investitionen) mit den hiesigen Hypothesen weitgehend deckungsgleich sind. Es ist allerdings festzustellen, dass der empirische Sättigungsgrad der Arbeit recht hoch ist, während die Analyse der eigentlichen Hypothesen nicht sehr rigoros und systematisch erfolgt. Die Arbeit von Philipp Genschel und Thomas Plümper (1996) ist nicht als Hypothesentest angelegt und unterscheidet sich in Bezug auf das Forschungsdesign somit erheblich von meiner Fallstudie. Genschel und Plümpers Beitrag versucht, die Präferenzstrukturen der Akteure ex post in einfachen spieltheoretischen Matrizen abzubilden. Auf dieser Basis erklären die Autoren die Re-regulierung durch eine Kombination von Dilemma- und Koordinationsspielen, wobei die Stärke der Re-regulierung höher bewertet wird als in der vorliegenden Fallstudie. Ähnlichkeiten zwischen dieser und meiner Analyse ergeben sich bei Hypothese 5.

oder gar nicht ausbezahlt werden. In diesem Sinne sind ungenügend unterlegte Kredite Produkte schlechter Qualität. Gleiches gilt, wenn man Mindestkapitalstandards aus Sicht der Anleger, Finanzinstitute und Regulierenden betrachtet. Bei ungenügendem Kapital tragen diese Akteure oft einen Teil des Schadensrisikos. Regeln und Praxis der Zulassung ausländischer Banken durch eine inländische Aufsichtsbehörde bei Erfüllung bestimmter Kapitalvorschriften beziehen sich ebenfalls auf Produkte: Banken, welche die Bestimmungen nicht erfüllen, dürfen ihre Produkte auf dem entsprechenden Markt nicht verkaufen. Gesamthaft gesehen sind Mindestkapitalstandards somit eher eine Produkteregulierung als eine Regulierung von Produktionsprozessen. Die in Hypothese 1 postulierte Konstellation ist somit im Fall der Kapitalstandards beobachtbar.[18]

Wie steht es mit dem kausalen Argument, auf dem Hypothese 1 beruht? Dieses Argument besagt, dass die Hauptursache der prognostizierten Re-regulierung und eventuellen Heterogenität darin liegt, dass Produktestandards sich eher zu protektionistischen Zwecken instrumentalisieren lassen, und dass deshalb die Produzenten oft ein Eigeninteresse an ihrer Regulierung haben. Die empirische Information deutet tendenziell auf den postulierten Kausalzusammenhang.

Die von den USA ausgehenden Regulierungsbemühungen zielten grundsätzlich auf die Stärkung der Banken im Zusammenhang mit der Verschuldung von Entwicklungsländern und Bankenkrisen. An einer Lösung dieser Probleme waren vor allem in den USA auch die Banken selbst interessiert. Im Jahr 1982 schuldete Mexiko amerikanischen Banken über 23 Milliarden US$, was ungefähr 46% des Eigenkapitals der 17 grössten US-Banken ausmachte. Die argentinischen und brasilianischen Schulden hinzugerechnet besassen die 9 grössten US-Banken Forderungen gegenüber diesen Ländern in der Höhe von über 140% ihres Eigenkapitals (Reinicke 1995: 142). 1988 noch schwankten die Forderungen von US-Banken gegenüber Entwicklungsländern zwischen 93 und 199% des Eigenkapitals, während diejenigen britischer und japanischer Banken bedeutend tiefer lagen (27 – 82% resp. < 55%; vgl. De Carmoy 1990; Bryant 1987).

Auf Seiten der Produzenten (Banken) kam besonders seit Mitte der 1980er Jahre eine zunehmende Verknüpfung von Bankenregulierung und Wettbe-

---

18   Nebenbei sei hier noch auf ein methodisches Problem hingewiesen. Innerhalb des untersuchten Falles der Kapitalvorschriften kann die erklärende Variable in Hypothese 1 nur einen Wert aufweisen. Das heisst es existiert keine Varianz bei der unabhängigen Variablen innerhalb dieser Fallstudie. Dies trifft auch für die Analyse von Hypothese 1 in den folgenden beiden Fallstudien sowie teilweise für die Analyse der anderen Hypothesen zu. Für einen einfachen, korrelativen Test einer Hypothese sind hingegen mindestens zwei Beobachtungen nötig. Dieses Problem wird hier umgangen, indem der Test eher auf eine Falsifikation der Hypothese und die kausale Logik, die hinter der Hypothese steht, ausgerichtet ist und indem am Schluss des Buches die Resultate der drei Fallstudien verglichen werden (vgl. Kap. 3, Fallstudien).

werbspolitik zustande. Darin war ein gewisser *trade-off* enthalten. Einerseits bestand für US-Banken die Möglichkeit, durch verschärfte Kapitalvorschriften die in den 1980er Jahren zunehmend in den amerikanischen Markt vordringenden japanischen Banken zurückzudrängen. In den Augen amerikanischer Bankiers besassen die japanischen Finanzintermediäre aufgrund der hohen Sparquote und der grossen Liquidität des Finanzsektors in Japan sowie den tiefen Zinsen auf Sparguthaben und boomenden Aktienmärkten in Japan bei gleichzeitig sehr laxen Kapitalvorschriften einen ungebührlichen Wettbewerbsvorteil auf dem amerikanischen Markt.[19] Eine internationale Harmonisierung der Kapitalvorschriften auf strengerem Niveau würde die Kosten japanischer Banken in den USA vergleichsweise stärker anheben als diejenigen amerikanischer Banken. Andererseits erschien eine unilaterale Verschärfung der Kapitalvorschriften, die Handlungsoption mit der stärksten protektionistischen Wirkung, und ihre Anwendung auf in- und ausländische Banken in den USA wenig aussichtsreich: Sie würde vermutlich zu einer Abwanderung von Instituten und Transaktionen ins Ausland führen. Mit den Worten des Economist (26.10.1991: 20):

Die Mindestkapital-Vorschriften von 1988 bezweckten zwei Dinge: Sie sollten die Banken stärken und die Wettbewerbsvorteile japanischer Banken reduzieren.[20]

Aufgrund beträchtlicher Widerstände in Bankenkreisen (auch in den USA) gegen den Baseler Akkord wäre es allerdings verfehlt zu behaupten, der Baseler Bankenausschuss hätte sich lediglich auf eine Re-regulierung geeinigt, welche die Regulierten ohnehin gewollt hätten. Im spieltheoretischen Jargon ausgedrückt handelt es sich bei der untersuchten Situation keineswegs nur um ein reines Koordinationsspiel, mit dem alle Beteiligten eine stärkere staatliche Intervention erreichen wollen und nur noch über die genaue Form verhandeln müssen, geschweige denn um ein Harmoniespiel (vgl. Genschel/Plümper 1996).

Im Detail ist die protektionistische Wirkung verschärfter Kapitalvorschriften schwer nachweisbar. Schon ab Mitte der 1980er Jahre begannen die US-Aufsichtsbehörden, die Zugangsbestimmungen für ausländische Banken zu verschärfen, wozu in wachsendem Masse auch Kapitalvorschriften gehörten. In den Verhandlungen um das trilaterale Abkommen zwischen den USA,

---

19 Der geschäftliche Rückgang bei den amerikanischen Geschäftsbanken in den 1980er Jahren ist allerdings vermutlich weniger auf die Konkurrenz ausländischer Geschäftsbanken als vielmehr auf den Wettbewerb zwischen amerikanischen Investment-Banken und anderen amerikanischen Finanzinstituten im einheimischen Markt zurückzuführen (vgl. Oatley und Nabors 1998: 44–45).

20 Ein Aspekt, den wir hier vernachlässigen, war auch die Hoffnung der US-Banken, dass bei ihrem Eintreten auf die Vorschläge der Aufsichtsbehörden Letztere sich stärker für die Deregulierungsanliegen der Finanzintermediäre einsetzen würden (z. B. Liberalisierung im Rahmen der WTO, Aufhebung der Glass-Steagall und McFadden Acts in USA).

Grossbritannien und Japan war denn auch die Drohung mit Zugangsbeschränkungen ein wichtiges Druckmittel, um die bis dahin kooperationsunwilligen japanischen Behörden zur Verschärfung ihrer Standards zu bewegen. Die Anpassungskosten an die Bestimmungen des Baseler Akkords lagen somit vor allem auf Seite japanischer Banken und Banken einiger anderer Länder (z. B. Frankreich). Thomas Oatley und Robert Nabors (1998: 36) behaupten:

> [...] der Baseler Akkord ist ein Fall redistributiver Kooperation; die Schaffung einer internationalen Institution, welche die Wohlfahrt mindestens einer anderen Regierung, verglichen mit dem Status quo, bewusst reduziert.

Der Baseler Akkord ist in dieser Sichtweise ein Pareto-suboptimales Produkt amerikanischer Machtpolitik. Andere Autoren hingegen (vgl. Murphy 1995: 151; Kapstein 1994) bezeichnen den Baseler Akkord als gemischtes Gut, wobei die (privaten) Gewinne unter anderem auf Seiten der Finanzinstitute in westlichen Industrieländern zulasten von hoch verschuldeten Entwicklungsländern anfielen. Letztere Gewinne entstanden dadurch, dass die Banken aufgrund einer verbesserten Kapitalausstattung ihre Verhandlungsposition bei der Lösung der Schuldenfrage verbessern konnten. Erst in den 1990er Jahren konstatieren Dale Murphy und Ethan Kapstein gewisse relative Gewinne der US- und europäischen Banken zulasten der japanischen Finanzintermediäre. Thomas Oatley und Robert Nabors stellen die Aussagen der anderen Arbeiten in dieser Hinsicht verzerrt dar, indem sie diesen die Annahme reiner öffentlicher Güter unterstellen, was nicht zutrifft.[21] Auch hinsichtlich der für Kernaussagen präsentierten empirischen Information ist der Beitrag von Oatley und Nabors zu hinterfragen. Ohne klare Belege behaupten sie beispielsweise, den amerikanischen Aufsichtsbehörden und auch den anderen Teilnehmern im Baseler Bankenausschuss sei die Stabilität des internationalen Finanzsystems nie das zentrale Anliegen gewesen (1998: 36); "es gab keine Pareto-Verbesserung, die durch die Harmonisierung der internationalen

---

21 Die Aussagen von Kapstein bleiben in dieser Hinsicht jedoch etwas verworren. Kapstein (1994:105) behauptet: "Der Baseler Akkord reduziert den Spielraum für diese Art von regulatorischer Arbitrage und ebnet das Spielfeld, auf dem internationale Banken im Wettbewerb stehen." Er argumentiert auch (Kapstein 1989, 1992, 1994), dass der Baseler Akkord keinen Staat klar bevorteilt: "Auf internationaler Ebene koppelte er amerikanische Besorgnisse und Präferenzen an die Agenden anderer Staaten an. Dies bedeutet nicht, dass die Zielsetzungen der ILSA unangebracht waren. Schliesslich war das internationale Finanzsystem durch die Schuldenkrise bedroht und eine bessere Kapitalisierung der Banken konnte das öffentliche Vertrauen wieder herstellen. Insofern das Finanzsystem die Beschaffenheit eines öffentlichen Gutes aufwies, war es vernünftig, die Beteiligung jedes Staates bei dessen Erhaltung zu fordern [...] internationale Konvergenz der Regulierungen kann als Teil einer Lastenteilung betrachtet werden, die sich während der Schuldenkrise entwickelte." (Kapstein 1994:107–108).

Mindestkapitalstandards erreicht werden konnte" (1998: 42); "Harmonisierte Mindestkapitalstandards boten keine gemeinsamen Gewinne" (1998: 46).[22]

In Wirklichkeit ist diese ungleiche Verteilung der Kosten beziehungsweise des Nutzens der internationalen Zusammenarbeit weit weniger drastisch ausgefallen als es scheinen mag. Damit kann auch der Einschätzung von Thomas Oatley und Robert Nabors (1998) widersprochen werden, der Baseler Akkord sei kein Beispiel für beidseitigen Nutzen, sondern ein reines Nullsummenspiel beziehungsweise eine Umverteilungsaktion zugunsten amerikanischer Banken gewesen. Erstens lässt sich Anfang der 1990er Jahre ein Rückzug japanischer Finanzintermediäre vom amerikanischen Markt und von den internationalen Märkten allgemein beobachten (Economist, 26.10.1991). Inwiefern dieser Rückzug mit den verschärften Kapitalvorschriften und nicht mit den Krisen der Finanz- und Immobilienmärkte in Japan selbst zu tun hat, ist jedoch fraglich. Die Far Eastern Economic Review (8.4.1993: 1) beispielsweise schreibt:

Japanische Banken befinden sich in einer Krise, die einen Rückzug aus Europa und den USA bewirkte [...] Kredite an die USA sind von 38% der gesamten japanischen Kredite an das Ausland im Jahre 1989 auf 27% im Jahre 1992 gesunken. Die Reduktion der Guthaben (Kredite) ist das Resultat strengerer Mindestkapitalvorschriften der Bank für Internationalen Zahlungsausgleich.

Konkrete Hinweise auf letzteren Zusammenhang liefert die Zeitschrift allerdings keine. Ausserdem haben japanische Banken die Baseler Standards nur sehr beschränkt umgesetzt. Die verfügbaren Daten (vgl. Abb. 1–3) zeigen, dass die japanischen Banken ihr Kapital nur wenig und im Verhältnis zu US-amerikanischen Instituten kaum erhöht haben. Viele Beobachter erwarten, dass sobald sich die in den 1990er Jahren krisengeplagten japanischen Banken erholen und wieder vermehrt auf den europäischen und nordamerikanischen Markt vordringen, sich die Rufe nach verschärften Kapitalvorschriften für japanische Banken (v. a. in Bezug auf die vielen "faulen" Kredite in den Büchern dieser Institute) mehren könnten (Financial Times, 25.10.1994). Aus diesen Beobachtungen lässt sich schliessen, dass das Interesse amerikanischer Banken an einer Verschärfung der Kapitalvorschriften zumindest teilweise protektionistisch motiviert war, protektionistische Auswirkungen de facto aber nur beschränkt feststellbar sind.

Einen weiteren Hinweis auf eine protektionistische Logik von Kapitalvorschriften liefert die unilaterale, über die Baseler Standards hinausgehende Verschärfung der Kapitalvorschriften in den USA, in Grossbritannien, der Schweiz und einigen anderen Staaten. Die USA beispielsweise verschärften ihre Vorschriften bereits 1991 unter dem Eindruck des BCCI-Skandals und der

---

22 Das wichtigste Resultat der Arbeit von Thomas Oatley und Robert Nabors liegt somit darin, in stark überzogener Weise auf die treibende Kraft privaten Nutzens bei der Schaffung kollektiver Güter hingewiesen zu haben, was allerdings nichts Neues ist.

Krise im amerikanischen *savings & loan*-Bereich. Die neuen Bestimmungen, seit Juni 1992 in Kraft, erschweren nach Aussagen verschiedener Experten (vgl. z. B. American Banker, 19. Oktober 1993) den Zugang ausländischer Finanzintermediäre zum amerikanischen Markt. Sie tun dies in zweierlei Hinsicht: Erstens, indem ausländische Institute zuerst einen komplizierten und langwierigen Begutachtungsprozess durchlaufen müssen, zweitens, indem die neuen Vorschriften ungefähr auf dem damaligen Kapitalniveau der grossen amerikanischen Banken lagen, das jedoch höher als dasjenige vieler japanischer (und anderer) Banken war. Gewisse protektionistische Auswirkungen sind somit sehr wahrscheinlich, obschon diese nicht quantifiziert werden können.

Eine weitere Bestätigung für die postulierte Logik der Produkteregulierung ergibt sich indirekt auch insofern, als die im Zusammenhang mit der Regulierung von Produktionsprozessen vermutete Deregulierungsdynamik im Falle der Kapitalvorschriften nicht beobachtbar ist. Länder mit schwächer kapitalisierten Banken haben die Vorschriften in Ländern mit stärker kapitalisierten Banken nicht "nach unten gezogen". Abgesehen von den erwähnten protektionistischen Motiven liegt ein weiterer Grund für die Re-regulierung darin, dass Banken mit besserer Kapitalausstattung oft höhere Bewertungen der *rating*-Agenturen (z. B. Moody's, Standard & Poor) erhalten, an denen sich viele Marktteilnehmer orientieren (vgl. Hypothese 5). Durch bessere *ratings* erhalten Banken mehr und billigeres Kapital und können dadurch grössere Geschäftsvolumen und Gewinne erreichen. Zugleich können besser kapitalisierte Banken bei Fusionsvorhaben und anderen Projekten meist eher auf den guten Willen nationaler Aufsichtsbehörden hoffen. Die Schweiz kann hier als Beispiel dienen. Die Tatsache, dass die Schweiz einen sehr kleinen Binnenmarkt und einen sehr grossen und stark mit dem Ausland verflochtenen Finanzplatz aufweist, hat unter anderem aufgrund der just erwähnten Umstände nicht zu einer Deregulierung im Bereich der Kapitalvorschriften geführt. Im Gegenteil, die Schweizer Banken unterliegen Kapitalvorschriften, die zu den strengsten der Welt gehören und weisen eine überdurchschnittliche Kapitalausstattung auf.

Fazit: Es lässt sich feststellen, dass Kapitalvorschriften eher Produkte- als Produktionsprozessregeln sind. Die protektionistische Logik, die hinter der Teilhypothese zur Produkteregulierung steht, lässt sich in Ansätzen beobachten. Umgekehrt lassen sich die empirischen Sachverhalte, die zur Falsifizierung von Hypothese 1 gegeben sein müssten (Produktionsprozessregulierung, keine protektionistischen Effekte), aus der verfügbaren empirischen Information nicht herauslesen. Hypothese 1 erklärt somit zumindest teilweise, weshalb in diesem Politikbereich keine Deregulierung, sondern eine Re-regulierung stattgefunden hat und weshalb die nationalen Standards trotz einer gewissen Angleichung heterogen geblieben sind.

4.3.2. Hypothese 2

Hypothese 2 erklärt Konvergenztendenzen: In Regulierungsbereichen, in denen Firmen mit internationalen standortgebundenen Investitionen dominieren, erwarten wir eher eine Konvergenz einzelstaatlicher Standards als in Fällen, in denen binnenmarktorientierte oder nicht- oder wenig standortgebundene Investitionen vorherrschen. Ob eine allfällige Konvergenz regulatorischer Standards nach oben oder unten verläuft, lässt sich mit dieser Hypothese nicht prognostizieren. Aufgrund der trotz Harmonisierungsbemühungen fortbestehenden Heterogenität der einzelstaatlichen Kapitalvorschriften und der tatsächlichen Kapitalausstattungen der Banken müssten wir, um Hypothese 2 zu falsifizieren, vorwiegend internationale standortgebundene Investitionen der relevanten Produzenten (hier der Banken) beobachten können.

Im Bankenbereich kann ein gewisser Teil der Aktivitäten als international und standortgebunden bezeichnet werden. Die wichtigsten Investitionen dieser Kategorie liegen im Bereich des *sovereign lending* – das heisst der Kreditvergabe an Staaten. Diese Geschäfte sind, im Gegensatz beispielsweise zu Euromoney Transaktionen in Offshore-Finanzzentren oder dem Handel mit Aktien oder Derivaten, auf spezifische Beziehungen mit einzelnen Ländern ausgerichtet. Trotz der erwähnten Verbriefungstendenz (vgl. Hintergrund) und der Entstehung von Sekundärmärkten für Guthaben gegenüber Staaten lassen sich solche Schuldentitel weniger einfach und oft nur unter beträchtlichen Verlusten für den ursprünglichen Gläubiger handeln.

Von *sovereign lending*-Problemen betroffen waren vor allem Banken in den USA, Grossbritannien und Japan. Diese drei Staaten waren die grössten Gläubiger in den Schuldenkrisen der 1980er Jahre. Ihre Banken, die über beträchtlichen Einfluss bei den Aufsichtsbehörden verfügten, waren stark daran interessiert, die internationalen Finanzmärkte zu stabilisieren, ohne den betroffenen Entwicklungsländern die Schulden ganz oder teilweise erlassen zu müssen. Sie waren ebenfalls wenig interessiert daran, ihre Guthaben auf dem neu entstandenen Sekundärmarkt zu Diskontraten von 30% bis 90% verkaufen zu müssen. Trotz erheblichen Wettbewerbs zwischen den einzelnen Finanzintermediären arbeiteten diese im *sovereign lending*-Bereich in vielfältiger Weise zusammen. Diese Zusammenarbeit erstreckte sich auf syndizierte Kredite[23], *cross-default-clauses* bei Kreditvergaben[24] und andere vertragliche Verbindungen sowie die Zusammenarbeit bei der Lösung der Schuldenprobleme lateinamerikanischer Länder (Biersteker 1993; Lucatelli 1997: 39ff.).

Als wünschenswertere Handlungsoptionen zur Stabilisierung der Finanzmärkte, vor allem aus Sicht amerikanischer und britischer Banken und ihrer

---

23 Bei syndizierten Krediten besitzen mehrere oder viele Banken jeweils Teile der ausstehenden Schuld eines Landes.

24 *Cross-default clauses* verbieten den beteiligten Banken, einzeln mit einem Schuldnerland eine Umschuldung vorzunehmen beziehungsweise die Schuld neu zu verhandeln.

Aufsichtsbehörden erwiesen sich einerseits Zahlungsbilanzhilfen des IWF und einzelner Industrieländer sowie Massnahmen bei den Banken selbst. Mit der Erhöhung der Kapitalausstattung wurde unter anderem das Ziel verfolgt, die Abhängigkeit der Banken von den Schuldnern zu reduzieren, und damit auch die Verhandlungsposition der Finanzintermediäre zu verbessern. Bekanntlich hatte sich die einstige Abhängigkeit der Schuldner in Entwicklungsländern von den Gläubigern in Industrieländern in der Schuldenkrise zeitweise umgekehrt, zumal einige Grossbanken bei einem Zahlungsstopp wichtiger Entwicklungsländer in ihrer Existenz massiv bedroht gewesen wären (Aggarwal 1987; Fernandez 1990). Diese Umstände erklären zu einem gewissen Grad die Bemühungen um eine Harmonisierung der Kapitalvorschriften.

Das Fortbestehen der Heterogenität bei der einzelstaatlichen Auslegung und der Umsetzung des Baseler Akkords und seiner Amendments sowie die de facto unterschiedliche Kapitalausstattung der Banken lässt sich durch Hypothese 2 wie folgt erklären: Erstens lagen die meisten standortgebundenen Investitionen der Banken schon immer im eigenen Land, waren also nicht international. Zweitens hat das traditionelle *sovereign lending* durch private Banken an Entwicklungsländer – der wichtigste Typ internationaler, standortgebundener Investitionen – in den 1990er Jahren stark abgenommen. Dieser Bereich wird nun durch leichter handelbare und damit weniger standortgebundene Staatsanleihen geprägt. Auch diese Finanzierungsstruktur kann zu Krisen führen, wie die Währungsprobleme in Mexiko 1994/95 zeigen. Allerdings sind bei solchen Krisen die Investitionsrisiken viel breiter gestreut als beim *sovereign lending* durch Banken. Sie erstrecken sich auf einen breiten Kreis von institutionellen und privaten Investoren, die in vielen Ländern vom Baseler Akkord und den entsprechenden Aufsichtsbehörden gar nicht erfasst werden. Drittens haben beim internationalen Geschäft der Banken Investitionen in Aktien, Obligationen, Derivate, Rohstoffe sowie der Devisenhandel – alles sind grenzüberschreitende, aber wenig standortgebundene Aktivitäten – weiter an Bedeutung gewonnen. Schliesslich ist auch festzustellen, dass die Banken der einzelnen Staaten in der Schuldenkrise sehr unterschiedlich exponiert waren und auch heute die oft binnenwirtschaftlich verursachten Probleme im Finanzbereich (inklusive die Zusammenbrüche einzelner Institute) von Staat zu Staat stark variieren. Somit ist auch kaum zu erwarten, dass die Banken bezüglich Kapitalvorschriften die gleichen Interessen aufweisen.

Fazit: Die hier präsentierte empirische Information deutet darauf hin, dass der grösste Teil der standortgebundenen Investitionen im Bankgeschäft (z. B. Hypotheken, Kredite an Firmen) im Inland angesiedelt und der Grossteil der internationalen Investitionen von Banken wenig standortgebunden ist. Falls die Investitionen der Banken vorwiegend international und gleichzeitig standortgebunden gewesen wären, hätte dies der Hypothese widersprochen. Die verfügbare empirische Information reicht damit zur Falsifizierung der Hypothese nicht aus. Umgekehrt formuliert: Die Werte der erklärenden Variablen zeigen nicht in diejenige Richtung, die eine starke Konvergenzbewegung bei den Kapitalvorschriften begünstigen würde.

4.3.3. Hypothese 3

Hypothese 3 besagt, dass dominante und etablierte Firmen in Märkten mit hohem Konzentrationsgrad eher in der Lage sind, das regulatorische Umfeld nach ihren Vorstellungen zu beeinflussen. Diese Hypothese muss im Zusammenhang mit den Hypothesen 1 und 2 betrachtet werden. Die beobachtete Re-regulierung bei fortbestehender Heterogenität liesse sich dadurch erklären, dass Kapitalvorschriften Produkteregeln sind (Hypothese 1) und der Bankensektor von einer kleineren Zahl von Grossbanken, die zu einem gewissen Grad ein Eigeninteresse an einer Regulierung haben, kontrolliert wird (Hypothese 3). Die fortbestehende Heterogenität liesse sich auch darauf zurückführen, dass standortgebundene Investitionen vor allem im Inland angesiedelt sind, internationale Investitionen wenig standortgebunden sind (Hypothese 2) und durch den grossen Einfluss weniger Banken die Standards weitgehend den Produzenteninteressen in den einzelnen Ländern entsprechen (Hypothese 3). Die Kombination von internationalen, standortgebundenen Investitionen und hohem Konzentrationsgrad der Märkte, bei welchen wir eine starke Konvergenzbewegung erwarten würden, kann aufgrund der zu Hypothese 2 vorgebrachten empirischen Information vernachlässigt werden.

Ausgehend von den Hypothesen 1 und 2 sowie den bisher präsentierten empirischen Sachverhalten scheint ein hoher Konzentrationsgrad im Bankensektor nicht unbedingt notwendig zu sein, um das beobachtete Politikergebnis herbeizuführen. Der Konzentrationsgrad kann aber die in den Hypothesen 1 und 2 prognostizierten Effekte verstärken, indem er es den Produzenten (den Banken) erlaubt, ihre Interessen gegenüber den Aufsichtsbehörden stärker zur Geltung zu bringen.

Verlässliche Daten, die einen systematischen Vergleich des Konzentrationsgrades im Bankensektor über die einzelnen Länder hinweg ermöglichen würden, existieren nicht. Aus verschiedenen Quellen, beispielsweise Berichten des IWF und der BIZ[25], lassen sich allerdings einige Informationen gewinnen. Trotz einer je nach Land unterschiedlich starken Konsolidierung im Bankensektor ist die Zahl der Institute nach wie vor sehr gross, der Konzentrationsgrad in den Kernbereichen des Bankengeschäfts aber recht hoch. Mit grossem Abstand an der Spitze liegen die USA. Laurence Meyer (BIS Review, 55/1998: 2) hält fest: "1980 existierten in den USA rund 14'400 Banken, die in rund 12'300 Organisationen zusammengefasst waren. Bis Ende 1997 sank diese Zahl etwas unter 9'100 beziehungsweise 7'200. Dieser 42-prozentige

---

25 IMF, International Capital Markets, diverse Jahrgänge; BIS, International Banking and Financial Market Developments, diverse Jahrgänge.

Rückgang ist nur teilweise auf Bankenzusammenbrüche in den späten 1980er und frühen 1990er Jahren zurückzuführen. Ein wichtigerer Grund sind Fusionen zwischen gesunden Banken." Auch in anderen Ländern wie Deutschland, Japan oder der Schweiz ist die Zahl der Banken gesunken. Darüber hinaus lässt sich feststellen, dass in vielen Ländern wenige Grossbanken einen erheblichen Teil des Marktes kontrollieren. In den 1980er Jahren waren dies in den USA neun *money-center banks*, in Grossbritannien vier Grossbanken, in Japan die elf grössten Geschäftsbanken, in Deutschland drei Grossbanken (Cohen 1986). Somit dominieren um die dreissig Grossbanken das globale private Finanzgeschäft.

Wie sich dieser, vielleicht als "mittel" zu bezeichnende Konzentrationsgrad in Einfluss auf nationale und internationale Regulierungsprozesse umsetzt, lässt sich nicht systematisch beurteilen, zumal nationale Regulierungspraktiken sehr unterschiedlich sind (z. B. *top-down* vs. partizipatorisches Vorgehen). Allerdings deutet vieles darauf hin, dass nationale Aufsichtsbehörden in den wichtigsten Ländern sehr eng mit den Finanzintermediären zusammenarbeiten und meist auf die Interessen der regulierten Akteure Rücksicht nehmen. Hier seien vier Beispiele aufgeführt.

Erstens: Das Federal Reserve setzte bei den anderen Mitgliedern des Baseler Bankenausschusses die Anrechnung von *loan-loss reserves* an das Bankenkapital durch – der Hintergrund: Citicorp hatte zur Verstärkung seiner Verhandlungsposition gegenüber den Schuldnerländern im Mai 1997 eine Rückstellung von 3 Milliarden US$ vorgenommen.

Zweitens: Als die US-Aufsichtsbehörden im Rahmen des Federal Deposit Insurance Cooperation Improvement Act von 1991 und anderer Gesetzeserlasse die Kapitalvorschriften verschärften und gleichzeitig das staatliche Sicherheitsnetz reduzierten, taten sie dies in einem Ausmass, in dem alle Grossbanken der USA zum Zeitpunkt der Inkraftsetzung im Juni 1992 die Auflagen bereits erfüllten (Murphy 1995: 192).

Drittens: Die japanischen Behörden haben es fast schon zur Meisterschaft gebracht, auf dem Papier streng aussehende Kapitalvorschriften bei der Umsetzung so anzuwenden, dass selbst auf tönernen Füssen stehende japanische Finanzinstitute die Auflagen erfüllen können. So haben beispielsweise die japanischen Aufsichtsbehörden ein "US-style bank resolution framework" erlassen, das seit April 1998 in Kraft ist. Es verlangt, dass die Banken ihre Portfolios nach strengeren Risikobemessungen klassifizieren. Es erlaubt den Behörden auch, Korrekturmassnahmen zu ergreifen und unterkapitalisierte Institute gar zu schliessen, wenn ihre risikogewichtete Kapitalisierung unter gewisse Grenzwerte fällt. Im Herbst 1998 stellte die japanische Regierung für die Sanierung des maroden Bankensektors gar 60 Billionen ¥, ungefähr 700 Milliarden Schweizer Franken (!), zur Verfügung. Bei genauerem Hinsehen sind die neuen Auflagen jedoch viel lockerer als diejenigen in den USA (vgl. IMF 1997: 44–45, 140–42). Spätestens bei der Verstaatlichung der insolventen Long-Term Credit Bank (LTCB) im Oktober 1998 war nicht mehr zu übersehen, dass die Bilanzführung vieler japanischer Banken (mit impliziter Billigung der japanischen Aufsichtsbehörden) äusserst mangelhaft war. So wies etwa die LTCB noch im März 1998 nominell eine Eigenkapitalquote von über 10% auf (NZZ 24.10.98: 23). Erst seit Mitte 1999 zeichnet sich, nicht zuletzt aufgrund der katastrophalen Lage im japanischen Finanzsektor und der unumgänglichen Konsolidierung, ein etwas robusteres Vorgehen der japanischen Aufsichtsbehörden ab.

Viertens: Wie im 1996er Amendment zum Baseler Akkord zum Ausdruck kommt, ist es den Banken gelungen, die für sie oft vorteilhaftere, für die Aufsichtsbehörden aber schwieriger zu kontrollierende Anwendung bankinterner Modelle zur Bewertung von Marktrisiken durchzusetzen. Vor allem für Grossbanken, die solche Modelle unterhalten, reduziert diese Regelung die Höhe ihrer Mindestkapitalausstattung.

Hinweise auf die Führungsrolle von Grossbanken ergeben sich auch aus der Analyse der Schuldenkrisen der 1980er Jahre. Damals waren einzelne Banken versucht, die kollektive Verhandlungsposition der Gläubiger gegenüber den Schuldnerländern zu untergraben, indem sie ihre Kredite soweit wie möglich liquidierten oder auf dem Sekundärmarkt verkauften. Umgekehrt waren die einzelnen Gläubiger nicht bereit, den Schuldnerländern unilateral Liquidität zuzuschiessen, da diese nicht nur dem Kreditgebenden, sondern allen Gläubigern des entsprechenden Landes zugute gekommen wäre. Diese kollektiven Handlungsprobleme wurden im Rahmen des Londoner Klubs wirksam gelöst, indem vor allem die US-Regierung im Verbund mit einigen Grossbanken die Führungsrolle übernahm (Lucatelli 1997: 39ff.).

Fazit: Bei mittlerem Konzentrationsgrad der Märkte spielen Grossbanken besonders in nationalen Regulierungsprozessen eine wichtige Rolle. In Kombination mit Hypothese 1 (Kapitalvorschriften als Produkteregeln) trägt dieser innerstaatliche Einfluss zur Re-regulierung bei fortbestehender Heterogenität bei. Aufgrund der Investitionsstrukturen (Hypothese 2) und der im Zusammenhang mit Hypothese 3 diskutierten empirischen Information (mittlerer Konzentrationsgrad, sehr viele Banken) sind auf internationaler Ebene keine intensiven Anstrengungen der Banken zur (regulatorischen und De-facto-) Harmonisierung der Kapitalvorschriften zu erwarten. Am stärksten bemerkbar macht sich noch der Einfluss von Grossbanken bei der Frage bankinterner Risikomodelle, von deren Anwendung vor allem die grossen Finanzintermediäre profitieren können. Diese Aussagen lassen sich anhand der Analyse von Hypothese 4 noch ausdifferenzieren.

4.3.4. Hypothese 4

Hypothese 4 erklärt die Intensität staatlicher Regulierung auf nationaler und internationaler Ebene. Eine Verstärkung regulatorischer Interventionen erwarten wir bei konzentriertem Nutzen und breit gestreuten Kosten der Regulierung. Ein Scheitern von Re-regulierungsversuchen oder eine Deregulierung treten dann auf, wenn der Nutzen der Regulierung breit gestreut ist, die (substanziellen) Kosten aber konzentriert sind und eine Kompensation der Kostentragenden nicht möglich ist. Trotz fortbestehender Heterogenität haben Staaten ihren regulatorischen Zugriff auf den Finanzsektor im Bereich der Kapitalvorschriften tendenziell verstärkt. Um die Hypothese zu falsifizieren, müssten wir somit feststellen können, dass der Nutzen der verschärften Kapitalvorschriften breit gestreut ist, die Kosten aber konzentriert sind und eine Kompensation der Kostentragenden nicht möglich ist.

Die Initiative für die Verschärfung der Kapitalvorschriften für international tätige Banken ging Mitte der 1980er Jahre von Aufsichtsbehörden in den USA aus. Zwischen 1950 und 1980 hatten sich verschiedene US-Behörden auf bundesstaatlicher und nationaler Ebene mit der Bankenregulierung befasst und mit verschiedenen Kapitalstandards operiert, so die drei wichtigsten Aufsichtsbehörden, das Federal Reserve Board, die Federal Deposit Insurance Corporation und das Office of the Comptroller of the Currency. Diese drei Behörden konnten sich erst im März 1985, nachdem alle grossen, internationalen US-Banken die Auflagen erfüllen konnten, auf unilaterale, einheitliche Kapitalvorschriften in Form von fixen, nichtrisikogewichteten 5.5% *primary capital* für Banken einigen.

Konkreter Ausgangspunkt waren, wie oben bereits geschildert, die Krisen im *sovereign lending*, aber auch in anderen Bereichen des Bankgeschäfts, die den amerikanischen Finanzsektor in der ersten Hälfte der 1980er Jahre erschütterten. In der Schuldenkrise exponierte US-Banken waren daran interessiert, die Finanzmärkte zu stabilisieren ohne die ausstehenden Schulden oder Teile davon abschreiben zu müssen. Finanzintermediäre und Aufsichtsbehörden perzipierten aufgrund der Zusammenbrüche einiger grosser US-Finanzinstitute einen akuten Handlungsbedarf. Schliesslich nahmen viele amerikanische Bankiers Anstoss am vermehrten Vordringen japanischer Banken auf den amerikanischen Markt, was sie teilweise auf die tiefere Kapitalausstattung dieser Banken und dadurch entstandene Wettbewerbsvorteile zurückführten. Abbildungen 1–4 (in diesem Kapitel) geben in Bezug auf dieses Argument allerdings ein widersprüchliches Bild. Abbildung 1 zeigt, dass bis 1982 die ausgewiesene Kapitalausstattung japanischer über derjenigen amerikanischer Banken lag. Ab 1983 stieg die Kapitalisierung amerikanischer Banken, während diejenige japanischer Institute etwa gleich blieb. Abbildung 4 hingegen deutet auf eine durchweg sehr geringe Kapitalausstattung japanischer Institute hin, die immer unter derjenigen amerikanischer Banken liegt. Allerdings zeigen schon die unterschiedlichen Zahlen für die 1980er Jahre, dass die verfügbaren Daten aufgrund verschiedener Samples, Definitionen von Kapital und tatsächlicher Bilanzierungspraktiken einen rigorosen Vergleich des Bankensektors in den beiden Ländern nicht erlauben.

Die Frage der Kapitalvorschriften wurde ab 1983 zunehmend mit der Wettbewerbsordnung im Bankensektor verknüpft und im Zusammenhang mit den IWF-Quoten der USA intensiver im US-Kongress diskutiert. Die meisten Kongressmitglieder waren damals nicht an einer Erhöhung der amerikanischen Beiträge an den IWF und an einem *bail-out* maroder Banken durch den IWF interessiert. Obschon dieses Geld formell gesehen nicht aus dem Staatsbudget, sondern von der amerikanischen Zentralbank und anderen Quellen stammte, wurde die Zuführung von Liquidität an zahlungsunfähige Entwicklungsländer und Banken von Politikern immer wieder als Ausgabe oder sogar Verschwendung von Steuergeldern beurteilt. Um die Banken für ihre unvorsichtigen Kreditvergaben nicht noch zu belohnen (vgl. das oben diskutierte Problem des moralischen Risikos) und damit den Staat zu belasten, forderten Kongressmitglieder und auch Aufsichtsbehörden eine verstärkte Kontrolle über den Bankensektor. Viele Bankiers ihrerseits sahen die Notwendigkeit einer besseren Kapitalisierung amerikanischer Banken ein, betrachteten ein einseitiges Vorgehen der US-Behörden jedoch als Wettbewerbsnachteil gegenüber japanischen Banken. Vorstösse zur internationalen Harmonisierung der Kapitalvorschriften auf höherem Interventionsniveau boten sich somit als Ausweg an.

Der 1983 vom US-Kongress erlassene International Lending Supervision Act (ILSA) trug den Bedenken amerikanischer Bankiers Rechnung. Im ILSA wurden die Zulassungsbestimmungen für ausländische Banken in den USA verschärft. Vorschläge für eine unilaterale Verschärfung der amerikanischen Mindestkapitalvorschriften fanden hingegen keinen Eingang in dieses Gesetz. Im März 1984 trug das Fed die Anliegen des amerikanischen Kongresses im Baseler Ausschuss vor, stiess aber auf Ablehnung. Schon hier deutet sich eine Kompensationsstrategie an, die Dale Murphy (1995) und Thomas Oatley und Robert Nabors (1998) teilweise ansprechen (vgl. weiter oben).

Eine stärkere Kapitalisierung von Banken beinhaltet ein wirtschaftliches Optimierungsproblem (Matten 1996). Eine Unterkapitalisierung birgt Kosten, die von einem Vertrauensverlust der Anleger und deren Abwanderung über steigende Kosten der Kapitalaufnahme bis hin zur Insolvenz reichen können. Eine Überkapitalisierung hingegen kann Opportunitätskosten verursachen, da besonders das Kernkapital einer Bank praktisch keine Rendite abwirft. Trotz enormer Fortschritte bei der Entwicklung von Modellen zur Risikobewertung von Investitionen hat die Forschung bis anhin jedoch keine eindeutige Lösung dieser Optimierungsfrage geliefert. Aus Sicht der einzelnen Bank bestehen die Netto-Kosten einer Re-regulierung somit darin, dass die verschärften Kapitalvorschriften zu einer tatsächlichen oder vermeintlichen Überkapitalisierung des eigenen Instituts führen könnten.

Hinzu kommt, dass mindestens ein Teil des Nutzens einer erhöhten Kapitalisierung der einzelnen Bank in Form positiver externer Effekte anfällt und sogar als öffentliches Gut bezeichnet werden kann. Banken im In- und Ausland, die ihre Kapitalisierung nicht verbessern, können von der Erhöhung der

Solvenz und Liquidität anderer Banken durch die verbesserte Stabilität des gesamten Finanzsystems ebenfalls profitieren. Aus Sicht der Aufsichtsbehörden und des Staates allgemein werden durch eine erhöhte Kapitalisierung von Banken Kosten, die aus (ungebührlich) risikofreudigem Verhalten der Finanzinstitute entstehen, aus dem öffentlichen in den privaten Sektor übertragen. Damit wird auch das Problem des moralischen Risikos reduziert. Der Staat und sehr indirekt auch der Steuerzahler, der allerdings wenig davon zu spüren bekommt, werden entlastet. Die Kosten entfallen auf die Finanzintermediäre, indem sie mehr Eigenkapital halten und etwas konservativere Investitionsstrategien verfolgen müssen. Aus der Perspektive amerikanischer Banken, von denen wir bei der Kosten-Nutzen-Analyse hier ausgehen, sind insbesondere die Kosten einer unilateralen Re-regulierung substanziell und konzentriert, während der Nutzen wenigstens teilweise auf einen breiteren Kreis von Akteuren entfällt.

Ohne Kompensation ist unter diesen Bedingungen, und im Einklang mit Hypothese 4, eine Re-regulierung eher unwahrscheinlich. In Ansätzen lässt sich eine Kompensation feststellen. Die im ILSA und später im Federal Deposit Insurance Cooperation Improvement Act von 1991 verschärften Zulassungsbestimmungen für ausländische Banken haben de facto zumindest eine gewisse protektionistische Wirkung gezeigt (vgl. oben). Man könnte somit argumentieren, dass diese neuen Bestimmungen den amerikanischen Banken durch eine Zurückdrängung japanischer Banken vom US-Markt eine Kompensation für die Kosten der Regulierung boten. Eine zusätzliche Strategie zur Beeinflussung der Kostenstruktur für amerikanische Banken ergab sich in Form einer Internationalisierung der Kapitalvorschriften. Diese bieten kaum einen protektionistischen Nutzen, entschärfen jedoch das Problem der perzipierten Wettbewerbsnachteile, wenn alle Marktteilnehmer den gleichen Standards unterliegen.

Wie am Anfang dieser Fallstudie geschildert, gelang die Internationalisierung durch den schrittweisen Aufbau einer Koalition. Im ersten Schritt entstand ein amerikanisch-britisches Abkommen. Die Behörden der beiden Staaten konnten sich schnell einigen, da sich die Kapitalisierung britischer Banken in der Grössenordnung amerikanischer Institute bewegte. Grossbritannien begriff das amerikanische Angebot auch als Chance, seine im EG-Rahmen schwieriger zu realisierenden Vorstellungen bezüglich Kapitalvorschriften auf internationaler Ebene umzusetzen.

Die Zustimmung der Japaner zum trilateralen Abkommen wurde 1987 vor allem durch zwei Umstände erleichtert. Erstens drohten die amerikanischen Behörden den japanischen Banken praktisch unverhüllt mit Beschränkungen des Marktzugangs, dies in einer Phase, in welcher der Vormarsch japanischer Finanzintermediäre auf dem amerikanischen Markt in vollem Gange war. Zweitens erlaubte der positive Konjunkturverlauf, kombiniert mit buchhalterischen Kunstgriffen, eine Erhöhung der Kapitalausstattung japanischer Banken. Nebst dem bereits erwähnten Zugeständnis bezüglich Anrechnung von Immobilien und Aktien an das Bankenkapital konnten sich die japanischen Finanzinstitute aufgrund des herrschenden Booms an der Börse sehr einfach rekapitalisieren. Bezeichnenderweise beklagten sich amerikanische Bankenvertreter bisweilen, das trilaterale Abkommen hätte die Wettbewerbsvorteile der japanischen Banken nicht reduziert. Ab Sommer 1990, als die Märkte in Japan ihren Sinkflug begannen, erwies sich die Marktbewertung von Immobilien und bestimmten Wertpapieren bei der Berechnung des Kapitals als Nachteil: Die dadurch schrumpfende Kapitalbasis reduzierte auch die Möglichkeiten der Kreditvergabe durch japanische Finanzinstitute. Diese Probleme wurden jedoch teilweise durch eine lasche Interpretation der bestehenden Kapitalvorschriften, oft mit Billigung der Aufsichtsbehörden, umgangen oder wurden gar bewusst verletzt.[26]

Die bei den japanischen Banken tatsächlich angefallenen Kosten der zur Einhaltung der verschärften Mindestkapitalstandards notwendigen Rekapitalisierung sind somit weniger hoch als von manchen Autoren behauptet. Der Nutzen der verstärkten staatlichen Intervention entfällt, besonders im Zuge der Krise im japanischen Finanzsektor in den 1990er Jahren, zu einem grossen Teil auf die regulierten Institute selbst, da diese mit oder ohne Regulierung gezwungen sind, das von vielen Anlegern verlorene Vertrauen wiederzugewinnen. Die verbleibenden Widerstände gegen eine Rekapitalisierung wurden wahrscheinlich durch die negativen Anreize amerikanischer Behörden überwunden. Von einer grösseren Umverteilung der Nutzen von japanischen an amerikanische Banken kann allerdings, im Gegensatz zur Behauptung von Thomas Oatley und Robert Nabors (1998), kaum gesprochen werden. Die Entstehung der Baseler Kapitalvorschriften kann nicht als Nullsummenspiel beziehungsweise als Pareto-suboptimales Resultat amerikanischer Machtpolitik bezeichnet werden.

Die Multilateralisierung im Rahmen des Baseler Bankenausschusses gelang schliesslich ohne grössere Mühe. Erstens erfüllten die Banken in manchen der übrigen Staaten die vorgesehenen Standards bereits (z. B. in der Schweiz). Zweitens wurden die Standards des trilateralen Abkommens noch so weit modifiziert, dass Banken in den wichtigen Staaten (z. B. in Deutschland) sie ohne grosse Kosten erfüllen konnten. Schliesslich drohten bei einem Abseitsstehen, das heisst bei Nicht-Kooperation, Probleme beim Zugang zum amerikanischen Markt. Diese Internationalisierungsdynamik ist Gegenstand einer vertieften Analyse im Zusammenhang mit Hypothese 5.

---

26 Von manchen Autoren (z. B. Kapstein 1994) wird auch erwähnt, Japan habe durch seine Zustimmung zum trilateralen Abkommen die amerikanische Kritik an den japanischen Handelsbilanzüberschüssen dämpfen und für die damals laufenden Währungs-, Handels- und Finanzmarktverhandlungen seinen Goodwill signalisieren wollen. Hinzu kommt, dass die japanischen Banken auch ein gewisses Eigeninteresse an einer Re-regulierung gehabt haben könnten. So waren ihre *ratings* zuvor von wichtigen *rating*-Agenturen wie zum Beispiel Moody's herabgesetzt worden, was die Kapitalaufnahme der Banken verteuerte.

Abschliessend ist allerdings festzustellen, dass die Kosten der Re-regulierung im Bereich der Kapitalvorschriften grundsätzlich konzentriert anfallen und der Nutzen breiter gestreut ist. Dieses strukturelle Kooperationsproblem konnte bislang aufgrund negativer Anreize amerikanischer Behörden (Regulierung des Zugangs zum US-Markt), der günstigen Wirtschaftslage, die eine Rekapitalisierung der Banken erleichterte, und einer oft wenig rigorosen Umsetzung der Standards in manchen Ländern (v. a. Japan) gemeistert werden. Ab Mitte der 1990er Jahre haben der verschärfte Wettbewerb im Bankensektor und die vermehrte Betonung des Shareholder Value das genannte Kooperationsproblem wieder in den Vordergrund gerückt. Dadurch sind auch dem Handlungsspielraum des Baseler Bankenausschusses sowie der nationalen Aufsichtsbehörden wieder engere Grenzen gesetzt. Diese Grenzen äussern sich in verschiedener Form: Erstens werden die Baseler Standards in einigen Ländern ungenügend umgesetzt. Zweitens ist ein vermehrtes Eingehen auf die Wünsche der Banken nach solchen Vorschriften zu verzeichnen, die geringere Kosten verursachen (vgl. das 1996er-Abkommen zu Marktrisiken). Schliesslich stellen einige Beobachter eine verstärkte Arbitragetätigkeit der Banken fest, die der Umgehung der Kapitalvorschriften dient. Diese Problematik kommt im Schlussteil des Kapitels ausführlicher zur Sprache.

Fazit: Kapitalvorschriften und die damit zusammenhängende Kapitalisierung von Banken sind ein gemischtes Gut, das heisst ein Gut, welches für die regulierten Akteure sowie für die Allgemeinheit einen Nutzen bringt. Je nach Land und Finanzlage der einzelnen Banken ist der private Nutzen der Re-regulierung für Regulierende und Regulierte unterschiedlich. Die Kosten der Re-regulierung werden von der im Verhältnis zu den Nutzniessern kleineren Gruppe der Regulierten getragen, sind von Bank zu Bank und damit Land zu Land jedoch sehr verschieden und auch vom allgemeinen Wirtschaftsverlauf abhängig. Die für eine Re-regulierung eher ungünstige Ausgangssituation (konzentrierte Kosten, breiter gestreuter Nutzen) in den USA wurde durch eine indirekte Kompensation der regulierten amerikanischen Banken via Zugangsbeschränkungen für ausländische Institute sowie Bemühungen zur Internationalisierung der amerikanischen Vorschriften verbessert. Zur Milderung des Kooperationsproblems beigetragen hat auch, dass besonders in den 1980er Jahren der private Nutzen für die regulierten US-Banken substanziell war (stärkere Verhandlungsposition im *sovereign lending*; bessere *ratings* und erhöhtes Vertrauen der Anleger). Die Internationalisierung von Kapitalvorschriften gelang, allerdings nur in beschränktem Rahmen, wie dies die fortbestehende Heterogenität zeigt. Dieser Erfolg beruhte auf relativ geringen Kosten der Re-regulierung für viele ausländische Banken und signifikantem privatem Nutzen für die Regulierten selbst.

Die Opportunitätskosten der Regulierung haben sich ab Mitte der 1990er Jahre in den Augen vieler Banken erhöht, was weiteren staatlichen Zugriffsmöglichkeiten enge Grenzen setzt. Aufgrund der in Hypothese 1 bis 3 beleuchteten Umstände ist trotz vermehrter Opposition gegen die Baseler Mindestkapitalvorschriften jedoch keine Konvergenz der Standards nach unten, sondern eher ein Fortbestehen der Heterogenität zu erwarten. Eine signifikante Erhöhung der Intensität staatlicher Intervention ist hingegen unwahrscheinlich.

Auf der Basis der hier diskutierten empirischen Sachverhalte lässt sich Hypothese 4 nicht falsifizieren: Die beobachtete Re-regulierung ist nicht mit substanziellen und auf wenige Akteure konzentrierten Regulierungskosten, breit gestreutem Nutzen der Regulierung und keiner Kompensation der Kostentragenden verbunden. Vielmehr variiert der Erfolgsgrad der Re-regulierungsbemühungen in der erwarteten Richtung mit den perzipierten Kosten auf Seiten der regulierten Akteure sowie den Kompensationsmöglichkeiten.

4.3.5. Hypothese 5

Die statische Variante von Hypothese 5 besagt, dass bei hoher Kapitalmobilität eher eine Deregulierung beziehungsweise Konvergenz nach unten auftritt, weil die k-Gruppe, die für eine international abgestimmte Re-regulierung nötig ist, unter dieser Bedingung grösser ist und die Kooperation in grösseren Gruppen schwieriger wird. Die k-Gruppe bezeichnet die Zahl der Akteure (in diesem Fall Staaten), die unabhängig vom Verhalten der anderen Akteure aufgrund von Kosten-Nutzen-Kalkülen bereit ist, gemeinsam zu re-regulieren. Je kleiner die k-Gruppe, desto eher kommt eine Re-regulierung zustande. Diese Effekte der Kapitalmobilität können abgeschwächt oder gar aufgehoben werden, wenn in einer bestimmten Gruppe Staaten (oder auch grosse Firmen) existieren, die einen sehr grossen privaten Nutzen aus einem kollektiven Gut ziehen – dies impliziert, dass das Gut ein gemischtes Gut ist – und respektive oder diese Staaten (Firmen) ein grosses Einkommen aufweisen. In der dynamischen Variante erwarten wir, dass, wenn die Arbitragegewinne (Nutzen des Trittbrettfahrens bzw. Nutzen der Nicht-Kooperation) mit zunehmender Zahl der re-regulierenden Akteure steigen, eher eine Deregulierung oder ein Scheitern von Versuchen der Re-regulierung zu beobachten ist.

Diese Hypothesen liessen sich vor allem durch folgende Sachverhalte falsifizieren. Zur ersten Variante: Die beobachtete Re-regulierung im Bereich der Kapitalvorschriften koexistiert mit hoher Kapitalmobilität und der Abwesenheit eines gewichtigen Staates, der aufgrund beträchtlichen Privatnutzens eine Führungsrolle übernimmt. Zur zweiten Variante: Die Zahl der Staaten, die ihre Kapitalvorschriften verschärfen, steigt, obschon mit Zunahme dieser Zahl die Arbitragemöglichkeiten für Banken steigen, die von der Re-regulierung nicht erfasst werden.

Die oben diskutierte Koalitionsbildung, ausgehend von den USA, zeigt, dass die k-Gruppe im Falle der Kapitalvorschriften relativ klein war. Während die Verhandlungen im Baseler Bankenausschuss stagnierten, begannen die

Zentralbanken der USA und Grossbritanniens im Juli 1986 bilaterale Gespräche. Im Januar 1987 kam eine Einigung zustande. Einige Monate später gelang es den beiden Staaten bereits, Japan in das britisch-amerikanische Abkommen einzubinden. Das trilaterale Abkommen wurde dem Baseler Bankenausschuss dann als Fait accompli vorgelegt und führte innerhalb von drei Monaten zum multilateralen Baseler Akkord. Letzterer übernahm die wichtigsten Bestimmungen des trilateralen Abkommens, berücksichtigte aber noch diverse Wünsche der anderen Staaten, was zu einer teilweisen Senkung der im britisch-amerikanischen Abkommen vereinbarten Standards führte.[27]

Die bereits im Zusammenhang mit den Hypothesen 1–4 präsentierte empirische Information deutet darauf hin, dass der private Nutzen amerikanischer Banken und ihrer Aufsichtsbehörden gross genug war, um aus einem *minilateralen* Abkommen hervorgehende positive externe Effekte für nichtkooperierende Staaten (z. B. mehr Stabilität im internationalen Finanzsystem; diese Nutzenkomponente kann auch als öffentliches Gut betrachtet werden) ohne Abgeltung zu dulden. Aus Wettbewerbsgründen schien allerdings eine zusätzliche Beteiligung einiger wichtiger Finanzmärkte an diesem Unterfangen notwendig. Ohne ein Mitziehen Grossbritanniens und Japans wären vermutlich die amerikanischen Vorschriften nicht oder nur beschränkt verschärft worden. Grossbritannien seinerseits war zur Kooperation mit den USA bereit, da seine Finanzinstitute die vorgesehenen Auflagen grösstenteils bereits erfüllten. Japan wiederum wurde durch Drohung mit Zugangsbeschränkungen zum amerikanischen Markt und mit der impliziten Duldung einer laschen Umsetzung internationaler Standards (implizite Reduktion der Kooperationskosten) zur Vertragsunterzeichnung gebracht. Vieles deutet darauf hin, dass das trilaterale Abkommen auch ohne den kurz darauf folgenden Baseler Akkord umgesetzt worden wäre. Die k-Gruppe ist somit im Falle der Kapitalvorschriften klein und eine *weaker* oder gar *weakest-link*-Situation mit Sicherheit nicht gegeben (vgl. Kap. 3).

Man könnte auch, wie dies Philipp Genschel und Thomas Plümper (1996) tun, diese Situation als *battle-of-the-sexes* (Koordinations-)Spiel deuten, bei dem sich die drei Mitglieder des trilateralen Abkommens einen *first-mover-advantage* geschaffen haben. Die anderen Staaten hatten in dieser Situation nur noch die Wahl, auf die Standards des trilateralen Abkommens einzuschwenken, eigene Standards zu vereinbaren – was aufgrund der Marktgrösse der im trilateralen Abkommen eingebundenen Staaten und der Blockierung von EG-Bemühungen durch Grossbritannien praktisch unmöglich war – oder gar nichts zu tun. Die beiden Autoren postulieren, dass durch das trilaterale Abkommen das Koordinationsproblem und durch den Baseler Akkord dann das Defektionsproblem (Arbitrage) gelöst wurde. Die Option "nichts tun" sei

---

27 Es galt beispielsweise die Tatsache zu berücksichtigen, dass in den USA, Grossbritannien und Japan Trennbankensysteme existieren, während in anderen wichtigen Finanzmärkten Universalbanken das Geschehen dominieren.

durch die *rating*-Agenturen verhindert worden. Die in der vorliegenden Fallstudie präsentierte empirische Information widerspricht allerdings der Behauptung von Genschel und Plümper und anderen Autoren, durch den Druck der Märkte (v. a. *ratings* der wichtigen Agenturen) sei die Situation in ein reines Harmoniespiel konvertiert (niemand hat mehr Interesse an Arbitrage). Wie oben dargestellt, ist die Kapitalausstattung der Banken heterogen geblieben, was nicht zuletzt mit der unterschiedlich strengen Auslegung und Umsetzung der Baseler Standards in den einzelnen Staaten sowie Arbitrageaktivitäten zusammenhängt. Zweitens lässt sich eine direkte Beziehung zwischen der Kapitalisierung von Banken und *ratings* nicht nachweisen (vgl. unten).

Die rasche Multilateralisierung des trilateralen Abkommens und die Ausdehnung der Kooperation auf Nicht-Mitglieder des Baseler Bankenausschusses deuten nichtsdestotrotz darauf hin, dass mit zunehmender Zahl der kooperierenden (re-regulierenden) Akteure der Nutzen des Abseitsstehens (Trittbrettfahrens) tendenziell nicht zu- sondern eher abnahm. Die Baseler Standards wurden beispielsweise durch die Europäische Union, Australien, Finnland, Neuseeland, Norwegen, die Türkei, Hongkong, China und Singapur übernommen, wobei diese Akzeptanz in einigen Fällen jedoch kaum mehr als ein Lippenbekenntnis ist.

Diese Dynamik hängt eng mit der Beschaffenheit des internationalen Finanzgeschäfts und den Arbitragemöglichkeiten zusammen. Viele der bedeutenden und lukrativen Finanzgeschäfte (v. a. Kredite, Underwriting, Handel mit Finanzinstrumenten und Devisen) sind auf grosse Finanzmärkte konzentriert. Die verfügbaren Daten dazu lassen nichts an Deutlichkeit zu wünschen übrig. Bei der Grösse des einheimischen Marktes (Marktkapitalisierung der einzelnen Börsenplätze in % des jeweiligen BIP) ist die Rangfolge (absteigend; Stand Ende 1997): New York, Tokio, London, Frankfurt, Paris. Bei den internationalen Bankkrediten (absteigend; Stand Ende 1997): Grossbritannien, Japan, USA, Singapur, Hongkong, Deutschland, Frankreich, Schweiz; Singapur mit einem Marktanteil von insgesamt 65%. Beim Umsatz im Devisenhandel lagen 1995 London, die USA, Japan, Hongkong, Deutschland, die Schweiz und Frankreich an der Spitze (Economist 9.5.1998: survey). Die Liste liesse sich beliebig verlängern. Im Verlauf der Geschichte haben die bedeutendsten Finanzplätze immer wieder gewechselt. Viele Beobachter gehen allerdings davon aus, dass selbst wenn dies der Fall sein sollte, ihre Zahl eher ab- als zunehmen wird. Der Economist (9.5.1998: survey: 1, 5) behauptet gar:

Finanzzentren könnten [...] gewisse Arten von kommodifizierbaren Aktivitäten an Orte, die geringere [Produktions-]Kosten aufweisen, verlieren [...] Die wichtigen Teile des Finanzgeschäfts – die Hauptsitze von Firmen und ihre qualifiziertesten und bestbezahlten Angestellten – werden sich aber auch weiterhin in Finanzzentren häufen [...] Gemäss konventionellen Schätzungen werden mit der Zeit vielleicht fünf oder sechs globale Investment-Banken und 25 Investment-Fund-Manager entstehen. Diese globalen Giganten werden ihre wichtigsten Aktivitäten in den drei breitgefassten Zeitzonen der Welt, Amerika, Europa und Asien, vielleicht an jeweils einer zentralen Stelle zusammenfassen.

In den entsprechenden Ländern sind auch die grossen Banken angesiedelt, wodurch diesen Staaten wahrscheinlich auch im obigen Zukunftsszenario die Aufsicht über die Kapitalausstattung obliegen würde.

Internationale Banken in anderen Staaten mit kleineren Märkten können im eigenen Land oder in Offshore-Finanzzentren zwar Anlagen entgegennehmen und transferieren. Hiermit lässt sich teilweise die deregulatorische Dynamik bei der Firmen- und Kapitalbesteuerung erklären (vgl. Kap. 5 und 6). Um diese Mittel allerdings so anzulegen, dass sie sinnvolle Kombinationen von Risiko und Ertrag erreichen, sind Intermediäre auf die grossen Finanzmärkte angewiesen. Die Aufsichtsbehörden dieser Märkte haben somit bei der Zulassung von ausländischen Finanzintermediären einen wichtigen Hebel in der Hand. Einerseits sind diese Aufsichtsbehörden daran interessiert, die eigenen Banken im Wettbewerb nicht zu benachteiligen, indem sie ausländische Banken mit geringerer Kapitalisierung im eigenen Markt zulassen (vgl. das Vorgehen der US-Behörden gegen japanische Banken). Andererseits möchten sie sich vor Forderungen von Anlegern und einer Destabilisierung des eigenen Marktes schützen, sollten unterkapitalisierte ausländische Institute zusammenbrechen und die für sie zuständigen ausländischen Zentralbanken unwillig oder unfähig sein, die Lage zu bereinigen (vgl. das BIZ-Prinzip des *home country control*). Internationale Banken, besonders die grossen, können somit keinen signifikanten Wettbewerbsvorteil erringen, wenn sie ihren Hauptsitz in Länder verlegen, in welchen weniger strenge Kapitalvorschriften herrschen. Im Gegenteil, der Nutzen dieser Arbitragemöglichkeit sinkt mit zunehmender Zahl der kooperierenden Staaten, allen voran den grossen Finanzplätzen.

Diese eine Re-regulierung fördernde Dynamik wurde zum Teil dadurch verstärkt, dass *rating*-Agenturen wie zum Beispiel Moody's oder Standard & Poor die Baseler Kapitalstandards zu einem Beurteilungskriterium von Banken und ganzen Finanzplätzen gemacht haben. Bessere *ratings* wiederum können für internationale Banken geringere Kosten der Aufnahme von Mitteln (z. B. im *interbank lending*),[28] grössere Geschäftsvolumen und oft auch grössere Gewinne bedeuten.[29]

---

28 Diese erhöhten Kosten können sich zum Beispiel als Aufschlag auf die London Interbank Offered Rate (LIBOR) äussern. LIBOR ist ein Referenzzinssatz, zu dem erstklassig bewertete Banken im Londoner Finanzmarkt anderen Banken im Interbankengeschäft kurzfristige Kredite in verschiedenen Währungen geben. Je schlechter bewertet der Kreditnehmer ist, desto grösser der Aufschlag, den er auf LIBOR zahlen muss.

29 In Bankenkreisen wird diese Orientierung der *rating*-Agenturen an den Baseler Standards bisweilen als unsinnig erachtet, da gemäss ihrer Auffassung die Baseler Standards in vielen Fällen ineffizient und unwirksam seien. Hier ist zu bemerken, dass die *rating*-Agenturen vermutlich das gleiche Problem wie die Aufsichtsbehörden haben. Die Baseler Standards mögen zwar nicht die effizientesten sein, aber deren Einhaltung lässt sich bei vertretbaren Informationskosten erfassen. Würde die Risikobewertung und entsprechende Kapitalisierung allein bei den Banken liegen, müssten die Agenturen die Qualität der Modelle bewerten. Dies erfordert einen ungleich grösseren Aufwand, wie die Aufsichtsbehörden bei der Beurteilung von Marktrisiko-Modellen erfahren haben.

Allerdings besteht zwischen der Kapitalisierung von Banken und deren *ratings* durch die wichtigen Agenturen im Gegensatz zur weitverbreiteten Annahme (vgl. Genschel/Plümper 1996) kein klar erkennbarer Zusammenhang. Chris Matten findet zum Beispiel (1996: 11f.) in einer diesbezüglichen Untersuchung keine signifikante Korrelation zwischen den *ratings* von Moody's und Standard & Poor einerseits und dem Kernkapital von Banken andererseits. Eine hohe Kapitalisierung ist somit keine hinreichende Bedingung für ein gutes *rating*. Die verfügbaren Daten lassen aber darauf schliessen, dass sie eine notwendige Bedingung ist: In der Untersuchung von Matten finden sich keine Banken mit geringer Kapitalisierung aber hohen *ratings*.

In diesem Zusammenhang ergibt sich auch die Frage, weshalb die Kapitalisierung vieler Banken in den 1990er Jahren *über* den Baseler Standards liegt. Diese Frage zielt auf den Kern der kausalen Logik, die hinter der dynamischen Variante von Hypothese 5 steht. Offensichtlich ist es nicht der Markt allein, ausgedrückt hier als Verdikt der *rating*-Agenturen, der das Trittbrettfahren unattraktiv macht und den mit der Kapitalmobilität oft verbundenen Deregulierungsdruck verhindert. Von einem *self-enforcing agreement* oder einem reinen Koordinationsspiel kann also kaum die Rede sein. Vielmehr scheinen die "Über-Erfüllung" der Baseler Standards und die in Hypothese 5 postulierte kooperationsfördernde Dynamik das Resultat mehrerer Einflüsse zu sein. Erstens hat die Re-regulierung der Staatenwelt und ihre direkte Durchsetzung durch nationale Aufsichtsbehörden ihre Wirkung sicher nicht verfehlt. Zweitens ist trotz der hier geäusserten Vorbehalte ein gewisser Druck von Seiten der *rating*-Agenturen gegeben, die sich bei ihren Bewertungen zumindest teilweise, offenbar aber nicht ausschliesslich an der Kapitalisierung der Finanzintermediäre orientieren.

Drittens kann die stark erhöhte Kapitalisierung vieler Banken teilweise auch als "historischer Zufall" betrachtet werden. Ende der 1980er und Anfang der 1990er Jahre erhöhten viele internationale Banken ihre Kapitalisierung unter dem Druck nationaler Aufsichtsbehörden und der Baseler Kapitalstandards. Während die Banken ihr Kapital durch zusätzliche Ausgaben von Aktien und Kürzungen von Dividenden erhöhten, begann sich die Konjunktur weltweit abzuschwächen. Damit sank auch die Nachfrage nach Krediten. Dieser Rückgang bei der Kreditvergabe wurde durch die sogenannte Disintermediation (gute Schuldner versorgen sich auf dem internationalen Markt selbst mit Geld) und die von vielen Banken für schlechtere Schuldner erhöhten Risikoprämien deutlich verstärkt. Hinzu kam der bis 1997 anhaltende Boom der Börsen, der zu enormen Gewinnen in den Trading-Portfolios führte. Diese Trends bewirkten eine starke Erhöhung der risikogewichteten Kapitalisierung vieler Banken. Die Banken "sassen" schliesslich auf mehr Kapital, als sie geplant hatten. Zwischen 1991 und 1994 stieg beispielsweise das Kernkapital amerikanischer Banken durchschnittlich um 43%. Im gleichen Zeitraum wuchsen die *assets* jedoch "nur" um 16% (vgl. Matten 1996: 13–15).[30]

Auf dem Hintergrund dieses vermuteten "historischen Zufalls" der hohen Kapitalisierung haben 1998 und 1999 einige Beobachter bereits davor gewarnt, dass die in den 1980er Jahren eingetretene Erosion der Kapitalausstattung in Zukunft wieder auftreten könnte. Besonders die starken Einbrüche an den Börsen 1997 und 1998 sowie ein zunehmendes *under-pricing* von Krediten könnten einer solchen Entwicklung Vorschub leisten. In jüngerer Zeit werden auch immer mehr Stimmen laut, die auf eine verstärkte Nutzung von Arbitragemöglichkeiten durch internationale Banken hinweisen. Im Gegensatz zu einer weitverbreiteten Vermutung werden diese Möglichkeiten von internationalen Banken nicht über "exotische" Offshore-Zentren, sondern vorwiegend innerhalb der grossen Finanzplätze der Welt genutzt. Mit dem Entstehen von Finanzkonglomeraten, die viele der vormals getrennten Geschäfte wie zum Beispiel das Investment-Banking und Versicherungen integrieren, sowie der Entwicklung immer neuer Finanzinstrumente sind die Möglichkeiten, Kapitalvorschriften zu umgehen, gewachsen. Diese Arbitragemöglichkeiten innerhalb der grossen Finanzmärkte haben vermutlich zur fortgesetzten Heterogenität der Kapitalvorschriften beigetragen und weiteren Bemühungen um eine Verschärfung und Angleichung der Standards Grenzen gesetzt.

Fazit: Die beobachtete Re-regulierung steht im Einklang mit der k-Gruppen-Hypothese. Trotz recht hoher Kapitalmobilität war es vor allem aufgrund des Engagements derjenigen drei Länder mit den grössten Finanzmärkten und deren Eigeninteresse an einer Re-regulierung möglich, in einer kleinen k-Gruppe einen Trend hin zu verschärften Kapitalvorschriften zu initiieren. Speziell in Bezug auf die Anfangsphase der Re-regulierung liefert diese Teilhypothese eine griffige Antwort. Anders formuliert lässt sich die Hypothese durch die verfügbare empirische Information nicht widerlegen. Die über weite Strecken erfolgreiche Umsetzung der Baseler Standards wiederum wird durch die dynamische Variante der Hypothese 5 gut erklärt: Mit steigender Zahl der kooperierenden Akteure sinkt tendenziell der Nutzen des Trittbrettfahrens. Die zuletzt diskutierte Möglichkeit, dass die Übererfüllung der Baseler Standards zumindest in Teilen ein historischer Zufall gewesen sein könnte, deutet jedoch darauf hin, dass die kausale Logik, die hinter der dynamischen Variante von Hypothese 5 steht, komplizierter ist als anfänglich angenommen. Das heisst die beobachtete Re-regulierungsdynamik deckt sich grundsätzlich mit den in der Hypothese postulierten Zusammenhängen. Die prognostizierten Effekte könnten jedoch von einer Reihe von Randbedingungen abhängig sein. Falls sich Letztere in eine bestimmte Richtung verändern, könnten die in Hypothese 5 unterstellten Kausalitäten sich abschwächen oder ausbleiben. Die

---

30 Die Möglichkeit, dass Banken durch ein besseres Verständnis ihrer eigenen Risiken (z. B. via bessere Risikomodelle) selbst zur Einsicht gelangt sind, die Baseler Standards seien oft zu tief angesetzt, wird hier der Einfachheit halber beiseite gelassen.

Folge dürfte eine sinkende Kapitalisierung der Banken beziehungsweise eine schwächere Wirkung staatlicher Interventionen im privaten Bankensektor sein.

4.4. Schluss

In der zweiten Hälfte der 1980er Jahre verstärkten die Zentralbanken und Aufsichtsbehörden der wichtigsten Industrieländer (G-10) ihren regulatorischen Zugriff auf international tätige Banken. Grund war deren als zu gering eingeschätzte Kapitalisierung. Diese zu tiefe Eigenkapitalausstattung wiederum war deshalb problematisch, weil sie im Zusammenhang mit der Schuldenkrise von Entwicklungsländern, säkularen Trends im Finanzsektor und Zusammenbrüchen einiger wichtiger Banken das internationale Finanzsystem zu destabilisieren drohte.

Die verstärkte und durch den Baseler Bankenausschuss koordinierte Re-regulierung durch die Staatenwelt hat dazu beigetragen, die in den 1980er Jahren drohende Erosion der Kapitalisierung internationaler Banken zu verhindern. Ohne die internationalen Bemühungen im Baseler Ausschuss hätten viele der beteiligten Einzelstaaten die Kapitalvorschriften für ihre Banken im Vergleich zum Status quo ante (Anfang der 1980er Jahre) nicht oder allenfalls erst später verschärft. Zur Erhöhung des Eigenkapitals vieler Banken haben allerdings auch konjunkturelle Einflüsse, die verstärkte Aufmerksamkeit von *rating*-Agenturen und andere Faktoren geführt. Die erhöhte Kapitalisierung wiederum hat, in Kombination mit Zahlungsbilanzhilfen des IWF und einzelner Staaten, zur Stabilisierung des internationalen Finanzsystems beigetragen. Der internationalen Harmonisierung der Kapitalvorschriften bleiben allerdings klare Grenzen gesetzt. Erstens lassen die Baseler Standards den einzelnen Staaten beträchtlichen Spielraum bei der Ausgestaltung ihrer Vorschriften. Zweitens werden die existierenden nationalen Vorschriften unterschiedlich streng umgesetzt.

Wie erwartet lieferte keine der fünf Hypothesen eine allumfassende Erklärung für das beobachtete Politikergebnis des verstärkten regulatorischen Zugriffs auf Banken bei fortbestehender Heterogenität der Intensität der staatlichen Intervention. Die fünf Hypothesen zusammen geben jedoch recht umfassende Aufschlüsse über den im Bankensektor erfolgten Re-regulierungsprozess, indem sie sich auf unterschiedliche Teilaspekte des Politikergebnisses konzentrieren. So erklären Hypothesen 1–3 relativ gut, weshalb trotz gesamthaft gestiegener Intensität des staatlichen Zugriffs die Kapitalvorschriften der einzelnen Staaten unterschiedlich streng geblieben sind und sich damit auch die tatsächliche Kapitalisierung internationaler Banken über die Länder hinweg nur beschränkt angeglichen hat. Hypothesen 4 und 5 wiederum erklären die erstaunliche Sogwirkung der von wenigen Staaten ausgehenden Verschärfung der Kapitalvorschriften.

Bei der Analyse von Hypothese 1 wurde festgestellt, dass Kapitalvorschriften eher Produkte- als Produktionsprozessregeln sind. Die protektionistische Logik, die hinter der Teilhypothese zur Produkteregulierung steht, lässt sich in Ansätzen beobachten. Damit erklärt Hypothese 1 zumindest teilweise, weshalb bei den Kapitalvorschriften für internationale Banken keine Deregulierung, sondern tendenziell eine Re-regulierung beobachtbar ist und weshalb die nationalen Vorschriften trotz einer gewissen Angleichung heterogen geblieben sind.

Die Untersuchung zu Hypothese 2 hat gezeigt, dass der grösste Teil der standortgebundenen Investitionen im Bankgeschäft im Inland angesiedelt und der Grossteil der internationalen Investitionen mit Ausnahme des *sovereign lending* wenig standortgebunden ist. Diese Struktur der Investitionen leistet einer Angleichung der Kapitalvorschriften keinen Vorschub, was zur Erklärung der fortbestehenden Heterogenität beiträgt.

In der Analyse zu Hypothese 3 zeigte sich, dass bei mittlerem Konzentrationsgrad der Märkte Grossbanken besonders bei nationalen Regulierungsprozessen eine wichtige Rolle spielen. In Kombination mit der Feststellung, dass Kapitalvorschriften Produkteregeln sind, hat dieser innerstaatliche Einfluss die Re-regulierung bei fortbestehender Heterogenität begünstigt. Die in Hypothese 2 thematisierten Investitionsstrukturen und der mittlere Konzentrationsgrad der Märkte im internationalen Bankengeschäft lassen auf internationaler Ebene keine intensiven Anstrengungen der Banken zur Harmonisierung der Kapitalvorschriften erwarten. Nur bei der Frage der Zulassung bankinterner Risikomodelle, von deren Anwendung vor allem die grossen Finanzintermediäre profitieren, lassen sich gemeinsam geäusserte Interessen der Grossbanken beobachten.

In Bezug auf Hypothese 4 konnten wir feststellen, dass die Kosten der Re-regulierung von der im Verhältnis zu den Nutzniessern kleineren Gruppe der Regulierten getragen werden, dass diese Kosten aber von Bank zu Bank und damit Land zu Land sehr unterschiedlich und auch vom allgemeinen Wirtschaftsverlauf abhängig sind. Die für eine Re-regulierung eher ungünstige Kosten-Nutzen-Verteilung in den USA wurde unter anderem durch eine indirekte Kompensation der regulierten amerikanischen Banken via Zugangsbeschränkungen für ausländische Institute sowie Bemühungen zur Internationalisierung der amerikanischen Vorschriften verbessert. Diese Internationalisierung wurde dadurch begünstigt, dass die Kosten der Re-regulierung für viele ausländische Banken recht gering und der private Nutzen für die Regulierten selbst oft erheblich waren. In den Augen vieler Banken sind die Opportunitätskosten der Re-regulierung besonders seit Mitte der 1990er Jahre gestiegen, was weiteren staatlichen Interventionen enge Grenzen setzt. Auf dem Hintergrund der in den Hypothesen 1–3 beleuchteten Einflüsse ist trotz vermehrter Opposition gegen die Baseler Kapitalvorschriften jedoch keine Konvergenz der Regulierungen nach unten, sondern eher ein Fortbestehen der Heterogenität zu erwarten.

Bei der Analyse zu Hypothese 5 beobachteten wir, dass trotz recht hoher Kapitalmobilität vor allem aufgrund des Engagements der drei Länder mit den grössten Finanzmärkten und deren Eigeninteresse an einer Re-regulierung in einer kleinen k-Gruppe ein Prozess in Richtung verschärfter Kapitalvorschriften in Gang gesetzt werden konnte. Mit steigender Zahl der kooperierenden Akteure sank dann tendenziell der Nutzen des Trittbrettfahrens, was einer wirksamen Re-regulierung zuträglich war. In vielen Fällen ist gar eine Übererfüllung der Baseler Standards festzustellen. Diese dürfte allerdings teilweise auf einem historischen Zufall beruhen. Die kausale Logik, die hinter der dynamischen Variante von Hypothese 5 steht, erweist sich damit als komplizierter als anfänglich angenommen. Falls sich bestimmte Randbedingungen, wie beispielsweise die Konjunktur, in eine negative Richtung entwickeln, könnte dies wiederum zu einer sinkenden Kapitalisierung von Banken beziehungsweise einer schwächeren Wirkung staatlicher Kapitalvorschriften führen.

Die Notwendigkeit einer wirksamen Bankenregulierung wurde durch die jüngste Asienkrise, die Wirtschaftskrisen in Russland, Brasilien und anderen Emerging Markets, sowie die Probleme mit Long-Term Capital Management (LTCM), einem grossen Hedge-Fund, zum wiederholten Male deutlich. Die Asienkrise beispielsweise zeigte unter anderem, dass die internationale Kapitalmobilität nicht notwendigerweise zu mehr wirtschaftlicher Effizienz führt, wenn Banken einerseits zu wenig wirksam reguliert und andererseits zu stark durch offizielle und inoffizielle staatliche Garantien abgesichert werden (Krugman 1998). Das Debakel der LTCM hat vor allem auf die Schwächen des Risikomanagements in denjenigen Bereichen hingewiesen, in denen sich Banken an Hedge-Funds beteiligen, die sich staatlichen Regulierungsversuchen weitgehend entziehen und teilweise mit enormem *leverage* (d. h. Fremdfinanzierung beim Erwerb von Vermögensanlagen) hohe Risiken eingehen. Die im Zusammenhang mit LTCM erlittenen Verluste einiger Banken haben nicht zuletzt auch den Bestrebungen vieler Grossbanken, von den Aufsichtsbehörden eine erleichterte Zulassung bankinterner Risikomodelle zu erwirken, einen Dämpfer aufgesetzt (American Banker – International Banking Regulator, 23.11.1998: P1; Economist, 3.10.1998: 93–97, 10.10.1998: 88, 17.10.1998: 21f., 14.10.1998: 98f.). Obschon durch das LTCM-Problem keine der beteiligten Banken ins Wanken geraten ist, wurde doch ersichtlich, dass das Risikomanagement von Banken sich nicht allein auf ein genügendes Eigenmittel-Polster, sondern auch auf eine wirksame Überwachung aller Risikopositionen abstützen muss. In diesem Zusammenhang ist zum Beispiel die Forderung laut geworden, Höchstgrenzen für Bankkredite an Hedge-Funds einzuführen. Manche Beobachter stellen gar die Frage, ob Universalbanken überhaupt noch in grossem Masse im Eigenhandel tätig sein sollten oder dürften (vgl. NZZ, 3./4.10.1998: 29).

Während der Bedarf an wirksamer Regulierung internationaler Banken von den meisten Beobachtern und Beteiligten nach dem Motto "stärkere Märkte, aber keine schwächeren Regierungen" (Vogel 1996: 16) bejaht wird, scheiden sich die Geister bezüglich der Frage, was die praktikabelsten und respektive oder effizientesten Lösungen sind. In den 1980er und frühen 1990er Jahren noch als grosser Erfolg gefeiert, werden die Baseler Standards Ende der 1990er Jahre in Bezug auf ihre Wirksamkeit und Effizienz stärker hinterfragt.

Erstens ist die schon bei Abschluss des Abkommens 1988 vorgebrachte Kritik, die Kapitalvorschriften bewirkten eine ineffiziente, staatlich regulierte Kreditallokation, nicht verstummt. Böse Zungen behaupten gar, das ganze Unterfangen diene der Finanzierung der Staatsverschuldung, da Staatsobligationen bei den Baseler Regulierungen als sehr tiefes Risiko eingestuft sind und damit wenig bis gar kein Eigenkapital erfordern.

Zweitens ist die im Baseler Akkord festgehaltene Risikogewichtung äusserst grob gestrickt. Dies führt teilweise zu unrealistischen Bewertungen – das Risiko eines Kredites an Nestlé gilt beispielsweise als grösser als ein Kredit an Russland. Banken könnten somit versucht sein, in risikoreichere Kunden zu investieren, um durch die höheren Risikoprämien das Maximum aus dem ohnehin zu haltenden Kapital herauszuholen. Gleichzeitig erlaubt die breite Definition von Ergänzungskapital besonders den japanischen Banken, durch viel zu geringe Abschreibungen von "faulen" Krediten die Baseler Standards zu umgehen.

Drittens haben einige Banken in den vergangenen Jahren komplexe Modelle für Kreditrisiken entwickelt (vgl. Economist, 28.2.1998: 84). Sie glauben damit ihre Kreditrisiken besser abschätzen zu können und dadurch in der Regel weniger Kapital halten zu müssen, als dies die Baseler Standards gegenwärtig vorschreiben. Die ab 1998 geltende Möglichkeit, bankinterne Risikomodelle zu benutzen, gilt jedoch nur für Marktrisiken, und nicht für Kreditrisiken. Die Aufsichtsbehörden, aber auch die *rating*-Agenturen, bekunden Mühe bei der Bewertung der Qualität der Modelle der einzelnen Banken.

Viertens benutzen Banken zunehmend Kredit-Derivate, um ihr Risiko zu optimieren beziehungsweise zu reduzieren. In einigen Ländern müssen die Banken trotz des durch die Derivate reduzierten Risikos auch für diese Derivate Kapital halten, sie werden also für die Risikoreduktion finanziell noch zusätzlich belastet.

Fünftens haben die Anfang 1998 in Kraft getretenen neuen Regeln für Marktrisiken zu vermehrter Arbitrage geführt. Internationale Banken deklarieren bisweilen Kredite mit niedrigem Risiko als Guthaben im Handel und nicht im Kredit-Portfolio. Dadurch können sie ihre eigenen Risikomodelle anwenden und müssen weniger Kapital für diese Guthaben halten, als dies die Baseler Standards für Kreditrisiken vorsehen.

Schliesslich haben auch andere Formen der Arbitrage zugenommen, zum Beispiel die buchhalterische (aber nicht De-facto)-Verschiebung von Risiken aus dem Regulierungsbereich der Bankenaufsicht. Diese Arbitragetätigkeit könnte zunehmen, falls die Aufsichtsbehörden nicht vermehrt auf die Anliegen vor allem der Grossbanken eingehen und der Wettbewerb im Kommerz- und Investment-Banking weiter zunimmt.

In genereller Form bringt Charles Calomiris (1997: 18, 23) die tieferliegenden Probleme des bisherigen Regulierungsansatzes in der Form von Fragen wie folgt auf den Punkt:

Besitzen staatliche Aufsichtsbehörden die Fähigkeit und den Anreiz, Verluste von Banken ebenso gewissenhaft zu identifizieren wie private Marktteilnehmer, die ihr eigenes Geld aufs Spiel setzen, dies tun würden? Werden Aufsichtsbehörden und Regulierer versucht sein, Verluste zu ignorieren, wenn dies politisch nützlich für sie oder ihre Vorgesetzten ist? Sind die existierenden Masse für das Risiko von Aktiven oder bestehende Vorschriften in Bezug auf verschiedene Arten von Kapital geeignet, ein vorsichtiges Risikogebaren der Banken herbeizuführen [...]?[31]

Trotz dieser Kritik scheinen die Aufsichtsbehörden im Baseler Bankenausschuss seit 1996 auf der Stelle zu treten. Aus einer als "revolutionär" angekündigten Überprüfung des Baseler Kapitalregimes ist im Juni 1999 ein Arbeitspapier hervorgegangen, das diverse Vorschläge zur Reform der Kapitalvorschriften auflistet. Unter anderem wird vorgeschlagen, die Risikogewichtungen von Aktiva der Banken stärker auszudifferenzieren und zu flexibilisieren, die Baseler Standards auch auf andere Finanzintermediäre anzuwenden, die Risikogewichtungen bei Krediten unter Beizug der Meinung von rating-Agenturen stärker an Marktbewertungen zu binden, bankinterne Techniken des Risikomanagements (z. B. Modelle zur Errechnung von Kreditrisiken, Derivatgeschäfte, netting-Verfahren) in die Umsetzung der Kapitalvorschriften einzubeziehen und schliesslich die Überwachung der Kapitalunterlegung sowie die Offenlegungspflichten zu vereinheitlichen und zu verstärken. Als dieses Buchmanuskript in den Druck ging, waren die Diskussionen über die Vorschläge des Baseler Ausschusses noch in vollem Gange. Aufgrund der sich bereits abzeichnenden Opposition war jedoch noch völlig unklar, inwiefern diese Vorschläge in die Praxis umgesetzt würden. Offensichtlich besitzt aber niemand ein Patentrezept, wie die Kapitalvorschriften wirksamer und effizienter gestaltet beziehungsweise die genannten Schwächen behoben werden könnten. Mit den Worten des Economist (28.2.1998: 83):

Unter vier Augen geben [die Aufsichtsbehörden] zu, dass der gegenwärtige Ansatz äusserst mangelhaft ist. Die grosse Schwierigkeit besteht darin, mit etwas Besserem aufzuwarten.

Eines der Grundprobleme der Baseler Standards ist sicherlich, dass die Wirtschaftswissenschaft keine präzise Antwort auf die Frage liefern kann, wie viel

---

31 Vgl. auch Edwards 1996.

Kapital die internationalen Banken idealerweise halten sollten (Matten 1996; Kapstein 1994: 120). Jeder diesbezügliche Entscheid der Aufsichtsbehörden muss somit bis zu einem gewissen Grad willkürlich sein. Hinzu kommen hartnäckige Meinungsverschiedenheiten über die Qualität bankinterner Risikomodelle, die vielen Beobachtern und Aufsichtsbehörden lange Zeit als wichtigster Ansatz zur Überwindung der Schwächen der bisherigen Baseler Regulierungen galten. Auf der einen Seite machen die Kritiker geltend, dass sich die Modelle der Banken für Marktrisiken oft als unpräzise erwiesen haben und bestimmte Risiken, beispielsweise Liquiditätsrisiken, Betrug, politische Risiken oder Computerpannen, kaum prognostiziert werden können. So verlangen die Aufsichtsbehörden meist eine Multiplikation des von den Marktrisiko-Modellen empfohlenen Kapitals mit bestimmten Faktoren. Gegenüber einer Ausdehnung der teilweisen Selbstregulierung auf Kreditrisiken auf der Basis bankinterner Modelle bleiben viele Aufsichtsbehörden skeptisch. Die Hauptgründe liegen in der Schwierigkeit, Kreditrisiko-Modelle ex post auf ihre Zuverlässigkeit hin zu testen, sowie den grösseren Risiken, denen die Banken in diesem Bereich ausgesetzt sind. Auf der anderen Seite sind aber auch die Regulierten selbst vielfach gegenüber einer Do-it-yourself-Regulierung kritisch eingestellt.[32]

Am Ende der 1990er Jahre stehen vor allem drei Handlungsoptionen im Zentrum der Diskussion. Erstens ein Ausbau des bestehenden Baseler Regimes, wie er im Arbeitspapier des Baseler Ausschusses vom Juni 1999 vorgeschlagen wird. Dabei ginge es vor allem um die Ausdifferenzierung der Risikogewichtungen, die Ergänzung der Kapitalregeln durch verstärkte Massnahmen der Marktüberwachung und Marktdisziplin sowie die Ausdehnung der Regulierungen auf bisher nicht erfasste Bereiche wie Allfinanz-Konglomerate, Wertschriftenfirmen, Versicherungen, Hedge-Funds usw. Eine verstärkte Marktdisziplin, das heisst eine gegenseitige Überwachung der Marktteilnehmer, würde eine starke Erhöhung der Transparenz erfordern. In diese Bemühungen müssten auch bisher nicht beteiligte Emerging Markets eingebunden sein. Bei einer verstärkten Selbstregulierung müssten somit die Offenlegungsvorschriften sowie die Bestimmungen über die Zulassung firmeninterner Risikomodelle verschärft werden.

Die zwei anderen Handlungsoptionen sind vorwiegend darauf angelegt, das Problem des moralischen Risikos zu mildern oder zu beseitigen. Von verschiedener Seite wurde vorgeschlagen, dass das staatliche Sicherheitsnetz nur ganz wenigen Banken vorbehalten sein sollte (Simon 1948; Crockett 1997). Diese Banken, oft *narrow banks* genannt, dürften nur risikoarme Geschäfte

---

32 Vgl. die folgende Aussage des Economist: "Die stärkste Opposition könnte jedoch von Seiten der Regulierten erwachsen. Viele Banken besitzen noch keine hoch entwickelten Systeme, um mit Kreditrisiken umzugehen. Andere weisen so viele faule Kredite in ihren Büchern auf, dass sie kein Verlangen nach einer Quantifizierung ihrer Risiken haben. Beide Gruppen könnten bei einer Veränderung viel verlieren." (Economist, 28.2.1998:84)

tätigen. Alle anderen Banken, die den Risiko- und Eigenmittelvorschriften nicht unterliegen, dürften Investitionen jeder Risikoklasse tätigen, würden im Krisenfall vom Staat jedoch nicht gerettet. Allerdings könnte auch dieser Lösungsansatz nicht alle Probleme des moralischen Risikos beseitigen, beispielsweise das *too big to fail*-Problem. Der Economist (17.10.1998: 102) meint gar:

> Könnten Regierungen in der Praxis einer *broad bank*, die in Schwierigkeiten gerät, die Unterstützung wirklich versagen? Wenn sich die grössten [Banken] als zu gross erwiesen, um sie scheitern lassen zu können, würde das [vorgeschlagene] System noch gefährlicher als das gegenwärtige: Das Sicherheitsnetz wäre immer noch vorhanden, jedoch ohne die zur Reduktion des moralischen Risikos notwendigen staatlichen Eingriffe.

Ein dritter Vorschlag (Calomiris 1997), der grössere Beachtung gefunden hat, geht von einer Reform des IWF aus. Diesem soll eine verstärkte Rolle als *lender of last resort* zukommen. Gleichzeitig würde ein radikaler Umbau der Bankenregulierung in den einzelnen Staaten erfolgen. Die Banken würden gezwungen, einen kleinen Teil ihrer Finanzierung über nachrangige Anleihen zu beschaffen. Der *yield* (Ertrag) dieser Instrumente dürfte nicht mehr als 50 Basispunkte höher sein als der *yield* vergleichbarer, aber risikoloser Anleihen. Nachrangige Anleihen sind Anlageformen, bei denen die Investoren zuletzt bedient werden, falls eine Bank in Schwierigkeiten gerät. Es besteht also kein staatliches Sicherheitsnetz. Die Limite für den *yield* auf nachrangigen Anleihen zwingt die Bank dazu, ihre gesamte Tätigkeit nicht allzu risikoreich zu gestalten. Ansonsten würde niemand ihre nachrangigen Anleihen kaufen, weil die Bank nicht in der Lage wäre, das erhöhte Risiko bei solchen Anlagen über einen hohen *spread* auszugleichen. Die Bank wäre damit geradezu gezwungen, den Investoren zu beweisen, dass sie gesamthaft gesehen gesund ist. Wenn dies nicht gelingt und das geforderte Ausmass an nachrangigen Anleihen nicht zustande kommt, muss sie ihre Tore schliessen.

Der Vorteil des drittgenannten Vorschlages ist, dass er sich auf die eigennützigen Interessen der Banken abstützt, die Aufsichtsbehörden entlastet, die Banken zu mehr Transparenz zwingt und auch das Problem des moralischen Risikos mildert. Natürlich weist auch dieser Vorschlag einige Schwächen auf, doch konzeptionell ist er der interessanteste, weil er zwei Grundprobleme der Baseler Kapitalvorschriften direkt angeht. Letztere machen sich das Eigeninteresse der Banken an einem wirksamen Risikomanagement zuwenig zunutze. Zudem überfordern die Baseler Regulierungen die Aufsichtsbehörden, da diese immer weniger Informationen und Know-how haben werden als die regulierten Akteure. Allerdings ist zu bemerken, dass ähnliche Vorschläge bereits Ende der 1980er Jahre, als der Baseler Akkord verhandelt wurde, zirkulierten, bei Banken und Aufsichtsbehörden jedoch schon damals auf Ablehnung stiessen. Gründe dafür waren unter anderem, dass die Banken wenig Interesse an einer verstärkten Transparenz ihrer Geschäftstätigkeit und einem rigoroseren Marktzwang hatten. Die Skepsis der Aufsichtsbehörden lag vor allem in deren

Festhalten an traditionelleren, gewohnten, *top-down*-Regulierungsansätzen begründet. Ob der auf nachrangigen Anleihen beruhende Vorschlag heute bessere Chancen hat, ist fraglich.

Die obige Diskussion der drei grundsätzlichen Handlungsoptionen lässt darauf schliessen, dass zukünftige Reformen der Baseler Kapitalvorschriften weniger revolutionär sein werden als von einigen Mitgliedern des Ausschusses angekündigt. Mit Blick auf die Analyse der fünf Hypothesen in diesem Kapitel ist auch zu erwarten, dass sich die einzelstaatlichen Kapitalvorschriften sowie die tatsächliche Kapitalausstattung internationaler Banken weltweit nicht viel weiter angleichen werden. In absehbarer Zeit ist allerdings auch keine signifikante Erosion des staatlichen Zugriffs in diesem Bereich zu erwarten.

Kapitel 5
"Full Monti" oder voller Steuerwettbewerb?

Bemühungen zur Harmonisierung der Besteuerung von Zinseinkünften in der Europäischen Union

> Nichts in der EU-Politik entwickelt mehr Hitze und generiert weniger Licht als die Steuerfrage.
> (European Voice, 26.11.1998)

> Besteuere nicht Dich, nicht mich, sondern den Kerl hinter dem Baum.
> (Senator Russell Long aus Louisiana)[1]

Eine der zentralen Hypothesen in der Globalisierungsdiskussion ist, dass der Staat zunehmend die Kontrolle über das immer mobilere Kapital verliere. Dieser Trend untergrabe die wichtigste Funktion des Staates: die Abschöpfung von Ressourcen aus seiner Volkswirtschaft (in der Regel durch direkte und indirekte Steuern), die Bereitstellung öffentlicher Güter sowie die Umverteilung von Wohlstand. Vito Tanzi (1996: 65) schreibt dazu:

In keinem anderen Steuerbereich können die Auswirkungen einer Vertiefung der wirtschaftlichen Integration so destabilisierend und wichtig sein wie im Bereich der Besteuerung von Kapital [...] Eine vertiefte Integration kann die Fundamente erschüttern, auf denen die Kapitalbesteuerung aufgebaut ist. Sie kann in diesen Fundamenten Risse erzeugen, die gross genug werden können, um, zumindest aus theoretischer Sicht, die ganze Struktur zum Einsturz zu bringen.[2]

Die EU stellt geradezu ein Paradebeispiel dar, an dem sich diese Hypothese auf ihre Plausibilität hin untersuchen lässt. Als Folge der wirtschaftlichen Verflechtung, und der Wirtschafts- und Währungsunion im Besonderen, hat nach Ansicht vieler Beobachter der Steuerwettbewerb zwischen den EU-Ländern zugenommen. Dieser Wettbewerb ist vor allem bei der Besteuerung von

---

1 Zitiert in Globe and Mail (Toronto), 27.5.1998.
2 Diese Ansicht wird in der wirtschafts- und politikwissenschaftlichen Literatur weit herum geteilt. Vgl. Schjelderup (1993). Strange (1998:123) behauptet gar: "[...] in Bezug auf den Schaden und das Risiko eines öffentlichen Vertrauensverlustes in der internationalen politischen Ökonomie ist die Geldwäscherei viel weniger schlimm als zum Beispiel Steuerhinterziehung, privater Betrug oder illegale Bereicherung im öffentlichen Sektor. Weshalb diese Missstände übersehen oder sogar toleriert werden, ist eine der Fragen, die Politökonomen berechtigterweise stellen und die Ökonomen grösstenteils nicht einmal betrachten."

Firmen und Kapital deutlich spürbar. Hans-Werner Sinn (1992: 7) behauptet, dass ohne Gegenmassnahmen, vor allem in Form einer internationalen Harmonisierung der Besteuerungssysteme, "[die EU] eine Reorganisation ihrer Produktion [Wirtschaftsstrukturen] auf der Grundlage komparativer Steuervorteile anstatt komparativer Kostenvorteile erleben [wird]".[3]

Um die Konsequenzen der wirtschaftlichen Integration für die Steuersysteme der EU-Staaten abschätzen zu können, ziehen mehrere Autoren einen Vergleich mit dem Deutschen Zollverein im 19. Jahrhundert (z. B. Hallerberg 1996) und dem Steuerwettbewerb zwischen den amerikanischen Bundesstaaten (z. B. Tanzi 1995: 71) heran. Nach Ansicht von Vito Tanzi haben im Falle der USA folgende Bedingungen die Kapitalbesteuerung ermöglicht und einen "Wettlauf nach unten" verhindert: relativ geringe Steuersätze; geringe Differenzen zwischen den effektiven Steuersätzen der einzelnen Bundesstaaten; ähnliche Bemessungsgrundlagen für die Besteuerung; ähnliche rechtliche und buchhalterische Grundlagen; leichter Zugang der Steuerbehörden zu den Daten der Steuerbehörden in anderen Bundesstaaten. Diese Bedingungen sind in der EU nicht gegeben, woraus man eine pessimistische Prognose in Bezug auf die Chancen einer Verhinderung des Steuerwettbewerbs ableiten könnte. Ob solche Vergleiche sinnvoll sind, bliebt wegen der unterschiedlichen Rahmenbedingungen allerdings umstritten.

In dieser Fallstudie konzentriere ich mich auf die Besteuerung von Kapital.[4] Im Wettbewerb um das Anlagekapital natürlicher Personen ist der Druck auf die EU-Staaten gewachsen, ihre Quellensteuern, die sie auf Zinseinkünfte erheben, zu reduzieren oder abzuschaffen oder, im Falle von Staaten, die noch keine Quellensteuer aufweisen, gar nicht erst einzuführen. Quellensteuern sind Steuern, die auf Einnahmen aus Kapitalvermögen erhoben werden. Quellensteuern werden am Entstehungsort beziehungsweise beim Schuldner oder der Zahlstelle, der "Quelle", von diesen Einnahmen abgezogen und an den Fiskus überführt.[5] Um ausländisches Kapital anzulocken beziehungsweise im Land zu behalten, erheben zudem die meisten EU-Länder keine Quellensteuern auf Zinseinkünfte nichtgebietsansässiger, natürlicher Personen. Durch diese Re-

---

3   Vergleiche auch Giovannini (1989), Steinmo (1993) und Lee/McKenzie (1989).
4   Fragen des Steuerwettbewerbs sind auch in den Wirtschafts- und Rechtswissenschaften Gegenstand intensiver Forschungsarbeit. Um die Argumentation in dieser Fallstudie nicht allzu kompliziert zu gestalten, beziehe ich mich nur am Rande auf diese Literatur und klammere die rein theoretischen oder normativen Beiträge weitgehend aus (vgl. beispielsweise Tiebout 1956, Frenkel et al. 1991, Kopits 1992, Tanzi 1995). Sehr detaillierte Erörterungen juristischer Aspekte finden sich vor allem in der EC Tax Review (1993ff.).
5   Quellensteuern können als Sicherungs- oder Abgeltungssteuern konzipiert sein. Als Sicherungssteuern zwingen sie den Steuerzahler, seine Einkünfte auf Kapitalanlagen gegenüber der Steuerbehörde geltend zu machen und somit auch zu versteuern, damit Teile der Quellensteuer zurückerstattet werden. In diesem Modell ist die tatsächliche Steuerbelastung der Zinseinkünfte geringer als die Quellensteuer. Die schweizerische Verrechnungssteuer ist ein Beispiel. Quellensteuern können auch eine Abgeltungssteuer darstellen: Die von Kapitalerträgen abgezogenen Steuern bleiben gänzlich beim Fiskus.

duktionen, Verzichte und Ausnahmen sowie aufgrund des Abflusses von Kapital aus Ländern mit höheren in Länder mit tieferen Quellensteuern gehen vielen EU-Staaten potenzielle Steuererträge verloren. Seit Mitte der 1980er Jahre diskutieren und verhandeln die EU-Staaten intensiv darüber, wie diesem Trend entgegengetreten werden könnte.

Ein 1989 unternommener erster Anlauf zur EG-weiten Harmonisierung der einzelstaatlichen Quellensteuersysteme, die mit einer Anhebung der durchschnittlichen Besteuerung von Zinseinkünften in EG-Staaten verbunden gewesen wäre, scheiterte. 1997 lancierte die EG-Kommission unter Leitung von Mario Monti einen zweiten Versuch. Dieser ist weit bescheidener als der erste, könnte jedoch, falls er von den EG-Mitgliedern akzeptiert und umgesetzt würde, einer weiteren Deregulierung (das heisst einer Reduktion der Steuerlasten) mindestens zu einem gewissen Grad Einhalt gebieten. Ob die vorgeschlagene EU-Richtlinie zur Besteuerung von Kapitalerträgen voll zum Tragen kommt (spasseshalber und etwas zweideutig bisweilen als "Full Monti" bezeichnet, vgl. den Titel dieses Kapitels), und inwiefern sie den Rückgang staatlicher Einnahmen aus der Zinsbesteuerung aufhalten könnte, war zum Zeitpunkt der Fertigstellung dieses Buches noch offen. Obschon ihnen ein hochgradig institutionalisierter Interaktionsrahmen in Form der supranationalen und internationalen Mechanismen der EU zur Verfügung steht, sind die beteiligten Staaten bisher mit ihren Re-regulierungsversuchen gescheitert. Das in dieser Fallstudie mittels der in Kapitel 3 entworfenen Hypothesen zu erklärende Politikergebnis ist durch einen Trend zur Deregulierung und Konvergenz der einzelstaatlichen Zugriffe auf den Steuerzahler gekennzeichnet.

5.1. Hintergrund

Grundlegende Voraussetzungen für die Staatstätigkeit, und damit auch die Handlungsfähigkeit von Staaten, sind ihr Recht und ihre Möglichkeiten, sich die notwendigen finanziellen Mittel zu beschaffen. Dies geschieht vorwiegend durch Steuern. In den Worten des Economist (5.12.1998: 107):

Selbst die verrücktesten Ultraliberalen anerkennen, dass Regierungen für einige Dinge notwendig sind – und wenn es auch nur dafür ist, die Reichen, während sie mit Trüffeln und Champagner feiern, vor dem Mob zu schützen. Wenn Staaten keine Steuern erheben können, wie können sie auch nur diese Pflicht erfüllen?

Nicht umsonst ist die Besteuerung eines der meist gehüteten Rechte jedes souveränen Staates. Die Grundstrukturen der heutigen Steuersysteme der meisten Industriestaaten stammen aus der Zeit des Zweiten Weltkrieges und kurz danach. Damals waren die grenzüberschreitenden Bewegungen von Gütern und

Kapital im Vergleich zur Binnenwirtschaft gering. Dasselbe galt für Einkünfte der Steuersubjekte aus ausländischen Investitionen (Tanzi 1995: 68f.).

Seit Mitte der 1980er Jahre ist in zunehmendem Masse das Argument zu hören, die steigende Integration der Märkte lasse die heutigen Steuersysteme immer stärker ins Leere laufen und führe zu einem Schrumpfen der staatlichen Einnahmen. Trotz gewisser Möglichkeiten, diese Verluste bei den Steuererträgen durch Staatsverschuldung zu kompensieren, bewirke die Erosion der Steuerbasis letztlich einen Rückgang der Staatstätigkeit und somit auch einen generellen Rückzug des Staates aus der Gesellschaft. Die Zunahme elektronischer Transaktionen (z. B. der Handel über das Internet) werde diese Entwicklung noch beschleunigen (Economist 31.5.97).

Kapitel 2 hat gezeigt, dass sich diese These mit den heute verfügbaren Daten nicht bestätigen lässt. Eine Konvergenz der Staatsausgaben oder -einnahmen nach unten ist nicht feststellbar. So sind etwa die Staatseinnahmen und -ausgaben in der Zeit vor dem Ersten Weltkrieg und in der Zeitspanne seit dem Zweiten Weltkrieg – beides Perioden hoher weltwirtschaftlicher Verflechtung – sogar markant gestiegen. Zum Beispiel betrugen die durchschnittlichen Steuereinnahmen der OECD-Staaten 1980 noch rund 34% des BIP, 1996 waren es schon 36%. Gleichermassen variiert die Abgabenbelastung der einzelnen Länder enorm, ein Befund, der die Konvergenzthese entkräftet. Während die Steuereinnahmen in Schweden 1995 rund 60% des BIP betrugen, waren es in den USA lediglich rund 30%. Ähnliches ist bei den Steuersätzen für juristische und natürliche Personen, Konsumsteuern und weiteren Abgaben zu beobachten.

Diese Befunde schliessen nicht aus, dass die zweifellos steigende weltwirtschaftliche Verflechtung in Zukunft nicht doch zu einer Erosion der Steuererträge und Staatstätigkeit führen könnte. Diese Prognosen gehören jedoch in den Bereich der Spekulation und seien anderen Autoren überlassen. Gleiches gilt für die Behauptung, das beobachtete Wachstum der Staatseinnahmen und -ausgaben wäre bei geringerer weltwirtschaftlicher Integration noch stärker gewesen. Auch diese Effekte der wirtschaftlichen Globalisierung sind empirisch kaum fassbar. Der Economist (31.5.1997: 18) stellt dazu fest:

Niemand konnte bisher genau messen, wieviel an Steuereinnahmen den Regierungen aufgrund der Steuerumgehung durch Firmen, der Steuerflucht von Individuen oder dem Kauf von Gütern über das Internet entgangen ist.

Abbildung 1 lässt allerdings darauf schliessen, dass sich die *Formen* der Besteuerung verändert haben (Tanzi 1996; King 1996; OECD 1998a; Eurostat 1997).

Abbildung 1: Zusammensetzung des Steueraufkommens in OECD-Staaten 1970–1996, %-
Anteile am gesamten Steueraufkommen

	1970	1980	1990	1996	± %
Pers. Einkommenssteuer	27.8	31.3	29.4	26.8	-1.0
Körperschaftssteuer	8.7	7.6	7.9	8.2	-0.5
Soziale Sicherheit	19.6	22.3	22.8	25.1	5.5
- Arbeitnehmerbeiträge	6.2	6.7	7.4	7.8	1.6
- Arbeitgeberbeiträge	11.1	13.5	12.8	14.5	3.4
- Andere Beiträge	2.3	2.1	2.6	2.8	0.5
Lohnsteuern (payroll taxes)	1.2	1.3	1.0	0.8	-0.4
Steuern auf Besitz (property taxes)	6.9	5.2	5.6	5.4	-1.5
Konsumsteuern	35.8	32.3	31.9	32.5	-3.3
- genereller Konsum	13.5	14.1	17.4	17.8	4.3
- spezifische Güter	20.4	16.5	12.8	12.9	-7.5
- anderer Konsum	1.9	1.7	1.7	1.8	-0.1
Andere Steuern	0.0	0.0	1.4	1.2	1.2
Total	100.0	100.0	100.0	100.0	

Abbildung 2: Abgabenbelastung abhängiger Erwerbstätigkeit

	impliziter Steuersatz (%)*		in % der gesamten Abgaben		in % des BIP	
	1970	1995	1970	1995	1970	1995
EU6	28.7	44.5	43.2	52.5	14.5	22.7
EU15	.	42.1	.	51.4	.	21.4
Belgien	31.3	45.7	43.3	51.2	15.6	23.9
Dänemark	34.7	47.6	46.2	48.9	18.7	25.1
Deutschland	29.6	44.1	44.2	56.2	15.8	24.0
Griechenland**	.	45.9	.	45.1	.	14.4
Spanien	.	38.0	.	48.8	.	16.9
Frankreich	30.5	44.4	42.9	51.8	15.1	23.0
Irland	16.1	30.1	26.6	39.5	8.3	13.6
Italien	21.6	44.0	38.0	44.3	9.8	18.1
Luxemburg	27.5	29.6	41.3	37.4	12.8	16.4
Niederlande	34.2	48.8	50.6	55.5	18.9	25.2
Österreich	.	44.5	.	55.2	.	24.2
Portugal**	.	36.7	.	46.9	.	17.4
Finnland	.	53.7	.	59.5	.	27.7
Schweden	.	56.2	.	62.8	.	32.0
Vereinigtes Königreich	21.7	27.0	34.6	42.0	12.8	14.7

* Abgabenbelastung abhängiger Erwerbstätigkeit als % des Einkommens aus unselbständiger Arbeit
** letzte verfügbare Angaben
. = nicht verfügbar
Anmerkung: Diese Daten beruhen auf einer breit gefassten Definition von Abgaben auf Arbeit (bzw. Nichtlohnkosten). Sie umfassen in erster Linie Sozialversicherungsbeiträge, die von Arbeitgebern und Arbeitnehmern zu leisten sind, und Lohnsteuern.[6]
Quellen Abbildung 1: OECD 1998a, 1998b.
Quellen Abbildung 2: Eurostat 1997
(http://europa.eu.int/en/comm/eurostat/compres/de/8697/6208697d.htm); OECD 1998.

Abbildungen 1 und 2 zeigen, dass die aus mobileren Quellen erwirtschafteten Einnahmen der Staaten im Sinken begriffen sind. Die Steuerlast auf weniger mobilen Akteuren und Tätigkeiten, wie beispielsweise dem Konsum, hat hingegen zugenommen. In den EU-Staaten, die in dieser Fallstudie im Vordergrund stehen, ist die fiskalische Belastung der Arbeit gestiegen. Die steuerliche Last auf Firmen und finanziellen Vermögenswerten hingegen ist in vielen Staaten gesunken.

Aus welchen Gründen diese Veränderung der relativen Steuerbelastung erfolgte, ist umstritten. Viele Autoren sehen die weltwirtschaftliche Integration als den weitaus wichtigsten Einflussfaktor (Economist 31.5.98). Die wirtschaftliche Globalisierung schaffe immer mehr Möglichkeiten, besonders für Firmen und Besitzer von Finanzkapital, sich dem Zugriff der nationalen Steuerbehörden zu entziehen. Dadurch verschärfe sich der Standortwettbewerb zwischen den Staaten. Diese seien immer mehr gezwungen, durch Steuersenkungen Firmen und Anleger anzulocken oder im Land zu behalten. Staaten könnten in ihrer Steuerpolitik deshalb nur noch das nachvollziehen, was der Markt ihnen diktiere. In unserem Fall bedeutet dies, die Steuerbelastung mobiler Produktionsfaktoren und Wirtschaftsaktivitäten zu senken, die Steuererträge anderweitig zu erwirtschaften oder ganz einfach die Ausgaben zu reduzieren.

Dieser Argumentation halten andere Autoren entgegen, dass innerstaatliche Variablen (v. a. politische Strukturen) einen mindestens ebenso wichtigen Einfluss auf die Ausgestaltung von Steuersystemen hätten wie der Druck der internationalen Märkte (Hallerberg/Basinger 1997; Hallerberg 1996). Im Widerspruch zur Globalisierungsthese steht beispielsweise die Tatsache, dass im OECD-Durchschnitt die Besteuerung von Immobilien (*property taxes*) zwischen 1970 und 1995 von 7% auf 5.4% gefallen ist (OECD 1998b) –

---

6   In Ergänzung zu Abbildung 2 ist festzustellen, dass die durchschnittliche Besteuerung der selbständigen Erwerbstätigkeit und der Kapitalerträge im OECD-Raum von 1981 noch 50% auf 35% im Jahr 1994 sank (Economist 31.5.97: 19). Der Anteil der einzelnen Steuerarten an den gesamten Steuererträgen variiert stark zwischen den einzelnen Ländern. Irland und Norwegen und einige andere, vorwiegend ärmere OECD-Staaten, verlassen sich mehrheitlich auf Konsumsteuern. Deutschland, Frankreich, die Niederlande, Spanien und die Schweiz weisen vor allem hohe Sozialabgaben auf (Economist 13.9.97: 119).

folgt man der Globalisierungsthese, müsste man eigentlich erwarten, dass Staaten ihre Einbussen bei den Steuererträgen auf mobilen Produktionsfaktoren durch höhere Steuern auf immobilen Faktoren kompensieren. Gleichermassen unklar ist, weshalb viele Staaten auf Dividenden (an Aktionäre ausbezahlte Firmengewinne) höhere Quellensteuern erheben als auf Zinseinkünfte. Auch hier ist zu vermuten, dass innerstaatliche Strukturen gegenüber dem Steuerwettbewerb unterschiedlich resistent sind.

Die beobachtete Verschiebung der Steuerlasten sowie die Möglichkeit, dass die staatlichen Einnahmen aufgrund des Steuerwettbewerbs generell sinken könnten, werfen mindestens vier Probleme auf:

(a) Viele Beobachter befürchten, der Steuerwettbewerb zwischen den Staaten könne ausser Kontrolle geraten. Sie argumentieren, dass jeder Staat gewisse (öffentliche) Güter bereitstellen müsse, die auf privater Basis nicht oder in zu geringem Masse produziert würden. Hinzu kommt die Umverteilung von Wohlstand, die der sozialen Stabilität und damit bis zu einem gewissen Grad auch der Wettbewerbsfähigkeit dienlich ist. Die optimale Grösse und Beschaffenheit des öffentlichen Sektors, die sich natürlich nur ganz grob abschätzen lässt, wird je nach Beschaffenheit eines Landes variieren – das heisst es existiert eine natürliche und sinnvolle Varianz der einzelstaatlichen Steuerquoten. Ein unkontrollierter Steuerwettbewerb könnte jedoch zu einer Angleichung der Steuererträge auf tiefem Niveau und deshalb mindestens in einigen Staaten zu einer suboptimalen Produktion öffentlicher Güter führen (Tanzi 1996).

Stark vereinfacht entspricht diese Situation einem Gefangenendilemma, welches sich anhand von Abbildung 3 illustrieren lässt. Der Einfachheit halber nehmen wir an, zwei Staaten können zwischen Beibehaltung und Senkung ihrer Besteuerung von Kapitalerträgen entscheiden und setzen ihre Entscheidung in einem Schritt um – das heisst in diesem Spiel gibt es nur eine Runde. Wenn beide Staaten an ihren bisherigen Steuersätzen festhalten, bleibt der Status quo bestehen: Beiden Staaten fliesst eine mittlere Menge an Kapital zu und die Steuererträge sind ebenfalls von mittlerem Ausmass. Hier wird angenommen, dass kein Drittland mit tieferen Steuern existiert – eine unrealistische Annahme, wie sich in der empirischen Analyse zeigen wird. Wenn Land A seine Steuern senkt, Land B aber nicht, fliesst Kapital aus Land B nach Land A, wodurch auch die Steuererträge von A steigen – wir nehmen hier an, dass die durch die Senkung des Steuersatzes bewirkte Einbusse am Steueraufkommen durch den Zustrom von Kapital sehr grosszügig kompensiert wird. Falls B seine Steuern senkt und A nicht, kommt das umgekehrte Ergebnis zustande. Senken beide ihre Steuern, so resultiert kein Zu- oder Abfluss von Kapital, es sinken jedoch die Steuererträge beider Staaten.

Abbildung 3: Steuerwettbewerb als Gefangenendilemma

Land A

	Steuern beibehalten	Steuern senken
Steuern beibehalten	mK; mS mK; mS	+K; +S -K; -S
Steuern senken	-K;-S +K; +S	mK;-S mK;-S

mK = mittlerer Zufluss von Kapital (entspricht dem Status quo)
mS = mittlere Steuereinnahmen (entspricht dem Status quo)
-K;+K = Abfluss von Kapital; Zufluss von Kapital
-S;+S = sinkende Steuererträge; steigende Steuererträge
Der Nutzen von A ist in der rechten oberen Ecke, derjenige von B in der linken unteren Ecke des jeweiligen Feldes aufgeführt.

Der Steuerwettbewerb und die Beschaffenheit des internationalen Systems (es existiert keine dem Staat übergeordnete Macht) bewirken, dass die beiden Akteure sich nicht glaubwürdig und gegenseitig verpflichten können, ihre Steuersätze beizubehalten. Das unkooperative Gleichgewicht in diesem Spiel liegt bei einer Steuersenkung beider Länder. Dieses Politikergebnis ist aufgrund der Einbusse an Steuererträgen suboptimal. Diese Erklärung des Phänomens ist natürlich allzu einfach, kann allerdings als Ausgangsbasis für komplexere Hypothesen dienen (vgl. Kap. 5.3).

(b) Unterschiedliche Steuersysteme der einzelnen EU-Staaten können zu Verzerrungen innerhalb des EU-Binnenmarktes und, damit verbunden, zu einer suboptimalen Ressourcenallokation führen. So können sie etwa bewirken, dass Kapitalströme dorthin fliessen, wo die Steuern geringer sind, ohne dass das zugeflossene Kapital dort am effizientesten eingesetzt wird (Sinn 1990; Tanzi 1996).[7] Manche Ökonomen behaupten allerdings, die genannten Verzer-

---

7 Vito Tanzi (1995:15) behauptet: "Mit der vermehrten Bewegung von Finanzkapital und der gestiegenen Bedeutung von multinationalen Unternehmen sollte seit der Zeit, als die Volkswirtschaften noch relativ geschlossen waren, die Notwendigkeit einer internationalen Angleichung der Steuern gestiegen sein. Ohne eine solche Angleichung werden die erleichterten Kapitalbewegungen die Gewinne nach den Steuern schneller gleichschalten. Eine solche Gleichschaltung wird natürlich exzessive Investitionen in Ländern zur

rungen würden oft überschätzt (NZZ 15.7.1998: 19). Es liesse sich beispielsweise argumentieren, dass die Steueroasen im EU-Raum nur kleine bis kleinste Binnenwirtschaften aufweisen, sodass das aus Steuergründen dorthin fliessende Kapital schliesslich wieder in die grösseren Volkswirtschaften im EU-Raum zurückkehrt und dort investiert wird. Somit blieben die Verzerrungen bei der Ressourcenallokation im Endeffekt bescheiden. Das Hauptproblem läge bei der Reduktion der Steuererträge.

(c) Oft wird behauptet – an prominenter Stelle von Vertretern der EU-Kommission – der Steuerwettbewerb führe zu einer stärkeren Belastung der Arbeit und, über die dadurch erzeugte Verteuerung des Produktionsfaktors Arbeit, zu mehr Arbeitslosigkeit. Die oben diskutierten Zahlen zeigen, dass die fiskalische Belastung der Arbeit tatsächlich gestiegen ist. Von diesem Punkt an scheiden sich jedoch die Geister. Ob die steigende fiskalische Belastung der Arbeit tatsächlich durch die weltwirtschaftliche Integration oder aber durch binnenwirtschaftliche (z. B. Konjunktur, Inflation) und innenpolitische Faktoren verursacht ist, bleibt umstritten. Verschiedene Autoren weisen darauf hin, dass in den meisten OECD Ländern vor allem die wachsenden Sozialabgaben für die gestiegene fiskalische Belastung der Arbeit verantwortlich sind und weniger die direkte Besteuerung. Kritiker der "Steuerfallen-Theorie" behaupten auch, die durch eine stärkere Besteuerung der Arbeit erfolgte fiskalische Entlastung des Kapitals sei begrüssenswert, weil dadurch die Investitionen ansteigen und damit mehr Arbeitsplätze geschaffen würden. Sie können dieser Entwicklung auch deshalb Positives abgewinnen, weil dadurch die Staaten gezwungen seien, ihre Ausgaben zu drosseln. Fürst Adam II. von Liechtenstein vertrat in einem Interview folgende Ansicht (Blick durch die Wirtschaft, 16.10.1997):

Nur in Steuerwüsten kann es Steueroasen[8] geben [...] Natürlich haben wir auf unserem Territorium auch Steuerfluchtgelder zur Verwaltung. Das ist auch gut so [...] Die ausländischen Staaten müssen vielmehr erkennen, dass Liechtenstein und auch andere Steueroasen nicht gewillt sind, der verlängerte Arm fremder Steuerverwaltungen zu sein.

Schätzungen zu den Arbeitsmarkteffekten der Verlagerung von Fiskallasten gehen weit auseinander. In EU-Kreisen wird bisweilen behauptet, die Verlagerung der Steuerbelastung von mobilen Produktionsfaktoren hin zur Arbeit sei für bis zu einem Drittel der Arbeitslosigkeit im EU-Raum verantwortlich. Andere Schätzungen liegen weit tiefer. Auch die Kausalität dieser Hypothese

---

Folge haben, die geringere effektive Steuersätze aufweisen, und wird deshalb die Effizienz der Allokation des weltweiten Kapitals reduzieren."

8   Eine Steueroase wird von Tanzi (1995:79) wie folgt definiert: "Ein Land muss eine geringe bis gar keine Besteuerung von Kapitaleinkünften nichtgebietsansässiger Akteure sowie politische Stabilität aufweisen, leicht zugänglich sein, freie [Devisen-]Märkte und ein Bankgeheimnis bieten, und es muss ein gutes vertragliches Netzwerk mit wichtigen Ländern entwickelt haben, so dass Einkommen, die in das Steuerparadies gelenkt werden, an der Quelle nicht exzessiv besteuert werden."

wird oft in Frage gestellt. So sei es möglich, dass Rezessionen zu höherer Arbeitslosigkeit führen, welche wiederum Steuererhöhungen zur Folge habe. Darüber hinaus wird vielfach gefordert, die Belastung der Arbeit nicht durch eine Verlagerung der Steuerlasten, sondern durch eine Reduktion der Sozial- und Staatsausgaben oder allenfalls eine Erhöhung der Konsumsteuern zu verringern (vgl. NZZ 15.7.1998; Härtel 1997).

(d) Das vierte Problem im Zusammenhang mit der Verlagerung der Steuerlasten ist, dass die relative Mehrbelastung der Arbeit gängigen Gerechtigkeitsnormen widerspricht. So wird etwa bemängelt, dass im Extremfall die betroffenen Akteure nicht mehr nach ihrer wirtschaftlichen Leistungsfähigkeit, sondern nach ihrer Mobilität besteuert werden.

Im Binnenmarkt der Europäischen Union, der durch die Einheitliche Europäische Akte 1986 begründet und auf das Jahr 1993 hin eingeführt wurde, stellen sich die vier genannten Probleme in hohem Masse. Mit der Umsetzung der Währungsunion (EWU) erwarten viele Ökonomen eine zusätzliche Verschärfung des Steuerwettbewerbs (Genser/Haufler 1996). Durch die EWU fallen beispielsweise die Wechselkursrisiken für Anleger im EU-Raum weg und die Transaktionskosten sinken. Dadurch gewinnen Unterschiede in der steuerlichen Belastung von Finanzkapital bei Anlageentscheidungen stark an Bedeutung.

Vor allem Länder mit hohen Steuern fürchten diesen Deregulierungsdruck (z. B. Deutschland, Italien, Frankreich; vgl. Giovannini/Hines 1991: 172f.). Als Antwort auf diese Befürchtungen beinhaltete die EG-Richtlinie von 1988 über Kapitalbewegungen (88/361/EC, 8. Juli 1988) nebst Bestimmungen zur Aufhebung der Kapitalverkehrskontrollen eine Aufforderung an die EG-Kommission, Vorschläge zur Verhinderung des Steuerwettbewerbs zu erarbeiten. Der Europäische Rat sollte darüber bis Mitte 1989 entscheiden (Helleiner 1994: 158ff). Damit belebten die EG-Staaten Anstrengungen zur Steuerharmonisierung, die schon rund 20 Jahre früher eingesetzt hatten, doch nur bei den Mehrwertsteuern eine minimale Angleichung der einzelstaatlichen Standards gebracht hatten. In dieser Fallstudie befasse ich mich mit denjenigen Bemühungen der EU, die auf eine Harmonisierung oder Koordination der Besteuerung finanzieller Vermögenswerte natürlicher Personen und der Einkünfte aus ihren Anlagen abzielen. Die Besteuerung von Firmen kommt in Kapitel 6 (Fallstudie zu multinationalen Unternehmen) zur Sprache.

5.2. Politikergebnisse

In diesem Abschnitt stelle ich zuerst die Dimensionen vor, auf welchen sich die Varianz der Intensität regulatorischer Zugriffe von Staaten im Bereich der Besteuerung von Zinseinkünften erfassen lässt. Im Anschluss daran diskutiere ich die verschiedenen Versuche der EU-Staaten, den Steuerwettbewerb in diesem Bereich zu unterbinden, und erfasse die Politikergebnisse im Sinne von abhängigen Variablen.

5.2.1. Konzepte und Indikatoren

Die zu erklärenden Politikergebnisse werden in dieser Fallstudie wiederum hinsichtlich der Intensität des staatlichen Zugriffs und des Ausmasses der Konvergenz dieser Intensität auf internationaler Ebene erfasst. Die Intensität der staatlichen Interventionen – im hier analysierten Bereich richten sich diese Interventionen auf Zinseinkommen von Anlegern – wird anhand der Höhe des Steuersatzes für Zinserträge sowie der Stärke des Bankgeheimnisses (Auskunftspflicht gegenüber Steuerbehörden) gemessen. Die beiden Indikatoren sind eng miteinander verknüpft, wie Abbildung 4 zeigt (vgl. auch Kopits 1992)[9].

Der stärkste staatliche Zugriff erfolgt bei hohem Steuersatz und schwachem Bankgeheimnis (dunkle Fläche), der schwächste Zugriff bei tiefem Steuersatz und starkem Bankgeheimnis. Die beiden anderen Kombinationen liegen zwischen diesen Extremen. Eine hohe Zinsbesteuerung beispielsweise kombiniert mit einem strengen Bankgeheimnis bewirkt eine geringere Intensität des regulatorischen Zugriffs des Staates, da sich unter dieser Bedingung Kapital vor den Steuerbehörden leichter verstecken lässt. Eine umfassende Auskunftspflicht bei tiefer Zinsbesteuerung bewirkt, je nach Höhe des Steuersatzes, einen kleinen bis mittleren Zugriff des Staates. Ebenfalls zwischen diesen Extremen liegen Steuervorschriften, die Quellensteuern und

---

9   Die meisten Industriestaaten verfahren bei der Besteuerung von Kapital nach dem Residenzprinzip (bisweilen auch Territorialprinzip genannt), das heisst sie besteuern alle Einkünfte von Personen, die innerhalb ihrer Jurisdiktion residieren, gleich woher diese Personen ihre Einkünfte beziehen. Diese Staaten sind diesem Prinzip u. a. deshalb verpflichtet, weil es ihnen erlaubt, einheitliche, progressive Steuersätze auf Einkommen anzuwenden – der Steuersatz bleibt für die Einzelperson gleich, gleich wo sie investiert beziehungsweise woher sie ihr Einkommen bezieht. Legitimiert wird dieses Prinzip auch damit, dass nichtgebietsansässige Investoren nicht von den öffentlichen Gütern des Investitionsstaates profitieren und deshalb auch keine Steuern zahlen sollen. Wie wir weiter unten sehen werden, spielt jedoch auch der Steuerwettbewerb bei diesen Ausnahmebestimmungen eine wichtige Rolle. Die Wirksamkeit beziehungsweise Effizienz des Residenzprinzips ist davon abhängig, ob die Steuerbehörden des Residenzstaates vollständige Informationen über die ausländischen Einkünfte der Personen haben, die in ihrem Hoheitsgebiet steuerpflichtig sind. Sobald diese Information unvollständig ist (und dazu trägt das Bankgeheimnis wesentlich bei), beeinflussen Steuersätze die Investitionsentscheidungen der Steuerpflichtigen (Kopits 1992; Tanzi 1995). Vito Tanzi (1995:70) folgert daraus: "die einzelnen Länder werden mit zwei grossen Problemen konfrontiert sein: Die zunehmende Schwierigkeit, die von ihren Steuerzahlern deklarierten Einkommen zu verifizieren, sowie der steigende, von anderen Staaten ausgehende Steuerwettbewerb."

Auskunftspflichten nur gegenüber Gebietsansässigen beinhalten – dies ist die gängige Praxis im EU-Raum, wie wir noch sehen werden.

Eine ideale Ergänzung zu diesen Indikatoren wären Daten zu staatlichen Einnahmen aus Quellensteuern auf Zinseinkünften Gebiets- und Nichtgebietsansässiger. Leider erfassen die meisten EU-Staaten diese spezifischen Steuererträge nicht im Detail beziehungsweise nicht in gleicher Form, sodass ein systematischer Vergleich über die Zeit hinweg nicht möglich ist.

Abbildung 4: Steuersatz und Bankgeheimnis

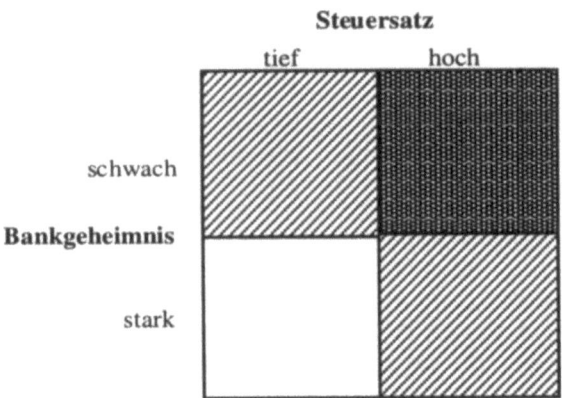

In Bezug auf regulatorische Interventionen auf inter- oder supranationaler (EU-)Ebene lassen sich die Politikergebnisse auf folgendem Kontinuum erfassen (steigende Intensität des staatlichen Zugriffs):

- Scheitern von Bemühungen, gemeinsame Steuersätze und/oder Auskunftspflichten zu vereinbaren;

- Festlegung von zunehmend hohen Minimalstandards für Quellensteuersätze und/oder zunehmend strengen Auskunftspflichten gegenüber ausländischen Steuerbehörden;

- Transfer eines zunehmend hohen Anteils der Steuererträge auf mobilem Kapital an die EU;

- Transfer eines zunehmend hohen Anteils aller Steuererträge an die EU. Je mehr Steuererträge nach Brüssel transferiert werden, desto höher kommen die Staatsausgaben bei einer Nicht-Kooperation unter Bedingungen des Gefangenendilemmas zu liegen. Unter letzterer Bedingung müssten Staaten trotz Nicht-Kooperation ein bestimmtes Mass an Steuererträgen erwirtschaften, um solvent zu bleiben. Die Steuersätze würden somit nicht auf Null fallen.

5.2.2. Versuche zur Harmonisierung der Quellensteuern

Im Zusammenhang mit der Liberalisierung der Finanzmärkte in Westeuropa kam seit Mitte der 1980er Jahre eine intensive Diskussion über die Folgen dieses Öffnungsprozesses für die Steuererhebung der EG-Mitgliedsstaaten in Gang. In seiner Richtlinie vom Juni 1988 (88/361/EWG vom 24.6.1988) zur vollständigen Liberalisierung des Kapitalverkehrs forderte der Europäische Rat die EG-Kommission auf, einen Vorschlag für die Einführung eines einheitlichen Quellensteuersystems auszuarbeiten. Im Februar 1989 schlug die Kommission vor, im ganzen EG-Raum Zinseinkünfte aus Ersparnissen und Obligationen einheitlich mit einer 15-prozentigen Quellensteuer zu belegen (KOM(89) 60 vom 10.2.1989). Dividenden hingegen sollten von dieser Steuer nicht betroffen sein, da diese Zahlungen aus Firmengewinnen stammten, die in der Regel bereits besteuert worden waren.

Zum Zeitpunkt, als die Kommission ihren Vorschlag unterbreitete, variierten in diesem Bereich die Gesetze und Praktiken der einzelnen EG-Mitgliedsstaaten sehr stark. Luxemburg und Deutschland beispielsweise erhoben keine Quellensteuern auf Zinseinkünften natürlicher Personen. Staaten wie zum Beispiel Belgien, Frankreich, Grossbritannien, Irland, Italien, Portugal und Spanien besteuerten Zinserträge, allerdings mit sehr unterschiedlichen Ansätzen (Walz 1988: 85). Quellensteuern galten, dort wo sie existierten, in der Regel nur für Gebietsansässige. Wer in EG-Land A zum Beispiel in Obligationen investierte oder dort Sparguthaben besass, jedoch in EG-Land B (oder einem Nicht-EG-Land) seinen Steuersitz hatte, zahlte in Land A keine Quellensteuern. Nichtgebietsansässige Anleger waren in den meisten Fällen verpflichtet, die entsprechenden Vermögen und Zinserträge in ihrem Heimatland bekanntzugeben und zu versteuern. Allerdings taten dies nicht allzu viele. Nur wenige EG-Staaten praktizierten eine Meldepflicht gegenüber Steuerbehörden. Und auch diese Regelung galt nur für Gebietsansässige (z. B. in den Niederlanden).

Ausser bei einigen EG-Staaten mit hohen Quellensteuern und Staaten, welche die Einführung einer Quellensteuer planten, stiess der Vorschlag der Kommission auf wenig Gegenliebe. Angeführt wurde die Opposition von Grossbritannien, den Niederlanden und Luxemburg. Grossbritannien sprach der EU die Kompetenz bei der Kapitalbesteuerung grundsätzlich ab und sah keine Notwendigkeit einer Steuerharmonisierung. Es betrachtete den Steuerwettbewerb als natürliche und weitgehend wünschbare Konsequenz der Liberalisierung der Kapitalmärkte. Luxemburg vertrat die Auffassung, eine Harmonisierung der Quellensteuern auf dem Niveau der Staaten mit höheren Abgaben würde lediglich zu einer Verlagerung der Investitionen in Nicht-EG-Staaten führen, zum Beispiel die Schweiz oder Offshore-Finanzzentren. Eine wirksame Harmonisierung der Besteuerung von Kapitalerträgen könne deshalb nur in grösserem Rahmen – vor allem der OECD – erfolgen. Allerdings opponierte Luxemburg (zusammen mit der Schweiz) auch in der OECD gegen Bestrebungen zur Unterbindung des Steuerwettbewerbs. Die Niederlande erachteten eine Harmonisierung der Quellensteuer für weit weniger wirksam als ein gut ausgebautes Meldeverfahren. Deshalb forderten die Holländer eine automatische Meldepflicht, wie sie diese seit 1987 für Gebietsansässige praktizierten. Für andere EG-Staaten war eine solche Pflicht mit ihren geltenden innerstaatlichen Gesetzen (vor allem dem Bankgeheimnis) nicht vereinbar und wurde abgelehnt.

Praktisch simultan mit dem Vorschlag der EG-Kommission führte die Bundesrepublik Deutschland im Januar 1989 unilateral eine Quellensteuer für Einkünfte aus Ersparnissen und Obligationen ein. Sie machte diese aber bereits im April 1989 wieder rückgängig. Begründet wurde dieser Rückzieher damit, dass ein Alleingang Deutschlands hohe Kosten verursachen würde. So sei bereits in Antizipation der neuen Steuer 1988 ein hoher Abfluss von Geldern in Eurobonds (die auch in DM erhältlich sind) sowie andere steuerfreie Offshore-Anlageformen zu verzeichnen gewesen. Dieser Abfluss führe, so argumentierte die deutsche Regierung, zu einem Anstieg der Zinsen auf einheimischen Schuldentiteln, was auch die Geldaufnahme des deutschen Staates verteuere. Auch der Wechselkurs gerate dadurch unter Druck. Durch die Kehrtwende der deutschen Regierung sanken die ohnehin nicht sehr grossen Erfolgschancen des Vorschlags der EG-Kommission noch weiter. Mangels Aussicht auf Zustimmung aller EG-Mitglieder – in diesem Bereich galt und gilt auch Ende 1999 noch das Einstimmigkeitsprinzip – wurde der Vorschlag der Kommission im Mai 1989 ad acta gelegt (IMF 1990; Financial Times, 22.5.1989: 4).

Dieses offensichtliche Scheitern der EG-Bemühungen verstärkte den Deregulierungsdruck auf die nationalen Steuersysteme weiter und einige EG-Mitgliedsstaaten sahen sich gezwungen, ihre Quellensteuern zu senken. Philippe Defeyt (1992: 65) zum Beispiel berichtet, dass die Senkung der Quellensteuer in Belgien von 25% auf 10% nach einem massiven Abfluss von Kapital (bis zu 0.9% des BSP) erfolgte. Es erstaunt kaum, dass gerade die Regierungen Deutschlands und Belgiens, die sich durch einen grossen Kapitalabfluss zur Aufgabe beziehungsweise zur Senkung ihrer Quellensteuern gezwungen sahen, bald einen neuen Anlauf zur Harmonisierung dieser Steuer im Rahmen der EU unternahmen.

Im Herbst 1992 beschloss der Deutsche Bundestag aufgrund der zusätzlichen Belastung des Finanzhaushaltes durch die deutsche Wiedervereinigung sowie als Folge eines Urteils des Bundesverfassungsgerichts[10] eine 30-prozen-

---

10 1991 hatte das Deutsche Bundesverfassungsgericht geurteilt, dass die Massnahmen der Bundesregierung gegen Steuerbetrug und -hinterziehung bei der Versteuerung von Zinseinkünften zu wenig wirksam und damit nicht verfassungskonform seien. Die Regierung müsse zusätzliche Massnahmen ergreifen oder die Besteuerung von Zinseinkünften

tige Quellensteuer auf Januar 1993 hin einzuführen. Ähnlich wie beim ersten Anlauf 1989 verursachte dieser Schritt einen grösseren Abfluss von Investitionen, vor allem nach Luxemburg, wo auch die Filialen deutscher Banken auf die neue Kundschaft warteten.[11] 1993 erzielte der deutsche Staat weniger als die Hälfte der projektierten Quellensteuererträge.[12] Wiederum stiess auch die belgisch-deutsche Initiative zur Harmonisierung der Quellensteuern in der EU auf entschiedenen Widerstand Grossbritanniens und Luxemburgs. Die Argumente der Opposition waren die gleichen wie bereits 1989.

5.2.3. Bemühungen zur Koordination der Besteuerung von Zinseinkünften

Erst im Vorfeld der Einführung des Euro, und nachdem die EU-Kommission bereits etliche Vorschläge wegen ihrer Aussichtslosigkeit zurückgezogen hatte, gelang es den Befürwortern einer verstärkten Zusammenarbeit im Steuerbereich, sich mehr Gehör zu verschaffen (EU 1992). Einerseits war klar ersichtlich, dass die EWU zu einer verstärkten Integration der europäischen

---

aufgeben. Aus Gründen des Finanzhaushaltes beschritt die Bundesregierung den ersteren Weg.

11 Die deutsche Kritik am mangelnden Erfolg der Bemühungen zur internationalen Harmonisierung der Quellensteuern richtete sich vor allem gegen Luxemburg, da dieses Land keine Quellensteuern und ein strenges Bankgeheimnis aufweist. In Luxemburg, einem Kleinststaat, sind über 200 Banken angesiedelt. Diese Banken bewirtschaften Guthaben von über 600 Milliarden US$ und über 1300 Fonds mit Einlagen von rund 400 Milliarden US$ (Stand: Oktober 1996; Nikkei Weekly, 12.5.1997). Ihr Privatbankengeschäft und das Offshore-Fundmanagement verzeichneten in den vergangenen Jahren beträchtliche Gewinne. Auch den belgischen Steuerbehörden sind die Luxemburger Banken ein Dorn im Auge. 1998 kam in Deutschland eine Diskussion darüber in Gang, ob Steuerbehörden Informanten künftig bezahlen dürften. Ein Franzose bot den deutschen Behörden Auskünfte über Konten deutscher Anleger in Luxemburg an, dies für ein Honorar von einer halben Million DM (Reuters, 7.1.1998). Deutsche Steuerbehörden greifen zudem vermehrt zu Hausdurchsuchungen. Belgische Steuerfahnder ihrerseits beobachten die Bewegungen ihrer Bürger in Luxemburg (Globe and Mail, 26.1.1998). Allerdings scheinen diese Massnahmen kaum geeignet, die Steuerflucht zu verhindern. Es wird geschätzt, dass aus Deutschland seit Einführung der Zinsabschlagsteuer (Quellensteuer) 1993 bis zu 500 Milliarden DM abgeflossen sind, nicht nur nach Luxemburg, sondern auch in die Schweiz, nach Liechtenstein, Guernsey und Jersey und in andere Steueroasen, die mittlerweile sogar als sicherer und diskreter gewertet werden als Luxemburg (Impulse, 1.4.1998). Andere Schätzungen besagen, dass durch die Kapitalflucht den deutschen Finanzbehörden bis zu 1'000 Milliarden DM an Anlegerkapital entgehen (Börse Online, 16.4.1998). Es sei allerdings bemerkt, dass auch in Deutschland und Belgien Nichtgebietsansässige von der Quellensteuer befreit sind. So werben beispielsweise belgische Banken aktiv in den Niederlanden mit dem Argument der Steuerfreiheit auf Zinseinkünften von Steuer-Ausländern (Agence Europe, 28.1.1997).

12 Deutsche Bundesbank (1994). "Aufkommen und ökonomische Auswirkungen des steuerlichen Zinsabschlags", in: *Deutsche Bundesbank, Monatsbericht*, Januar. Frankfurt a. M.: 45–58.

Finanzmärkte und damit zu einem stärkeren Wettbewerb führen würde. Andererseits zeigten sich die EU-Staaten zunehmend um ihre Steuereinnahmen besorgt, darf doch gemäss der Maastricht-Kriterien das Staatsdefizit 3% des BIP nicht überschreiten. Im Frühling 1996 ergriff die EU-Kommission die Initiative im Rahmen breit angelegter Bemühungen zur Verhinderung des in EU- und OECD-Terminologie sogenannten "schädlichen Steuerwettbewerbs".

Konkret schlug die EU-Kommission im November 1997 ein grösseres Massnahmenpaket vor. Dieses beinhaltete einen Verhaltenskodex für die Körperschaftsbesteuerung, Massnahmen zur Koordination der Besteuerung von Kapitaleinkommen, die Abschaffung von Quellensteuern auf Zinsen und Lizenzgebühren für Transaktionen zwischen Firmen sowie Massnahmen zur Angleichung der im EU-Raum immer noch sehr unterschiedlichen Mehrwertsteuern (KOM (1997) 495, KOM (1997) 564: 5.11.1997).[13] Die EU-Kommission legitimierte ihre Initiative wie folgt. Erstens würden damit noch bestehende Verzerrungen im Binnenmarkt beseitigt.[14] Zweitens liessen sich durch die vorgeschlagene Zusammenarbeit Einbussen beim Steueraufkommen vermeiden. Schliesslich würde die Eindämmung des Steuerwettbewerbs zu einer beschäftigungsfreundlicheren Gestaltung der Steuerstrukturen beitragen. Im Dezember 1997 schlossen sich die Wirtschafts- und Finanzminister der EU (ECOFIN[15]) dieser Initiative an und forderten die Kommission auf, eine Richtlinie zur Besteuerung von Sparguthaben auszuarbeiten (EU Amtsblatt C 002, 6/1/1998: 1–6).[16]

Im Mai 1998 präsentierte die EU-Kommission einen Vorschlag für die geforderte Richtlinie (KOM (1998) 295: 20.5.1998).[17] Dieser ersetzt den gescheiterten Entwurf von 1989. Seit Herbst 1998 wird über diesen Vorschlag beraten. Falls eine Einigung zustande kommt, soll die Umsetzung 2001 beginnen. In Steuersachen gilt in der EU das Einstimmigkeitsprinzip, sodass jeder einzelne Mitgliedstaat den Vorschlag der Kommission blockieren kann. Dieses Vetorecht wird auch von Befürwortern einer Harmonisierung der

---

13 Dieses Dokument trägt den Titel "Massnahmenpaket zur Bekämpfung des schädlichen Steuerwettbewerbs in der Europäischen Union".

14 Wirtschaftliche Verzerrungen werden von der EU-Kommission dahingehend definiert, dass "die Entscheidungen von Sparern in Abhängigkeit von der Möglichkeit der Steuervermeidung, anstatt auf der Grundlage eines Vergleichs zwischen den Anlagealternativen, der deren wirkliche Qualitäten berücksichtigt [...]" getroffen werden (KOM (1998) 295: S. 2).

15 Der ECOFIN wird offiziell als "Rat 'Wirtschafts- und Finanzfragen'" bezeichnet.

16 An diesem Treffen wurde auch ein Verhaltenskodex zur Unternehmensbesteuerung verabschiedet und die Kommission aufgefordert, eine Richtlinie zur Besteuerung von Zinsen und Lizenzgebühren zwischen verbundenen Unternehmen in der EU vorzuschlagen. Letzteren Vorschlag präsentierte die Kommission am 4.3.1998.

17 Das entsprechende Dokument trägt den Titel "Vorschlag für eine Richtlinie des Rates zur Gewährleistung eines Minimums an effektiver Besteuerung von Zinserträgen innerhalb der Gemeinschaft".

Quellensteuern (zum Beispiel Deutschland und Frankreich) kaum angefochten (Reuters 27.1.1997).

Die vorgeschlagene Richtlinie strebt, im Gegensatz zum Vorschlag von 1989, keine umfassende Harmonisierung der Quellensteuersysteme mehr an. Erstens erfasst sie nicht alle Formen der Quellensteuer. Sie ist auf Zinszahlungen beschränkt, die in einem EU-Staat an natürliche Personen geleistet werden, welche in einem anderen EU-Staat ansässig sind. Dadurch werden alle grenzüberschreitenden Zinszahlungen an natürliche Personen mit steuerlichem Wohnsitz in der EU abgedeckt, ohne Berücksichtigung des Schuldners. Nicht vom Begriff Zinsen erfasst sind Dividenden, Pensionen und Versicherungsleistungen.

Zweitens beruht der Vorschlag auf einem sogenannten *Koexistenzmodell.* Die EU-Staaten sollen zwischen zwei Lösungsansätzen wählen können: (a) *System der Quellensteuer:* Zinserträge von in der EU ansässigen natürlichen Personen werden mit einer Quellensteuer von mindestens 20% belegt. (b) *System der Information:* Schuldner (meist Finanzintermediäre) in EU-Land A müssen den Steuerbehörden in EU-Land B automatisch (nicht nur auf Anfrage) Informationen über Zinserträge nichtgebietsansässiger natürlicher Personen zukommen lassen, die in EU-Land B steuerpflichtig sind.[18] Um eine Doppelbesteuerung zu vermeiden, sollen in einem anderen EU-Land bezahlte Quellensteuern dort angerechnet werden, wo der Steuerzahler seinen Steuersitz hat.[19] Soweit wie möglich würden die Quellensteuern von der Zahlstelle einbehalten. Um die globale Wettbewerbsfähigkeit der EU-Länder nicht zu beeinträchtigen, soll versucht werden, Drittstaaten zur Einführung eines ähnlichen Systems zu bewegen.

Ob in diesem neuen Anlauf die Widerstände Grossbritanniens und Luxemburgs, der bisher gewichtigsten Opponenten, überwunden werden können, war im Oktober 1999 fraglich. Die Koexistenz-Lösung kann als Versuch betrachtet werden, den Oppositionsblock zu spalten, Luxemburg zu isolieren und es unter Druck zu setzen. Grossbritannien hat an Informationsverpflichtungen weniger auszusetzen und die Niederlande unterhalten bereits ein Meldeverfahren für Gebietsansässige. Selbst wenn der geforderte automatische Informationsaustausch akzeptiert würde, dürften sich bei dessen praktischer

---

18 Prinzipiell könnte ein perfektes Meldeverfahren alleine (d. h. ohne Angleichung der Steuersätze) den Steuerwettbewerb unterbinden: "Wenn das Residenzprinzip bei allen Einkommen strikte befolgt würde und wenn Informationen zu den Einkommen der Steuerzahler von allen Steuerbehörden beschafft sowie effizient und ohne Restriktionen ausgetauscht werden könnten, dann hätte die globale Einkommensbesteuerung mit von den Ländern individuell festgelegten Sätzen eine sichere Zukunft" (Tanzi 1995:136). In den ganz seltenen Fällen, in denen grenzüberschreitende Meldeverfahren bisher zur Anwendung gelangten, blieben diese jedoch meist weit hinter den Erwartungen zurück (vgl. Tanzi 1995).

19 Probleme der Doppelbesteuerung treten grundsätzlich dann auf, wenn nicht alle Staaten das gleiche Prinzip der Besteuerung (Residenzprinzip oder Quellenprinzip) anwenden.

Umsetzung jedoch eine Vielzahl juristischer und technischer Probleme ergeben, wodurch wiederum beträchtliche Schlupflöcher für Steuerflüchtige bestehen blieben. Vito Tanzi (1996: 89) bemerkt dazu:

> [...] einige Autoren nehmen an, dass ein verstärkter Austausch von Informationen zwischen in Steuerfragen vollständig unabhängigen Staaten das Instrument sei, mittels dessen diese Staaten mit dem exponenziellen Wachstum ausländischer Einkommensquellen, das auf die steigende weltwirtschaftliche Integration zurückzuführen ist, zurechtkommen können. Diese Annahme erscheint naiv.

Ebenso lassen folgende Probleme die Erfolgschancen der jüngsten Initiative der Kommission als nicht sehr gross erscheinen. Erstens ist Luxemburg nur bereit, sich einer Harmonisierung der Quellensteuern anzuschliessen, wenn gleichzeitig über den 1997 beschlossenen Verhaltenskodex für die Körperschaftsbesteuerung hinausgehende Massnahmen gegen den schädlichen Wettbewerb bei der Firmenbesteuerung ergriffen werden (dieser Unterschied in der Haltung Luxemburgs in den Bereichen Quellen- und Unternehmensbesteuerung kommt weiter unten noch zur Sprache) (Finanz und Wirtschaft, 15.10.1997: 39). Dieses Anliegen wiederum stösst bei Staaten wie Irland, den Niederlanden, Spanien und anderen Ländern, die mit teils massiven Steuererleichterungen versuchen, neue Firmen anzulocken, auf Widerstand.

Drittens scheiden sich in Bezug auf die Höhe des festzulegenden Mindestsatzes für die Quellensteuer (erste Option im Koexistenzmodell) die Geister. Vor allem Luxemburg scheint kaum bereit, einen Steuersatz von mehr als 10% zu akzeptieren. Andere EU-Staaten mit relativ tiefen Steuersätzen könnten sich der Haltung Luxemburgs anschliessen. Das gewichtigste Argument dieser Länder ist, dass mit der Höhe der minimalen Quellensteuer aufgrund der Umlenkungseffekte auch der Koordinationsbedarf mit Drittstaaten (z. B. der Schweiz, Steueroasen in und ausserhalb des EU-Raums) steigt (vgl. NZZ 7.7.98: 19). Ein einheitlicher Quellensatz von nur 10% würde allerdings die Steuerflucht kaum verhindern.

Viertens bleibt umstritten, inwiefern die EU-Staaten verpflichtet sein sollen, den Bestimmungen der vorgeschlagenen Richtlinie entsprechende Massnahmen auch in Steueroasen innerhalb der EU zu ergreifen. Nach Auffassung der Kommission entspricht der Anwendungsbereich der geplanten Richtlinie dem Hoheitsgebiet, in dem der EG-Vertrag gilt. Sie fordert jedoch zusätzlich, dass die EU-Mitglieder in abhängigen oder assoziierten Territorien (z. B. Gibraltar, Kanarische Inseln, Caymans, Bermudas, Kanalinseln, niederländische Antillen) gleichwertige Bestimmungen einführen.[20] Luxemburg und einige andere EU-Staaten unterstützen diesen Vorschlag. Die Haltung anderer

---

20 Die Kommission fordert dazu: "Insbesondere Mitgliedsstaaten mit unabhängigen oder assoziierten Gebieten oder mit besonderen Verantwortlichkeiten oder steuerlichen Vorrechten in bezug auf andere Gebiete müssen sich verpflichten, im Rahmen ihrer verfassungsrechtlichen Bestimmungen die Anwendung gleichwertiger Massnahmen [...] zu gewährleisten." (KOM (1998) 295: S. 5)

EU-Staaten wie Grossbritanniens, Spaniens und der Niederlande reicht von Stillschweigen bis zu vehementer Ablehnung. Diese Frage hängt eng mit der Höhe der zu vereinbarenden Minimalsteuer zusammen: Je höher dieser Steuersatz, desto mehr werden EU-Länder mit derzeit tiefen Quellensteuern darauf pochen, dass der Vorschlag der Kommission in Bezug auf die Steueroasen realisiert wird.

Fünftens ist vor allem in Kapitalmarktkreisen Grossbritanniens und Luxemburgs sowie von internationalen Verbänden der Finanzintermediäre wie beispielsweise der IPMA und der ISMA[21] heftige Kritik am Vorschlag der Kommission zu hören, auch Eurobond-Erträge[22] zu besteuern. Der Eurobond-Markt mit einem Volumen von über drei Billionen US$, der sich gegenwärtig vor allem in London und Luxemburg befindet, würde, so die Kritiker, durch die vorgeschlagenen Massnahmen der EU fragmentiert und in Drittstaaten abgedrängt. Viele Gegner des EU-Vorschlags führen als Beispiel auf, dass die USA 1963 eine ähnliche Quellensteuer eingeführt hätten, und dass diese neue Steuer zu einer massiven Abwanderung von Investitionen und der Errichtung der Eurobond-Märkte beigetragen habe. Diese Entwicklung wiederum habe die US-Regierung 1984 zur Abschaffung der Steuer veranlasst (NZZ, 8.9.1998: 33). Viele Marktteilnehmer erwarten, dass im Falle einer Quellensteuerharmonisierung in der EU Privatanleger hauptsächlich in der Schweiz Zuflucht nehmen könnten. Wertpapieraufbewahrungsstellen und Zahlstellen der Banken würden ebenfalls aus dem EU-Raum abwandern. Das Emissionsgeschäft könnte hauptsächlich in die USA verlegt werden. Die Londoner City[23], aber auch andere Finanzplätze im EU-Raum, wo bisher keine Steuern auf Eurobonds erhoben werden, würden schweren Schaden erleiden (NZZ 2.12.97, 8.6.98: 19, 8.9.1998; 27.1.1999: 31; Market News Service, 19.5.1998). Luxemburg befürchtet ähnliches für das Geschäft mit Anlagefonds. Die Kritiker behaupten, die erwirkten zusätzlichen Steuererträge der EU-Länder wären sehr gering, das Kapital würde verteuert und Anleger, Schuldner und Emissionshäuser würden teils massiv geschädigt.[24] Vor allem

---

21 Die International Primary Market Association (IPMA) ist ein Verband, der die Interessen von über 80 Emissionshäusern vertritt. Die International Securities Market Association (ISMA) ist ein Verband, der über 750 Banken und Wertpapierfirmen vertritt, die vor allem im Sekundärmarkt tätig sind.

22 Eurobonds sind Finanzinstrumente, die ausserhalb des Landes, auf dessen Währung sie lauten, ausgegeben werden.

23 In London werden ungefähr 60% der Eurobonds (Total über 16'000, 50% stammen von EU-Schuldnern) aufgelegt und 75% des Sekundärmarkt-Handels von Wertschriften (securities) findet dort statt.

24 Eine Quellensteuer auf Obligationen hätte stärkere Auswirkungen als eine Quellensteuer auf Dividenden, da Letztere in geringerer Höhe anfallen als die Coupons von Obligationen. Die ISMA und IPMA behaupten, dass im Falle einer Quellensteuer bei 5 bis 7% aller ausstehenden Eurobond-Anleihen die sogenannten gross-up-Bestimmungen in Kraft treten würden. Die Schuldner wären gezwungen, die Zinszahlungen um den Steuerbetrag zu erhöhen. Ausweichklauseln würden jedoch Schuldnern die Möglichkeit geben, die

die IPMA und ISMA fordern deshalb weitreichende Ausnahmebestimmungen für Eurobonds, sind allerdings auch grundsätzlich gegen eine EU-weite Harmonisierung der Zinsbesteuerung.[25]

Schliesslich dürften viele EU-Staaten bestrebt sein, ihre Flexibilität im Fiskal- und Arbeitsmarktbereich zu bewahren. Da sie mit der EWU ihre Geld- und Wechselkurspolitik aus der Hand gegeben haben, ist die Steuerpolitik eines der wichtigsten verbleibenden Mittel zur Beeinflussung der einzelstaatlichen Konjunktur (Economist 25.10.1997: 48).[26] Viele Ökonomen teilen diese Ansicht, zumal sie glauben, dass steuerliche Anreize ein besseres Mittel zur Ankurbelung der Wirtschaft in krisengeplagten Regionen sind als die in der EU praktizierte Subventionspolitik (Finanz und Wirtschaft, 9.7.1997: 27).

Es ist somit wahrscheinlich, dass am jüngsten Vorschlag der EU-Kommission noch einige Korrekturen vorgenommen werden – zum Beispiel ein tieferer Mindestsatz für die Quellensteuer, Ausnahmebestimmungen für Eurobonds, Beschränkung der Informationspflichten, Nichtantasten der Steueroasen im EU-Raum. Diese Korrekturen könnten den Vorschlag konsensfähig machen. Allerdings dürften die Auswirkungen solcher, nach unten revidierter Standards auf den Steuerwettbewerb zwischen den EU-Staaten sehr gering sein. Das heisst selbst wenn eine EU-Richtlinie zustande kommen sollte, würde diese nur eine geringfügige Re-regulierung bewirken.

Eine grosse Unbekannte bleibt der Einfluss des Europäischen Gerichtshofes (EuGH). Dieser hat sich schon verschiedentlich mit Steuerfragen befasst (EC Tax Review, verschiedene Ausgaben), hat sich aber zur Frage der Quellensteuer bisher nicht geäussert. Es wäre allerdings denkbar, dass Gebietsansässige, die Quellensteuern bezahlen, ihre Diskriminierung gegenüber Nicht-

---

Anleihen vorzeitig zum Nennwert zurückzuzahlen. Aufgrund des tiefen Zinsniveaus notieren derzeit viele Anleihen über Par, sodass viele Anleger hohe Verluste erleiden würden (NZZ, 8.9.1998: 33).

25 Die EU-Kommission entgegnet diesen Kritikern, dass die in ihrem Vorschlag festgelegte Verantwortlichkeit der Zahlstellen und nicht der Schuldner sowie die Beschränkung auf Zinserträge natürlicher Personen die Auswirkungen auf den Euro-Obligationenmarkt erheblich verringern (KOM (1998) 295: 5). So wird geschätzt, dass nur etwa 20% der Euro-Obligationen im Besitz individueller Investoren sind (Market News Service 19.5.1998).

26 Formale Analysen deuten sogar darauf hin, dass eine Steuerharmonisierung dann scheitern könnte, wenn Regierungen bessere Informationen über die Strukturen ihrer Wirtschaft besitzen. Dies hat unter anderem damit zu tun, dass Steuersysteme auf einem komplizierten, innerstaatlichen Interessenausgleich verschiedener Gruppen von Steuerzahlern beruhen. Dieser Interessenausgleich gerät durch eine Steuerharmonisierung durcheinander und kann zu steigenden Forderungen einzelner Gruppen nach spezifischen Steuererleichterungen führen. Zwischen den Staaten wird der Steuerwettbewerb einfach in anderen Formen fortgesetzt, indem jeder Staat seine private Information strategisch einsetzt. Dadurch resultiert für gewisse Staaten ein international festgelegter Steuersatz, der unter dem wirtschaftlichen oder sozialen Optimum liegt (Dhillon/Perroni/Scharf 1997).

gebietsansässigen einklagen könnten. Der EuGH hat sich bisher schon mehrfach mit Fragen der fiskalischen Diskriminierung nichtgebietsansässiger Personen im EU-Raum befasst, jedoch nicht mit der Bevorteilung (positiven Diskriminierung) solcher Personen. Somit ist nicht ausgeschlossen, dass in Zukunft vom EuGH durch Einzelfallentscheide wichtige Impulse zur Harmonisierung der Quellensteuern ausgehen könnten. Es scheint allerdings, dass der EuGH bestrebt sein dürfte, keine de facto legislativen Funktionen in diesem politisch hoch sensiblen Bereich zu übernehmen (EC Tax Review 2/1998: 74f.; Manager Magazin 3/97: 194–199).

5.2.4. Tendenz zur Deregulierung und Konvergenz

Im Gesamtbild lässt sich das Politikergebnis mit einem (mindestens vorläufigen) Scheitern der Re-regulierungsversuche und einer gewissen Konvergenz nach unten umschreiben. Der 1989 unternommene Versuch der EU zur umfassenden Harmonisierung der Quellensteuern zeitigte keinerlei Erfolg. Die Chancen des 1997 lancierten, viel bescheideneren Vorstosses sind mehr als ungewiss. In etwas radikalen Worten:

Einigkeit besteht bislang nur in Bezug auf die Möglichkeit, ab 1999 die Steuererklärung in Euro auszufüllen. (Die Tageszeitung, 16.5.1998)

Die Deregulierungstendenz kommt auch darin zum Ausdruck, dass in einigen Fällen EU-Staaten ihre Quellensteuern gesenkt haben (z. B. Belgien), oder dass die Neueinführung einer Quellensteuer scheiterte (z. B. 1989 in Deutschland). Hinzu kommt, dass die meisten EU-Länder keine Quellensteuern auf Zinseinkünften Nichtgebietsansässiger erheben und Zahlstellen und Steuerbehörden an die Finanzbehörden anderer EU-Staaten in der Regel keine Informationen über die Zinseinkünfte Nichtgebietsansässiger liefern.[27] Abbildung 5

---

27 Eine systematische Erfassung der gegenwärtigen Praxis von EU-Staaten in diesem Bereich hätte eine umfassende Analyse aller innerstaatlichen Steuergesetzgebungen und bilateralen Doppelbesteuerungs- und Rechtshilfeabkommen erfordert, was im Rahmen dieser Fallstudie aufgrund des riesigen Arbeitsaufwandes nicht möglich war. Aus der Sekundärliteratur (z. B. OECD 1998a, 1998b; Tanzi 1995) ist jedoch ersichtlich, dass im EU-Raum bisher keine automatische Meldeverfahren für Zinseinkünfte Nichtgebietsansässiger (wie sie der EU-Vorschlag vorsieht) existieren und Auskünfte dieser Art an ausländische Steuerbehörden nur ganz selten und nur auf explizite Anfrage und begründeten Verdacht auf Vermögensdelikte erteilt werden. Als Folge der Amtshilfe-Richtlinie der EU haben die meisten EU-Staaten "grosse" Amtshilfe-Klauseln in Doppelbesteuerungsabkommen eingebracht. Wie jedoch das Beispiel Luxemburgs zeigt, hat diese Entwicklung die Informationspraxis der EU-Staaten im Steuerbereich kaum verändert. Alberto Giovannini (1990: 16) bemerkt, dass die gegenwärtige Situation gekennzeichnet ist durch eine "bemerkenswerte Abwesenheit von Kooperation zwischen den Steuerbehörden der Industrieländer, die sich im strategischen Gebrauch des Bankgeheimnisses zum Zwecke der Anziehung ausländischer Steuerflüchtlinge äussert." Vgl. auch Tanzi (1995: 84f.).

fasst die Praktiken der einzelnen EU-Mitglieder zusammen und bringt auch zum Ausdruck, dass die einzelstaatlichen Regeln trotz einer gewissen Konvergenz nach unten besonders in Bezug auf die Steuersätze immer noch recht heterogen sind.

Abbildung 5: Quellensteuern in EU-Staaten

Land	Quellensteuer	Quellensteuer für Nicht-gebietsansässige
Belgien	15 %	0 %
Dänemark	0 %	0 %
Deutschland	25–35 %	0 %
Finnland	0–28 %	0 %
Frankreich	25–60 %	0 %
Griechenland	15–20 %	0–15 %
Grossbritannien	20 %	0 %
Irland	10–24 %	0 %
Italien	27 %	0–27 %
Luxemburg	0 %	0 %
Niederlande	0 %	0 %
Österreich	25 %	0 %
Portugal	15–20 %	20 %
Schweden	30 %	0 %
Spanien	25 %	0–25 %

Quellen: EU, Generaldirektion 21 (nichtpubliziertes Grundlagenpapier), Juni 1998; Banca Commerciale Italiana (1993), Tendenze Reali 46/Juli; Tanzi 1996: 81, 131; KPMG International, Country Tax Facts (http://www.tax.kpmg.net/library/default.htm); OECD 1994. Zusammenstellung durch den Autor.
Die aufgeführten Zahlen sind nur beschränkt aussagekräftig, da je nach Land die steuerfreien Zinsbeträge und Abzugsmöglichkeiten ganz generell erheblich variieren. Ebenso werden einzelne Anlageinstrumente teils sehr unterschiedlich besteuert. Quellensteuern auf Anleihen des betreffenden Staates werden meist tiefer besteuert und liegen zum Teil weit unter den oben angegebenen Durchschnittswerten. Die Quellensteuern auf Dividenden (hier nicht aufgeführt) liegen meist über 0%, in der Regel bei 15%. Dies hängt damit zusammen, dass die meisten Staaten bei Einkünften, die eng mit Firmen assoziiert sind, das Quellenprinzip und nicht das Residenzprinzip anwenden. Offensichtlich hat der Steuerwettbewerb nicht die gleiche Wirkung auf die Besteuerung von Dividenden wie auf die Zinsbesteuerung. Eine Erklärung dafür steht noch aus.

5.3. Erklärungen

Die Mitgliedsstaaten der EU haben durch die Liberalisierung beziehungsweise Integration ihrer Finanzmärkte eine Intensivierung des Steuerwettbewerbs bewirkt. Zwei grösseren Versuchen der EU, die als negativ gewerteten Konsequenzen dieser Liberalisierung für das Steueraufkommen zu beseitigen, war bisher kein Erfolg beschieden. Zudem manifestiert sich der Deregulierungsdruck auch bei den Besteuerungspraktiken der einzelnen EU-Mitglieder. Wie lässt sich dieses Politikergebnis – tendenziell eine Konvergenz nach unten – erklären?

Die gängigen Deutungen der bisher vergeblichen Bemühungen um eine Beseitigung des Steuerwettbewerbs in der EU beruhen nur selten auf intensiveren theoretischen Überlegungen und können wie folgt zusammengefasst werden:[28] Die Steuererhebung ist eines der wichtigsten und traditionellsten Hoheitsrechte von Staaten. Letztere sind deshalb einem supranationalen Vorstoss in den Fiskalbereich grundsätzlich abgeneigt. Des Weiteren erlaubt die Einstimmigkeitsregel der EU in Steuersachen – ein Ausdruck des ausgeprägten Souveränitätsdenkens – jedem Staat, das heisst selbst Kleinstaaten wie Luxemburg, ein gemeinsames Vorgehen zu blockieren (NZZ, 28.1.97:19; NZZ, 22.5.98). In anderen Erklärungen wird betont, dass aufgrund der hohen Kapitalmobilität eine Re-regulierung innerhalb des EU-Raumes sehr unvorteilhaft wäre: Investitionen würden in Nicht-EU-Länder, die tiefere Steuern aufweisen, abwandern. Schliesslich führen viele Beobachter grundsätzliche Differenzen zwischen Befürwortern eines Steuerwettbewerbs und Vertretern etatistischer Lösungen (oft als "internationale Steuerkartelle" bezeichnet) ins Feld. Diese normativen Differenzen sind im Steuerbereich viel ausgeprägter als beispielsweise bei der Handelsliberalisierung (Tanzi 1996: 9). Der Economist (25.10.1997: 48), der eher zu den Befürwortern des Steuerwettbewerbs gehört, fasst diese Haltung wie folgt zusammen:

Länder mit niedrigen Steuern sehen nicht ein, weshalb sie ihre striktere Kontrolle der öffentlichen Ausgaben nicht ausnützen sollten. Aus dieser Sicht ist der Steuerwettbewerb kein Fiskaldumping, sondern eine gesunde Art und Weise, Staaten zur Reduktion ihrer exzessiven Steuerbelastung zu zwingen.

Die Gegenseite argumentiert, wie oben schon erwähnt, dass der schädliche Steuerwettbewerb zu wirtschaftlichen Verzerrungen im EU-Binnenmarkt und zu einer unerwünschten Mehrbelastung der Arbeit führe sowie den Sozialstaat durch sinkende Steuererträge unterminiere. Optimistische Prognosen zu den Erfolgschancen der EU-Bemühungen um eine Steuerharmonisierung basieren

---

28 Wirtschaftswissenschaftliche Arbeiten sind meist auf Effizienzüberlegungen ausgerichtet und können kaum Antworten auf die in dieser Fallstudie interessierenden Fragen geben. Vito Tanzi (1995: 5) bemerkt, dass "[...] eine wachsende Kluft zwischen den Empfehlungen der modernen Steuertheorie und den realen Steuersystemen besteht".

denn auch just auf dem erwarteten Wachstum der Unzufriedenheit in den EU-Staaten mit den negativen Folgen des Steuerwettbewerbs (Economist, 25.10.1997: 48).

Auf abstrakterer Ebene wird der Steuerwettbewerb, wie oben dargelegt, oft als Gefangenendilemma betrachtet. Bei der Ausgestaltung ihrer Steuerpolitik interagieren Staaten mit ihrer Aussenwelt und versuchen dabei ihren eigenen Nutzen zu maximieren. Die individuelle Rationalität deckt sich dabei jedoch nicht mit der kollektiven Rationalität, sodass als Ergebnis der Interaktion ein kollektiv gesehen suboptimales Ergebnis zustande kommt, bei dem alle Staaten Steuererträge verlieren.

Diese Erklärungen sind aus mehreren Gründen wenig griffig und plausibel. Erstens existieren verschiedenste Politikbereiche, die ebenfalls von starkem Souveränitätsdenken geprägt sind, in denen aber eine intensive internationale Zusammenarbeit stattfindet (zum Beispiel Exportkontrollen für sicherheitspolitisch relevante Güter). Die Einstimmigkeitsregel als solche kann kaum als Erklärung für mangelndes Vorankommen bei der Steuerharmonisierung gelten. Vielmehr ist sie ein Korrelat der Opposition gegen eine Steuerharmonisierung. In vielen anderen Politikbereichen findet internationale Kooperation unter Konsensbedingungen statt. Zweitens erklärt die Kapitalmobilität allein nur wenig: So existieren verschiedene Politikbereiche, in denen trotz hoher Kapitalmobilität eine Re-regulierung stattgefunden hat (vgl. die in Kap. 4 untersuchten Kapitalvorschriften für Banken). Die aufgeführten Differenzen zwischen liberalen und etatistischen Positionen beruhen mehr auf normativen Aussagen und Wunschdenken denn auf den dahinter stehenden materiellen Interessen. Der optimistischen Prognose liesse sich, wie oben diskutiert, beispielsweise entgegenhalten, dass die Einführung des Euro und die damit verbundene Aufgabe einzelstaatlicher Geld- und Wechselkurspolitik die Flexibilität der Einzelstaaten im Bereich der Fiskalpolitik um so wichtiger werden lässt.

Die Modellierung des Steuerwettbewerbs als einfaches Gefangenendilemma ist wenig plausibel. Erstens sollte man, im Einklang mit der gängigen Literatur zu diesem Thema, annehmen, dass der Steuerwettbewerb ein Spiel mit vielen Runden ist. Dieser Umstand sollte es den Staaten eigentlich erlauben – dies ganz besonders in einem so hoch institutionalisierten Verhandlungsrahmen wie der EU – sich gegenseitig und glaubwürdig zu verpflichten (z. B. im Rahmen einer *tit-for-tat*-Strategie, vgl. Axelrod 1984) und durch ein Steuerkartell den Steuerwettbewerb zu stoppen. Zweitens reduziert der verfügbare institutionelle Rahmen die Transaktionskosten der Verhandlungen, ermöglicht *Junktime* zur Überwindung von Kooperationsproblemen, die von asymmetrischen Präferenzen verursacht sind, und reduziert nicht zuletzt durch supranationale Rechtsprechung und die rechtliche Unmöglichkeit eines Austritts aus der EU Durchsetzungs- und Sanktionsprobleme. Die Empirie zeigt allerdings, dass Kooperationsversuche bisher gescheitert sind. Wie wir weiter unten sehen werden, hängt dieses Politikergebnis unter anderem damit zusammen, dass die beteiligten Akteure asymmetrische Präferenzen aufweisen und Drittparteien die Kooperation behindern. Im Folgenden untersuche ich, ob die in Kapitel 3 entworfenen Hypothesen eine fundiertere Erklärung der beobachteten Politikergebnisse liefern können.

5.3.1. Hypothese 1

Aus den in Kapitel 3 diskutierten Gründen erwarten wir bei Produkteregulierungen eher eine Intensivierung des staatlichen Zugriffs, oft verbunden mit erheblicher Varianz zwischen den einzelstaatlichen Standards. Bei auf Produktionsprozesse bezogenen Regulierungen kommt es eher zu einer Deregulierung und einer Angleichung nach unten.

Das beobachtete Politikergebnis – Scheitern der Re-regulierungsversuche; tendenziell Konvergenz nach unten – entspricht demjenigen, das wir für die Teilhypothese zu Produktionsprozessstandards erwarten. Somit wäre Hypothese 1 dann falsifiziert, wenn es sich bei der Besteuerung von Zinseinkünften um Produkteregeln handeln sollte und wir protektionistische Motivationen auf Seiten der in den einzelnen Staaten unterschiedlich regulierten Produzenten beobachten.

Bei der Besteuerung von Zinseinkünften, seien diese grenzüberschreitend oder binnenwirtschaftlich, handelt es sich vorwiegend um eine Regulierung von Produktionsprozessen. Allerdings sind auch Elemente einer Produkteregulierung sichtbar. Bei der Ausgestaltung von Finanzinstrumenten oder Anlageformen, bei Investitionen und bei der Entrichtung von Zinsen durch die Schuldner oder Zahlstellen sind die Beteiligten verpflichtet, bestimmte staatliche Vorschriften einzuhalten. Die Beschaffenheit oder Qualität der eigentlichen Produkte – zum Beispiel Staatsanleihen, Sparkonten, Obligationenfonds – wird durch die Besteuerung oder durch Informationsvorschriften, wie sie die Pläne der EU-Kommission vorsehen, jedoch kaum beeinträchtigt. Die wesentlichen Merkmale eines Obligationenfonds beispielsweise werden nicht grundsätzlich von den Quellensteuergesetzen geprägt, sondern von anderen Vorschriften und freien Entscheidungen der Gestalter. Gleichermassen hängt das mit einer Anlageform verbundene Risiko kaum von der Quellensteuer, sondern zum Beispiel von der Qualität des Schuldners und dem Verlauf der Finanzmärkte ab.

Elemente einer Produkteregulierung lassen sich insofern feststellen, als sehr stark besteuerte Finanzinstrumente oder Investitionsformen, die einer Meldepflicht an Finanzämter und dadurch wiederum einem verstärkten fiskalischen Zugriff unterliegen, aus der Sicht des Anlegers ein schlechteres Risiko-Ertrags-Verhältnis aufweisen können. Somit ist die Qualität des Produkts bis zu einem gewissen Grad von den Vorschriften über die Zinsbesteuerung beeinflusst.

Diese Unschärfe bezüglich Produkte- versus Prozessregulierung lässt sich beseitigen, wenn wir das der Regulierung innewohnende protektionistische Potential betrachten. Sofern die Besteuerung von Zinseinkünften einer Prozessregulierung entspricht, sollten sich gemäss Hypothese 1 auch keine Möglichkeiten für die einzelnen Staaten ergeben, ihren Markt durch einseitiges Anheben der Standards vor der ausländischen Konkurrenz zu schützen.

In der Tat ist klar ersichtlich, dass eine unilaterale Anhebung der Quellensteuern oder eine Verschärfung der Meldepflichten weder für die Schuldner, noch die Finanzintermediäre (in unserem Fall die Produzenten), noch die Anleger direkte Vorteile bringt. Im Gegensatz zu anderen Regulierungsbereichen (zum Beispiel Kapitalstandards für Banken), schützt die Einführung oder Erhöhung der Quellensteuer oder die Verschärfung der Meldepflichten einheimische Produzenten nicht vor ausländischer Konkurrenz. Eher das Gegenteil tritt ein: Eine unilaterale Re-regulierung kann Anleger in die Arme ausländischer Finanzinstitute treiben. Um zu retten, was noch zu retten ist, tendieren die einheimischen Produzenten dann dazu, Teile ihrer Geschäftstätigkeit in Länder mit tieferen Steuern oder strengerem Bankgeheimnis zu verlegen, um dort die steuerflüchtigen Kunden wieder aufzufangen. Diese Verlagerung der Geschäftstätigkeit birgt für diese Produzenten jedoch Kosten, zumal sie kaum alle flüchtenden Investoren in ihren neuen Filialen oder Tochtergesellschaften im Ausland wiedergewinnen können. Der massive Abfluss von Investitionen aus Deutschland und Belgien in ausländische Steueroasen (z. B. Luxemburg, Schweiz, Kanalinseln) sowie die Eröffnung vieler Filialen deutscher Banken an diesen Orten mögen als Beispiele dienen.

Indirekt – über die durch Steuererträge finanzierten Staatsausgaben – profitieren möglicherweise auch die Produzenten von einer Re-regulierung und der damit verbundenen Erhöhung der Steuererträge. Allerdings nur, wenn die Steuerzahler nicht in allzu grossen Scharen flüchten. Dieser Nutzen, sollte er überhaupt anfallen, ist jedoch sehr diffus und unterliegt dem Problem öffentlicher Güter. Bei der Produktion solcher Güter hat bekanntermassen jeder Akteur einen Anreiz, sich als Trittbrettfahrer zu verhalten, wodurch das öffentliche Gut in suboptimalem Ausmass produziert wird. Dies nach dem Motto: "Besteuere nicht Dich, nicht mich, sondern den Kerl hinter dem Baum." (Vgl. Zitat am Anfang dieses Kapitels.)

Das grösste Interesse an einer Re-regulierung haben somit Regierungen und staatliche Verwaltungen. Steuererhöhungen sind allerdings politisch eher unpopulär und erfolgen bezeichnenderweise immer öfter über die weniger sichtbaren Konsumsteuern. Eine breitere politische Unterstützung für eine Erhöhung der Zinsbesteuerung wäre nur dann zu erwarten, wenn durch das Schrumpfen der Steuererträge auf Kapitaleinkommen die gesamten Steuererträge dramatisch sänken und wichtige öffentliche Leistungen dadurch in Frage gestellt würden.

Dass eine unilaterale Re-regulierung für Produzenten und Anleger eher Nachteile als Vorteile bringt, hängt mit der Kapitalmobilität zusammen. Diese wurde von den EU-Staaten gezielt gefördert, einerseits durch die Aufhebung der Kapitalverkehrskontrollen, andererseits dadurch, dass Finanzintermediäre im EU-Binnenmarkt ohne grosse Probleme in anderen Mitgliedsländern Ableger eröffnen können. Die Kapitalmobilität wird im hier untersuchten Bereich auch durch die Struktur des betreffenden Geschäfts verstärkt. Die Entgegennahme von Investitionen ist aus Gründen der Infrastrukur viel einfacher zu tätigen als die Kreditvergabe. Erstere kann durch kleinste und sehr mobile Finanzintermediäre überall auf der Welt erfolgen. Die Kreditvergabe oder das Emissionsgeschäft hingegen erfordern eine viel grössere Infrastruktur und einen möglichst soliden Finanzplatz. Bei der Kreditvergabe beispielsweise sind Skaleneffekte allein schon aufgrund der Risikodiversifikation wichtig. Hier ergibt sich ein wesentlicher Unterschied zwischen der Besteuerung von Zinseinkünften und Kapitalvorschriften für Banken. In der Fallstudie zu den Kapitalvorschriften stellten wir fest, dass Staaten durch die Abhängigkeit der Banken von grossen Finanzplätzen starken Einfluss gewinnen konnten.

Folgerung: Die Zinsbesteuerung entspricht eher einer Prozess- als einer Produkteregulierung. Im Einklang mit den kausalen Effekten, die der Prozessregulierung anhaften, bringt eine unilaterale Re-regulierung in diesem Fall keinen protektionistischen Nutzen für die Produzenten und schon gar nicht für ihre Kunden (das heisst die Anleger). Hypothese 1 hat somit dem Falsifizierungsversuch standgehalten und liefert einen Beitrag zur Erklärung der beobachteten Konvergenz nach unten.

5.3.2. Hypothese 2

Hypothese 2 erklärt Konvergenztendenzen: In Regulierungsbereichen, in welchen Produzenten mit standortgebundenen, internationalen Investitionen dominieren, erwarten wir eher eine Konvergenz einzelstaatlicher Standards als in Fällen, in denen binnenmarktorientierte oder nicht- beziehungsweise wenig standortgebundene Investitionen vorherrschen. Ob eine allfällige Konvergenz regulatorischer Standards nach oben oder unten verläuft, prognostiziert diese Hypothese nicht.

Bei der Besteuerung von Zinserträgen lässt sich, wie Abbildung 5 weiter oben andeutet, nur eine beschränkte Angleichung feststellen. Um Hypothese 2 falsifizieren zu können, müssten wir bei diesem Politikergebnis beobachten können, dass Firmen mit standortgebundenen, internationalen Investitionen den betreffenden Wirtschaftssektor dominieren und bei den Regierungen ein starkes Lobbying zugunsten einer Angleichung der Standards betreiben.

Tatsächlich sind viele Finanzintermediäre in mehreren bis vielen Ländern gleichzeitig tätig. Dieser Wirtschaftssektor wird somit von transnationalen Firmen geprägt. Andererseits haben wir oben festgestellt, dass die Kapitalmobilität hoch ist, besonders bei der Entgegennahme von Finanzvermögen durch die Intermediäre. Diese Geschäftstätigkeit ist somit nur in geringem Masse standortgebunden. Im Einklang mit Hypothese 2 ist denn auch das Engagement der Produzenten (v. a. Finanzintermediäre) zugunsten einer Harmonisierung der Zinsbesteuerung in der EU gering bis inexistent. Wenn es zu Einflussversuchen kommt, bestehen diese meist darin, einen Harmonisierungsbedarf zu verneinen. In Stellungnahmen zu den Vorschlägen der Kommission von 1997 und 1998 haben verschiedene Verbände der Finanzwirtschaft eher negativ reagiert. Der Europäische Hypothekenverband kritisierte, dass eine Harmonisierung der Besteuerung von Kapitalerträgen (in Form einer gemeinsamen Mindest-Quellensteuer) in der EU zu einer Kapitalabwanderung in Steueroasen führen würde. Die gleiche Ansicht vertrat die Vereinigung der Banken in der Europäischen Union in einer Stellungnahme vom Mai 1997. Die Europäische Vereinigung der Sparkassen anerkannte zwar die Notwendigkeit einer Harmonisierung, empfahl allerdings ein sehr behutsames Vorgehen und niedrige Quellensteuern.[29]

Dass die meisten Produzenten und ihre Verbände wenig Interesse an einer Re-regulierung und Konvergenz haben, liegt wiederum in der Struktur der Situation begründet. Unterschiedliche Steuervorschriften mögen für die Anbieter von Finanzdienstleistungen einen gewissen Mehraufwand verursachen. Dieser Mehraufwand scheint jedoch nur wenige Produzenten zu stören. Die Vereinigung der Steuerberater-Verbände der EWG-Länder veröffentlichte im Mai 1997 eine Studie. Darin wurden die bestehenden Unterschiede in der Besteuerung von Zinsen und Dividenden identifiziert. Die Autoren vertraten die Ansicht, dass die Schaffung eines einheitlichen europäischen Kapitalmarkts die Beseitigung dieser Unterschiede erfordere. Allerdings wurde offen gelassen, ob eine Konvergenz nach oben oder unten wünschenswert sei. Da viele Produzenten einen grossen Verwaltungsaufwand befürchten[30], sollte der Vorschlag der Kommission akzeptiert werden, kann eher von einer Bevorzugung der Deregulierung ausgegangen werden.

Unterschiedliche Standards stossen bei Finanzintermediären und Anlegern eines Landes offensichtlich vor allem dann auf Kritik, wenn die Besteuerung im eigenen Land höher ist als in anderen Ländern. Aufgrund der Kapitalmobilität ist jedoch auch hier zu erwarten, dass die betroffenen Akteure eher exit- als die voice-Option wählen (Hirschman 1970). So haben die deutschen Banken keinen allzu grossen Aufwand betrieben, um die Politiker zur Modifikation ihrer Quellensteuerpolitik zu bewegen, sondern haben ihre Ableger in Luxemburg und anderen Steueroasen ausgebaut, um die vor der Quellensteuer flüchtenden Investoren wieder aufzufangen.

---

29 Vgl. KOM (1998) 295: S. 26 vom 20.5.1998; KOM (1996) 546: 22.10.1996.
30 Die ISMA moniert beispielsweise, dass die vorgeschlagene EU-Richtlinie kaum zusätzliche Steuererträge bringen, aber einen enormen Verwaltungsaufwand für die Zahlstellen (meist Depotbanken) und staatliche Steuerbehörden verursachen würde.

Folgerung: Die vorgebrachte empirische Information ergibt keine Falsifikation von Hypothese 2. Die Investitionen der transnationalen Produzenten im hier interessierenden Wirtschaftssektor sind zwar oft multinational, jedoch nur in sehr geringem Masse standortgebunden. Somit haben die Produzenten, im Einklang mit der Hypothese, nur wenig Interesse an einer Angleichung der regulatorischen Standards, und schon gar nicht an einer Konvergenz in Richtung einer stärkeren Zinsbesteuerung.

5.3.3. Hypothese 3

Hypothese 3 besagt, dass dominante Firmen in Märkten mit hohem Konzentrationsgrad eher in der Lage sind, das regulatorische Umfeld nach ihren Wünschen zu beeinflussen. Diese Hypothese muss in Zusammenhang mit Hypothese 1 und 2 betrachtet werden. Das beobachtete Politikergebnis – kein Erfolg von Re-regulierungs-Versuchen, tendenziell Konvergenz nach unten – liesse sich dadurch erklären, dass die Zinsbesteuerung einer Regulierung von Produktionsprozessen entspricht (Hypothese 1), und dass der entsprechende Markt einen eher geringen Konzentrationsgrad aufweist (Hypothese 3). Die eher geringfügige Konvergenz liesse sich auch darauf zurückführen, dass internationale Investitionen in diesem Bereich wenig bis gar nicht standortgebunden sind (Hypothese 2) und die Marktkonzentration eher gering ist (Hypothese 3). Die Kombination von multinationalen, standortgebundenen Investitionen und hohem Konzentrationsgrad der Märkte, bei der wir eine starke Konvergenzbewegung erwarten würden, kann aufgrund der zu Hypothese 2 vorgebrachten empirischen Information vernachlässigt werden. Hypothese 3 liesse sich vor allem dann falsifizieren, wenn wir bei nur leichter Konvergenzbewegung eine hohe Konzentration des entsprechenden Marktes beobachten würden.

Trotz der Entstehung grosser Finanzkonglomerate in jüngerer Zeit ist der Finanzsektor, über den Investitionen natürlicher Personen einfliessen, sehr kompetitiv und umfasst eine grosse Zahl von Produzenten. So existieren in Luxemburg allein über 200 Banken, in den USA sind es sogar über 7'000. Hinzu kommen unzählige Anlagefirmen. In den meisten Industriestaaten existieren jeweils wenige Grossbanken, die hohe Marktanteile besitzen. Ob diese Banken einen gewichtigen Einfluss auf die Ausgestaltung der Zinsbesteuerung gehabt haben, ist schwer zu beurteilen. Im Falle Deutschlands und Belgiens zum Beispiel ist es jedoch wahrscheinlich, dass sie zur Abschaffung beziehungsweise Senkung der Quellensteuern beigetragen haben, indem sie auf den Finanzabfluss hinwiesen und Ableger im Ausland gründeten, um die abfliessenden Investitionen aufzufangen. Solange die Finanzinstitute eine eher kostengünstige *exit*-Option besitzen, haben sie nur einen geringen Anreiz, konzertierten Druck auf ihre Regierungen auszuüben, um eine Senkung der

Zinsbesteuerung zu erreichen. An einer Erhöhung der Steuern sind weder Finanzintermediäre noch Anleger interessiert.

Folgerung: Die oben formulierten Bedingungen für eine Falsifikation der Hypothese sind nicht erfüllt. Bei der Entgegennahme von Investitionen ist der Konzentrationsgrad der Märkte mittel bis gering. In Kombination mit Hypothesen 1 und 2 lässt sich dadurch erklären, weshalb Re-regulierungsbemühungen gescheitert sind, andererseits jedoch nur eine begrenzte Konvergenz nach unten feststellbar ist.

5.3.4. Hypothese 4

Hypothese 4 erklärt die Intensität staatlicher Regulierung auf nationaler und internationaler Ebene. Eine Re-regulierung – in unserem Fall eine Erhöhung der Quellensteuer beziehungsweise Verschärfung der Auskunftspflicht gegenüber Steuerbehörden – erwarten wir bei konzentriertem Nutzen und breit gestreuten Kosten der Re-regulierung. Ein Scheitern von Re-regulierungsversuchen oder eine Deregulierung treten dann auf, wenn der Nutzen breit gestreut ist, die (substanziellen) Kosten aber konzentriert sind und eine Kompensation der Kostentragenden nicht möglich ist.

Um Hypothese 4 zu falsifizieren, müssten wir feststellen können, dass der Nutzen einer verstärkten Zinsbesteuerung konzentriert ist und die (substanziellen) Kosten breit gestreut, Re-regulierungsversuche aber trotzdem gescheitert sind. Die genannten Kosten-Nutzen-Strukturen müssten bei einer umfassenden Analyse für jedes EU-Mitglied eruiert und aggregiert werden. Der Einfachheit halber beschränke ich mich hier allerdings auf eine allgemein gehaltene Beurteilung von Kosten und Nutzen einzelner Interessengruppen in der gesamten EU.

Die Kosten-Nutzen-Strukturen im Bereich der Zinsbesteuerung entsprechen nicht denjenigen, die zur Falsifizierung der Hypothese vorhanden sein müssten (konzentrierter Nutzen, breit gestreute Kosten), andererseits auch nicht eindeutig den Bedingungen, unter denen eine Deregulierung zu erwarten ist (konzentrierte Kosten, breit gestreuten Nutzen).

Der Nutzen einer verstärkten Zinsbesteuerung beziehungsweise einer EU-weiten Harmonisierung derselben auf höherem Niveau würden einer grossen Gruppe von Akteuren zugute kommen. Diese Gruppe umfasst prinzipiell alle Empfänger verschiedenster staatlicher Leistungen, die über die Steuererträge finanziert werden. Am meisten profitieren die Nettoempfänger von Staatsausgaben, zum Beispiel vom Sozialstaat abhängige Personen sowie Beschäftigte im öffentlichen Sektor. Wenn sich diese Interessengruppen jedoch politisch mobilisieren und Einfluss auf Regulierungsprozesse nehmen, geschieht dies meist zur Verhinderung von Ausgabenkürzungen oder zur Verbesserung staatlicher Leistungen. Trotz evidentem Zusammenhang zwischen Staatseinnahmen und -ausgaben und trotz weitverbreiteter Empörung über "Millionäre, die keine Steuern zahlen" gehen diese Interessengruppen kaum für höhere Steuern auf Zinseinkünfte auf die Strasse (vgl. auch Olson 1982).

Am meisten Interesse an der Verhinderung einer Konvergenz nach unten beziehungsweise an der Harmonisierung der Zinsbesteuerung in der EU auf höherem Niveau haben in der Regel Politiker und der Verwaltungsapparat in denjenigen EU-Staaten, die höhere Steuern auf Zinserträgen aufweisen. Der Steuerwettbewerb ist für diese Akteure unvorteilhaft, weil er das Staatseinkommen reduziert. Deutsche Steuerexperten schätzen beispielsweise, dass ungefähr 300 Milliarden DM an unversteuerten Geldern auf ausländischen Konten in Europa liegen und so dem deutschen Fiskus jährlich über 25 Milliarden DM entgehen (Cash, 20.11.1998). Die Einbusse erfolgt einerseits durch die Abwanderung von Kapital gebietsansässiger Anleger, andererseits auch dadurch, dass in den meisten EU-Staaten Nichtgebietsansässige von der Zinsbesteuerung befreit sind. Die für Nichtgebietsansässige geltenden Ausnahmen zielen nicht zuletzt darauf ab, ausländische Anleger anzulocken oder deren Abwanderung zu verhindern. Der Nutzen des Status quo kommt somit weniger dem Staatsapparat zu, da er auf diese Einkommensquelle verzichtet, sondern vielmehr den Finanzintermediären und Anlegern und, vielleicht in indirekter Weise, auch der gesamten Wirtschaft des betreffenden Landes (z. B. durch tiefere Zinsen[31]). Bei steigender Kapitalmobilität und gleichgeschalteten Quellensteuersätzen in allen EU-Ländern könnte dieses System im Extremfall dahin tendieren, dass alles mobile Kapital nur noch in EU-Staaten angelegt wird, in denen der Anleger nicht gebietsansässig ist. Diese Situation würde wiederum den Staatsapparat gegenüber den Finanzintermediären benachteiligen. Letztere können in den anderen EU-Ländern Ableger einrichten, um das flüchtende Kapital aufzufangen, die Steuerbehörden können dies nicht. Auch wenn die heutige Situation noch weit von diesem Extrem entfernt ist (zumal auch die Quellensteuersätze für Gebietsansässige stark variieren), steigen mit zunehmender Kapitalmobilität die Kosten eines Scheiterns der Re-regulierung für den Staatsapparat viel stärker als für die Finanzintermediäre.

Kosten für Politiker und die öffentliche Verwaltung, die aus einer Deregulierung resultieren, fallen insofern an, als diese Akteure von der Öffentlichkeit für die Staatsverschuldung verantwortlich gemacht und dementsprechend sanktioniert werden – eine Standardannahme der *Public-Choice-Theorie* ist, dass Politiker nach einer Maximierung ihrer Wiederwahlchancen streben (Frey/Kirchgässner1994). Sinkende Einnahmen aus der Zinsbesteuerung lassen sich nicht ohne weiteres über andere Steuerformen kompensieren (zum Beispiel Lohn- oder Konsumsteuern) und können zur Staatsverschuldung

---

31 Manche Ökonomen behaupten allerdings, dass dieser Effekt in der EU minim sei, da die Steueroasen in der Regel keine hinreichenden Investitionsmöglichkeiten in der Realwirtschaft bieten und das Kapital deshalb wieder in die Staaten zurückfliesse aus denen es zuerst abgeflossen sei. Das Hauptproblem (wenn man es überhaupt als Problem betrachtet) besteht somit in der Reduktion der Steuereinnahmen.

beitragen. Kürzungen der Ausgaben zur Anpassung an reduzierte Einnahmen sind erfahrungsgemäss schwierig zu bewerkstelligen. Besonders diejenigen Politiker und Teile des Verwaltungsapparates, die eine Senkung der Staatsausgaben ablehnen, werden sich somit für eine EU-weite Harmonisierung der Zinsbesteuerung zumindest auf dem eigenen Niveau einsetzen, um einer Erosion des Steueraufkommens Grenzen zu setzen.

Interesse an einer Unterbindung des Steuerwettbewerbs hat auch die EU-Kommission. Diese kann sich dadurch neue Kompetenzen erwerben und diese als Erfolg für die europäische Integration verbuchen. Dabei bedient sie sich beispielsweise der Gründe, die Mitgliedsstaaten für eine Harmonisierung vorbringen, und fügt, in Abstützung auf ihre Kompetenzen im Rahmen des Binnenmarktes, hinzu, dass der Status quo zu Wettbewerbsverzerrungen führe.[32]

Die Kosten einer Re-regulierung sind weniger breit gestreut als der Nutzen. Die Lasten einer über den gesamten EU-Raum im Durchschnitt erhöhten Zinsbesteuerung würden allerdings immer noch auf eine recht grosse Akteursgruppe entfallen. Diese umfasst die im Finanzbereich tätigen Unternehmen und Personen sowie die Anleger, die meist der mittleren und oberen Einkommensschicht angehören. Für die Anleger verschlechtert sich die Ertragslage, sollte es ihnen bei einer EU-weiten Re-regulierung nicht möglich sein, ihr Kapital ausserhalb der Reichweite der vorgeschlagenen EU-Richtlinie anzulegen.

Die Kosten für die Unternehmen sind, folgt man der Meinung der EU-Kommission, gering und beschränken sich auf zusätzliche Verwaltungskosten für Zahlstellen, meist Finanzintermediäre. Die Kommission behauptet auch, dass in der Praxis nur selten Klein- oder Mittelunternehmen davon betroffen seien, da diese selten als Zahlstellen fungierten. Das gleiche gelte für die Mehrzahl der Emittenten von Wertpapieren und der Marktteilnehmer generell (KOM (1998) 295: 24f.). Insbesondere Finanzintermediäre in EU-Staaten, die von der höheren Zinsbesteuerung in anderen Staaten profitieren, teilen diese Ansicht nicht. Finanzkreise in Luxemburg finden beispielsweise leichtes Gehör bei der dortigen Regierung, die traditionell zu den Opponenten einer Harmonisierung der Zinsbesteuerung gehört.

Diese Opposition lässt sich mit einer Behauptung in Zusammenhang bringen, die in der wirtschaftswissenschaftlichen Steuertheorie zu finden ist: Bei hoher Kapitalmobilität haben kleinere Länder grössere Mühe, ihre Steuersätze beizubehalten. Der Grund liegt in der geringeren Grösse der "realen" Binnenwirtschaft. Oft neigen kleine Staaten deshalb dazu, als Steueroasen eine

---

32 In ihrem Vorschlag vom 20.5.1998 argumentiert die Kommission: "Da eine Koordination der einzelstaatlichen Systeme fehlt, ist es [...] derzeit für natürliche Personen, die Gebietsansässige der Mitgliedstaaten sind, möglich, jeder Form der Besteuerung ihrer in einem anderen als dem Mitgliedstaat ihres Wohnsitzes eingenommenen Zinsen zu entgehen. Dies ist die Ursache von Verzerrungen der Funktion des Binnenmarktes sowie von Verlusten beim Steueraufkommen für die Mitgliedstaaten." (KOM (1998) 295: S. 23)

Nischenfunktion zu übernehmen und davon zu profitieren. Da sie gegenüber dem Steuerwettbewerb empfindlicher sind, reagieren sie im Zweifelsfall eher mit Steuersenkungen. Diese Reaktion wiederum verstärkt den allgemeinen Steuerwettbewerb und steht einer internationalen Harmonisierung im Wege (vgl. Tanzi 1996: 65f.). Aus diesem Grund ist auch zu erwarten, dass sich die Steueroasen innerhalb einzelner EU-Länder (z. B. Spanien, die Niederlande, Grossbritannien) gegen Steuervorschriften wehren werden, die denjenigen der vorgeschlagenen EU-Richtlinie entsprechen.

Auch in grösseren EU-Ländern findet der Vorschlag der Kommission bei den Finanzintermediären kaum Unterstützung. Besonders in Grossbritannien und Luxemburg haben Finanzmarktkreise heftige Kritik am Vorschlag der EU-Kommission geäussert. In Grossbritannien wird behauptet, bis zu 10'000 Arbeitsplätze würden aus der Londoner City abwandern (NZZ 27.1.1999:31, 8.6.98:19; Independent 1.12.1998: 19; Market News Service, 19.5.1998). Diese Ansicht wird von den grössten Verbänden der Primär- und Sekundärmärkte, vor allem der IPMA und ISMA, geteilt.[33] Finanzinstitute in Ländern mit hoher Zinsbesteuerung (zum Beispiel Deutschland, Frankreich) tendieren dazu, eher eine Senkung ihrer Zinsbesteuerung auf das Niveau der Länder mit geringeren Steuern zu verlangen als eine Angleichung auf höherem Niveau. Die Hauptkritik der europäischen Verbände der Finanzwirtschaft richtet sich vor allem darauf, dass bei einem stärkeren fiskalischen Zugriff auf Zinserträge die Geschäftätigkeit aus dem EU-Raum abwandern würde. Nach einer weitverbreiteten Einschätzung würden die Obligationenmärkte vor allem nach New York und Zürich verlagert. Der Grund: Die geplante Steuer auf Zinserträgen würde die Renditen auf Obligationen senken. Investoren würden deshalb einen höheren Ertrag auf Obligationen verlangen, was die Schuldenaufnahme von Firmen und anderen Akteuren verteuern würde. Somit würden Obligationen vorzugsweise ausserhalb der Reichweite der neuen Steuer ausgegeben. Die EU-Kommission hingegen behauptet, dass mit der Einführung des Euro der europäische Finanzmarkt noch mehr an Dynamik gewinnen und Investoren anziehen werde. Sie argumentiert auch, dass ihr Vorschlag so angelegt sei, dass die Emissionstätigkeit europäischer Unternehmen nicht aus der EU hinausverlagert würde.[34]

---

33 Im gleichen Sinne hat sich die Union of Industrial and Employers' Confederations of Europe geäussert (European Report, 9.12.1998).

34 In ihrem Vorschlag vom Mai 1998 bemerkt die Kommission: "Die Berücksichtigung aller in der Gemeinschaft gezahlten Zinsen, ohne dem Niederlassungsort des Schuldners Rechnung zu tragen, führt dazu, dass in der Gemeinschaft niedergelassene Unternehmen gegenüber ihren Konkurrenten aus Drittländern nicht benachteiligt werden, wenn sie Geld leihen. Folglich werden auch die Gefahren mit dem einzigen Ziel der Steuervermeidung erfolgten Verlagerung von Emissionstätigkeiten europäischer Unternehmen nach ausserhalb der Gemeinschaft vermieden [...] In bezug auf die Refinanzierungskosten von Unternehmen dürften die Folgen der Quellensteuer auf die Zinssätze folglich nur marginal spürbar sein." (KOM (1998) 295: 25)

Folgerung: Die Verteilung der Kosten und des Nutzens einer verstärkten Besteuerung von Zinseinkünften in den EU-Ländern deckt sich nicht eindeutig mit einer der beiden in Hypothese 4 genannten Grundkonstellationen. Sie tendiert jedoch in Richtung derjenigen Konstellation, die einer Re-regulierung abträglich ist. Der Nutzen einer Re-regulierung ist im Falle von Politikern und des Verwaltungsapparats in Ländern mit höherer Zinsbesteuerung eher konzentriert. Ansonsten profitiert aber auch eine äusserst breite Bevölkerungsschicht von der durch Steuereinnahmen finanzierten Staatstätigkeit. Die Kosten, die auf Seiten der Anleger und Finanzintermediäre anfallen, sind konzentrierter. Viele der kostentragenden Akteure besitzen allerdings eine *exit*-Möglichkeit. In den meisten EU-Staaten stehen somit auf der Nutzniesserseite vor allem diejenigen Politiker und Teile des Verwaltungsapparates, die den Steuerwettbewerb fürchten. Diesen Akteuren gegenüber auf der Seite der Kostentragenden finden sich die Finanzintermediäre und Anleger. Bei dieser Konstellation sind immer wieder Vorstösse zur Harmonisierung der Zinsbesteuerung zu erwarten, die Erfolgsaussichten dieser Bemühungen sind jedoch sehr unsicher.

5.3.5. Hypothese 5

Hypothese 5 erklärt vor allem die Wahrscheinlichkeit, mit der eine internationale Harmonisierung der Zinsbesteuerung auf höherem Niveau zustande kommt. Die statische Variante der Hypothese besagt, dass bei hoher Kapitalmobilität eher eine Deregulierung auftritt, weil die k-Gruppe unter dieser Bedingung grösser und die Kooperation in grösseren Gruppen schwieriger ist. Die Grösse der k-Gruppe bezeichnet die Zahl der Akteure, die von einer gemeinsamen Re-regulierung in dieser Gruppe profitieren können, gleich ob die anderen Akteure ebenfalls re-regulieren oder nicht. Diese Effekte der Kapitalmobilität können abgeschwächt oder aufgehoben werden, wenn in einer bestimmten Gruppe Staaten (oder auch grosse Firmen) existieren, die einen sehr grossen privaten Nutzen aus dem kollektiven Gut ziehen, und/oder diese Staaten (Firmen) ein grosses Einkommen aufweisen und deshalb bereit sind, einen überproportionalen Beitrag an das kollektive Gut zu leisten. In der dynamischen Variante der Hypothese erwarten wir, dass, wenn die Arbitragegewinne (Nutzen des Trittbrettfahrens bzw. Nutzen der Nicht-Kooperation) mit zunehmender Zahl der re-regulierenden Akteure steigen, eher eine Deregulierung oder ein Scheitern der Re-regulierung zu beobachten ist.

Folgende reale Sachverhalte würden zur Falsifizierung dieser Hypothesen führen. Statische Variante: Das festgestellte Scheitern von Re-regulierungsversuchen und die Tendenz zur Konvergenz nach unten korrelieren mit einer geringen Kapitalmobilität, einer kleinen k-Gruppe und beträchtlichen Bemühungen gewichtiger Staaten zugunsten einer Harmonisierung auf höherem Niveau. Dynamische Variante: Die Arbitragegewinne für diejenigen Staaten, die von der Re-regulierung nicht erfasst werden, sinken mit der Zahl der re-regulierenden Staaten.

Aufgrund der oben beschriebenen erheblichen Kapitalmobilität ist die Situationsstruktur bei der Zinsbesteuerung durch eine starke Interdependenz geprägt. In der Literatur zur Steuerproblematik wird diese Interdependenz meist als Steuerwettbewerb beschrieben und im Sinne einer strategischen Interaktion als Gefangenendilemma aufgefasst. Wie weiter oben ausgeführt sinken als Folge dieser Situationsstruktur die Steuererträge aller beteiligten Staaten unter den Ertrag, der durch eine internationale Harmonisierung hätte erreicht werden können. Wie beispielsweise Fritz Scharpf (1997:94f.) richtig bemerkt, ist der Steuerwettbewerb allerdings ein Spiel mit vielen Runden und wäre somit als wiederholtes Gefangenendilemma zu sehen. Gemäss Erkenntnissen der experimentellen Spieltheorie (Axelrod 1984) müsste es unter dieser Bedingung eigentlich zu einer internationalen Harmonisierung der Zinsbesteuerung kommen. Mit Blick auf das hier zu erklärende Politikergebnis ist diese Prognose aber offensichtlich falsch. Eine wichtige Erklärung für diese Fehlprognose liegt darin, dass die Situationsstruktur, je nach betrachteter Akteursgruppe, einem asymmetrischen Gefangenendilemma oder gar einem *deadlock*-Spiel entspricht. Bei Letzterem profitiert mindestens ein Akteur so stark vom Status quo, dass er eine Re-regulierung ablehnt, gleich ob die anderen Akteure ihre Steuervorschriften koordinieren beziehungsweise harmonisieren oder nicht. Dieses Argument lässt sich unter Anwendung der Kollektivgüter-Theorie und der daraus abgeleiteten Hypothese 5 ausdifferenzieren und empirisch auf seine Plausibilität hin untersuchen.

Die Verhinderung von Kapitalabfluss und die Sicherstellung der Steuererträge aus der Zinsbesteuerung lassen sich als kollektives Gut bezeichnen. Dieses Gut entspricht insofern einer *common pool resource* (vgl. Ostrom 1990), als niemand von der Nutzung ausgeschlossen werden (Nichtausschliessbarkeit), dass aber die Nutzung durch einen Staat die Nutzungsmöglichkeiten anderer Staaten einschränken kann (Rivalität). Die Nutzung des kollektiven Gutes kann hier im Sinne von Investitionen oder Zufluss von Kapital in ein bestimmtes Land und von damit verbundenen Steuererträgen und gesamtwirtschaftlichen Vorteilen (z. B. genügende Kapitalversorgung der Wirtschaft, tiefe Zinsen) begriffen werden. Die Beiträge an das kollektive Gut bestehen darin, dass ein Staat seine Besteuerung von Zinserträgen nicht über Gebühr senkt und damit einen Abfluss von Investitionen aus anderen Staaten verursacht. Nicht-Ausschliessbarkeit bedeutet, dass, wenn ein Staat seine Zinsbesteuerung beibehält oder gar verstärkt, er Staaten mit tieferen Steuern nicht daran hindern kann, aus dem Land mit höheren Steuern abgelenkte Investitionen aufzunehmen und damit auch höhere Steuererträge zu erwirtschaften. Rivalität bedeutet, dass Länder mit tieferen oder keinen Quellensteuern Investitionen und dadurch potenzielle Steuereinnahmen aus Ländern mit höheren Steuern abziehen.

Diese Beschaffenheit des zu produzierenden Kollektivgutes (vgl. oben) sowie die im Bereich der Besteuerung von Zinserträgen hohe Kapitalmobilität bewirken, dass die k-Gruppe gross und eine hegemoniale Lösung nicht möglich ist. Beides sind ungünstige Voraussetzungen für eine Koordination oder gar Harmonisierung der Besteuerung von Zinserträgen.

Deutschland, Frankreich und andere grosse Mitgliedsstaaten der EU haben sich für eine Harmonisierung der Quellensteuern auf höherem Niveau eingesetzt. Allgemein ausgedrückt sind die stärksten Befürworter einer Harmonisierung diejenigen Länder mit dem stärksten staatlichen Zugriff auf die Zinseinkünfte ihrer Steuerpflichtigen (vgl. Abb. 5). Die institutionellen Strukturen der EU sind jedoch so beschaffen, dass eine Einigung, das heisst eine Reregulierung im Rahmen der Union die Zustimmung aller Mitglieder voraussetzt.[35] Auch die stärksten Befürworter einer Harmonisierung lehnen die Einführung von Mehrheitsentscheiden in Steuersachen ab. Anfang 1999 haben sich Deutschland und Frankreich in vager Form für die Einführung von Mehrheitsregeln in Steuerfragen ausgesprochen. Da eine solche Änderung der bestehenden Regeln wiederum Einstimmigkeit erfordert, sind die Chancen dafür äusserst gering. Nichtsdestotrotz sind eine kooperative Angleichung der Quellensteuersysteme im kleinen Kreis und ein schrittweiser Aufbau einer grösseren Koalition, ähnlich wie im Fall der Kapitalvorschriften für Banken, grundsätzlich denkbar. Wie weiter unten dargelegt, werden jedoch die Arbitragemöglichkeiten für nicht-kooperierende Staaten als so gross eingeschätzt, dass eine Harmonisierung in kleinerem Kreise bisher nicht angestrebt wurde. Somit haben selbst Kleinststaaten wie Luxemburg eine doppelte Möglichkeit, eine Konvergenz nach oben zu verhindern. Einerseits können sie EU-weite Anstrengungen durch ihr Veto blockieren. Andererseits ist es ihnen möglich, durch ihr Abseitsstehen und ihr Angebot von Arbitragemöglichkeiten andere EU-Staaten von einer Zusammenarbeit im kleinen Kreis abzuschrecken. In dieser Hinsicht unterscheidet sich die Besteuerung von Zinseinkünften grundlegend von der Frage der Kapitalvorschriften für Banken, die von einer hegemonialen Lösung geprägt ist, sowie der Unternehmensbesteuerung (vgl. Kap. 6), in der kleinere Staaten ihre Steuern teilweise im Schatten der höheren Steuern in grossen Staaten auf höherem Niveau halten können, als dies sonst der Fall wäre.

Der hohe Integrationsgrad der globalen Finanzmärkte und die starke Opposition gegen eine Harmonisierung der Zinsbesteuerung in der EU werfen gar die Frage auf, ob die Gesamtheit der EU-Staaten eine k-Gruppe ist. Vor

---

35 Die Analyse der gescheiterten Bemühungen zur Harmonisierung der Quellensteuer zeigt auch, dass der allgemeine Institutionalisierungsgrad der Zusammenarbeit offenbar wenig Einfluss auf die Wahrscheinlichkeit einer Re-regulierung hat. So waren die Re-regulierungsbemühungen im Rahmen des Baseler Bankenausschusses und der Abkommen über den Handel mit Giftmüll erfolgreicher als die Versuche zur Steuerharmonisierung in der EU, obschon die institutionellen Strukturen im EU-Rahmen weitaus stärker sind (vgl. auch Genschel/Plümper 1997).

allem diejenigen Staaten, die gegenwärtig von den heterogenen einzelstaatlichen Standards profitieren, aber auch ein grosser Teil der Finanzintermediäre und Anleger argumentieren, dass bei einem verstärkten staatlichen Zugriff auf Zinseinkünfte im EU-Raum das Anlagekapital in Drittstaaten abwandern werde – zum Beispiel die Schweiz, Liechtenstein sowie weitere Offshore-Zentren in und ausserhalb Westeuropas.[36] Wenn dies der Fall ist, erzeugt auch eine massive Erhöhung der Steuersätze keine Steigerung der Steuererträge. Der Independent (1.12.1998: 19) bringt diese Behauptung wie folgt auf den Punkt:

Die Welt ist heutzutage ein globales Dorf. Die Steuererträge errechnen sich aus den Steuersätzen multipliziert mit den besteuerbaren Vermögen und Einkommen. Es macht keinen Sinn, die Steuersätze anzuheben, wenn die besteuerbaren Werte dann einfach schrumpfen.

Bezeichnenderweise haben viele Marktteilnehmer allein schon auf das perzipierte "Aufweichen" der Opposition Luxemburgs gegen eine Steuerharmonisierung in der EU reagiert. Ein Frankfurter Vermögensverwalter behauptete gar: "Luxemburg ist out. Die neuen Ziele heissen Schweiz und Liechtenstein, Guernsey und Jersey" (Impulse, 1.4.1998). Immer wieder weisen Kritiker auf das Beispiel der USA hin, die 1963 eine *interest equalization tax* (eine 30-prozentige Quellensteuer auf Zinserträgen) eingeführt hatten und damit einen Boom der Eurobond-Märkte hervorriefen. Nicht umsonst fordert die Kommission in ihrem Vorschlag vom Mai 1998, dass mit EU-Staaten assoziierte oder von ihnen abhängige Gebiete, die bisweilen als Steueroasen fungieren, die Richtlinie nicht unterlaufen dürften. Ebenfalls sind Bemühungen im Gange, Drittstaaten zur Angleichung ihrer Standards an diejenigen der EU zu bewegen; das heisst Drittstaaten sollen entweder die Zinserträge von in der EU ansässigen Personen mit einer Quellensteuer von mindestens 20% belegen oder den Steuerbehörden in EU-Ländern automatisch Auskünfte über die entsprechenden Zinserträge erteilen. Dies betrifft vor allem die Schweiz, die USA, Japan, Liechtenstein, Andorra und Monaco (NZZ 12./13.9.1998: 21, 10.11.1998: 13). Ob diese beiden Vorschläge realisierbar sind, war im Oktober 1999 mehr als fraglich.

Auch in Bezug auf die dynamische Variante von Hypothese 5 zeigt sich, dass die Möglichkeiten einer Harmonisierung der Zinsbesteuerung in der EU sehr begrenzt sind. Wie das bereits mehrfach erwähnte Beispiel des Abflusses von Kapital aus Deutschland und Belgien nach Luxemburg und in andere Länder zeigt, verläuft die Arbitragedynamik in eine kooperationsfeindliche Richtung: Je mehr Staaten ihre Zinsbesteuerung unilateral oder kooperativ verstärken, desto mehr ziehen Länder mit tieferen oder gar keinen Steuern auf Zinserträgen und einem ausgeprägten Bankgeheimnis die Finanzströme an.

---

36 Vergleiche die weiter oben aufgeführten Stellungnahmen des Europäischen Hypothekenverbandes, der Vereinigung der Banken in der Europäischen Union, der Europäischen Vereinigung der Sparkassen, der IPMA und der ISMA.

Daraus resultieren vor allem Einbrüche bei den Steuererträgen von Ländern mit höheren Steuern.

Die EU-Staaten haben jeweils unilateral die Konsequenzen aus dieser Dynamik bereits gezogen und in den meisten Fällen die Besteuerung von Zinserträgen Nichtgebietsansässiger reduziert oder aufgehoben (vgl. Abb. 5). Im Extremfall könnten diese Ausnahmen dazu führen, dass in der ganzen EU ein grosser Teil des Kapitals natürlicher Personen jeweils in diejenigen EU-Länder fliesst, in denen die Kapitalbesitzer keinen Steuersitz haben. Diese Dynamik, die 1999 vom Extrem noch weit entfernt, in Ansätzen aber bereits erkennbar war, wird mit der Vollendung der europäischen Währungsunion wahrscheinlich zunehmen. Durch die einheitliche Währung sinken die Transaktionskosten und das Wechselkursrisiko verschwindet. Dadurch werden die Marktteilnehmer bei Investitionen noch mehr als bisher Unterschiede bei der Besteuerung in ihre Entscheidungen einbeziehen. Darunter leiden in besonderem Masse diejenigen EU-Staaten, deren Sparquoten relativ hoch sind und die eine relativ hohe Zins- und Vermögensbesteuerung sowie ein schwaches Bankgeheimnis aufweisen. Das heisst auch wenn alle EU-Staaten die Quellensteuer gegenüber Nichtgebietsansässigen aufheben und keine Informationen an ausländische Steuerbehörden weitergeben, wird es Gewinner und Verlierer geben. Beispiele auf der Verliererseite sind Belgien, Deutschland, Frankreich und Österreich.

Nur durch eine EU- oder OECD-weite oder sogar weltweite Harmonisierung der Zinsbesteuerung würde der Steuerwettbewerb in diesem Bereich entscheidend reduziert. Solange die Gewinne der Steueroasen mit der Zahl der re-regulierenden Staaten zunehmen, besteht für diese wenig Anreiz, einer Harmonisierung zuzustimmen. Erschwerend kommt hinzu, dass auch zwischen Ländern mit niedrigen oder keinen Quellensteuern für Gebiets- und Nichtgebietsansässige der Steuerwettbewerb oft nicht zum Stillstand kommt, sondern meist in anderer Form weitergeht. So hat beispielsweise Irland seine Steuern auf Finanztransaktionen gesenkt. Luxemburg seinerseits reduzierte die Steuern auf neuen Fonds (Nikkei Weekly 12.5.1997). Wie oben erwähnt, sind es oft Kleinstaaten, die als Steueroasen eine profitable Nischenfunktion ausüben. Gleichzeitig sind kleine Staaten jedoch gegenüber dem Steuerwettbewerb empfindlicher und reagieren im Zweifelsfall eher mit Steuersenkungen. Diese Reaktion verstärkt den allgemeinen Steuerwettbewerb noch zusätzlich (vgl. Tanzi 1996: 65f.).

Diese Interessenasymmetrien, die im Extremfall einem *deadlock*-Spiel gleichkommen, können in manchen Fällen durch positive oder negative Anreize zugunsten der kooperationsunwilligen Akteure ausgeglichen werden (Bernauer/Ruloff 1999). Bisher wurden im hier untersuchten Politikbereich jedoch noch keine bedeutenden Versuche in dieser Richtung unternommen. Die plausibelste Möglichkeit wäre ein Junktim. So hat Luxemburg ein grösseres Paket von EU-Massnahmen gefordert, das auch die Unterbindung des schädlichen Steuerwettbewerbs bei den Körperschaftssteuern beinhaltet. Es forderte auch, dass mit den EU-Massnahmen vergleichbare Regeln in den Steueroasen der Mitgliedsstaaten eingeführt werden.[37] Beide Forderungen sind auf starke Opposition anderer EU-Staaten gestossen. Somit bleibt unklar, ob Luxemburg aus den geforderten Massnahmen wirklich einen Nutzen ziehen würde, oder ob es sich nur um einen Versuch zur Torpedierung der EU-Vorschläge handelt (vgl. Finanz und Wirtschaft, 15.10.1997: 39).

Bei der Arbitragedynamik im Falle der Zinsbesteuerung zeigt sich ein deutlicher Unterschied zu den Kapitalvorschriften für Banken: Im letzteren Fall ziehen nichtkooperierende Staaten mit zunehmender Zahl der kooperierenden Staaten einen immer kleineren Gewinn aus dem Abseitsstehen. Diese Dynamik führte via "minilaterale" Re-regulierung durch die USA, Grossbritannien und Japan zum Aufbau einer grösseren Koalition. Eine vergleichbare Vorgehensweise, beispielsweise von Deutschland, Frankreich und Grossbritannien, ist bei der Besteuerung von Zinserträgen aus den erwähnten Gründen kaum realisierbar. Somit ergibt sich deutlich das in Kapitel 3 geschilderte Dilemma: Eigentlich wäre aufgrund der starken Heterogenität der Interessen eine minilaterale Lösung und ein schrittweiser Aufbau einer grösseren Koalition wünschenswert. Dieses Vorgehen ist aber infolge des Arbitrageproblems nicht realisierbar.

Folgerung: Einer der beiden zur Falsifizierung der Hypothese nötigen Umstände, eine geringe Kapitalmobilität, ist im hier untersuchten Fall nicht gegeben. Hingegen haben sich einige grosse EU-Staaten für eine Steuerharmonisierung stark gemacht, allen voran Deutschland. Die wichtigste Ausnahme bildet allerdings Grossbritannien, wo sich der grösste Finanzplatz Europas befindet. Der Deregulierungstrend bei der Zinsbesteuerung kann somit darauf zurückgeführt werden, dass aufgrund der hohen Kapitalmobilität und starken Interessenasymmetrien die k-Gruppe sehr gross ist. Auch die Arbitragedynamik verläuft in einer kooperationsbehindernden Richtung.

5.4. Schluss

Re-regulierungsbemühungen der EU im Steuerbereich haben bereits eine längere Geschichte. Konzertierte Versuche zur Harmonisierung der Besteuerung von Zinserträgen natürlicher Personen kamen jedoch erst Mitte der 1980er Jahre in Gang. Ausgangspunkt dafür waren die als stagnierend bewerteten Steuererträge der EG-Staaten, eine Zunahme des Einsatzes von Steuervergünstigungen im Standortwettbewerb sowie eine sichtbare Verlagerung der Steuerlasten von mobileren Produktionsfaktoren hin zur Arbeit. In einem

---

37   Vergleiche zum Beispiel Agence Europe, 2.4.1997.

ersten Anlauf schlug die EG-Kommission 1989 im Zusammenhang mit der Abschaffung der Kapitalverkehrskontrollen ein Massnahmenpaket vor, das unter anderem Mindestsätze für die Quellensteuer in allen EG-Staaten beinhaltete. Dieser Versuch scheiterte. Der Deregulierungsdruck auf EG-Länder mit höheren Quellensteuern und einem schwachen Bankgeheimnis nahm in der Folge weiter zu. Deutschland machte eine 1989 neu eingeführte Quellensteuer nach kurzer Zeit rückgängig. Andere Staaten sahen sich gezwungen, einen Kapitalabfluss und damit verbundene Einbussen bei den Steuererträgen durch eine Reduktion ihrer Quellensteuer zu bremsen. Als Resultat des Wettbewerbs um das mobile Kapital erheben viele EG-Staaten zudem keine Quellensteuern auf Zinserträge nichtgebietsansässiger Personen.

Von der Einführung der gemeinsamen Währung erwarten die meisten Regierungen im EU-Raum eine Verschärfung des Steuerwettbewerbs. Diesen glauben sie sich nicht leisten zu können, zumal sie die EWU-Auflagen bezüglich der Defizite im Staatshaushalt erfüllen müssen und damit gegenüber Einbrüchen bei den Steuererträgen empfindlich sind. Aufgrund der trotz Konjunkturverbesserung Ende der 1990er Jahre weiterhin hohen Arbeitslosigkeit im EU-Raum rückte auch die fiskalische Entlastung des mobilen Kapitals zulasten der Arbeit zunehmend in den Vordergrund der Debatte. Daraus entspann sich ein zweiter Versuch der EU-Kommission, den Steuerwettbewerb zu reduzieren. Die 1996 lancierten Bemühungen, die im Mai 1998 in einen Vorschlag der Kommission für eine Richtlinie mündeten, sind weit weniger ambitioniert als diejenigen von 1989. Die EU strebt keine umfassende Harmonisierung der Quellensteuern mehr an, sondern eher eine Koordination auf der Basis eines "Koexistenzmodells". Allerdings hätte dieser Vorschlag, falls er von den Mitgliedsstaaten angenommen und vollumfänglich umgesetzt würde, sicherlich eine dämpfende Wirkung auf den Steuerwettbewerb im Bereich der Kapitalanlagen natürlicher Personen.

Keine der fünf in Kapitel 3 entworfenen und in diesem Kapitel analysierten Hypothesen bietet eine allumfassende beziehungsweise hinreichende Erklärung für das beobachtete Politikergebnis: Scheitern einer Re-regulierung auf EU-Ebene, Tendenz zur Deregulierung beziehungsweise Konvergenz in beziehungsweise zwischen den einzelnen Staaten. Die einzelnen Hypothesen beleuchten jedoch verschiedene Teilaspekte des Politikergebnisses. Sie konnten durch die vorgebrachte empirische Information nicht falsifiziert werden. Die daraus hervorgehenden Erklärungen lassen sich in ein Gesamtbild einordnen. Hypothesen 1–3 erklären in recht umfassender Weise, weshalb ein Trend zur Deregulierung beobachtbar, aber keine sehr starke Konvergenz nach unten oder oben zustande gekommen ist. Im Zentrum dieser Erklärungsversuche stehen die Interessen von Regierungen, Produzenten (v. a. Finanzintermediären), Konsumenten (v. a. Anlegern) und anderen Akteuren. Hypothesen 4 und 5 sind vornehmlich auf die Kapitalmobilität und Arbitragedynamik ausgerichtet. Sie leisten einen wichtigen Beitrag zur Erklärung des

Deregulierungsdrucks und des bisherigen Scheiterns einer Re-regulierung auf EU-Ebene.

Bei der Analyse von *Hypothese 1* kamen wir zum Schluss, dass die Zinsbesteuerung eher einer Prozess- als einer Produkteregulierung entspricht. In Übereinstimmung mit den kausalen Effekten, die der Prozessregulierung anhaften, konnten wir keinen protektionistischen Nutzen einer Re-regulierung ausmachen. Dieser Sachverhalt lässt eine Konvergenz nach unten erwarten, was sich tendenziell mit dem beobachteten Politikergebnis deckt.

Die Analyse von *Hypothese 2* ergab, dass die Investitionen der transnationalen Produzenten im untersuchten Wirtschaftssektor zwar oft multinational, jedoch meist wenig standortgebunden sind. Damit haben die Produzenten, in Übereinstimmung mit der Hypothese, kaum Interesse an einer regulatorischen Konvergenz, und schon gar nicht an einer Konvergenz, die sich in Richtung einer stärkeren Zinsbesteuerung bewegt.

Bei der Aufnahme von Investitionen ist der Konzentrationsgrad der Märkte mittel bis gering. Kombiniert man diese aus der Analyse von *Hypothese 3* hervorgehende Feststellung mit den Hypothesen 1 und 2, so lässt sich erklären, weshalb die Re-regulierungsbemühungen der EU-Staaten gescheitert sind, jedoch nur eine begrenzte Konvergenz nach unten beobachtbar ist.

Die Analyse von *Hypothese 4* ergab, dass die Verteilung der Kosten und des Nutzens einer verstärkten Besteuerung von Zinseinkünften in den EU-Staaten einer Re-regulierung abträglich ist. Der bei Politikern und dem Verwaltungsapparat in Ländern mit höherer Zinsbesteuerung anfallende Nutzen einer Re-regulierung ist konzentriert. Ansonsten profitiert eine breite Bevölkerungsschicht von der durch Steuereinnahmen finanzierten Staatstätigkeit. Die bei den Anlegern und Finanzintermediären anfallenden Kosten sind konzentrierter. Viele dieser Akteure haben allerdings eine *exit*-Möglichkeit. Unter diesen Bedingungen sind immer wieder Vorstösse zur Harmonisierung der Zinsbesteuerung zu erwarten. Die Erfolgsaussichten dieser Bemühungen sind jedoch sehr ungewiss. Diese Prognose deckt sich mit dem beobachteten Politikergebnis.

Hypothese 5 leistet einen wesentlichen Beitrag zur Erklärung der festgestellten Deregulierungsdynamik. Einige grosse EU-Staaten, vor allem Deutschland und Frankreich, haben sich für eine Steuerharmonisierung eingesetzt. Trotz dieser Bemühungen sind verschiedene Re-regulierungsversuche bisher gescheitert, weil aufgrund der hohen Kapitalmobilität und starken Interessenasymmetrien die k-Gruppe sehr gross ist. Auch die Arbitragedynamik verläuft in einer kooperationsbehindernden Richtung.

Aus der Analyse der fünf Hypothesen lässt sich schliessen, dass die Erfolgsaussichten des Vorschlages der EU-Kommission vom Mai 1998 gering sind. Allerdings ist es problematisch, aus einer Erklärung vergangener Politikergebnisse unmittelbar zu Prognosen für die Zukunft zu schreiten. Der Hauptgrund für diese Vorsicht liegt in der unsicheren Entwicklung einiger zentraler Variablen. So ist beispielsweise noch unsicher, ob die Kapitalmobilität und damit auch der Steuerwettbewerb in der EU mit der Vollendung der Währungsunion tatsächlich weiter zunehmen werden, und welche Auswirkungen eine solche Entwicklung auf die allgemeinen Steuererträge und die Staatshaushalte haben könnte. Letztere beiden Grössen werden zum Beispiel auch von der Konjunktur stark beeinflusst. Sollte der Steuerwettbewerb stark zunehmen, und sollten die Steuererträge stark sinken, dürfte der Druck auf Luxemburg und andere Opponenten der Steuerharmonisierung weiter zunehmen. Manche Beobachter erwarten, dass unter verstärktem Druck der Harmonisierungsbefürworter zuerst Luxemburg, schliesslich die Schweiz und schliesslich die Kanalinseln sowie andere Steueroasen "austrocknen" könnten.

Ob eine Einigung zustande kommt, hängt natürlich auch stark von der Intensität des harmonisierten oder koordinierten staatlichen Zugriffs auf die Steuerzahler ab. In ihrem Vorschlag vom Mai 1998 hat die EU-Kommission im Vergleich zur Initiative von 1989 die Messlatte bereits deutlich tiefer angesetzt, jedoch nicht einmal damit die Zustimmung der Kritiker erkaufen können. Es ist denkbar, dass weitere Abstriche bei den Forderungen der Kommission schliesslich zu einer Annahme der vorgeschlagenen Direktive führen könnten. Vor allem bei der Höhe der Quellensteuer, der Definition von Zins sowie dem vorgeschlagenen Meldeverfahren liesse sich die Intensität des staatlichen Zugriffs nochmals erheblich reduzieren.[38] Einige Beobachter erwarten beispielsweise, dass Luxemburg einer tieferen als der vorgeschlagenen 20-prozentigen Mindestquellensteuer zustimmen könnte.[39] Bei einer tieferen Mindestquellensteuer und bedeutenden Ausnahmen, beispielsweise für Eurobonds wären der zu erwartende Kapitalabfluss und damit die Kooperationsprobleme wohl geringer. Andererseits würde eine solche Lösung den Steuerwettbewerb und die Steuererträge kaum beeinflussen – die Auswirkungen der Reregulierung wären minimal.[40] Damit würde sich jedoch auch die Frage stellen,

---

38 Des Weiteren bleibt zu klären, ob die angestrebte Quellensteuer eine Sicherungs- oder eine Abgeltungssteuer sein soll. Für eine Sicherungssteuer könnten die vorgeschlagenen 20% zu tief, für eine Abschlagssteuer jedoch zu hoch liegen.

39 Der luxemburgische Ministerpräsident Juncker bemerkte dazu: "Wenn man das Feld erweitert [das heisst auch andere Formen des Steuerwettbewerbs reduziert], werden wir uns in äusserst weiten Zonen für eine mögliche Harmonisierung wiederfinden." (Agence Europe, 28.1.1997) Dass Luxemburg die zweite Option des Koexistenzmodells wählt und sein Bankgeheimnis lockert, ist sehr unwahrscheinlich. Der luxemburgische Ministerpräsident Juncker: "Ein grenzübergreifendes Grabschen nach Bankdaten findet mit uns nicht statt." (Reuters News Service, 21.2.1998)

40 In Blick durch die Wirtschaft wird beispielsweise behauptet: "Die Gefahr, dass das Auslandskapital bei einer 'Ausländersteuer' von 15% sofort abwandern würde, wird zuweilen gar nicht so hoch eingeschätzt. Ob ein Deutscher, der ein paar hunderttausend DM 'schwarz in Zürich hat', nach Einführung einer Ausländersteuer sein Geld spontan auf die Bermudas oder nach Singapur verlagern würde, sei wohl zu bezweifeln. Die Ausländer würden vermutlich eine mässige Zinsbesteuerung ebenso schlucken wie die in Luxemburg." (Blick durch die Wirtschaft, 18.9.1997)

ob sich bei solch geringen Auswirkungen der hohe administrative Aufwand lohnt (vgl. auch NZZ, 27.1.1999: 31; 4.12.1998: 25).[41] Trotz der Tatsache, dass Anfang 1999 in elf von 15 EU-Staaten einer hohen Staatsquote meist nicht abgeneigte sozialistische oder sozialdemokratische Regierungen am Ruder waren, könnte es selbst bis zu einer Minimallösung noch ein weiter Weg sein.[42] Die anstehende Erweiterung der EU und die notwendigen Reformen der Union, vor allem im institutionellen und im Agrarbereich, werden vermutlich über die Jahrtausendwende hinaus die Aufmerksamkeit der Regierungen absorbieren, was die Wahrscheinlichkeit eines Kraftaktes im Steuerbereich gering erscheinen lässt.

Wie Abbildung 6 zeigt, sind die Bemühungen der EU zur Angleichung der Besteuerungssysteme für Zinserträge nur eines von mehreren Unterfangen in Steuersachen.

Bei den indirekten Steuern erreichten die EU-Staaten schon diverse Harmonisierungsvereinbarungen. So gilt beispielsweise ein Mindestsatz von 15% bei der Mehrwertsteuer. Allerdings variieren die tatsächlichen Steuersätze der einzelnen Mitgliedsstaaten beträchtlich, zumal der von der EU festgelegte Mindestsatz durch unterschiedliche Ausnahmebestimmungen in den einzelnen Mitgliedsstaaten unterlaufen wird.[43] Versuche jüngeren Datums, die Harmonisierung der Mehrwertsteuern und der Besteuerung von Energieträgern voranzutreiben, sind bisher gescheitert.

Bei den direkten Steuern ist noch weniger Kooperation beziehungsweise Konvergenz zu beobachten. Nebst der in dieser Fallstudie analysierten Harmonisierung der Zinsbesteuerung, der ja bisher kein Erfolg beschieden war, hat die EU versucht, dem schädlichen Steuerwettbewerb im Bereich der Körperschaftssteuern einen Riegel vorzuschieben. Diese Anstrengungen, welche im Dezember 1997 zu einem rechtlich nicht bindenden Verhaltenskodex führten, sind Gegenstand der Fallstudie zur Regulierung multinationaler Unternehmen in Kapitel 6. Auch hier ist eine wirkungsvolle Re-regulierung bislang ausgeblieben. Bei der Besteuerung von Arbeitseinkommen besitzt die EU (noch) keine konkreten Harmonisierungspläne. Dies hängt wohl auch damit zusammen, dass trotz freien Personenverkehrs und Niederlassungsfreiheit in der EU die Mobilität der Arbeitskräfte und damit auch der Steuerwettbewerb in diesem Bereich gering ist.

---

41 Der administrative Aufwand könnte sich noch zusätzlich erhöhen, falls, wie von einigen Staaten gefordert, ein Mechanismus zur Kompensation derjenigen Staaten eingeführt wird, deren Gebietsansässige im EU-Ausland Quellensteuern entrichten.

42 In einem Ende 1998 publizierten Arbeitspapier, "The New European Way" hat sich eine Gruppe sozialistischer und sozialdemokratischer Parteien im EU-Raum für eine Harmonisierung der Steuersysteme ausgesprochen (vgl. NZZ, 4.12.1998: 25).

43 1998 variierte beispielsweise die Umsatzsteuer zwischen 25% (Dänemark, Schweden) und 15% (Luxemburg, Deutschland).

Steuer	EU-Politik 1999	EU-Politik in Zukunft
Aussenzölle	vollständig harmonisiert	Änderung unwahrscheinlich
Warensteuer (Excise)	teilweise harmonisiert; Beendigung des duty-free-Verkaufs 1999 beschlossen	weitere Re-regulierung unwahrscheinlich
Mehrwertsteuer (VAT)	teilweise harmonisiert; Minimalsteuern (15% VAT); viele Ausnahmen in Einzelstaaten	Änderung unwahrscheinlich
Zinserträge	keine Harmonisierung	Harmonisierung auf kleinstem gemeinsamem Nenner möglich; substanzielle Re-regulierung unwahrscheinlich
Körperschaftssteuer	keine Harmonisierung	Reduktion selektiver Steueranreize (Steuersubventionen) möglich; substanzielle Re-regulierung unwahrscheinlich
Einkommenssteuer	keine Harmonisierung	Änderung sehr unwahrscheinlich
Sozialabgaben	keine Harmonisierung	Änderung sehr unwahrscheinlich

Aus dem Gesamtbild ist klar ersichtlich, dass trotz der aufgrund der hochgradigen Institutionalisierung der EU sehr vorteilhaften Kooperationsbedingungen die Handlungskapazitäten der EU-Staaten in denjenigen Politikbereichen stark eingeschränkt sind, in denen die Integration der Märkte am weitesten fortgeschritten und die Produktionsfaktoren am mobilsten sind. Die Reduktion einzelstaatlicher Handlungskapazitäten bei der Kapitalbesteuerung ist offensichtlich auch durch internationale oder supranationale Zusammenarbeit nur schwer rückgängig zu machen. Daraus auf eine generell wachsende Handlungsunfähigkeit der Staatenwelt zu schliessen, wäre allerdings verfehlt. Die Analyse der Hypothesen in dieser und auch den anderen Fallstudien zeigt deutlich, dass nicht nur die Kapitalmobilität, sondern auch diverse andere Variablen, zum Beispiel die Interessenkonstellationen auf Produzenten-, Konsumenten- und Regierungsseite, die beobachteten Politikergebnisse wesentlich beeinflussen. Es liesse sich hier argumentieren, dass es nicht die Kapitalmobilität per se ist, welche die Bemühungen der EU-Staaten zur Harmonisierung der Zinsbesteuerung behindert, sondern dass die Kapitalmobilität bereits existierende kollektive Handlungsprobleme akzentuiert und dadurch die internationale Zusammenarbeit erschwert. Prinzipiell wären beispielsweise die G-7-Staaten wohl in der Lage, alle Steueroasen weltweit sowie davon profitierende Firmen und Individuen mit massiven Sanktionen zu belegen und damit den Steuerwettbewerb zu eliminieren. Dass diese Handlungsmöglichkeit bisher nicht in die Praxis umgesetzt wurde, hängt vorwiegend mit den existierenden Interessen- und Machtstrukturen zusammen, welche teilweise, aber bei weitem nicht ausschliesslich, von Prozessen der wirtschaftlichen Globalisierung beeinflusst sind.

Die Ergebnisse dieser Fallstudie legen auch nahe, dass trotz der nicht zu übersehenden Deregulierungsdynamik im Bereich der Zinsbesteuerung ein "Wettlauf nach unten" im Bereich der Besteuerung generell nicht zu erwarten ist. Mit an Sicherheit grenzender Wahrscheinlichkeit dürften Firmen und Individuen beziehungsweise ihr Kapital aus Ländern mit hohen Steuern nicht abwandern, wenn ihnen diese Länder als Gegenleistung für hohe Abgaben gute wirtschaftliche Rahmenbedingungen, eine hohe Lebensqualität, gute Infrastruktur, Ausbildung, saubere Umwelt, soziale Stabilität usw. bieten. Allerdings dürfte die Verlagerung der Steuerlasten weitergehen, vor allem in Richtung einer verstärkten Besteuerung des Konsums sowie des immobilen Besitzes. Ob Kapitalsteuern, und damit auch die Zinsbesteuerung, langfristig eine solide Einkunftsquelle für Staaten sein werden, ist fraglich.

Kapitel 6
Multinationale Unternehmen (MNU)

Urheber oder Spielbälle von "Steuerfallen", "Steuerkriegen", "Steueroasen"
und "Steuerwüsten"?

> Seit dem Ende des Zweiten Weltkrieges hat
> kein Aspekt der internationalen politischen
> Ökonomie mehr Kontroversen verursacht als
> die globale Expansion der multinationalen
> Unternehmen.
>
> Gilpin (1987: 231)

Wenn von zunehmender Integration der Weltmärkte und ihren Auswirkungen
die Rede ist, denken die meisten Wissenschafler und politischen Praktiker an
zwei Dinge: Die Globalisierung der Finanzmärkte und die multinationalen
Unternehmen (MNU). Im Zentrum dieser Fallstudie stehen MNU. Unternehmen, die in zwei oder mehr Ländern gleichzeitig tätig sind, gibt es schon seit
Jahrhunderten.[1] Man denke etwa an die grossen italienischen Banken der Renaissance oder die riesigen Handelsunternehmen der Kolonialzeit. Die Rolle
und Bedeutung von MNU in der Weltwirtschaft des ausgehenden 20. Jahrhunderts sind allerdings mit früheren Zeitabschnitten nur beschränkt vergleichbar.

Historisch gesehen neu sind die seit dem Zweiten Weltkrieg enorm gestiegene Zahl der MNU, ihre hohen Marktanteile in den verschiedensten Wirtschaftsbereichen sowie die damit verbundenen Direktinvestitionen (*foreign
direct investment* (FDI)) und Ströme von Gütern, Dienstleistungen, Kapital,
Informationen und Menschen (Hirst/Thompson 1996). Diese durch eine Vielzahl internationaler Abkommen[2] geförderte Expansion von MNU ist begleitet

---

1   Gemäss einer Definition des UN Department of Economic and Social Affairs (UN
    1973: 5) sind MNU: "alle Unternehmen, die Vermögenswerte – Fabriken, Minen, Ver-
    kaufsstellen usw. – in zwei oder mehr Ländern kontrollieren. Diese Definition hat den
    Vorteil, dass kein wichtiger Aspekt des Phänomens (z. B. Finanzwesen oder Dienstlei-
    stungen) oder des Problems (z. B. mit national orientierten Geschäften kleiner Firmen zu-
    sammenhängende Fragen) willkürlich ausgeschlossen wird."
2   Als Beispiele mögen die unzähligen internationalen Abkommen zur Vermeidung der
    Doppelbesteuerung von Unternehmen (ca. 330 im OECD-Raum und 1500 weltweit) und
    zur Investitionsförderung, das geplante und 1998 aufs Eis gelegte multilaterale Investi-
    onsabkommen der OECD sowie internationale Verträge zum Schutze des geistigen Ei-
    gentums (Patentrecht) dienen. Viele dieser Abkommen bezwecken die Liberalisierung
    des internationalen Investitionsflusses, unter anderem indem sie ausländischen Investoren
    eine gewisse Rechtssicherheit geben (z. B. gegen Enteignungen oder Beschränkungen
    der Repatriierung von Gewinnen) und ihnen eine Gleichberechtigung gegenüber

261

von einer noch grundlegenderen Strukturveränderung der Weltwirtschaft: In der Zeit vor dem Zweiten Weltkrieg waren die internationalen Wirtschaftsbeziehungen vor allem intersektoral. Sie beruhten beispielsweise stark auf dem Gütertausch von Rohstoffen gegen Fertigwaren und wurden von national orientierten, mit dem Heimatstaat sehr eng verflochtenen Unternehmen geprägt. Nicht selten bedienten sich Staaten sogar kriegerischer Mittel, um die Geschäftstätigkeit "ihrer" Firmen im Ausland zu fördern – vergleiche etwa die erzwungene Öffnung Japans und Chinas für ausländische Unternehmen im 19. Jahrhundert (Lipson 1985).

Die "neue" Weltwirtschaft besteht, im Gegensatz zu den soeben beschriebenen Verhältnissen, aus zunehmend vernetzten und grenzüberschreitenden Produktionsstrukturen und Wertschöpfungsketten auch innerhalb einzelner Wirtschaftsbereiche, beispielsweise der Automobilproduktion. MNU sind die Eckpfeiler dieser stark expandierten privaten Systeme der Wertschöpfung und Verteilung von Wohlstand. Nach Ansicht von Susan Strange (1996: 45) sind MNU gar die

wichtigsten Organisatoren, die Motoren des Wachstums weltwirtschaftlicher Aktivitäten. Sie sind die Triebkräfte internationaler Transaktionen, einschliesslich des Handels [...] Dies in einem solchen Ausmass, dass sich ein Teil der wirtschaftlichen Entscheidungsmacht darüber, wer was wann und wie erhält, auf [die MNU] verlagert.

MNU verfügen über einen grossen Teil der weltweiten technologischen Innovationskapazitäten. Darüber hinaus üben sie starken Einfluss auf Umstrukturierungen der Weltwirtschaft aus, indem sie Technologie, Wissen und Kapital transferieren sowie die internationale Arbeitsteilung durch ihre Produktions-, Marketing- und Beschaffungsstrukturen sowie Standortentscheide prägen (UNCTAD 1996, 1998; Hirst/Thompson 1995; Strange 1996: 44f.; Globale Trends 1998: 142). Viele Beobachter der Weltwirtschaft behaupten auch, FDI hätte mittlerweile den internationalen Handel als Motor der globalen Wirtschaftsverflechtung abgelöst (Hirst/Thompson 1996: 51f.).

Die Internationale Politische Ökonomie befasste sich bis Ende der 1980er Jahre vorwiegend mit der Beziehung zwischen MNU und Entwicklungsländern. In jüngster Zeit ist im Zeichen der Globalisierungsdebatte zusätzlich eine Diskussion darüber entstanden, ob MNU auch gegenüber Industriestaaten an Macht gewonnen hätten. Kritische Stimmen behaupten, multinationale Unternehmen würden nationale Politiken in verschiedensten Bereichen unterlaufen – beispielsweise in der Sozialpolitik, im Umwelt-, Konsumenten- und Arbeitnehmerschutz sowie der Wirtschaftspolitik im Allgemeinen und der

---

einheimischen Produzenten einräumen. Neuere Formen der Zusammenarbeit erstrecken sich auch auf den Bereich der Wettbewerbspolitik, beispielsweise die Verhinderung monopolartiger Strukturen in bestimmten Wirtschaftsbereichen bei grenzüberschreitenden Firmenzusammenschlüssen. Der World Investment Report der UNCTAD (1998) liefert einen ausgezeichneten Überblick über die Regulierungstätigkeit im Bereich der Direktinvestitionen.

Fiskalpolitik im Besonderen. Die Steuerungskapazitäten internationaler Institutionen seien unterentwickelt, so dass schwindender nationaler Handlungsspielraum auch via grenzüberschreitende Zusammenarbeit nicht wiederhergestellt werden könne. So trieben viele gesellschaftliche Bereiche nicht zuletzt aufgrund der Aktivitäten von MNU einer Deregulierung entgegen (vgl. Beck 1997). In der Publikation Globale Trends (1998: 150) wird beispielsweise behauptet:

An die Stelle des Projekts einer "gesteuerten sozialen Marktwirtschaft" und internationaler Koordination zwischen den OECD-Staaten ist ein zuvor nie erreichtes Mass an weitgehend ungeregelten internationalen Interdependenzen getreten, die nationale Institutionen und Politiken unter enormen internationalen Wettbewerbsdruck setzen [...] Die Weltmarktwirtschaft ist untersteuert und institutionell unterentwickelt.[3]

In dieser Fallstudie befasse ich mich mit staatlichen Handlungskapazitäten bei der Besteuerung von MNU. Wie Richard Caves (1996: 189) richtigerweise festhält: "Neben den grossen Themen wie Fortschritt, Souveränität und wirtschaftliche Gerechtigkeit, welche die MNU umschwirren, erscheint die Besteuerung wie eine Frage für engstirnige Geister, die sich für Fragen der Buchhaltung erwärmen können. Diese Auffassung ist völlig falsch." Die Besteuerung von MNU ist für die Frage nach den Handlungskapazitäten von Staaten insofern zentral, als staatliche Steuererträge die Grundlage für nahezu jede Aktivität des Staates sind (vgl. Kap. 2). Genau zu diesem Punkt behaupten viele Autoren, dass MNU sich dem fiskalischen Zugriff staatlicher Behörden zunehmend entziehen. Aufgrund der Mobilität von FDI sei ein enormer Steuerwettbewerb in der Staatenwelt entstanden, während MNU mit immer raffinierteren Praktiken den nationalen Steuerbehörden durch die Netze schlüpften. Es wird bereits vom "Steuerkrieg" zwischen den Staaten oder einer "Steuerfalle" gesprochen, in der sich die einzelstaatlichen Behörden befänden (vgl. Der Spiegel 30.12.1996).

Im Folgenden betrachten wir zuerst einige Hintergrundinformationen zur Rolle von MNU in der Weltwirtschaft. Danach erfasse ich die zu erklärenden Politikergebnisse auf zwei Dimensionen: Auf einer regulatorischen Dimension beurteile ich die Intensität des fiskalischen Zugriffs von Staaten auf MNU sowie die Heterogenität beziehungsweise Konvergenz anhand nominaler

---

3 Vgl. auch Strange (1996: 54), die behauptet: "Staaten haben sich aus ihrer ehemaligen Teilhaberschaft an und Kontrolle über Industrie, Dienstleistungen und Handel, und sogar aus ihrer Leitungsfunktion in Forschung und technologischer Innovation kollektiv zurückgezogen [...] MNU haben im vergangenen Jahrzehnt mehr zur Umverteilung von Wohlstand von entwickelten Industriestaaten an ärmere Entwicklungsländer beigetragen als die Staaten und internationalen Entwicklungshilfeorganisationen [...] im wichtigen Bereich der Beziehungen zwischen Arbeitnehmern und Arbeitgebern haben die MNU von den Regierungen die bedeutende Aufgabe übernommen, Interessenkonflikte zu lösen oder zumindest zu managen [...] im Fiskalbereich sind Firmen der staatlichen Besteuerung von Gewinnen zunehmend entkommen und agieren in gewisser Hinsicht selbst als Steuerverwalter und -eintreiber."

und effektiver Steuersätze, Transferpreisregeln und Massnahmen der OECD und EU gegen den sogenannten "schädlichen Steuerwettbewerb". Zur Ergänzung wurden in einem zweiten Schritt auch realwirtschaftliche Indikatoren, vor allem Steuererträge analysiert. Im Gesamtbild kann von einer geringfügigen Re-regulierung, das heisst verstärkter staatlicher Intervention, bei fortbestehender Heterogenität einzelstaatlicher Besteuerungspraktiken gesprochen werden. Der in der Globalisierungsliteratur so oft heraufbeschworene "Wettlauf nach unten" hat bisher nicht stattgefunden. Im Einzelnen zeigt sich, dass die Re-regulierung im Bereich der Transferpreisgestaltung von MNU erfolgreicher war als Versuche zur Bekämpfung des schädlichen Steuerwettbewerbs. Im dritten Teil dieses Kapitels beurteile ich, inwiefern die in Kapitel 3 entworfenen Hypothesen die beobachteten Politikergebnisse zu erklären vermögen.

6.1. Hintergrund

Die weltweite Expansion der MNU ging von US-amerikanischen Firmen aus. Nachdem bis zur Mitte dieses Jahrhunderts Direktinvestitionen weitgehend auf Bereiche wie Landwirtschaft, Rohstoffe, Banken und Handel ausgerichtet waren, flossen in der zweiten Hälfte des 20. Jahrhunderts die Investitionsströme zunehmend in die Produktion von Waren und Dienstleistungen. 1997 existierten gemäss UNCTAD (1998) bereits rund 53'000 MNU, die rund 450'000 Ableger oder Tochtergesellschaften kontrollierten – wobei das Problem bestehen bleibt, was als MNU gezählt wird (UNCTAD 1996, 1998; Globale Trends 1998). So existiert beispielsweise eine beträchtliche Grauzone zwischen Portfolio-Investitionen (z. B. der Erwerb von Aktien oder Obligationen einer Unternehmung im Ausland) und FDI, bei dem der Kapitalbesitzer prinzipiell eine stärkere Kontrolle über das Unternehmen ausübt (vgl. Spero/Hart 1997: 96–98).

1992 betrug der Umsatz jedes der zehn grössten MNU bereits über 59 Milliarden US$, mehr als das BIP von über 100 Staaten (Spero/Hart 1997: 98–100). Zwischen 1980 und 1997 nahm der weltweite Bestand an FDI, der weitgehend von MNU kontrolliert wird, von 500 Milliarden auf 3'500 Milliarden US$ zu.[4] Beim FDI-Fluss ist im gleichen Zeitraum eben-

---

4   Diese Werte sind nur beschränkt aussagekräftig. Einerseits geben die FDI-Bestände nur die Buch- und nicht die Marktwerte der Investitionen an. Gleichermassen berücksichtigt der FDI-Fluss nur Investitionen, die mit einer grenzüberschreitenden Kapitalbewegung verbunden sind. Viele neue Formen von Investitionen, zum Beispiel Joint Ventures, *buy-back-* oder Lizenzvereinbarungen, strategische Allianzen oder *franchising deals* werden von diesen Erhebungen oft nicht erfasst, weil das eigentliche Kapital vom lokalen Partner im Investitionsland eingebracht wird. Der ausländische Investor liefert hier Technologie,

falls eine erhebliche Wachstumsrate zu beobachten. 1997 floss beispielsweise im Vergleich zu 1996 32% mehr FDI aus OECD-Ländern. Das Wachstum des Zuflusses im gleichen Zeitraum betrug 20%. Auch die jüngste Asienkrise hat dieses Wachstum kaum beeinträchtigt (OECD 1998c). FDI hat sowohl im Verhältnis zum gesamten weltwirtschaftlichen Output und den Investitionen als auch zum Welthandel zugenommen. Zwischen 1980 und 1997 stieg der Anteil der ein- und ausgeflossenen FDI-Bestände am weltweiten BSP von 5% auf 21%, der Anteil des FDI-Flusses an den weltweiten Investitionen von 2% auf 4%. Während ausländische Ableger von MNU 1982 noch ungefähr 5% zum weltweiten BSP beitrugen, waren es 1997 bereits 7% (UNCTAD 1996, 1998; World Data 1995). Die Exporte aller Ableger von MNU im Ausland betrugen 1995 bereits 32% der Weltexporte.

Wie schon erwähnt gehen heute viele Beobachter davon aus, dass FDI den internationalen Handel als Motor der wachsenden Interdependenzen in der Weltwirtschaft mittlerweile abgelöst hat.[5] Die traditionelle Auffassung, FDI hätte eine handelssubstituierende Wirkung, wird dadurch nicht bestätigt, sondern eher in Frage gestellt. Diese Auffassung diente unter anderem Befürwortern der Importsubstitution dazu, Protektionismus damit zu rechtfertigen, dass er ausländische Unternehmen zur Niederlassung in denjenigen Ländern bewegen würde, die Handelshemmnisse errichteten. Neuere Untersuchungen (vgl. UNCTAD 1996, 1998) zeigen jedoch, dass FDI und Handel sich vielmehr gegenseitig fördern. FDI im Dienstleistungssektor ist oft gefolgt von verstärktem Handel. FDI im Warenbereich folgt in der Regel eher dem gewachsenen internationalen Handel.

Die Expansion von MNU hat spürbare Auswirkungen auf die Grundstrukturen des Welthandels. Der wichtigste Effekt ist wohl der, dass am Ende des 20. Jahrhunderts rund ein Drittel des grenzüberschreitenden Handels aus Transaktionen innerhalb der gleichen Firmen besteht (vgl. Abb. 1). Dieser Trend signalisiert eine zunehmende Internationalisierung von Wertschöpfungsketten.

Natürlich lassen sich nicht alle MNU in einen Topf werfen. Ihre Grösse variiert beträchtlich. Gleichermassen unterscheiden sich die Tätigkeiten von MNU enorm: Sie erstrecken sich von der Herstellung von Hightech-Gütern über das Versicherungswesen bis hin zur Produktion von Textilien und dem Bergbau. Die Aktivitäten von MNU können auf wenige Länder konzentriert sein, oder, wie etwa im Falle des europäischen Ford Escort, zur Produktion eines Gutes führen, das Bestandteile aus 15 verschiedenen Ländern enthält. Während Anfang der 1970er Jahre noch etwa 25% des FDI im Rohstoff- und

---

Wissen oder andere Inputs. Somit sind die aufgeführten FDI-Werte wahrscheinlich eher zu tief.

5 Bezeichnenderweise ist zwischen 1973 und 1995 der FDI-Fluss um das zwölffache angestiegen, während das Welthandelsvolumen nur um das Neunfache wuchs (UNCTAD 1996).

ungefähr 30% im Dienstleistungsbereich angesiedelt war, ist bis Mitte der 1990er Jahre der Anteil des Dienstleistungsbereichs auf über 50% gewachsen, der Anteil des Rohstoffbereichs ist auf unter 10% gesunken (Spero/Hart 1997: 102f.; Globale Trends 1998: 143).

Abbildung 1: Intra-Firmen-Exporte der MNU als Anteil am Welthandel 1993

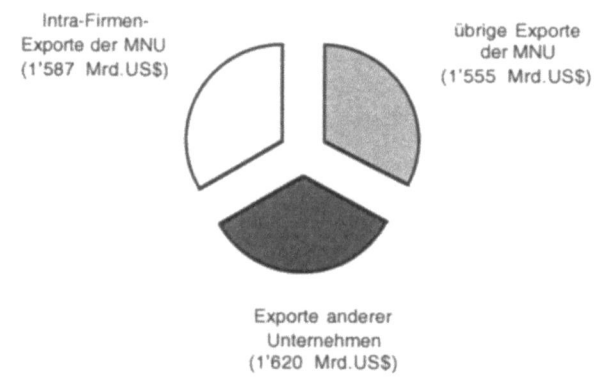

Intra-Firmen-
Exporte der MNU
(1'587 Mrd.US$)

übrige Exporte
der MNU
(1'555 Mrd.US$)

Exporte anderer
Unternehmen
(1'620 Mrd.US$)

Quelle: UNCTAD 1996: 103.

6.1.1. Politökonomische Forschung zu MNU

Bis in die 1980er Jahre hinein befasste sich die politökonomische Forschung vor allem mit der Frage, ob und wie MNU und ihre Heimatstaaten, vor allem Industrieländer, die Politik und die Entwicklungsmöglichkeiten ihrer Gastländer, besonders der Entwicklungsländer, beeinflussten. So entspann sich eine kontroverse Debatte zwischen Autoren, die in MNU Instrumente der Bevormundung und Benachteiligung von Entwicklungsländern sahen, und Autoren, welche die Zunahme von FDI und das damit verbundene Entwicklungspotential begrüssten.[6] Die meisten Wissenschaftler konzentrierten sich allerdings

---

6   Aus dieser Diskussion heraus entstanden ein internationales Abkommen und ein gescheiterter Versuch, ein zweites Abkommen zu schliessen. Beide Bemühungen entfalteten in der Praxis nur eine geringe bis gar keine Wirkung: 1976 verabschiedete OECD-Richtlinien für MNU und der nach 10-jährigen Verhandlungen erfolglos abgebrochene Versuch, sich auf einen UN Code of Conduct for MNCs zu einigen. Nationale Massnahmen gegenüber MNU waren um einiges wirksamer (vgl. Strange 1994:84f.).

vorwiegend auf Erklärungen für die Expansion von FDI und MNU. Hierbei entstanden Theorien wie beispielsweise die Produkte-Zyklus-Theorie, die *tariff-jumping*-Hypothese und die Theorie der vertikalen Integration (vgl. Spero/Hart 1997: 109f.; Gill/Law 1988: 191f.; Gilpin 1986: 231f.; Modelski 1979; Caves 1996).

Darüber hinaus befassten sich einige Sozialwissenschaftler auch auf sehr allgemeiner Ebene mit der Rolle von MNU in der Weltwirtschaft. In den 1960er Jahren glaubten einige Autoren, MNU würden die Staaten als dominierende Akteure in der Weltwirtschaft ablösen (Kindleberger 1971). Die Verstaatlichungswellen der 1970er Jahre und besonders die Ölembargos der OPEC-Länder zeigten allerdings, dass Staaten selbst die Ableger riesiger westlicher Ölkonzerne – bis anhin die Prototypen der scheinbar übermächtigen MNU – ohne weiteres in die Knie zwingen konnten. Diese Ereignisse brachten Spekulationen über eine fortschreitende Verdrängung von Staaten durch MNU zum Verschwinden. Robert Gilpin (1986: 232, 252) folgert daraus:

> Das Wiederaufleben des Nationalstaates und die Entstehung von mächtigen nicht-amerikanischen Unternehmen schuf bis Mitte der 1980er Jahre ein weit komplexeres Bild [...] MNU haben den Nationalstaat weder verdrängt noch sind sie den Weg der East India Company gegangen. Sowohl der Staat als auch die Unternehmung haben sich im Umgang miteinander als ressourcenreich und versatil erwiesen. Die Bemühungen der UNO, der OECD und regionaler Organisationen, den Unternehmen internationale Regulierungen aufzuzwingen, sind fehlgeschlagen. Amerikanischen Bemühungen, das Verhalten von Gaststaaten gegenüber MNU einzugrenzen, war ebenfalls kein Erfolg beschieden.

In den 1980er Jahren entstand eine Debatte über die Auswirkungen von FDI und MNU auf wirtschaftliches Wachstum sowie ökonomische, soziale und politische Strukturen in Industrieländern. Wiederum sahen die Optimisten in MNU Motoren des wirtschaftlichen und sozialen Fortschritts. Kritiker, vor allem linke und rechtskonservative Kreise, wiesen hingegen auf die Gefahren eines "Exports" von Arbeitsplätzen, die Zunahme oligopolistischer Marktstrukturen, die Unterwanderung staatlicher Wirtschafts-, Sozial- und Umweltpolitik sowie einen möglichen Verlust nationaler Identität hin (Spero/Hart 1997: 118ff.; Caves 1996: 157f.).

In den 1990er Jahren begannen sich Politikwissenschaftler und Ökonomen mit zwei Fragen zu beschäftigen, die in der bisherigen Forschung wenig Beachtung gefunden hatten. Beide stehen in engem Zusammenhang mit der Globalisierungsdiskussion, im Speziellen mit der Frage, welche Auswirkungen die steigende Mobilität von Produktionsfaktoren hat. Erstens entstand in Anlehnung an ältere Konvergenztheorien (Boyer 1996a) die Behauptung, die Strukturen und Verhaltensweisen von MNU würden sich als Folge der weltwirtschaftlichen Integration angleichen beziehungsweise weniger "national" werden. Die diesbezügliche Forschung hat bislang keine Bestätigung dieser These erbracht, sondern zeugt eher von fortbestehender Heterogenität (vgl. Pauly/Reich 1997).

Zweitens begannen sich verschiedene Autoren systematischer mit der Frage auseinanderzusetzen, ob und wie bei zunehmender Kapitalmobilität MNU von Staaten noch reguliert oder kontrolliert werden können oder sollen. Die UNCTAD (1998: xxvii) behauptet dazu:

> Die Globalisierung und die Liberalisierung der ausländischen Direktinvestitionen haben sich gegenseitig verstärkt, und keine der beiden Dynamiken ist schwächer geworden. Die Auswahlmöglichkeiten der MNU in Bezug auf ihre Standorte sind dadurch gestiegen. Die Unternehmen sind selektiver geworden und stellen an die Standorte grössere Anforderungen. Eine Folge davon ist, dass im Wettbewerb um Investitionen die Wirksamkeit von auf FDI bezogenen Politiken sinkt [...].

Die vorliegende Fallstudie reiht sich in diesen Forschungsbereich ein. Die Frage nach den regulatorischen Handlungskapazitäten von Staaten gegenüber MNU hat, wie oben aufgezeigt, eine gewisse Tradition. Allerdings wurde sie bisher ausschliesslich in Bezug auf das Verhältnis zwischen MNU und Entwicklungsländern sowie, weit weniger oft, auf die Zulassung von FDI in westlichen Industriestaaten hin untersucht. Die in dieser Fallstudie formulierte Fragestellung ist insofern neu, als sie sich vor allem auf Industrieländer, seien sie Heimat- oder Gaststaaten von MNU, erstreckt. Zudem gehen wir die Frage aus einer globalen Perspektive an, statt, wie es in anderen Untersuchungen oft geschieht, aus einer riesigen Anzahl von Beziehungen von MNU zu einzelnen Staaten einige Fälle zu untersuchen und dann auf das Verhältnis zwischen Staaten und MNU zu schliessen.

Internationale Regulierungsbemühungen im Rahmen der OECD, der EU, der WTO und anderer internationaler Institutionen waren jahrzehntelang ausschliesslich darauf ausgerichtet, die Zugangs- beziehungsweise Investitionsbedingungen für MNU zu verbessern. Diese Liberalisierung der Märkte wird bisweilen auch als "negative Integration" im Sinne reduzierter staatlicher Eingriffe in das Marktgeschehen beziehungsweise marktfördernder Massnahmen bezeichnet (Scharpf 1995). In diese Tradition reihen sich auch die unzähligen bilateralen Investitionsabkommen und Verträge zur Vermeidung der Doppelbesteuerung sowie die Verhandlungen über ein multilaterales Investitionsabkommen im Rahmen der OECD ein. In jüngerer Zeit sind nun auch intensivere Bemühungen in Gang gekommen, mit MNU in Zusammenhang stehende und von vielen Staaten als negativ gewertete Begleiterscheinungen zu verhindern. Solche marktkorrigierenden Massnahmen, die durch internationale Kooperation zustande kommen, sind in der Fachliteratur auch als "positive Integration" bekannt. Staaten haben zu diesem Zweck bereits in verschiedensten Bereichen regulierend eingegriffen, beispielsweise in denjenigen der Arbeitsmarktpolitik und des Arbeitnehmerschutzes, des Transfers von Kapital, Gewinnen und Technologie, sowie des Umwelt- und Konsumentenschutzes und der Wettbewerbspolitik. In einigen dieser Bereiche sind im OECD-Raum die staatlichen Eingriffe auf nationaler und internationaler Ebene im Durchschnitt stärker (z. B. Arbeitsrecht, Umwelt- und Konsumentenschutz, Wettbewerbspolitik, Technologietransfer), in anderen wiederum schwächer (z. B. Kapitaltransfer, Restriktionen beim Erwerb einheimischer Firmen durch ausländische Investoren; Mechanismen zur Schlichtung von Investitionsstreitigkeiten) (Spero/Hart 1997: 126f.). In dieser Fallstudie konzentrieren wir uns auf die Besteuerung von MNU, bei welcher die Handlungskapazitäten der Staaten besonders klar erfassbar sind.

6.1.2. Besteuerung von MNU

Wie in der Fallstudie zur Zinsbesteuerung in der Europäischen Union (Kap. 5) dargelegt, bilden Steuererträge das Rückgrat jeder Staatstätigkeit. Von MNU wird nun behauptet, sie würden aufgrund ihrer Mobilität der Besteuerung durch Staaten zunehmend entgehen. Susan Strange (1994b) war eine der ersten PolitökonomInnen, die diese Frage aufwarf, ohne allerdings eine fundierte Antwort darauf zu liefern:

> In knappster Form lautet die Fiskalfrage, ob MNU das Recht des Staates, Steuern zu erheben, unterminiert haben [...] speziell seit die Inflation der 1970er Jahre der euphemistisch so genannten 'kreativen Buchhaltung' Vorschub leistete, lässt sich das steuerbare Einkommen einer Firma dank der Fähigkeiten von Buchhaltern nur noch aus den Ausgaben der Firma (falls diese offengelegt werden) oder aus der Bildung von Reserven der einen oder anderen Art ableiten. Es ist ziemlich klar, dass einige Unternehmen in gewissen Wirtschaftssektoren der Besteuerung durch den Staat sehr erfolgreich entgangen sind [...] Ob wir nun denken, dass die Steuerpraktiken der Unternehmen täuschend oder korrupt sind, oder nicht [...] die Besteuerung [ist] eine fundamentale Frage der Internationalen Politischen Ökonomie, zu deren Beantwortung wir mehr Forschung benötigen. (Strange 1994b: 87)

Falls diese Behauptung zutrifft, bietet sie Anlass zu grosser Besorgnis, gehören doch MNU in vielen Industriestaaten zu den grossen Steuerzahlern. Als Beleg für den zunehmenden Steuerwettbewerb dient vielen Autoren die Tatsache, dass zwischen 1965 und 1985 in der OECD-Welt keine bedeutenden Steuerreformen zu beobachten waren, dass aber beginnend mit der US-amerikanischen Steuerreform von 1986 eine Welle der Steuersenkungen eingesetzt habe (Owens 1994). Die meisten Beobachter führen diese Steuerreduktionen darauf zurück, dass bei zunehmender Integration der Weltwirtschaft die Steuersenkungen der einen Staaten die anderen Staaten zwängen, mitzuziehen. Der grösste Druck zur Steuersenkung gehe dabei von den international mobilen Produktionsfaktoren aus (Steinmo 1993; Lee/McKenzie 1989).

Abgesehen von den legalen und illegalen Möglichkeiten der Reduktion von Steuerlasten, die sich *alle* Unternehmen zunutze machen können, bieten sich den MNU zwei spezifische Schlupflöcher an. Erstens können sie ihren Steuersitz oder Teile ihrer Aktivität in Länder oder Gebiete mit tieferen Steuern verlegen (Problem der *Steueroasen*). Zweitens können sie durch eine "kreative Buchhaltung" Gewinne dort anfallen lassen, wo die Steuerbelastung geringer ist beziehungsweise Kosten dort allozieren, wo die Besteuerung höher ist. Solche Gewinn- oder Kostentransfers werden oft über die Transferpreisgestaltung getätigt.[7] *Transferpreise* sind Kosten, die für firmeninterne Transaktionen berechnet werden, zum Beispiel Lieferungen von Rohstoffen, Waren oder Dienstleistungen. Die Transferpreisgestaltung ist somit besonders für diejenigen MNU eine der wichtigen Strategien zur Reduktion ihrer Steuerbelastung, die nicht oder nur unter hohen Kosten ihren Standort oder Teile ihrer Geschäftstätigkeit in Länder mit tieferen Steuern verlegen können. Aufgrund der oben festgestellten Tatsache, dass mittlerweile ein grosser Teil des Welthandels innerhalb von Firmen abgewickelt wird, kommt der Transferpreisproblematik eine grosse Bedeutung zu. Richard Cravens (1997: 127) stellt beispielsweise fest: "Die Bedeutung der Transferpreisgestaltung wird durch die Tatsache unterstrichen, dass rund 80% der Fortune-1'000-Firmen Strategien zur Transferpreisgestaltung auswählen müssen, und dass diese Auswahl eine Reihe von komplexen finanziellen, juristischen und operationellen Überlegungen erfordert."

Die Mechanismen, über die in der Praxis Gewinne verlagert werden können, sind vielfältig. Der Anschaulichkeit halber seien hier nur drei Beispiele aufgeführt:

- Ein MNU in einem Land mit hohen Steuern kann in einem Niedrigsteuerland eine konzerninterne Patentverwertungsgesellschaft gründen. Diese neue Gesellschaft kauft von der Muttergesellschaft ein Patent zu einem geringen Preis, verwertet es und kassiert die Gewinne, die weit höher ausfallen als der ursprüngliche Kaufpreis;
- Grossunternehmen aus Land A können in Land B Koordinierungszentren für Dienstleistungs- und Finanzgeschäfte gründen, die reine Holdingfunktionen haben. Die Muttergesellschaft aus Land A nimmt dann bei ihrer Tochterfirma in Land B einen Kredit auf. In Land A, einem Land mit hohen Steuern, wirken die Zinszahlungen steuermindernd, die Besteuerung der Zinseinkünfte des Koordinierungszentrums in Land B ist minimal;
- Manche Staaten, zum Beispiel die Niederlande, besitzen massgeschneiderte Steuergesetze für MNU. Konzerne, welche ihren Holdingsitz nach Holland verlegen, können Gewinne aus Finanzierungsgeschäften zu 80% in steuerfreie Rücklagen umwandeln (Süddeutsche Zeitung, 11.1.97, 31.1.97; Der Spiegel, 30.12.96).

Wieviel an Steuereinnahmen dem Fiskus in den einzelnen Ländern durch solche Praktiken verloren geht weiss niemand (Tanzi 1995: 101f.). Einzelbeispiele finden sich jedoch zuhauf. So liegt beispielsweise die steuerliche Belastung der global anfallenden Gewinne von BMW oder der Schweizer Rück

---

7 Andere Techniken der Gewinnverlagerung beruhen auf Krediten zwischen Mutter- und Tochtergesellschaften, der Allokation von Fixkosten (z. B. für Forschung, Werbung, Administration, EDV) und Gebühren für Lizenzen und Patente (vgl. Tanzi 1995:99).

deutlich unter der in ihren Sitzstaaten (Deutschland, Schweiz) üblichen Belastung. Spitzenmanager von BMW haben gar öffentlich erklärt, sie würden aus Steuergründen in Deutschland möglichst hohe Kosten anfallen lassen. Vertreter anderer Grossfirmen wie etwa BASF und Merck haben Ähnliches verlauten lassen (Weichenrieder 1996: 38f.). MNU im Finanzbereich lassen zum Beispiel Gelder (Versicherungsprämien usw.) in Offshore-Finanzzentren einfliessen und umgehen so die Besteuerung durch ihren Sitzstaat. Es wird geschätzt, dass zwischen 1985 und 1994 das aus den G-7-Staaten in Jurisdiktionen der Karibik und des Südpazifiks (beliebte Standorte für Offshore-Unternehmen) fliessende FDI um mehr als das fünffache auf über 200 Milliarden US$ gestiegen sind, weit stärker als das durchschnittliche FDI-Wachstum weltweit. Rekordverdächtig ist sicher das Finanzgebaren des Medienzaren Rupert Murdoch. Dieser hat mit seiner News Corp Investment, seiner grössten Holdinggesellschaft in Grossbritannien, zwischen 1988 und 1998 rund 2.1 Milliarden US$ Gewinn erwirtschaftet. Die Steuerrechnung dafür betrug Null (Economist, 20.3.1999: 73–74). Abgesehen von solchen Einzelbeispielen haben systematische Analysen ergeben, dass Unterschiede bei der Besteuerung von Unternehmen einen signifikanten Einfluss auf die Standortwahl sowie der FDI-Fluss haben, obschon Unternehmen bei Befragungen die Steuererlasten bei ihrer Standortwahl weniger stark gewichten als andere Entscheidungsgrössen. Steuerliche Unterschiede beeinflussen auch die Art und Weise, wie Ableger von MNU eingerichtet werden, wie und wo Forschungs- und Entwicklungsaktivitäten getätigt werden, und wie und wo MNU zum Beispiel Akquisitionen finanzieren (Caves 1996: 204f.; UNCTAD 1998: 102f.).

Wie bei der Zinsbesteuerung in der EU (vgl. Kap. 5) kann die Problematik der Steueroasen und Transferpreise als Gefangenendilemma aufgefasst werden (Abb. 2). In dieser starken Vereinfachung der Situation haben zwei Staaten die Möglichkeit, ihren fiskalischen Zugriff auf MNU zu verstärken oder zu reduzieren. Wenn A seinen Zugriff verstärkt, B aber nicht, fliesst FDI aus A nach B ab, und die Steuereinnahmen von A sinken, während die Steuereinnahmen von B steigen. Das umgekehrte Ergebnis kommt zustande, wenn B seinen fiskalischen Zugriff verstärkt, A aber nicht. Wenn beide Staaten ihre MNU stärker besteuern und diese MNU nur in diesen beiden Staaten tätig sein könnten (wie weiter unten besprochen eine unrealistische Annahme), bleibt der Status quo bestehen. Wenn der Steuerwettbewerb voll zum Tragen kommt, liegt das Gleichgewicht bei einem Ergebnis, bei dem die Steuereinnahmen beider Staaten sinken, während der FDI-Fluss keine Veränderung erfährt. Daraus kann sich eine suboptimale Bereitstellung öffentlicher Güter ergeben. Das aus der Sicht der Steuerbehörden beider Länder wünschenswerte Resultat, eine Erhaltung der Steuererträge, liesse sich zum Beispiel durch eine internationale Harmonisierung der Körperschaftssteuern erreichen. Die Struktur der Situation, im Speziellen die Schwierigkeit, sich gegenseitig und glaubwürdig zu verpflichten, erschwert jedoch die internationale Zusammenarbeit.

Abbildung 2: Steuerwettbewerb als Gefangenendilemma

Land A

	erhöht Steuern	senkt Steuern
Land B erhöht Steuern	sqFDI; sqS sqFDI; sqS	+FDI; +S -FDI; -S
Land B senkt Steuern	-FDI; -S +FDI; +S	sqFDI; -S sqFDI; -S

sqFDI = FDI bleibt beim Status quo
sqS = Steuereinnahmen bleiben beim Status quo
-FDI; +FDI = Abfluss von FDI; Zufluss von FDI
-S; +S = sinkende Steuererträge; steigende Steuererträge
Der Nutzen von A ist in der rechten oberen Ecke, derjenige von B in der linken unteren Ecke des jeweiligen Feldes aufgeführt.

Die Problematiken der Steueroasen und der Transferpreise, die in Abbildung 2 extrem vereinfacht als Erhöhung oder Senkung der Steuern benannt sind, stehen in der Realität in einer komplizierten Wechselwirkung.[8] Je tiefer die Körperschaftssteuern in einem Land sind, desto weniger Probleme wird dieses Land mit der Transferpreisgestaltung der dort ansässigen MNU haben. Im Gegenteil, bei tiefen Steuern werden MNU ihre Gewinne eher in diesem Land anfallen lassen, was nebst dem Zufluss von FDI meistens zu höheren Steuereinnahmen führt. Regulatorische Eingriffe der Steuerbehörden in die Gestaltung der Transferpreise liegen nicht im Interesse dieses Landes. Dieser schwache regulatorische Zugriff bei den Transferpreisen wiederum verursacht negative externe Effekte für Länder mit höheren Steuern: Würden nämlich Länder mit tieferen Steuern ihre Transferpreisregeln denjenigen der Länder mit höheren Steuern anpassen, ihren regulatorischen Zugriff also verstärken, würde der steuerbedingte Transfer von Gewinnen reduziert oder gar wegfallen. Im Extremfall: Selbst bei grossen Unterschieden der fiskalischen Belastung von

---

8   Eine Diskussion dieser Wechselwirkungen aus ökonomischer Sicht findet sich in Caves 1996:198ff.

MNU würden die Steuererträge der Hochsteuerländer nicht sinken, wenn alle Länder die gleichen Standards für die Transferpreisgestaltung aufwiesen und MNU ihre Steuerbelastung nur über Transferpreise und beispielsweise nicht mittels einer Verlegung des Produktionsstandortes reduzieren könnten (Letzteres ist eine unrealistische Annahme). Aus dem Gesagten folgt, dass MNU in Ländern mit hoher Steuerbelastung einen grösseren Anreiz haben, Gewinne über Transferpreise in Länder mit tieferen Steuern zu verlagern. Länder mit hohen Steuern werden deshalb eher dazu neigen, strengere Regeln für Transferpreise einzuführen und durchzusetzen sowie Länder mit weniger strengen Standards zu einer Re-regulierung zu bewegen.

Die hier diskutierten Zusammenhänge zeigen, dass Situationen des Steuerwettbewerbs auch einem asymmetrischen Gefangenendilemma oder gar einem *deadlock*-Spiel entsprechen können. Auf der einen Seite stehen Staaten mit höheren Körperschaftssteuern und strengeren Regeln für die Transferpreisgestaltung, auf der anderen Seite stehen Staaten mit tieferen Steuern und mit wenig Interesse an einer internationalen Gleichschaltung der regulatorischen Standards für Transferpreise und Steuersätze auf höherem Niveau. Unter diesen Bedingungen erscheinen die Aussichten auf eine internationale Harmonisierung der Körperschaftssteuern und Transferpreisregeln nicht sehr vielversprechend. Im folgenden Teil stellen wir allerdings fest, dass diesbezügliche Reregulierungsversuche der Staatenwelt einen gewissen Erfolg gezeitigt haben, der jedoch vor allem auf die Regulierung von Transferpreisen beschränkt bleibt. Diese Feststellung wiederum bietet eine interessante Ausgangslage für Erklärungsversuche im dritten Teil des Kapitels.

6.2. Politikergebnisse

Im Folgenden werden zuerst die wichtigsten Konzepte und abhängigen Variablen dieser Fallstudie besprochen. Danach diskutiere ich die beobachteten Politikergebnisse, die es im dritten Teil des Kapitels zu erklären gilt.

6.2.1. Konzepte und Variablen

Der fiskalische Zugriff der einzelnen Staaten auf MNU lässt sich auf einer regulatorischen und einer realwirtschaftlichen Dimension erfassen. Wichtige Indikatoren für die regulatorische Ebene sind die Steuersätze für juristische Personen, die Intensität des staatlichen Eingriffs in die Transferpreisgestaltung von MNU und der Erfolgsgrad internationaler Bemühungen zur Verhinderung eines Steuerwettbewerbs. Auf realwirtschaftlicher Ebene stehen die relativen Steuereinnahmen im Zentrum der Analyse.

Regulatorische Ebene. Die nominale steuerliche Belastung von MNU lässt sich anhand der durchschnittlichen Steuersätze oder Höchststeuersätze messen (KPMG 1998, 1999). Dieser Indikator liefert allerdings ein nur sehr unvollständiges Bild der Intensität des fiskalischen Zugriffs, da die Bemessungsgrundlagen der einzelnen Staaten erheblich variieren. Dieses Validitätsproblem lässt sich nicht beseitigen, durch den Beizug zusätzlicher Indikatoren jedoch etwas mildern. Einige Autoren haben versucht, *marginal effective tax rates* zu berechnen (Tanzi 1995: 111f.). Da diese Berechnungen, die auf eine umfassendere Messung der tatsächlichen Steuerlasten ausgerichtet sind, auf zum Teil sehr umstrittenen Annahmen beruhen (z. B. Methode der Preisbereinigung), existieren auch bei diesem Indikator gewisse Probleme der Validität. Aus diesem Grund versuchen wir zusätzlich, die Besteuerung von Unternehmen auf der Seite der staatlichen Steuererträge zu erfassen (vgl. unten).[9]

Bei der Regulierung von Transferpreisen sind in vereinfachter Form folgende Politikergebnisse (in aufsteigender Intensität des staatlichen Zugriffs) möglich:

- Völlige Freiheit der MNU bei ihren Transferpreispraktiken;
- Anwendung des *arm's length principle*: Preise für innerhalb einer MNU transferierte Rohstoffe, Waren, Dienstleistungen usw. werden so bewertet, als ob die entsprechende Transaktion zwischen zwei unabhängigen Marktteilnehmern stattgefunden hätte;
- Ad hoc ausgehandelte Transferpreise für einzelne MNU, bestimmte Tätigkeitsbereiche von MNU oder bestimmte Güter. *Advance pricing arrangement* (APAs) sind die bekannteste Form der Regulierung dieser Art;
- Staatlich verordnete Formeln, mit denen die in einem Staat zu versteuernden Gewinne eines MNU aufgrund der globalen Gewinne der Unternehmung errechnet werden (*unitary tax*). Dabei können beispielsweise die Zahl der Beschäftigten oder die Umsätze im Inland im Vergleich zum Ausland massgebend sein.

Die Intensität des staatlichen Zugriffs auf die Transferpreisgestaltung von MNU lässt sich auch daran ablesen, wie häufig die diesbezüglichen Berechnungen von MNU durch Steuerbehörden angefochten werden und wie streng die Dokumentationspflichten der MNU gestaltet sind.

Auf internationaler Ebene kann die Intensität des staatlichen Zugriffs daran gemessen werden, wie weit zwischenstaatliche Bemühungen zur Harmonisierung von Körperschaftssteuern (v. a. Angleichung der Steuersätze, Verhinderung des Steuerdumpings) und Regeln für die Transferpreisgestaltung gediehen sind. Das Spektrum reicht hier von völligem Scheitern der Bemühungen über mehr oder weniger freiwillige Massnahmen (z. B. Verhaltensko-

---

9   Der ideale Indikator zur Erfassung von Steuerlasten existiert nicht. Jeder der hier verwendeten Indikatoren hat gewisse Vor- und Nachteile. Für eine vertiefte Diskussion siehe Hallerberg/Basinger 1997.

dizes) bis hin zu einer umfassenden und rechtlich bindenden Harmonisierung der einzelstaatlichen Praktiken auf internationaler Ebene.

Auf *realwirtschaftlicher Ebene* kann die Intensität der staatlichen Intervention durch die Steuererträge erfasst werden. Die folgenden Indikatoren dienen diesem Zweck: der Anteil der Körperschaftssteuern am BIP, an den gesamten Steuererträgen und an den Firmengewinnen, ausserdem der Anteil der Arbeitgeberbeiträge an die soziale Vorsorge am gesamten Steuereinkommen des Staates. Ein wichtiges Validitätsproblem bei allen vier Indikatoren ist, dass sie die Besteuerung aller in einem Land angesiedelten Firmen und nicht nur der MNU erfassen. In Fällen, in denen Staaten für MNU spezielle Steuererleichterungen vorsehen oder MNU die Besteuerung durch "kreative Buchhaltung" und andere Praktiken umgehen, liefern diese Indikatoren somit ein verzerrtes Bild.

Gesamthaft gesehen geben die hier genannten Indikatoren trotz unvermeidlichen Validitätsproblemen relativ umfassende Auskünfte darüber, ob Staaten bei ihrem fiskalischen Zugriff auf MNU eher auf der Verliererseite stehen oder ob und bis zu welchem Grad ihre Re-regulierungsbemühungen erfolgreich waren. Gleichermassen lassen sich Aussagen über Heterogenität beziehungsweise Konvergenztrends machen.

6.2.2. Regulierungsebene

Steuersätze für Körperschaften

Als Ausgangspunkt lassen sich Effekte des Steuerwettbewerbs durch nominale Steuersätze für Firmen (Körperschaftssteuern) erfassen. Den Corporate Tax Surveys der KPMG sowie Datensätzen der OECD und EU lassen sich folgende Steuersätze entnehmen:

	1980	1985	1990	1997	1998	1999
Australien	.	49	39	36	36	36
Belgien	48	45	39	40.17	40.17	40.17
Dänemark	.	50	40	34	34	32
Deutschland	61.7/	61.7/	57.5/	57.42/	56.66/	52.31/
	44.3	44.3	45.6	44.13	43.6	43.6
Finnland	.	33	33	28	28	28
Frankreich	50	50	34	36.66	41.66	40
Griechenland	.	.	.	35/40	35/40	35/40
Gross-	52	40	34	31	31	31
britannien						
Irland	.	40	43	36	32	28
Italien	36.6	47.8/	47.8	53.2	41.25	41.25
		36				
Japan	52.0/	55.4/	50.0/	51.6	51.6	48
	42.0	45.4	47.3			
Kanada	42.4	51.6	50	44.6	44.6	44.6
Luxemburg	.	.	.	39.34	37.45	37.45
Neuseeland	.	45	28	33	33	33
Niederlande	46	42	35	35	35	35
Norwegen	.	28	27.8	28	28	28
Österreich	.	55	30	34	34	34
Portugal	.	.	.	39.6	37.4	37.4
Schweden	.	52	30	28	28	28
Schweiz	.	30.3	30.3	28.5	27.8	25.1
Spanien	33	33	35.3	35	35	35
USA	49.2	49.5	38.3	40	40	40
Mittelwert	45.72	44.14	37.62	37.27	36.53	35.79
VK	16.5%	17.87%	19.08%	19.39%	17.79%	24.58%

Quellen: OECD 1997; EU 1992 (Jahre 1980–1991); KPMG 1998 und 1999 (www.tax.kpmg.net) für 1997–1999; Price Waterhouse (div. Jahre). Dort wo zwei Zahlen in einem Feld aufgeführt sind, bezieht sich die erste auf zurückbehaltene, die zweite auf ausgeschüttete Gewinne. VK = Variationskoeffizient. Wenn zwei Steuersätze für ein Land aufgeführt sind, wurde für die Berechnung des Mittelwertes und VK der Durchschnitt der beiden Werte verwendet.

Über die in Abbildung 3 erfassten 20 Jahre hinweg sind die nominalen Steuersätze um 10 Prozentpunkte gesunken. Die Steuersätze für Firmen liegen in Entwicklungsländern (in Abb. 3 nicht aufgeführt) etwas tiefer als in Industrieländern (in OECD-Staaten 1998 durchschnittlich 35%; in Entwicklungsländern 32%). In einem KPMG-Bericht (1999) wird festgestellt, dass die europäische Integration zur Reduktion der Steuersätze beigetragen habe. So wurden die Körperschaftssteuern in Dänemark, Deutschland, Frankreich, Irland, Italien, Japan, Luxemburg und Portugal in jüngster Zeit reduziert. Die Aussagekraft dieser Daten ist begrenzt. Die Zahlen sind nur für kurze Zeiträume verfügbar. Noch schwerer wiegt, dass Regierungen die zu besteuernden Werte und Einkommen von Firmen verschieden definieren (Bemessungsgrundlagen), die Steuerprogressionen unterschiedlich gestaltet sind, andere Arten von Steuern, die Firmen ebenfalls finanziell belasten (z. B. Sozialbeiträge), nicht erfasst werden und die Steuerbehörden bei der Umsetzung der jeweiligen Gesetze verschieden streng vorgehen. So lässt sich etwa beobachten, dass viele Länder im erfassten Zeitraum ihre Besteuerungsverfahren und Vorschriften modifiziert haben. Diese Veränderungen zielen oft darauf ab, die Steuererträge zu *erhöhen* ohne die Steuersätze zu verändern. Die KPMG (1998) behauptet beispielsweise:

Auf der Jagd nach zusätzlichen Steuereinnahmen in ihren eigenen Jurisdiktionen gehen weltweit die Steuerbehörden gegen MNU bedeutend aggressiver vor. Die [nominalen] Sätze der direkten Körperschaftssteuern sind dabei nur ein Teil der Geschichte. Viele Länder verstärken ihre Transferpreisregeln und überwachen deren Anwendung, um im internationalen Tauziehen um Steuererträge Terrain zu gewinnen.

Andererseits behaupten Steuerexperten, dass aufgrund vielfältiger Steuererleichterungen für Unternehmen die tatsächliche Steuerbelastung weit unter den nominellen 30–50 % liege. Wir tragen dieser Problematik in diesem Kapitel Rechnung, indem im Folgenden auch andere Kenngrössen für die Steuerbelastung diskutiert werden.

Trotz der angesprochenen Mängel deuten die hier diskutierten Daten darauf hin, dass der fiskalische Zugriff auf Firmen, und somit auch auf MNU, nominal gesunken ist, über die einzelnen Staaten hinweg aber trotz einer gewissen Konvergenzbewegung nach wie vor erheblich variiert (vgl. die Variationskoeffizienten in Abb. 3). Von einer bedeutsamen Konvergenz nach unten ("Wettlauf nach unten") zu sprechen wäre somit verfehlt. Die KPMG behauptet (1998), "[...] die steigende Mobilität von Investitionen, die durch rasche Fortschritte in der globalen Informations- und Kommunikationstechnologie möglich wurde, [trägt] zum wachsenden Druck auf wirtschaftlich höher entwickelte Länder [bei], die Wettbewerbsfähigkeit ihrer Steuersysteme zu bewahren". Diese Behauptung steht in gewisser Weise im Gegensatz zu der weiter oben zitierten Aussage in derselben Publikation. Welche Aussage nun richtig ist, darüber geben die nominalen Steuersätze kaum Auskunft.

Die *marginal effective tax rate*, ein von Mervyn King und Don Fullerton (1984) entwickelter Indikator, liefert ein umfassenderes Bild der fiskalischen Belastung von Firmen, indem er regulatorische Variablen (z. B. nominale Steuersätze) und auch realwirtschaftliche Faktoren einbezieht.[10]

---

10 Die *marginal effective tax rate* (t) berechnet sich aus dem Verhältnis der *tax wedge* zum Gewinn vor den Steuern (*before-tax rate of return*) oder zu den Kosten des Kapitals (p).

	Körperschafts-steuern			Steuersatz für persönliches Einkommen aus Körperschaften			Steuersatz für Körperschaften und persönliche Einkünfte aus Körperschaften		
	1980	1985	1990	1980	1985	1990	1980	1985	1990
Australien	41.8	17.0	14.6	23.4	18.7	28.1	55.4	32.5	38.6
Kanada	16.9	19.0	25.9	20.0	20.9	19.3	33.5	35.9	40.2
Frankreich	-28.8	-33.0	-33.4	74.1	75.2	65.4	66.6	67.0	53.8
Deutsch-land	15.2	9.9	4.6	32.9	31.5	28.6	43.1	38.3	31.9
Italien	-91.6	-95.4	-72.8	58.5	59.7	58.2	20.5	21.3	27.8
Japan	3.1	0.5	6.1	15.6	16.3	23.0	18.2	16.7	27.7
Schweden	-22.5	-5.0	1.0	37.9	37.0	27.8	23.9	33.9	28.5
Gross-britannien	-31.4	21.4	28.0	30.7	17.2	13.8	8.9	34.9	37.9
USA	14.4	9.2	24.0	22.5	18.7	19.1	33.7	26.6	38.5
Mittelwert	-9.2	-6.3	-1.2	35.1	32.8	31.5	33.8	34.1	36.1
VK in %	40.9	37.6	31.2	52.1	60.9	53.8	51.9	39.4	21.9

Quellen: Jorgenson/Landau 1993: Tab. 1–1 bis 1–3; Tanzi 1995: 113. VK = Variationskoeffizient [aufgrund der negativen Mittelwerte wurde für die Berechnung der Variationskoeffizienten eine Skalentransformation durchgefürt].

Auch diesem Indikator haften gewisse Probleme an. So wird beispielsweise bei seiner Berechnung eine Inflationsrate von 5% in allen Ländern und perfektes Einhalten der Steuerbestimmungen durch die Marktteilnehmer unterstellt (Tanzi 1995: 116f.). Abbildung 4 zeigt, dass die Steuersätze für Körperschaften trotz einer signifikanten Konvergenzbewegung immer noch erheblich variieren und von stark negativ in Italien und Frankreich (dies spiegelt massive Investitionsanreize) bis hin zu Steuersätzen um die 40% in Australien im Jahr 1980 reichen. Die Steuersätze für persönliche Einkommen aus Körperschaften sind alle positiv. Hier zeigt sich auch, dass Staaten, die zur Förderung von Unternehmen Letztere nur geringfügig besteuerten, die Einbussen am Steuerertrag über die Besteuerung persönlicher Einkommen aus Firmen wieder kompensierten – Paradebeispiele dafür sind Frankreich und Italien, die Dividenden und Zinseinkommen aus Firmen sehr stark belasten. Kombiniert

---

Die diesbezügliche Gleichung lautet: t = W/p = (p - s)/p. Die *tax wedge* ist definiert als "die Differenz zwischen dem Kapitalgewinn vor den Steuern *[remuneration of capital before taxes]* [...] und dem Gewinn nach den Steuern *[compensation after taxes]*, der den Inhabern von finanziellen Ansprüchen gegenüber der Firma zur Verfügung steht" (Jorgenson/Landau 1993: 6).

man die beiden Indikatoren[11], zeigt sich, dass auch die gesamte Steuerlast der Unternehmen erheblich variiert. So reichen die Steuersätze 1990 von rund 28% in Italien, Japan und Schweden bis 53% in Frankreich.

Bei allen drei Indikatoren ist kein gleichgerichteter Trend nach unten zu beobachten, wie dies in der Globalisierungsdebatte oft postuliert wird. Im Gegenteil ist in den letzten drei Spalten der Tabelle ein leichtes Ansteigen des fiskalischen Zugriffs zu beobachten (vgl. Mittelwerte). Gleichzeitig zeigen die Werte für den Variationskoeffizienten, dass sich die effektiven Steuerlasten der einzelnen Länder angeglichen haben, im Endeffekt somit eine gewisse Konvergenz auf etwas höherem Niveau beobachtbar ist.

Regulierung der Transferpreise

Die bisher diskutierten Indikatoren beziehen sich auf die Besteuerung *aller* Firmen in einem Land. Verlässliche Zahlen für eine grössere Anzahl von Ländern zur steuerlichen Belastung von MNU im Vergleich zu rein binnenwirtschaftlich tätigen Firmen existieren nicht. Gleiches gilt für den Saldo der Gewinntransfers in und aus den OECD-Ländern, die mittels Transferpreisgestaltung erfolgen. Die Intensität des staatlichen Zugriffs auf MNU im Speziellen lässt sich jedoch auf regulatorischer Ebene auch mittels anderer Indikatoren wenigstens in groben Zügen erfassen.

Der Transfer Pricing Survey von Ernst & Young, der 1995 erstmals erschien, liefert die Resultate von Befragungen von über 400 MNU in 12 Ländern. Der Grossteil der 1997 befragten Unternehmen erachtet Transferpreisfragen als das wichtigste und schwierigste internationale Steuerproblem. 80% der befragten Firmen erwarten, dass ihre Transferpreise in den nächsten zwei Jahren von den Steuerbehörden angefochten werden. Davon seien besonders die firmeninternen Verrechnungspreise für Dienstleistungen betroffen (z. B. Rechts- und Informatikdienste). Zwei Drittel der befragten MNU geben an, von den Steuerbehörden schon in Bezug auf ihre Transferpreise untersucht worden zu sein. Die Erhebung zeigt, dass die befragten MNU nur in 50% der Fälle ihre von Steuerbehörden angefochtenen Transferpreise aufrechterhalten konnten. In den anderen 50% der Fälle musste die internationale Gewinnverteilung verändert werden.[12] Am aktivsten scheinen die Steuerbehörden von Australien, Kanada, Grossbritannien, Frankreich, den USA und Deutschland zu sein, wo fast drei Viertel der befragten MNU von den Behörden in Bezug

---

11 Aus Gründen, die hier nicht im Detail diskutiert werden können, lassen sich die Steuersätze für Firmen und das persönliche Einkommen aus Firmen nicht einfach mittels des Durchschnitts oder der Summe der beiden in den vorangehenden Spalten aufgeführten Indikatoren ermitteln (vgl. Jorgenson/Landau 1993).

12 Nebenbei sei bemerkt, dass MNU Transferpreise natürlich nicht nur zur Senkung ihrer Steuerbelastung verwenden, sondern damit vielfältige Ziele verfolgen können (vgl. Cravens 1997). Dies ist allerdings für die vorliegende Fallstudie unerheblich, da hier im Zentrum steht, wie sich die Intensität des staatlichen Zugriffs erklären lässt.

auf ihre Transferpreisgestaltung untersucht wurden. Die Steuerbehörden anderer Industriestaaten, die höhere Körperschaftssteuern aufweisen, sind gegenwärtig dabei, ihren Zugriff auf MNU ebenfalls zu verstärken (Ernst & Young 1997).

Wegbereiter dieses robusteren Vorgehens der Staaten im Bereich der Transferpreisgestaltung von MNU waren die USA. Bereits in den 1970er Jahren begannen die amerikanischen Steuerbehörden, den Transferpreispraktiken mancher MNU entgegenzuwirken. Einige US-Bundesstaaten, allen voran Kalifornien, gingen sogar soweit, nicht mehr die Firmengewinne innerhalb ihrer Jurisdiktion zu besteuern, sondern mittels komplexer Formeln errechnete Anteile am weltweiten Gewinn der betreffenden MNU. Japanische und britische Firmen im Besonderen protestierten heftig gegen diese Praxis. Nach einem langen juristischen Verfahren billigte 1994 der oberste Gerichtshof der USA diese Besteuerungsmethode in Kalifornien.[13] Trotzdem machte Kalifornien 1986 und 1993 Rückzieher und reduzierte diese Form der Steuerbelastung von MNU. Grund dafür waren nach Aussagen verschiedener Autoren, dass ausländische MNU mit einem Abzug ihrer Investitionen drohten, aber auch technische Schwierigkeiten, das *unitary tax*-System umzusetzen (Dunning 1992: 509; Financial Times, 15.8.1995: 4, 24.2.1995: 35; GAO 1995).[14]

Nicht zuletzt aufgrund dieses schärferen Vorgehens von US-Steuerbehörden gegen MNU einigten sich die OECD-Staaten 1979 auf Richtlinien, die eine ähnliche Berechnung von Transferpreisen in den einzelnen Staaten gewährleisten und die Doppelbelastung von Firmengewinnen oder Teilen davon verhindern sollten. Die Möglichkeit eines fiskalischen "Wettlaufs nach oben" – das heisst ein gegenseitiges Hochschaukeln der Staaten bei ihrem steuerlichen Zugriff auf Einkünfte von MNU – wurde somit von Anfang an unterbunden. Dieser Umstand mutet in Anbetracht der heute vorherrschenden Ängste vor einem "Wettlauf nach unten" wie eine Ironie an.

1992 führte der amerikanische Internal Revenue Service (IRS) Bestimmungen ein (IRS Code, section 482), die von den Firmen eine ausführliche und in den Augen vieler Betroffener kostspielige Dokumentation ihrer firmeninternen Transfers verlangen und bei Nichteinhaltung massive Bussen nach sich ziehen. Diese Bestimmungen werden vom IRS nach Aussagen vieler MNU rigoros durchgesetzt (NZZ 11.12.97; Ernst & Young 1997). Diese

---

13 In diesem Prozess hatte die britische Barclays Bank 1984 geklagt, das Besteuerungssystem Kaliforniens sei verfassungswidrig. Eine ähnliche Klage wurde von der Firma Colgate-Palmolive 1986 erhoben. Wenn der oberste Gerichtshof gegen Kalifornien entschieden hätte, wären eine Rückerstattung von bereits bezahlten Steuern im Umfang von 2 bis 4 Milliarden US$ und eine Rückkehr zum *arm's length*-Prinzip fällig geworden (Spero/Hart 1997: 121).

14 Verursacht wurden diese technischen Probleme vor allem durch sehr unterschiedliche Buchhaltungspraktiken verschiedener Länder, Wechselkursschwankungen und mangelnde Kooperation ausländischer MNU und Behörden ihrer Heimatstaaten.

erneute Verschärfung des fiskalischen Zugriffs auf MNU in den USA führte 1995 zur Anpassung der OECD-Richtlinien von 1979.

Die Richtlinien der OECD von 1979 und 1995 – "Transfer Pricing Guidelines for Multinational Enterprises and Tax Administrations" – sind völkerrechtlich nicht bindend. Sie enthalten keine konkreten Verpflichtungen zur Umsetzung und sind deshalb als Empfehlung für die nationalen Steuerbehörden der damals 25 OECD-Staaten zu betrachten. Die Bestimmungen der Richtlinien sind in offener Form konzipiert und werden laufend neuen Entwicklungen angepasst (Accountancy 28.11.1995: P92).[15] Die OECD-Richtlinien sehen keine Streitschlichtungsverfahren vor, sondern überlassen dies bilateralen Abkommen und multilateralen Verträgen, zum Beispiel denjenigen im EU-Raum (EU-Dokument 90/436). Letztere Abkommen sind darauf angelegt, eine Doppelbesteuerung zu vermeiden. 1998 hat die OECD allerdings Überwachungsprozeduren eingeführt, die mehr Transparenz in die einzelstaatlichen Praktiken bringen sollen. Mit diesen Massnahmen der OECD werden zwei Ziele verfolgt: Erstens soll vermieden werden, dass einzelne Staaten durch mangelnde Regulierung der Transferpreisgestaltung die staatlichen Interventionen derjenigen Staaten unterlaufen, die übermässige Gewinntransfers dort ansässiger MNU unterbinden möchten. Zweitens soll verhindert werden, dass einzelne Staaten bei der Regulierung von Transferpreisen ausländische MNU gegenüber einheimischen MNU diskriminieren. So wird etwa von europäischen Behörden und Firmen immer wieder behauptet, der amerikanische IRS ginge mit ausländischen MNU härter um als mit amerikanischen.

Bereits die Richtlinie von 1979 führte, basierend auf der vorher schon abgeschlossenen Model Tax Convention der OECD, das *arm's length principle* ein. Danach müssen firmeninterne Transaktionen zu denjenigen Preisen verrechnet werden, die voneinander unabhängige Marktteilnehmer unter ähnlichen Bedingungen bezahlt hätten. Dieses Prinzip erscheint sehr einfach. Bei seiner praktischen Anwendung eröffnet sich jedoch ein grosser Interpretationsspielraum. Um das damit zusammenhängende Risiko der Doppelbesteuerung zu vermindern und das Konfliktpotential einzudämmen und durch eine möglichst gleichmässige Umsetzung in den OECD Staaten Wettbewerbsverzerrungen zu vermeiden, hält die OECD verschiedene operationelle Methoden der Berechnung von Transferpreisen fest.[16]

---

15 Neuere Entwicklungen sind auf der Web-Site der OECD dokumentiert (vgl. Bibliographie). Besteuerungspraktiken der einzelnen Staaten werden vom KPMG International Tax Centre laufend beobachtet und in Global Tax News dokumentiert (vgl. Web-Site in Bibliographie).

16 Die grundsätzlich möglichen Methoden werden in drei Kategorien eingeteilt: (a) traditionelle Transaktionsmethoden; (b) Transaktionsprofit Methoden; (c) globale Berechnung nach Formeln (*unitary taxation*; vgl. das Beispiel Kaliforniens). Die dritte Methode wird abgelehnt, weil sie mit dem *arm's length principle* nicht vereinbar ist und zu Doppelbesteuerung und Konflikten zwischen Staaten führen kann. Die OECD-Richtlinien sehen vor, dass, wann immer möglich, die traditionellen Transaktionsmethoden (a) zur Anwen-

Etliche andere Staaten wie Australien, Brasilien, Kanada, Südkorea, Mexiko und Japan sind dem Beispiel der USA gefolgt und haben eigene Dokumentationspflichten und Sanktionsmechanismen im Bereich der Transferpreise eingeführt.[17] Eine Zusammenarbeit der Länder findet jedoch nur in Einzelfällen statt.[18] Mittlerweile gelten beispielsweise die japanischen Behörden unter Steuerexperten als noch "aggressiver" als diejenigen der USA. Länder mit tieferen Körperschaftssteuern (z. B. die Schweiz) hingegen legen die OECD-Richtlinien relativ grosszügig aus, da die MNU dazu neigen, dort einen möglichst grossen Teil ihrer Gewinne anfallen zu lassen. Befragungen zeigen, dass MNU die Wahrscheinlichkeit einer Anfechtung ihrer Transferpreise in den USA weit höher einschätzen als in Europa (Ernst & Young 1997: 21). Abbildung 5 zeigt den Anteil der von Steuerbehörden untersuchten MNU an den von Ernst & Young befragten MNU. Daraus lässt sich in groben Zügen die Intensität des staatlichen Eingriffs in die Transferpreisgestaltung von MNU ablesen.

dung gelangen sollen. Innerhalb dieser Kategorie von Methoden sollte die *comparable uncontrolled price method* (CPU) die erste Priorität haben. Bei dieser Methode werden ähnliche Transaktionen zwischen unabhängigen Marktteilnehmern zum Vergleich herangezogen. Wo diese Methode nicht angewandt werden kann, sieht die Richtlinie die *cost-plus*, die *resale price* und andere Methoden vor. Bei der *cost plus*-Methode wird eine "sinnvolle" Marge im Preis einkalkuliert. Bei der *resale price*-Methode gilt der Preis, zu dem Güter oder Dienstleistungen später an firmenexterne Marktteilnehmer verkauft werden, minus eine Gewinnmarge und Transportkosten. Die zweite Kategorie von Methoden (b) ist bis heute sehr umstritten. Darunter fällt unter anderem die in den USA öfters angewandte *comparative profits method* (CPM). Im Sinne eines Kompromisses auf kleinstem gemeinsamem Nenner sehen die OECD-Richtlinien vor, dass diese Methoden nur angewandt werden sollen, wenn die anderen versagen. Eine weitere, besonders in den USA, Grossbritannien und Kanada verbreitete Methode, die aber noch nicht in die OECD-Richtlinien Eingang fand, besteht aus *advance pricing arrangements* (APAs). Dies sind Abkommen zwischen MNU und Steuerbehörden, in denen sich die Parteien auf eine Methode zur Bestimmung der Transferpreise einigen. Zwischen 1991 und 1997 wurden weltweit ungefähr 300 solche APAs ausgehandelt. Das Hauptinteresse der MNU an APAs besteht darin zu vermeiden, dass sie in einem eskalierenden Zugriff der Staaten auf die Transferpreise von allen Seiten her in die Zange geraten und doppelt besteuert werden (Economist Intelligence Unit 5.9.1996; Ernst & Young 1997:6).

17 Vgl. KPMG 1998b; Economist Intelligence Unit, 5.9.1996; NZZ 24.8.1995, 11.12.1997; Mondaq Business Briefing, 7.4.1998; FDCH Regulatory Intelligence Database 12.12.1996.

18 Ein jüngeres Beispiel ist die Zusammenarbeit der Steuerbehörden Grossbritanniens, Australiens, der USA und Kanadas bei der steuerlichen "Entflechtung" des Medienimperiums von Murdoch. Dieser hat scheinbar in grossem Umfang über Transferpreise Gewinne in Steueroasen wie zum Beispiel den Cayman-Islands oder den Bermudas anfallen lassen (Economist, 20.3.1999: 73–74).

Befragte MNU	von Steuer-behörden untersuchte MNU	ungewichteter Prozentsatz untersuchter MNU	gewichteter Prozentsatz untersuchter MNU
Australien	77	45	58	44
Belgien	46	14	30	30
Kanada	106	57	54	38
Frankreich	151	42	28	22
Deutschland	173	73	42	32
Italien	98	17	17	14
Japan	72	24	33	40
Korea	16	7	44	21
Niederlande	82	31	38	35
Neuseeland	16	9	56	27
Spanien	65	14	22	28
Schweden	38	9	24	8
Grossbritannien	218	91	36	38
USA	255	122	48	48

Quelle: Ernst & Young 1997: 20; eigene Berechnungen. Die Tabelle bezieht sich nur auf MNU, die ihren Hauptsitz in einem der folgenden Staaten haben: Australien, Kanada, Frankreich, Deutschland, Italien, Niederlande, Schweden, Schweiz, Grossbritannien, USA. Die erste Spalte nennt die Länder, die gegen MNU mit Hauptsitz im eigenen oder in einem der anderen neun aufgeführten Länder eine Untersuchung geführt haben. Die in der dritten Spalte genannte Zahl der befragten MNU aus den 10 genannten Staaten (2. Spalte) wurde von den Steuerbehörden des in der ersten Spalte genannten Landes schon einmal untersucht. Der ungewichtete Prozentsatz in Spalte vier bezeichnet den Anteil untersuchter in- und ausländischer MNU an den gesamthaft erfassten (befragten) MNU im betreffenden Land. Die fünfte Spalte enthält den gewichteten Anteil der untersuchten MNU. Dieser berechnet sich aus dem durchschnittlichen Anteil von in- und ausländischen MNU in jedem der 10 erfassten Hauptsitzstaaten, die im genannten Land untersucht wurden.

Nach Aussagen vieler Autoren sind die meisten MNU mittlerweile dazu übergegangen, ihre firmeninternen Transfers verstärkt zu dokumentieren (vgl. Hypothese 2, unten). Daran zeigt sich, dass der von den USA ausgehende Reregulierungsprozess wohl eine stärkere Wirkung entfaltet hat als die Richtlinien der OECD. Bei den Methoden der Transferpreisberechnung hingegen hat bisher nur eine geringfügige Angleichung stattgefunden. Je nach Land, Transaktionsart und Firma werden verschiedene Methoden angewandt. Beispielsweise kommt die *Comparable Profits Method* (CPM) in angelsächsischen

Staaten öfters zur Anwendung als in anderen Ländern und wird in den OECD-Richtlinien nur als *methodology of last resort* vorgesehen.

Massnahmen der OECD und EU gegen den "schädlichen Steuerwettbewerb"

Nebst der Regulierung von Transferpreispraktiken sind die OECD und die EU auch in anderen Bereichen der Fiskalpolitik aktiv geworden. Aus wirtschaftlichen Erwägungen gehen die meisten Mitglieder der beiden Institutionen davon aus, dass ein bestimmtes Mass an Steuerwettbewerb wünschbar ist, weil es die Staatsquoten und die Besteuerung von Investitionen in Grenzen hält. Andererseits sind diese Staaten bestrebt, illegale Aktivitäten wie Steuerflucht, Steuerbetrug und Geldwäscherei zu bekämpfen und einen "Wettlauf nach unten" bei den Staatseinnahmen zu verhindern. Viele Staaten befürchten auch, dass der Druck zur Senkung der Steuersätze für mobiles Kapital sie zur Erhöhung der Besteuerung von weniger mobilen Faktoren wie Arbeit, Konsum und Land respektive Immobilien zwingen könnte, was wiederum negative Beschäftigungseffekte haben und innenpolitischen Streit verursachen könnte. Im Weiteren glauben viele Beobachter der Weltwirtschaft, dass die unterschiedlichen Steuerpraktiken der Staaten zu erheblichen Wettbewerbsverzerrungen führen, was der Gesamtwohlfahrt schade.

OECD. 1996 forderten die OECD-Mitgliedsstaaten die Organisation auf, "Massnahmen gegen die verzerrenden Auswirkungen des schädlichen Steuerwettbewerbs auf Investitionen und Finanzierungsentscheide zu entwickeln". Das Problem wird dabei als ein Kollektivgüter-Problem betrachtet, das dem weiter oben diskutierten Gefangenendilemma sehr ähnlich ist (OECD 1998d):

Schädliche Systeme der steuerlichen Bevorzugung *[harmful preferential tax regimes]* können Handels- und Investitionsstrukturen verzerren und bedrohen sowohl einzelstaatliche Steuersysteme als auch die Gesamtstruktur der internationalen Besteuerung. Solche [schädlichen] Systeme untergraben die Fairness der Besteuerungssysteme, bewirken unerwünschte Verlagerungen von Teilen der Steuerlast vom Einkommen zum Konsum. Sie transferieren auch Teile der Steuerbelastung vom Kapital zur Arbeit und könnten damit negative Auswirkungen auf den Arbeitsmarkt haben.

Diese Aussage der OECD basiert auf der Annahme, dass alle Staaten ihre Einkünfte absichern möchten und eine gewisse Stabilität in ihrer Steuer- und Finanzplanung anstreben. Einige Staaten unterminieren diese Versuche jedoch, indem sie ihre Steuern gezielt senken, um international mobiles Investitionskapital anzulocken. Dies gereicht den steuersenkenden Staaten zum (kurzfristigen, so die Annahme) Vorteil, ist aber von Nachteil für diejenigen Staaten, die ihre Steuern nicht senken, und längerfristig zum Nachteil aller, wenn ein "Wettlauf nach unten" stattfindet. Wie in Abbildung 1 gezeigt wird, kann in einem symmetrischen Gefangenendilemma die Allokation der Investitionen im Endzustand gegenüber derjenigen des Status quo ante gleich bleiben, allerdings gehen allen Staaten Steuereinnahmen verloren.

Bei dieser Situationsstruktur sind unilaterale Massnahmen gegen den Steuerwettbewerb praktisch zwecklos. Nur eine international koordinierte Reregulierung kann den Steuerwettbewerb in Grenzen halten oder reduzieren. Die diesbezügliche Zusammenarbeit in der OECD steckt allerdings noch in den Kinderschuhen. So setzte die Organisation im Mai 1996 eine Arbeitsgruppe ein, die untersucht hat, wie der schädliche Steuerwettbewerb unilateral oder international reduziert werden könnte. Der 1998 erschienene Bericht dieser Arbeitsgruppe schliesst mit einer Reihe von Empfehlungen zur Eindämmung des Problems der Steueroasen[19] und der sogenannten *harmful preferential tax regimes*[20]. Dabei vollführen die Autoren des Berichts einen heiklen Balanceakt, wie in folgenden Worten zum Ausdruck kommt (OECD 1999: 2):

> [...] es gibt keine bestimmten Gründe, weshalb zwei Staaten die gleiche Höhe und Struktur der Besteuerung aufweisen sollten [...] falls nichts getan wird könnten Regierungen zunehmend gezwungen sein, in einen Wettbewerb um günstige Steuerangebote einzutreten um mobile Aktivitäten [Investitionen] anzuziehen oder zu behalten. Dieser 'Wettlauf nach unten', in dem Standort- und Finanzierungsentscheide vor allem von den Steuern beeinflusst werden, bedeutet, dass der Kapital- und Finanzfluss verzerrt wird und es schwieriger wird, einen fairen Wettbewerb um reale Wirtschaftsaktivitäten zu erreichen [...].

Der OECD-Bericht enthält 19 Empfehlungen, die von den OECD-Staaten im April 1998 in wesentlichen Teilen gutgeheissen wurden. Diese Empfehlungen enthalten *stand-still* und *roll-back* Zielsetzungen. Sie richten sich auf verschiedenste Besteuerungspraktiken vor allem im Finanz- und Dienstleistungssektor, von denen ein schädlicher Steuerwettbewerb ausgehen kann, und enthalten ausserdem Ausführungen zur Transferpreisgestaltung (vgl. oben), zur Definition und steuerlichen Behandlung von ausländisch kontrollierten Firmen, zu Ausnahmebestimmungen für ausländische Direktinvestitionen, zur Behandlung ausländischer Investitionsfonds, zu Transparenz und Informationsaustausch und zur Gestaltung von internationalen Besteuerungsabkommen. So wird beispielsweise vorgeschlagen, dass die OECD-Staaten ihre Steuerabkommen mit Ländern, die als Steueroasen fungieren, überdenken und modifizieren und dass sie keine neuen Abkommen mit solchen Ländern schliessen sollen. Die beteiligten Staaten wollen gemeinsame Transparenzmassnahmen ergreifen und Ausbildungsprogramme für Steuerbehörden durch-

---

19 Laut OECD-Bericht sind Steueroasen an folgenden Merkmalen zu erkennen: Die Jurisdiktion auferlegt keine oder nur nominale Steuern und wird als Ort wahrgenommen, wo Nichtgebietsansässige der Besteuerung in ihrem Heimatland entgehen können; es existiert wenig oder kein Informationsaustausch mit anderen Staaten in diesem Bereich; es gibt keine Anforderung, dass die entsprechende Wirtschaftsaktivität substanziell sein muss (Briefkastenfirmen) (OECD 1998d).

20 *Harmful preferential tax regimes* werden von der OECD folgendermassen definiert: Die Behörden erheben nur geringe oder keine Steuern auf einem bestimmten Einkommen oder auf Investitionen; sie erlauben nur einen geringen oder keinen Informationsaustausch mit ausländischen Behörden; sie schirmen solche Steuererleichterungen gegenüber dem Binnensektor ab.

führen. Die Umsetzung dieser Empfehlungen soll durch ein neues "Forum on Harmful Tax Practices" koordiniert werden. Als schädlich erachtete Besteuerungspraktiken sollen in einer Liste erfasst und bis spätestens Ende 2005 abgebaut werden. Verlangt wird auch eine verstärkte Zusammenarbeit mit Nichtmitgliedern der OECD.

Inwieweit diese Empfehlungen umgesetzt werden können, war im Oktober 1999 noch unklar. Viele Staaten haben den genannten Vorschlägen nur sehr zögerlich zugestimmt. So existieren beispielsweise Steueroasen innerhalb von Grossbritannien, der Niederlande und Spanien (z. B. Bermudas, Kanarische Inseln, Gibraltar, Kanalinseln, niederländische Antillen). Ob diese Staaten bereit sind, die Steuerprivilegien der betreffenden Gebiete abzuschaffen, ist fraglich. Das Gleiche gilt für weitere geographische Gebiete oder einzelne Wirtschaftssektoren innerhalb von OECD-Staaten, die zu Zwecken der Investitionsförderung steuerlich begünstigt werden. Luxemburg und die Schweiz haben sogar explizit ihre Opposition angemeldet. Sie argumentieren, dass vieles, was in den OECD-Empfehlungen als schädlicher Steuerwettbewerb definiert wird ökonomisch sinnvoll beziehungsweise nicht so schädlich wie angenommen sein könne. Sie kritisieren, dass die Konzentration des Berichts auf den Finanzsektor und die Vernachlässigung des Handels und der Industrie in dieser Frage ungerechtfertigt sei. Schliesslich monieren die beiden Staaten, dass die Empfehlungen der OECD mit ihrem Bankgeheimnis unvereinbar seien und durch Offshore-Finanzzentren sowieso umgangen würden. Die OECD-Massnahmen würden, falls umgesetzt, hohe Kosten verursachen, ohne eine positive Wirkung auf die Steuererträge zu zeitigen (OECD 1999: Appendix). Allerdings dürfte von der geplanten Umsetzung der 19 OECD-Empfehlungen ein gewisser Druck auf Länder mit tiefen Steuern ausgehen, was zumindest einem weiteren Ausbau von Steuervergünstigungen zur Anlockung ausländischer Unternehmen Grenzen setzen könnte. Mittelfristig könnte es zum Abbau eines Teils dieser Vergünstigungen kommen.

Europäische Union. Trotz langjähriger Bemühungen der EU-Kommission um eine verstärkte Zusammenarbeit im Steuerbereich kamen intensivere Verhandlungen zur Verhinderung des offiziell so bezeichneten "schädlichen Steuerwettbewerbs" erst in den 1990er Jahren in Gang.[21] 1992 schlug das Rüding-

---

21 Vorläufer dieser jüngeren Bemühungen sind zum Beispiel der Neumark-Bericht von 1962, der gescheiterte französische Vorschlag von 1965, Direktinvestitionen zu regulieren, der Van den Tempel-Bericht von 1970, ein Vorschlag der EG-Kommission von 1973, MNU zu regulieren, und der Caborn Bericht von 1981, der unter anderem EG-Regeln für Transferpreise, die Berichterstattung durch Unternehmen und die Kontrolle von Firmenzusammenschlüssen vorschlug (Spero/Hart 1997: 135). Zwei 1990 verabschiedete Direktiven regeln vorwiegend die Doppelbesteuerungsproblematik: die Direktive zu Mutter- und Tochtergesellschaften (90/435) und die Fusionsdirektive (90/434). Bisher wurde nur die erste Direktive vollständig umgesetzt, und sie allein hat eine signifikante Wirkung auf die Steuerpraktiken der EU-Staaten gehabt. In der zweiten Direktive (Fusionsrichtlinie), die bisher nur zum Teil umgesetzt wurde, wurde ein Schlichtungsverfahren eingeführt, mit dem auch Streitigkeiten über Transferpreise behandelt werden kön-

Komitee eine minimale, EU-weite Körperschaftssteuer von 30%, eine Vereinheitlichung der Bemessungsgrundlagen sowie Transparenzmassnahmen vor (EU 1998). Diese Vorschläge zur Schaffung eines *floor standard* bei den Körperschaftssteuern wurden auch von namhaften Ökonomen unterstützt, die von einem solchen Standard ein Pareto-verbesserndes Resultat im Vergleich zum uneingeschränkten Steuerwettbewerb erwarteten (z. B. Inman/Rubinfeld 1996; Kanbur/Keen 1993; Genser/Haufler 1996). Diese Vorschläge stiessen bei vielen EU-Mitgliedern jedoch auf wenig Gegenliebe, und das Vorhaben verlief im Sande (Tanzi 1995: 117).

Die jüngsten Bemühungen der EU beruhen auf den gleichen Annahmen wie die Bestrebungen der OECD. Aufgrund der verstärkten Integration im Rahmen der Wirtschafts- und Währungsunion (WWU) drücke der Steuerwettbewerb auf die Steuererträge und führe zu Wettbewerbsverzerrungen und einer ungebührlichen fiskalischen Belastung der Arbeit, was wiederum zur Arbeitslosigkeit beitrage. Die Umsetzung der WWU werde dieses Problem noch verschärfen. Mangels Aussicht auf Erfolg einer umfassenden Harmonisierung der Besteuerung von Unternehmen brachte die EU-Kommission 1996 bescheidenere Vorschläge im Rahmen eines grösseren Paketes zur Zusammenarbeit im Steuerbereich ein. Im Dezember 1997 resultierte daraus ein Verhaltenskodex zur Besteuerung von Unternehmen (98/C 2/01).

Dieser Kodex ist als politische Absichtserklärung und als Auftakt zu weiteren Anstrengungen zu betrachten. So hält der Europäische Rat fest: "[...] der Verhaltenskodex beinhaltet eine politische Verpflichtung und berührt die Rechte und Pflichten der Mitgliedsstaaten oder die jeweiligen Kompetenzbereiche der Mitgliedsstaaten und der Gemeinschaft, die aus dem Vertrag resultieren, nicht." Der Kodex erfasst Steuerpraktiken, welche die Standortwahl von Unternehmen signifikant beeinflussen können. Als potenziell problematisch gelten Situationen, in denen die effektive Besteuerung einer Unternehmung tiefer liegt als im entsprechenden Land üblich. Folgende Kriterien dienen der Identifizierung schädlicher Steuerpraktiken:

- steuerliche Vorteile existieren nur für Nichtgebietsansässige beziehungsweise deren Transaktionen;
- steuerliche Massnahmen dieser Art sind gegenüber dem einheimischen Markt abgeschirmt, sodass sie das einheimische Steuereinkommen nicht beeinträchtigen;
- steuerliche Vorteile kommen Akteuren zugute, die im betreffenden Land keine reale Wirtschaftsaktivität und keine substanzielle Präsenz entfalten;

---

nen. Eine dritte Direktive zur direkten Besteuerung, die bereits früher von der EU verabschiedet worden war, regelt die gegenseitige administrative Hilfe in Steuersachen. Sie sollte der Verhinderung der Steuerflucht dienen, wurde bisher aber nur sehr unvollständig umgesetzt. Umfassende Kommentare zu den einzelnen Berichten, Direktiven und Vorschlägen finden sich in der EC/EU Tax Review.

- Regeln der Gewinnfestlegung weichen von internationalen Standards, namentlich denjenigen der OECD für Transferpreise (vgl. oben) ab;
- Transparenzmassnahmen fehlen.

Die EU-Staaten verkünden in diesem Kodex ihre Absicht, keine neuen Steuererleichterungen dieser Form einzuführen (*Stand-still*) und bestehende Praktiken, die als schädlich gelten, "sobald wie möglich" rückgängig zu machen (*Roll-back*). Der Fortschritt in diesem Bereich soll durch eine speziell eingesetzte Arbeitsgruppe überwacht werden.

Ob diese Massnahmen der EU starke Auswirkungen auf die Steuerpraxis der Einzelstaaten haben würden, war im Oktober 1999 ungewiss. Staaten wie etwa Irland haben kaum Interesse, ihre Körperschaftssteuern anzuheben. Zwar erklärte sich Irland unter grossem Druck bereit, bis 2003 eine Steuererleichterung (10% statt 32%) im Bereich der Warenproduktion zu streichen.[22] Gleichzeitig senkte es aber die Steuersätze für *alle* Firmen auf 12.5%. Dies zum grossen Ärger von EU-Staaten mit höheren Steuern (Economist 1.8.1998: 17). Ähnliches gilt für die Steuerprivilegien auf den Kanarischen Inseln (Spanien) und in anderen Steueroasen. Frankreich und einige andere Staaten hingegen hatten rechtlich verbindliche Harmonisierungsschritte gefordert, um die gegenseitige Abwerbung von Firmen zu unterbinden.

Auch in Bezug auf Steuererleichterungen zur Investitionsförderung innerhalb der EU-Staaten wurde nur ein vager Kompromiss erzielt. Ironischerweise sind es oft diejenigen Länder mit den höchsten Körperschaftssteuern und den stärksten Forderungen nach einer Steuerharmonisierung, die auch die grössten Subventionen an den Privatsektor leisten (z. B. Deutschland und Frankreich) – selektive Steuererleichterungen und Subventionen sind zwei Kehrseiten derselben Medaille. Bezeichnenderweise besagt der Verhaltenskodex in gewundenen Worten:

Insofern steuerliche Massnahmen benutzt werden, um die wirtschaftliche Entwicklung bestimmter Regionen zu unterstützen, wird eine Bewertung vorgenommen werden, ob diese Massnahmen in Bezug auf die gesetzten Ziele verhältnismässig und zielgerichtet sind. Bei dieser Bewertung wird der speziellen Beschaffenheit und den Einschränkungen im Falle peripherer Regionen und kleiner Inseln besonders Rechnung getragen werden, ohne die Integrität und Kohärenz der Gemeinschaft zu unterminieren [...].

Bis zu welchem Grad Steuererleichterungen als eine Form staatlicher Wirtschaftshilfe (Artikel 92–94 der Römer Verträge) gelten können, bleibt umstritten.

Gewisse Auswirkungen des Verhaltenskodexes auf die Fiskalpolitik der Einzelstaaten lassen sich allerdings beobachten. Nach Aussagen von Steuerexperten wurden Steuervorteile zur Anlockung ausländischer Firmen in

---

22 Diese Steuerreduktion war vor allem dazu gedacht, Hightech-Firmen in Sonderwirtschaftszonen um den Shannon International Airport und das Dublin Customs House Development zu locken.

jüngerer Zeit nicht mehr weiter ausgebaut (EC Tax Review, div. Ausgaben). Seit März 1998 durchleuchtet eine Expertengruppe der EU (Primarolo-Gruppe) die Steuerpraktiken der EU-Staaten auf allfällige schädliche Praktiken. Staaten, die solche Praktiken aufweisen, dürften somit unter erhöhten Druck geraten. Wie sich die Vollendung der Währungsunion mittelfristig auf die Bemühungen zur Verhinderung des schädlichen Steuerwettbewerbs auswirken wird, war im Oktober 1999 noch offen. Nachdem die EWU-Mitglieder ihre Autonomie im Bereich der Zins- und Wechselkurspolitik aus der Hand gegeben haben, bleibt die Fiskalpolitik als zentrales Instrument der makroökonomischen Steuerung übrig. Die betreffenden Staaten dürften deshalb zögern, auch diesen Bereich zu vergemeinschaften. Andererseits besteht ein gewisser Druck, Wettbewerbsverzerrungen, die durch bestimmte Steuerpraktiken entstehen, zu beseitigen. Dass dieser Druck zu einer Anhebung der Körperschaftssteuern in der EU oder gar einer Konvergenz nach oben führt, ist allerdings unwahrscheinlich, zumal in diesem Politikbereich bei Entscheiden im EU-Ministerrat die Konsensregel gilt.

6.2.3. Steuererträge

Um den staatlichen Zugriff auf multinationale Firmen umfassender beurteilen zu können, ist es hilfreich, nicht nur die regulatorische Ebene zu betrachten, sondern auch die staatlichen Erträge aus der Besteuerung von Firmen. Ich tue dies anhand von vier Indikatoren. Allerdings muss auch hier das Bild unvollständig bleiben, weil nur gewisse fiskalische Belastungen von Firmen erfasst werden können und die Daten sich auf alle Unternehmen, nicht nur auf MNU, beziehen. Zugunsten der Aussagekraft dieser Indikatoren lässt sich folgendes Argument aufführen. Aufgrund der Mobilität von MNU ist zu erwarten, dass Staaten bei einem verstärkten Steuerwettbewerb einen Anreiz haben, die Steuerlasten von MNU zu reduzieren. Dass Staaten diese Ausfälle durch eine erhöhte Besteuerung einheimischer Unternehmen kompensieren können, ist jedoch unwahrscheinlich, weil letztere Firmen oft einen stärkeren politischen Einfluss im Inland haben und eine steuerliche Diskriminierung bekämpfen

Abbildung 6: Körperschaftssteuern als % des BIP, 1965–1996

Steuerbelastung von
Unternehmen als %
des BIP

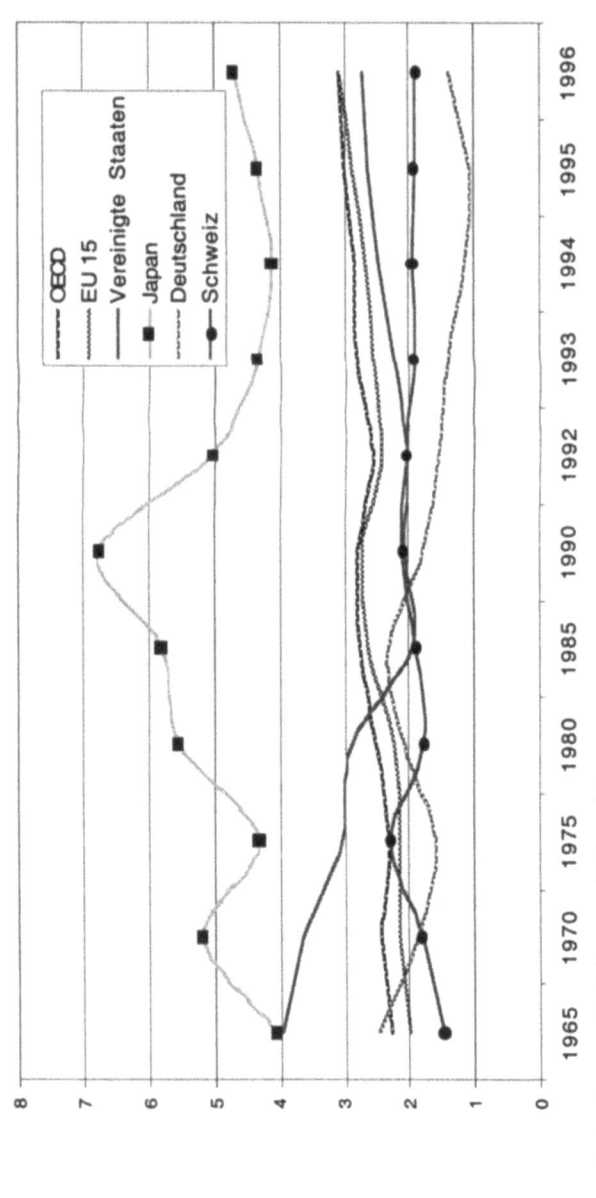

Quelle: OECD, Revenue Statistics, verschiedene Jahre.

Abbildung 7: Körperschaftssteuern als % der gesamten Steuereinnahmen, 1965–1996

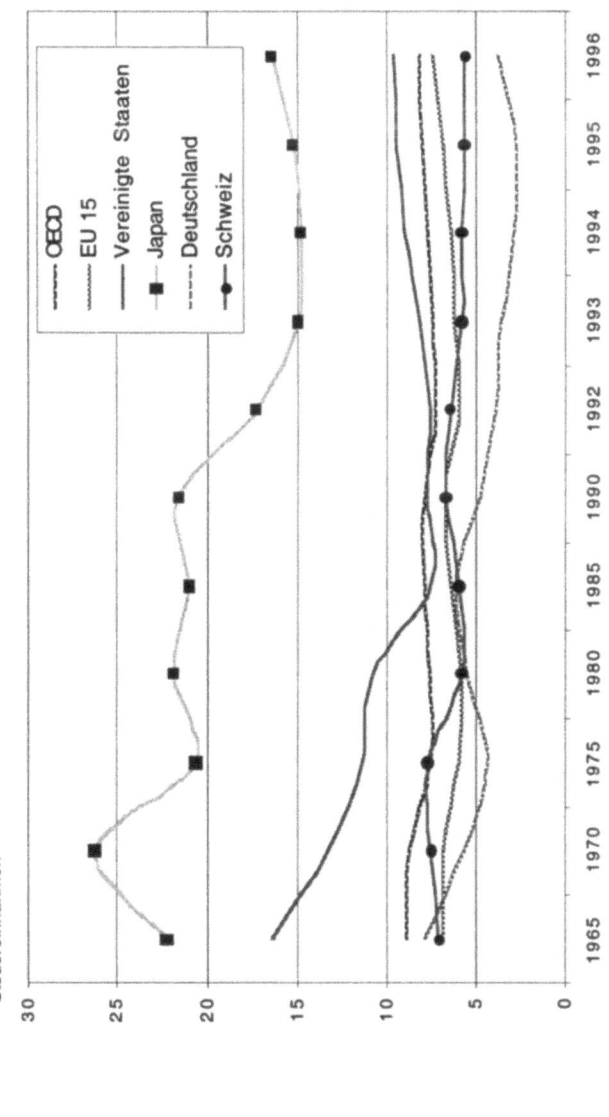

Körperschaftssteuern
als % der gesamten
Steuereinnahmen

Legend:
- ------ OECD
- .... EU 15
- —— Vereinigte Staaten
- ■ Japan
- ----- Deutschland
- ● Schweiz

Quellen: OECD, Revenue Statistics, verschiedene Jahre.

Abbildung 8: Arbeitgeberbeiträge an die soziale Vorsorge als % der Steuereinnahmen, 1950–1996

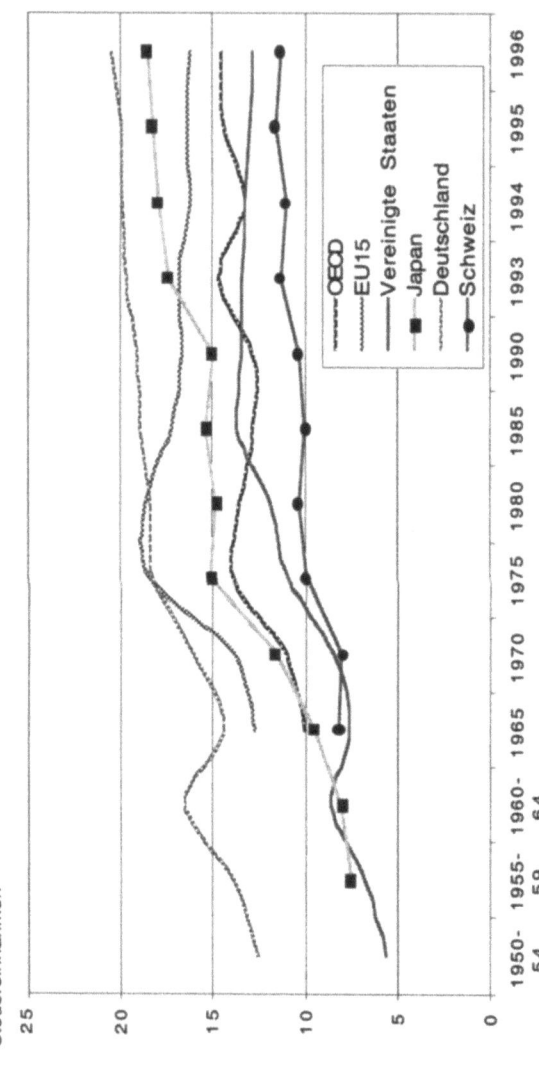

Arbeitgeberbeiträge an
die soziale Vorsorge als
% der gesamten
Steuereinnahmen

OECD
EU15
Vereinigte Staaten
Japan
Deutschland
Schweiz

Quelle: OECD, Revenue Statistics, verschiedene Jahre; OECD, National Accounts of OECD Countries, div. Jahre. OECD, Tax/Benefit Position of Employees, verschiedene Jahre.

Abbildung 9: Körperschaftssteuern als % der Firmengewinne, 1965-1995

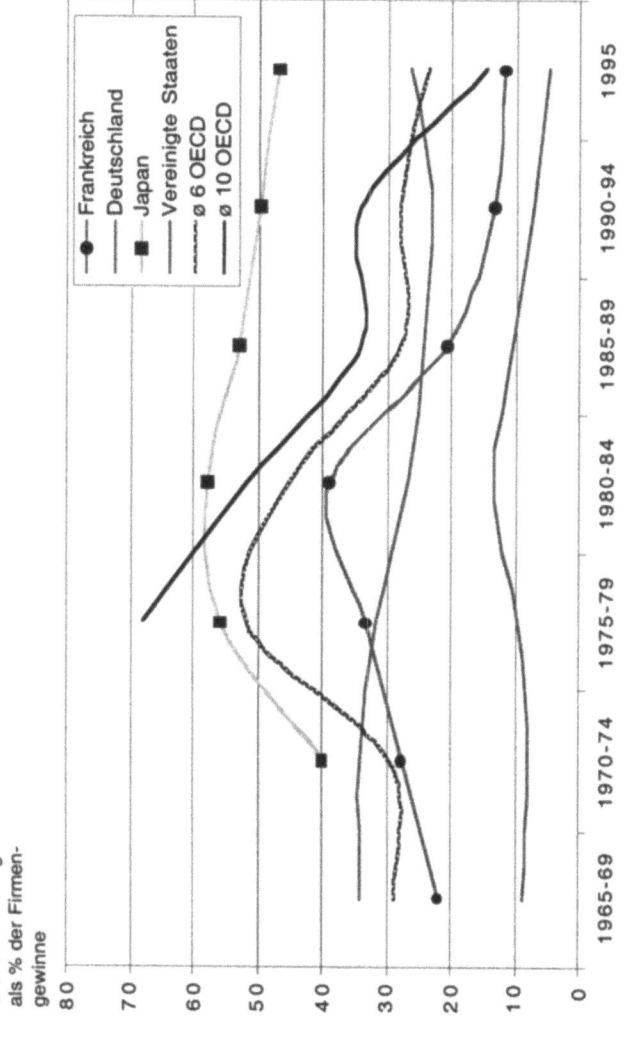

Firmengewinne = entrepreneurial income (Definition der OECD). Quellen: OECD, National Accounts, verschiedene Jahre; OECD, Revenue Statistics, verschiedene Jahre.

würden.[23] Somit ist zu erwarten, dass der Steuerwettbewerb auf die Besteuerung aller Unternehmen einigermassen gleichmässig einwirkt.

Abbildung 6 zeigt den Anteil der Körperschaftssteuern am Brutto-Inlandprodukt. Abbildung 7 erfasst den Anteil der Körperschaftssteuern an den gesamten Steuererträgen. Da in einigen OECD-Staaten die Unternehmen durch Sozialabgaben sogar stärker belastet werden als durch Körperschaftssteuern, zeigt Abbildung 8 den Anteil der Arbeitgeberbeiträge an die soziale Vorsorge am gesamten Steueraufkommen. Abbildung 9 zeigt den Anteil der Steuerlast von Firmen an den Unternehmensgewinnen.

Aus diesen Daten lässt sich kein einheitlicher Trend ablesen. Die fiskalische Belastung von Unternehmen als Anteil am BIP hat in einzelnen Ländern wie zum Beispiel den USA und Deutschland leicht abgenommen, ist aber sowohl im EU- als auch im OECD-Raum durchschnittlich geringfügig gestiegen. Der Anteil der Körperschaftssteuern am gesamten Steuerertrag verharrt im OECD-Durchschnitt seit drei Jahrzehnten auf rund 8%. Eine recht starke Reduktion dieses Anteils ist nur in den USA und Japan zu beobachten. Während die direkte Steuerbelastung der Unternehmen tendenziell leicht gesunken ist, ist deren Belastung durch Sozialabgaben in den vergangenen 20 Jahren im OECD-Durchschnitt von rund 10 auf 14% gestiegen. Weiter oben haben wir auch festgestellt, dass manche Staaten im Gegenzug zur Reduktion der Körperschaftssteuern persönliche Einkommen aus Unternehmen stärker besteuern. Nur bei der relativen Belastung der Firmengewinne ist ein Rückgang feststellbar. Während die Firmengewinne als Anteil am BIP ab Mitte der 1980er Jahre in vielen OECD-Staaten gestiegen sind, ist der Anteil dieser Gewinne, der an die Steuerbehörden abgeliefert wird, gesunken. Diese relative Entlastung der Unternehmensgewinne könnte die Folge eines verschärften Steuerwettbewerbs sein. Allerdings ist auch hier wieder zu bemerken, dass im gleichen Zeitraum die von den Unternehmen finanzierten Sozialabgaben stark gestiegen sind. An den Variationskoeffizienten in Abbildung 10 lässt sich ablesen, dass mit Ausnahme der *marginal effective tax rates* bei keinem der oben genannten Indikatoren ein markanter Konvergenztrend feststellbar ist.

Diese fortbestehende Heterogenität kommt auch in den Anteilen verschiedener Besteuerungsformen am gesamten Steueraufkommen zum Ausdruck. In mehreren Staaten sind zum Beispiel Konsumsteuern mittlerweile die wichtigste Einnahmequelle: so zum Beispiel in Griechenland, Ungarn, Island,

---

23 In der Praxis werden bisweilen einheimische gegenüber ausländischen, aber auch ausländische gegenüber einheimischen Unternehmen steuerlich diskriminiert. Im ersteren Fall handelt es sich meist um steuerliche Anreize zur Anlockung von FDI, im letzteren Fall sind zum Beispiel die EU-Kommission und der EuGH verschiedentlich tätig geworden. Ob sich die beiden Diskriminierungsformen gegenseitig kompensieren, ist bisher empirisch nicht erfasst worden. Eine massive, einseitige Diskriminierung in die eine oder andere Richtung ist allerdings wenig wahrscheinlich, da die meist gut organisierten Unternehmerverbände eine solche Diskriminierung wahrscheinlich entschieden bekämpfen beziehungsweise MNU mit einem Abzug ihrer Investitionen drohen würden.

Irland, Korea, Mexiko, Norwegen, Polen, Portugal und der Türkei. Die steigende Bedeutung von Konsumsteuern könnte als ein Anzeichen für Schwierigkeiten gewertet werden, Steuern auf Kapitalerträgen zu erheben. Gegen eine solch pauschale Behauptung spricht jedoch, dass in zwölf OECD-Staaten Steuern auf persönlichen Einkünften und Körperschaftseinkommen immer noch die Haupteinkommensquelle des Staates sind. In den USA, Kanada, Australien, Neuseeland und Dänemark sind dies über 45%. In Österreich, Tschechien, Frankreich, Deutschland, den Niederlanden, Spanien und der Schweiz sind Beiträge an die Sozialversicherungen die grösste staatliche Einkommensquelle.

Abbildung 10: Variationskoeffizienten der Steuersätze und Steuererträge

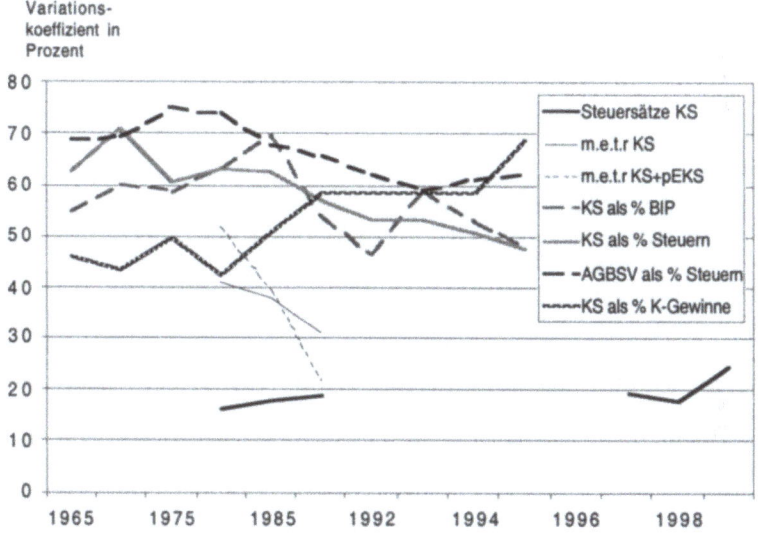

Quellen: Vgl. Abb. 3, 4, 6–9. Steuersätze: KS = nominale Steuersätze für Körperschaften; m.e.t.r. KS = marginal effective tax rates für Körperschaften; m.e.t.r. KS+pEKS = marginal effective tax rates für Körperschaften plus persönliche Einkünfte aus Körperschaften; KS als % des BIP = Anteil der Körperschaftssteuern am BIP; KS als % Steuern = Anteil der Körperschaftssteuern am gesamten Steueraufkommen; AGBSV als % Steuern = Arbeitgeberbeiträge an die soziale Vorsorge als % des gesamten Steueraufkommens; KS als % K-Gewinne = Anteil der Körperschaftssteuern an den Unternehmensgewinnen. Die Variationskoeffizienten für letzteren Indikator basieren auf den Jahresdurchschnitten der Zeiträume 1965–69, 1970–74, 1975–79, 1980–84, 1985–89, 1990–94 und 1995.

6.2.4. *Folgerung*

Der fiskalische Zugriff des Staates auf MNU, der in den oben präsentierten Daten zum Ausdruck kommt, erstreckt sich auf verschiedenste Ebenen. Der Einfachheit halber unterscheiden wir eine regulatorische und eine realwirtschaftliche Ebene. Bei den Steuersätzen weisen die nominalen Steuersätze für Körperschaften auf eine sinkende Steuerbelastung hin, die *effective marginal tax rates* hingegen eher auf eine steigende. Allerdings ist letzterer Indikator nur bis 1990 verfügbar. Das vielleicht erstaunlichste Ergebnis der Analyse ist, dass die Staatenwelt in den 1990er Jahren eine recht wirksame Re-regulierung im Bereich der Transferpreisgestaltung von MNU erreicht hat. Viele OECD-Staaten intervenieren heute in diesem Bereich deutlich stärker und effektiver als beispielsweise noch vor zehn Jahren. Bei breiter angelegten Bemühungen zur Eindämmung des Steuerwettbewerbs (Problem der Steueroasen und steuerlichen Anreize) in der OECD und der EU hingegen sind die Resultate der bisherigen Bemühungen mager. Im besten Fall könnten sie dazu beitragen, einen weiter gehenden Druck zur Deregulierung zu neutralisieren und den Status quo zu erhalten. Nur bei der *marginal effective tax rate* und der Transferpreisregulierung ist eine gewisse Konvergenz beobachtbar.

Auf Seiten der Steuererträge ergibt sich ebenfalls ein mehrdeutiges Bild. Nur in Bezug auf die relative fiskalische Belastung von Firmengewinnen lässt sich ein Rückgang des staatlichen Zugriffs beobachten, nicht aber, was die anderen Indikatoren betrifft (Anteil der Körperschaftssteuern am BIP, Anteil der Körperschaftssteuern an den gesamten Steuererträgen, Arbeitgeberbeiträge an die soziale Vorsorge). Die Belastung von Firmen durch den Fiskus konvergiert im zwischenstaatlichen Vergleich nicht wesentlich. Im Gesamtbild zeigt sich, dass die gegenwärtig verfügbaren Daten der These eines "Wettlaufs nach unten" klar widersprechen. Im Gegenteil, in einigen Bereichen ist sogar eine gewisse Tendenz zu verstärkten staatlichen Eingriffen beobachtbar. Auffällig ist auch die fortbestehende Heterogenität.

6.3. Erklärungen

Bisherige Analysen zur Kernfrage dieser Fallstudie, ob MNU dem fiskalischen Zugriff der Staaten zunehmend entgehen, und wie diesbezügliche Zustände und Trends zu erklären sind, bieten ein uneinheitliches Bild. Nicht zuletzt auch deshalb, weil grundlegende Meinungsverschiedenheiten über das tatsächliche Ausmass des Steuerwettbewerbs und die diesbezüglichen Erklärungsvariablen existieren.

Viele Beobachter der Weltwirtschaft behaupten, die zunehmende Mobilität des Kapitals und anderer Produktionsfaktoren führe zu einer Erosion der Steuererträge und damit der wichtigsten Grundlage staatlichen Handelns. Wichtige Triebkräfte im wachsenden Steuerwettbewerb zwischen den einzelnen Jurisdiktionen seien die MNU (Strange 1996; Economist 31.5.97; Gill/Law 1988). Andere sind der Ansicht, die Mobilität der Produktionsfaktoren werde oft massiv überschätzt, weshalb auch der Steuerwettbewerb weit weniger stark sei als oft angenommen. Wie lassen sich die beobachteten Politikergebnisse auf dem Hintergrund dieser gegensätzlichen Prognosen und der in Kapitel 3 entworfenen Hypothesen beurteilen?

Die gängigen Argumente zugunsten der einen oder anderen Behauptung sind in der Regel wenig differenziert. Diejenigen, welche einen stärkeren Steuerwettbewerb und damit auch eine Erosion der staatlichen Steuereinnahmen prognostizieren, argumentieren, dass aufgrund der hohen Mobilität der Produktionsfaktoren und der Situationsstruktur, die einem Gefangenendilemma entspreche (vgl. oben), der für alle Staaten mit sinkenden Steuererträgen verbundene Steuerwettbewerb nicht verhindert werden könne. Zwischenstaatliche Abkommen zur Harmonisierung nationaler Steuerpraktiken wären das wichtigste Mittel, um dem unkooperativen Gleichgewicht des Gefangenendilemmas zu entrinnen. Solche Bemühungen zur Unterbindung des Steuerwettbewerbs scheiterten aber schon deshalb, weil Staaten das Recht der Besteuerung als traditionelle nationalstaatliche Domäne betrachteten und diese Rechte nicht durch eine internationale Harmonisierung eingeschränkt sehen wollten. Teilweise wird die Tendenz zur Deregulierung auch durch die liberale Gesinnung der meisten Industriestaaten gegenüber FDI erklärt (vgl. Spero/Hart 1997: 137f.). Darüber hinaus führen einige Ökonomen die schwache internationale Zusammenarbeit im Bereich des FDI im Vergleich mit dem internationalen Handel (vgl. WTO-Regime) auf stärkere Interessengegensätze und Verteilungsprobleme zurück, welche wiederum aus makro-ökonomischen Einflussgrössen hergeleitet werden.[24]

---

24 Richard Caves (1996: 258) argumentiert: "Die Interessen von Staaten an effizienten Arrangements für den internationalen Handel gleichen sich als Folge des (zumindest groben) Gleichgewichts, das zwischen Exporten und Importen vorherrschen muss, an (Letztere können sich nur aufgrund des andauernden internationalen Nettoflusses von Kapital unterscheiden). Dieses Gleichgewicht erlaubt es, den Nutzen einer generellen Reduktion von Zöllen ohne irgendwelche komplizierte Kompensationen *[side payments]* recht gleichmässig unter den Teilnehmern zu verteilen. Im Falle der Interessen von Heimat- und Gastländern von MNU existiert keine vergleichbare Gleichgewichtsbedingung. Deshalb kann es ohne Hilfe von Transferzahlungen keine global effiziente und in den Verteilungseffekten zwischen Heimat- und Gastland nicht neutrale Veränderung in der Politik geben, deren Nutzen gleichmässig verteilt werden könnte. Dass mehr und mehr Staaten wichtige Rollen als Heimat- und Gaststaaten [von MNU] spielen, verbessert die Aussichten, aber es bleiben Differenzen. Ein Paket von global optimalen Veränderungen der Politik müsste vermutlich Elemente, die einen Nettonutzen für die Heimatstaaten bewirken, und Elemente, die Gewinne an Gastländer verschieben, enthalten; das Resultat könnte als Ausgleich deklariert werden, allerdings nur als Glaubensakt."

297

Kritiker dieser Hypothesen argumentieren, das Kapital sei bei weitem nicht so mobil wie oft angenommen und MNU seien nach wie vor meist international tätige Unternehmen mit starker Verwurzelung im Heimatland (Weiss 1997: 170f.; Garrett 1995; Hirst/Thompson 1996). Aus diesem Grund würden sie dem fiskalischen Zugriff des Staates auch weit weniger entgehen als oft behauptet. Auch Wirtschaftsvertreter werden nicht müde, immer wieder zu argumentieren, dass MNU ihre Steuerpflichten im Heimatstaat nicht vernachlässigen würden (NZZ 21.8.1998). Neuere Untersuchungen stellen zudem fest, dass trotz hoher Kapitalmobilität bereits in den 1980er Jahren viele Staaten der Reduktion der Steuersätze für Körperschaften in den USA nicht gefolgt sind. Dies erklären einige Autoren durch innenpolitische Variablen, beispielsweise durch die Zahl der Vetopunkte in einem politischen System (Hallerberg/Basinger 1997). Selbst wenn man davon ausgeht, dass der Steuerwettbewerb einem Gefangenendilemma entspricht (eine weitere umstrittene Hypothese) ist es nach Aussage dieser Autoren möglich, dass Staaten mit mehr Vetopunkten in einem Wettlauf, in welchem die Staaten sich gegenseitig durch die Senkung ihrer Steuersätze antreiben, nicht mithalten können.

Die in Kapitel 3 entworfenen Hypothesen decken sich in Teilbereichen mit diesen Erklärungen, erlauben allerdings eine systematischere und theoretisch fundiertere Erfassung der Ursachen für die beobachteten Politikergebnisse. Im Vergleich zu den anderen beiden Fallstudien (Kap. 4 und 5) ergibt sich bei dieser Fallstudie das Problem, dass die Politikergebnisse mehrdimensional sind und die zu erklärenden Phänomene je nach Indikator in verschiedene Richtungen zeigen, was das Ausmass staatlicher Intervention sowie Konvergenztrends betrifft. Im Folgenden muss deshalb aus Gründen der praktischen Durchführbarkeit der Analyse eine eher pauschale Bewertung der empirischen Information vorgenommen werden. Das zu erklärende Politikergebnis besteht, in aggregierter Form, in einer *geringfügigen Tendenz zur Intensivierung des staatlichen Zugriffs (Re-regulierung) bei fortbestehender Heterogenität.* Wo dies besonders nötig erscheint, werde ich allerdings auf einzelne Reregulierungsversuche speziell eingehen. Von besonderem Interesse ist, weshalb Re-regulierungsversuche bei den Transferpreispraktiken erfolgreicher waren als bei der Eindämmung des schädlichen Steuerwettbewerbs im Rahmen der OECD und EU.

6.3.1. Hypothese 1

Aus den in Kapitel 3 diskutierten Gründen erwarten wir unter der Bedingung zunehmender Mobilität von Produktionsfaktoren bei Produktestandards eher eine Intensivierung des staatlichen Zugriffs, oft verbunden mit heterogenen Standards der einzelnen Staaten. Bei auf Produktionsprozesse bezogenen staatlichen Interventionen kommt es eher zu einer Deregulierung und einer Angleichung nach unten.

Das beobachtete Politikergebnis – geringfügige Re-regulierung, fortbestehende Heterogenität – deckt sich im Gesamtbild tendenziell eher mit der Teilhypothese zu den Produktestandards. Hypothese 1 wäre beim genannten Politikergebnis dann falsifiziert, wenn es sich bei der Besteuerung von MNU um eine Prozessregulierung handeln sollte und wir keine protektionistischen Motivationen auf Seiten der in den einzelnen Staaten unterschiedlich regulierten Produzenten beobachten. Dies gilt insbesondere für die Regulierung der Transferpreise, bei der die staatliche Intervention vergleichsweise stärker ausgefallen ist.

Die Besteuerung von MNU entspricht eher einer Regulierung von Produktionsprozessen im weiteren Sinne. Sie beeinflusst die Produktionskosten. Die Eigenschaften der Produkte von MNU, beispielsweise von Automobilen oder Computersoftware, werden durch die Höhe der Besteuerung nicht tangiert. Besteuerungspraktiken beeinflussen nur die Art und Weise, wie die entsprechenden Güter und Dienstleistungen von MNU bereitgestellt werden. Dieser Umstand widerspricht Hypothese 1, besonders was die Regulierung der Transferpreise betrifft: Da die betreffenden Standards Prozessstandards sind, hätten wir eigentlich ein Scheitern der Re-regulierungsbemühungen oder gar eine Angleichung der einzelstaatlichen Standards in Richtung verminderter staatlicher Eingriffe in die Transferpreisgestaltung von MNU beobachten müssen. Tatsächlich festgestellt haben wir aber eine Intensivierung des staatlichen Zugriffs und zumindest eine beschränkte Angleichung der Standards in Teilbereichen.

Die Werte anderer Indikatoren hingegen stehen in weniger bis keinem Widerspruch zu Hypothese 1. Die nominalen Steuersätze und die fiskalische Belastung der Unternehmensgewinne beispielsweise sind tendenziell gesunken. Dieser allerdings sehr geringfügige Trend zur Deregulierung, der nur bei wenigen Indikatoren beobachtbar ist, beruht auf folgender Interessenkonstellation: Eine stärkere Besteuerung von MNU wird bei diesen Unternehmen auf Ablehnung stossen, weil sie dadurch einen potenziell komparativen Nachteil gegenüber Konkurrenten im Ausland erwarten. Importkonkurrierende Produzenten werden durch eine höhere Besteuerung von im gleichen Land ansässigen oder tätigen MNU nicht vor ausländischer Konkurrenz geschützt. Sie können sogar einen Nachteil gegenüber Importen erleiden, falls auch sie aus Überlegungen der Steuergerechtigkeit beziehungsweise Nichtdiskriminierung stärker zur Kasse gebeten werden (eine nur für MNU geltende erhöhte Besteuerung ist sehr unwahrscheinlich). Arbeitnehmerorganisationen werden trotz sozialpolitischer Erwägungen (Erhaltung des Wohlfahrtsstaates) gegenüber Steuererhöhungen vermutlich skeptisch bleiben, weil durch komparative Nachteile von Firmen infolge stärkerer Besteuerung möglicherweise ein Arbeitsplatzabbau droht (Verlagerung der Produktion ins Ausland oder zumindest eine Drohung damit; sinkende Investitionen im Inland).

Hypothese 1 als solche bietet für diese unterschiedlichen Ergebnisse im gleichen Politikbereich keine griffige Erklärung. So lassen sich die Indikatoren, bei denen ein schwindender beziehungsweise steigender Zugriff des Staates feststellbar ist, nicht den Prozess- beziehungsweise Produkteregeln zuordnen. Auch in Bezug auf protektionistische Interessen von Staaten und Firmen, die Teil der hinter Hypothese 1 stehenden kausalen Logik sind, lässt sich die vergleichsweise stärkere Regulierung im Fall der Transferpreise nicht erklären. Ob die Regulierung der Transferpreisgestaltung den einheimischen Markt gegenüber ausländischen Produzenten schützen kann, ist an sich schon fraglich. Auch der empirische Beweis dafür lässt sich nicht erbringen. So wird beispielsweise immer wieder behauptet, der amerikanische IRS springe mit ausländischen MNU besonders hart um. In einer Befragung von MNU stellten Ernst & Young (1997) auch fest, dass ausländische MNU ungefähr 50% mehr für die Dokumentation ihrer Transferpreise ausgeben als amerikanische MNU. Da die Aufwendungen insgesamt eher gering sind, können diese Unterschiede jedoch kaum als wichtiger Wettbewerbsnachteil für eine spezifische Gruppe von MNU gewertet werden. Indirekte Aufschlüsse bietet auch Abbildung 11, welche die Ergebnisse einer Befragung durch Ernst & Young zusammenfasst. Zwar werden die Transferpreise von MNU im Heimatstaat meist weniger oft untersucht als im Ausland. Allerdings verteilen sich diese Untersuchungen im Ausland auf mehrere Staaten, sodass von einer systematischen Diskriminierung kaum gesprochen werden kann.[25]

Auch eine Sichtung einzelstaatlicher Steuergesetzgebungen (OECD 1998, 1999) zeigt, dass von einer systematischen steuerlichen Diskriminierung ausländischer MNU kaum die Rede sein kann. Massgebende internationale Abkommen, beispielsweise im Rahmen der WTO, der OECD und der EU, böten dazu wohl auch keine rechtliche Handhabe. Beispiele für eine Diskriminierung ausländischer Investitionen beziehungsweise ausländisch kontrollierter Produzenten finden sich im OECD-Raum nur in wenigen Bereichen, zum Beispiel bei staatlichen Subventionspraktiken, dem öffentlichen Beschaffungswesen (z. B. Rüstungsgüter), der Einwanderungspolitik, bei Firmenkäufen und Fusionen in als strategisch wichtig erachteten Wirtschaftssektoren (Spero/Hart 1997: 133).

Gemäss der *tariff-jumping*-Hypothese sind ausländische Direktinvestitionen oft gerade das Resultat tarifärer und nichttarifärer Handelshemmnisse des Gastlandes. Letzteres hat in den meisten Fällen wenig Interesse, eine ausländische MNU durch steuerliche Diskriminierung gegenüber einheimischen

---

25 In den USA beheimatete MNU werden im Ausland öfter auf ihre Transferpreispraktiken hin untersucht als in ihrem Heimatstaat. Diese Beobachtung lässt sich jedoch durch die überaus hohe Anzahl von Tochterfirmen amerikanischer MNU erklären und kann nicht im Sinne einer Diskriminierung gewertet werden.

Produzenten (inklusive MNU) abzuschrecken, da FDI im Inland Arbeitsplätze schafft und das staatliche Steuereinkommen erhöht. In dieser Richtung ist der oben erwähnte Rückzieher Kaliforniens bei seinen Versuchen der Globalbesteuerung von MNU zu deuten. Bezeichnenderweise zielen die OECD- und EU-Massnahmen zur Unterbindung des schädlichen Steuerwettbewerbs sogar darauf ab, die steuerliche Bevorzugung ausländischer Unternehmen zu reduzieren. Somit scheint eher die "positive Diskriminierung" und nicht die protektionistisch motivierte "negative Diskriminierung" ausländischer Firmen das Hauptproblem zu sein.

Abbildung 11: Anfechtung von Transferpreisen durch Steuerbehörden im In- und Ausland

	% der befragten MNU, deren Transferpreise von Steuerbehörden untersucht wurden	
Heimatstaat der befragten MNU	Im Heimatstaat	Ausserhalb des Heimatstaates
Australien	79%	53%
Deutschland	63%	63%
Frankreich	25%	100%
Grossbritannien	66%	69%
Italien	38%	81%
Japan	0%	100%
Kanada	75%	60%
Korea	0%	100%
Niederlande	44%	78%
Schweden	41%	82%
Schweiz	0%	100%
USA	63%	79%
Mittelwert	41%	80%

Quelle: Ernst & Young 1997: 18.

Folgerung: Die Regulierung von MNU im Steuerbereich entspricht einer Prozessregulierung. Tendenziell im Einklang mit dieser Hypothese stehen die gesunkenen nominalen Steuersätze für Körperschaften, die abgeschwächte fiskalische Belastung von Unternehmensgewinnen und der geringe Erfolg der EU- und OECD-Staaten bei ihren Bemühungen um die Verhinderung eines schädlichen Steuerwettbewerbs. Allerdings ist die reale Welt in diesen Bereichen von einer bedeutsamen Konvergenz nach unten noch weit entfernt. In Bezug auf die Regulierung von Transferpreisen, aber auch die gesamte fiskalische Belastung von Firmen (inklusive Sozialabgaben) und Körperschaftssteuern als Anteil am BIP und den gesamten Steuererträgen, kann die Hypothese

301

jedoch keine plausible Erklärung für die Intensivierung staatlicher Intervention oder zumindest die Beibehaltung des (heterogenen) Status quo liefern. Die Hypothesen 4 und 5, die auf Interessenstrukturen und die Arbitragedynamik ausgerichtet sind, bieten in diesem Punkt eine griffigere Erklärung.

6.3.2. Hypothese 2

Einige Autoren sind der Auffassung, MNU würden in vielen gesellschaftlichen Bereichen einer Angleichung regulatorischer Standards auf höherem Niveau Vorschub leisten. Der Economist (24.6.1995: Survey, part 5) behauptet:

Ein weiterer Nutzen, den multinationale Unternehmen an ihre Gastländer übertragen, ist der, dass sie dazu tendieren, wo immer sie hingehen, internationale Standards anzuwenden – oder diese Standards werden ihnen durch globale Aktionäre und die Medien aufgezwungen. Im Grossen und Ganzen erachten [MNU] es als einfacher, sich weltweit nach einem Set von Regeln zu richten, als verschiedene Regeln an verschiedenen Orten anzuwenden. So rufen die MNU nach globaleren – und normalerweise höheren – Standards, zum Teil weil dies für sie das Leben einfacher macht, zum Teil weil dadurch den Konkurrenten dieselben Standards aufgezwungen werden.

Hypothese 2 qualifiziert diese Behauptung, indem sie Konvergenztendenzen auch von der Standortgebundenheit von Investitionen abhängig macht und eine Konvergenz einzelstaatlicher Standards nach oben *oder* unten als möglich darstellt: In Regulierungsbereichen, in denen Produzenten mit standortgebundenen, internationalen Investitionen dominieren, erwarten wir eher eine Konvergenz einzelstaatlicher Standards als in Fällen, in denen binnenmarktorientierte, nicht- oder wenig standortgebundene Investitionen vorherrschen. Ob eine allfällige Konvergenz regulatorischer Standards nach oben oder unten verläuft, prognostiziert diese Hypothese nicht.

Bei der Besteuerung von MNU beobachteten wir bei den meisten der untersuchten Indikatoren eine fortbestehende Heterogenität. Nur bei den nominalen Steuersätzen und der Regulierung von Transferpreisen ist eine gewisse Angleichung feststellbar. Um Hypothese 2 zu falsifizieren, müssten wir bei diesem Politikergebnis (wenig Konvergenz) beobachten können, dass Firmen mit standortgebundenen, internationalen Investitionen dominieren und bei den Regierungen ein starkes Lobbying zugunsten einer Angleichung der Standards betreiben.

In der Praxis variiert die Standortgebundenheit der weltweit mehreren zehntausend MNU sehr stark. Diese Varianz lässt sich allerdings nicht systematisch erfassen, da keine spezifischen Indikatoren für eine grössere Zahl von Ländern und grössere Zeiträume verfügbar sind. Trotzdem geben die folgenden Daten gewisse Aufschlüsse (UN 1993; UNCTAD 1996, 1998; Globale Trends 1998). 1997 existierten etwa 53'000 MNU mit rund 450'000 Ablegern. Rund 70% dieser MNU hatten ihren Hauptsitz in den 14 grössten OECD-Ländern, 90% aller MNU im OECD-Raum. Die aus OECD-Ländern stammenden MNU kontrollierten 95% des weltweiten FDI-Bestandes. Mitte der 1990er Jahre besassen die 100 grössten MNU (0.4% aller MNU) ein Gesamtvermögen von rund 3'500 Milliarden US$, 1'400 Milliarden US$ davon waren ausserhalb ihres jeweiligen Heimatstaates investiert. Diese MNU waren für 30% des weltweiten FDI-Bestandes, 25% des Umsatzes von MNU weltweit und 14% der FDI-Ströme verantwortlich und beschäftigten rund 16% der Mitarbeiter aller MNU. Auch der internationale Handel wird sehr stark von MNU dominiert – im Falle der USA sind dies beispielsweise rund 80%. Der FDI-Markt ist somit nicht sehr stark, aber doch etwas auf bestimmte Länder und Firmen konzentriert.[26]

In Bezug auf die Standortgebundenheit von Investitionen im engeren Sinn zeigt sich, dass MNU stärker in den jeweiligen Binnenwirtschaften verwurzelt sind als in der Globalisierungsdebatte oft angenommen. Gemäss Transnationalisierungsindex der UNCTAD sind beispielsweise die zehn grössten MNU nicht in der Liste der "transnationalsten" MNU anzutreffen (Abb. 12).

Abbildung 12: Die zehn "transnationalsten" Unternehmen 1994

Unternehmen	Heimatstaat	Branche
Nestlé	Schweiz	Lebensmittel
Holderbank	Schweiz	Baustoffe
Thomson Corp.	Kanada	Verlag
Electrolux	Schweden	Elektronik
Asea Brown Boveri	Schweiz	Elektrotechnik
Solvay	Belgien	Chemie
Philips	Niederlande	Elektronik
RTZ	Grossbritannien	Bergbau
Ciba-Geigy	Schweiz	Chemie
Michelin	Frankreich	Gummi/Plastik

Quelle: UNCTAD 1995.

Vor allem auch der Anteil des FDI-Flusses an den weltweiten Investitionen (4%), der Anteil des FDI-Bestandes am Weltsozialprodukt (10%), der Anteil der im Heimatstaat erfolgten Wertschöpfung von MNU (75%) und der Beitrag der ausländischen Ableger aller MNU zur weltweiten Wertschöpfung (6%,

---

26 Das FDI fliesst in sehr unterschiedliche Wirtschaftsbereiche. Für den Anfang der 1990er Jahre wird geschätzt, dass ungefähr 60% des FDI-Bestandes der Produktion von Gütern dienten, 37% im Dienstleistungssektor angesiedelt war, und lediglich 3% im Rohstoffbereich. Der Dienstleistungssektor hat dabei in jüngerer Zeit die grössten Wachstumsraten zu verzeichnen.

alles Werte für 1995) deuten darauf hin, dass MNU nationaler und somit weniger mobil sind als oft angenommen. Gerade die grössten MNU erwirtschafteten vielfach die grössten Anteile an ihrem Umsatz im jeweiligen Heimatstaat. Befragungen der weltweit grössten MNU zeigen allerdings, dass diese in Zukunft einen grösseren Anteil ihrer Investitionen ausserhalb ihres Heimatstandortes anzusiedeln gedenken (UNCTAD 1996: 38f.; Weiss 1997: 184f.; Globale Trends 1998; Hirst/Thompson 1996: 96f.).

Zusätzliche Anhaltspunkte zur Standortgebundenheit von MNU ergeben sich aus Berechnungen der UNCTAD (1998: 15f.) zur Volatilität von FDI in Entwicklungs- und Transformationsländern, in den politische und makroökonomische Veränderungen im weltweiten Vergleich vermutlich am stärksten ins Gewicht fallen. Für den Zeitraum von 1992 bis 1997 reichen die diesbezüglichen Variationskoeffizienten (0 bedeutet keine Volatilität, 1 maximale Volatilität) von 0.19 (Thailand) bis 0.96 (Brasilien). Für alle Entwicklungsländer ergibt sich ein durchschnittlicher Koeffizient von 0.35. Für Portfolio-Investitionen beträgt der Koeffizient 0.43, für Aktien und Obligationen 0.38 beziehungsweise 0.51 und für kommerzielle Bankkredite 0.71. Die Volatilität von FDI – ein Hinweis auf die Standortgebundenheit von Investitionen – ist somit im Allgemeinen geringer als die Volatilität anderer Investitionsformen. Allerdings sind enorme Unterschiede über die einzelnen Länder und Investitionsformen hinweg festzustellen.

Die hier aufgeführten Daten ergeben ein ziemlich diffuses Bild und lassen sich nicht auf einen Indikator zuspitzen, der für alle Firmen, Länder und Wirtschaftsbereiche die Standortgebundenheit von MNU erfassen könnte. Eine gewisse Konzentration im ganzen Direktinvestitionsbereich ist feststellbar und vieles deutet darauf hin, dass Direktinvestitionen weniger mobil sind als oft angenommen. Wenn man beispielsweise bedenkt, dass Investitionsformen bezüglich ihrer Standortgebundenheit mit Sicherheit variieren (vgl. Nestlé, Shell und die Schweizer Rück), die im Ausland erwirtschafteten Anteile am Gesamtumsatz der einzelnen Unternehmen sehr unterschiedlich sind und MNU in Ländern mit hohen Körperschaftssteuern unter Umständen andere Interessen haben als MNU in Ländern mit tieferen Steuern, so sind Vorstösse der MNU auf breiter Front zur Angleichung einzelstaatlicher Steuerpraktiken wenig wahrscheinlich.

Von MNU mit standortgebundenen Investitionen in Ländern mit hohen Körperschaftssteuern erwarten wir beispielsweise eher ein Lobbying zugunsten einer internationalen Harmonisierung der Besteuerung. Der Grund dafür ist, dass eine Verdrängung ausländischer Konkurrenten über eine fiskalische Diskriminierung unter anderem aufgrund von Kriterien der innerstaatlichen Steuergerechtigkeit und der bestehenden internationalen Verpflichtungen nicht möglich ist (vgl. Hypothese 1). Eine stärkere fiskalische Belastung kann sowohl für importkonkurrierende als auch für international tätige Firmen einen Wettbewerbsnachteil gegenüber der ausländischen Konkurrenz mit sich bringen. Die standortgebundenen MNU mit Hauptsitz in Hochsteuerländern werden deshalb ein *level playing field* mit ihren ausländischen Konkurrenten anstreben. Ob die Angleichung auf dem Niveau der Hoch- oder Niedrigsteuerländer zustande kommt, ist den MNU in Hochsteuerländern wahrscheinlich weniger wichtig. Allerdings haben auch die standortgebundenen MNU in Hochsteuerländern teilweise die Möglichkeit, durch die Gestaltung von Transferpreisen Gewinne in Länder mit tieferen Steuern zu verlagern. Somit sinkt für einige MNU in Hochsteuerländern wiederum der Anreiz, eine internationale Steuerharmonisierung zu verlangen. Standortgebundene MNU in Niedrigsteuerländern sind eher bestrebt, eine internationale Steuerharmonisierung zu verhindern, ganz besonders, wenn diese in einer höheren Steuerbelastung zu resultieren droht. Von mobilen Investoren sind allenfalls Initiativen zur Verhinderung einer internationalen Harmonisierung der Besteuerung nach oben zu erwarten, vor allem jedoch Bemühungen zur Reduktion der Steuerlast in einzelnen Staaten unter Androhung der Abwanderung von Investitionen.

Trotz starker Verankerung vieler MNU im Markt ihres jeweiligen Heimatstaates und der Konzentration des FDI auf gewisse Länder und Firmen im OECD-Raum, welche auf eine gewisse Standortgebundenheit von MNU hindeuten, sind die Interessen der MNU sehr heterogen. Starker und erfolgreicher Druck von Seiten der MNU mit internationalen, standortgebundenen Investitionen zur Angleichung einzelstaatlicher Steuerpraktiken ist somit unwahrscheinlich. In der Tat lässt sich beobachten, dass in den Diskussionen in der OECD und der EU über eine Verhinderung des schädlichen Steuerwettbewerbs die MNU und Unternehmerverbände im Allgemeinen kein Lobbying zugunsten einer Harmonisierung der Körperschaftssteuern unternommen haben. Wenn sich diese Akteure zu Worte melden, erfolgt dies in der Regel eher in Opposition zu internationalen Re-regulierungsversuchen.

Die Angleichung der Dokumentationspraktiken von MNU im Bereich der Transferpreise bildet hier eine gewisse Ausnahme. Diese Angleichung betrifft vor allem die Ausführlichkeit der Dokumentation und weniger die Verfahren, nach denen Transferpreise errechnet werden. Abbildung 13 zeigt, dass viele MNU ihre Transferpreise selbst in solchen Jurisdiktionen dokumentieren, in denen die Gesetze dies nicht vorschreiben. Firmen mit Aktivitäten in den USA dokumentieren ihre Transferpreise sehr viel stärker.

Über die Hälfte der befragten MNU orientierte sich bei der Dokumentation an den US-Standards. 20% der befragten Tochtergesellschaften von MNU in Europa wendeten die US-Regeln an. Zwei Ursachen für die Konvergenz in Richtung (verschärfter) US-Standards stehen im Vordergrund, wobei beide Gründe eng zusammenhängen (vgl. Ernst & Young 1997).

Land	Zahl der befragten MNU, die im Land tätig sind	Firmen, die ihre Transferpreise dokumentieren
Australien	87	61%
Deutschland	181	43%
Frankreich	140	46%
Grossbritannien	232	50%
Italien	94	38%
Japan	76	51%
Kanada	115	57%
Niederlande	87	45%
Schweden	39	49%
Schweiz	38	39%
USA	265	78%

Quelle: Ernst & Young 1997: 12.

Erstens haben die USA als erster Staat ihre Vorschriften verschärft und die Dokumentationspflichten im Detail definiert. Andere Staaten haben ihre Vorschriften mit einiger Verzögerung ebenfalls verschärft, aber oft nicht detailliert geregelt, wie die MNU ihre Transferpreise dokumentieren müssen. Aus Unsicherheit oder als Vorsichtsmassnahme gegen langwierige und kostspielige Untersuchungen des Fiskus halten sich viele MNU deshalb an die sogenannten *safe harbour requirements* der US-Behörden. Zudem scheint es für die meisten MNU auch billiger zu sein, innerhalb der gesamten Unternehmung die gleichen Dokumentationspraktiken zu verfolgen und auch die Verrechnungspreise zu firmeninternen Zwecken systematischer zu dokumentieren.

Da zweitens viele MNU, wie oben erläutert, eine verstärkte Anfechtung ihrer Transferpreise erwarten, besonders auch durch US-Behörden, halten sie es für sicherer, sich gleich von Beginn weg an den höheren US-Standards oder zumindest an den etwas vageren OECD-Standards zu orientieren. In der Tat wird im Ernst & Young Bericht (1997) festgestellt, dass 89% der befragten MNU angeben, sie würden hauptsächlich aus Furcht vor Bussen des amerikanischen IRS ihre Transfers dokumentieren. 64% gaben an, sie würden ihre Transfers bereits in Erwartung von Überprüfungen durch den amerikanischen IRS dokumentieren. Hier kommt die Abhängigkeit vieler MNU vom Investitionsstandort USA zum Ausdruck.

Die im Bereich der Transferpreise beobachtbare Angleichung einzelstaatlicher Praktiken ist somit weniger auf ein Lobbying der MNU zurückzuführen, sondern erfolgte stillschweigend, teilweise auf Druck der US-Behörden hin und wenigstens teilweise im Eigeninteresse der MNU. Im spieltheoretischen Sinn entspricht die Situationsstruktur tendenziell eher einem Koordinationsspiel mit einem *first-mover-advantage* als einem Gefangenendilemma. In diesem Koordinationsspiel liegt zumindest teilweise eine Konvergenz der Standards im Interesse aller. Derjenige Akteur, der auf der Pareto-Grenze den Lösungspunkt zuerst definiert, fixiert den Standard, auf den alle Akteure dann zustreben.

Folgerung: Trotz einer gewissen, allerdings nicht sehr starken, Konzentration des FDI auf bestimmte Länder und Firmen sowie eine Standortgebundenheit von MNU, die grösser ist als in der Globalisierungsdebatte oft angenommen, ist nicht zu erwarten, dass eine grosse und einflussreiche Koalition von standortgebundenen MNU zustande kommen wird, welche die politischen Entscheidungsträger zu einer Harmonisierung der einzelstaatlichen Besteuerung von Körperschaften, sei es nach oben oder unten, drängt. In der Tat sind keine bedeutenden Vorstösse dieser Art beobachtbar. Dort, wo sich MNU bei politischen Entscheidungsträgern bemerkbar machen, zielt dieses Lobbying meist auf eine Reduktion der Steuerbelastung ab, besonders in Ländern mit höheren Körperschaftssteuern. MNU in Niedrigsteuerländern halten sich meist zurück, da für sie tiefere Steuern ein Wettbewerbsvorteil sein können. Eine Ausnahme bildet die Regulierung der Transferpreise, bei der eine Angleichung auf höherem Niveau beobachtbar ist. Diese, bisher noch sehr beschränkte Konvergenz erfolgte jedoch stillschweigend und nicht auf eine koordinierte Einflussnahme standortgebundener MNU hin. Die Erklärung dafür liegt in der Situationsstruktur begründet, die tendenziell derjenigen eines Koordinationsspiels mit einem *first-mover-advantage* entspricht.

6.3.3. Hypothese 3

Hypothese 3 besagt, dass dominante Firmen in Märkten mit hohem Konzentrationsgrad eher in der Lage sind, das regulatorische Umfeld zu ihren Gunsten zu beeinflussen. Diese Hypothese muss im Zusammenhang mit den Hypothesen 1 und 2 betrachtet werden. Das beobachtete Politikergebnis – geringfügige Re-regulierung, fortbestehende Heterogenität – liesse sich etwa dadurch erklären, dass die Besteuerung von MNU einer Regulierung von Produkten entspricht (Hypothese 1) und dass der entsprechende Markt einen geringen Konzentrationsgrad aufweist (Hypothese 3). Die fortbestehende Heterogenität liesse sich auch darauf zurückführen, dass internationale Investitionen in diesem Bereich wenig standortgebunden sind (Hypothese 2) und die Marktkonzentration gering ist (Hypothese 3). Die Kombination von multinationalen, standortgebundenen Investitionen und hohem Konzentrationsgrad der Märkte, bei der wir eine starke Konvergenzbewegung erwarten würden, kann aufgrund der zu Hypothese 2 vorgebrachten empirischen Information vernachlässigt werden. Hypothese 3 liesse sich vor allem dann falsifizieren, wenn wir bei fortbestehender Heterogenität eine hohe Konzentration des entsprechenden Marktes beobachten würden.

Global gesehen ist der Markt, in dem sich MNU bewegen, nicht sehr konzentriert (vgl. auch Hypothese 2). 1995 entfielen auf 0.4% (100) aller MNU rund 30% des weltweiten Bestandes an Direktinvestitionen, 25% des Umsatzes und 16% der Beschäftigten. Diese MNU hatten 40% ihres Gesamtvermögens ausserhalb ihres Heimatstaates investiert. Je nach Produkt können internationale Märkte bisweilen oligopolistische Strukturen aufweisen (z. B. in der Produktion von Passagierflugzeugen). Prinzipiell könnten deshalb kleine Gruppen von mächtigen MNU versuchen, für ihren spezifischen Marktbereich eine internationale Harmonisierung der Besteuerung von MNU nach oben oder (wahrscheinlicher) unten zu erreichen. Allerdings unterscheiden die meisten Staaten bei der fiskalischen Belastung von Firmen aus Gründen der Steuergerechtigkeit nur selten nach Branchen oder Firmengruppen, meistens auch nicht zwischen MNU mit Hauptsitz im In- oder Ausland. Zudem existieren nur wenige Wirtschaftsbereiche im Tätigkeitsbereich von MNU, die von stark oligopolistischen Strukturen geprägt sind. Dort, wo es solche Strukturen gibt, sind die Verflechtungen mit dem jeweiligen Staat in der Regel sehr eng, was dem Staat auch einen stärkeren Zugriff erlaubt. Bekannte Beispiele sind die Flugzeug- und Rüstungsindustrie. Dort, wo wir eine gewisse regulatorische Konvergenz beobachten können (v. a. bei der Transferpreisregulierung), hat dieser Trend eher mit der im Zusammenhang mit Hypothese 2 geschilderten Situationsstruktur sowie der Konzentration des FDI auf bestimmte Staaten zu tun (vgl. Hypothesen 4 und 5).

Folgerung: Hypothese 3 lässt sich aufgrund der vorliegenden empirischen Information nicht falsifizieren. Die fortbestehende Heterogenität und die nur geringfügige Re-regulierung im Bereich der Besteuerung von MNU stehen tendenziell im Einklang mit der Hypothese. Global gesehen ist die Konzentration der Märkte, in denen MNU tätig sind, meist nicht sehr hoch. Es lässt sich auch kein grösser angelegtes Lobbying von MNU zugunsten einer Harmonisierung von Körperschaftssteuern beobachten, sei es nach oben oder unten (vgl. auch Hypothese 2).

6.3.4. Hypothese 4

Hypothese 4 erklärt die Intensität staatlicher Regulierung auf nationaler und internationaler Ebene. Eine Re-regulierung – in unserem Fall einen verstärkten fiskalischen Zugriff der Staaten auf MNU – erwarten wir bei konzentriertem Nutzen und breit gestreuten Kosten der Re-regulierung. Ein Scheitern von Re-regulierungsversuchen oder eine Deregulierung treten dann auf, wenn der Nutzen einer Re-regulierung breit gestreut ist, die (substanziellen) Kosten aber konzentriert sind und eine Kompensation der Kostentragenden nicht möglich ist.

Um Hypothese 4 zu falsifizieren, müssten wir vor allem beim geringen Erfolg der OECD- und EU-Bemühungen um eine Bekämpfung des schädlichen

Steuerwettbewerbs feststellen können, dass der Nutzen einer verstärkten Besteuerung von MNU konzentriert ist und die (substanziellen) Kosten breit gestreut sind. Bei der Transferpreisregulierung, bei der eine gewisse Verstärkung staatlicher Zugriffe stattgefunden hat, würde eine Falsifizierung hingegen erfordern, dass der Nutzen eher breit gestreut ist und die (substanziellen) Kosten konzentriert sind. Die genannten Kosten-Nutzen-Strukturen müssten bei einer umfassenden Analyse für jedes OECD- beziehungsweise EU-Mitglied und einzelne Wirtschaftsbereiche eruiert und aggregiert werden. Der Einfachheit halber beschränken wir uns hier allerdings auf eine allgemein gehaltene Beurteilung von Kosten und Nutzen für einzelne Interessengruppen im gesamten OECD- beziehungsweise EU-Raum.

Bei der Besteuerung von MNU wäre gemäss der Hypothese eine Re-regulierung zu erwarten, wenn sie für die betroffenen MNU – eine im Vergleich zur Gesamtpopulation der Wirtschaftssubjekte kleinere Gruppe – einen beträchtlichen Nutzen brächte, ihre Kosten aber weitgehend auf eine grosse Gruppe (z. B. die Konsumenten) abgewälzt werden könnten. Die tatsächliche Kosten-Nutzen-Struktur entspricht aber eher dem Gegenteil: Die Kosten trägt eine im Vergleich zu den Konsumenten kleine Gruppe von Akteuren, die MNU, die stärker besteuert werden. Je stärker der Wettbewerb in einem internationalen Markt ist, desto schwieriger ist es für MNU, die durch eine verstärkte Besteuerung erhöhten Produktionskosten auf die Konsumenten abzuwälzen. Dieser Umstand ist in der Realität oft gegeben, da viele MNU gerade durch ihre weltweite Tätigkeit einer stärkeren Konkurrenz ausgesetzt sind. Der Nutzen einer verstärkten Besteuerung von MNU hingegen entfällt auf alle, die von einer Erhöhung der Steuererträge profitieren, also eine viel grössere Gruppe von Akteuren. Dieser Situationsstruktur entspricht die Tatsache, dass die steuerliche Belastung von MNU in jüngerer Zeit nicht weiter zugenommen hat und Versuche der OECD und EU zur Eindämmung des Steuerwettbewerbs recht wenig Erfolg hatten.

Die Re-regulierungstendenz bei den Transferpreisen scheint der Hypothese zu widersprechen, insbesondere weil die Gruppe von Akteuren, die durch Transferpreisregeln betroffen ist, eher klein ist (vorwiegend die grossen MNU). Die wichtigste Erklärung für diese Abweichung liegt vor allem darin, dass die Kosten der Re-regulierung eher bescheiden sind – Hypothese 4 geht von substanziellen und auf wenige Akteure konzentrierten Kosten aus. Erstens sind die Gewinnverschiebungen über Transferpreise in der Realität wahrscheinlich geringer als oft vermutet. Indizien dafür gibt es zwar, jedoch keine systematische Erfassung. So errechnete beispielsweise Donald Rousslang (1997), dass 1988 (also noch vor dem verstärkten regulatorischen Zugriff der Staaten auf Transferpreise) die Transfers von Gewinnen (vor den Steuern) von US-amerikanischen MNU, die im Warenbereich tätig waren, ungefähr 5–7.7 Milliarden US\$ betrugen. Dies sind weniger als 4% des weltweiten steuerbaren Einkommens aller im Warenbereich tätigen MNU mit Hauptsitz in den

USA.[27] Zweitens zeigen Befragungen von MNU in Deutschland – einem weiteren Staat mit relativ hohen Körperschaftssteuern –, dass Unternehmen hauptsächlich durch Nutzung recht grosszügiger Abschreibungsmöglichkeiten für Verluste aus der Vergangenheit Steuern sparen, hingegen weniger mittels Gewinntransfers ins Ausland (NZZ, 21.8.1998). Drittens weisen Finanzexperten immer wieder darauf hin, dass Firmengewinne durch verschiedenste Praktiken, nicht nur durch die Transferpreisgestaltung, der Besteuerung entzogen werden können (Smith 1992, vgl. auch Strange 1996). Schliesslich ergaben Befragungen der Firma Ernst & Young (1997), dass der administrative Aufwand der verschärften Dokumentationspflichten für firmeninterne Transaktionen nicht allzu hoch ist. So wird geschätzt, dass zum Beispiel grosse MNU mit Umsätzen zwischen 1 und 5 Milliarden US$ durchschnittlich 100'000 US$ pro Jahr für die Dokumentation ihrer Transferpreispraktiken aufwenden, kleinere MNU mit Umsätzen von 500 Millionen bis 1.5 Milliarden US$ durchschnittlich 50'000 US$.

Über eine Kompensation der kleineren Gruppe der Kostentragenden – einer weiteren potenziellen Erklärung für die Re-regulierung bei den Transferpreisen trotz konzentrierter Kosten und breit gestreuten Nutzens – lässt sich keine präzise Aussage machen. Verschiedene Formen der Kompensation von MNU sind hier allerdings denkbar, zum Beispiel regulatorische Erleichterungen aller Art. Mit Blick auf die vielfältigen steuerlichen Anreize im Bereich der Direktinvestitionen, die in den meisten OECD-Ländern mittlerweile existieren, sowie auf Reduktionen der nominalen Körperschaftssteuern in einigen OECD-Staaten ganz allgemein ist anzunehmen, dass die geringfügige Mehrbelastung von MNU durch striktere Regeln für Transferpreise mittels Erleichterungen anderer Art mehr als ausgeglichen wird.

Folgerung: Hypothese 4 lässt sich mittels der verfügbaren empirischen Information nicht falsifizieren. Relativ konzentrierte Kosten und breiter gestreuter Nutzen eines verstärkten fiskalischen Zugriffs auf MNU stehen im Einklang mit der Tatsache, dass die OECD- und EU-Staaten bei ihren Bemühungen um die Verhinderung eines schädlichen Steuerwettbewerbs bislang kaum Erfolge verbuchen konnten. Die verstärkte Regulierung bei den Transferpreisen lässt sich dahingehend deuten, dass trotz unvorteilhafter Kosten-Nutzen-Struktur die kostentragenden Produzenten die Re-regulierung unter anderem deshalb nicht blockiert haben, weil die damit verbundenen Kosten eher gering sind und möglicherweise durch Investitionsanreize aller Art kompensiert werden.

---

27 In anderen Studien wird geschätzt, dass vor allem grosse MNU, deren Preise schwer mit Marktpreisen vergleichbar sind (z. B. aufgrund oligopolistischer Marktstrukturen), Transferpreise häufiger zur Gewinnverschiebung benutzen. Kleinere Firmen, die in sehr kompetitiven Märkten mit transparenter Preisgestaltung operieren, wenden solche Praktiken weit weniger an (Caves 1996: 213).

6.3.5. Hypothese 5

Hypothese 5 erklärt vor allem die Wahrscheinlichkeit einer internationalen Harmonisierung der Körperschaftssteuern in Richtung einer höheren fiskalischen Belastung. Die statische Variante dieser Hypothese besagt, dass bei hoher Mobilität der Produktionsfaktoren eher eine Deregulierung auftritt oder eine Re-regulierung scheitert, weil die k-Gruppe unter dieser Bedingung grösser und die Kooperation in grösseren Gruppen schwieriger ist. Die k-Gruppe benennt die Zahl der Staaten, die einen positiven Nutzen aus einer kollektiven Re-regulierung innerhalb dieser Gruppe ziehen kann, gleich was die Akteure ausserhalb dieser k-Gruppe tun. Je kleiner die k-Gruppe, desto eher kommt ein Re-regulierungsprozess in Gang. Diese Effekte der Mobilität von Produktionsfaktoren können abgeschwächt oder gar aufgehoben werden, wenn in einer bestimmten Gruppe Staaten (oder auch grosse Firmen) existieren, die einen hohen privaten Nutzen aus dem kollektiven Gut ziehen und/oder wenn diese Staaten (Firmen) ein grosses Einkommen aufweisen und deshalb bereit sind, einen überproportionalen Beitrag an das kollektive Gut zu leisten. In der dynamischen Variante der Hypothese erwarten wir, dass, wenn die Arbitragegewinne (Nutzen des Trittbrettfahrens beziehungsweise Nutzen der Nicht-Kooperation) mit zunehmender Zahl der re-regulierenden Akteure steigen, eher eine Deregulierung oder ein Scheitern der Re-regulierung zu beobachten ist.

Folgende Beobachtungen würden zur Falsifizierung dieser Teilhypothesen führen. Statische Variante: Die geringfügige Re-regulierung und fortbestehende Heterogenität, die wir in dieser Fallstudie beobachten konnten, gehen mit einer hohen Kapitalmobilität und keinem signifikanten Engagement gewichtiger Staaten oder Firmen zugunsten einer Harmonisierung einzelstaatlicher Besteuerungspraktiken einher. Dies betrifft vor allem die Regulierung der Transferpreise, bei der wir die vergleichsweise stärkste Re-regulierung feststellten. Dynamische Variante: Ebenfalls falsifiziert wäre die Hypothese, wenn bei erfolgreicher Re-regulierung mit zunehmender Zahl der re-regulierenden Staaten die Arbitragegewinne für diejenigen Staaten steigen, die von der Re-regulierung nicht erfasst werden.

Als Ausgangspunkt für die empirische Analyse lässt sich die Behauptung hinzufügen, dass der Steuerwettbewerb auf zwei Prozesse zurückgeführt werden kann. Erstens, wenn die Produktionsfaktoren immer mobiler werden, lassen sich Unterschiede bei der Besteuerung von Körperschaften allgemein und MNU im Besonderen immer weniger aufrechterhalten. Zweitens, wenn bei bereits hoher Mobilität der Produktionsfaktoren ein Staat seine Steuern senkt, löst dies internationale Anpassungsprozesse aus, die in ein neues Gleichgewicht münden. Je grösser das Marktgewicht desjenigen Staates, der seine Steuern zuerst senkt, desto stärker ist der Anpassungsdruck auf die anderen Länder (vgl. Hallerberg/Basinger 1997). Umgekehrt nimmt der Steuerwettbewerb in dem Masse ab, wie grosse Staaten höhere Steuerlasten beibehalten.

Bei der Einschätzung der Grösse der k-Gruppe und Arbitragedynamik stehen somit die Mobilität von FDI beziehungsweise MNU und die Konzentration von FDI im Vordergrund, diesmal weniger auf Firmen, sondern auf Staaten bezogen. Die Konzentration von FDI ist einfacher zu erfassen als die Mobilität von FDI. Die weltweiten FDI-Ströme sind in erstaunlichem Masse auf wenige Staaten konzentriert, wie Abbildung 14 zeigt. 50–70% dieser Investitionsströme entfallen auf nur fünf Länder.

Abbildung 14: FDI-Ströme 1986–1997 (Prozentanteile am weltweit ein- und ausfliessenden FDI)

Ausfliessendes FDI der fünf wichtigsten Herkunftsländer

Land	1986–1990	1991	1992	1993	1994	1995	1996*	1997*
Deutschland	9.0	11.4	8.4	7.8	9.3	11.0	10.24	8.68
Frankreich	10.0	12.0	16.4	9.3	10.2	5.5	10.54	9.21
Grossbritannien	17.0	8.0	10.0	11.6	11.3	11.9	11.83	15.26
Japan	19.0	15.4	9.0	6.2	8.1	4.1	8.12	6.80
USA	13.0	16.8	20.5	31.1	20.5	30.0	25.93	29.98
Total	68.0	63.7	64.4	65.9	59.3	62.5	66.65	69.94

Einfliessendes FDI der fünf wichtigsten Zielländer

Land	1986–1990	1991	1992	1993	1994	1995	1996*	1997*
China	1.9	2.8	6.6	13.2	15.0	11.8	.	.
Frankreich	5.3	9.5	12.8	10.0	7.5	6.3	10.2	9.0
Grossbritannien	13.5	10.1	8.8	7.0	4.5	9.4	12.1	14.3
Spanien	5.0	6.6	4.8	3.3	3.6	2.6	3.0	2.1
USA	34.7	13.9	10.3	19.7	21.9	18.9	35.4	35.2
Total	60.4	42.9	43.3	53.1	52.5	49.0	60.7	60.6

Quellen: UNCTAD, diverse Jahre; OECD 1998. Recent Trends in Foreign Direct Investment; eigene Berechnungen.
* Diese Werte beziehen sich auf das Total der OECD-Länder, die anderen Zahlen auf das Welttotal. Besonders beim einfliessenden FDI sind somit die Prozentwerte für 1996 und 1997 im Vergleich zu den Werten für die anderen Jahre etwas zu hoch. Da das ausfliessende FDI fast ausschliesslich aus OECD-Ländern stammt, sind die Werte für 1996 und 1997 recht gut mit den vorangehenden Jahren vergleichbar.

Auffallend ist besonders die Dominanz der USA, sowohl beim ein- als auch beim ausfliessenden FDI. Diese Konzentration auf wenige Länder kommt auch darin zum Ausdruck, dass rund die Hälfte aller MNU aus nur fünf Ländern stammen: aus Deutschland, Frankreich, Grossbritannien, Japan und den USA (Globale Trends 1998: 143). Wie Abbildung 15 zeigt, liegen auch hier die USA klar an der Spitze.

Abbildung 15: Heimatstaaten der 100 grössten MNU

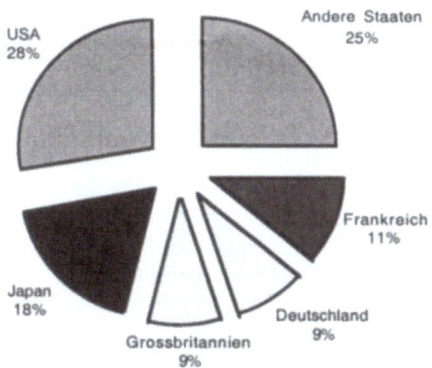

Quelle: UNCTAD 1998.

Die Wertschöpfungsketten vieler MNU mögen somit über eine Vielzahl von Ländern verlaufen, sind jedoch oft auf wenige Länder konzentriert. Im internationalen Handel als Ganzem folgt die Konzentration einem ähnlichen Muster, zumal dieser von MNU und ihrem Intrafirmen-Handel geprägt ist. Bei den Warenexporten lagen die USA 1995 an erster Stelle (11.1%), gefolgt von Deutschland (10.1%), Japan (8.8%), Frankreich (5.7%) und Grossbritannien (4.8%). Bei den Exporten von Dienstleistungen lag 1994 der Anteil der USA mit 16.5% noch höher, gefolgt von Frankreich (8.3%), Italien (5.5%), Grossbritannien (5.4%) und Japan (5.3%). Die 16 grössten Warenexporteure besassen 1995 einen Anteil von 73.8% am Welthandel, die 16 grössten Exporteure von Dienstleistungen 70.8% (Globale Trends 1998: 215).

Aus den verfügbaren Daten lässt sich schliessen, dass FDI, MNU und der internationale Handel mit Waren und Dienstleistungen sehr stark auf wenige Staaten im OECD-Raum konzentriert sind. Die USA nehmen dabei eine führende Position ein. Ob sich Probleme bei der Besteuerung von MNU durch die OECD-Staaten alleine oder gar durch eine noch kleinere Staatengruppe

313

lösen lassen – das heisst ob die OECD-Staaten oder Teile der OECD-Welt eine k-Gruppe sind –, hängt allerdings noch von der Kapitalmobilität und den damit verbundenen Arbitragemöglichkeiten ab.

Zur Kapitalmobilität lassen sich nur sehr allgemein gehaltene Aussagen machen. Die wichtigsten Indikatoren deuten dabei nicht in eine einheitliche Richtung. Die Aussenhandelsquote (Exporte plus Importe als % des BIP) ist im OECD-Raum in den 1990er Jahren auf recht hohem Niveau ungefähr gleich geblieben. Auch die Korrelationen von Ersparnissen und Investitionen,[28] die sogenannten *covered interest rate differentials*[29] und staatliche Restriktionen auf den Kapitalfluss (vgl. Hallerberg/Basinger 1997; Kap. 2) deuten auf eine immer noch unvollständige Integration der Weltmärkte hin. Andererseits haben die FDI-Bestände im Vergleich zum BIP markant zugenommen. Dieser Anteil stieg in den 12 wichtigsten OECD-Ländern von 16.3% im Jahre 1985 auf 33.4% 1995 (IMF, div. Jahre). Die weiter oben diskutierte Volatilität des FDI-Flusses variiert über die einzelnen Staaten hinweg sehr stark, ist aber gesamthaft gesehen geringer als die Volatilität anderer Investitionsformen (z. B. Portfolio-Investitionen und kommerzielle Bankkredite). Diese Indikatoren vernachlässigen allerdings die Tatsache, dass die Standortgebundenheit von FDI variiert, je nach der damit verbundenen Wirtschaftsaktivität. Investitionen in eine Zementfabrik sind beispielsweise weniger mobil als Investitionen in eine Treuhandgesellschaft.

Die genannten Zahlen deuten darauf hin, dass die Offenheit der Märkte und damit die Mobilität der Produktivitätsfaktoren relativ hoch sind, seit Mitte der 1980er Jahre aber nur eine geringe Steigerung erfahren haben. Somit liessen sich der besonders seit Mitte der 1980er Jahre zumindest vermeintlich gestiegene Steuerwettbewerb und die geringen Erfolge bei der Reduktion des schädlichen Steuerwettbewerbs nicht auf ein generelles Steigen der Mobilität von Produktionsfaktoren zurückführen. Vielmehr scheint der verstärkte Steuerwettbewerb eher auf der Tatsache zu beruhen, dass bei bereits recht hoher Mobilität einige Staaten aus innenpolitischen Gründen (z. B. Konjunktur, Ideologie der dominierenden Parteien) Steuersenkungen vorgenommen und damit andere Staaten in Zugzwang gebracht haben.

Der Vergleich des geringen Erfolges bei der Eindämmung des schädlichen Steuerwettbewerbs mit der Re-regulierung im Bereich der Transferpreise ist hier aufschlussreich. Bei der Unternehmensbesteuerung lässt sich die Bedeutung der Marktkonzentration auf wenige Staaten als erklärende Variable be-

---

28 Dieser Indikator beruht auf der Hypothese, dass bei perfekter Kapitalmobilität Ersparnisse und Investitionen in einem Land nicht korrelieren, da sich das Kapital weltweit die besten Renditen sucht. Je höher die beobachtete Korrelation, desto geringer die Kapitalmobilität.

29 Dieser Indikator beruht auf der Hypothese, dass bei perfekter Kapitalmobilität Schulden in der gleichen Währung an verschiedenen Orten der Welt gleich verzinst werden. Je grösser die Zinsdifferenzen, das heisst die Kosten von Kapital, desto geringer die Kapitalmobilität. Vgl. auch Kapitel 2.

sonders gut aufzeigen. Zwischen der Offenheit eines Landes gegenüber FDI und den Steuerlasten auf Körperschaften (inkl. Arbeitgeberbeiträge an die soziale Vorsorge) sind interessante Zusammenhänge feststellbar: Gegenüber FDI offenere Staaten besteuern ihre Firmen in der Regel weniger stark.[30] Dieses Resultat bestätigt grundsätzlich die These, dass die Integration der Weltwirtschaft zur Erosion der Erträge aus Körperschaftssteuern führe. Allerdings wird diese Beziehung durch die Grösse von Staaten signifikant beeinflusst: Grössere Staaten besteuern ihre Firmen stärker als kleinere Staaten (Tanzi 1995: 118f.; Webb 1998a).

Auch die weiter oben präsentierten Daten zeigen, dass die USA Unternehmen etwas stärker besteuern als die meisten anderen Staaten, obschon die USA gegenüber ausländischen Direktinvestitionen sehr offen sind. Verfolgt man die innenpolitischen Steuerdebatten in den USA, so lässt sich feststellen, dass Diskussionen um die Steuersätze für Unternehmen dort recht wenig von Argumenten der internationalen Wettbewerbsfähigkeit geprägt sind (Webb 1998a). Die empirische Information widerspricht über weite Strecken sogar der Globalisierungsthese: Die Firmenbesteuerung sank vor den 1980er Jahren, einer Zeit also, als die USA gegenüber FDI weniger offen waren. Sie stieg hingegen oft gerade in Zeiträumen, als sich das Land gegenüber FDI stärker öffnete. Somit lässt sich behaupten, dass die USA weniger verwundbar sind als oft angenommen gegenüber dem, was neomarxistische Theoretiker als *structural power of capital* bezeichnen (Gill/Law 1988). Vielmehr scheint die Kapitalmobilität des öfteren ein Transmissionsriemen für die fiskalischen Präferenzen der mächtigeren Staaten im internationalen System zu sein.

Andere, gegenüber FDI ebenfalls offene Länder können teilweise im Windschatten der USA fahren und eine etwas geringere, aber immer noch beträchtliche Steuerbelastung von Unternehmen aufrechterhalten. Sie profitieren davon, dass MNU aufgrund des für sie zentralen nordamerikanischen Marktes weniger Arbitragemöglichkeiten haben, solange die Steuern in den USA ebenfalls hoch sind. Staaten wie Australien, Neuseeland oder Grossbritannien, deren Besteuerung von Unternehmen sogar noch etwas höher als diejenige der USA ist, kompensieren dies mit flexiblen Arbeitsmärkten, tieferen Arbeitgeberbeiträgen an die soziale Vorsorge und anderen nichtsteuerlichen Vorteilen. Japan, welches Firmen ebenfalls stark besteuert, ist gegenüber ausländischen Direktinvestitionen weniger offen. Norwegen wiederum ist aufgrund hoher Staatseinnahmen aus dem Rohstoffsektor weniger auf Körperschaftssteuern angewiesen.

Am meisten Probleme mit der Kapitalmobilität und der Arbitragedynamik haben Staaten wie beispielsweise Deutschland und Frankreich, die gegenüber FDI offen sind, jedoch hohe Unternehmenssteuern, hohe Arbeitgeberbeiträge

---

30 Es sei hier allerdings angefügt, dass diese Resultate umstritten bleiben. So behaupten andere Autoren (z. B. Garrett 1995), dass ihre Resultate eher darauf hindeuten, dass wirtschaftlich offene Staaten höhere Staatsquoten aufweisen. Vgl. auch Kapitel 2.

an die soziale Vorsorge und relativ unflexible Arbeitsmärkte aufweisen. Diese Staaten leiden besonders unter dem Steuerwettbewerb. So wird geschätzt, dass zwischen 1986 und 1995 der Nettoabfluss von FDI aus Deutschland 9.5% des BIP, im Falle Frankreichs 5.8% des BIP betrug, im OECD-Vergleich sehr hohe Werte (IMF, div. Jahre). Zudem leiden beide Staaten unter hoher Arbeitslosigkeit. Trotz ihres grossen Gewichtes im Europäischen Wirtschaftsraum sind die beiden Staaten gegenüber dem Steuerwettbewerb verwundbarer als die USA, weil durch den EU-Binnenmarkt, die relative Kleinräumigkeit der EU sowie die Existenz von Steueroasen auch innerhalb des EU-Raums Länder mit tiefen Körperschaftssteuern den FDI-Fluss schneller anziehen. Deutschland hat, nebst Initiativen zur Harmonisierung der Unternehmensbesteuerung in der EU, verschiedene Versuche unternommen, den fiskalischen Zugriff auf seine Unternehmen zu verstärken, bisher ohne grösseren Erfolg. Solange grosse Staaten wie die USA, Grossbritannien, Deutschland, Japan und Frankreich ihre Firmen recht stark besteuern und aus innenpolitischen Gründen ihre Steuern nicht senken, können kleinere Staaten unterhalb dieses Niveaus der Steuerbelastung mithalten, ohne einen grösseren Abfluss von FDI befürchten zu müssen. Dieser Umstand wiederum verhindert einen "Wettlauf nach unten".[31]

Die Bemühungen der OECD richten sich vor allem auf den Steuerwettbewerb im Bereich der Finanzdienstleistungen. Dies erklärt sich vorwiegend aus der Tatsache, dass das Kapital in diesem Bereich am mobilsten ist. Die Arbitragedynamik verläuft jedoch genau hier in einer kooperationsbehindernden Richtung, da Offshore-Finanzzentren und Steueroasen mit zunehmender Zahl von Ländern mit hohen Körperschaftssteuern in wachsendem Masse profitieren. Dadurch lassen sich die nur sehr bescheidenen Fortschritte bei der Re-regulierung erklären. Beim Steuerwettbewerb im Waren- und Dienstleistungssektor (ohne den Finanzbereich) präsentiert sich die Lage etwas anders. Da die USA weniger Deregulierungsdruck in diesem Steuerbereich verspüren, ist ihr diesbezügliches Engagement gering. Nebst der Opposition von Ländern mit niedrigen Körperschaftssteuern behindert dies die Bemühungen der OECD im Bereich der Besteuerung im Waren- und Dienstleistungssektor (ohne Finanzbereich). Die Anstrengungen derjenigen Staaten, die den Steuerwettbewerb am meisten spüren, konzentrieren sich deshalb vor allem auf die EU. Die Hauptbefürworter einer Reduktion des Steuerwettbewerbs im EU-Raum haben allerdings eine weit weniger dominierende Stellung als die USA im

---

31 Politikwissenschaftler und Ökonomen haben auch noch weitere Theorien entwickelt, die der These eines "Wettlaufs nach unten" im Steuerbereich widersprechen. Geoffrey Garrett (1995) behauptet beispielsweise, dass interventionistische Staaten trotz relativ hoher Steuern FDI anziehen können, wenn durch Ausgaben der öffentlichen Hand wirtschaftliches Wachstum und Investitionsmöglichkeiten entstehen. Michael Wallerstein und Adam Przeworski (1995) argumentieren, dass die Kapitalmobilität die Besteuerung von Kapitaleinkommen nicht wesentlich beeinträchtigt, solange Steuersätze fix und Investitionen vollständig von der Steuer abziehbar sind.

OECD-Raum. Erschwerend kommen der freie Verkehr von Waren, Dienstleistungen und Kapital in der EU sowie die relative Kleinräumigkeit dieses Marktes hinzu. Letztere erlaubt oft die Ansiedlung des Steuersitzes von Unternehmen im jeweils steuergünstigeren Nachbarland, ohne dass dabei die Kundennähe allzu stark vernachlässigt würde oder die Transportkosten zu sehr stiegen.

Die Re-regulierung bei den Transferpreisen ging weitgehend von den USA aus. Hier besteht ein klarer Unterschied zu den soeben besprochenen Problemen, bei denen die USA nicht zu den engagierten Befürwortern einer Re-regulierung gehört. Ein grosser Teil der MNU besitzt Investitionen in den USA. Der von Kalifornien und anderen US-Bundesstaaten in den 1970er Jahren verstärkte regulatorische Zugriff auf die Transferpreispraktiken von MNU hatte zwar nur geringen Erfolg, brachte die anderen OECD-Staaten aber in Zugzwang. Das einseitige Vorgehen der USA stellte die anderen Länder im Extremfall vor die Wahl, den in den USA und in ihrem eigenen Land ansässigen MNU die fiskalische Mehrbelastung in den USA anzurechnen und dadurch auf Steuereinnahmen zu verzichten, oder aber eine Doppelbesteuerung der jeweiligen MNU zu riskieren. Letzteres kollidiert mit der im Rahmen der WTO, OECD, EU und anderen Institutionen angestrebten Liberalisierung der Märkte. Zumindest theoretisch hätte somit der von den USA ausgehende, verstärkte Zugriff der Steuerbehörden auf MNU zu einem "Wettlauf nach oben" führen können. Die Ausweichmöglichkeiten der MNU in Drittstaaten mit tieferen Steuern wären dabei begrenzt gewesen, wie die Daten zur Konzentration der Märkte für FDI zeigen (vgl. auch Webb 1998b).

Die OECD-Staaten einigten sich in der Folge bereits 1979 auf Richtlinien zur Regulierung der Transferpreispraktiken von MNU. Als die USA ihre Transferpreisregeln Anfang der 1990er Jahre nochmals verschärften, zogen die anderen OECD-Staaten wiederum nach. Im Falle der Transferpreisregulierung setzen somit die USA die Massstäbe, denen die anderen OECD-Mitglieder nach einiger Zeit jeweils folgen. Die MNU ihrerseits, dies belegen Umfragen, haben oft sogar von sich aus die US-amerikanischen Standards (z. B. bei den Dokumentationspflichten) übernommen. Es ist in diesem Fall offensichtlich, dass weniger stark regulierende Jurisdiktionen von der Verschärfung der Transferpreisregeln in den USA und dann im ganzen OECD-Raum wenig bis gar nicht profitieren konnten. Im Fall der Transferpreisregulierung ist somit die k-Gruppe deutlich kleiner als im Fall der Bekämpfung des schädlichen Steuerwettbewerbs. Gleichzeitig verläuft die Arbitragedynamik bei letzterem Fall in einer kooperationsbehindernden Richtung. Bei den Transferpreisen ist dies umgekehrt.

Folgerung: Hypothese 5 erklärt vor allem die Wahrscheinlichkeit, mit der eine internationale Angleichung von Regulierungen auf höherem Interventionsniveau zustande kommt – in unserem Fall eine Re-regulierung im Sinne der Austrocknung von Steueroasen, der Reduktion steuerlicher Anreize zur

Anlockung von FDI sowie verschärfter Regeln für die Transferpreisgestaltung von MNU. Die diskutierte empirische Information reicht zur Falsifizierung der Hypothese nicht aus, sondern deckt sich weitgehend mit den Erwartungen. Die nur geringen Erfolge bei der Bekämpfung des schädlichen Steuerwettbewerbs im Rahmen der OECD und EU sind auf eine grosse k-Gruppe, eine kooperationsbehindernde Arbitragedynamik sowie mangelndes Engagement dominierender Staaten zurückzuführen. Bei der erfolgreicheren Re-regulierung im Bereich der Transferpreispraktiken von MNU weisen die zentralen Erklärungsvariablen die entgegengesetzten Werte auf.

6.4. Schluss

Im Vergleich mit den Regulierungssystemen für Finanzen und Handel sind internationale Institutionen wie auch einzelstaatliche Steuerungsmechanismen im Bereich der Direktinvestitionen und der damit eng verbundenen MNU fragmentiert und oft informell (Lipson 1985). Gegenstand internationaler Politik wurden MNU erst in den 1960er Jahren. Eine in der Zeit der Dekolonialisierung entstandene, langjährige und kontroverse Debatte um die Rolle von MNU im Nord-Süd-Kontext verebbte in den 1980er Jahren, ohne dass sie griffige internationale Regelungsmechanismen hervorgebracht hätte. In den Beziehungen zwischen industrialisierten Staaten beschränken sich die regulatorischen Bemühungen der Staatenwelt vorwiegend auf die Förderung von FDI, wie Joan Spero und Jeffrey Hart (1997: 126–127) feststellen:

Die Angst vor wirtschaftlichen Kosten und einem Verlust an nationaler Kontrolle, die durch das Wachstum von FDI in den industrialisierten Ländern verursacht worden ist, ist zum grössten Teil durch die Perzeption wirtschaftlichen Nutzens ausgeglichen worden [...] Firmen können zwar die Wirtschaftsleistung beeinflussen und sich in die nationale Wirtschaftspolitik einmischen. Sie können die Autorität dieser mächtigen und raffinierten Regierungen aber nicht untergraben [...] In dem Masse, wie multinationale Unternehmen wichtiger geworden und besser verstanden worden sind, hat sich der Trend zur Lockerung der Regulierung von MNU wie ein Echo durch die Staaten des Nordens verbreitet.

Im Zentrum dieser Fallstudie stand die Frage nach den Möglichkeiten und Grenzen des regulatorischen Zugriffs von Staaten auf MNU. Während kurzfristige internationale Kapitalbewegungen wohl eher den Handlungsspielraum von Staaten im Bereich der Geldpolitik (v. a. Zinsen, Wechselkurse, Inflation) prägen, hat FDI besonders Folgen für den fiskalischen Zugriff von Staaten auf Unternehmen. Im Mittelpunkt der Untersuchung stand die in der Globalisierungsdebatte oft zu vernehmende These, die wachsende Mobilität der Produktionsfaktoren – in unserem Falle ersichtlich anhand der Expansion von FDI und MNU – führe zu einer Erosion der staatlichen Einkommen aus Körperschaftssteuern, einem fiskalischen "Wettlauf nach unten". Diese These beruht auf der Annahme, dass die Situationsstruktur des Steuerwettbewerbs derjenigen eines Gefangenendilemmas entspreche. Die Erosion staatlicher Steuereinnahmen wiederum sei auch mit einer Verschiebung der Steuerlasten verbunden und führe zu einer suboptimalen Bereitstellung öffentlicher Güter (z. B. Sozialleistungen), zu höherer Arbeitslosigkeit und politischer Instabilität.

In diesem Kapitel wurde versucht, das Ausmass des Steuerwettbewerbs anhand regulatorischer und realwirtschaftlicher Indikatoren zu erfassen. Die beobachteten Politikergebnisse sind je nach Indikator und Zeitraum sehr unterschiedlich. Bei den nominalen Steuersätzen für Körperschaften sind erhebliche Reduktionen zu beobachten. Dieser Indikator wird vor allem von Kritikern der wirtschaftlichen Globalisierung immer wieder aufgeführt. Bei den effektiven Steuersätzen hingegen ist sogar eine leichte Zunahme der Steuerlasten auszumachen. Auch internationale Bemühungen, einer tatsächlichen oder vermeintlichen Erosion der Körperschaftssteuern einen Riegel zu schieben, haben unterschiedliche Ergebnisse gezeitigt. Bei der Transferpreisgestaltung von MNU hat eine gewisse Re-regulierung stattgefunden. Hingegen sind Versuche der OECD und der EU, den Steuerwettbewerb auf breiterer Front einzudämmen, nicht sehr weit gediehen.

Auch bei den realwirtschaftlichen Indikatoren sind die Trends uneinheitlich. Die fiskalische Belastung von Unternehmen als Anteil am BIP hat in einzelnen Ländern wie beispielsweise den USA abgenommen, ist aber sowohl im EU- als auch im OECD-Raum durchschnittlich etwas gestiegen. Die Belastung durch Arbeitgeberbeiträge an die soziale Vorsorge ist gestiegen. Bei der fiskalischen Belastung der Firmen als Anteil an ihren Gewinnen ist eine starke Entlastung zu erkennen. Der Anteil der Körperschaftssteuer an den gesamten Steuererträgen ist über die vergangenen 30 Jahre hinweg etwa gleich geblieben. Nur bei den *marginal effective tax rates* hat ein Angleichungsprozess zwischen den Ländern stattgefunden. Bei den anderen Indikatoren hat die Heterogenität der Steuerbelastung in einigen Fällen erheblich zugenommen.

Auf regulatorischer wie auf realwirtschaftlicher Ebene ist somit gesamthaft kein signifikanter Trend zur Deregulierung beziehungsweise Konvergenz nach unten festzustellen. Regierungen sind nach wie vor in der Lage, einen beträchtlichen Teil ihrer Steuereinkünfte bei Firmen zu beschaffen und in manchen Politikbereichen ihren fiskalischen Zugriff auf MNU sogar noch zu verstärken. Allerdings übt die gestiegene Integration der Weltmärkte einen erkennbaren Einfluss auf die Handlungskapazitäten von Staaten bei der Unternehmensbesteuerung aus. Der Steuerwettbewerb ist spürbar, wie die Senkung nominaler Steuersätze sowie die Schwierigkeiten der Staatenwelt bei der Bekämpfung des schädlichen Steuerwettbewerbs im Rahmen der OECD und EU zeigen.

Wie lassen sich diese verschiedenen Trends erklären? Insofern sie überhaupt auf diese widersprüchlichen Entwicklungen eingehen, behaupten die meisten Autoren, eine Konvergenz nach unten sei nicht zustande gekommen, weil die Produktionsfaktoren weniger mobil seien als oft angenommen (vgl. Hirst/Thompson 1996: 76f.; Weiss 1997). Die in Kapitel 3 entwickelten fünf Hypothesen erlauben in diesem Punkt eine etwas differenziertere Erklärung, weil sie nicht nur die Kapitalmobilität, sondern auch Macht- und Interessenstrukturen auf Staats- und Firmenebene berücksichtigen.

Die sinkende Tendenz bei den nominalen Steuersätzen und den Steuern als Anteil an den Firmengewinnen sowie der geringe Erfolg der OECD- und EU-Bemühungen um eine Eindämmung des schädlichen Steuerwettbewerbs stehen im Einklang mit Hypothese 1, die bei der Regulierung von Produktionsprozessen sinkende staatliche Zugriffsmöglichkeiten erwarten lässt. Für die Re-regulierung bei den Transferpreisen sowie bei der ungebrochen hohen Steuerbelastung von Unternehmen, wie er sich zum Beispiel bei den effektiven Steuersätzen oder den Körperschaftssteuern als Anteil am BIP und den gesamten staatlichen Steuereinnahmen äussert, liefert diese Hypothese hingegen keine Erklärung. In diesem Punkt erweisen sich die Hypothesen 4 und 5, die auf Macht- und Interessenstrukturen sowie die Arbitragedynamik ausgerichtet sind, als aussagekräftiger.

Aus einer Betrachtung der Interessenstrukturen im Bereich des FDI geht hervor, dass eine grosse und einflussreiche Koalition von standortgebundenen MNU, die sich für eine Re-regulierung (internationale Harmonisierung der Körperschaftssteuern) einsetzen würde, nicht zu erwarten ist (Hypothese 2). In der Tat sind keine bedeutenden Vorstösse dieser Art beobachtbar. Dort, wo sich MNU bei politischen Entscheidungsträgern bemerkbar machen, zielt dieses Lobbying vorwiegend auf eine Reduktion der Steuerbelastung ab. Eine Ausnahme bilden die Transferpreise. Dort ist eine gewisse Angleichung der Steuerlasten auf höherem Niveau festzustellen. Die relative Konzentration des FDI-Flusses und FDI-Bestände auf wenige Staaten, die US-amerikanische Re-regulierung, das Interesse der MNU an einheitlichen Berechnungsgrundlagen für Transferpreise sowie die recht geringen Kosten der Regulierung sind Hauptursachen für diese Konvergenzbewegung in Richtung stärkerer staatlicher Intervention.

Die fortbestehende Heterogenität und die nur geringfügige Re-regulierung im Bereich der Besteuerung von MNU stehen im Einklang mit Hypothese 3. Trotz Konzentration des FDI-Flusses und FDI-Bestände auf wenige Staaten existieren Zehntausende von MNU in verschiedensten Wirtschaftssektoren. Aufgrund der systematisch erklärbaren Interessengegensätze sind starke Bemühungen zur Angleichung internationaler Standards eher unwahrscheinlich.

Im Einklang mit Hypothese 4 lässt sich der geringe Erfolg der OECD- und EU-Staaten bei der Eindämmung des schädlichen Steuerwettbewerbs auf den breit gestreuten Nutzen und die konzentrierteren Kosten zurückführen. Die vergleichsweise stärkere Re-regulierung der Transferpreise kann dahingehend gedeutet werden, dass trotz einer unvorteilhaften Kosten-Nutzen-Struktur die kostentragenden Produzenten die Re-regulierung vor allem deshalb nicht blockiert haben, weil die damit verbundenen Kosten eher gering sind.

Hypothese 5 richtet sich vorwiegend auf die Bedingungen, unter denen eine internationale Angleichung der Standards auf höherem Niveau zustande kommt. Die nur geringen Erfolge bei der Bekämpfung des schädlichen Steuerwettbewerbs sind auf eine grosse k-Gruppe, eine kooperationsbehindernde Arbitragedynamik sowie mangelndes Engagement dominierender Staaten zurückzuführen. Bei der erfolgreicheren Re-regulierung im Bereich der Transferpreispraktiken von MNU weisen die zentralen Erklärungsvariablen in die entgegengesetzte Richtung.

Wie auch bei den anderen beiden Fallstudien bieten die einzelnen Hypothesen für sich keine hinreichende Erklärung für die beobachteten Politikergebnisse. In ihrer Gesamtheit liefern sie jedoch eine recht umfassende Deutung der fiskalischen Zugriffsmöglichkeiten von Staaten auf MNU. Die Resultate zeigen, dass selbst in einem Bereich, in dem eine recht hohe Mobilität der Produktionsfaktoren und eine starke Globalisierungsdynamik vermutet werden kann, die Folgen für die Handlungskapazität von Staaten je nach Regulierungsfeld unterschiedlich sind. Bei der Erklärung dieser Unterschiede spielt nebst den Interessen von Staaten und Firmen die Gestaltungsmacht grosser Staaten eine entscheidende Rolle. Besonders hervorzuheben sind in diesem Zusammenhang zwei Resultate der Fallstudie. Erstens ist es grossen Staaten eher möglich, trotz recht grosser Offenheit gegenüber FDI ihre Firmen stärker zu besteuern, als kleineren Staaten. Kleinere Staaten können allerdings im Windschatten der Grossen mitfahren. Somit setzen die grösseren Staaten der Erosion von Steuererträgen Grenzen. Zweitens haben die USA besonders im Bereich der Transferpreise einen Re-regulierungstrend eingeleitet, der gesamthaft gesehen den fiskalischen Zugriff auf MNU erhöht hat. Die Mobilität von Produktionsfaktoren scheint somit nicht, wie von den meisten Autoren angenommen, einen uniformen, deregulierungsfördernden Druck auf staatlichen Handlungsspielraum auszuüben, sondern könnte auch als Transmissionsriemen für die Präferenzen wichtiger Staaten oder Staatsgruppen betrachtet werden.

Kapitel 7
Weltwirtschaftliche Integration und politische Fragmentierung

In Zusammenarbeit mit Roy Suter[1]

> Globale Wirtschaftstrends deuten darauf hin, dass die Tage der zentralisierten Staaten, speziell derjenigen Dinosaurier, die durch Gewalt zusammengehalten werden, gezählt sind. Dezentralisierung ist klar an der Tagesordnung, sowohl in wirtschaftlicher als auch in administrativer Hinsicht.
>
> Fuller (1997: 15)

Päpste, orthodoxe Marxisten und islamistische Fundamentalisten haben mit vielen transnationalen Unternehmen zumindest eines gemeinsam: Sie alle streben nach einer weltumspannenden Entfaltung ihrer Tätigkeit, fühlen sich dabei aber durch staatliche Grenzen in ihrer Arbeit oft behindert. Nichtsdestotrotz, und entgegen vielen anders lautenden Thesen vom Niedergang der Politik und des Staates schlechthin, spielen staatliche Grenzen, und damit die Staatenwelt als grundlegendes Strukturmerkmal, bis heute eine zentrale Rolle in der politischen Praxis und Theorie der Internationalen Politischen Ökonomie (IPÖ). Dass Staaten immer noch und vermutlich auch weiterhin einen wesentlichen Einfluss auf wirtschaftliche und soziale Strukturen und Entwicklungen haben werden, wurde in den vorhergehenden Kapiteln aufgezeigt. In diesem Kapitel gehen wir der Frage nach, ob sich in der politischen Geographie der IPÖ im Zuge zunehmender Verflechtungen der Weltwirtschaft nicht dennoch etwas verändert hat. Im Speziellen versuchen wir, zwei scheinbar in paradoxem Verhältnis zueinander stehende Strukturveränderungen im internationalen System zu deuten: einerseits die zunehmende grenzüberschreitende Integration in vielen Bereichen der Wirtschaft, andererseits und gleichzeitig die zunehmende Zersplitterung des internationalen Systems in immer mehr und entsprechend kleinere politische Einheiten, also eine politische Fragmentie-

---

1   Einige der in diesem Kapitel vorgestellten theoretischen Ideen hat Thomas Bernauer mit Peter Moser zusammen entwickelt (Bernauer/Moser 1995). Das empirische Datenmaterial für die Fallstudien zu Quebec und Schottland stammt weitgehend aus einer Arbeit, die Roy Suter mit Marc Holitscher zusammen verfasst hat (Holitscher/Suter 1999). Peter Moser und Marc Holitscher sei an dieser Stelle dafür gedankt, dass wir diese Ideen und Daten für das vorliegende Kapitel verwenden konnten.

rung. Das in der Folge entworfene Erklärungsmodell bringt politische Fragmentierungsphänomene mit weltwirtschaftlichen Integrationsprozessen in Verbindung. Die Plausibilität des Modells wird anhand zweier Fallstudien zu Autonomiebewegungen in OECD-Staaten bewertet.

7.1. Gegenläufige Trends in Wirtschaft und Politik

Während weltweit die grenzüberschreitende Verflechtung in vielen Bereichen der Wirtschaft und Gesellschaft zunimmt (Horsman/Marshall 1994; Lewis 1996; Ohmae 1990, 1995a), zersplittert das internationale System, und damit auch die Grundstruktur der internationalen politischen Ökonomie (IPÖ), in immer zahlreichere und entsprechend kleinere politische Einheiten (Anderson 1996). Im Jahr 1900 wies die Welt etwa 40 Territorialstaaten auf, heute sind es um die 200.[2] Seit der zweiten Hälfte des 19. Jahrhunderts, das heisst seit die bewohnbare Erdoberfläche beinahe vollständig von souveränen Territorialstaaten (inklusive Kolonialreiche) in Anspruch genommen wurde, hat ihre Zahl ständig zugenommen (vgl. Kap. 1). Von wenigen Ausnahmen abgesehen, sind grossstaatliche Gebilde seitdem bloss zerfallen und nicht neu entstanden – zumindest nicht auf Dauer und schon gar nicht auf friedlichem Wege. Bereits im letzten Jahrhundert begann das Osmanische Reich im Balkan zu zerbröckeln. Das Ende des Ersten Weltkriegs brachte seine endgültige Auflösung auch im Osten, ebenso wie das Ende der Österreichisch-Ungarischen Monarchie. Die Zahl der Staaten stieg damals um gute 50%.

Ein zweiter Schub von Staatsgründungen folgte in den drei Jahrzehnten nach dem Zweiten Weltkrieg mit der Auflösung der westeuropäischen Kolonialreiche. Und seit dem Ende des Kalten Krieges hat sich diese Atomisierung (wenn man die Vereinigung der beiden Deutschland und Jemens ausnimmt) fortgesetzt: Neben Jugoslawien hat sich auch das letzte der grossen europäischen Reiche, die Sowjetunion, die Nachfolgerin des Reiches der Romanov, in seine Bestandteile aufgelöst, und manche ihrer ehemaligen Teilrepubliken sind ihrerseits wieder in Sezessionskriege mit noch kleineren Einheiten verstrickt: Anschauungsmaterial bietet der Kaukasus (vgl. Fuller 1997).

Es ist nicht anzunehmen, dass die politische Landkarte in nächster Zeit zur Ruhe kommen wird. Zwar ist die "Erfolgsrate" bei der Staatenbildung nicht allzu gross: Geht man von ethnischen Gesichtspunkten aus, wären Tausende von Nationalstaaten möglich; tatsächlich sind es heute, wie bereits

---

2   Je nachdem wie das Konzept "Staat" operationalisiert wird, lassen sich in der Renaissance mehr Staaten als heute ausmachen (je nach Zählart bis zu 500). Damals war allerdings die Integration der Weltwirtschaft noch weit weniger ausgeprägt als heute, so dass diese Zeitperiode im Sinne der Erklärung eines Paradoxes von wirtschaftlicher Integration und politischer Fragmentierung an dieser Stelle von geringerem Interesse ist.

erwähnt, nur rund 200 (Gellner 1986: 83; Mayall 1995: 449).[3] Diese Zahl wird wohl auch in Zukunft nur sehr langsam wachsen. Seit dem Ende des Kalten Krieges sind nur wenige Staaten zerfallen (UdSSR, Jugoslawien, die Tschechoslowakei und Äthiopien). Es ist jedoch anzumerken, dass viele andere Staaten zentrifugalen Tendenzen unterworfen sind, die nicht notwendigerweise zu neuen Staaten führen müssen, aber politischen Entscheidungsraum durch Dezentralisierungsprozesse verkleinern. Nicht nur die ehemaligen Sowjetrepubliken, afrikanische oder asiatische Staaten (z. B. Kongo, Somalia, Afghanistan, Sudan, Indonesien, Indien, Sri Lanka) sind mit Autonomie- oder Sezessionsbewegungen konfrontiert, sondern auch hoch entwickelte Industriestaaten wie Kanada, Frankreich, Spanien, Grossbritannien, Belgien, Italien und die Schweiz.[4] An dieser Stelle ist festzuhalten, dass das Konzept *politische Fragmentierung*, die in diesem Kapitel zu erklärende (abhängige) Variable, nicht nur erfolgreiche Sezessionen und die Bildung neuer Staaten abdeckt, wie die bisherigen Bemerkungen zum Wachstum der Staatenzahl vermuten lassen könnten. Vielmehr handelt es sich um ein Kontinuum, das von einer Nachfrage nach stärkerer lokaler Autonomie oder föderalistischeren Staatsstrukturen bis hin zur Sezession und Bildung neuer Staaten reichen kann. Generell bezeichnet der Begriff der politischen Fragmentierung Prozesse, in denen sich politische Handlungseinheiten und Handlungszusammenhänge verkleinern.

An welchem Punkt politische Fragmentierungsprozesse zum Stillstand kommen werden, ist umstritten. Die einen behaupten, dass, folge man dem von den Vereinten Nationen legitimierten Selbstbestimmungsrecht der Völker (vgl. Kap. 1), zumindest langfristig bis zu 8'000 Staaten den Erdball belegen könnten (vgl. oben). Dies würde wohl völlig neue Strukturen und Mechanismen der Weltpolitik erfordern. Andere Autoren wiederum postulieren, dass die existierenden Staaten als "Torwächter" fungieren und das Selbstbestimmungsrecht sehr restriktiv auslegen, was dem Wachstum der Staatenzahl enge Grenzen setzt. Beide Seiten vermischen bei ihren Aussagen Prognosen zur Entwicklung der politischen Fragmentierung mit normativen Bewertungen dieser Entwicklung. Öyvind Österud (1997) beispielsweise vertritt folgende Auffassung:

Das Staatensystem kann niemals in irgendeiner sinnvollen Weise vervollständigt werden. Die grundlegende Prämisse des idealistischen Ethno-Nationalismus ist falsch [...] Oft bedeutet die Befreiung einer Gruppe die Unterdrückung einer anderen [...] die Lösung ist zu oft das Problem. Die Auswahl eines ethno-nationalistischen Bestimmungsgrundes – Sprache oder Religion oder kollektives Schicksal – führt häufig zu konfligierenden nationalistischen Forderungen, wobei die ethnische Identität als solche ein formbares Phänomen ist, das kontextuell und sub-

---

3   Etwas salopp formulierte aber interessante Argumente zur Frage, welche ethnische Gruppe es schafft, einen Staat zu "erhalten", finden sich in McGeary 1999.
4   Gurr (1994) und viele andere Autoren stellen fest, dass seit dem Zweiten Weltkrieg ein stetiges Wachstum der Zahl ethnopolitisch motivierter Konflikte zu verzeichnen ist.

jektiv geprägt ist. Die potenzielle Zahl der nationalistischen Forderungen nach Autonomie ist gegen oben hin nicht begrenzt.

Damit ist bereits die ebenfalls umstrittene Frage angesprochen, ob die (mehr oder weniger beschränkte) Zunahme der Staatenzahl positiv oder negativ zu bewerten sei. Die einen beurteilen die politische Fragmentierung negativ. Sie erachten diesen Trend angesichts der zunehmenden Integration der Erdoberfläche zu einem einheitlichen, beinahe nahtlosen Wirtschafts- und Kommunikationsraum als paradox beziehungsweise ineffizient: Zunehmende wirtschaftliche Verflechtung müsste ihrer Ansicht nach eine grössere soziale und politische Verflechtung mit sich bringen – eine Annahme, die im Übrigen den Integrationsbemühungen im Rahmen der EG/EU seit jeher zugrunde liegt (Rhein 1997). Der weltwirtschaftlichen Integration müsse auch eine Weltinnenpolitik folgen – die politische Fragmentierung und der damit verbundene Nationalismus erschwerten diese (Czempiel 1993).

In der Tat hat der scheinbar fast säkulare Trend der Zunahme der Zahl der staatlichen Einheiten im internationalen System und die politische Fragmentierung ganz allgemein, das heisst auch innerhalb bestehender Staaten, zunächst einmal ganz praktische Auswirkungen. Die Führung der Aussenpolitik wird komplizierter, da internationale Entscheidungen und Massnahmen bei grösserer Zahl von Beteiligten meist schwieriger zu bewerkstelligen sind. Besonders Kleinstaaten wie zum Beispiel die Schweiz oder Österreich, von ärmeren Kleinstaaten gar nicht zu sprechen, stossen an ihre Grenzen, wenn es darum geht, mit der gewachsenen Zahl von Staaten, Quasi-Staaten, Gliedstaaten und anderen Akteuren Verhandlungen zu führen oder diplomatische Beziehungen zu unterhalten. Kurz: Die Transaktionskosten steigen, internationale Zusammenarbeit zur dringend notwendigen Lösung grenzüberschreitender Probleme wird schwieriger.

Der Prozess der Zersplitterung des internationalen Systems ist überdies mit Krisen und bewaffneten Konflikten verbunden (vgl. Fuller 1997), die, obschon meist innerstaatlicher oder regionaler Natur, oft auch Auswirkungen über die unmittelbare Nachbarschaft hinaus haben, zum Beispiel in Form von Flüchtlingsströmen, Nachfrage nach humanitärer Hilfe und nach UNO-Blauhelmen, Beeinträchtigung von Handelsbeziehungen oder erhöhtem Risiko bei Direktinvestitionen. Der Economist (19.12.1998: 21) formulierte diesen Sachverhalt treffend wie folgt: "Mit Grenzen verhält es sich wie mit Fliessgewässern. Sie bleiben tendenziell an ihrem Ort, verursachen aber Schaden, wenn sie sich verlagern." Laut Ted Gurr (1994) treten heute in der Welt mehr innerstaatliche Konflikte auf. Dies ist ein klares Anzeichen dafür, dass politische Fragmentierungsprozesse oft gewaltbefrachtete Entwicklungen implizieren.

Andere Autoren werten die Zunahme der Zahl politischer Handlungseinheiten eher positiv und drücken dies mit dem Schlagwort "Small is beautiful" aus. Mehr Staaten bedeutet kleinere Staaten, und damit mehr Bürgernähe, mit welcher oft mehr staatliche Effizienz und stärkere demokratische Kontrolle verbunden sind. Im selben Sinne sind föderalistische Strukturen zu bewerten, in denen subnationale Handlungseinheiten grössere Entscheidungsbefugnisse haben (vgl. Geser 1992; Economist 3.1.1998: 63f.; Frey/Stutzer 1999).

Andere Autoren wiederum erachten die politische Fragmentierung als zumindest langfristig mehr oder weniger irrelevant. Sie betrachten Staaten in wachsendem Masse als Teil der politischen Folklore. Für die Vorgänge in der realen Welt, und damit vor allem auch der Wirtschaft, sei die Ausgestaltung der politischen Geographie von abnehmender Wichtigkeit. Mehr Staaten mögen die Welt etwas bunter erscheinen lassen, letztlich sei es aber entscheidend, wo die Handlungskompetenzen liegen, und diese hätten sich vom Staat weg auf andere Ebenen verschoben. Schliesslich bewerten einige Beobachter der Weltpolitik das mit der politischen Fragmentierung verbundene Problempotential im Sinne einer n-förmigen Entwicklung. In den Worten von Graham Fuller (1997: 19):

Der Übergang zu einer neuen internationalen Ordnung wird in der Tat mit einem Wirrwarr verbunden sein. Er könnte jedoch eine weniger drastische Neugestaltung der gegenwärtigen Realität nach sich ziehen, als wir vielleicht denken. Unvermeidlich wird in einer Welt voller neuer Nationen die Bedeutung der nationalen Souveränität stark verringert sein – ein Prozess, der seit einiger Zeit schon im Gange ist. Während sich die Zahl der Nationen verdoppelt oder gar verdreifacht, könnte die nationale Souveränität schliesslich nur noch wenig mehr bedeuten als eine Anerkennung ethnischer und nationaler Besonderheit. Im Kontext grösserer globaler Trends könnten sich kleinere Nationen gezwungen fühlen, sich zu verbünden und ihre Ressourcen zusammenzulegen, um auf dem internationalen Marktplatz der Wirtschaft und der Macht eine stärkere Position zu erlangen.

Wie auch immer man die Konsequenzen der politischen Fragmentierung bewertet, so erscheint diese in Bezug auf traditionelle Theorien der internationalen Beziehungen paradox. Die Globalisierung wird meist als eine zusätzliche Expansion und Vertiefung von Interdependenzen im internationalen System betrachtet (Jones 1995). In klassischen Integrationstheorien wiederum wird argumentiert, dass wachsende wirtschaftliche Interdependenzen mittels *spill-over*-Effekten auch zu politischen Integrationsprozessen führen (Haas 1964; Mitrany 1943). Dennoch haben auch in Weltgegenden mit einem hohen Ausmass an wirtschaftlicher Verflechtung zentrifugale politische Kräfte an Bedeutung gewonnen. Beispiele sind die Autonomiebestrebungen in Quebec und Schottland. Wie lassen sich diese gegenläufigen und paradox erscheinenden Trends erklären?

7.2. Herkömmliche Erklärungen

Herkömmliche Erklärungen für politische Fragmentierungsprozesse sind entweder auf innerstaatliche Strukturen und Entscheidungsprozesse oder auf Reaktionen des internationalen Systems ausgerichtet.[5] Die seit den 1960er Jahren entwickelten Sezessionstheorien haben vorwiegend innerstaatliche Ursachen für das Entstehen von Sezessionsbestrebungen zum Gegenstand (siehe unter anderem Gurr 1994; Cederman 1997; Hechter 1992; Horowitz 1985; Navaratna-Bandara 1995; Wood 1981). Sie liefern in der Regel keine systematischen Erklärungen für die Auswirkungen staatsexterner Faktoren auf die Kohäsion von Staaten.[6]

Andere Erklärungen wiederum betrachten die "Torwächter"-Funktion der bestehenden Staaten als wichtige Bedingung für das Entstehen neuer Staaten. Diese "Torwächter"-Funktion ist insofern zentral, als sie zwischen der Nachfrage bestimmter Gebiete oder sozialer Gruppierungen nach Autonomie oder Unabhängigkeit und der tatsächlichen Schaffung eines autonomen Gebietes oder eigenen Staates steht. Diese Funktion entsteht dadurch, dass Souveränität eine internationale Institution ist, die durch gegenseitige Anerkennung der Staaten konstituiert wird. Allerdings bekunden Vertreter dieser Theorien grosse Mühe, generalisierbare Erklärungen für die Erfolge und Misserfolge von Autonomie- oder Sezessionsbestrebungen zu liefern. Öyvind Österud (1997) beispielsweise legt in umfassender Weise den Wandel in den staatlichen Reaktionen auf Unabhängigkeitsbestrebungen dar. Er kommt allerdings zum Schluss, dass die Anerkennung von Staaten meist eher pragmatischen, wenn

---

5   Erklärungen für den Untergang von Staaten gibt es nur in Ansätzen. Die (vielleicht allzu triviale) These, dass machtpolitisch gesehen schwache Staaten eher untergehen, hat sich in empirischen Tests nicht erhärten lassen (Fazal 1999).

6   Bezeichnenderweise versäumte es Wood (1981) in seinem mutigen Unternehmen, die bisher entwickelten theoretischen Ansätze zur Erklärung von Sezessionen in einem einzigen "eklektischen" Analyserahmen zu integrieren, staatsexterne Faktoren zu berücksichtigen. Navaratna-Bandara (1995) wiederum identifiziert fünf Schulen oder Kategorien von theoretischen Konstrukten zur Erklärung von Sezessionen, wobei keine der Kategorien den Einfluss staatsexterner Faktoren systematisch in die Analyse sezessionistischer Bewegungen einbezieht (abgesehen von den Auswirkungen der Modernisierung). Cederman (1997) untersucht mittels Computersimulationen nationalistische Mobilisierungsprozesse in multiethnischen Staaten. Trotz der innovativen und unkonventionellen methodischen Vorgehensweise liefert auch dieses Werk kaum Erkenntnisse zum Einfluss weltwirtschaftlicher Integrationsprozesse auf politische Fragmentierungs- beziehungsweise Integrationstrends. Polèse (1985) ist der wenigen (frühen) Ausnahmen, und in neuester Zeit hat sich vor allem Keating (1996, 1997) darum bemüht, diese Forschungslücke zu schliessen. Viele Autoren (z. B. Mayall 1995) bringen das Paradox der wirtschaftlichen Globalisierung und politischen Zersplitterung explizit zur Sprache, formulieren jedoch keine griffigen Thesen zur Frage, ob und wie die Globalisierung die Fragmentierung fördert oder hemmt.

nicht gar unersichtlichen Kriterien folgt. Graham Fuller (1997: 17) gelangt gar zu folgendem Ergebnis:

Die Staatenbildung hing noch nie von der wirtschaftlichen Lebensfähigkeit, sondern von historischen Zufällen ab [...] Völkerrechtler sollten sich dies merken. Es kann keinen vorher bestimmten Konsens darüber geben, wer in Zukunft einen Staat haben sollte. Jede Gruppe von Menschen, die wirklich einen Staat oder zumindest Autonomie will, wird ihn oder sie vermutlich am Ende bekommen.

Seit Ende der 1970er Jahre sind in der politökonomischen Forschung vereinzelt Hinweise darauf zu finden, dass Interdependenzen nicht nur Integrations-, sondern auch Desintegrationsprozesse bewirken können (Holsti/Siverson/George 1980). Diese Einsicht floss ab Mitte der 1990er Jahre auch in die Globalisierungsdiskussion ein (Holm/Sørensen 1995; Mayall 1995). In dieser neuen Runde des Theoretisierens zu Autonomie- und Sezessionsbestrebungen sind bislang verschiedenste Kausalbeziehungen zwischen Globalisierung und politischer Fragmentierung zur Sprache gekommen.

Als populärste Erklärungsvariante hat sich bisher ein Gemisch aus sozialpsychologischen und soziologischen Argumenten erwiesen. Globalisierung setze breite Schichten der Gesellschaft ökonomisch unter Druck und stelle gleichzeitig ihre althergebrachten Identitäten, das "Wir-Gefühl", in Frage. Identitätskrisen verursachten vor allem ein Ohnmachtsgefühl gegenüber dem weltwirtschaftlichen Wandel und seinen Konsequenzen, sowie gegenüber einer staatlichen Politik, die ihre Verluste an Handlungsspielraum durch bürgerferne, den demokratischen Politikprozessen im Inland entzogene internationale Kooperation zu kompensieren versuche. Identitätskrisen würden auch angeheizt durch die kulturelle Durchdringung vom Ausland her (kulturelle Globalisierung). Diese neuen Probleme entlüden sich nicht, wie noch vor ein paar Jahrzehnten, in Konflikten zwischen Kapitalbesitzern und Arbeitnehmern, sondern kanalisierten sich in Anforderungen an den bestehenden Staat. Kann dieser wichtigen gesellschaftlichen Gruppen keinen genügenden Schutz bieten und ihre kollektive Identität nicht stärken oder wiederherstellen – und dies ist aufgrund der Globalisierung oft schwierig – so mobilisiert sich das Unzufriedenheitspotential entlang ethnischen, religiösen, sprachlichen oder anderen Merkmalen. Eine Nachfrage nach kleineren und homogeneren politischen Einheiten innerhalb eines bestehenden Staates oder im Rahmen eines neuen Staates entsteht (vgl. Snyder 1993; Fuller 1997; Zürn 1998: 264–283). Oft gesellt sich zu diesen Erklärungen die Behauptung, wirtschaftliche Globalisierungsprozesse würden Autonomie- oder Sezessionsbestrebungen zusätzlich begünstigen, da nationale Grenzen in wirtschaftlicher Hinsicht ohnehin immer bedeutungsloser würden.

Solche Erklärungsversuche vermengen eine Fülle von Konzepten, Variablen und kausalen Argumenten. Oft sind die entsprechenden Hypothesen nicht systematisch aus einer theoretischen Argumentation hergeleitet, und es bleibt unklar, inwiefern sie sich miteinander verknüpfen lassen (vgl. Mayall 1995).

Viele Analysen spezifizieren ihre zu erklärende Variable nicht genau; dabei bleibt oft unklar, ob nun Varianz im Ausmass des Nationalismus, der Anzahl Sezessionen, Dezentralisierungstendenzen oder andere Phänomene erklärt werden (vgl. Haas 1997; Brubaker 1996). Gleichermassen können diese Argumente aufgrund ihrer grossen Komplexität oft nicht befriedigend in empirische Forschungsbemühungen umgesetzt werden. Im Folgenden entwerfen wir ein politökonomisches Modell, das sich von den meisten anderen Erklärungsmodellen vor allem durch seine Einfachheit und Kohärenz unterscheidet, und untersuchen es anhand von Fallstudien auf seine Plausibilität hin.

Dieses Modell ist explizit *nicht* darauf angelegt, politische Fragmentierung in umfassender Weise zu deuten.[7] Vielmehr wird damit versucht zu erklären, inwiefern bereits bestehende Autonomie- oder Sezessionsneigungen von mit einem existierenden Staat unzufriedenen Interessengruppen oder Teilgebieten, das heisst zentrifugale Tendenzen in einem bestehenden Staat, durch weltwirtschaftliche Integrationsprozesse verstärkt werden können. Obschon das Modell grundsätzlich auf alle Länder der Welt anwendbar ist, ist es aufgrund dieses Fokus vor allem für die Deutung politischer Fragmentierungsprozesse in aussenwirtschaftlich stark vernetzten Staaten interessant. Die Einsichten, die sich aus diesem Erklärungsversuch gewinnen lassen, sind jedoch auch über die OECD-Welt hinaus von Relevanz, da die Integration vieler Entwicklungs- und Schwellenländer in die Weltwirtschaft sowie deren Demokratisierung (zwei zentrale Variablen im Modell) zunehmen.

7.2. Verursacht Globalisierung politische Fragmentierung? – Ein Erklärungsmodell

Anknüpfend an ein von Alesina und Spolaore (1995) skizziertes und von Bernauer/Moser (1995) weiterentwickeltes Modell[8] ist der Ausgangspunkt der folgenden Überlegungen die Vorstellung, dass der Staat öffentliche Güter wie zum Beispiel Landesverteidigung, Sicherung der öffentlichen Ordnung (z. B. durch die Polizei und Justiz) und Verkehrs- und Kommunikationsinfrastruktur bereitstellt. Bei vielen öffentlichen Gütern sind Skaleneffekte zu verzeichnen: Die Grenzkosten der Bereitstellung einer Einheit eines Gutes nehmen mit

---

7　Wie beispielsweise von Gurr (1994) dargelegt, sind die wichtigsten Fälle von ethnopolitischen Konflikten seit den 1960er Jahren meist als unmittelbare Folge von Staatenbildung, Revolutionen oder der Demokratisierung autokratischer politischer Systeme aufgetreten. Das Ende des Kalten Krieges hat die Zahl dieser Konflikte erhöht, indem es die Zahl der Staaten, in denen Machtwechsel stattfanden, ansteigen liess.

8　Die Weiterentwicklung des Modells vermindert unter anderem die (allzu) starke Konzentration der ursprünglichen Argumente auf Kosten und Nutzen der Staatsgrösse als Erklärung für das Entstehen von Staaten.

steigender Produktionsmenge ab. Dies bedeutet, dass in der Regel die Steuerzahler grosser Staaten im Verhältnis weniger für eine Einheit eines öffentlichen Gutes bezahlen als die Steuerzahler kleiner Staaten: Es ist für die SchweizerInnen effizienter und damit auch billiger, anstelle von 26 kantonalen Armeen nur *eine* Armee zu unterhalten. Das Gleiche gilt für Währungen.

Ein weiterer Vorteil grosser Staaten liegt darin, dass sie von einer breiteren Risikostreuung profitieren können: Katastrophen wie zum Beispiel Unwetter, Dürre und Erdbeben betreffen kleinere Staaten stärker. Es ist grossen Staaten leichter möglich, derartige Probleme durch eine Umverteilung von Ressourcen aufzufangen, ohne gleich als Ganze in eine Krise zu geraten. Ähnliches gilt für Wirtschaftskrisen. Wenn beispielsweise die Automobilindustrie in Detroit unter Absatzschwierigkeiten leidet, können freigestellte Arbeitskräfte im Silicon Valley oder der Tourismusindustrie Floridas unterkommen.[9] Gleichermassen sind grosse Staaten in solchen Situationen auch besser in der Lage, wirtschaftlich notleidenden Teilgebieten Unterstützung zukommen zu lassen. Diese Sicht der Dinge orientiert sich an politischen Theorien des 19. Jahrhunderts (z. B. Friedrich List, vgl. auch Hobsbawm 1992). In nationalistischer Übersteigerung wurde damals die Kleinstaaterei kritisiert; grosse bürgerliche Nationalstaaten hätten eine weit bessere Aussicht auf materielle Entwicklung.[10] Diese Ansichten sind heute teilweise noch im europäischen Integrationsdiskurs anzutreffen, indem die Notwendigkeit der politischen und wirtschaftlichen Integration Europas mit dem Wettbewerb zwischen drei regionalen Wirtschaftsblöcken (Nordamerika, Japan/Asien und Europa) begründet wird.

Folgt man dem Argument der Skaleneffekte bis ins Extrem, wäre der grösstmögliche, ein "Weltstaat", die effizienteste Lösung. Es gibt ihn nicht – ganz im Gegenteil, die Entwicklung der politischen Geographie weist offensichtlich in die entgegengesetzte Richtung. Darüber hinaus existiert eine grössere Zahl kleiner aber wohlhabender Staaten. Manche Autoren behaupten gar, es bestehe mit Ausnahme der USA und Japans eine negative Beziehung zwischen Staatsgrösse und Prosperität. Obschon diese Hypothese noch zu wenig erforscht ist, erweist sich die Kritik am Argument der Skaleneffekte doch als recht plausibel.[11] Man vergleiche etwa die Schweiz, Luxemburg, Österreich, Nauru und Irland mit China, Indien, Russland und Brasilien.[12]

---

9   Eine wichtige Bedingung, die es hier zu berücksichtigen gilt, ist die Mobilität der Produktionsfaktoren.

10 In diese Zeit fällt die Einigung Italiens und Deutschlands sowie die Schaffung grosser Kolonialreiche durch Grossbritannien, Frankreich und die Niederlande.

11 Weitere Kritikpunkte zielen darauf ab, dass mit der Staatsgrösse der staatliche Schutz im Sicherheitsbereich nicht unbedingt besser werden muss. Auch die leichtere Bewältigung von Wirtschaftskrisen durch grosse Staaten bleibt oft nur Theorie. Vergleiche Economist 3.1.1998: 64f.

12 Der Economist (3.1.1998: 64) geht einen Mittelweg, indem er behauptet: "Selbst wenn die

Ein möglicher Grund für die Diskrepanz zwischen dem Argument, dass aufgrund vorteilhafter Skaleneffekte grössere Staaten Vorteile geniessen, und den tatsächlichen politischen und wohlstandsbezogenen Verhältnissen liegt darin, dass mit der Grösse eines Staates meist auch die Heterogenität der Interessen seiner Bevölkerung zunimmt. Es wird deshalb schwieriger, die verschiedenen gebietskörperschaftlich und anderweitig organisierten Interessen unter einen Hut zu bringen und politische Entscheidungen über die Bereitstellung und Verteilung öffentlicher Güter zu treffen und umzusetzen. Die Frage, wo jeweils das Gleichgewicht zwischen Heterogenität der Interessen und den durch Skaleneffekte und bessere Risikoverteilung bestimmten Effizienzgewinnen bei steigender Grösse eines Staates liegt, lässt sich sowohl generell als auch im Einzelfall kaum schlüssig beantworten.

Tendenziell ist allerdings davon auszugehen, dass mit zunehmender Heterogenität der Interessen in einem Staat dessen Zusammenhalt nur gesichert werden kann, wenn die sich benachteiligt fühlenden sozialen Gruppen oder Teilgebiete durch Ressourcentransfers oder andere spezifische Anreize zufrieden gestellt werden können (vgl. auch Barry 1996). Das Phänomen der Transferzahlungen oder Ressourcentransfers allgemein von reicheren in ärmere Regionen innerhalb von Staaten ist altbekannt und auch in der EU sehr ausgeprägt. Es versteht sich dabei von selbst, dass derartige Transfers in reichen Staaten leichter möglich sind als in armen: Die für selektive Anreize zur Verfügung stehenden Ressourcen sind schlicht umfangreicher. Autonomie- oder Sezessionsbestrebungen erhalten demnach verstärkten Zulauf, wenn die Zentralregierung eines Staates nicht oder nur ungenügend in der Lage ist, selektive Anreize für unzufriedene gesellschaftliche Gruppen oder Teilgebiete des Staates zu schaffen. Ähnliches ist zu erwarten, wenn in einem Staat unzufriedene Gruppen oder Teilgebiete über längere Zeiträume als Nettozahler an andere Gruppen oder Gebiete fungieren.

Im Weiteren ist davon auszugehen, dass je besser der Zugang organisierter Interessen zum politischen Prozess eines Landes ist, desto intensiver und auch besser informiert der Kampf um die Verteilung von Ressourcen geführt wird. Eine der Konsequenzen ist, dass der Einsatz von Ressourcentransfers zur Erhaltung der Kohäsion eines Staates in pluralistischen Demokratien in der Regel schwieriger zu bewerkstelligen ist als in nichtdemokratischen politischen Einheiten. Die Demokratisierung ihrerseits wird, wie von verschiedenen Autoren postuliert, durch wirtschaftliche Globalisierung gefördert (Huntington 1991; Lipset 1959), indem Letztere zumindest mittel- bis längerfristig zur Entwicklung liberaler Markt- und Gesellschaftsstrukturen beiträgt. Die Demokratisierung wiederum kann bewirken – Mancur Olson (1982) hat es aufgezeigt –, dass eskalierende Anforderungen gut organisierter Gruppen an den Staat zu einer finanziellen und anderweitigen Überforderung des Letzteren

---

Grösse nicht unbedingt Nachteile mit sich bringt, ist sie doch von geringerem Nutzen als früher. Heute schrumpfen die Nachteile des Kleinseins."

führen, woraus ein wirtschaftlicher Niedergang resultiert. Gebiete oder soziale Gruppen innerhalb eines Staates, die sich benachteiligt fühlen, sei es nun, weil sie aus ihrer Sicht zuviel bezahlen oder zu wenig erhalten, haben damit einen Anreiz, sich selbständig(er) zu machen, zumal auch die Gewaltanwendung gegenüber einem sezessionistischen oder nach mehr Autonomie strebenden Landesteil in einer Demokratie schwieriger sein dürfte.

Wie kommt nun der Zusammenhang zwischen wirtschaftlicher Globalisierung und politischer Fragmentierung zustande? Die folgenden Arbeitshypothesen postulieren, dass drei diesbezüglich interessante Effekte zu untersuchen sind.

Erstens kann wie oben behauptet die weltwirtschaftliche Integration die Demokratisierung politischer Systeme und damit auch den Zugang zu staatlichen Verteilungsprozessen fördern. Die Nachfrage nach staatlichen Leistungen steigt dadurch. Dies kommt auch in der statistischen Analyse in Kapitel 2 zum Ausdruck – wirtschaftlich offenere Länder weisen tendenziell einen grösseren öffentlichen Sektor auf. Der steigenden Nachfrage steht ein knappes Angebot gegenüber, und Verteilungskonflikte können Ressourcentransfers an unzufriedene Gruppen oder Gebiete erschweren oder verunmöglichen. Das Unzufriedenheitspotential kann dadurch steigen.

Zweitens können Globalisierungsprozesse zu einer stärkeren Beschränkung staatlicher Umverteilungsleistungen beitragen. In vielen Ländern wurden beispielsweise wichtige staatliche Sektoren privatisiert (z. B. Telekommunikation, Post, öffentlicher Verkehr, Rüstungsindustrie, Energiesektor) – dies nicht zuletzt mit der Begründung, diese Deregulierung würde die internationale Wettbewerbsfähigkeit stärken. Zusätzlich binden Massnahmen zur sozialen Abfederung des durch die Globalisierung verursachten wirtschaftlichen Strukturwandels oft Ressourcen auf breiter Front, wodurch für selektive Anreize weniger Geld zur Verfügung steht. Mit zunehmender Liberalisierung der Märkte könnte somit die Fähigkeit vieler Staaten, unzufriedenen Gruppen oder Teilgebieten spezifische Anreize zu bieten, sinken oder zumindest an Grenzen stossen.

Drittens, je stärker die grenzüberschreitende Wirtschaftsverflechtung ist, desto niedriger sind für sich benachteiligt fühlende Gebiete oder soziale Gruppen die Kosten, die eine grössere Autonomie oder gar das Austreten aus dem betreffenden Staat verursachen würde (vgl. auch Rogowski 1985; Meadwell 1993b). Dies gilt natürlich insbesondere für wirtschaftlich leistungsstarke Gebiete oder Gruppen, die bereits eng mit dem Ausland verflochten sind oder zumindest damit rechnen können, Anschluss an die Weltwirtschaft zu finden. Regionale Integrationsräume wie beispielsweise die EU oder die NAFTA bieten solche Möglichkeiten.

Mit dem dritten Argument eng verbunden ist die Behauptung, dass Autonomie- oder Sezessionsbewegungen dadurch begünstigt werden, dass aufgrund der gestiegenen Integration der Weltmärkte, wie oben erwähnt, die Grösse eines Landes immer weniger Einfluss auf dessen Wirtschaftspotential hat.[13] Für viele Teilgebiete von Staaten, besonders solche von hochentwickelten Industrieländern, sind dadurch die *exit*-Kosten (Hirschman 1970) und damit implizit die Nachteile des "Kleinerwerdens" ganz generell gesunken. In der Tat lassen sich viele Beispiele kleiner, aber wirtschaftlich erfolgreicher Staaten ausmachen. Die Niederlande beispielsweise verfügen über ein grösseres BIP als das um ein Vielfaches grössere Indien. Unter den zehn grössten Staaten der Welt sind nur gerade die USA und Japan unter den wirtschaftlichen Spitzenreitern. Die Staatsgrösse ist somit kein Hindernis beim Eintritt in den Klub der Reichsten.[14]

Schliesslich müssen auch die Reaktionen der bestehenden Staatenwelt in die *exit*-Kosten einbezogen werden. Beispielsweise können Weigerungen wichtiger Staaten, einen (potenziell) neuen Staat anzuerkennen und ihm Zugang zu regionalen Integrationsprozessen zu gewähren, die Sezessionskosten beträchtlich erhöhen. Diese Interaktionen sind vorwiegend von Macht- und Interessenstrukturen geprägt, bis zu einem gewissen Grad aber auch von juristisch-normativen Erwägungen (Young 1995a; Österud 1997).

Wirtschaftliche Globalisierung, zusammen mit Demokratisierung, muss die politische Integration somit nicht fördern, sondern kann im Gegenteil der politischen Fragmentierung Vorschub leisten. Diese Fragmentierung muss nicht gleich in neue Staaten münden, sondern kann beispielsweise lediglich zu föderalistischeren Staatsstrukturen mit weitergehender lokaler oder regionaler Autonomie führen. Die vorliegende Argumentation kann somit auf vier eng miteinander verbundene Hypothesen zugespitzt werden:

Hypothese 1: Je heterogener die Interessen in einer politischen Einheit sind, indem zum Beispiel starke, historisch bedingte, ethnische, sprachliche

---

13 Grosse Märkte bieten den Vorteil von Skaleneffekten bei der Produktion und dem Verkauf von Gütern. Je integrierter das internationale Handels- und Finanzsystem jedoch ist, desto weniger sind Firmen auf grosse nationale Märkte angewiesen. Es ist sicherlich kein Zufall, dass eine hohe Korrelation zwischen der Grösse von Staaten und ihrer Aussenhandelsquote besteht: Je kleiner ein Staat ist, desto grösser ist seine Aussenhandelsquote (vgl. Kap. 2). Mit dem starken Wachstum des Handels mit Dienstleistungen und dem Handel über das Internet dürfte die Grösse von Staaten im Wirtschaftswettbewerb weiter an Bedeutung verlieren.

14 Grosse Staaten mögen in machtpolitischer Hinsicht gewisse Vorteile geniessen. Allerdings lassen sich solche Vorteile oft nur sehr unvollständig in wirtschaftlichen Nutzen umsetzen – internationale Wirtschaftsverhandlungen, z. B. im Rahmen der WTO oder der EU bieten dafür reichlich Anschauungsmaterial. Kleine Staaten verstehen es zudem oft, als Trittbrettfahrer von machtpolitischem Engagement grosser Staaten zu profitieren – die Schweiz profitierte im Kalten Krieg beispielsweise vom Nuklearschirm der NATO. Ob die Vorteile in Bezug auf bessere Risikostreuung in grossen Staaten wirklich zum Tragen kommen, ist umstritten. So ist grösseren Staaten oft beobachtbar, dass Ressourcentransfers über lange Zeiträume in die gleiche Richtung laufen – z. B. in Italien von Norden nach Süden, in Deutschland von West nach Ost. Solche Transfers sind damit nicht im Sinne des vom Portfoliomodell postulierten kurz- bis mittelfristigen Risikoausgleichs zu deuten.

oder religiöse Konfliktlinien bestehen, desto stärker ist die Nachfrage nach (und oft auch das Angebot an) selektiven Ressourcentransfers zugunsten unzufriedener sozialer Gruppen oder Teilgebiete des betreffenden Staates. Das Ausmass der Heterogenität der Interessen hängt unter anderem von der Staatsgrösse ab. Je besser es dem Staat gelingt, diese Nachfrage nach Ressourcentransfers zu befriedigen, desto geringer ist die Wahrscheinlichkeit einer politischen Fragmentierung.

Hypothese 2: In reicheren Staaten sowie in Zeiten wirtschaftlicher Prosperität sind Ressourcentransfers leichter zu bewerkstelligen. Besonders bei wirtschaftlichen Einbrüchen oder Rezessionen sinkt die Kapazität der Zentralregierung, Ressourcentransfers zu leisten. Dadurch erhalten Autonomie- oder Sezessionsbestrebungen Auftrieb.

Hypothese 3: Je demokratischer ein Staatswesen organisiert ist, desto ausgeprägter beziehungsweise offener ist der Zugang politischer Interessengruppen zu staatlichen Verteilungsprozessen. Damit steigt auch die Nachfrage unzufriedener Gruppen oder Teilgebiete nach Ressourcentransfers. Gleichzeitig bewirkt ein verstärkter Zugang zu Verteilungsprozessen auch mehr Wettbewerb unter den Nachfragenden und löst Konflikte zwischen "Netto-Zahlern" und "Netto-Empfängern" aus. Verteilungskämpfe dieser Art können Ressourcentransfers zur Erhaltung oder Erhöhung der Kohäsion eines Staatsgebildes erschweren oder verunmöglichen. Dies wiederum kann Autonomie- oder Sezessionsbestrebungen verstärken. In Bezug auf Veränderungen politischer Strukturen und ihre Effekte sind auch Dezentralisierungsmassnahmen von Interesse. Einerseits ist es möglich, dass solche Massnahmen politische Fragmentierungsprozesse verlangsamen oder gar stoppen, indem sie durch mehr lokale Autonomie Sezessionsbewegungen Wind aus den Segeln nehmen. Andererseits sind Dezentralisierungsmassnahmen auch als Bestandteil der politischen Fragmentierung zu betrachten.

Hypothese 4: Weltwirtschaftliche Integrationsprozesse, einschliesslich solche regionaler Natur, können drei Folgen zeitigen. (a) Sie tragen zur Demokratisierung politischer Systeme bei, was die Nachfrage nach staatlichen Umverteilungsleistungen verstärken, Ressourcentransfers aber gleichzeitig erschweren und die politische Fragmentierung fördern kann (vgl. Hypothese 3). (b) Sie können die Fähigkeit von Staaten, Ressourcen umzuverteilen, beschränken oder reduzieren und damit der politischen Fragmentierung Vorschub leisten: sei es, weil die wirtschaftliche Globalisierung soziale Abfederungsmassnahmen erfordert, die im ganzen Staat (auch in "staatstreuen" Gebieten) erfolgen und somit Ressourcen binden, die dann nicht mehr für selektive Anreize zur Verfügung stehen; sei es, weil die weltwirtschaftliche Integration innerstaatliche Deregulierungsprozesse (v. a. im öffentlichen Sektor) bewirkt und ganz allgemein Spardruck auf den öffentlichen Sektor ausübt. (c) Bei zunehmender weltwirtschaftlicher Verflechtung, inklusive regionale Integrationsprozesse, sinken die Sezessionskosten, was wiederum die politische Fragmentierung begünstigt. Diese Hypothesen sind in Abbildung 1 zusammengefasst.

Abbildung 1: Weltwirtschaftliche Integration und politische Fragmentierung

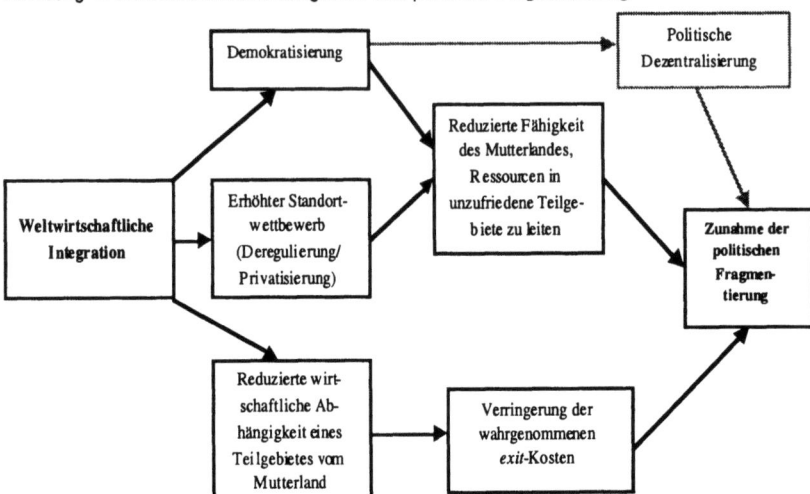

Diese Theorie zur Erklärung politischer Fragmentierungstrends blendet zweifellos eine ganze Reihe einflussreicher Faktoren aus. So haben zumindest die zwei ersten grossen Wellen von Staatengründungen in diesem Jahrhundert, die Reorganisation Europas nach dem Ersten Weltkrieg und die Dekolonialisierung Afrikas und Asiens, nur wenig mit Globalisierungsprozessen zu tun.[15] Ähnliches gilt für Autonomie- und Sezessionsbestrebungen, die in Weltgegenden zu verzeichnen sind, die von der wirtschaftlichen Globalisierung noch kaum erfasst sind (z. B. Kaschmir oder Tschetschenien). In diesen Fällen zerbrechen meist multiethnische Staaten, die mehr oder weniger lange durch autoritäre Regierungen oft gewaltsam zusammengehalten wurden (vgl. Gurr 1994). Gleichermassen versuchen wir auch nicht, eine allumfassende Erklärung für politische Fragmentierungsprozesse zu liefern, sondern gehen davon aus, dass in einem Staat bereits gewisse Konfliktlinien existieren, welche die

---

15 Für die Desintegrationswelle am Ende des Kalten Krieges bietet das Erklärungsmodell bereits griffigere Erklärungen. Die Sowjetunion ist in einer Phase zunehmender Demokratisierung und wirtschaftlichen Niedergangs zerbrochen. Das Baltikum, eine wirtschaftlich vergleichsweise starke Region, die aufgrund ihrer geographischen Lage hoffen konnte, relativ problemlos an der Weltwirtschaft teilhaben zu können, spaltete sich zuerst ab. Ähnliches gilt im Falle von Ex-Jugoslawien, dessen westlichste Teilrepublik Slowenien sich ebenfalls als erstes Teilgebiet absetzte.

Kohäsion des Staates in Frage stellen (z. B. mit dem bestehenden Staat unzufriedene ethnische Gruppen).[16] Diese Beschränkung auf ein recht einfaches Erklärungsmodell birgt allerdings auch Vorteile. Erstens wird versucht, die Effekte weltwirtschaftlicher Integrationsprozesse systematisch in ein überschaubares, mit expliziten Annahmen versehenes und empirisch überprüfbares System von Hypothesen einzubauen. Zweitens ist das Modell so allgemein formuliert, dass es auf eine grosse Anzahl von Fällen anwendbar ist.

7.4. Fallstudien

Obschon das Erklärungsmodell bewusst so formuliert wurde, dass es auf eine grosse Zahl von Fällen anwendbar ist und damit auch für weiterführende Arbeiten von Nutzen sein kann, beschränkt sich die folgende empirische Untersuchung auf die OECD-Länder, zumal dort wirtschaftliche Globalisierungsprozesse am ausgeprägtesten sind – die im Modell thematisierten Konsequenzen weltwirtschaftlicher Integration sind in diesem Buch ja auch von zentralem Interesse. Je nach Zählart existieren in OECD-Ländern heute zwischen 30 und 40 soziale Gruppierungen mit Ambitionen auf Autonomie oder Sezession (Coakley 1992). In Italien sind dies beispielsweise Gruppierungen in Norditalien, Sardinien und Südtirol, in Grossbritannien Gruppierungen in Wales, Schottland und Nordirland, in Nordamerika in Quebec, in Spanien in Katalanien und im Baskenland, in Belgien sind es die Flamen und Wallonen, in Frankreich die Korsen und Bretonen usw.

Anstatt möglichst viele Fälle mit der unvermeidbaren Oberflächlichkeit zu analysieren, beschränken wir uns auf zwei Autonomiebewegungen, diejenigen in Quebec und Schottland. Diese Fallauswahl beruht auf folgenden Überlegungen. In beiden Fällen variiert die Stärke der Autonomie- beziehungsweise Sezessionsbewegung in erklärungsbedürftiger Weise über die Zeit hinweg. In beiden Fällen ist es bisher nicht zur Sezession gekommen, obschon besonders im Falle Quebecs diesbezügliche Entscheidungen äusserst knapp ausfielen. Da wir die Kohäsion des betreffenden Staates beziehungsweise die politische Fragmentierung nicht als dichotome (Sezession findet statt oder nicht statt), sondern als kontinuierliche Messgrösse auffassen, ist das Fehlen einer erfolgreichen Sezession allerdings unwesentlich. Indem wir uns auf die Sezessionsbereitschaft von Teilgebieten konzentrieren, existiert auf der Zeitachse und fallübergreifend genügend Varianz, um eine sinnvolle

---

16 Alternative Ansätze zur Untersuchung der hier verfolgten Fragestellung wären makroquantitative Analysen der Ursachen ethnischer Konflikte (vgl. Gurr 1994) oder breiter gefasste, eher historisch-interpretativ, das heisst nicht auf das Prüfen eines vorher formulierten theoretischen Erklärungsmodells angelegte Fallstudien zu Autonomie- oder Sezessionsbewegungen.

empirische Prüfung des theoretischen Modells durchzuführen. Wie oben schon erwähnt, ist politische Fragmentierung ein Prozess, bei dem bestehende politische Einheiten (Gemeinden, Kantone oder Provinzen, Staaten oder andere Gebilde) in Frage gestellt werden, sich auflösen oder in kleinere Einheiten zerfallen. Die offensichtlichsten Formen politischer Fragmentierung sind Sezessions- und Autonomiebewegungen. In beiden Fällen sind die betreffenden Länder (Kanada, Grossbritannien) sowie die relevanten Teilgebiete (Quebec, Schottland) über die Zeit hinweg und im Vergleich der beiden Fälle in unterschiedlicher Weise in die Weltwirtschaft eingebettet. Die für eine sinnvolle Analyse notwendige Varianz auf der zentralen erklärenden Variable ist also vorhanden. Wir untersuchen die Fragmentierungsdynamik innerhalb der beiden Fälle im Längsschnitt und vergleichen dann die Resultate der beiden Fallstudien.

Wie bei den meisten qualitativen Fallstudien ergeben sich auch hier Probleme bei der Fallselektion. Erstens: Streng genommen müsste die Zahl der Fälle grösser sein als die Zahl der erklärenden Variablen. Dies ist, zumindest im Querschnittsvergleich von Quebec und Schottland, nicht der Fall. Damit kann es sich bei den beiden Fallstudien nur um einen Plausibilitätstest handeln. Zweitens: Die verfügbaren Indikatoren für zwei in den Hypothesen enthaltene Erklärungsvariablen – Wohlstand des Landes und Demokratisierungsgrad – variieren kaum (im Längs- und im Querschnitt). Damit kann in den beiden folgenden Fallstudien nicht das ganze Modell mit all seinen Erklärungsvariablen geprüft werden. Dies ist allerdings insofern unproblematisch, als wir uns hier vor allem für die Auswirkungen weltwirtschaftlicher Integrationsprozesse auf Autonomie- und Sezessionsbestrebungen interessieren. Aufgrund der geringen Fallzahl erweist sich die Möglichkeit, den Demokratisierungsgrad konstant zu halten, zudem aus methodischen Erwägungen als nützlich. Das Hauptinteresse in diesem Zusammenhang gilt der Fähigkeit von Staaten, Ressourcentransfers zu erbringen, der Beziehung zwischen Ressourcentransfers und der Stärke der Autonomie- oder Sezessionsbewegung und der Beziehung zwischen letzterer Variable und den *exit*-Kosten.

7.4.1. Quebec

Seit die Briten 1759 die Franzosen als Herrscher über Nordamerika ablösten, haben sich die Quebecois als eine kulturell eigenständige Gesellschaft innerhalb von Britisch-Nordamerika und später innerhalb von Kanada verstanden. Die wichtigsten Kennzeichen ihrer kulturellen Eigenart und zugleich die fundamentalen Träger ihrer nationalen Identität waren bis in die Mitte des 20. Jahrhunderts hinein die französische Sprache, die katholische Religion und schliesslich auch der niedrigere soziale Status der frankophonen Quebecois im Vergleich mit der anglophonen Elite. Die dominante Ideologie der Quebecois war jedoch keine separatistische, sondern viel eher ein konservativer oder defensiver Nationalismus, der die nationale Identität und das kulturelle Erbe der Quebecois innerhalb der kanadischen Föderation zu bewahren trachtete (Keating 1996: 65–66; Esman 1994: 147–159).

Seit dem Ende der 1950er Jahre ist jedoch das nach innen gerichtete Gesellschaftsmodell Quebecs unter starken Modernisierungsdruck geraten. Der Sieg der Liberal Party in den Provinzwahlen von 1960 leitete eine neue Ära Quebecs ein, die später als die sogenannte "Quiet Revolution" in die Geschichte einging. Die Quiet Revolution bezeichnet ein Programm kollektiver Modernisierung, das von einer zunehmend interventionistischen Provinzregierung getragen und geleitet wurde. Im Verlauf der 1960er Jahre baute die Provinzregierung ihr Tätigkeitsfeld massiv aus und betrieb eine Wirtschafts- und Industriepolitik, die eine Überwindung des bisher vor allem der Sprachlinie entlanglaufenden sozialen Gefälles (siehe oben) sowie eine grössere Kontrolle der Quebecois über ihre eigene Wirtschaft zum Ziel hatte. Durch die Erfolge der Quiet Revolution änderte und verstärkte sich zugleich die nationale Identität der Quebecois.[17]

Diese Entwicklung führte unter anderem 1968 zur Gründung der ersten grossen politischen Partei, die für die politische Unabhängigkeit Quebecs einstand, des Parti Québecois (PQ). Bereits 1976 gelang es dem PQ, die Provinzwahlen zu gewinnen. Der PQ beschleunigte den Staatenbildungsprozess und führte ein Sprachengesetz ein, das den Gebrauch des Französischen sowohl in der Öffentlichkeit als auch im Geschäftsleben stark privilegierte. Am Ende seiner ersten Amtsperiode führte der PQ 1980 ein Referendum durch. In diesem Referendum ersuchte der PQ um ein Mandat zur Aushandlung einer sogenannten *sovereignty-association* mit dem Rest Kanadas. Unter *sovereignty-association* verstand der PQ eine neue konstitutionelle Ordnung, bei der Quebec die politische Unabhängigkeit bei fortdauernder wirtschaftlicher Union mit dem Rest Kanadas erhalten sollte. Ein solches Mandat wurde dem PQ im Referendum von 1980 mit einer Mehrheit von 60% gegen 40% jedoch verweigert. Das klare Ergebnis entmutigte die Separatisten so sehr, dass die Idee einer Sezession während den folgenden Jahren im öffentlichen Diskurs stark an Bedeutung verlor (Dion 1995; McRoberts 1993).

Um zu verstehen, weshalb die Unabhängigkeitsbewegung in Quebec nach dem Abstimmungsdebakel von 1980 nicht einfach verschwand, muss man die Verfassungsfrage berücksichtigen. Seit dem Ende der 1960er Jahre waren die traditionellen Politikinstrumente zur Sicherstellung der Loyalität der Quebecois zur kanadischen Föderation, die Föderalisierung und eine spezifische Form der Konkordanzdemokratie, unter starken Druck geraten. Die zuneh-

---

17 Während die katholische Religion infolge der einsetzenden Säkularisierung als kultureller Träger der nationalen Identität allmählich an Bedeutung verlor, führte der Abbau der sozio-ökonomischen Unterschiede zwischen Frankophonen und Anglophonen zu einem grösseren nationalen Selbstbewusstsein der Quebecois. Gleichzeitig wurde die französische Sprache zum wichtigsten Element der kulturellen Eigenart der Quebecois.

mende Interventionsfreudigkeit der Provinzregierung Quebecs und der Ausbau ihres Tätigkeitsfeldes hatten zu einer Reihe von Zuständigkeitskonflikten mit der kanadischen Bundesregierung in Ottawa geführt. Im Weiteren hatte das verstärkte nationale Selbstbewusstsein die Provinzregierung Quebecs dazu veranlasst, eine immer weiter reichende politische Dezentralisierung von Ottawa zu fordern. Gleichzeitig war die sogenannte "Repatriierung" der kanadischen Verfassung zu einem Politikum geworden.[18] Diese Frage war für Quebec insofern von grosser Bedeutung, als eine "zurückgeführte" Verfassung den Status der Provinz innerhalb der Föderation neu regeln musste.

Nachdem eine Reihe von konstitutionellen Konferenzen und Akkorden seit den 1970er Jahren die Ansprüche Quebecs nicht befriedigt hatte, machte sich die liberale Bundesregierung Kanadas 1982 daran, die Verfassungsfrage ohne das Einverständnis Quebecs zu lösen. 1985 eröffnete aber die neu gewählte konservative Bundesregierung die Verfassungsfrage von neuem und verpflichtete sich dabei, die minimalen Forderungen von Quebec zu berücksichtigen: Eine konstitutionelle Anerkennung von Quebec als eine besondere Gesellschaft innerhalb der kanadischen Föderation, ein Vetorecht in Bezug auf jegliche Verfassungsänderung und die weitere Dezentralisierung und damit Abtretung von mehr politischen Kompetenzen an Quebec. Bis 1987 hatten die Verhandlungspartner eine Reihe von Zusatzartikeln ausgearbeitet, die zusammengenommen als "Meech Lake Accord" bezeichnet wurden. Quebec zeigte sich zufrieden mit diesen Abkommen. In den übrigen Provinzen Kanadas wurden diese jedoch nicht ratifiziert.

In den folgenden Jahren unternahm die Bundesregierung einen erneuten Anlauf zur Verfassungsreform, der im "Charlottetown Accord" von 1992 gipfelte. Obwohl dieses komplexe Paket von Zusatzartikeln in allen Provinzregierungen sowie seitens der Bundesregierung Unterstützung fand, wurde es in einer landesweiten Abstimmung mit einer Mehrheit von 55% verworfen. Mit dieser neuerlichen Niederlage hatten sich die Hoffnungen auf eine Verfassungsreform weitgehend zerschlagen, und als Konsequenz gewannen die Separatisten in Quebec an Stärke. Die nationalistische Stimmung in Quebec wurde zusätzlich durch einen Entscheid des obersten Gerichtshofs Kanadas angeheizt, der das Sprachengesetz in Quebec für nichtverfassungskonform erklärte. Der PQ gelangte in der Folge nach einem Jahrzehnt in der Opposition 1994 wieder an die Macht. Einer der ersten Schritte der neu gewählten Provinzregierung war die Ansetzung eines neuen Unabhängigkeitsreferendums im Oktober 1995. Dabei beabsichtigte der PQ, im Falle eines erfolgreichen Abstimmungsresultates die wirtschaftliche Union mit Kanada beizubehalten, die kanadische Währung weiterhin zu nutzen, die Doppelbürgerschaft beizube-

---

18 Seit 1867 beruhte die Verfassung Kanadas auf einem Gesetz des Britischen Parlaments, und Zusatzartikel mussten von Westminster gebilligt werden. Im Verlauf des 20. Jahrhunderts wurde diese konstitutionelle Ordnung sowohl von kanadischer als auch von britischer Seite als zunehmend unbefriedigend empfunden (Keating 1996: 69).

halten sowie den freien Personenverkehr zu erlauben. Das Unabhängigkeitsreferendum von 1995 fiel denkbar knapp aus: Mit einer Mehrheit von 50.5% zu 49.5% (eine Differenz von nur 52'448 Stimmen) lehnte die Bevölkerung Quebecs die Vorlage des PQ ab (Dion 1995: 131–136; James/Lusztig 1997: 285; Young 1995b).

Abbildung 2 zeigt die öffentliche Unterstützung in Quebec für drei verschiedene Unabhängigkeitsoptionen, die in der Sezessionsdebatte diskutiert wurden: Unabhängigkeit, Souveränität und *sovereignty-association*. Zu bemerken ist, dass in der Bevölkerung Quebecs kein Konsens darüber besteht, was die einzelnen Optionen genau bedeuten, und die Quebecois pflegen diese Optionen denn auch je nach Kontext verschiedenartig auszulegen. Insofern sind die in Abbildung 2 zusammengefassten Umfragedaten von beschränkter Zuverlässigkeit. Die verfügbaren Daten lassen jedoch darauf schliessen, dass sanftere nationalistische Optionen wie *sovereignty-association* in den vergangenen zwei Jahrzehnten mehr Unterstützung genossen haben als härtere Optionen wie Unabhängigkeit, die eine vollständige Trennung nahelegen.[19]

Abbildung 2: Unterstützung für drei Unabhängigkeitsoptionen

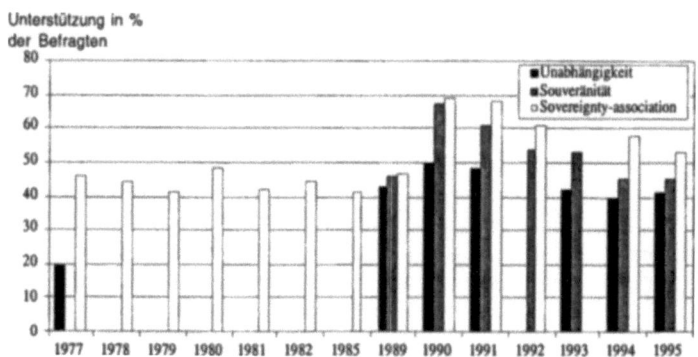

Quelle: Keating (1996: 82).

Dieser historische Rückblick hat gezeigt, dass die Wurzeln des Nationalismus der Quebecois in einem weitverbreiteten sprachlichen Unsicherheitsgefühl und einer Anglifizierungsfurcht liegen. Da die französische Sprache der wichtigste kulturelle Träger der nationalen Identität der Quebecois ist, löst jede Entwick-

---

19 Es ist hier anzumerken, dass die in den obigen Daten zum Ausdruck kommende, steigende Popularität der Unabhängigkeitsoption allenfalls auch mit demographischen Veränderungen zu tun hat. Nach dem Referendum von 1980 ist ein grösserer Teil der englischsprachigen, einer Sezession ablehnend gegenüberstehenden Bevölkerung von Quebec in andere kanadische Provinzen ausgewandert, was den prozentualen Anteil der frankophonen Bevölkerung erhöhte.

lung oder jedes Ereignis, das den Status der französischen Sprache berührt, eine Welle des Nationalgefühls aus. Die wiederholt gescheiterten Versuche zur Verfassungsreform in den 1980er und frühen 1990er Jahren haben dem Separatismus zusätzlich Auftrieb gegeben (Dion 1995). All dies hat bei nicht wenigen Quebecois den Eindruck erzeugt, dass sie ihre kulturelle Besonderheit und nationale Identität nur in einem eigenen, unabhängigen Staat bewahren können.

Obwohl diese Argumente sowohl die Beständigkeit als auch den neuerlichen Aufschwung der Unabhängigkeitsbewegung in Quebec bis zu einem gewissen Grad zu deuten vermögen, können sie nicht ausreichend begründen, weshalb knapp die Hälfte der Bevölkerung Quebecs im Unabhängigkeitsreferendum von 1995, im Gegensatz zur Zeit davor, bereit war, die Trennung von Kanada zu wagen und einen eigenen unabhängigen Staat zu gründen. Die folgende Analyse zeigt, dass die in unser Erklärungsmodell eingebrachten Variablen zur Schliessung dieser Erklärungslücke beitragen können.

Hypothesen und Empirische Information

Unser theoretisches Modell fusst darauf, dass, bevor ein Teilgebiet eines Staates überhaupt ernsthaft eine Sezession vom Mutterland in Betracht zieht, die Individuen in diesem Teilgebiet mehrheitlich überzeugt sein müssen, dass es ihnen in einem eigenen Staat oder in einem autonomeren Gebiet zumindest ebenso gut oder besser gehen würde als zuvor und dass die Risiken dieses Schritts nicht allzu hoch sind. Es ist somit anzunehmen, dass die wachsende Unterstützung für die Unabhängigkeit Quebecs, wie sie in Abbildung 2 zum Ausdruck kommt, mit gestiegenen Nutzenerwartungen und gesunkenen Sezessionskosten einher geht. Da die Daten, auf denen Abbildung 2 beruht, jedoch auf Meinungsumfragen basieren und viele sanfte oder risikoscheue Nationalisten in solch unverbindlichen Befragungen wohl eher dazu geneigt sind, für die Unabhängigkeit zu plädieren als in Situationen, in denen sie die Konsequenzen ihrer Entscheidung auch voll mittragen müssen, ist es durchaus möglich, dass die gemessene Unterstützung für die drei Unabhängigkeitsoptionen etwas überbewertet ist. Es erscheint daher zuverlässiger, die unterschiedlichen Unterstützungsraten für eine Unabhängigkeit Quebecs in denjenigen Situationen, in denen die Quebecois eine verbindliche Entscheidung treffen mussten, miteinander zu vergleichen. Glücklicherweise gibt es im Falle Quebecs zwei solche Situationen: das Referendum von 1980, in dem es um eine *sovereignty-association* ging, und das Unabhängigkeitsreferendum von 1995. Der Vergleich zwischen den beiden Abstimmungsergebnissen zeigt, dass die Unterstützung für eine Unabhängigkeit Quebecs zwischen 1980 und 1995 um etwa 10% stieg.[20]

---

20 Tatsächlich ist die Unterstützung für eine Unabhängigkeit Quebecs vermutlich sogar um

In der Literatur zur Unabhängigkeitsbewegung in Quebec wird häufig die Meinung vertreten, dass das Selbstvertrauen der Quebecois zur Zeit des Referendums von 1980 tief war. Damals erzielte das Argument, dass Quebec als souveräner Staat wirtschaftlich kaum überlebensfähig wäre, eine abschreckende Wirkung. Den Quebecois war die hohe wirtschaftliche Abhängigkeit vom kanadischen Markt nur allzu bewusst, und sie liessen sich einschüchtern von der im Falle einer Unabhängigkeit in Aussicht gestellten Abwanderung grosser Unternehmen und ausländischer Direktinvestitionen. Um den Separatisten den Wind aus den Segeln zu nehmen, konnte die Bundesregierung damit drohen, dass Kanada die wirtschaftliche Union mit einem souveränen Quebec auflösen würde. Empirische Analysen haben zudem ergeben, dass ein weiterer Faktor, der die Unterstützung für eine Unabhängigkeit im Jahre 1980 untergrub, die in Quebec weitverbreitete Ansicht war, dass viele Institutionen und Bürger Quebecs von den Subventionen der Bundesregierung profitierten (Dion 1995: 126; Keating 1996: 84).

Da die Unterstützung für die Unabhängigkeit zwischen 1980 und 1995 stark anstieg, und da diese Entwicklung zumindest zu einem guten Teil auf ein erhöhtes Vertrauen der Quebecois in die wirtschaftliche Überlebensfähigkeit eines souveränen Staates zurückgeführt werden kann, ist es naheliegend zu argumentieren, dass Veränderungen sowohl in der aussenwirtschaftlichen Verflechtung Quebecs als auch im Zufluss von Transferzahlungen der Bundesregierung zwischen 1980 und 1995 einen entscheidenden (positiven) Einfluss auf die Sezessionsbereitschaft der Bevölkerung Quebecs hatten. In den folgenden Abschnitten überprüfen wir diese Hypothesen und untersuchen die Frage, ob diese die Sezessionskosten reduzierenden Veränderungen mit wirtschaftlichen Globalisierungsprozessen zu tun haben.

Transferzahlungen an Quebec

Hat sich die Fähigkeit der kanadischen Bundesregierung, unzufriedene Regionen (in diesem Fall Quebec) mit Ressourcentransfers zu bedienen, verringert, und kann eine allfällige Entwicklung in dieser Richtung die Stärkung der separatistischen Bewegung erklären? Falls die Fähigkeit und der Wille der Bundesregierung, Ressourcen an Quebec zu transferieren, tatsächlich abgenommen haben, wie lässt sich diese Entwicklung erklären?

Die absoluten jährlichen Summen der an Quebec fliessenden Transferzahlungen variieren zwischen 1981 und 1996 stark, nämlich zwischen 3.5 und 2.2 Milliarden C$. Ein aussagekräftigeres Bild liefert Abbildung 3, welche die Transferzahlungen an Quebec als Prozentsatz des Bruttoinlandprodukts von Quebec aufzeigt.

---

mehr als 10% gestiegen, da es im Referendum von 1980 um eine sanftere Unabhängigkeitsoption ging als im Referendum von 1995.

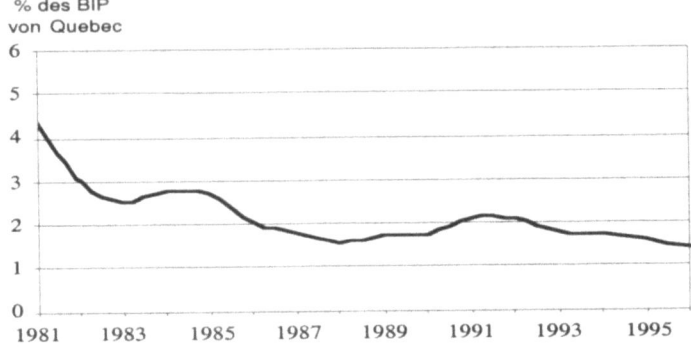

Abbildung 3: Transferzahlungen an Quebec
% des BIP
von Quebec

Quelle: Bureau de la Statistique de Québec.

Abbildung 3 lässt erkennen, dass der relative Beitrag der Bundesregierung an das Bruttoinlandprodukt Quebecs in der Form von Transferzahlungen von 4.4% im Jahre 1981 auf 1.4% im Jahre 1996 gefallen ist. Diese Abnahme der Transferzahlungen hat tatsächlich zur Stärkung der Unabhängigkeitsbewegung beigetragen, indem sie einen weitverbreiteten Eindruck in der Bevölkerung Quebecs erzeugte, dass eine Sezession nun weniger hohe Opportunitätskosten implizieren würde. Während die Sezessionskosten in einem sehr eng definierten Sinn – in der Form eines sicheren Verlustes von Transferzahlungen – im Jahre 1980 über 4% des Bruttoinlandprodukts Quebecs betrugen, sanken diese potenziellen Kosten bis in die Mitte der 1990er Jahre beträchtlich. Wie empirische Untersuchungen zeigen, hat der fortdauernde relative Schwund der Transferzahlungen, gekoppelt mit der wachsenden Bereitschaft der Bundesregierung, staatliche Unternehmen in Quebec sowie in anderen Provinzen zu privatisieren, die Überzeugung in Quebec gestärkt, dass der Verbleib in der kanadischen Föderation immer weniger ökonomischen Nutzen bringe und dass die finanzielle Unterstützung durch Ottawa nicht mehr unentbehrlich für das Funktionieren der staatlichen Institutionen und der Wirtschaft der Provinz Quebec sei. Letztere Überzeugung erlaubte es den Separatisten zu argumentieren, dass in einem souveränen Quebec das bisherige Niveau der öffentlichen Leistungen auch ohne Steuererhöhungen erhalten bleibe (Dion 1995: 128–129).

Wie lässt sich der beobachtete Schwund der Transferzahlungen an Quebec erklären? Gemäss eines von Keith Jaggers und Ted Gurr entwickelten Indikators (*Polity III*) ist der Demokratisierungsgrad der kanadischen Föderation seit dem Ende des Zweiten Weltkriegs stabil geblieben. Somit kann die Demokratisierung (im Sinne der *Polity III*-Indikatoren und wie im theoretischen Erklärungsmodell aufgeführt) die Fähigkeit der kanadischen Bundesregierung, Ressourcen an Quebec zu transferieren, nicht eingeschränkt haben.[21]

In Bezug auf den Einfluss politischer Strukturen sei an dieser Stelle jedoch noch erwähnt, dass die Popularität der Unabhängigkeitsbewegung in Quebec positiv beeinflusst wurde durch eine Entwicklung, die in manchen Aspekten mit einer Demokratisierung assoziiert wird, und die im Übrigen oft als Instrument eingesetzt wird, um einer Sezessionsbewegung den Schwung zu nehmen: die politische Dezentralisierung. Eine politische Dezentralisierung oder eine Föderalisierung des politischen Systems kann bisweilen zentrifugale Tendenzen im Innern eines Staates entschärfen, indem sie den kollektiven Bedürfnissen eines unzufriedenen Teilgebiets entgegenkommt. Dies war im Übrigen auch der Grund, weshalb Ottawa seit den 1960er Jahren dazu bereit war, immer mehr politische Kompetenzen an die Provinzregierung von Quebec abzutreten. Diese Massnahmen haben jedoch die beabsichtigte Wirkung nicht erzielt. Im Gegenteil, indem eine solch umfassende Dezentralisierung den Ausbau der Institutionen Quebecs hin zu einem "Quasi-Staat" ermöglichte, hat sie nicht unwesentlich dazu beigetragen, den steinigen Weg in die Unabhängigkeit zu ebnen. Der Ausbau von Quebecs politischen Institutionen hat viele Quebecois davon überzeugt, dass es nun nicht mehr besonders schwierig wäre, den schon existierenden "Quasi-Staat" in einen gänzlich souveränen Staat zu verwandeln, und dass demzufolge eine Sezession weniger risikoreich wäre, da schon ein bewährter Staatsapparat vorhanden wäre, um den Übergang in die Unabhängigkeit zu leiten (Dion 1995: 127–128).

Wie steht es mit der im Erklärungsmodell postulierten Annahme, dass der durch die weltwirtschaftliche Integration verstärkte Wettbewerbsdruck die nationalen Regierungen dazu zwinge, die Wirtschaft zu deregulieren und Ressourcentransfers abzubauen? Aufgrund der unzureichenden Datenlage können wir hier keine definitive Antwort geben. Allerdings geht der relative Abbau der Ressourcentransfers der kanadischen Bundesregierung an Quebec und die erhöhte Bereitschaft Ottawas, staatliche Unternehmen zu privatisieren, mit der wachsenden Integration Kanadas in die Weltwirtschaft und insbesondere mit wachsenden Verflechtungen mit der US-amerikanischen Wirtschaft einher. Der damit verbundene erhöhte Wettbewerbsdruck, verstärkt durch die neokonservative Wende in Nordamerika in den frühen 1980er Jahren, könnte mindestens zum Teil dafür verantwortlich sein, dass sich die Bundesregierung veranlasst sah, das enorme kanadische Haushaltsdefizit zu verringern und damit auch die Ressourcentransfers zu kürzen, um die Wettbewerbsfähigkeit und das Wirtschaftswachstum des Landes zu sichern – zumal Kanada zu Beginn der 1990er Jahre Wachstumseinbussen erlitt.

---

21 Bei einer differenzierteren Erfassung des Einflusses politischer Interessengruppen auf Verteilungsprozesse (im Sinne von Olson 1982) ergäbe sich allenfalls mehr Varianz, und es liessen sich gegebenenfalls Effekte ausmachen, die in unserem Modell im Zusammenhang mit der Demokratisierung unterstellt werden.

Veränderungen in Quebecs Aussenwirtschaft

Hat sich die aussenwirtschaftliche Stellung Quebecs, im Besonderen dessen wirtschaftliche Offenheit und die Handelsabhängigkeit vom kanadischen Markt, zwischen 1980 und 1995 in eine Richtung verändert, welche die *exit*-Kosten sinken liess? Daten des Bureau de la Statistique du Québec zeigen, dass die Wirtschaft Quebecs in den vergangenen 15 Jahren sowohl allgemein offener als auch abhängiger von Märkten ausserhalb Kanadas geworden ist. Der Anteil der gesamten Exporte Quebecs (das heisst Exporte in das restliche Kanada und ins Ausland) am BIP Quebecs hat in den 1990er Jahren sehr stark zugenommen, von 1992 40% auf 55% im Jahr 1995. Im Vergleich mit anderen souveränen Staaten ist die Aussenhandelsquote Quebecs damit sehr hoch (Keating 1996: 109–110). Da die hohe wirtschaftliche Abhängigkeit Quebecs vom kanadischen Markt in der Vergangenheit immer wieder als stichhaltiges Argument gegen eine Unabhängigkeit Quebecs ins Feld geführt wurde, stellt sich die Frage, ob sich in der Aussenhandelsstruktur Quebecs seit dem Referendum von 1980 etwas geändert hat. Abbildung 4 erfasst den Handel Quebecs mit dem restlichen Kanada (hier als Binnenhandel bezeichnet) und dem Ausland (hier als Aussenhandel bezeichnet).

Abbildung 4: Aussenhandel Quebecs

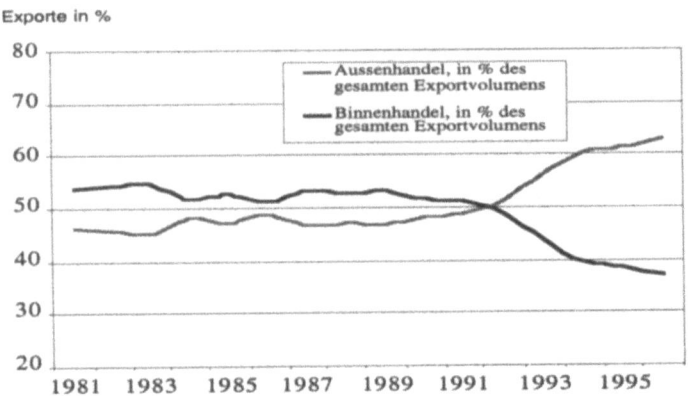

Quelle: Bureau de la Statisitque du Québec.

Abbildung 4 zeigt, dass sich die Abhängigkeit Quebecs vom kanadischen Markt – gemessen als Anteil der Exporte Quebecs ins restliche Kanada am gesamten Exportvolumen Quebecs – stark vermindert hat, von 1983 ungefähr 55% auf 37% im Jahr 1996. Weiter ist zu erkennen, dass die Märkte ausserhalb Kanadas für Quebec an Bedeutung gewonnen haben. Seit 1992 handelt die Provinz mehr mit dem Ausland als mit dem Rest Kanadas, 1996 flossen bereits 63% aller Exporte Quebecs ins Ausland. Dabei spielt der US-amerikanische Markt eine immer grössere Rolle: Während zu Beginn der 1980er Jahre etwa die Hälfte aller Exporte Quebecs in die USA gingen (Meadwell 1993a: 227), betrug dieser Anteil im Jahre 1995 bereits 81%. Hinsichtlich der Importe Quebecs lassen sich ähnliche Entwicklungen feststellen: Im Vergleich zu den frühen 1980er Jahren ist Quebec heute viel stärker auf Importe aus dem Ausland (ca. 62% aller Importe), vor allem aus den USA, angewiesen.

Haben diese Veränderungen in der Aussenwirtschaftsstruktur Quebecs einen positiven Einfluss auf die Unabhängigkeitsbewegung in der Provinz gehabt? Es ist durchaus denkbar, dass die verminderte Abhängigkeit Quebecs vom kanadischen Markt das Vertrauen vieler Quebecois in die wirtschaftliche Überlebensfähigkeit eines unabhängigen Staates erhöht hat. Der auffallende Trend in Richtung einer wachsenden wirtschaftlichen Verflechtung mit dem US-amerikanischen Markt mag einen Teil der Bevölkerung Quebecs davon überzeugt haben, dass die Zukunft der Provinz viel eher in einer Wirtschaftsunion mit den USA als in der bisherigen mit Kanada liege. Die Parteigänger des PQ haben sich denn auch während des Abstimmungskampfes von 1995 unter anderem auf solche Argumente gestützt. Dennoch, in Anbetracht der Tatsache, dass Kanada weiterhin ein wichtiger Absatzmarkt für die Exporte Quebecs bleibt, musste es einer Mehrheit der Bevölkerung der Provinz klar gewesen sein, dass es ihr weiterhin an genügend aussenwirtschaftlichem Profil fehlte, um als unabhängiger Staat ohne irgendeine wirtschaftliche Union mit Kanada in der Weltwirtschaft zu bestehen (James/Lusztig 1997: 283–298).

Im Zusammenhang mit der Frage nach veränderten Aussenhandelsbeziehungen, welche die Sezessionskosten bis zu einem gewissen Grad reduzieren und damit der Unabhängigkeitsbewegung in Quebec Auftrieb geben können, ist auch die Frage nach den Auswirkungen regionaler Freihandelsregime zu stellen. Ein gewichtiger Unterschied zwischen den beiden Unabhängigkeitsreferenda von 1980 und 1995 ist, anlässlich des letzteren Referendums, die Existenz des 1989 in Kraft getretenen Freihandelsabkommens zwischen Kanada und den USA (FTA) sowie des 1993 unterzeichneten Nordamerikanischen Freihandelsabkommens (NAFTA) zwischen Kanada, Mexiko und den USA (Dion 1995: 129; Keating 1996: 79; James/Lusztig 1997).

Diese beiden Freihandelsregime haben einen wesentlichen Einfluss auf die Unabhängigkeitsbewegung in Quebec gehabt, indem ihre Existenz dem Argument der Nationalisten Plausibilität verlieh, Quebec würde – unabhängig davon, ob es den Schritt in die Unabhängigkeit wagen würde oder nicht – den ungehinderten Zugang sowohl zum kanadischen als auch zum US-amerikanischen Markt behalten. Dieses Argument beruht auf der nicht unbegründeten Annahme, dass innerhalb der OECD-Welt wirtschaftliche Strafmassnahmen gegen ein souveränes Quebec schwer vorstellbar, wenn nicht gar unmöglich wären. Als Mitglied der WTO beispielsweise (eine solche wäre der Provinz schwer zu verwehren, sollte sie unabhängig werden), hätte Quebec Anspruch auf einen ebenso ungehinderten Zugang zum kanadischen Markt wie der von Kanada meistbegünstigte Staat. Im Weiteren würden handelsbeschränkende und sonstige wirtschaftliche Strafmassnahmen aufgrund der Logik von globalen Märkten nicht nur dem sanktionierten, sondern auch dem sanktionierenden Staat schaden: Falls Kanada sich dazu entschliessen sollte, Zölle auf Importen aus Quebec zu erheben, würde es auch seiner eigenen Wirtschaft erheblichen Schaden zufügen – zum Beispiel in Form höherer Preise und einer verminderten internationalen Wettbewerbsfähigkeit (Young 1992: 123). Mit Blick auf die veränderten weltwirtschaftlichen Rahmenbedingungen lässt sich mit guten Gründen behaupten, dass die vormals wirksame Drohung der kanadischen Bundesregierung, im Falle einer Unabhängigkeit Quebecs die Wirtschaftsunion aufzulösen, durch die gestiegene Integration der Weltmärkte zum Zeitpunkt des zweiten Referendums an Glaubwürdigkeit verloren hatte.

In der Tat berief sich der PQ auf diesen weitverbreiteten Eindruck, als er im Abstimmungskampf von 1995 argumentierte, dass die von der kanadischen Bundesregierung angedrohte Antwort auf eine Unabhängigkeitserklärung Quebecs – eine Beendigung aller wichtigen politischen und wirtschaftlichen Beziehungen sowie eine Auflösung von Quebecs indirekter Mitgliedschaft in der NAFTA – irrational sei. Die Separatisten behaupteten, dass die wirtschaftliche Notwendigkeit Kanada dazu zwingen würde, gemeinsame politische Institutionen mit Quebec neu aufzubauen sowie die bisherigen Handelsbeziehungen aufrechtzuerhalten. Im Weiteren argumentierte der PQ, dass aufgrund der hohen wirtschaftlichen Interdependenz zwischen den Staaten Nordamerikas und des allseitigen Interesses am Freihandel ein unabhängiges Quebec Mitglied in der NAFTA bleiben würde (James/Lusztig 1997: 286–287, Young 1995b). Solche Argumente scheinen einen grossen Teil der Bevölkerung Quebecs davon überzeugt zu haben, dass die Sezessionskosten im Vergleich zum Zeitpunkt des ersten Referendums nun geringer wären. Gemäss einer Meinungsumfrage, die einige Wochen vor dem Referendum im Oktober 1995 durchgeführt wurde, glaubten über zwei Drittel der Bevölkerung, dass Kanada die Wirtschaftsunion mit einem souveränen Quebec nicht auflösen würde, und nur 9% der Bevölkerung befürchteten eine Verschlechterung der Wirtschaftslage im Falle eines (im Sinne des PQ) positiven Abstimmungsergebnisses (James/Lusztig 1997: 287).

Obwohl Wirtschaftskreise in Quebec die ökonomischen Konsequenzen einer Unabhängigkeit tendenziell eher negativ bewerteten, weist deren seit 1980 stark veränderte Haltung in der Sezessionsfrage auf die Bedeutung der beiden nordamerikanischen Freihandelsregime für die Attraktivität der Unabhängigkeitsoption hin. Während des Referendums von 1980 traten führende Exponenten der Privatwirtschaft Quebecs geschlossen gegen die Unabhängigkeit an, da sie sich um die Integrität des kanadischen Marktes Sorgen machten und sich vor der möglichen wirtschaftsfeindlichen Politik einer unabhängigen Regierung Quebecs fürchteten. Dieser Konsens hat in den 1990er Jahren sehr stark abgenommen. Dafür gibt es zwei Gründe: Einerseits garantieren das FTA und die NAFTA, dass die nationalen Regierungen der Mitgliedsstaaten eine marktorientierte Wirtschaftspolitik betreiben, andererseits hat die wirtschaftsfreundliche Gesinnung der meisten politischen Parteien in Quebec, im Besonderen auch des PQ, Befürchtungen von Wirtschaftskreisen hinsichtlich möglicher Verstaatlichungen, hoher Steuern oder eines starken staatlichen Dirigismus im Falle einer Unabhängigkeit Quebecs zerstreut (Keating 1996: 97–98).

Haben weltwirtschaftliche Integrationsprozesse in der vom Erklärungsmodell postulierten Weise die Unabhängigkeitsbewegung in Quebec verstärkt? Wie oben dargelegt, hat die gestiegene Aussenhandelsverflechtung die Sezessionskosten signifikant reduziert und damit auch die Unabhängigkeitsbestrebungen positiv beeinflusst. Die stärkere aussenwirtschaftliche Verflechtung Quebecs wiederum ist nicht zuletzt eine Folge der 1989 und 1993 begründeten kontinentalen Freihandelsregime: Bezeichnenderweise steigt die wirtschaftliche Offenheit Quebecs ab Beginn der 1990er Jahre.[22]

7.4.2. Schottland

Die Geschichte Schottlands als Teil des britischen Staates beginnt im Jahre 1707 mit der Vereinigung der Parlamente Schottlands und Englands zu einem gemeinsamen Staat. Während die Motive Englands, eine Union mit Schottland einzugehen, strategischer Natur waren, standen wirtschaftliche Beweggründe – im Besonderen der Freihandel mit England und die wirtschaftlichen Möglichkeiten, die sich aus dem expandierenden englischen Weltreich ergaben – bei den Schotten im Vordergrund. Der mit dem Unionsvertrag von 1707 aus der Taufe gehobene Staat war weder zentralistisch noch föderalistisch aufgebaut, sondern vereinigte Elemente aus beiden Staatsformen in sich. Während das gemeinsame Parlament in London angesiedelt war, bewahrte der Unionsvertrag zentrale Institutionen der schottischen Zivilgesellschaft und Verwaltung (Keating 1996: 163f).

Obwohl die kulturellen Unterschiede zwischen Schottland und England seit dem Bestehen der Union im Gesamtbild vergleichsweise gering waren, behielten die Schotten ein eigenständiges kulturelles und nationales Bewusstsein bei. So kam es zwar immer wieder zu einer Aufwallung nationalistischer

---

22 Dieses Argument umgeht die Frage, ob regionale Freihandelsabkommen eine Folge oder ein Bestandteil weltwirtschaftlicher Integrationsprozesse sind. Vergleiche dazu Hurrell 1995; Oman 1996; Schirm 1997. In unserem theoretischen Erklärungsmodell gehen wir lediglich davon aus, dass die aussenwirtschaftliche Verflechtung, sei sie nun regional oder global, einen Einfluss auf die Sezessionskosten hat.

Gefühle in Schottland, die vor allem seit der zweiten Hälfte des 19. Jahrhunderts auf eine grössere politische Autonomie (Home Rule) hinzielten. Allerdings wirkten sich spezifische politische und materielle Konzessionen der britischen Zentralregierung an Schottland und später die Gründung und der Ausbau des britischen Wohlfahrtsstaates stabilisierend auf den Zusammenhalt der Union aus (Keating 1996: 166).

Zu Beginn der 1950er Jahre setzte aufgrund veränderter Marktbedingungen der Niedergang der in Schottland besonders stark angesiedelten Schwerindustrie ein, und die Arbeitslosigkeit stieg markant. Die zunehmende Unzufriedenheit in der Bevölkerung führte zu einer Wiederbelebung der schottischen Nationalbewegung, was sich in der wachsenden Popularität der sezessionistisch gesinnten Scottish National Party (SNP) niederschlug: In zwei parlamentarischen Teilwahlen 1961 und 1962 vereinigte die SNP überraschend 20% der Stimmen Schottlands auf sich (Brown et al. 1996).

Um der wachsenden Unzufriedenheit der schottischen Bevölkerung mit dem britischen Staat und den daraus folgenden nationalistischen Tendenzen zu begegnen, initiierte das Scottish Office – das wichtigste Exekutivorgan der schottischen Selbstverwaltung – eine intensivere Regionalpolitik. Als Folge wurde 1965 eine regionale Entwicklungsorganisation für die schottischen Highlands gegründet, das sogenannte Highlands and Islands Development Board (HIDB). Vom anfänglichen Erfolg dieser Organisation ermutigt, verstärkte die britische Zentralregierung ihre Bemühungen, die wirtschaftliche Entwicklung Schottlands zu unterstützen (Robertson-Wensauer 1989: 291). Mittels wirtschaftlicher Anreize und verstärkter staatlicher Intervention versuchte London, private Investitionen und staatliche Subventionen von wirtschaftlich stärkeren Regionen des Vereinigten Königreiches nach Schottland zu lenken. Auf diese Weise sollte vor allem der krisenanfällige schottische Industriesektor stabilisiert werden (Brown et al. 1996).

Schottland profitierte in grossem Masse von dieser Regionalpolitik der britischen Zentralregierung und der staatlich geleiteten Re-Industrialisierung seit den 1960er Jahren (Brown et al. 1996: 72). Als unvorhergesehene Folge dieser Politik nahmen jedoch die Schotten das regionale Wohlstandsgefälle im Vereinigten Königreich verstärkt wahr und begannen, ihre Nation vermehrt als ökonomische Einheit zu interpretieren. Im Weiteren erhöhte diese Regionalpolitik die Erwartungshaltung der schottischen Bevölkerung gegenüber dem britischen Staat und konsequenterweise auch die politische Brisanz von staatlich finanzierten regionalen Entwicklungsprogrammen (Keating 1996).

Der grosse Erfolg der SNP in den Parlamentswahlen von 1974 wird gemeinhin als Folge eines verstärkten schottischen Selbstbewusstseins interpretiert. In diesen Wahlen errang die SNP mehr als 30% der schottischen Stimmen und avancierte zur zweitstärksten Partei in Schottland. Der Wahlerfolg der SNP blamierte die regierende Labour Party und zwang sie, selbst für eine grössere politische Autonomie Schottlands einzustehen (Keating 1996: 172).

In Anbetracht der veränderten politischen Machtverteilung und der nicht mehr zu ignorierenden Forderung nach vermehrter Berücksichtigung schottischer Interessen gründete die Labour Party 1975 die Scottish Development Agency (SDA), eine von der Zentralregierung unterstützte Behörde. Diese hatte den Auftrag, die unter Strukturveränderungen leidende schottische Industrie sowie heruntergekommene urbane Gebiete zu unterstützen (Mitchell 1997: 409). Im Weiteren erhielt das Scottish Office weitreichende Kompetenzen in der Industrie- und Finanzpolitik. Schliesslich schlug die Labour Party die Etablierung einer dem britischen Parlament untergeordneten schottischen Volksvertretung vor. Dieser Plan wurde aber in einer Abstimmung 1979 verworfen.

Auch wenn das Nationalgefühl der Schotten in den 1960er und 1970er Jahren erheblich gewachsen war, war in dieser Zeitperiode die politische Unterstützung für einen Austritt aus der Union und die Gründung eines unabhängigen Schottlands noch sehr gering. Wie jedoch aus Abbildung 5[23] zu ersehen ist, setzte ein diesbezüglicher Gesinnungswandel Mitte der 1980er Jahre ein. Während sich die Unterstützung für eine schottische Unabhängigkeit am Ende der 1970er Jahre um die 20% bewegte, stieg diese Zahl in den 1980er Jahren kontinuierlich an und hat sich seither bei etwa 40% stabilisiert. Demgegenüber ist die Unterstützung für die weniger radikale Option einer "Dezentralisierung" oder die Beibehaltung des Status Quo in der untersuchten Zeitperiode zwar nicht sehr stark, aber doch etwas gesunken.

Abbildung 5: Popularität von drei konstitutionellen Optionen

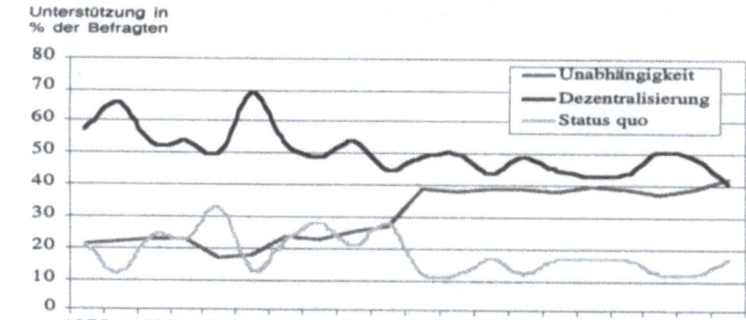

Quelle: Keating (1996: 186).

---

23 Diese Abbildung beruht auf leicht abgeänderten Daten von Keating (1996). Keating unterscheidet zwischen zwei Kategorien der schottischen Unabhängigkeitsoption: "Independence-in-Europe", das heisst eine schottische Unabhängigkeit im Rahmen der Europäischen Union, und "Independence", das heisst die Unabhängigkeit Schottlands ausserhalb der EU. Da beide Kategorien prinzipiell dasselbe implizieren, nämlich einen schottischen Austritt aus der Britischen Union, aggregieren wir die Werte beider Kategorien zu einem einzigen.

Wie im Falle Quebecs ist festzuhalten, dass sich die Stärke der Autonomie-beziehungsweise Sezessionsbewegung in Schottland auch durch Variablen, die unser Modell nicht explizit erfasst, bis zu einem gewissen Grad erklären lässt. So sind die spezifische Ausgestaltung der konstitutionellen Ordnung der Union und die Tatsache, dass die in Schottland wenig politischen Rückhalt geniessenden Tories über 18 Jahre hinweg die britische Politik bestimmten, wichtige Erklärungen für die zunehmende öffentliche Unterstützung grösserer schottischer Autonomie oder gar Unabhängigkeit. Gemäss der konstitutionel-len Ordnung der Union verfügt die jeweilige Regierung Grossbritanniens – die ja von der gesamten Bevölkerung Grossbritanniens bestellt wird – ebenfalls über die politische Kontrolle des Scottish Office. So konnte es dazu kommen, dass, während der Wähleranteil der Konservativen Partei in Schottland dra-stisch einbrach und die Schotten mehrheitlich sozialdemokratisch wählten, das wichtigste Exekutivorgan der schottischen Selbstverwaltung dennoch von konservativen Politikern geleitet wurde (Harvie 1994). Dadurch gewannen nationalistisch gefärbte Vorwürfe, dass der schottischen Bevölkerung Politi-ken aufgezwungen würden, die den schottischen Präferenzen widersprächen, an Legitimität (Keating 1996: 183).

Im Weiteren hatte die Deregulierungspolitik der Tories, wie weiter unten aufgezeigt wird, eine empfindliche Beschneidung der lokalen und regionalen Selbstverwaltungsrechte Schottlands zur Folge. Zusätzlich führte die Unnach-giebigkeit der Tories gegenüber der von der Mehrheit der Schotten befürworte-ten Forderung nach einer weiter gehenden politischen Dezentralisierung zur stärkeren Popularität einer vollständigen Unabhängigkeit Schottlands – der Forderung nach einem eigenen schottischen Parlament waren die Tories bei-spielsweise mit dem Argument begegnet, dass eine solche Institution nur die politische Bürokratie aufblähen würde. Die in Abbildung 5 gezeigte Abnahme der Popularität von Dezentralisierungsmassnahmen bei gleichzeitig steigender Nachfrage nach Unabhängigkeit scheint diesen Befund zu bestätigen. Schliess-lich hatte das Argument der schottischen Nationalisten, dass Schottland im Falle einer Sezession alleine über die sich auf schottischem Territorium be-findenden Bodenschätze verfügen würde, wobei hier vor allem an das seit den 1970er Jahren in der Nordsee geförderte Öl zu denken ist, einen nicht unwe-sentlichen Einfluss auf die stärkere Unterstützung der schottischen Unabhän-gigkeit.

Auch wenn der Einfluss der soeben beschriebenen Faktoren auf den schot-tischen Nationalismus nicht vernachlässigt werden sollte, vermögen die von unserem Modell postulierten Kausalzusammenhänge dennoch zusätzliche Gründe für die zunehmende Attraktivität der Unabhängigkeitsoption aufzuzei-gen. Denn nicht zufällig fällt der Aufschwung der schottischen Unabhängig-keitsbewegung zeitlich zusammen mit der von 1979 bis 1997 dauernden Regierungszeit der Konservativen und ihrer ausgeprägten Deregulierungspoli-tik sowie mit dem Ausbau der europäischen Integration.

Hypothesen und empirische Information

In den folgenden Abschnitten untersuchen wir vor allem, inwiefern Veränderungen in der Bereitschaft und Fähigkeit der britischen Zentralregierung, Schottland Ressourcen zukommen zu lassen, sowie wirtschaftliche Integrationsprozesse auf internationaler Ebene die Bereitschaft der Schotten beeinflussten, die Unabhängigkeitsoption zu unterstützen.

Ressourcentransfers und Deregulierung

Hat sich die Bereitschaft und Fähigkeit der britischen Zentralregierung, Schottland mit Ressourcen zu bedienen, über den untersuchten Zeitraum (Ende der 1970er Jahre bis Mitte der 1990er Jahre) hinweg verändert? Daten, die in zuverlässiger Weise Veränderungen in der absoluten Summe der nach Schottland fliessenden Transferzahlungen erfassen, sind nicht verfügbar. Damit lassen sich auch die Ressourcentransfers im Verhältnis zum BIP, wie wir sie im Fall Quebecs aufzeigten, nicht messen. Bezeichnenderweise besteht grosse Uneinigkeit über die genaue Differenz zwischen den von Schottland an die Zentralregierung entrichteten und den von Schottland erhaltenen Beträgen. Verschiedene Untersuchungen belegen aber, dass die öffentlichen Ausgaben pro Kopf in Schottland ungefähr 20% höher sind als in England (Keating 1996: 169) und dass Schottland in jedem Fall ein Netto-Empfänger staatlicher Gelder ist.[24] Ob diese Ressourcentransfers über die Zeit hinweg zu- oder abgenommen haben, lässt sich jedoch nicht genau eruieren.

Zuverlässigere Daten existieren zu den Transferzahlungen im Rahmen der britischen Regionalpolitik. Oben wurde bereits dargelegt, dass die britische Regionalpolitik – im Besonderen in Form von Subventionszahlungen an den mit Strukturveränderungen kämpfenden schottischen Industriesektor – seit den 1960er Jahren zunehmend an Bedeutung gewonnen hatte. Die intensivierte Regionalpolitik hatte auch eine Reihe von neuen Industrien nach Schottland gelockt. Diese staatlich geführte Re-Industrialisierung Schottlands wurde jedoch mit dem Machtantritt von Margaret Thatcher 1979 abrupt beendet (Paterson 1994). Wie Abbildung 6 zeigt, wurden die Transferzahlungen an den schottischen Industriesektor zwischen 1982 und 1992 von nahezu 400 Millionen £ auf 100 Millionen £ gekürzt.

Diese Kürzungen trafen Schottland umso härter, als einerseits ein hoher Anteil der britischen Schwerindustrie in Schottland konzentriert war und anderseits zu Beginn der 1980er Jahre eine schwere Rezession, verschärft durch die Wirtschaftspolitik der konservativen Regierung, den schottischen Industriesektor besonders stark in Mitleidenschaft zog. Zudem setzte die weitrei-

---

24 Gemäss Recherchen der Zeitschrift Economist (6.9.1997: 35) erhielt Schottland von der britischen Zentralregierung zwischen 1992 und 1996 Nettobeträge in der Höhe von 7.6 Milliarden bis 8.4 Milliarden £.

chende Deregulierungspolitik der Tories die schottische Industrie verstärkt der internationalen Konkurrenz aus. All dies führte dazu, dass fast sämtliche Industriebetriebe, die im Rahmen der britischen Regionalpolitik in den 1960er und 1970er Jahren nach Schottland verlegt worden waren, geschlossen wurden und die schottische Arbeitslosenquote anstieg (Keating 1996: 202; Mitchell 1997: 407). Damit einhergehend vergrösserte sich das Wohlstandsgefälle im Vereinigten Königreich während der Regierungszeit der Konservativen, da die von ihnen betriebene Deregulierungspolitik traditionelle Industriegebiete besonders stark berührte, während der von den Tories geförderte Zustrom von Dienstleistungsbetrieben nur ausgewählte Regionen begünstigte (Jones/Keating 1995).

Abbildung 6: Transferzahlungen an den schottischen Industriesektor

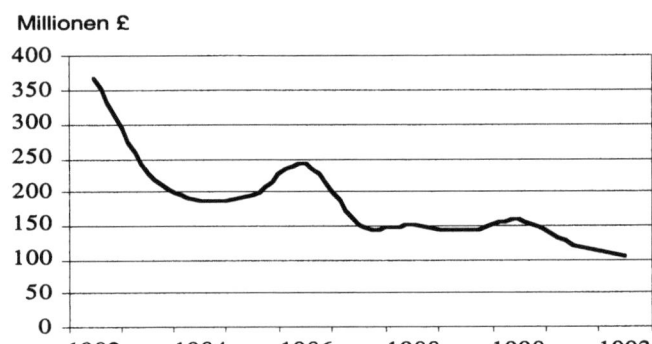

Quelle: Lee (1995: 186).

Die Deregulierungspolitik der Tories hatte im Weiteren eine Beschneidung der Selbstverwaltungsrechte Schottlands zur Folge. Die Kompetenzen der Scottish Development Agency (SDA) in den Bereichen Marktinterventionen und Investitionen wurden massiv eingeschränkt; privatwirtschaftlichen Massnahmen wurde der Vorzug gegeben. Schliesslich wurde zu Beginn der 1990er Jahre die SDA durch Scottish Enterprise, eine weniger interventionistische Behörde, sowie durch eine Reihe von Local Enterprise Companies ersetzt (Keating 1996: 202; Mitchell 1997: 410). Im Weiteren entzog die Zentralregierung den gewählten Lokalregierungen in Schottland gewisse wohlfahrtsstaatliche Kompetenzen, was umso schwerwiegender war, als diese in Schottland bislang als ein wichtiges Mittel betrachtet worden waren, die informelle schottische Autonomie im britischen Wohlfahrtsstaat sicherzustellen (Brown et al. 1996).

Wie aus der obigen Schilderung deutlich hervorgeht, hatte die Deregulierungspolitik der britischen Zentralregierung sowohl in sozioökonomischer als auch in politischer Hinsicht negative Konsequenzen für die schottische Bevölkerung.[25] Die zunehmende Unzufriedenheit der schottischen Bevölkerung und die damit verbundene Stärkung der schottischen Unabhängigkeitsbewegung waren somit eine unmittelbare Folge der durch die Deregulierungspolitik der Tories verminderten Wirksamkeit der britischen Regionalpolitik. Eine wachsende Anzahl von Schotten gelangte im hier untersuchten Zeitraum zur Ansicht, dass es Schottland als unabhängigem Staat möglicherweise besser gehen würde, da es im Vergleich zu früher viel schwieriger geworden war, positiv bewertete Ressourcen vom britischen Staat zu erhalten und ein angemessenes Mitspracherecht in Fragen von nationaler und auch regionaler und lokaler Bedeutung zu erlangen (Keating 1996: 183; Levy 1990). Auf jeden Fall hatte sich die wirtschaftliche Abhängigkeit Schottlands von der Union wegen der tief greifenden Privatisierungswelle und der stark abgebauten Regionalpolitik vermindert (Keating 1996: 205), was wiederum die zu erwartenden Kosten einer schottischen Unabhängigkeit reduzierte.

Ist die offensichtlich verminderte Fähigkeit oder Bereitschaft der britischen Zentralregierung, Schottland weiterhin mit Ressourcen zu bedienen, auf einen gestiegenen Demokratisierungsgrad und respektive oder auf einen von der Weltwirtschaft ausgehenden, verstärkten Wettbewerbsdruck zurückzuführen? Da wie im Falle Quebecs der Demokratisierungsgrad des Vereinigten Königreichs gemäss gängigen Indikatoren wie zum Beispiel dem *Polity III*-Index seit den 1950er Jahren auf hohem Niveau konstant blieb, ist die Demokratisierungsvariable zu vernachlässigen. Haben also die von den Tories betriebene Deregulierungspolitik und der Rückgang der Ressourcentransfers an Schottland mit einem erhöhten internationalen Wettbewerbsdruck zu tun? Tatsächlich lässt sich die Politik der konservativen britischen Regierung dahingehend interpretieren, dass diese angesichts der wachsenden wirtschaftlichen Interdependenz, der zunehmenden internationalen Konkurrenz sowie der gestiegenen Kapitalmobilität eine Abkehr von der traditionellen keynesianischen hin zu einer stärker marktorientieren Wirtschaftspolitik als das einzige Mittel betrachtete, um die internationale Wettbewerbsfähigkeit und den Wohlstand des Landes zu sichern (Keating 1996: 176). Dabei ist allerdings zu beachten, dass dieses Streben nach mehr Markt keine automatische Folge von Veränderungen in der Weltwirtschaft war, sondern aufgrund freier Entscheidungen der Wähler Grossbritanniens, welche die Tories ins Amt brachten, möglich wurde. Eine umfassende Deregulierung der nationalen Wirtschaft und eine Beschneidung der wohlfahrtsstaatlichen Leistungen und sonstigen Ressourcentransfers der Zentralregierung waren die spezifischen Antworten der Tories auf die Herausforderungen der zunehmend integrierten Weltmärkte (Lee 1995).

---

25 In einer Umfrage wurden 1989 die Schotten nach ihrer Meinung zur Entwicklung des Landes während der Thatcher-Ära gefragt: 69% der Befragten werteten die Entwicklung Schottlands in dieser Zeit negativ (Robertson-Wensauer 1989: 358).

Wie ist die Hypothese zu bewerten, die eine positive Beziehung zwischen der zunehmenden Integration eines Teilgebietes in die internationale Wirtschaft und der Bereitschaft der Bewohner dieser Region, sich vom bisherigen Mutterstaat zu lösen, postuliert? Gemäss dieser Hypothese sollte die wachsende Unterstützung für eine Unabhängigkeit Schottlands mit einer zunehmenden Bedeutung der schottischen Aussenwirtschaft einhergehen.

Aufgrund der mangelhaften Datenlage lässt sich die Entwicklung der schottischen Aussenwirtschaftsbeziehungen nur sehr grob nachzeichnen. Gemäss Michael Keating (1996: 203) beträgt die globale Aussenhandelsquote Schottlands – einschliesslich der schottischen Exporte in die und der Importe aus den übrigen Regionen des Vereinigten Königreichs – nahezu 90%. 1989 betrug die schottische Aussenhandelsquote gegenüber dem Rest des Vereinigten Königreichs ungefähr 51%, während sie gegenüber dem Ausland ungefähr 36% erreichte. Seit den 1970er Jahren ist die schottische Aussenhandelsquote gegenüber dem Ausland wesentlich gestiegen, was zweifelsohne mit der Mitgliedschaft Grossbritanniens in der Europäischen Union zusammenhängt. Diese Daten legen die Vermutung nahe, dass, obwohl sich Schottland zunehmend in die internationale Wirtschaft integriert, die Abhängigkeit vom britischen Markt immer noch recht hoch ist. Eine Abkopplung vom britischen Staat birgt daher das Risiko eines Verlustes des wichtigsten Absatzmarktes für schottische Exportgüter und somit hohe Kosten – falls eine politische Sezession den Abbruch der wirtschaftlichen Beziehungen bedeuten würde; wie im Falle Quebecs eine kontrovers diskutierte Annahme. Die seit den 1970er Jahren gestiegene Verflechtung Schottlands mit der internationalen Wirtschaft (gemessen an der Aussenhandelsquote gegenüber dem Ausland) allein kann also das für eine erfolgreiche Sezession unabdingbare starke Vertrauen in die wirtschaftliche Überlebensfähigkeit eines souveränen Schottland nicht erklären. Zieht man allerdings die mit der Unterzeichnung der Europäischen Einheitsakte und dem Projekt des Binnenmarktes wieder belebte europäische Integration in Betracht, findet man plausible Erklärungen für das wachsende Vertrauen der Schotten in die wirtschaftliche Durchführbarkeit einer Sezession.

In den frühen 1980er Jahren gaben die schottischen Nationalisten ihre traditionelle Opposition gegen weitere Integrationsschritte im Rahmen der EU auf. Mit der zunehmenden Institutionalisierung der Wirtschaftsbeziehungen mit Kontinentaleuropa erkannten sie in der EU immer mehr ein nützliches Gegengewicht zum britischen Staat und ein Mittel zur Reduktion der Abhängigkeit der schottischen Wirtschaft vom britischen Markt (Martin 1997: 259). Seit 1986 benutzte die SNP sogar den Slogan "Independence-in-Europe" dazu, die Befürchtungen der schottischen Bevölkerung hinsichtlich der wirtschaftlichen Risiken eines eigenständigen Staates zu zerstreuen. Gemäss der SNP würde eine schottische Mitgliedschaft in der EU die Überlebensfähigkeit eines souveränen Schottlands ohne weiteres ermöglichen. Die Nationalisten argumentierten, dass ein unabhängiges Schottland quasi automatisch (aufgrund der britischen EU-Mitgliedschaft, die ja Schottland einschliesst) als gleichwertiges und volles Mitglied in die EU aufgenommen würde und somit ohne grosse Übergangsprobleme freien Zugang zum europäischen Binnenmarkt hätte, das heisst auch zum wichtigen britischen Markt (Jones/Keating 1995; Eickhoff 1994).

Die Attraktivität einer schottischen Unabhängigkeit im Rahmen der EU wurde zusätzlich erhöht durch die Aussicht auf ein stärkeres Mitspracherecht in Belangen, die das Verhältnis zwischen Schottland und der EU betrafen. Während der langen Regierungszeit der Tories hatten die Schotten nur beschränkte Möglichkeiten, ihre Anliegen in der EU einzubringen, denn alle nationalen Institutionen Schottlands – einschliesslich das Office of the Scottish Secretary of State, welches einen gewissen Einfluss in Brüssel genoss – waren von konservativen Politikern besetzt. Da diesen Politikern der politische Rückhalt in Schottland fehlte, konnten sie in den EU-Institutionen nicht glaubhaft für die Region einstehen, die sie zu repräsentieren in Anspruch nahmen. Im Weiteren waren die Schotten unzufrieden mit der Tatsache, dass sie keine Aufsichtsmöglichkeiten über die Transferzahlungen hatten, die im Rahmen der europäischen Struktur- und Kohäsionsfonds in die von wirtschaftlichen Problemen geplagten Regionen des Vereinigten Königreichs flossen (Jones/Keating 1995; Keating 1996: 207). Dies wog umso schwerer, als die europäische Regionalpolitik just zu jenem Zeitpunkt für Schottland immer wichtiger wurde, als die Tories die britische Regionalpolitik aufzugeben begannen.[26] Eine direkte schottische Mitgliedschaft in der EU würde also – so argumentierte die SNP – den Interessen Schottlands viel förderlicher sein als die bisherige, indirekte EU-Mitgliedschaft Schottlands als Bestandteil des britischen Staates.

Zusammenfassend stellen wir fest, dass seit Mitte der 1980er Jahre die schottischen Nationalisten die Aussicht auf eine schottische EU-Mitgliedschaft dazu benutzten, der schottischen Bevölkerung eine Sezession schmackhaft zu machen (Eickhoff 1994). Die Existenz der EU erlaubte den Nationalisten, die traditionellen Forderungen nach voller politischer Unabhängigkeit in ein neues Gewand zu kleiden und die befürchteten Risiken einer Sezession in ein günstigeres Licht zu rücken. Die potenziellen wirtschaftlichen und politischen Vorteile einer direkten EU-Mitgliedschaft Schottlands reduzierten somit die erwarteten Kosten einer Trennung vom Vereinigten Königreich. Somit ist wohl weniger der zunehmende Verflechtungsgrad Schottlands mit der internationalen Wirtschaft, wie er anhand der Aussenhandelsquoten fassbar ist, für die steigende Popularität der Unabhängigkeitsoption verantwortlich, sondern eher

---

26 1994 erhielt Schottland 524 Millionen £ von der EU (Martin 1997: 417).

die sich vertiefende europäische Integration, welche die Sezessionskosten Schottlands drastisch zu reduzieren versprach.

Dezentralisierung

Die vorliegende Fallstudie zu Schottland umfasst den Zeitraum bis 1995. Dennoch sei eine kurze Diskussion der Entwicklung nach diesem Datum erlaubt, da sie eine Betrachtung der Hypothese ermöglicht, dass Dezentralisierungsmassnahmen oder eine Föderalisierung des betreffenden politischen Systems Fragmentierungstendenzen im Innern eines Staates entschärfen und eine Sezession verhindern können.

Im Vorfeld der britischen Parlamentswahlen von 1997 ist es der New Labour Party unter Tony Blair nicht entgangen, dass die Schotten unzufrieden mit dem Status ihrer Nation im britischen Staat waren. Wohl aus wahltaktischen Gründen, aber auch um die nationalistischen Tendenzen in Schottland zu bändigen, wurde eine Revision der bestehenden konstitutionellen Ordnung der Union in Aussicht gestellt. New Labour schlug die Gründung eines schottischen Parlaments mit weitreichenden Kompetenzen vor. Ein Vorschlag, der weit über die 1979 von der Labour Party in Aussicht gestellten Dezentralisierungsmassnahmen hinaus ging. Nach Labours Wahlsieg machte sich die neue Regierung daran, ihr Wahlkampfversprechen in die Tat umzusetzen. Im September 1997 stimmten die Schotten über den Dezentralisierungsvorschlag der New Labour ab: Eine Mehrheit von ungefähr 74% plädierte für die Einrichtung eines schottischen Parlaments.

Seit dem erfolgreichen Referendum von 1997 scheint ein Austritt aus der Union keine ernsthafte Option mehr zu sein. Laut Meinungsumfragen stagniert die Unterstützung für die SNP – die einzige Partei, die noch für eine Unabhängigkeit Schottlands einsteht – seither bei ungefähr einem Viertel der Bevölkerung. Tatsächlich haben die Nationalisten bei den ersten Wahlen zum schottischen Parlament im Mai 1999 mit etwa 30% der Stimmen nur 35 von total 129 Sitzen gewonnen. Dennoch wäre es verfrüht zu folgern, dass mit der Einrichtung eines eigenen Parlaments die schottische Unabhängigkeitsbewegung am Ende wäre. Ob sich Schottland jemals wieder ernsthaft auf den Pfad der Unabhängigkeit begibt, hängt zu einem grossen Teil davon ab, ob das schottische Parlament die hohen Erwartungen der schottischen Bevölkerung künftig wird erfüllen können. Die hier geschilderte Entwicklung weist darauf hin, dass die Dezentralisierung gleichermassen als erklärende wie auch als zu erklärende Grösse auftreten kann. Einerseits hat die Dezentralisierung im Falle Schottlands Sezessionsbestrebungen den Wind aus den Segeln genommen – im Falle Quebecs verlieh die Dezentralisierung den Anliegen des PQ eher Auftrieb. Andererseits kann die Dezentralisierung auch als Trend in Richtung stärkerer politischer Fragmentierung gewertet werden. In beiden Fällen haben sich Entscheidungskompetenzen von der Zentralregierung weg verlagert.

7.4.3. Quebec und Schottland im Vergleich

Da eine systematische Untersuchung unserer Hypothesen auf der Basis einer, methodisch gesehen, ausreichenden Anzahl von Fällen ein weiteres Buch erfordern würde, mussten wir uns auf einen Plausibilitätstest mit wenigen Fallstudien konzentrieren. Durch die Fallauswahl ergaben sich Beschränkungen. Unter anderem wiesen die Indikatoren für einzelne erklärende Variablen konstante Werte auf, sodass sich die diesbezüglichen Hypothesen nicht testen liessen. So zum Beispiel die Hypothesen, dass die Demokratisierung die politische Fragmentierung verstärkt, indem sie die Kapazitäten des Mutterstaates zum Ressourcentransfer reduziert[27], und dass reiche Länder unzufriedene Gruppen oder Teilgebiete leichter mit selektiven Anreizen ruhigstellen können. Diese Beschränkungen sind jedoch nicht problematisch, da sich für diejenigen Teile des Modells, bei denen es um die hier vor allem interessierenden Einflüsse der weltwirtschaftlichen Integration geht, genügend Varianz bei den erklärenden und abhängigen Variablen ergab, um die Plausibilität der Aussagen zu prüfen. Die diesbezüglichen Ergebnisse der beiden Fallstudien werden im Folgenden zusammengefasst und verglichen.

Die Hypothese, dass Deregulierungsprozesse, welche von nationalen Regierungen aufgrund eines erhöhten internationalen Wettbewerbsdrucks eingeleitet werden, die Unterstützung für eine Sezession verstärken können, indem sie die Kapazitäten der Zentralregierungen, unzufriedene Interessengruppen durch Ressourcentransfers bei der Stange zu halten, einschränken, wurde durch unsere Fallstudien in der Tendenz bestätigt. Im Falle Quebecs wurde ersichtlich, dass das Ausmass der Transferzahlungen der kanadischen Bundesregierung an Quebec seit den 1980er Jahren kontinuierlich abgenommen hat. Die offensichtlich abnehmende Fähigkeit oder Bereitschaft Ottawas, Ressourcentransfers zu bewerkstelligen, lässt sich allerdings nur zum Teil auf wirtschaftliche Globalisierungsprozesse zurückführen. Im Falle Schottlands war es nicht in erster Linie die absolute Summe der an Schottland fliessenden Transferzahlungen des britischen Staates, welche die stärkere Unterstützung für eine Unabhängigkeit Schottlands zu erklären vermag (wobei es durchaus möglich ist, dass diese Summe mittlerweile abgenommen hat). Vielmehr liegen die Gründe in der spezifischen Ausgestaltung und Wirkung der britischen Regionalpolitik. Indem die konservative Zentralregierung Grossbritanniens vor allem die Transferzahlungen an den schottischen Industriesektor massiv kürzte

---

27 Dass sich diejenigen Vielvölkerstaaten der Welt, die zur Zeit kaum als Demokratien bezeichnet werden können, bei einer Demokratisierung mit erhöhten Forderungen unzufriedener Teilgebiete nach staatlichen Ressourcentransfers konfrontiert sehen werden, erscheint plausibel. Falls die betreffenden Zentralregierungen solchen Ansprüchen nicht gerecht werden können, ist in unzufriedenen Teilgebieten solcher Staaten mit einer erhöhten Nachfrage nach politischer Autonomie oder Unabhängigkeit zu rechnen. Anschauungsmaterial bieten beispielsweise Russland, China und Indonesien.

und die schottische Industrie der internationalen Konkurrenz aussetzte, entzog sie der schottischen Bevölkerung die notwendige Unterstützung für einen ihrer wichtigsten Wirtschaftszweige, die Schwerindustrie. Dies bewirkte, deutlich sichtbar, einen Anstieg der Arbeitslosigkeit in Schottland. Im Weiteren führte die Deregulierungspolitik der Tories dazu, dass die den Schotten im Verlaufe der 1960er und 1970er Jahre gewährten Dezentralisierungsmassnahmen aufgehoben wurden. Die Deregulierungspolitik der britischen Zentralregierung stärkte damit die schottische Unabhängigkeitsbewegung. Die Wirkungskette im Falle Schottlands ist um einiges komplizierter als von unserem Erklärungsmodell postuliert.

An dieser Stelle sei auf zwei weitere Ungereimtheiten hingewiesen, mit denen sich weiterführende Arbeiten beschäftigen sollten. Erstens ist empirisch kaum nachzuweisen, dass sich der Staat als Folge der weltwirtschaftlichen Integration auf breiter Front auf dem Rückzug befindet. Wie in Kapitel 2 aufgezeigt, hat das Volumen der Staatstätigkeit, wahrscheinlich teilweise als Folge der wirtschaftlichen Globalisierung, im Verlauf der letzten Jahrzehnte sogar zugenommen. Wie lässt sich diese Erkenntnis mit der These und den, allerdings nur bruchstückhaften, Resultaten der Fallstudien in Einklang bringen, welche besagen, dass Deregulierungstendenzen und damit auch der Rückgang von Ressourcentransfers durch die Integration der Weltmärkte bewirkt wurden? Eine mögliche Deutung des Widerspruchs könnte sein, dass die weltwirtschaftliche Integration die gesamten Staatsausgaben nicht sinken lässt (vgl. Resultate in Kap. 2), dass sich der intensivierte wirtschaftliche Standortwettbewerb jedoch negativ auf die Fähigkeit der Zentralregierungen auswirkt, bestimmte Arten von Ressourcentransfers neu einzuführen, aufrechtzuerhalten oder gar auszubauen, da die wirtschaftliche Globalisierung oder andere Entwicklungen (z. B. Veränderungen in der Alterspyramide) höhere Staatsausgaben anderweitig anfallen lassen. Mit anderen Worten: Ein verstärkter Standortwettbewerb, Veränderungen in der Sozialstruktur, Probleme der Staatsverschuldung und andere Entwicklungen dürften der Kapazität von Zentralregierungen, unzufriedenen Interessengruppen selektive Anreize zukommen zu lassen, Grenzen setzen. Zweitens zeigt die Erfahrung einiger Staaten, dass Deregulierungspolitiken – indem sie die Effizienz und Produktivität der Wirtschaft steigern – das Wirtschaftswachstum mittel- bis langfristig erhöhen können. Eine günstige Wirtschaftsentwicklung wiederum kann die Unterstützung für eine Sezession untergraben, nicht zuletzt deshalb, weil dem Mutterstaat unter solchen Umständen auch mehr Mittel für Ressourcentransfers zur Verfügung stehen. Gemäss dieser Argumentation hätten Deregulierungspolitiken nur kurz- bis mittelfristig einen positiven Einfluss auf die Sezessionsbereitschaft eines unzufriedenen Teilgebietes. Ob diese Annahme haltbar ist, muss in zukünftigen Untersuchungen überprüft werden.

Beide Fallstudien zeigen deutlich, dass bei zunehmender Integration von Teilgebieten in die Weltwirtschaft die Sezessionskosten sinken und damit die

Bereitschaft von Teilgebieten, sich vom Mutterland zu trennen, steigt. Im Falle Quebecs veränderten sich dessen Handelsbeziehungen während des letzten Jahrzehnts dergestalt, dass die Provinz von internationalen Märkten abhängiger wurde als vom kanadischen Markt. Weiter zeigte sich, dass die gestiegene Integration Quebecs in die internationale Arbeitsteilung nicht nur mit der wachsenden Unterstützung für eine Unabhängigkeit Quebecs einherging, sondern der Unabhängigkeitsbewegung auch starken Auftrieb verlieh. Die wachsende Bedeutung internationaler Märkte, vor allem derjenigen der NAFTA-Mitglieder, erzeugte den weit verbreiteten Eindruck in der Bevölkerung Quebecs, dass eine Sezession im Vergleich zu früher viel weniger risikoreich und kostspielig wäre, da eine Teilnahme am kontinentalen Freihandelssystem die wirtschaftliche Überlebensfähigkeit eines souveränen Quebec garantieren würde.

Ähnliches trifft auch auf die Unabhängigkeitsbewegung in Schottland zu. Im Falle Schottlands benutzten die Schottischen Nationalisten den Slogan "Independence-in-Europe", um die Bedenken der Bevölkerung hinsichtlich der Kosten einer Sezession zu zerstreuen, und propagierten eine schottische EU-Mitgliedschaft als Mittel, um grösseren Einfluss auf innenpolitische Angelegenheiten sowie eine stärkere einheimische Kontrolle über wirtschaftliche Ressourcen zu gewinnen. Es lässt sich also klar feststellen, dass die wachsende Unterstützung für eine Unabhängigkeit sowohl in Quebec als auch in Schottland in engem Zusammenhang mit der wirtschaftlichen Regionalisierung steht. Letztere ist wiederum stark an weltwirtschaftliche Integrationsprozesse auf globaler Ebene gekoppelt (Oman 1996; Schirm 1997; Hurrell 1995).

Abbildung 7: Anzahl regionaler Freihandelsabkommen

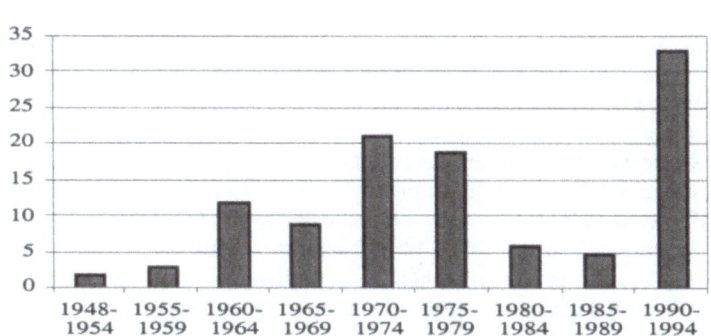

Quelle: Economist (16.5.1995).

Wie Abbildung 7 zeigt, hat die wirtschaftliche Regionalisierung seit Beginn der 1990er Jahre an Dynamik gewonnen. Daten zu internationalen Handelsströmen und FDI bestätigen diesen Trend weitgehend (UNCTAD 1998; Beisheim et al. 1999).

Lässt sich auf dem Hintergrund der obigen Analyse folgern, dass die zunehmende Anzahl regionaler Freihandelsabkommen in Zukunft die politische Fragmentierung verstärken wird? Obwohl die Ergebnisse der beiden Fallstudien eine solche Annahme zu unterstützen scheinen, muss berücksichtigt werden, dass regionale Freihandelsregime nicht als absolut risikofreier und kostenloser Weg in die Unabhängigkeit betrachtet werden können. Mit Blick auf die oben diskutierten Fälle ist zu betonen, dass nur souveräne Staaten der NAFTA beziehungsweise der EU beitreten können. Eine Mitgliedschaft in diesen Institutionen impliziert demzufolge eine definitive konstitutionelle Trennung vom Mutterstaat sowie einen Übergangsprozess, der unausweichlich Kosten verursacht. Die erwarteten Übergangskosten lassen sich durch ein strategisches Verhalten des Mutterstaates zusätzlich erhöhen, beispielsweise indem Letzterer jegliche künftige Zusammenarbeit mit der sezessionswilligen Region kategorisch ausschliesst (Young 1995a).

Im Weiteren müssen die spezifischen institutionellen Eigenschaften des regionalen Freihandelsregimes, dem ein sezessionswilliges Teilgebiet eines bestehenden Staates beizutreten wünscht, berücksichtigt werden. Im Gegensatz zur EU, der sich neue Mitglieder prinzipiell zu den gleichen Bedingungen wie die bisherigen Mitgliedsstaaten anschliessen können, ist die NAFTA ein komplexes System von bilateralen, trilateralen und sektoralen Abkommen, welches für jedes Mitglied differenzierte Bestimmungen enthält. Ein souveränes Quebec müsste daher neue Abkommen mit den anderen NAFTA-Mitgliedsstaaten aushandeln, und es ist bei weitem nicht sicher, ob die Provinz als unabhängiger Staat ähnliche oder gar günstigere Vereinbarungen erzielen könnte als es derzeit als eine Provinz Kanadas geniesst – die Verhandlungsmacht ist oft eine Funktion der wirtschaftlichen Stärke des jeweiligen Staates, und diese Stärke würde bei einer Sezession abnehmen. Ein unabhängiges Quebec würde als volles NAFTA-Mitglied den strikten Regeln des kontinentalen Freihandelsregimes bedingungslos unterworfen, und es würde jeglichen Schutz verlieren, den es als kanadische Provinz bisher in Anspruch nehmen konnte. Schliesslich ist anzunehmen, dass die NAFTA – im Gegensatz zu den Institutionen der EU – lediglich ein Freihandelsregime ist, das wohl kaum einen vollwertigen Ersatz für eine Auflösung der Wirtschaftsunion mit Kanada bieten könnte (Dion 1995: 129; Keating 1996: 223–225; Young 1992: 129). Aus diesen Bemerkungen ist zu folgern, dass ein weiterer Ausbau regionaler Freihandelsregime (wie auch des global ausgelegten WTO-Systems) Unabhängigkeitsbestrebungen bis zu einem gewissen Grad Auftrieb verleihen kann. Dass diese Liberalisierung der internationalen Märkte der politischen Fragmentierung massiven Vorschub leistet, ist allerdings aufgrund der vielen Randbedingungen, die es zu berücksichtigen gilt, unwahrscheinlich.

Die Frage, ob Fragmentierungstendenzen durch Dezentralisierungsmassnahmen seitens der Zentralregierung gedämpft werden können, wurde im theoretischen Modell bewusst vage beantwortet. Einerseits können Dezentralisierungsmassnahmen als Indikator für wachsende politische Fragmentierung betrachtet werden. In diesem Sinne hat die politische Fragmentierung innerhalb Kanadas und Grossbritanniens sicher zugenommen. Andererseits ist davon auszugehen, dass solche Massnahmen als erklärende Variable fungieren können – das heisst sie können die Sezessionsbereitschaft eines staatlichen Teilgebiets abschwächen oder verstärken, wobei a priori unklar bleibt, in welche Richtung die Wirkung verläuft. Bei der empirischen Analyse klammerten wir die erste Variante (Dezentralisierungsmassnahmen als abhängige Variable) aus, da wir uns auf empirisch besser vergleichbare Indikatoren konzentrierten (z. B. Abstimmungsergebnisse und Umfragedaten). Wie eingangs vermutet, können die Auswirkungen von Dezentralisierungsmassnahmen unterschiedlich sein. Die dämpfende Wirkung solcher Massnahmen auf Sezessionsbestrebungen zeigte sich klar in der Fallstudie zu Schottland. Die Fallstudie zu Quebec hingegen lässt erkennen, dass Dezentralisierungsmassnahmen ihre beabsichtigte Wirkung auch verfehlen können: Die Abtretung von politischen Kompetenzen Ottawas an Quebec hat zum Aufbau eines "Quasi-Staates" in dieser Provinz geführt, was wiederum die Sezessionskosten und damit die Wahrscheinlichkeit einer Abspaltung Quebecs erhöhte. Eine ähnliche Entwicklung könnte mittelfristig auch im Falle Schottlands einsetzen, bei dem einige Beobachter der Ansicht sind, dass die Einrichtung des neuen schottischen Parlaments der erste Schritt zur vollständigen Unabhängigkeit ist.

7.5. Schlussbemerkungen

Mittels eines einfachen Erklärungsmodells haben wir in diesem Kapitel versucht, eine spezifische Entwicklung in der politischen Geographie der IPÖ zu deuten: das Paradox der Gleichzeitigkeit wirtschaftlicher Integration und politischer Fragmentierung. Im Gegensatz zu den vorhergehenden Kapiteln richtet sich diese Analyse nicht direkt auf die Frage nach dem Einfluss von Staaten auf das weltwirtschaftliche Geschehen. Vielmehr beleuchtet die Untersuchung, um die in diesem Buch behandelte Frage nach der Rolle und Bedeutung von Staaten im Weltmarkt umfassender beurteilen zu können, Veränderungen in der formalen Strukturierung politischer Handlungseinheiten.

Es liesse sich natürlich darüber spekulieren, ob die politische Fragmentierung, und insbesondere die wachsende Zahl von Staaten, auf einen steigenden oder sinkenden Einfluss der Staatenwelt hindeutet. Diese Frage lässt sich jedoch durch die im vorliegenden Kapitel dargelegte Theorie und empirische Information kaum schlüssig beantworten. Einerseits weist die offensichtlich steigende Nachfrage nach neuen Staaten auf eine ungebrochene Popularität dieser gesellschaftlichen Institution hin. Andererseits sagt die gestiegene Nachfrage wenig darüber aus, ob diese Entwicklung im Extremfall als inflationärer Bedarf an mehr politischer Folklore oder Nachfrage nach stärkerer politischer statt privatwirtschaftlicher Steuerung gesellschaftlicher Vorgänge zu deuten ist. Im Sinne einer empirisch einigermassen gesicherten Aussage sei hier lediglich bemerkt, dass Veränderungen politischer Grenzen meist massive ökonomische Konsequenzen zeitigen, zumal, wie in den Kapiteln 2–6 festgestellt, der staatliche Einfluss auf das Wirtschaftsgeschehen, sei dieser rein innerstaatlich oder über internationale Zusammenarbeit vermittelt, sehr ausgeprägt ist und es vermutlich auch weiterhin bleiben wird. Damit sind Veränderungen der politischen Geographie auch für wirtschaftliche Vorgänge mit grosser Sicherheit von zentraler Bedeutung.

Das eingangs formulierte theoretische Erklärungsmodell ist einfacher, dafür aber kohärenter als die meisten der bisher verfügbaren Modelle, welche politische Fragmentierungsprozesse mit der Globalisierung in Zusammenhang bringen. Obschon dieses Modell vieles ausblendet, liefert es doch explizite Hypothesen zu möglichen Konsequenzen weltwirtschaftlicher Integrationsprozesse für die politische Geographie. Im Sinne eines Plausibilitätstests untersuchten wir die Unabhängigkeitsbestrebungen in Quebec und Schottland.

In beiden Fallstudien zeigte sich, dass rückläufige Ressourcentransfers von der Zentralregierung an unzufriedene Teilgebiete sowie eine stärkere Integration dieser Gebiete in die Weltwirtschaft Autonomie- oder Unabhängigkeitsbestrebungen Auftrieb verleihen. Während der letztgenannte Effekt klar mit der wirtschaftlichen Globalisierung in Zusammenhang steht, ist der Einfluss der Globalisierung auf Ressourcentransfers eher indirekt und empirisch schwerer fassbar. Im Gesamtbild zeigt sich dennoch, dass weltwirtschaftliche Integrationsprozesse der politischen Fragmentierung Vorschub leisten können. Um den Rahmen der Untersuchung nicht zu sprengen, beschränkten wir uns auf zwei Fallstudien, was mit verschiedenen Einschränkungen verbunden war. Ob und inwiefern sich die formulierten Hypothesen mit der empirischen Information in anderen Fällen decken, zum Beispiel bei Unabhängigkeitsbewegungen in Entwicklungs- oder Schwellenländern, bleibt in weiterführenden Analysen zu beurteilen. Dass Demokratisierungsprozesse sowie Opportunitätskosten, die durch Veränderungen relativer Preise als Folge zunehmender Integration der Weltwirtschaft entstehen (vgl. Frieden/Rogowski 1996), selbst in wirtschaftlich (noch) geschlossenen Staaten politische Fragmentierungsprozesse fördern können, erscheint durchaus plausibel.

An dieser Stelle seien einige Gedanken zur zukünftigen Entwicklung der Europäischen Union angefügt. Der europäische Integrationsprozess ist in diesem Zusammenhang von Bedeutung, weil er – so lässt sich zumindest behaupten – den weit verbreiteten politischen Fragmentierungstendenzen bis zu einem gewissen Grad entgegenläuft. In der Tat deutet die Entwicklung der

Integration, von der Gemeinschaft für Kohle und Stahl bis hin zur Schaffung der Europäischen Union, sowie die von vielen Politikern beschworene Idee der Vereinigten Staaten von Europa darauf hin, dass die wirtschaftliche Integration die politische Integration fördern kann. Diese auch von der Theorie des Neofunktionalismus propagierte These widerspricht unserer Hypothese, dass die weltwirtschaftliche Integration politische Fragmentierungsprozesse begünstigt. Erklärungsbedürftig ist auch die Tatsache, dass in Westeuropa seit langem keine neuen Staaten mehr entstanden sind, trotz demokratischer Konstitution der bestehenden Staaten und obschon die grenzüberschreitende Verflechtung in wirtschaftlichen und anderen Bereichen stark zugenommen hat – Bedingungen, die gemäss unserem Erklärungsmodell die Neubildung von Staaten begünstigen sollten.

Ein möglicher Grund für diesen Widerspruch liegt darin, dass die EU nicht nur eine stärkere Wirtschaftsintegration bewirkt hat, sondern auch zu einem wichtigen Geldgeber für wirtschaftlich weniger entwickelte Gebiete geworden ist und dadurch innerstaatliche Verteilungskämpfe, vor allem in wirtschaftlich schlechter gestellten Mitgliedsstaaten der EU, gedämpft hat. Beispiele hierfür bieten Italien und Spanien. Die europäische Integration ermöglicht zudem den Zentralregierungen die Drohung, dass sie sich einer Aufnahme eines sezessionistischen Landesteils in die EU widersetzen würden. Damit würden EU-Subventionen und die Vorteile der Beteiligung am EU-Wirtschaftsraum in Frage gestellt, die Sezessionskosten würden damit steigen. Die zunehmende Wirtschaftsintegration innerhalb der EU, die zwar grenzüberschreitend aber eben nicht global ist, weil ihre Nutzniessung von der Mitgliedschaft im "Klub" abhängt, hätte aus diesem Grunde gerade nicht den in der obigen Theorie postulierten Effekt der Förderung der politischen Fragmentierung. Es lässt sich also folgern, dass die Frage des Anschlusses an beziehungsweise Ausschlusses von regionalen Integrationsräumen, je nachdem wie diese Einflussgrösse von Sezessionsbewegungen und ihren Gegnern strategisch ins Spiel gebracht wird, die Wahrscheinlichkeit einer Sezession erhöhen oder reduzieren kann. Die Fallstudien zu Quebec und Schottland bieten dafür Anschauungsmaterial. Damit löst sich auch der anfangs vermutete Widerspruch zumindest teilweise auf.

Die Wertung der europäischen Integration als Ausnahmefall und Widerspruch zu unserer These von der Beziehung zwischen wirtschaftlicher Integration und politischer Fragmentierung ist auch aus einem weiteren Grund zu hinterfragen. Wenn man politische Fragmentierung auf einem Kontinuum definiert und nicht nur im Sinne von Sezessionen, sind Fragmentierungstendenzen, wie sie beispielsweise in Dezentralisierungsmassnahmen, im Ausbau föderalistischer Staatsstrukturen, dem Subsidiaritätsprinzip in der EU sowie in Autonomiebewegungen in einigen EU-Staaten zum Ausdruck kommen, auch in Westeuropa deutlich spürbar. Wenn man diese Fragmentierungstrends den doch eher bescheidenen politischen (im Gegensatz zu den wirtschaftlichen)

Integrationserfolgen der EU gegenüberstellt, ist doch zumindest fraglich, ob die Entwicklung in Europa der These entgegenläuft, die eine stärkere politische Fragmentierung als Folge der weltwirtschaftlichen Integration postuliert.

Ausgehend von letzterer Aussage lassen sich auch einige Gedanken zur Zukunft der EU anführen. Wird es die "Vereinigten Staaten von Europa", die öffentliche Güter wie eine europäische Armee, eine einheitliche Währungs-, Fiskal-, Sozial- und Umweltpolitik, eine gemeinsame Aussenpolitik usw. bereitstellen, je geben? Wenn man das obige Erklärungsmodell auf die Europäische Union überträgt, sprechen verschiedene Gründe dafür, dass es schwer fallen dürfte, in absehbarer Zeit den zweifellos enormen wirtschaftlichen Integrationserfolg durch die Schaffung eines Bundesstaates, vergleichbar mit den heutigen Strukturen Deutschlands oder der USA, zu krönen. Zunächst einmal ist die Heterogenität der Interessen innerhalb der EU gerade in Bereichen der traditionellen "hohen" Politik (Aussen- und Sicherheitspolitik, Währungspolitik, Fiskalpolitik, Handlungsautonomie der Regierungen und Parlamente) – aber nicht nur dort – bereits gegenwärtig sehr gross. Die gemeinsame Aussen- und Sicherheitspolitik der EU ist über blosse Deklarationen bisher nicht wesentlich hinausgekommen. Auch die Sozial- und Umweltpolitik sowie die Fiskalpolitik der EU ist im Vergleich mit den nationalen Politiken in diesem Bereich noch nicht sehr weit gediehen. In der Frage der Kompetenzenverteilung unter den EU-Institutionen (etwa die Verlagerung von Kompetenzen vom Ministerrat zum Parlament) sind wesentliche Fortschritte noch ausstehend. Viele dieser Herausforderungen dürften sich aufgrund der absehbaren Erhöhung der Mitgliederzahl noch verstärken. Der einzige grosse Integrationserfolg der vergangenen Jahre ist die Währungsunion.

Gemäss unserem Modell bedeutet dies nichts anderes, als dass gegenwärtig die notwendigen Ressourcen nicht aufgebracht werden können, um neue Integrationsschritte so zu gestalten, dass sie auch von weniger kooperationswilligen Mitgliedsstaaten mitgetragen werden. Die "EU-freudigste" Bevölkerung befindet sich laut vielen Umfragen meist in Staaten, die der EU noch nicht beigetreten sind und die ohnehin zu arm wären, um einen wesentlichen Beitrag an die nötigen Ressourcentransfers an weniger integrationswillige Staaten zu leisten. Die Staaten wiederum, die reich genug wären und der EU (noch) nicht angehören, vor allem die Schweiz und Norwegen, erweisen sich als wenig integrationsfreudig. Da die EU keine eigene Steuerhoheit hat und sich nur in begrenztem Masse verschulden kann, der zu verteilende "Kuchen" also nicht auf diese Weise vergrösserbar ist, müssten dazu letztlich einige Mitgliedsstaaten ihre Beiträge an die EU massiv erhöhen. Dass eine starke Expansion des EU-Haushaltes zustande kommt, ist allerdings sehr unwahrscheinlich, denn innerhalb praktisch aller EU-Länder tobt ebenfalls der Kampf der Interessengruppen um die knappen Ressourcen, von denen abgezweigt werden müsste. Das zähe Ringen um Kompromisse bei Reformen der EU im Vorfeld der anstehenden Erweiterungsrunde ist für diese Probleme bezeichnend.

Und selbst wenn es gelänge, die EU stärker zu demokratisieren, zum Beispiel dem Parlament einen Teil jener Kompetenzen zu geben, die jetzt noch beim Rat liegen, und vielleicht noch einiges darüber hinaus – selbst dann wäre der Kohäsion der EU, der Vertiefung der Integration, nicht unbedingt geholfen, denn Ressourcentransfers würden dadurch nicht notwendigerweise einfacher. Dies aus zwei Gründen: Einerseits, weil in einem solchermassen gestärkten Parlament auch Interessengruppen vermehrt eingreifen würden, die gegenwärtig auf europäischer Ebene noch keine grosse Rolle spielen (etwa im Bereich der Sozial- und Rentenpolitik). Der Wettbewerb um die zu verteilenden Ressourcen würde noch weiter zunehmen. Andererseits würde eine massive Stärkung des EU-Parlaments bedeuten, dass die Mitgliedsstaaten ihr immer noch sehr weitgehendes Vetorecht gegenüber Beschlüssen der EU verlieren müssten: Der Verlust an Stimmkraft, an *voice,* könnte eine Zunahme der Neigung zu *exit*-Strategien, wie dem *opting-out* gegenüber einzelnen Beschlüssen oder sogar dem Austritt aus der EU, bewirken. Ob eine Verlagerung von *voice*- hin zu *exit*-Strategien stattfindet, hängt natürlich davon ab, ob die Einzelstaaten als handlungsfähige politische Gebilde erhalten bleiben. Manches spricht dafür, dass es zu keinem wesentlichen Abbau einzelstaatlicher Kompetenzen kommen wird. Man denke an die allseits propagierte Stärkung des Subsidiaritätsprinzips in der EU, sowie die durch Umfragen belegte Tatsache, dass der Einzelstaat seine Rolle als wesentlicher ideeller Bezugsrahmen für die Bürger der EU-Länder noch längst nicht ausgespielt hat. Damit behaupten wir keineswegs, dass der europäische Integrationsprozess zum Stillstand kommen wird. Vielmehr ist anzunehmen, dass wirtschaftliche Integration und politische Fragmentierung auch in der EU weiterhin koexistieren, und dass der vielfach prognostizierte oder beschworene Bundesstaat Europa in absehbarer Zeit kaum zustande kommen wird.[28] Damit ist auch der Behauptung widersprochen, die europäische Integration widerlege unsere These, dass die weltwirtschaftliche Integration die politische Fragmentierung begünstigen könne.

Abschliessend kann festgehalten werden, dass weltwirtschaftliche Integrationsprozesse die politische Fragmentierung fördern können. In diesem Kapitel wurden einige Gedanken zu diesbezüglichen Wirkungsketten und Randbedingungen vorgestellt und auf ihre empirische Plausibilität hin geprüft. Es ist offensichtlich, dass die Forschung in diesem Punkt noch in den Kinderschuhen steckt und weiterführende Arbeiten notwendig sind. Das Einzige, was sich zum jetzigen Zeitpunkt mit fast 100-prozentiger Sicherheit prognostizieren lässt, ist, dass Veränderungen der politischen Geographie und damit auch der Grundstrukturen der IPÖ noch lange nicht zum Stillstand gekommen sind. Personen, die in Polen geboren und in der Sowjetunion aufgewachsen sind, können heute in Weissrussland leben, ohne dass sie je ihr Dorf verlassen

---

28 Vgl. Thomas Bernauer und Peter Moser, "Wie wird die EU in Zukunft aussehen?" in: NZZ 156, 8./9. 7. 1995: 22.

haben (Applebaum 1994). Ähnliche Phänomene wird es auch weiterhin geben. Gleichermassen ist evident, dass die Weltwirtschaft auch weiterhin kein "Spiel ohne Grenzen" sein wird. Staatliche Grenzen, innerstaatliche Strukturen und staatliche Politiken werden auch zukünftig einen signifikanten Einfluss auf das weltwirtschaftliche Geschehen ausüben. Dies zeigt sich nicht zuletzt daran, dass Veränderungen innerstaatlicher politischer Organisationsformen wie auch Veränderungen internationaler Grenzen vielfach mit enormen Konflikten und wirtschaftlichen Folgen beziehungsweise Kosten verbunden sind.

Schluss

Eine der wichtigsten Fragen in der Globalisierungsdiskussion richtet sich auf das Spannungsverhältnis zwischen Staatenwelt beziehungsweise Politik auf der einen und Weltmärkten auf der anderen Seite. Dieses Spannungsverhältnis ist keineswegs neu. Bereits im Oktober 1930 (!) schrieb die britische Zeitschrift Economist (zit. in Kennedy 1993: 417):

> Die vordringlichste Schwierigkeit unserer Generation [...] ist es, dass unsere Leistungen auf der ökonomischen Ebene unseren Fortschritt auf der politischen Ebene in einem solchen Masse überholt haben, dass unsere Ökonomie, aber auch unsere Politik ständig und weit auseinanderfallen. Auf der ökonomischen Ebene ist die Welt inzwischen zu einer einzigen, alles umfassenden Einheit des Handelns geworden. Auf der politischen Ebene ist sie nicht nur immer noch in sechzig oder siebzig souveräne Nationalstaaten aufgeteilt, sondern die nationalen Einheiten sind stetig kleiner und zahlreicher geworden und das Nationalbewusstsein ist auch angewachsen. Die Spannung zwischen diesen beiden antithetischen Tendenzen hat eine Serie von Erschütterungen und Verwerfungen und Zerstörungen im gesellschaftlichen Leben der Menschheit erzeugt [...].

Dieses Spannungsverhältnis zwischen Wirtschaft und Politik besteht auch 70 Jahre später noch. Die Wechselwirkungen zwischen den beiden Gesellschaftsbereichen dürften an Intensität sogar noch zugenommen haben. Die Integration der Weltwirtschaft hat seit dem Zweiten Weltkrieg, und besonders seit den 1970er Jahren, einen Quantensprung gemacht. Zwar liegt die Aussenhandelsquote (Exporte plus Importe als % des BIP) heute in vielen Ländern nicht viel höher als vor dem Ersten Weltkrieg. In Bezug auf das Ausmass, die Geschwindigkeit und die geographische Ausdehnung der Ströme von Waren, Dienstleistungen, Kapital und Informationen ist das ausgehende 20. Jahrhundert jedoch mit keinem anderen Zeitabschnitt der Menschheit vergleichbar. Dieser Zunahme der grenzüberschreitenden Austauschbeziehungen in Wirtschaft und Gesellschaft liegen eine massive Verringerung der Transaktionskosten und, damit verbunden, Veränderungen der Preise auf Binnenmärkten im Vergleich zum Weltmarkt zugrunde.

Parallel zur weltwirtschaftlichen Integration hat sich die politische Fragmentierung fortgesetzt. Die Zahl der Staaten liegt bei rund 200 und ein weiteres Wachstum ist vorhersehbar. Viele der bestehenden Staaten sind ihrerseits wieder zentrifugalen Tendenzen unterworfen, die von einer Ausweitung der Kompetenzen von Städten, Gemeinden oder Kantonen bis hin zu Autonomie- und Sezessionsbewegungen reichen. Die offensichtlich wachsende Nachfrage nach (damit immer kleiner werdendem) politischem Entscheidungsraum bei gleichzeitiger Expansion wirtschaftlicher Bezugsräume muss nicht zwingend bedeuten, dass der Staat gegenüber der Privatwirtschaft auf dem Vormarsch ist. Umgekehrt sollten bei jedem informierten Beobachter der internationalen politischen Ökonomie auch die allgegenwärtigen Aussagen, die Wirtschaft sei durch die Globalisierung zu einem "Spiel ohne Grenzen" geworden, alle Warnlampen zum Aufleuchten bringen. So lässt sich zum Beispiel mit guten Gründen behaupten, dass viele Staaten heute relativ gesehen mehr Ressourcen von ihren Gesellschaften einfordern und wieder verteilen sowie in stärkerem Masse regulierend auf die Zivilgesellschaft einwirken als je zuvor. Wenn das vorliegende Buch auch nur eines aufgezeigt hat, so ist es, dass die Wechselwirkungen zwischen Staatenwelt und Weltwirtschaft weitaus komplizierter sind, als im gängigen Globalisierungsdiskurs unterstellt wird, und kein Nullsummenspiel darstellen.

Wie in Kapitel 1 aufgezeigt, haben traditionelle Theorien der internationalen Politik zum Zusammenhang zwischen Staat und Weltwirtschaft recht wenig zu sagen. Die verschiedenen Formen des Realismus und Institutionalismus gehen in der Regel von bestehenden Staaten aus und interessieren sich für die Möglichkeiten und Grenzen internationaler Zusammenarbeit oder die Ursachen von Stabilität und Konflikten in der Staatenwelt (vgl. Cederman 1997). Schon in den 1960er Jahren begannen sich allerdings einige wenige Politikwissenschaftler und Ökonomen mit Phänomenen der globalen ökonomischen und politischen Interdependenz zu beschäftigen. Intensivere Bemühungen zur Ergründung weltwirtschaftlicher Einflüsse auf den Staat beziehungsweise die innerstaatliche Politik kamen jedoch erst Ende der 1970er Jahre in Gang. Meilensteine sind unter anderem die Arbeiten von Peter Gourevitch (1978), Peter Katzenstein (1978,1985), David Cameron (1978), Ronald Rogowski (1989) und Geoffrey Garrett (1998).

Die vorliegende Studie ist dieser *second image reversed*-Tradition (Gourevitch 1978) (vgl. Einleitung) verpflichtet. Im Zentrum stand die Frage, *ob und inwiefern sich im Zuge weltwirtschaftlicher Integrationsprozesse im Verhältnis von Staaten und Märkten etwas verändert und inwiefern Wechselwirkungen zwischen diesen beiden gesellschaftlichen Bereichen staatliche Handlungskapazitäten beeinflussen.* Bei der Bearbeitung dieser Fragestellung erachtete ich es als sinnvoll, mich von den mittlerweile zur Genüge bekannten und oft ideologisch geprägten Globalisierungsdiskursen zu lösen und in die "Niederungen" der empirischen Politikwissenschaft zu begeben, in denen falsifizierbare Hypothesen entwickelt und getestet werden – ganz nach der Devise, dass es besser ist, seine Aussagen so zu formulieren, dass sie widerlegbar sind, als zu versuchen, den potenziellen Kritiker mit wortgewaltigen aber vagen Argumenten zum Schweigen zu bringen.

Einen Königsweg zum Verständnis der Auswirkungen weltwirtschaftlicher Veränderungen auf staatliches Handeln gibt es allerdings nicht, da sich die oben formulierte Forschungsfrage bei näherer Betrachtung als vieldimensionaler Fragenkomplex erweist. Nebst der Festlegung auf eine positivistische Vorgehensweise und die Annahme, dass Akteure rational handeln, war auch bei der Auswahl der empirischen Sachverhalte, die einer Analyse unterzogen wurden, ein sehr selektives Vorgehen geboten. Nach einer Einführung in die Globalisierungsdiskussion (Kap. 1) richtete sich das Augenmerk der vorliegenden Untersuchung auf drei Phänomene, deren Analyse Antworten auf die eingangs gestellte Frage verspricht: Veränderungen des öffentlichen Sektors (Kap. 2); Deregulierungs- und Re-regulierungsprozesse in spezifischen Politikbereichen (Kap. 3–6); und politische Fragmentierungsprozesse (Kap. 7).

Weltwirtschaftliche Integration und öffentlicher Sektor

Auswirkungen der Weltwirtschaft auf die innerstaatliche Politik lassen sich auf hoch aggregierter, dafür aber stärker verallgemeinerbarer Ebene anhand des Einflusses der weltwirtschaftlichen Integration auf den öffentlichen Sektor erfassen. Kapitel 2 knüpfte in diesem Punkt an eine vor über 20 Jahren publizierte, danach aber weitgehend vergessene Arbeit von David Cameron (1978) an. Die Höhe der Staatsausgaben und -einnahmen im Vergleich zum gesamten wirtschaftlichen Output eines Landes kann zumindest als grobes Mass für die staatliche Handlungskapazität gelten. Mit guten Gründen lässt sich einwenden, dass grosse Staatssektoren bisweilen ineffizient sind, und dass wichtige gesellschaftliche Steuerungsfunktionen in manchen Fällen weder im privatwirtschaftlichen Output noch in den Staatsausgaben klar zum Ausdruck kommen. Es ist jedoch kaum von der Hand zu weisen, dass die Staatsquote darüber Auskunft gibt, in welchem Ausmass ein Staatsapparat von der zugehörigen Gesellschaft Ressourcen einfordert und wieder verteilt. Die meisten Theorien des Staates fussen auf der Annahme, dass diese Funktion eine der grundlegendsten jedes Staatswesens ist und dass die Grösse des öffentlichen Sektors doch einiges darüber aussagt, wie weit die "sichtbare Hand" des Staates im Vergleich zur "unsichtbaren Hand" des Marktes reicht.

In Kapitel 2 wurde mittels theoretischer Überlegungen und statistischer Analysen, die auf einer grossen Zahl von Ländern beruhen, aufgezeigt, dass das Volumen der Staatstätigkeit trotz verstärkter Offenheit beziehungsweise

Integration der Weltwirtschaft nicht geschrumpft ist. Dies gilt auch für die Staatsausgaben im Sozialbereich, welche von vielen Globalisierungskritikern als besonders empfindlich gegenüber weltwirtschaftlichen Einflüssen erachtet werden. Andererseits konnte das Gegenargument, dass wirtschaftliche Globalisierung zu einem Wachstum der Staatstätigkeit führt, durch die verfügbare empirische Information nur begrenzt erhärtet werden: Entgegen einer weit verbreiteten Behauptung hat nur die Offenheit eines Landes im Aussenhandelsbereich eine starke und positive Wirkung auf die Grösse des öffentlichen Sektors. Der Einfluss der Offenheit im Finanzbereich hingegen ist insignifikant. Zudem lässt sich die Logik der Risikoabsicherung, die der Hypothese, dass wirtschaftlich offenere Staaten ein grösseres Volumen der Staatstätigkeit aufweisen, zugrunde liegt und in jüngsten Arbeiten zu diesem Thema im Vordergrund steht, empirisch nur schwer fassen. Die Analyse führte auch zum Schluss, dass kein statistisch signifikanter Zusammenhang zwischen weltwirtschaftlicher Integration und Konvergenz oder Divergenz der Grösse des öffentlichen Sektors über die einzelnen Länder hinweg besteht. Wirtschaftliche Globalisierung bewirkt also keine Konvergenz, und schon gar nicht eine nach unten. Das Diktum vom "virtuellen" Staat ist somit, gemessen an der heute verfügbaren empirischen Information, Wunschdenken der einen oder Albtraum der anderen.

Die interessantesten Ergebnisse der Untersuchung beziehen sich erstens auf die unterschiedlichen Effekte der Offenheit im Aussenhandels- und Finanzbereich und zweitens auf die kausale Logik, durch die grössere wirtschaftliche Offenheit mit einer höheren Staatsquote verbunden ist. Just in diesen Punkten sind jedoch weitere Forschungsbemühungen nötig.

Auswirkungen der Offenheit im Handels- und Finanzbereich: Falls den unterschiedlichen Effekten der Offenheit im Handels- und Finanzbereich nicht nur ein statistisches Artefakt oder schlechte Daten zugrunde liegen – in diesem Punkt sind weitere Analysen nötig – müsste bei weiterführenden Arbeiten eine griffige theoretische Begründung gefunden werden. Die folgenden zwei Argumente dürften sich dabei als besonders interessante Kandidaten erweisen.

Kosten-Nutzen-Struktur: Die Liberalisierung der Finanzmärkte bewirkt direkte Gewinne für eine kleine Gruppe von Akteuren, zum Beispiel internationale Banken, transnationale Konzerne und vermögende Privatpersonen. Die Kosten der Liberalisierung, beispielsweise mehr Einkommensungleichheit und Beschränkungen makro-ökonomischer Steuerungsmöglichkeiten von Staaten, sind breiter gestreut. Bei einer solchen Kosten-Nutzen-Struktur kann meist die kleine Akteursgruppe ihre Interessen durchsetzen, die konzentrierte Gewinne erwartet. Bei der Handelsliberalisierung ist die Kosten-Nutzen-Struktur oft umgekehrt: konzentrierte Kosten (v. a. für international weniger wettbewerbsfähige Produzenten und ihre Arbeitnehmer), breit gestreuter Nutzen (v. a. für Konsumenten). Bei diesen Kosten-Nutzen-Strukturen sind stärkere Widerstände gegen die Handelsliberalisierung als gegen die Deregulierung der

Finanzmärkte zu erwarten. Deshalb ist bei der Handelsliberalisierung eine grössere Nachfrage nach und wahrscheinlich auch ein grösseres Angebot an Risiko-Reduktion oder Kompensation zu erwarten als bei der Liberalisierung der Finanzmärkte.[1] Die Offenheit im Finanzbereich hat somit eine geringere Auswirkung auf den öffentlichen Sektor als die Handelsliberalisierung.

Ökonomische und politische Logik des Staatswachstums: Bei diesem Argument wird davon ausgegangen, dass weltwirtschaftliche Sachzwänge abhängig vom politischen System des jeweiligen Staates unterschiedliche Wirkungen auf den öffentlichen Sektor zeitigen können. Es lässt sich beispielsweise behaupten, dass bei gleichzeitigem Freihandel und freiem Kapitalverkehr kleinere Firmen und kleinere Banken sowie stark auf den Binnenmarkt konzentrierte Unternehmen ganz allgemein die grössten Anpassungskosten zu tragen haben, und dass sich diese Verlierer in zentralisierten Regierungssystemen schlechter durchsetzen können als in dezentralisierten. Kapitalmobilität verursacht vor allem in dezentralisierten politischen Systemen Widerstände. Diese Opposition kann vom Staat kompensiert werden. Dadurch dürfte sich in solchen Staaten die Staatsquote erhöhen. Möglich ist jedoch auch, dass Regierungen mit Protektionismus im Aussenhandel und Beschränkungen der Kapitalmobilität auf die genannte Opposition reagieren. Es lässt sich deshalb postulieren, dass bei konstanter Offenheit im Aussenhandel und wachsender Kapitalmobilität in dezentralisierten politischen Systemen (oder unter anderen Bedingungen, die zu spezifizieren sind) die Staatsquote steigt. Im Unterschied zur ersten Erklärungsvariante kann die Kapitalmobilität in diesem Modell unter bestimmten Bedingungen eine positive Wirkung auf die Staatsquote haben.[2]

Kausale Logik der positiven Wirkung der Offenheit im Aussenhandel auf das Ausmass der Staatstätigkeit: Durch Regressionsanalysen lassen sich die Kausalbeziehungen zwischen Variablen nicht direkt eruieren. Zudem widersprachen die empirischen Ergebnisse in Kapitel 2 teilweise der in Hypothese 2 postulierten kausalen Logik: Es konnte zum Beispiel keine signifikante Wirkung der Verwundbarkeit gegenüber Veränderungen in der Weltwirtschaft auf die Beziehung zwischen wirtschaftlicher Offenheit und Staatstätigkeit beobachtet werden. Bei weiterführenden Arbeiten könnten vor allem zwei Erklärungen für eine positive Beziehung zwischen wirtschaftlicher Offenheit und Staatstätigkeit im Vordergrund stehen. Darüber hinaus sollte jedoch auch die These, dass die Entwicklung des öffentlichen Sektors von Globalisierungsprozessen weitgehend unbeeinflusst ist, noch intensiver als bisher untersucht werden.

---

1   Inwiefern Kompensationen explizit und spezifisch auf nachfragende Interessengruppen oder universell, das heisst auf breitere Bevölkerungs- und Wirtschaftskreise entfallen, sollte ebenfalls Gegenstand solcher Analysen sein (vgl. Rogowski 1989:173–74).

2   Diese Hypothese wird von den Resultaten der Analyse in Kapitel 2 (vorläufig) jedoch nicht gestützt.

Einfluss von Industrie, Gewerkschaften und linken Parteien: Die erste Erklärungsmöglichkeit besteht in einer Fortführung der Argumente von David Cameron (1978). Wirtschaftlich offenere Staaten weisen einen grösseren Industriesektor auf. Dieser Umstand verstärkt den Einfluss von Gewerkschaften und linken Parteien und resultiert in vermehrter Staatstätigkeit. Die in Kapitel 2 diskutierten Resultate sind in diesem Punkt allerdings widersprüchlich: So besitzen viele wirtschaftlich offene Länder heute einen stark geschrumpften Industriesektor (und einen stark gewachsenen Dienstleistungssektor), die Staatstätigkeit in diesen Ländern ist jedoch gewachsen. Andererseits zeigen neuere Arbeiten (z. B. Garrett 1998), dass Globalisierungsprozesse die Beziehungen zwischen dem politischen Einfluss linker Parteien und Gewerkschaften auf der einen und marktkorrigierenden Wirtschaftspolitiken auf der anderen Seite zumindest in einigen westlichen Industriestaaten verstärkt haben. Dieses Argument impliziert, dass die Wirkungsmechanismen innerstaatlicher Politik durch die Weltmärkte nicht überrollt worden sind. Ob diese These auf eine grössere Anzahl von Ländern verallgemeinerbar ist und intensiven Tests standhält, bleibt unklar.

Logik der Risikoversicherung: In der zweiten Erklärungsvariante wird die Staatstätigkeit als eine Risikoversicherung betrachtet. Die Bevölkerung in wirtschaftlich offeneren Ländern ist einem grösseren Risiko ausgesetzt. Die Wählerschaft verlangt für ihre Zustimmung zur Marktliberalisierung von Politikern und dem Staatsapparat Absicherungen. Politiker und Staatsverwaltungen streben nach Wiederwahl beziehungsweise politischer Unterstützung und befriedigen häufig diese Nachfrage. Auch dieses Argument konnte in der empirischen Analyse nicht direkt gestützt werden. Verlässliche Indikatoren für Risiken, die aus der Weltwirtschaft auf ein Land einwirken, sind Mangelware. Zudem ergaben sich keine statistisch signifikanten Wirkungen der benutzten Indikatoren (z. B. Exportkonzentration, terms-of-trade-Volatilität und Grösse der Wirtschaft) auf die Beziehung zwischen wirtschaftlicher Offenheit und Staatsquote. Möglicherweise liegt letzteres Resultat in der Tatsache begründet, dass Regierungen oft gezwungen sind, mit zwei gegenläufigen Trends zurechtzukommen, ohne dabei allzu viel politische Unterstützung zu verlieren: einerseits mit einer Nachfrage nach Risikoverminderung, die mit der wirtschaftlichen Öffnung und damit einhergehenden Strukturveränderungen steigt; andererseits einer durch weltwirtschaftliche Integrationsprozesse verursachten Beschränkung der Fähigkeit von Staaten, ihre Ausgaben mittels zusätzlicher Steuereinnahmen oder Verschuldung zu erhöhen. Wie Entscheidungsträger mit diesem Dilemma umgehen, dürfte von verschiedenen Randbedingungen (z. B. politischen Strukturen, Risikoverminderung durch vermehrten Protektionismus) abhängen, die es weiter zu untersuchen gilt.

Die "Schall und Rauch"-These: Eine kurz vor der Endredaktion dieses Buches publizierte Untersuchung von Torben Iversen (1999) deutet auf die Möglichkeit hin, dass die Expansion des öffentlichen Sektors mit Globalisierungsprozessen nichts zu tun hat. Iversen argumentiert, dass die Deindustrialisierung in OECD-Ländern, ein weitgehend von technologischen Innovationen und nicht von der weltwirtschaftlichen Integration verursachter Trend, für diese Expansion verantwortlich sei. Der in den 1960er Jahren einsetzende Abbau von Arbeitsplätzen im Landwirtschafts- und Industriesektor vieler OECD-Staaten habe die betroffenen Personen grossen wirtschaftlichen Risiken ausgesetzt, da berufliche Qualifikationen aus diesen beiden Sektoren nur schwer in den expandierenden Dienstleistungssektor übertragbar seien. Der Staat habe die in diesem Zusammenhang notwendige soziale Absicherungsfunktion übernommen, was zur Ausweitung der Staatstätigkeit geführt habe. Diese These widerspricht nicht nur der oben diskutierten Logik der Risikoversicherung in Bezug auf weltwirtschaftliche Integrationsprozesse, sondern auch der Behauptung, Industrialisierungsprozesse und der Aufstieg der Gewerkschaften hätten zur Expansion der Staatstätigkeit geführt (Cameron 1978). Iversen postuliert genau das Gegenteil: Die Deindustrialisierung und das Verschwinden der herkömmlichen Arbeiterklasse habe den zu erklärenden Trend bewirkt, wobei diese Beziehung aber auch noch von innerstaatlichen politischen Strukturen beeinflusst wird. Iversens Daten verleihen diesem Argument einiges an Plausibilität. Sollte sich diese These bei weiteren Tests als robust erweisen, würde dies der aus Kapitel 2 des vorliegenden Buches hervorgegangenen Erkenntnis allerdings nicht fundamental widersprechen. Vielmehr ergäbe sich zusätzliche empirische Information für die These, dass wirtschaftliche Globalisierungsprozesse nicht zu einem Rückzug des Staates führen.

Von weiterführenden Arbeiten im soeben diskutierten Sinne sind theoretisch und empirisch fundiertere Erklärungen für Veränderungen der staatlichen Handlungskapazitäten als Folge weltwirtschaftlicher Integrationsprozesse zu erwarten. Der wichtigste Vorteil makro-quantitativer Forschung liegt in der Generalisierbarkeit der Aussagen, da diese auf einem systematischen Vergleich vieler Länder über einen längeren Zeitraum beruhen. Die Nachteile eines solchen Vorgehens sind ebenso evident. Sie umfassen unter anderem Aussagen auf hohem Abstraktionsniveau, eine Reduktion der Information auf quantitativ erfassbare Phänomene, den Zwang, oft mangelhafte Daten zu verwenden sowie bruchstückhafte empirische Information zu Kausalketten, die zwischen wirtschaftlicher Offenheit und staatlichen Handlungskapazitäten liegen. Qualitative Fallstudien zur Frage, wann, wie und weshalb Staaten Entscheidungskompetenzen an die Märkte oder andere Akteure abtreten (Deregulierung) und wann, wie und weshalb das gegenteilige Ergebnis (stärkere staatliche Intervention, das heisst eine Re-regulierung) zustande kommt, bieten deshalb eine ideale Ergänzung. Diesem Ansatz sind die Kapitel 3–6 verpflichtet.

Re-regulierung und Deregulierung

Weniger hoch aggregierte, dafür allerdings in geringerem Ausmass verallge-meinerbare Erkenntnisse zum Verhältnis von Staaten und (Welt-) Märkten lassen sich durch die Analyse von Regulierungsprozessen gewinnen. Letztere geben auch Aufschluss über Wechselwirkungen zwischen Staaten und Welt-märkten, die sich nicht in eindeutig identifizierbarer Weise in den in Kapitel 2 erfassten Einnahmen und Ausgaben der öffentlichen Hand niederschlagen. Das in Kapitel 3 formulierte und in den Kapiteln 4–6 in Fallstudien angewandte Erklärungsmodell fusst auf der Annahme, dass Deregulierung (markterleich-ternde Massnahmen) einen Rückzug des Staates aus bestimmten gesellschaft-lichen Bereichen impliziert, während Re-regulierung (marktkorrigierende Massnahmen) eine stärkere staatliche Intervention signalisiert. Bei dieser Unterscheidung ist allerdings zu beachten, dass, wie verschiedene empirische Untersuchungen (z. B. Sobel 1994; Vogel 1996; Buchwitz 1998) zeigen, Privatisierungs- und Liberalisierungsprozesse mit verstärkter staatlicher Ein-flussnahme verbunden sein können. Ob Deregulierungsprozesse in der Tat, und im eigentlichen Sinn des Begriffs, einen Abbau staatlicher Kontrolle und damit einen Rückzug des Staates beinhalten, ist somit nicht aufgrund des politischen Diskurses, sondern anhand des empirisch beobachtbaren Ausmas-ses an staatlicher Regulierungsaktivität und anderweitiger Einflussnahme zu beurteilen.

Viele Autoren (z. B. Ohmae 1995a; Cerny 1995; Vogel 1996) gehen da-von aus, dass die zunehmende Integration der Weltmärkte der Marktliberalisie-rung und Deregulierung aus mehreren Gründen Vorschub leistet: (a) Sie macht die Ineffizienzen bestehender Regulierungssysteme stärker sicht- und spürbar. Auch für Interessengruppen, die im Sinne von George Stiglers Argument der *regulatory capture* bisher von staatlichen Interventionen profitierten, entstehen zunehmend Opportunitätskosten, die eine Deregulierung attraktiver erscheinen lassen (vgl. Peltzman 1976). (b) Technologische Innovationen, zusammen mit stärker integrierten Weltmärkten, erlauben es privatwirtschaftlichen Akteuren immer mehr, staatliche Eingriffe in das Marktgeschehen zu umgehen. Dadurch werden bestehende Regulierungssysteme unterlaufen und Staaten zur Deregulierung gezwungen. (c) Der Standortwettbewerb zwingt Regierungen, ihre Regulierungssysteme an diejenigen anderer Staaten anzupassen, da die betroffenen Wirtschaftsakteure ansonsten regulatorische Arbitrage betreiben. (d) Makro-ökonomische Veränderungen Anfang der 1970er Jahre (z. B. die Erdölkrise 1973) haben besonders in westlichen Indu-striestaaten dem Nachkriegsboom ein Ende gesetzt. Wachstumsprobleme und höhere Arbeitslosigkeit verleihen der Deregulierung grössere Popularität. Die Deregulierung ist für viele politische Entscheidungsträger attraktiv geworden, weil sie Möglichkeiten bietet, das Wachstum der Regierungsausgaben (und oft auch der Staatsverschuldung) zu bremsen, Massnahmen zur Effizienzsteigerung im öffentlichen Sektor zu ergreifen und für die öffentliche Hand weitgehend kostenfreie Programme zur Steigerung des Wirtschaftswachstums und Senkung der Arbeitslosigkeit zu initiieren. (e) Das Übergreifen der Deregulierungswelle von den USA zuerst auf Grossbritannien und dann auf den Rest Europas und auch andere Länder wird vor allem durch Imitationsverhalten, politischen Druck der USA und auch die Politiken internationaler Organisationen wie Weltbank und IWF erklärt.

Haben weltwirtschaftliche Integrationsprozesse, wie in obigen Thesen behauptet, auf breiter Front der Deregulierung Vorschub geleistet? Führen diese Integrationsprozesse im Extremfall zu den von vielen Globalisierungskritikern befürchteten "Wettläufen nach unten" in Sozial- und Umweltpolitik sowie in anderen gesellschaftlichen Bereichen? Grundsätzlich lässt sich diese Frage auf zwei Arten angehen, wobei keine der beiden Vorgehensweisen *a priori* der jeweils anderen vorzuziehen ist. Erstens können Regulierungs- oder Deregulierungsprozesse in einem oder wenigen Staaten in spezifischen Wirtschaftssektoren untersucht und verglichen werden. Zweitens lassen sich die Auswirkungen weltwirtschaftlicher Integration auf Regulierungsprozesse in einer grösseren Anzahl von Ländern in bestimmten Politikbereichen analysieren. Dabei ist unter anderem von Interesse, ob staatliche Politiken als Folge wirtschaftlicher Globalisierung konvergieren, sei es in Richtung Deregulierung oder Re-regulierung, und ob die Integration der Weltmärkte die "Logik kollektiven Handelns" (Olson 1965) in internationalen Regulierungsprozessen verändert und damit die kollektiven Handlungskapazitäten der Staatenwelt beeinflusst.

Exemplarisch für die erstere Vorgehensweise ist ein Buch von Steven Vogel (1996). Dieser untersucht die Liberalisierung der Finanz- und Telekommärkte in Grossbritannien und Japan. Er gelangt dabei zur Erkenntnis, dass wesentliche Impulse zugunsten der Liberalisierung von weltwirtschaftlichen Entwicklungen ausgingen, dass aber tief verwurzelte Ideen und Ideologien und innerstaatliche Strukturen, vor allem vor Einleitung der Marktliberalisierung bereits bestehende Regulierungssysteme, einen sehr starken Einfluss auf Form und Geschwindigkeit der Marktliberalisierung hatten. Vogels Resultate lassen sich in drei Punkten zusammenfassen: (a) Regierungen haben in den untersuchten Fällen ihre Kontrolle über den Privatsektor reorganisiert, das Ausmass der Regulierung ist dabei jedoch nur in Grossbritannien teilweise gesunken; (b) in den untersuchten Ländern wurde die Marktliberalisierung und die diesbezügliche Regulierung in verschiedener Weise kombiniert, Form und Geschwindigkeit der Liberalisierung konvergieren also nicht über die untersuchten Länder hinweg; (c) staatliche Akteure, und nicht Interessengruppen aus dem Privatsektor, sind die wichtigsten Triebkräfte der Liberalisierung. Selbst in Wirtschaftssektoren, die enormen technologischen Innovationsschüben und einer hohen Kapitalmobilität ausgesetzt sind, haben somit Staaten das Zepter keineswegs aus der Hand gegeben. Vielmehr muss insgesamt von einer Reorganisation staatlicher Kontrolle über die Privatwirtschaft ausgegangen werden.

Die Untersuchungsanlage, auf der die Kapitel 3–6 des vorliegenden Buches basieren, entspricht der zweiten der oben genannten Vorgehensweisen. Im Zentrum steht wie bei der ersten Vorgehensweise die Frage, ob und wie weltwirtschaftliche Integrationsprozesse die Form und das Ausmass staatlicher Einflussnahme auf das Marktgeschehen beeinflussen. Das Augenmerk richtet sich nun allerdings auf eine grössere Anzahl von Staaten in bestimmten Politikbereichen und auch auf kollektive Handlungsmöglichkeiten auf internationaler Ebene. Im Gegensatz zur ersten Vorgehensweise lassen sich hier die Einflüsse innerstaatlicher Strukturen auf Regulierungsprozesse nur streifen, weshalb auch die anwendbaren theoretischen Erklärungsmodelle teils anderer Natur sind. Die Vorteile der für die Kapitel 3–6 verwendeten Forschungsanlage sind jedoch die stärkere Generalisierbarkeit der Resultate, die Verbindung mit der in Kapitel 2 untersuchten Konvergenzfrage sowie die Berücksichtigung internationaler Regulierungsprozesse. Letzerer Punkt ist insofern wichtig, als internationale Regulierungsbemühungen häufig signalisieren, dass die einzelnen Staaten an den Grenzen ihrer jeweiligen Handlungskapazitäten angelangt sind. Die Bedingungen, unter denen die Staatenwelt als Kollektiv ihre Handlungskapazitäten entfalten kann, sowie ihre Grenzen lassen sich anhand solch kritischer Fälle besonders gut aufzeigen.

Erklärungsmodell und Fallstudien

Die zentralen Erklärungsvariablen des in Kapitel 3 entworfenen Modells erfassen die Beschaffenheit der zu produzierenden kollektiven Güter und die Bedingungen, unter denen diese Güter produziert oder nicht produziert werden. Im Gegensatz zu traditionelleren Theorien der Internationalen Beziehungen interessieren in diesem Zusammenhang nicht nur die Beziehungen zwischen Staaten, sondern auch diejenigen zwischen regulierenden Behörden, Firmen, Konsumenten und anderen relevanten Akteuren. In der ersten Hypothese wird das Augenmerk auf das Ziel staatlicher Eingriffe und die Beschaffenheit der entsprechenden Massnahmen gerichtet. In dieser Hypothese wird zwischen regulatorischen Interventionen, die sich auf Produkte richten, und solchen, die auf Produktionsprozesse ausgerichtet sind, unterschieden. Die zweite und dritte Hypothese beleuchten die Markt- und Machtstrukturen in einem bestimmten Regulierungsbereich und deren Einflüsse auf Politikergebnisse. Die vierte Hypothese erklärt Politikergebnisse durch die Verteilung der Kosten und des Nutzens regulatorischer Eingriffe. Die fünfte Hypothese ist auf die "Aggregationstechnologie" ausgerichtet – das heisst die Zahl der Akteure, die notwendig ist, um kollektive Güter zu produzieren sowie die Möglichkeit, dass Trittbrettfahrer eine Deregulierung herbeiführen können. Zusammengefasst lauten diese Hypothesen wie folgt:

Hypothese 1(a): Wenn, als Ausgangspunkt, Länder unterschiedliche Regulierungen in Bezug auf Produktionsprozesse aufweisen, die international handelbare Güter betreffen, sinkt unter der Bedingung einer offenen Weltwirtschaft die durchschnittliche Intensität staatlicher Intervention (Deregulierung; Konvergenz). Hypothese 1(b): Wenn, als Ausgangspunkt, Länder unterschiedliche Regulierungen in Bezug auf Produkte aufweisen, führt dies unter der Bedingung einer offenen Weltwirtschaft tendenziell zu einer stärkeren Intensität staatlicher Intervention, das heisst zu einer Re-regulierung. Die Unterschiede zwischen den regulatorischen Standards der einzelnen Staaten bleiben im Falle von Produkteregulierungen grösser.

Hypothese 2: Unter der Bedingung einer offenen Weltwirtschaft tritt in Bereichen, in denen Firmen mit internationalen und standortgebundenen Investitionen dominieren, eine stärkere regulatorische Konvergenz auf als in den beiden anderen Fällen (binnenmarktorientierte Firmen, nicht oder wenig standortgebundene Firmen).

Hypothese 3: Unter der Bedingung einer offenen Weltwirtschaft sind dominante und etablierte Firmen in Märkten mit hohem Konzentrationsgrad eher in der Lage, das regulatorische Umfeld gemäss ihren Präferenzen zu beeinflussen.

Hypothese 4: Wenn die Kosten der Einführung einer neuen oder verschärften staatlichen Regulierung stark auf spezifische gesellschaftliche Gruppen oder Firmen konzentriert sind und der Nutzen breit gestreut ist, ist ein Scheitern des Regulierungsversuchs oder gar eine Deregulierung zu erwarten. Eine verstärkte staatliche Intervention erfordert in dieser Situation oft die Kompensation der Kostentragenden in irgendeiner Form. Die Umsetzung dieser Handlungsstrategie gestaltet sich in der Praxis jedoch oft schwierig, beispielsweise weil die grosse Gruppe der (potenziellen) Gewinner einer Regulierung Mühe hat, die Kompensation zu mobilisieren, oder weil Angst vor Präzedenzfällen besteht. Das gegenteilige Politikergebnis (stärkere staatliche Intervention beziehungsweise Re-regulierung) ist dann zu erwarten, wenn der Nutzen einer Regulierung konzentriert ist und die Kosten breit gestreut sind.

Hypothese 5(a): In Bereichen, die eine hohe Mobilität der Produktionsfaktoren aufweisen, kommt eher eine Deregulierung zustande, weil die k-Gruppe unter dieser Bedingung grösser und die Kooperation in grösseren Akteursgruppen schwieriger ist. Die k-Gruppe bezeichnet die Anzahl Akteure (Staaten), die willig sind, gemeinsam ein kollektives Gut bereitzustellen (zu re-regulieren, eine Deregulierung zu verhindern), unabhängig davon, wie sich die übrigen Akteure verhalten. Bei einer kleineren k-Gruppe kommen Kooperationsprozesse somit eher in Gang als bei einer grösseren k-Gruppe. Mit steigender Mobilität der Produktionsfaktoren wächst die Grösse der k-Gruppe, weil Firmen bei hoher Mobilität mehr Möglichkeiten haben, ihre Produktion ins Ausland zu verlegen oder Regulierungen anderweitig zu umgehen. Dieser deregulatorische Druck kann abgeschwächt oder aufgehoben werden, wenn in einer bestimmten Gruppe von Staaten Akteure (Staaten oder auch grosse Firmen) existieren, die einen sehr grossen privaten Nutzen aus einer Regulierung ziehen, und/oder diese Staaten (Firmen) ein grosses Einkommen aufweisen und deshalb bereit sind, einen überproportionalen Beitrag an das kollektive Gut zu leisten. Hypothese 5(b): Wenn die Arbitragegewinne (Nutzen des Trittbrettfahrens beziehungsweise Nutzen der Nicht-Regulierung) mit zunehmender Zahl der re-regulierenden Akteure steigen, so ist eine Deregulierung wahrscheinlicher als im umgekehrten Fall.

Die Hypothesen lassen sich auf Aussagen darüber zuspitzen, bei welchen Werten der erklärenden Variablen das Politikergebnis in Richtung Deregulierung (Rückzug des Staates aus dem betreffenden gesellschaftlichen Bereich) oder in Richtung Re-regulierung (stärkere Intervention des Staates) tendiert. Eine stärkere Intervention des Staates (Re-regulierung) erfolgt bei:

- Regulierung der Beschaffenheit von Produkten (Politikergebnis: Heterogenität mit Tendenz zu verstärkter staatlicher Intervention);
- entsprechender Nachfrage nach Re-regulierung durch Unternehmen, die multinationale, standortgebundene Investitionen besitzen (Politikergebnis: Konvergenz nach oben); starkem Einfluss von standortgebundenen, binnenorientierten Produzenten (Politikergebnis: Heterogenität mit Tendenz zur Re-regulierung);
- konzentrierten Märkten mit dominanten Grossfirmen (v. a. oligopolistischen und monopolistischen Marktstrukturen), die eine Re-regulierung anstreben;
- konzentriertem Nutzen der Re-regulierung und breit gestreuten Kosten;
- kleiner k-Gruppe; Konvergenz von Grenzkosten der Re-regulierung und Deregulierung (mit jedem zusätzlich re-regulierenden Akteur sinkt der Anreiz zum Trittbrettfahren/Nicht-Kooperieren).

Ein Rückzug des Staates (Deregulierung) erfolgt bei:

- Regulierung von Produktionsprozessen (Politikergebnis: Konvergenz nach unten);
- entsprechender Nachfrage durch Unternehmen, die multinationale, standortgebundene Investitionen besitzen (Politikergebnis: Konvergenz nach unten); starkem Einfluss von Unternehmen mit nicht standortgebundenen Investitionen;
- Märkten mit vielen gleichgewichtigen Anbietern und Nachfragern;
- breit gestreutem Nutzen der Regulierung und konzentrierten Kosten;
- grosser k-Gruppe; Divergenz von Grenzkosten der Re-regulierung und Deregulierung (mit jedem zusätzlich re-regulierenden Akteur steigt der Anreiz zum Trittbrettfahren/Nicht-Kooperieren).

Für die qualitativen Fallstudien, die auf einen Plausibilitätstest der genannten Hypothesen angelegt sind, wurden drei Politikbereiche ausgewählt: (a) Die

Regulierung international tätiger Banken. (b) Bemühungen der EU-Länder zur Koordinierung oder Harmonisierung der fiskalischen Belastung von Kapitalgewinnen. (c) Die Regulierung multinationaler Unternehmen, speziell die Frage der fiskalischen Belastung solcher Unternehmen und Bemühungen der EU und OECD zur Eindämmung des Steuerwettbewerbs. Die Auswahl dieser drei Fälle erfolgte aufgrund folgender Kriterien. Erstens beeinflusst die Mobilität von Produktionsfaktoren in allen drei Fällen die Regulierungsbemühungen der Staatenwelt in klar erkennbarer Weise. Wir haben es also mit kritischen Fällen im oben definierten Sinn zu tun. Zweitens ergab sich eine deutliche Varianz in Bezug auf die meisten erklärenden Variablen. Drittens weisen auch die Politikergebnisse innerhalb und zwischen den einzelnen Fällen signifikante Unterschiede auf, die nach einer Erklärung rufen.

Internationale Banken

Ab Mitte der 1980er Jahre verstärkten die Zentralbanken und Aufsichtsbehörden der G-10-Staaten ihren regulatorischen Zugriff auf international tätige Banken, weil sie deren Kapitalisierung als zu gering erachteten. Die zu tiefe Eigenkapitalausstattung war deshalb problematisch, weil sie in Kombination mit der damaligen Schuldenkrise, säkularen Trends im Finanzsektor und Zusammenbrüchen einiger wichtiger Banken das internationale Finanzsystem zu destabilisieren drohte.

Der vom Baseler Bankenausschuss eingeleitete und koordinierte Re-regulierungsprozess hat zur Verhinderung der in den 1980er Jahren drohenden Erosion der Kapitalausstattung wichtiger internationaler Banken beigetragen. Ohne diese Bemühungen hätten viele der kooperierenden Staaten ihre Kapitalvorschriften im Vergleich zum Status quo ante (Anfang der 1980er Jahre) nicht oder allenfalls erst später verschärft. Die erhöhte Kapitalisierung internationaler Banken wiederum hat, zusammen mit Zahlungsbilanzhilfen des IMF und einzelner Staaten, zur Stabilisierung des internationalen Finanzsystems beigetragen. Die Möglichkeiten zur internationalen Harmonisierung der Kapitalvorschriften sind allerdings begrenzt. Im Besonderen lassen die Baseler Standards den einzelnen Staaten beträchtlichen Spielraum bei der Ausgestaltung und Umsetzung ihrer Vorschriften.

Die Hypothesen 1–3 erklären, weshalb trotz gesamthaft verstärkten regulatorischen Zugriffs der Staatenwelt auf internationale Banken die Kapitalvorschriften der einzelnen Länder unterschiedlich streng geblieben sind und sich auch die tatsächliche Kapitalisierung der Banken über die Länder hinweg nur beschränkt angeglichen hat. Die Hypothesen 4 und 5 wiederum tragen zur Deutung der erstaunlichen Sogwirkung der von wenigen Staaten eingeleiteten Verschärfung der Kapitalvorschriften bei. Im Einzelnen ergaben sich folgende Resultate:

Hypothese 1: Kapitalvorschriften sind eher Produkte- als Produktionsprozessregeln. Die protektionistische Logik, die hinter der Teilhypothese (1a) zur Produkteregulierung steht, lässt sich bei der Bankenregulierung ansatzweise aufzeigen. Somit erklärt die Hypothese wenigstens teilweise, weshalb in diesem Politikbereich keine Deregulierung, sondern eher eine Re-regulierung zustande kam, und weshalb die nationalen Vorschriften trotz einer gewissen Konvergenz heterogen geblieben sind.

Hypothese 2: Der grösste Teil der standortgebundenen Investitionen im Bankgeschäft ist im Inland angesiedelt und der Grossteil der internationalen Investitionen, mit Ausnahme des *sovereign lending*, das seit den Verschuldungskrisen der 1980er und 1990er Jahre stark zurückgegangen ist, ist wenig standortgebunden. Von dieser Struktur der Investitionen ist nur wenig Antrieb zur Angleichung der Kapitalvorschriften zu erwarten. Dieser Umstand trägt zur Erklärung der fortbestehenden Heterogenität bei.

Hypothese 3: Die für den untersuchten Politikbereich relevanten Märkte sind in mittlerem Ausmass konzentriert. Grossbanken spielen besonders bei nationalen Regulierungsprozessen eine wichtige Rolle. Da, wie oben festgestellt, Kapitalvorschriften gleichzeitig Produkteregeln sind, hat dieser innerstaatliche Einfluss der Grossbanken die Re-regulierung bei fortbestehender Heterogenität begünstigt. Die im Zusammenhang mit Hypothese 2 beobachteten Investitionsstrukturen und der mittlere Konzentrationsgrad der Märkte im grenzüberschreitenden Bankengeschäft lassen auf internationaler Ebene keine intensiven Bemühungen der Banken um Harmonisierung der Kapitalvorschriften erwarten. Nur bei der Frage der Zulassung bankinterner Risikomodelle, von deren Anwendung vor allem die grossen Finanzintermediäre profitieren, konnten gemeinsam geäusserte Interessen der Grossbanken festgestellt werden.

Hypothese 4: Im Falle der Bankenregulierung werden die Kosten der Re-regulierung weitgehend von der im Verhältnis zu den Nutzniessern kleineren Gruppe der Regulierten getragen. Diese Kosten variieren allerdings von Bank zu Bank und auch von Land zu Land und sind ebenfalls vom allgemeinen Wirtschaftsverlauf abhängig. Dass diese für eine Re-regulierung eher ungünstige Kosten-Nutzen-Verteilung die Re-regulierung nicht verhinderte (dies v. a. in den USA, die den Prozess einleiteten) hängt unter anderem mit einer indirekten Kompensation der regulierten amerikanischen Banken über Zugangsbeschränkungen für ausländische Institute und Bemühungen zur Internationalisierung der amerikanischen Vorschriften zusammen. Die Internationalisierung wurde dadurch vereinfacht, dass die Kosten der Re-regulierung für viele ausländische Banken recht gering waren und der private Nutzen für die Regulierten selbst oft erheblich war. Unter anderem haben die Baseler Vorschriften die Aufmerksamkeit privater *rating*-Agenturen auf sich gezogen. Bessere Bewertungen durch diese Agenturen ermöglichen den Banken meist die Geldaufnahme zu günstigeren Konditionen. Für manche Banken sind die

Opportunitätskosten der Re-regulierung besonders seit Mitte der 1990er Jahre allerdings gestiegen, was weiteren staatlichen Interventionen enge Grenzen setzt. Mit Blick auf die in den Hypothesen 1–3 erfassten Einflüsse ist jedoch trotz vermehrter Opposition gegen die Baseler Kapitalvorschriften keine Konvergenz der Standards nach unten sondern eher ein Fortbestehen der Heterogenität zu erwarten.

Hypothese 5: Trotz recht hoher Kapitalmobilität im untersuchten Regulierungsbereich konnte vor allem aufgrund des Engagements der drei Länder mit den grössten Finanzmärkten (USA, Japan, Grossbritannien) und deren Eigeninteresse an einer Re-regulierung ein Prozess in Richtung verschärfter Kapitalvorschriften in Gang gesetzt werden. Es existierte also eine kleine k-Gruppe. Mit steigender Zahl der re-regulierenden Akteure verringerte sich in der Folge der Nutzen für Trittbrettfahrer tendenziell. Dieser Umstand förderte die Diffusion der neuen Standards im Rahmen des Baseler Bankenausschusses und auch darüber hinaus. In vielen Fällen stieg die Kapitalausstattung von Banken gar über das vorgeschriebene Minimum. Diese Über-Erfüllung dürfte teilweise auch auf historischen Zufällen beruhen. Auf jeden Fall scheint die kausale Logik, die hinter Hypothese 5(b) steht, komplizierter zu sein als anfänglich erwartet. So ist beispielsweise die Kapitalisierung von Banken, das heisst auch der Erfolg bei der Umsetzung der Baseler Standards, von verschiedenen Randbedingungen abhängig, unter anderem der Konjunktur.

Die Fallstudie zur Bankenregulierung hat gezeigt, dass trotz hohen Integrationsgrades der internationalen Kapitalmärkte wirksame staatliche Interventionen durchaus möglich sind und auch praktiziert werden. Die Entwicklungen in diesem Bereich seit Mitte der 1990er Jahre zeigen jedoch auch, dass den staatlichen Regulierungskapazitäten Grenzen gesetzt sind. So ist zum Beispiel deutlich erkennbar, dass technologische Innovationen und die fortschreitende Integration der Märkte zusätzliche Schlupflöcher zur Umgehung von Kapitalvorschriften geschaffen haben. Während der Bedarf an wirksamer Regulierung internationaler Banken von den meisten Beobachtern und Beteiligten bejaht wird, ist man sich nicht einig darüber, welches die praktikabelsten und respektive oder effizientesten Lösungen sind oder wären. Bis in die frühen 1990er Jahre noch als grosser Erfolg gefeiert, werden die Baseler Standards Ende der 1990er Jahre in Bezug auf ihre Wirksamkeit und Effizienz stärker hinterfragt. Ob es der Staatenwelt wie in den 1980er Jahren gelingen würde, ihre Kontrolle über internationale Banken wirksam zu reorganisieren, war im Oktober 1999 noch offen, schien aber durchaus möglich.

Besteuerung von Kapitalgewinnen in der EU

Obschon die EU im Steuerbereich bereits seit längerer Zeit regulierend tätig gewesen war, setzten energischere Versuche zur Harmonisierung der Besteuerung von Kapitalgewinnen erst Mitte der 1980er Jahre ein. Beweggründe waren als stagnierend bewertete Steuererträge der EG-Staaten, ein mögliches Ausufern selektiver Steuervergünstigungen im internationalen Standortwettbewerb und die Verlagerung der Steuerlasten von mobileren Produktionsfaktoren hin zur Arbeit. 1989 schlug die EG-Kommission ein Massnahmenpaket vor, das unter anderem Mindestsätze für Quellensteuern in allen EG-Staaten vorsah. Dieser Versuch scheiterte. Der Deregulierungsdruck auf EG-Länder mit höheren Quellensteuern auf Zinseinkünften und Dividenden sowie einem schwachen Bankgeheimnis wuchs weiter. Deutschland machte eine 1989 neu eingeführte Quellensteuer nach kurzer Zeit rückgängig. Andere EG-Mitglieder versuchten, den Kapitalabfluss und damit verbundene Einbussen bei den Steuererträgen durch eine Reduktion ihrer Quellensteuern zu reduzieren. Der Wettbewerb um das zunehmend mobile Kapital äussert sich auch darin, dass viele EU-Staaten keine Quellensteuern auf Zinserträge nichtgebietsansässiger Personen erheben.

Die meisten Regierungen erwarteten von der Einführung der Europäischen Währungsunion und der damit verbundenen Integrationsdynamik im Finanzsektor eine zusätzliche Verschärfung des Steuerwettbewerbs. Hinzu kam die hohe Arbeitslosigkeit im EU-Raum, welche die vonstatten gehende fiskalische Entlastung des mobilen Kapitals zulasten der Arbeit in den Vordergrund der Steuerdebatte rückte. Aus diesen Gründen unterbreitete die EU-Kommission im Mai 1998 einen neuen Vorschlag, der weit weniger ambitioniert war als sein Vorgänger von 1989. Es sollte nun keine umfassende Harmonisierung der Quellensteuern mehr angestrebt werden, sondern eher eine Steuerkoordination (Koexistenzmodell). Selbst in dieser bescheideneren Form war die Annahme und Umsetzung des Vorschlages der Kommission im Oktober 1999 noch sehr ungewiss. Es ist somit evident, dass die EU beträchtliche Mühe hat, dem Steuerwettbewerb im Bereich der Kapitalgewinne durch eine Re-regulierung entgegenzuwirken.

Die empirische Analyse zu den Hypothesen 1–3 begründet vor allem, weshalb ein Trend zur Deregulierung beobachtbar, weshalb jedoch keine starke Konvergenz (sei es in Richtung stärkerer oder schwächerer Besteuerung) zustande gekommen ist. Die entsprechenden Erklärungen sind auf die Interessen von Regierungen, Produzenten (v. a. Finanzintermediäre) und Konsumenten (v. a. Anleger) ausgerichtet. Indem sie sich mit der Kapitalmobilität und Arbitragedynamik befassen, liefern Hypothesen 4 und 5 Erklärungen für den Deregulierungsdruck und das bisherige Scheitern der Re-regulierungversuche der EU. Die Resultate der Analyse lassen sich wie folgt zusammenfassen:

Hypothese 1: Die Zinsbesteuerung entspricht eher einer Prozess- als einer Produkteregulierung. Wie theoretisch erwartet, konnten wir deshalb auch keinen protektionistischen Nutzen einer Re-regulierung orten. Unter diesen Umständen ist eine Konvergenz nach unten wahrscheinlicher. Diese Prognose deckt sich tendenziell mit dem beobachteten Politikergebnis.

Hypothese 2: Investitionen der Produzenten im untersuchten Wirtschaftssektor sind oft multinational, jedoch meist wenig standortgebunden. Deshalb haben, wie aufgrund der Theorie zu erwarten war, die Produzenten kaum Interesse an einer regulatorischen Konvergenz, und schon gar nicht an einer Konvergenz in Richtung stärkerer Zinsbesteuerung.

Hypothese 3: An denjenigen Punkten, an denen die Investoren ihr Geld an Finanzintermediäre übergeben, ist der Konzentrationsgrad der Märkte mittel bis gering. In Kombination mit den Hypothesen 1 und 2 lässt sich auf diesem Hintergrund erklären, weshalb die Re-regulierungsbemühungen der EU-Staaten bisher gescheitert sind, jedoch nur eine begrenzte Konvergenz nach unten beobachtbar ist.

Hypothese 4: Die Verteilung der Kosten und des Nutzens einer verstärkten Besteuerung von Zinseinkünften in den EU-Staaten wirkt einer Re-regulierung entgegen. Der Nutzen einer auf hohem Niveau harmonisierten Zinsbesteuerung entfällt in konzentrierter Form vor allem auf Politiker und den Verwaltungsapparat in Ländern mit bereits hoher Zinsbesteuerung. Von den erhöhten oder stabilisierten Steuereinnahmen profitiert ebenfalls eine breite Bevölkerungsschicht. Die Kosten einer Re-regulierung entfallen in konzentrierter Form auf Anleger und Finanzintermediäre. Viele der potenziell kostentragenden Akteure haben allerdings eine *exit*-Möglichkeit. Unter solchen Umständen sind immer wieder Vorstösse zur Harmonisierung der Zinsbesteuerung zu erwarten, die Erfolgsaussichten dieser Bemühungen sind jedoch sehr unsicher. Diese Prognose deckt sich mit dem beobachteten Politikergebnis.

Hypothese 5: Einige grosse EU-Staaten, allen voran Deutschland und Frankreich, haben sich für eine Steuerharmonisierung eingesetzt. Trotz dieser Bemühungen sind die untersuchten Re-regulierungsversuche bisher gescheitert. Dieses Scheitern hängt mit der hohen Kapitalmobilität und den Interessenasymmetrien zusammen. Dadurch ist die k-Gruppe sehr gross, und auch die Arbitragedynamik verläuft in einer kooperationsbehindernden Richtung.

Ob der jüngste Anlauf der EU-Staaten definitiv scheitern würde, war im Oktober 1999 noch ungewiss. Vor allem unter folgenden Bedingungen erscheint eine Re-regulierung, wenn auch gegenüber den ursprünglichen Plänen in stark abgeschwächter Form, möglich. Mehr Rückenwind könnten die EU-Bemühungen bekommen, wenn die Kapitalmobilität und damit auch der Steuerwettbewerb in der EU sehr stark zunehmen und massive Rückgänge der Steuererträge verursachen würde. Unter diesen Bedingungen könnte der Druck auf Luxemburg, Grossbritannien und andere Opponenten gegen die Steuerharmonisierung zunehmen. Weitere Abstriche an den Forderungen der Kommission könnten die Akzeptanz der vorgeschlagenen Richtlinie ebenfalls erhöhen. Vor allem bei der Höhe der Quellensteuer, der Definition von Zins, bei Ausnahmen für Eurobonds und Anlagefonds sowie dem vorgeschlagenen Meldeverfahren liesse sich die Intensität des staatlichen Zugriffs nochmals erheblich reduzieren. Andererseits würde eine solche Lösung den Steuerwettbewerb und die Steuererträge kaum beeinflussen und somit auch die Ergebnisse der obigen Untersuchung nicht infrage stellen.

Multinationale Unternehmen

Spätestens seit den 1960er Jahren sind multinationale Unternehmen (MNU) Gegenstand internationaler Politik. Eine in der Zeit der Dekolonialisierung entstandene Kontroverse um die Rolle von MNU im Nord-Süd-Kontext verebbte in den 1980er Jahren, ohne griffige internationale Regelungsmechanismen hervorgebracht zu haben. In der OECD-Welt, aus der die meisten bedeutenden MNU stammen, beschränken sich die regulatorischen Bemühungen der Staatenwelt mit wenigen Ausnahmen auf die Förderung von ausländischen Direktinvestitionen (Marktliberalisierung). Vor allem in den Ausnahmefällen, in denen Staaten marktkorrigierend zu intervenieren versuchen, lassen sich die Möglichkeiten und Grenzen des regulatorischen Zugriffs von Staaten auf MNU am besten beurteilen.

Kurzfristiger internationaler Kapitalfluss beeinflusst vor allem den Handlungsspielraum von Staaten im Bereich der Geldpolitik (Zinsen, Wechselkurse, Inflation). Ausländische Direktinvestitionen, die in engem Zusammenhang mit der Tätigkeit von MNU stehen und um die es in dieser Fallstudie geht, wirken sich hingegen vor allem auf die Fiskalpolitik aus. Ein gängiges Argument in der Globalisierungsdebatte besagt, dass die wachsende Mobilität von Produktionsfaktoren (in diesem Falle die Investitionen von MNU) zu einer Erosion der Körperschaftssteuern führe, einem fiskalischen "Wettlauf nach unten" (Tanzi 1995). Diese Erosion sei auch mit einer Verschiebung der Steuerlasten verbunden und führe zu einer zu geringen Bereitstellung öffentlicher Güter (z. B. Sozialleistungen), zu höherer Arbeitslosigkeit und politischer Instabilität.

Im Gegensatz zu den beiden anderen Fallstudien erwies sich das Politikergebnis in diesem Bereich als mehrdimensional und wurde deshalb auf einer regulatorischen und einer realwirtschaftlichen Ebene erfasst. Dabei ergaben sich je nach Indikator und Zeitraum beträchtliche Varianzen und die Analyse der Hypothesen wurde komplizierter. Auf der regulatorischen Ebene sind bei den nominalen Steuersätzen für Körperschaften erhebliche Reduktionen zu verzeichnen. Dieser Indikator wird vor allem von Kritikern der wirtschaftlichen Globalisierung immer wieder aufgeführt. Bei den "effektiven Steuersätzen", einem Index, der regulatorische und realwirtschaftliche Messgrössen kombiniert, ist hingegen sogar eine leichte Zunahme der Steuerlasten auszumachen. Auch die internationalen Bemühungen, eine tatsächliche oder vermeintliche Erosion der Körperschaftssteuern zu verhindern, haben unterschiedliche Ergebnisse gezeitigt. Bei der Transferpreisgestaltung von MNU ist einerseits eine gewisse Re-regulierung zu beobachten. Andererseits sind Versuche der OECD und der EU, den Steuerwettbewerb auf breiterer Front einzudämmen, nicht sehr weit gediehen. Auf der realwirtschaftlichen Ebene sind die beobachteten Trends ebenfalls uneinheitlich. In einzelnen Ländern hat die fiskalische Belastung von Unternehmen als Anteil am BIP abgenommen, ist aber sowohl im EU- als auch im OECD-Raum über die Zeit hinweg durchschnittlich etwas gestiegen. Die Belastung durch Sozialabgaben ist ebenfalls gestiegen. Die Steuerlasten von Firmen als Anteil an ihren Gewinnen haben hingegen abgenommen. Der Anteil der Körperschaftssteuer an den gesamten Steuererträgen ist über die vergangenen 30 Jahre hinweg etwa gleich geblieben. Bei den meisten Indikatoren ist eine fortbestehende Heterogenität der Steuerbelastung beobachtbar.

Auf regulatorischer und realwirtschaftlicher Ebene ist somit, gesamthaft gesehen, keine signifikante Deregulierung und Konvergenz (sei es nach unten oder oben) festzustellen. Regierungen erwirtschaften immer noch einen beträchtlichen Teil ihrer Steuereinkünfte bei Firmen. Einige Indikatoren deuten sogar auf einen verstärkten staatlichen Zugriff hin. Allerdings gibt es auch Anzeichen, dass die Integration der Weltmärkte den Handlungsmöglichkeiten von Staaten bei der Unternehmensbesteuerung Grenzen setzt. Der Steuerwettbewerb äussert sich z. B. in der Senkung nominaler Steuersätze sowie den Schwierigkeiten der Staatenwelt bei der Bekämpfung des "schädlichen Steuerwettbewerbs" im OECD- und EU-Raum. Die Tatsache, dass der steuerliche Zugriff auf MNU kaum abgenommen hat, wird, wenn dies von den Globalisierungskritikern überhaupt erkannt wird, oft damit begründet, dass die Produktionsfaktoren weniger mobil seien als angenommen. Diese Erklärung lässt die Mehrdimensionalität des hier zu erklärenden Phänomens allerdings ausser acht. Indem sich dagegen die fünf Hypothesen nicht nur auf die Kapitalmobilität, sondern auch auf Macht- und Interessenstrukturen auf Staats- und Firmenebene beziehen, ergab sich bei ihrer Untersuchung ein differenzierteres Bild.

Hypothese 1: Körperschaftssteuern sind als Regulierung von Produktionsprozessen zu betrachten. Die sinkende Tendenz bei den nominalen Steuersätzen und den Steuern als Anteil an den Firmengewinnen, sowie der geringe Erfolg bei der Eindämmung des "schädlichen Steuerwettbewerbs" im OECD- und EU-Rahmen decken sich mit den in Hypothese 1 geäusserten Erwartungen. Die beobachtete Re-regulierung bei den Transferpreisen hingegen widerspricht der Hypothese. In diesem Punkt bieten die Hypothesen 4 und 5 zu Kosten-Nutzen-Strukturen sowie zur Arbitragedynamik griffigere Erklärungen.

Hypothese 2: Die Markt- und Interessenstrukturen im Bereich der Direktinvestitionen lassen erwarten, dass eine grosse und einflussreiche Koalition von standortgebundenen MNU, die sich zugunsten einer Re-regulierung (z. B. internationale Harmonisierung der Körperschaftssteuern) einsetzen würde, nicht zustande kommt. Diese Erwartung deckt sich weitgehend mit der Realität. In Fällen, in denen MNU bei politischen Entscheidungsträgern intervenieren, zielt dieses Lobbying vorwiegend auf eine Reduktion der Steuerbelastung ab. Das gegenteilige Politikergebnis bei den Transferpreisen kann folgendermassen erklärt werden: Die relative Konzentration des Flusses und der Bestände von Direktinvestitionen auf wenige Staaten, die US-amerikanische Reregulierung sowie das Eigeninteresse vieler MNU an einheitlichen Berechnungsgrundlagen für Transferpreise sind Hauptursachen für die Konvergenzbewegung in Richtung stärkerer staatlicher Intervention.

Hypothese 3: Trotz Konzentration des Flusses und der Bestände von Direktinvestitionen auf recht wenige Staaten existieren Zehntausende von MNU in verschiedensten Wirtschaftssektoren. Aufgrund der systematisch erklärbaren Interessengegensätze sind starke Bemühungen einer grossen Koalition von MNU zur Angleichung internationaler Standards eher unwahrscheinlich. Es ist somit fortbestehende Heterogenität und allenfalls eine geringfügige Reregulierung oder auch Deregulierung zu erwarten. Diese Erwartung deckt sich weitgehend mit der verfügbaren empirischen Information.

Hypothese 4: Der geringe Erfolg der OECD- und EU-Staaten bei der Eindämmung des "schädlichen Steuerwettbewerbs" kann auf den breit gestreuten Nutzen und die konzentrierteren Kosten zurückgeführt werden. Die Re-regulierung bei den Transferpreisen ist dahingehend zu deuten, dass trotz unvorteilhafter Kosten-Nutzen-Struktur die kostentragenden Produzenten die Re-regulierung vor allem deshalb nicht blockiert haben, weil die damit verbundenen Kosten relativ gering sind.

Hypothese 5: Diese Hypothese spezifiziert die Bedingungen, unter denen eine internationale Angleichung der Steuerbelastung von MNU auf höherem Niveau zustande kommt. Die nur geringen Erfolge bei der Bekämpfung des "schädlichen Steuerwettbewerbs" sind auf eine grosse k-Gruppe, eine kooperationsbehindernde Arbitragedynamik und auf mangelndes Engagement der grossen Wirtschaftsmächte zurückzuführen. Bei der erfolgreicheren Re-regulierung im Bereich der Transferpreispraktiken von MNU weisen die zentralen Erklärungsvariablen in die entgegengesetzte Richtung.

In dieser Fallstudie ist besonders aufgefallen, dass bei der Erklärung der beobachteten Politikergebnisse nebst den Interessen von Staaten und Firmen die Gestaltungsmacht grosser Länder eine entscheidende Rolle spielt. Zwei Resultate sind in diesem Zusammenhang hervorzuheben. Erstens sind grosse Wirtschaftsmächte eher in der Lage, trotz beträchtlicher Offenheit gegenüber ein- und ausfliessenden Direktinvestitionen die Firmen in ihrem Land stärker zu besteuern als kleinere Staaten. Kleinere Staaten fahren jedoch "im Windschatten" der Grossen mit, indem sie die fiskalische Belastung von Körperschaften etwas tiefer ansetzen. Grössere Staaten setzen der Erosion von Steuererträgen somit Grenzen. Zweitens wurde festgestellt, dass der im Bereich der Transferpreise von den USA eingeleitete Re-regulierungstrend den fiskalischen Zugriff auf MNU in diesem Bereich erhöht hat. Die Mobilität von Direktinvestitionen übt somit keinen uniformen, deregulierungsfördernden Druck auf die untersuchten Staaten aus. Vielmehr fungiert diese Mobilität in manchen

Fällen als Transmissionsriemen für die Präferenzen wichtiger Staaten oder Staatsgruppen.

Veränderte Logik des kollektiven Handelns?

Hat die stärkere Integration der Weltmärkte grundlegende Veränderungen der Handlungsmöglichkeiten von Staaten – so wie sie sich in den Fallstudien auf unilateraler und kollektiver Ebene beobachten lassen – nach sich gezogen? Sind die Handlungskapazitäten als Folge der weltwirtschaftlichen Integration geschrumpft? Sind neue Theorien notwendig, um einer von manchen Autoren (z. B. Cerny 1995) postulierten Veränderung der Logik kollektiven Handelns Rechnung zu tragen?

Die Ergebnisse der Fallstudien belegen, dass weltwirtschaftliche Veränderungen, und die Mobilität von Produktionsfaktoren im Besonderen, keinesfalls uniform auf Staaten und deren unilaterale und kollektive Handlungskapazitäten einwirken. Vielmehr werden Letztere durch die Präferenzen von Staaten, Firmen und Konsumenten, durch Marktstrukturen, die Machtverteilung im Staatensystem, die Beschaffenheit bestimmter Regulierungen sowie andere Faktoren geprägt. Wie beispielsweise die Fallstudie zu multinationalen Unternehmen gezeigt hat, können unter dem Einfluss dieser Variablen sogar innerhalb desselben Politikbereiches unterschiedliche Politikergebnisse beziehungsweise Handlungskapazitäten resultieren.

Dementsprechend ist auch die weitverbreitete These vom Verlust der staatlichen Handlungskapazitäten im Zeitalter der Globalisierung zu hinterfragen. Das Ausmass und die Form staatlicher Interventionen variieren zwischen Ländern, Politikbereichen und über die Zeit hinweg beträchtlich. Eine gewisse Erosion staatlicher Handlungskapazitäten ist im Falle der Zinsbesteuerung in der EU zu verzeichnen. Trotz vorteilhafter Kooperationsbedingungen (z. B. gut ausgebaute supranationale Institutionen und Verhandlungsmechanismen der EU) sind die Handlungsmöglichkeiten der Staatenwelt in diesem Bereich eingeschränkt. Aus diesem Fall auf eine generell wachsende Handlungsunfähigkeit der Staatenwelt zu schliessen, wäre jedoch verfehlt. Die gleiche Fallstudie zeigt, dass trotz nicht zu übersehenden Deregulierungsdrucks kein "Wettlauf nach unten" aufgetreten ist oder in Zukunft zu erwarten ist. Mit grosser Wahrscheinlichkeit werden Firmen und Individuen beziehungsweise ihr Kapital aus Ländern mit hohen Steuern nicht in grossem Stil abwandern, wenn ihnen diese Länder als Gegenleistung für hohe Abgaben eine hohe Lebensqualität, gute Infrastruktur, solide Ausbildungssysteme, eine saubere Umwelt, soziale Stabilität und anderes bieten. Allerdings könnte die Verlagerung der Steuerlasten weitergehen, vor allem in Richtung einer verstärkten Besteuerung des Konsums sowie des immobilen Besitzes. Ob Kapitalsteuern und damit auch die Zinsbesteuerung langfristig eine solide Einkommensquelle für Staaten sein werden, ist fraglich. Im Gegensatz zum soeben angesprochenen Fall ist im Bankenbereich und auch bei der Transferpreisgestaltung von MNU eine recht wirksame Re-regulierung zustande gekommen, auch wenn die Effizienz der einzelnen Regulierungsversuche bisweilen hinterfragt wird.

Natürlich lassen sich aus drei Fallstudien keine Aussagen für die gesamte Staatenwelt sowie alle Politikbereiche und Zeiträume ableiten. Die Fallstudien zeigen allerdings, dass Staaten selbst in Bereichen, die von hoher Kapitalmobilität geprägt sind und in denen staatliche Einflussnahme nur noch durch kollektives Handeln möglich ist, wirksame Re-regulierungsprozesse in Gang setzen können. In diesem Sinne sind die im vorliegenden Buch untersuchten Fälle vielleicht noch "kritischer" als die von Steven Vogel (1996) analysierten innerstaatlichen Liberalisierungsprozesse in den Finanz- und Telekomsektoren ausgewählter OECD-Staaten. Vogel betrachtet diese Fälle als kritisch, weil sie von einer starken technologischen Dynamik geprägt sind, welche den Handlungsspielraum der Staaten in Frage stellt. Einer der ganz wenigen Fälle, in denen sich eine starke Deregulierungsdynamik beobachten lässt, ist die (in diesem Buch nicht untersuchte) Registrierung von Hochseeschiffen (vgl. dazu Murphy/Oye 1998). In diesem Fall verursachten einige wenige Kleinstaaten einen weltweiten Deregulierungsprozess, indem sie ihre regulatorischen Auflagen abschwächten und so einen grossen Teil der globalen Registrierungsaktivität an sich zogen (Stichwort: *flags of convenience*). Selbst in diesem Extremfall haben jedoch wichtige OECD-Staaten in Teilbereichen, die ihnen bedeutsam erschienen (z. B. Bekämpfung der Meeresverschmutzung durch Öltanker, Arbeitnehmerschutz), erfolgreiche Re-regulierungsprozesse eingeleitet (vgl. Mitchell 1994; De Sombre 1999). Schliesslich ist festzuhalten, dass selbst bei der Registrierung von Hochseeschiffen westliche Industriestaaten ohne weiteres in der Lage wären, die existierenden "Registrierungsoasen" mittels Androhung wirtschaftlicher Sanktionen zu einer Verschärfung ihrer Auflagen zu bewegen. Ähnlich wie im Falle der Offshore-Finanzmärkte bewegt sich der "liberalisierte" Markt im Bereich der Registrierung von Hochseeschiffen in einem eng abgesteckten Feld, das ihm vor allem bedeutende Industriestaaten bewusst zugestehen (vgl. Palan 1998).

In der weitaus grösseren Zahl von Fällen, in denen die Produktionsfaktoren standortgebunden und innerstaatliche Regulierungssysteme gesellschaftlich stark verwurzelt sind (z. B. im Umweltschutz und in der Sozialpolitik), sind den staatlichen Handlungskapazitäten allenfalls durch innerstaatliche Probleme (z. B. mangelnde soziale Kohäsion, staatliche Misswirtschaft, gesamtwirtschaftliche Schwierigkeiten), jedoch kaum durch weltwirtschaftliche Einflüsse Grenzen gesetzt. Unter diesem Blickwinkel sind auch nahezu alle Fälle gescheiterter oder fast gescheiterter Staaten keineswegs als Belege für die destruktiven Kräfte der wirtschaftlichen Globalisierung zu betrachten.

Aus den Fallstudien lässt sich folgern, dass die weltwirtschaftliche Integration und, damit verbunden, die erhöhte Kapitalmobilität, kollektives Handeln der Staatenwelt erschweren können, dass jedoch die Überwindung der Kooperationshemmnisse von verschiedenen Randbedingungen abhängt. Damit ist die Kapitalmobilität nur eine von mehreren Randbedingungen, die bei der Erklärung von Regulierungsprozessen zu berücksichtigen ist. Prinzipiell wären beispielsweise die G-7-Staaten sehr wohl in der Lage, alle Steueroasen dieser Welt sowie davon profitierende Firmen und Individuen mit massiven Sanktionen zu belegen und damit den Steuerwettbewerb fast vollständig zu ersticken. Dass diese Handlungsmöglichkeit bisher nicht in die Praxis umgesetzt wurde, hängt vorwiegend mit den vorherrschenden Interessen und Machtverhältnissen in der Staatenwelt zusammen, welche von Prozessen der wirtschaftlichen Globalisierung beeinflusst, aber keinesfalls determiniert werden. Die Logik kollektiven Handelns hat sich, indem die Integration der Weltmärkte gewisse Regulierungsprozesse beeinflusst, in bestimmten Politikbereichen somit zweifelsohne verändert. Sind die herkömmlichen Theorien der politischen Ökonomie deshalb obsolet?

Staatliche und auch privatwirtschaftliche Akteure operieren heute in einem komplexeren Umfeld als zu Zeiten weitgehend auf den einzelnen Territorialstaat beschränkter Märkte. Die dritte Industrielle Revolution hat zumindest in westlichen Industriestaaten, aber auch darüber hinaus, die von Polanyi so treffend analysierte "grosse Transformation" abgelöst.[3] Diese Veränderung ist mit einer immer grösseren Bedeutung von Informations- und Kommunikationstechnologie, flexiblen Produktions- und Vermarktungsstrukturen, einer Segmentierung der Märkte und grenzüberschreitenden Wertschöpfungsprozessen und Austauschbeziehungen verbunden. Dass dieser wirtschaftliche Wandel Veränderungen in staatlichen Funktionen mit sich bringt, ist einleuchtend. Staaten sind denn auch seit geraumer Zeit dabei, ihre Tätigkeiten auf innerstaatlicher und grenzüberschreitender Ebene zu reorganisieren.

Erstens haben viele Staaten ihre Beteiligungen an Rüstungsbetrieben, Post- und Telekom-Unternehmen, Fluggesellschaften, Energieproduzenten, Wasserwerken usw. verringert oder gar aufgegeben. Wie Steven Vogel (1996) gezeigt hat, haben diese Staaten bei Liberalisierung und Privatisierung jedoch oft (aber nicht immer) ihre regulatorische Kontrolle über die betreffenden Wirtschaftsaktivitäten eher ausgebaut. Damit löst sich auch ein scheinbarer

---

3　Diese grosse Transformation beinhaltete u. a. eine Abkehr vom mit der ersten Industriellen Revolution verbundenen Streben nach globalen, sich selbst regulierenden Märkten und einen Trend in Richtung korporatistisch verfasster, sozialdemokratischer Wohlfahrtsstaaten. Diese entstanden in den 1930er Jahren und erlebten nach dem Zweiten Weltkrieg ihre Blütezeit. Die damit zusammenhängenden staatlichen Funktionen entsprechen dem Muster der zweiten Industriellen Revolution und beinhalten die Förderung der industriellen Massenproduktion, die Absicherung dieser Industrie gegen weltwirtschaftliche und sicherheitspolitische Veränderungen, die Sicherstellung einer disziplinierten Arbeitnehmerschaft usw.

Widerspruch zwischen der Stiglerschen Hypothese der *regulatory capture* (vgl. Kap. 3) und den beobachtbaren Liberalisierungsprozessen in vielen Fällen auf: George Stigler ging davon aus, dass konzentrierte Interessengruppen durch staatliche Regulierungen oft ökonomische Renten erzielen. Die seit den 1970er Jahren anhaltende Liberalisierungswelle in vielen OECD-Staaten liess vermuten, dass Stiglers Argument widerlegt sei – weshalb sollten gerade die mächtigen Staatsbetriebe vom Staat zu ihrem Nachteil dem freien Wettbewerb ausgesetzt werden?

Zweitens haben viele Länder in jüngerer Zeit ihre regulatorische Tätigkeit Reformen unterzogen, zum Beispiel im Gesundheitswesen, dem Wettbewerbsrecht, den Subventionspraktiken, der Forschungsförderung, dem Umweltschutz- und dem Fiskalbereich oder dem Schutz geistigen Eigentums. Oft orientieren sich die reformierten Regulierungssysteme nun stärker an marktwirtschaftlichen Prinzipien. Daraus zu folgern, die Staaten hätten zugunsten der privaten Marktteilnehmer an Bedeutung verloren, scheint jedoch verfrüht. Wiederum lässt sich diese Entwicklung in vielen Fällen durch den Ausdruck "mehr Markt, mehr Regeln" charakterisieren.

Drittens stossen soziale Absicherungs- und Umverteilungssysteme vieler Staaten seit geraumer Zeit an Grenzen – zum Beispiel im Agrarbereich, bei der Altersvorsorge oder der Sozialhilfe. Das Diktum vom Sozialabbau, der von vielen Gewerkschaften und der politischen Linken angeprangert wird, scheint allerdings stark übertrieben. Vieles deutet darauf hin, dass in den meisten Staaten eher eine Reform der gegenwärtigen Umverteilungsaktivitäten im Sinne einer Effizienzsteigerung sowie die Erhaltung der gegenwärtigen Leistungen, jedoch kein Abbau im Gange ist. Mit diesen Reformen verbunden ist, trotz, aber vielleicht auch gerade aufgrund vermehrter Berücksichtigung marktwirtschaftlicher Prinzipien, meist eine verstärkte staatliche Kontroll- und Regulierungstätigkeit – man betrachte etwa die Reformen im Gesundheitsbereich in westlichen Industriestaaten.

Diese Beispiele deuten darauf hin, dass das Verhältnis zwischen Staaten und Märkten nicht einem Nullsummenspiel gleicht. Was in obigen Beispielen und besonders auch in den drei Fallstudien zutage tritt, ist ein zunehmend kompliziertes Geflecht von Wechselwirkungen zwischen beiden Bereichen, innerhalb von Staaten und über staatliche Grenzen hinweg. Für die Theoriebildung bedeutet dies, dass sich traditionelle Theorien der zwischenstaatlichen Beziehungen, zum Beispiel der Neorealismus, aber auch viele Theorien der innerstaatlichen und vergleichenden Politik (z. B. im Bereich der Regierungslehre), die grenzüberschreitende Beziehungen zwischen Staatenwelt und Weltmärkten nicht in die Analyse einbeziehen, besonders in Bezug auf wirtschaftspolitische Fragestellungen überlebt haben.

Diese Bemerkungen werden den meisten PolitökonomInnen am Ende des 20. Jahrhunderts sicher nicht gerade revolutionär erscheinen. Es ist gleichzeitig jedoch zu bemerken, dass die genannten Veränderungen im Verhältnis zwischen Staaten und Märkten nicht notwendigerweise nach einer radikalen theoretischen Neuorientierung rufen oder empirisch oder theoretisch eklektischen Ansätzen Vorschub leisten müssen. Beobachter der internationalen politischen Ökonomie sind vielmehr dazu aufgefordert, auf zum grossen Teil bereits existierende Theorien zurückzugreifen, diese für bestimmte empirische Sachbereiche nutzbar zu machen, konkrete Hypothesen zu formulieren und diese anhand empirischer Informationen auf ihre Plausibilität zu prüfen. Nur so lässt sich in einem systematischen Wettstreit der Ideen kumulatives Wissen erzeugen. Gefragt sind vor allem Theorien, welche die Beziehungen zwischen Staaten, Produzenten, Konsumenten und anderen Akteuren innerstaatlich und grenzüberschreitend beleuchten und dabei, in gewohnter Weise, nach den Interessen und Einflussmöglichkeiten dieser Akteure sowie den Rahmenbedingungen (z. B. Kapitalmobilität, Standortgebundenheit), unter denen diese Akteure interagieren, fragen.

Unter diesen Gesichtspunkten ist auch die Ergiebigkeit der in Kapitel 3 entworfenen Hypothesen zu beurteilen. Diese Hypothesen identifizieren Bedingungen, unter denen eher ein Rückzug (Deregulierung) beziehungsweise eine stärkere Intervention (Re-regulierung) der Staatenwelt sowie Konvergenz beziehungsweise Divergenz zu erwarten sind. Die Forschungsanlage wurde bewusst einfach konzipiert, indem die Wirkungen der einzelnen erklärenden Variablen nicht gezielt gegeneinander abgewogen werden. Vielmehr interessiert, auf welche Kombination von Re-regulierung – Deregulierung und Konvergenz – Divergenz eine bestimmte Gesamtkonstellation der erklärenden Variablen hindeutet und inwieweit sich diesbezügliche theoretische Prognosen mit der empirischen Information decken. Abbildung 1 fasst die Hypothesen und die empirische Information zusammen.

Eine solche Zusammenfassung muss gezwungenermassen skizzenhaft bleiben und wird den reichhaltigen empirischen Sachverhalten, wie sie in den Kapiteln 4–6 analysiert wurden, nur beschränkt gerecht. Die aus der Fallstudie zu MNU gewonnenen Erkenntnisse werden hier beispielsweise auf zwei Politikergebnisse und deren Erklärung beschränkt: Kooperationsprozesse zur Verhinderung des "schädlichen Steuerwettbewerbs" sowie Regulierungsprozesse im Bereich der Transferpreisgestaltung von MNU. Zudem eröffnet sich in Bezug auf manche Variablen (z. B. Marktkonzentration, Standortgebundenheit von Investitionen, Politikergebnisse) ein gewisser Spielraum bei der Interpretation der empirischen Information, der in weiterführenden empirischen Analysen zu etwas anderen Folgerungen führen könnte.

	Banken-regulierung	EU-Zinssteuern	MNU schädlicher Steuerwettbewerb	MNU Transferpreise
Art der Regulierung (Produkte- vs. Prozessregulierung)	Produkteregulierung	Prozessregulierung	Prozessregulierung	Prozessregulierung
Anteil von MNU mit standortgebundenen internationalen Investitionen	mittel bis gering	gering	mittel bis gering	mittel (in US-Markt)
Marktkonzentration	mittel	mittel bis gering	mittel bis gering	mittel bis gering
Kosten-Nutzen-Verteilung	kooperationsbehindernd; jedoch indirekte Kompensation; recht geringe Reg.-Kosten für viele Banken	kooperationsbehindernd	kooperationsbehindernd	kooperationsbehindernd; jedoch geringe Kosten für MNU
k-Gruppe	klein	gross	gross	klein
Arbitragedynamik	kooperationsfördernd	kooperationsbehindernd	kooperationsbehindernd	kooperationsfördernd
	⇓	⇓	⇓	⇓
Re-regulierung/ Deregulierung Konvergenz/ Heterogenität	Re-regulierung; beschränkte Konvergenz	Scheitern von Re-regulierungsversuchen; geringfügige Deregulierung; beschränkte Konvergenz	Scheitern von Re-regulierungsversuchen; ansatzweise Deregulierung; Heterogenität	Re-regulierung, Konvergenz

Abbildung 1 zeigt, dass sich auch bei einer vorsichtigen Interpretation die empirische Information über weite Strecken mit den in den Hypothesen prognostizierten Effekten deckt. Dort, wo die Werte einzelner Variablen mit dem beobachteten Politikergebnis aus theoretischer Sicht inkongruent sind, lassen sich oft Substitutionseffekte anderer Variablen beobachten. Im Fall der Transferpreise beispielsweise ist eine Re-regulierung trotz kooperationshemmender Kosten-Nutzen-Struktur zustande gekommen, weil die k-Gruppe klein, die Arbitragedynamik wenig ausgeprägt und die Regulierungskosten für die Betroffenen recht gering waren. Insgesamt lässt sich festhalten, dass die in den Kapiteln 3–6 erbrachte Erklärung von Re-regulierung – Deregulierung und Konvergenz – Divergenz, welche auf den Interessen von Staaten, Firmen und anderen Akteuren sowie Randbedingungen wie der Mobilität von Produktionsfaktoren beruht, differenziertere Antworten auf die gestellten Fragen ermöglicht als Ansätze, die ausschliesslich auf die Frage der Kapitalmobilität ausgerichtet sind oder gar nur die Interaktionen zwischen Staaten beleuchten.

In zusätzlichen Fallstudien auf der Basis des in Kapitel 3 formulierten Erklärungsmodells sollten sich weiterführende Arbeiten auch mit Regulierungsbereichen befassen, in denen wissenschaftliche Unsicherheit und ein hoher öffentlicher Emotionsgehalt des Regulierungsgegenstandes eine grössere Rolle spielen als in den in diesem Buch untersuchten Politikbereichen. Beispiele dafür sind im Umwelt- und Konsumentenschutz zu finden. Solche Arbeiten sind aus zwei Gründen von Bedeutung.

Erstens deuten die bisher verfügbaren Untersuchungen darauf hin, dass sich Regulierungsprozesse zum Beispiel im Finanz-, Telekom-, Verkehrs- oder Strombereich mit den herkömmlichen Ansätzen, die sich ausschliesslich auf materielle Interessen der Akteure sowie auf Machtverhältnisse und Institutionen beziehen – das heisst mit den konventionellen Theorien der Politischen Ökonomie, wie sie in diesem Buch zur Anwendung gelangten –, recht griffig erklären lassen. In Politikbereichen, in denen grosse wissenschaftliche Unsicherheit über die der Regulierung zugrunde liegenden Probleme herrscht und die öffentlichen Emotionen sehr stark sind, stossen diese Theorien jedoch an die Grenzen ihrer Erklärungskraft. Beispiele dafür sind die Regulierung von gentechnisch veränderten Lebensmitteln, Verbote von Fleisch hormonbehandelter Rinder und die Regulierung des internationalen Handels mit giftigen Abfällen. In solchen Fällen lassen sich nationale und internationale Regulierungsprozesse und deren Ergebnisse nur dann ausreichend erklären, wenn auch Unterschiede in der Perzeption von gesellschaftlichen Risiken in Wissenschaft und breiter Öffentlichkeit berücksichtigt werden (Oye/Bernauer/Schubert 1999).

Zweitens können Analysen solcher Fälle auch die politischen Grenzen der wirtschaftlichen Globalisierung besser ausleuchten. Weltwirtschaftliche Veränderungen haben besonders in den 1990er Jahren zu einer erhöhten Sensibilität breiter Bevölkerungskreise gegenüber innerstaatlichen Konsequenzen dieser

Veränderungen geführt. Teilweise beruht diese Sensibilität nachweislich auf Fehlschlüssen – so auch der Annahme, dass der gestiegene Aussenhandel mit Entwicklungs- und Schwellenländern hauptverantwortlich sei für die tatsächlich beobachtbaren Reallohneinbussen weniger qualifizierter Arbeitskräfte und für die Arbeitslosigkeit. In gewissen Fällen sind Ängste vor weltwirtschaftlichen Veränderungen allerdings begründet. Diese Ängste manifestieren sich immer häufiger in internationalen Handelsstreitigkeiten. So hat beispielsweise der Abbau tarifärer Handelshemmnisse und Quoten – das heisst die traditionelle regionale und globale Handelsliberalisierung – zu einer Intensivierung von Konflikten an der Schnittstelle zwischen grenzüberschreitendem Handel und innerstaatlichen Regulierungssystemen geführt (Bernauer/Ruloff 1999a). Diese Konflikte entstehen, weil sich bei zunehmendem Aussenhandel unterschiedliche Regulierungen der einzelnen Staaten – zum Beispiel im Umwelt- und Konsumentenschutz – störend bemerkbar machen. Produkteregulierungen (vgl. Kap. 3) wirken sich vor allem auf den internationalen Fluss von Waren aus, Prozessregulierungen beeinflussen vor allem Investitionsströme. In manchen Fällen können solche Reibungsflächen durch eine internationale Harmonisierung von Regulierungen oder durch gegenseitige Anerkennung nationaler Standards beseitigt werden. In Fällen jedoch, in denen Risikowahrnehmungen in Wissenschaft und breiter Öffentlichkeit von Land zu Land stark divergieren und bestehende Regulierungen eine grosse innerstaatliche Legitimität geniessen, sind diese Wege häufig verbaut. Daraus können sich nur schwer lösbare Handelskonflikte entwickeln (Oye/Bernauer/Schubert 1999); dies vor allem bei Produkteregulierungen, die, wie in Kapitel 3 aufgezeigt, zum Beispiel auf innenpolitisch stark verankerten Koalitionen zwischen Umwelt- oder Konsumentenschützern und protektionistischen Produzenten basieren. Je schwieriger es für Regierungen wird, für von der Handelsliberalisierung beeinträchtigte Interessengruppen einen Ausgleich oder soziale Abfederungsmassnahmen zu schaffen oder der Opposition anderweitig Rechnung zu tragen (vgl. Jaggi/Weder 1999[4]; Kap. 2), und je hartnäckiger die oben genannten Konflikte sind, desto mehr dürften weitere Liberalisierungsschritte – in diesem Fall im Handelsbereich – an Grenzen stossen (vgl. auch Rodrik 1996).

---

4 Eine ausgezeichnete Kritik der Argumente von Jaggi/Weder (1999) findet sich in Armingeon (1999).

Fördert die wirtschaftliche Globalisierung die politische Fragmentierung?

Im Sinne einer umfassenderen Beurteilung der Auswirkungen weltwirtschaftlicher Veränderungen wird in Kapitel 7 der Frage nachgegangen, ob und wie wirtschaftliche Globalisierungsprozesse die politische Geographie beeinflussen. Im Speziellen wurde versucht, zwei scheinbar in paradoxem Verhältnis zueinander stehende Strukturveränderungen im internationalen System zu erklären: einerseits die zunehmende weltwirtschaftliche Integration, andererseits die zunehmende Zersplitterung des internationalen Systems in immer mehr und entsprechend kleinere politische Einheiten, das heisst politische Fragmentierung. Letztere indiziert nicht direkt einen Bedeutungsgewinn oder -verlust von Staaten gegenüber den Weltmärkten, doch bewirken politische Fragmentierungsprozesse oft bedeutende wirtschaftliche Veränderungen beziehungsweise Kosten. Ein Versuch, die Auswirkungen wirtschaftlicher Globalisierung auf dieses zentrale Strukturierungselement der internationalen politischen Ökonomie zu untersuchen, sollte in einem Buch zur Beziehung zwischen Staaten und Weltmärkten deshalb nicht fehlen. Ein einfaches Erklärungsmodell brachte politische Fragmentierungsphänomene mit weltwirtschaftlichen Integrationsprozessen in Verbindung. Seine Plausibilität wurde anhand von Fallstudien zu Autonomiebewegungen in Quebec und Schottland bewertet.

Das in Kapitel 7 entworfene Erklärungsmodell sei an dieser Stelle nochmals in Erinnerung gerufen:

Hypothese 1: Je heterogener die Interessen in einem Staat sind (z. B. aufgrund ethnischer, sprachlicher oder religiöser Konflikte), desto stärker ist die Nachfrage nach selektiven Ressourcentransfers zugunsten unzufriedener sozialer Gruppen oder Teilgebiete in diesem Staat.

Hypothese 2: In reicheren Staaten sowie in Zeiten wirtschaftlicher Prosperität sind Ressourcentransfers einfacher zu bewerkstelligen. In wirtschaftlich schlechteren Zeiten sinkt die Kapazität der Zentralregierung, Ressourcentransfers zu erbringen. Dadurch erhalten Autonomie- oder Sezessionsbestrebungen Auftrieb.

Hypothese 3: Je leichter für politische Interessengruppen der Zugang zu staatlichen Verteilungsprozessen ist, desto stärker ist die Nachfrage unzufriedener Gruppen oder Teilgebiete nach Ressourcentransfers. Ein verstärkter Zugang zu Verteilungsprozessen bewirkt jedoch auch mehr Wettbewerb unter den Nachfragenden und löst Konflikte zwischen "Netto-Zahlern" und "Netto-Empfängern" aus. Verteilungskämpfe dieser Art können Ressourcentransfers zur Erhaltung oder Erhöhung der Kohäsion eines Staatsgebildes erschweren und Autonomie- oder Sezessionsbestrebungen fördern. Dezentralisierungsmassnahmen können einerseits politische Fragmentierungsprozesse verlangsamen oder gar aufhalten. Andererseits sind Dezentralisierungsmassnahmen auch als Bestandteil der politischen Fragmentierung zu betrachten.

Hypothese 4: Weltwirtschaftliche Integrationsprozesse, einschliesslich regionaler Integrationsbemühungen, können drei Auswirkungen haben. (a) Sie tragen zur Demokratisierung politischer Systeme bei, was die Nachfrage nach staatlichen Umverteilungsleistungen verstärken, Ressourcentransfers aber gleichzeitig erschweren kann (vgl. Hypothese 3). (b) Sie können die Fähigkeit von Staaten, Ressourcen umzuverteilen, beschränken oder reduzieren: sei es, weil die wirtschaftliche Globalisierung soziale Abfederungsmassnahmen erfordert, die im ganzen Staat (auch in "staatstreuen" Gebieten) zur Ausführung kommen und somit Ressourcen binden, die dann nicht mehr für selektive Anreize zur Verfügung stehen; sei es, weil die weltwirtschaftliche Integration innerstaatliche Liberalisierungsprozesse (v. a. im öffentlichen Sektor) bewirkt und ganz allgemein zu Spardruck bei den öffentlichen Ausgaben führt. (c) Bei zunehmender weltwirtschaftlicher Verflechtung, inklusive regionaler Integrationsprozesse, sinken die Sezessionskosten.

Bei der empirischen Überprüfung dieses Modells waren vor allem die Kapazitäten der Zentralregierung zum Ressourcentransfer an autonomie- oder sezessionswillige Teilgebiete sowie der Einfluss der weltwirtschaftlichen Integration auf die Sezessionskosten von Interesse. In beiden Fallstudien konnte gezeigt werden, dass rückläufige Ressourcentransfers von der Zentralregierung an unzufriedene Teilgebiete und eine stärkere Integration dieser Gebiete in die Weltwirtschaft Autonomie- oder Unabhängigkeitsbestrebungen tendenziell begünstigt haben. Der letztgenannte Effekt steht in engem Zusammenhang mit der wirtschaftlichen Globalisierung. Der Einfluss der Globalisierung auf die Kapazitäten für Ressourcentransfers hingegen ist eher indirekt und empirisch schwerer fassbar. Insgesamt deuten beide Fallstudien klar darauf hin, dass weltwirtschaftliche Integrationsprozesse der politischen Fragmentierung Vorschub leisten können. Ob sich die formulierten Hypothesen mit der empirischen Information in anderen Fällen decken, zum Beispiel bei Unabhängigkeitsbewegungen in Entwicklungs- oder Schwellenländern, bleibt in weiterführenden Untersuchungen zu beurteilen. Dass Demokratisierungsprozesse sowie Opportunitätskosten, die durch Veränderungen relativer Preise als Folge zunehmender Integration der Weltwirtschaft entstehen, auch in wirtschaftlich (noch) geschlossenen Staaten politische Fragmentierungsprozesse fördern können, erscheint recht plausibel.

Abschliessend wurde ein, vielleicht etwas gewagter, aber hoffentlich für den Leser anregender Versuch unternommen, auf der Basis des genannten Erklärungsmodells einige Gedanken zur zukünftigen Entwicklung der EU zu formulieren. Die europäische Integration ist hier vor allem deshalb interessant, weil sie den in diesem Kapitel unterstellten politischen Fragmentierungstendenzen scheinbar entgegenläuft. Gleichermassen widerspricht die vom Neofunktionalismus propagierte These, dass wirtschaftliche Integration die politische Integration durch *spill-over*-Prozesse begünstigt, der in Kapitel 7 formulierten Hypothese, dass die wirtschaftliche Integration zur politischen Fragmentierung beiträgt. Mögliche Erklärungen für diesen Widerspruch (sei er nun scheinbar oder zutreffend) lassen sich aus unserem Erklärungsmodell gewinnen. Unter anderem können wirtschaftliche Umverteilungsmechanismen der EU innerstaatliche Konflikte und damit die politische Fragmentierung dämpfen. Hinzu kommt, dass die Frage des Anschlusses an beziehungsweise Ausschlusses von regionalen Integrationsräumen, je nachdem wie diese Einflussgrösse von Sezessionsbewegungen und ihren Gegnern strategisch ins Spiel gebracht wird, die Wahrscheinlichkeit einer Sezession erhöhen oder reduzieren kann. Schliesslich ist zu bemerken, dass, wenn man politische Fragmentierung auf einem Kontinuum definiert und nicht nur im Sinne von Sezessionen, politische Fragmentierungstendenzen auch im EU-Raum zu beobachten sind – zum Beispiel Dezentralisierungsmassnahmen, Ausbau föderalistischer Staatsstrukturen, Subsidiaritätsprinzip in der EU und Autonomiebewegungen in einigen EU-Staaten. Stellt man diese Fragmentierungstrends den doch eher bescheidenen politischen (im Gegensatz zu den wirtschaftlichen) Integrationserfolgen der EU gegenüber, lässt sich zumindest darüber diskutieren, ob der Trend der These, welche eine stärkere politische Fragmentierung als Folge der weltwirtschaftlichen Integration erwarten lässt, insgesamt entgegenläuft.

Auf dem Hintergrund des oben zusammengefassten Erklärungsmodells ist zu erwarten, dass es schwer fallen dürfte, in absehbarer Zeit den zweifellos enormen wirtschaftlichen Integrationserfolg der EU mit der Schaffung eines europäischen Bundesstaates, vergleichbar mit der Schweiz oder Deutschland, zu krönen. Die Heterogenität der Interessen innerhalb der EU ist besonders in der traditionellen "hohen" Politik (z. B. Aussen- und Sicherheitspolitik, Fiskalpolitik) bereits gegenwärtig sehr gross. Diese Heterogenität wird in Folge der absehbaren Erweiterung der Union noch zunehmen. Ob die EU in der Lage sein wird, die notwendigen Ressourcen zu mobilisieren, um weniger integrationsfreudige Mitglieder zu einer weitreichenden Vertiefung der Integration zu bewegen, ist mehr als fraglich. Der Streit um institutionelle und finanzielle Reformen im Vorfeld der anstehenden Erweiterungsrunde sollte selbst die stärksten Optimisten zweifeln lassen. Eine Demokratisierung der EU, wie sie von vielen Verfechtern einer Vertiefung der Integration gefordert wird, könnte, wie in Hypothese 2 postuliert, die Kapazität der EU, Ressourcen an weniger "vertiefungswillige" Länder zu transferieren beziehungsweise Nettozahler zu entlasten, sogar vermindern und damit der Vertiefung der Integration noch stärkere Grenzen setzen. Schliesslich deuten das Subsidiaritätsprinzip sowie die Tatsache, dass EU-Bürger nach wie vor ihren eigenen Staat als wichtigsten ideellen Bezugsrahmen betrachten, darauf hin, dass wirtschaftliche Integration und politische Fragmentierung auch in der EU weiterhin koexistieren werden und der vielfach prognostizierte oder beschworene Bundesstaat Europa in absehbarer Zeit kaum zustande kommen wird.

Im Gesamtbild zeigt sich somit, dass weltwirtschaftliche Integrationsprozesse die politische Fragmentierung fördern können, und dass Veränderungen der politischen Geographie und damit auch der Grundstrukturen der internationalen politischen Ökonomie noch lange nicht zum Stillstand gekommen sind. Die Weltwirtschaft ist auch weiterhin kein "Spiel ohne Grenzen". Nationale Grenzen, innerstaatliche Strukturen und staatliche Politiken werden auch zukünftig einen bedeutenden Einfluss auf das weltwirtschaftliche Geschehen haben, nicht zuletzt schon deshalb, weil Veränderungen innerstaatlicher politischer Organisationsformen oder nationaler Grenzen oft mit Konflikten und wirtschaftlichen Kosten verbunden sind.

Und sie können doch nicht ohne einander sein...

Weltwirtschaftliche Verflechtungen haben, unterbrochen vom Ersten und Zweiten Weltkrieg, im 20. Jahrhundert enorm zugenommen. Das heutige Ausmass internationaler Transaktionen und Interaktionen im Vergleich zur Binnenwirtschaft ist mit keinem anderen Abschnitt der menschlichen Geschichte vergleichbar. Wie oft zuvor in Zeiten grosser gesellschaftlicher Umbrüche hat auch die mit dem Ende des Kalten Krieges verknüpfte Dynamisierung in der Weltwirtschaft, verbunden mit einem wachsenden Glauben an die Effizienz des Marktes und einem (scheinbaren) globalen Siegeszug der Zivilgesellschaft und Demokratie, Sozialwissenschaftler und politische Praktiker zu weitreichenden Annahmen und Prognosen verleitet. Eine der populärsten Thesen ist die, dass der Staat und die Politik allgemein bei zunehmender Ökonomisierung des Weltgeschehens an den Rand gedrängt werden und stark an Bedeutung verlieren.

Wer sich in theoretisch und empirisch fundierter Weise mit den Auswirkungen weltwirtschaftlicher Veränderungen auf politische Prozesse im Inneren von Staaten und über die Einzelstaaten hinaus befasst, bemerkt schnell einmal, dass die Wechselwirkungen zwischen (staatlicher) Politik und Wirtschaft oder, anders formuliert, zwischen privater Macht und öffentlicher Autorität viel komplizierter sind, als die meisten Thesen vom Niedergang der Politik und des Staates unterstellen. Als ebenso fragwürdig erweist sich die übermässig vereinfachende Betrachtung der Beziehung zwischen Politik und Wirtschaft als Nullsummenspiel (Wirtschaft gewinnt an Bedeutung zulasten der Politik).

Zweifellos haben weltwirtschaftliche Veränderungen signifikante Auswirkungen auf politische Prozesse und deren Ergebnisse. In Kapitel 2 wurde aufgezeigt, dass eine stärkere Einbettung von Staaten in die Weltwirtschaft fiskalpolitische Konsequenzen haben kann, indem sie die Staatsquote beein-flusst. In Kapitel 4 wurde dargelegt, dass die zunehmende Integration der Fi-nanzmärkte (staatliche) Behörden dazu bewogen hat, die Regulierung interna-tionaler Banken den veränderten Umständen anzupassen und auch einen Ein-fluss auf die Handlungsoptionen der regulierenden Behörden gehabt hat. Die Analyse in den Kapiteln 5 und 6 ergab unter anderem, dass steigende Kapi-talmobilität zu einer Verlagerung von Steuerlasten führen kann und dass kol-lektive Lösungsversuche auf internationaler Ebene von weltwirtschaftlichen Umständen beeinflusst werden. In Kapitel 7 zeigte sich schliesslich, dass weltwirtschaftliche Integrationsprozesse gar gewisse Auswirkungen auf die Strukturierung der internationalen politischen Ökonomie haben können, in-dem sie unter bestimmten Bedingungen die politische Fragmentierung begün-stigen.

Diese Einflüsse der Weltwirtschaft auf staatliches Handeln können jedoch nicht im Sinne eines Machttransfers von Staaten an die (Welt-)Märkte inter-pretiert werden, wie das viele Autoren (z. B. Greider 1997; Mathews 1997) tun. Die empirischen Kapitel in diesem Buch, wie auch einige andere Arbeiten jüngeren Datums (z. B. Sobel 1994; Vogel 1996; Garrett/Lange 1995; Keohane/Milner 1996), zeugen davon, dass liberalisierte und stärker integrierte Märkte ohne weiteres mit gleich bleibenden oder gar stärkeren staatlichen Interventionen einhergehen können. Mehr wirtschaftlicher Wettbewerb bedeutet nicht automatisch weniger staatliche Einflussnahme. In vielen Fällen lässt sich sogar beobachten, dass Prozesse der Marktliberalisierung von staat-lichen Akteuren stark geprägt werden und dass (private) Marktkräfte die Form, den Zeitverlauf und das Ergebnis keinesfalls determinieren. Spiegelbildlich zeigt die empirische Information, dass selbst in Politikbereichen, welche von hoher Kapitalmobilität geprägt sind, die Staatenwelt unter bestimmten Bedin-gungen in der Lage ist, das Ausmass staatlicher Kontrolle einzelstaatlich oder als Kollektiv zu verstärken.

Sei es durch umwelt- oder sozialpolitische Massnahmen, das Wettbe-werbsrecht, Subventionen aller Art, arbeitsrechtliche Vorschriften, fiskalische Bestimmungen und vieles mehr: Staaten haben in den meisten Fällen ihre Kontrolle über das wirtschaftliche und gesellschaftliche Geschehen kaum abgebaut, in vielen Fällen sogar ausgebaut und reorganisiert. Weltwirtschaft-liche Veränderungen wirken auch nicht uniform auf Staaten ein. Geprägt von der Ausgestaltung ihrer innerstaatlichen Institutionen, der Beschaffenheit wirtschaftlicher Interessen oder ihrer Form der Einbettung in die Weltwirt-schaft, können Staaten sehr unterschiedliche wirtschafts-, sozial- oder um-weltpolitische Wege beschreiten. Die allgegenwärtige politische Rhetorik von Deregulierung und Liberalisierung scheint politische Praktiker verschiedenster Couleur zwar immer häufiger zu vereinen; doch Konvergenz der rhetorischen Gewohnheiten bedeutet noch lange nicht Konvergenz der Politikergebnisse und schon gar nicht Konvergenz in Richtung mehr Markt und weniger Staat.

Der Ausspruch von J. P. Nettl in einem bereits 1968, also lange vor der gegenwärtigen Globalisierungsdiskussion publizierten Artikel ist heute nicht weniger zutreffend als damals: "[...] das Ding [der Staat] existiert und keine auch noch so umfassende konzeptuelle Restrukturierung kann ihn auflösen" (Nettl 1968: 559).

Dass Staaten und (Welt-)Märkte auch weiterhin in einem spannungsreichen Verhältnis stehen werden, ohne dass deshalb einer der beiden gesellschaftlichen Bereiche zugunsten des anderen an Bedeutung verlieren muss, ist schliesslich auch damit zu begründen, dass weltwirtschaftliche Integrationsprozesse innerstaatliche und auch internationale Spannungen verschärfen können (vgl. Frieden/Rogowski 1996; Rogowski 1989; Rodrik 1996). (Welt)wirtschaftliche Veränderungen zeitigen, dies ist beileibe nichts Neues, materielle Konsequenzen. Gewinner und Verlierer solcher Veränderungen – ob diese Unterscheidung nun entlang der relativen Ausstattung von Akteuren mit bestimmten Produktionsfaktoren, entlang von Industriezweigen oder einzelner Firmen oder entlang geographischer Gebiete verläuft – benötigen wirksame Verfahren des Interessenausgleichs. Ohne solche Verfahren kann es keine gesellschaftliche Stabilität geben und ohne solche Stabilität kann keine Wirtschaft auch nur annähernd effizient funktionieren. Es lässt sich sogar mit guten Gründen behaupten, dass ohne wirksame innerstaatliche Systeme zur Kompensation oder sozialen Abfederung für von der Liberalisierung der Märkte negativ betroffene Bevölkerungsgruppen und ohne gut funktionierende Schlichtungsmechanismen für internationale Handels- und Investitionsstreitigkeiten die wirtschaftliche Globalisierung ohne weiteres zum Stillstand kommen könnte. Nur Staaten sind in der Lage, solche Systeme und Mechanismen zu schaffen und zu unterhalten.

Wohl oder übel werden sich Politiker und Wirtschaftsvertreter auch weiterhin wie viele Ehepaare verhalten: Sie liegen sich öfters in den Haaren, können oder wollen aber nicht ohne einander leben.

Literaturverzeichnis

Abramowitz, Moses (1986). "Catching Up, Forging Ahead, and Falling Behind." *Journal of Economic History* 46, no. 2: 385–406.

Aggarwal, Vinod K. (1987). *International Debt Threat: Bargaining Among Creditors and Debtors in the 1980s.* Berkeley: University of California Press.

Albert, Mathias, Lothar Brock, Stephan Hessler, Ulrich Menzel und Jürgen Neyer (1997). *Strukturveränderungen in der Weltwirtschaft seit den 1960er Jahren und ihre Konsequenzen für die internationale Ordnung.* Frankfurt a. M.: Suhrkamp.

Alesina, Alberto und Enrico Spolaore (1995). "On the Number and Size of Nations." *Working Paper,* no. 5050, National Bureau of Economic Research, Cambridge MA.

Altvater, Elmar und Birgit Mahnkopf (1996). *Grenzen der Globalisierung: Ökonomie, Ökologie und Politik in der Weltgesellschaft.* Münster: Westfälisches Dampfboot.

Amenta, Edwin (1993). "The State of the Art in Welfare State Research on Social Spending Efforts in Capitalist Democracies since 1960." *American Journal of Sociology* 99, no. 3: 750–763.

Anderson, Malcolm (1996). *Frontiers: Territory and State Formation in the Modern World.* Oxford: Oxford University Press.

Andrews, David M. (1994). "Capital Mobility and State Autonomy: Towards a Structural Theory of International Monetary Relations." *International Studies Quarterly* 38, no. 2: 193–218.

Andrews, David M. und Thomas D. Willett (1997). "Financial Interdependence and the State: International Monetary Relations at Century's End." *International Organization* 51, no. 3: 479–511.

Applebaum, Anne (1994). *Between East and West: Across the Borderlands of Europe.* New York: Pantheon Books.

Armingeon, Klaus (1996). "National Governments and Their Capacity to Act: A Comparative Analysis of the Impact of Globalization on Domestic Policies of OECD Countries." *Paper presented at the ECPR Workshop "The Impact of Parties on Public Policy in Constitutional Democracies."* Oslo.

Armingeon, Klaus (1999). "Die Mühen der Schweiz mit der EU". *Neue Zürcher Zeitung (NZZ),* Nr. 250, 27.10.1999.

Ayoob, Mohammed (1989). "The Third World in the System of States: Acute Schizophrenia or Growing Pains?" *International Studies Quarterly* 33, no. 1: 67–79.

Axelrod, Robert (1984). *The Evolution of Cooperation.* London: Penguin Books.

Baldwin, David A. Hg. (1993). *Neorealism and Neoliberalism: The Contemporary Debate.* New York: Columbia University Press.

Banca Commerciale Italiana (1993). *Tendenze Reali.* 46/Juli.

Barnet, Richard J. und John Cavenagh (1994). *Global Dreams, Imperial Corporations and the New World Order.* New York: Simon & Schuster.

Baron, David P. (1995). "The Economics and Politics of Regulation: Perspectives, Agenda, and Approaches." In Banks, Jeffrey S. und Eric A. Hanushek. *Modern Political Economy.* Cambridge: Cambridge University Press: 10–62.

Barry, Brian (1996). *Nationalism, Intervention and Redistribution.* Bremen: Institut für Interkulturelle und Internationale Studien.

Bates, Robert H., Philip Brock und Jill Tiefenthaler (1991). "Risk and Trade Regimes: Another Exploration." *International Organization* 45, no. 1: 1–18.

Baumol, William (1986). "Productivity Growth, Convergence, and Welfare: What the Long-Run Data Show." *American Economic Review* 78, no. 5: 1155–1159.

Beck, Ulrich (1997). *Was ist Globalisierung?* Frankfurt a. M.: Suhrkamp.

Becker, Gary S. (1983). "Public Policies, Public Pressures and Dead Weight Losses." *Quarterly Journal of Economics,* 98: 371–400.

Beisheim, Marianne und Gregor Walter (1997). "'Globalisierung' — Kinderkrankheiten eines Konzeptes." *Zeitschrift für Internationale Beziehungen* 4, Nr. 1: 153–180.

Beisheim, Marianne, Sabine Dreher, Gregor Walter, Bernhard Zangl und Michael Zürn (1999). *Im Zeitalter der Globalisierung? Thesen und Daten zur gesellschaftlichen und politischen Denationalisierung.* Baden-Baden: Nomos.

Bennett, Colin J. (1991). "What is Policy Convergence and What Causes It?" *British Journal of Political Science* 21, no. 2: 215–233.

Berger, Suzanne (1996). "Introduction." In Berger, Suzanne und Ronald Dore Hrsg. *National Diversity and Global Capitalism.* Ithaca NY: Cornell University Press: 1–28.

Berger, Suzanne und Ronald Dore Hrsg. (1996). *National Diversity and Global Capitalism.* Ithaca NY: Cornell University Press.

Bernauer, Thomas und Peter Moser (1995). "Sind grosse Staaten politische Dinosaurier? Wirtschaftliche Globalisierung und das Paradox der politischen Zersplitterung." *Neue Zürcher Zeitung,* Nr. 132, 10./11.6.1995: 31.

Bernauer, Thomas (1995). "The Effect of International Environmental Institutions: How We Might Learn More." *International Organization* 49, no. 2: 351–377.

Bernauer, Thomas (1996a). "Der Staat ist tot! Es lebe der Staat! Globalisierungsprozesse und Grundstrukturen des internationalen Systems." *Schweizer Monatshefte* 76, Nr. 11: 30–33.

Bernauer, Thomas (1996b). "Globales Chemiewaffen-Verbot: Regime-Bildung mit Hindernissen." *Die Friedenswarte* 71, Nr. 1: 9–26.

Bernauer, Thomas (1997). "Zurück ins 21. Jahrhundert? Doppelter Strukturwandel im Internationalen System und seine Auswirkungen." *Vereinte Nationen* 45, Nr. 2: 49-55.

Bernauer, Thomas und Dieter Ruloff Hrsg. (1999a). *Handel und Umwelt: Zur Kompatibilität internationaler Regime.* Opladen: Westdeutscher Verlag.

Bernauer, Thomas und Dieter Ruloff Hrsg. (1999b). *The Politics of Positive Incentives in Arms Control.* Columbia SC: The University of South Carolina Press.

Bernauer, Thomas und Christoph Achini (2000). "From 'Real' to 'Virtual' States? Integration of the World Economy and its Effects on Government Activity." *European Journal of International Relations,* forthcoming.

Biersteker, Thomas J. Hg. (1993). *Dealing with Debt. International Financial Negotiations and Adjustment Bargaining.* Boulder: Westview Press.

Bird, Richard M. (1971). "Wagner's 'Law' of Expanding State Activity." *Public Finances* 26: 1–26.

BIS, Bank for International Settlements (1995–1998). *BIS Review.* Basle: BIS.

BIS, Bank for International Settlements (1998). *International Banking and Financial Market Developments.* Basle: BIS.

Böhret, Carl, Werner Jann, Marie Therese Junkers und Eva Kronenwett (1982). *Innenpolitik und politische Theorie.* Opladen: Westdeutscher Verlag.

Boli-Bennett, John (1980). "Global Integration and the Universal Increase of State Dominance." In Bergesen, Albert Hg. *Studies of the Modern World-System.* New York: Academic Press: 77–107.

Borner, Silvio, Aymo Brunetti und Beatrice Weder (1995). *Political Credibility and Economic Development.* London: MacMillan.

Bornschier, Volker (1988). *Westliche Gesellschaft im Wandel.* Frankfurt a. M.: Campus Verlag.

Bowles, Paul und Barnet Wagman (1997). "Globalization and the Welfare State: Four Hypotheses and Some Empirical Evidence." *Paper presented at the Annual Meeting of the International Studies Association,* Toronto, 18–22 March.

Boyer, Robert (1996a). "The Convergence Hypothesis Revisited: Globalization but Still a Century of Nations." In Berger, Suzanne und Ronald Dore Hrsg. *National Diversity and Global Capitalism.* Ithaca NY: Cornell University Press: 29–39.

Boyer, Robert (1996b). States Against Markets: The Limits of Globalization. New York: Routledge.

Breton, Albert (1998). *Competitive Governments: An Economic Theory of Politics and Public Finance.* Cambridge: Cambridge University Press.

Brock, Lothar und Mathias Albert (1995). "Entgrenzung der Staatenwelt: Zur Analyse weltgesellschaftlicher Entwicklungstendenzen." *Zeitschrift für Internationale Beziehungen* 2, Nr. 2: 259–285.

Brown, Alice, David McCrone und Lindsday Paterson (1996).*Politics and Society in Scotland.* Houndmills: Macmillan.

Brubaker, Rogers (1996). *Nationalism Reframed: Nationhood and the National Question in the New Europe.* Cambridge: Cambridge University Press.

Bryant, Ralph (1987). *International Financial Intermediation.* Washington DC: Brookings Institution.

Buchwitz, Rebekka (1998). "A Positive Analysis of European Deregulation." *Aussenwirtschaft* 53, no.4: 553–571.

Bureau de la Statistique du Québec. (http://www.bsq.gouv.qc.ca/bsq/).

Calmfors, Lars und John Driffill (1988). "Bargaining Structure, Corporatism, and Macroeconomic Performance." *Economic Policy* 3 (October): 13–61.

Calomiris, Charles W. (1997). *The Postmodern Bank Safety Net: Lessons from Developed and Developing Countries.* Washington, DC: The American Enterprise Institute Press.

Cameron, David R. (1978). "The Expansion of the Public Economy." *American Political Science Review* 72, no. 4: 1243–1261.

Camilleri, Joseph A. und Jim Falk (1992). *The End of Sovereignty.* Aldershot: Edward Elgar.

Caporaso, James A. und David P. Levine (1992). *Theories of Political Economy.* New York: Cambridge University Press.

Caporaso, James A. (1997). "Across the Great Divide: Integrating Comparative and International Politics." *International Studies Quarterly* 41, no. 4: 563–593.

Cary, William (1974). "Federalism and Corporate Responsibility: Reflections Upon Delaware." *Yale Law Journal* 83, no. 4.

Caves, Richard E. (1996). *Multinational Enterprise and Economic Analysis.* 2nd Edition. Cambridge: Cambridge University Press.

Cederman, Lars-Erik (1997). *Emergent Actors in World Politics: How States and Nations Develop and Dissolve.* Princeton NJ: Princeton University Press.

Cerny, Philip G. (1990). *The Changing Architecture of Politics: Structure, Agency, and the Future of the State.* London: Sage.

Cerny, Philip G. (1993a). "Plurilateralism: Structural Differentiation and Functional Conflict in the Post-Cold War Order." *Millennium* 22: 27–51.

Cerny, Philip G. (1993b). *Finance and World Politics : Markets, Regimes and States in the Post-Hegemonic Era.* Aldershot: Edward Elgar.

Cerny, Philip G. (1995). "Globalization and the Changing Logic of Collective Action." *International Organization* 49, no. 4: 595–625.

Cerny, Philip G. (1997). "Embedding Global Finance: Markets as Governance Structures." *Paper presented at the Annual Meeting of the American Political Science Association,* Washington DC, 28–31 August 1997.

Chase-Dunn, Christopher und Yukio Kawano (1999). "Economic Globalization since 1795: Structures and Cycles in the Modern World-System." *Paper presented at the Annual Meeting of the International Studies Association,* Washington DC, 29 February 1999.

Chayes, Abram und Antonia Handler Chayes (1998). *The New Sovereignty: Compliance with International Regulatory Agreements.* Cambridge MA: Harvard University Press.

Clark, William, Usha Reichert, Sandra Lomas und Kevin Parker (1998). "International and Domestic Constraints on Political Business Cycles in OECD Economies." *International Organization* 51, no. 1: 87–121.

Cline, William R. (1992). *International Debt: Systemic Risk and Policy Response.* Washington: Publications Spring.

Coakley, John Hg. (1992). *The Social origins of nationalist movements: the contemporary West European experience.* London: Sage Publications.

Cohen, Benjamin J. (1986). *In Whose Interest?* New Haven: Yale University Press.

Cohen, Benjamin (1996). "Phoenix Risen: The Resurrection of Global Finance." *World Politics* 48, no. 2: 268–296.

Cooper, Kerry und Donald Fraser (1984). *Banking Deregulation and the New Competition in Financial Services.* Cambridge MA: Ballinger.

Cooper, Richard (1968). *The Economics of Interdependence: Economic Policy in the Atlantic Community.* New York: McGraw-Hill.

Cooper, Richard (1972). "Economic Interdependence and Foreign Policy in the Seventies." *World Politics* 24, no. 2: 159–81.

Cox, Robert W. (1996). *Approaches to World Order.* Cambridge Studies in International Relations. Vol. 40, New York: Cambridge University Press.

Cravens, Karen S. (1997). "Examining the Role of Transfer Pricing as a Strategy for Multinational Firms." *International Business Review* 6, no. 2: 127–145.

Crockett, Andrew (1997). *The Theory and Practice of Financial Stability.* Princeton Essays in International Finance, Vol. 203. Princeton NJ: Princeton University Press.

Cusack, Thomas R. und Geoffrey Garrett (1992). *The Expansion of the Public Economy, Revisited: The Politics of Government Spending, 1961–1988.* Berlin: Publication Series of the International Relations Research Group, Wissenschaftszentrum Berlin.

Czempiel, Ernst-Otto (1993). *Weltpolitik im Umbruch. Das internationale System nach dem Ende des Ost-West-Konflikts.* München: Beck.

Dale, Richard (1984). *The Regulation of International Banking.* Cambridge: Woodhead-Faulkner.

Dean, James W. (1989). "Conservative versus Liberal Regulation of International Banking." *Journal of World Trade* 23, no. 1: 5–16.

Deane, Marjorie und Robert Pringle (1994). *The Central Banks.* London: Hamish Hamilton.

De Carmoy, Herve (1990). *Global Banking Strategy: Financial Markets and Industrial Decay.* Cambridge: Basil Blackwell.

Defeyt, Philippe (1992). "Tax Structure Harmonization in 1992: The Belgian Perspective." In Winckler, Georg Hg. *Tax Harmonization and Financial Liberalization in Europe.* New York: St.Martin's Press: 57–70.

De Sombre, Elizabeth (1996). "Internationalization of Domestic Environmental Policy." *Paper presented at the Annual Meeting of the International Studies Association, San Diego CA*, April 1996.

De Sombre, Elizabeth R. (1999). "Flagging Standards: Enforcing Environmental, Safety, and Labor Regulations on Foreign-Registered Ships." *Paper presented at the Annual Meeting at the International Studies Association, Washington DC*, February 1999.

Deutsch, Karl W. et al. (1957). *Political Community in the North Atlantic Area: International Organization in the Light of Historical Experience.* Princeton NJ: Princeton University Press.

Deutsch, Karl W. (1963). *The Nerves of Government.* New York: Free Press.

Deutsch, Karl W. (1969). *Nationalism and its Alternatives.* New York: Random House.

Deutsche Bundesbank (1994). *Aufkommen und ökonomische Auswirkungen des steuerlichen Zinsabschlags.* In Deutsche Bundesbank, Monatsbericht, Januar. Frankfurt a. M.: 45–58.

Dhillon, Amrita, Carlo Perroni und Kimberley Scharf (1997). "Implementing Tax Coordination." *IFS Working Paper* 97-12. Warwick University.

Dion, Stéphane (1995). "The Reemergence of Secessionism: Lessons from Quebec." In Breton, Albert, Gianluigi Galeotti, Pierre Salmon und Ronald Wintrobe. *Nationalism and Rationality*. Cambridge: Cambridge University Press: 116–142.

Dore, Ronald (1973). *British Factory – Japanese Factory: The Origins of National Diversity in Industrial Relations*. Berkeley: University of California Press.

Dunning, John H. (1992). *Multinational Enterprises and the Global Economy*. Reading MA: Addison-Wesley.

Durlauf, S. (1996). "On the Convergence and Divergence of Growth Rates: An Introduction." *Economic Journal* 106: 437.

Easton, David. (1953). *The Political System, an Inquiry into the State of Political Science*. New York: Knopf.

Eden, Lorraine und Evan Potter Hrsg. (1993). *Multinationals in the Global Economy*. New York: St.Martin's Press.

Edwards, Franklin R. (1996). *The New Finance: Regulation and Financial Stability*. Washington DC: The American Enterprise Institute Press.

Eickhoff, Matthias (1994). *Schottland: Vom Nationalismus zur Europäischen Union?* Münster: Agenda-Verlag.

Elkins, David J. (1995). *Beyond Sovereignty : Territory and Political Economy in the Twenty-first Century*. Toronto/Buffalo: University of Toronto Press.

Elsenhans, Hartmut (1984). *Nord–Süd Beziehungen. Geschichte–Politik–Wirtschaft*. Stuttgart: Kohlhammer.

Ernst & Young (1997). *Transfer Pricing: 1997 Global Survey*. Chicago: Ernst & Young International.

Esman, Milton J. (1994). *Ethnic Politics*. Ithaca NY: Cornell University Press.

Esping-Andersen, Gösta (1990). *The Three Worlds of Welfare Capitalism*. London: Polity Press.

EU (Commission of the European Communities). (1992). *Report of the Committee of Independent Experts on Company Taxation*. Luxembourg: Office for Official Publications of the European Communities.

Eurostat (1997). "Abgabenbelastung in der Europäischen Union 1970–1995." *Wirtschaft und Finanzen*, Nr. 35/97.

Eurostat (1998). *Structures of the Taxation Systems 1970–1995*. Luxembourg: EU.

Evans, Graham und Jeffrey Newnham (1998). *Penguin Dictionary of International Relations*. London: Penguin Books.

Evans, Peter B. (1979). *Dependent Development*. Princeton NJ: Princeton University Press.

Evans, Peter B., Dietrich Rueschemeyer und Theda Skocpol Hrsg. (1985). *Bringing the State Back in*. Cambridge: Cambridge University Press.

Falk, Richard (1997). "State of Siege: Will Globalization Win Out?" *International Affairs* 73, no. 1: 123–136.

Featherstone, Mike (1990). *Global Culture: Nationalism, Globalization, and Modernity*. London: Sage.

Fernandez, Racquel (1990). "The Scope for Collusive Behavior Among Debtor Countries." *Journal of Development Economics* 32: 297–313.

Frankel, Jeffrey A. und David Romer (1996). "Trade and Growth: An Empirical Investigation." *NBER Working Paper*, no. 5476, March.

Frenkel, Jacob A., Assaf Razin und Efraim Sadka (1991). *International Taxation in an Integrated World.* Cambridge MA: MIT Press.

Frey, Bruno S. und Gebhard Kirchgässner (1994). *Demokratische Wirtschaftspolitik. Theorie und Anwendung.* München: Vahlen.

Frey, Bruno und Alois Stutzer. (1999). Public Choice and the Public Sector. *Schweizerische Zeitschrift für Politikwissenschaft* 5, Nr. 2: 108-114.

Frieden, Jeffry A. (1991). "Invested Interests: The Politics of National Economic Policies in a World of Global Finance." *International Organization.* 45, no. 4: 425-451.

Frieden, Jeffry und Ronald Rogowski (1996). "The Impact of the International Economy on National Policies: An Analytical Overview." In Keohane, Robert und Helen Milner Hrsg. *Internationalization and Domestic Politics.* Cambridge: Cambridge University Press: 25-48.

Fukuyama, Francis (1989). "The End of History." *The National Interest* 16: 3-18.

Fuller, Graham E. (1997). "Redrawing the World's Border." *World Policy Journal* 16: 11-21.

Gabriel, Jürg Martin (1996). "Funktionalismus: Ein Überblick." *Beiträge der Forschungsstelle für Internationale Beziehungen.* 8. Dezember 1996. Zürich: ETH-CIS.

Galbraith, John Kenneth (1983). *The Anatomy of Power.* Boston MA: Houghton Mifflin.

GAO (US General Accounting Office) (1995). *Tax Policy and Administration: California Taxes on Multinational Corporations and Related Federal Issues.* Washington DC: GAO.

Garrett, Geoffrey (1995). "Capital Mobility, Trade, and the Domestic Politics of Economic Policy." *International Organization* 49, no. 4: 657-687.

Garrett, Geoffrey und Lange, Peter (1995). "Internationalization, Institutions, and Political Change." *International Organization* 49, no. 4: 627-655.

Garrett, Geoffrey und Deborah Mitchell (1997). "International Risk and Social Insurance: Reassessing the Globalization-Welfare State Nexus." *Paper prepared for the Annual Meeting at the International Studies Association.* Minneapolis MN.

Garrett, Geoffrey (1998). *Partisan Politics in the Global Economy.* Cambridge: Cambridge University Press.

Gellner, Ernest (1986). *Nations and Nationalism.* Oxford: Blackwell.

Genschel, Philipp und Thomas Plümper (1996). "Wenn Reden Silber und Handeln Gold ist: Kooperation und Kommunikation in der internationalen Bankregulierung." *Zeitschrift für Internationale Beziehungen* 3, Nr. 2: 225-253.

Genschel, Philipp und Thomas Plümper (1997). "Regulatory Competition and International Cooperation." *Paper prepared for the Annual Meeting at the International Studies Association.* Toronto, 18-22 March.

Genser, Bernd und Andreas Haufler (1996). "Tax Competition and Tax Harmonization: The Effects of EMU." *Empirica* 23, no. 1: 59-89.

Geser, Hans (1992). "Kleinstaaten im Internationalen System." *Kölner Zeitschrift für Soziologie und Sozialpsychologie* 44, Nr. 4: 627-654.

Giddens, Anthony (1985). *The National State and Violence.* Berkeley CA: University of California Press.

Giddens, Anthony. (1990). *The Consequences of Modernity*. Stanford CA: Stanford University Press.

Gill, Stephen und David Law (1988). *The Global Political Economy: Perspectives, Problems and Policies*. Baltimore: The Johns Hopkins University Press.

Gill, Stephen und David Law (1989). "Global hegemony and the Structural Power of Capital." *International Studies Quarterly* 33, no. 4: 475–99.

Gill, Stephen (1993). *Gramsci, Historical Materialism and International Relations*. Cambridge: Cambridge University Press.

Gilpin, Robert (1975). "Three Models of the Future." *International Organization* 29, no. 1: 37–60.

Gilpin, Robert (1987). *The Political Economy of International Relations*. Princeton NJ: Princeton University Press.

Giovannni, Alberto (1989). "National Tax Systems versus the European Capital Market." *Economic Policy* 9, October.

Giovannini, Alberto (1990). "Reforming Capital Income Taxation in the Open Economy: Theoretical Issues." In Siebert, Horst Hg. *Reforming Capital Taxation*. Tübingen: J.C.B. Mohr: 3–18.

Giovannini, Alberto und James R. Hines (1991). "Capital Flight and Tax Competition: Are there Viable Solutions to Both Problems?" In Giovannini, Alberto und Colin Mayer Hrsg. *European Financial Integration*. Cambridge: Cambridge University Press: 172–220.

Goldblatt, David, David Held, Anthony McGrew und Jonathan Perraton (1997). "Economic Globalization and the Nation-State: Shifting Balances of Power." *Alternatives* 22: 269–285.

Goldblatt, David, David Held, Anthony McGrew und Jonathan Perraton (1998). *Global Flows, Global Transformations: Concepts, Evidence and Arguments*. Cambridge: Cambridge University Press.

Gourevitch, Peter (1978). "The Second Image Reversed: The International Sources of Domestic Politics." *International Organization* 32: 881–911.

Gourevitch, Peter (1986). *Politics in Hard Times. Comparative Responses to International Economic Crises*. Ithaca NY: Cornell University Press.

Green, F., A. Henley und E. Tsakalotos (1994). "Income Inequality in Corporatist and Liberal Economies: A Comparison of Trends Within OECD Countries." *International Review of Applied Economics* 8, no. 3: 303–331.

Greene, Owen, Ian Percival und Irene Ridge (1985). *Nuclear Winter : The Evidence and the Risks*. Cambridge: Polity Press/B. Blackwell.

Greider, William (1997). *One World, Ready or Not – The Manic Logic of Global Capitalism*. New York: Simon & Schuster.

Grimm, Dieter Hg. (1996). *Staatsaufgaben*. Frankfurt a. M.: Suhrkamp.

Gurr, Ted Robert, Keith Jaggers und Will H. Moore (1990). "The Transformation of the Western State: The Growth of Democracy, Autocracy, and State Power Since 1800." *Studies in Comparative International Development* 25, no. 1: 73–108.

Gurr, Ted Robert (1994). "Peoples Against States: Ethnopolitical Conflict and the Changing World System." *International Studies Quarterly* 38, no. 3: 347–377.

Haas, Ernst B. (1964). *Beyond the Nation-State: Functionalism and International Organization*. Stanford: Stanford University Press.

410

Haas, Ernst B. (1997). *Nationalism, Liberalism, and Progress: The Rise and Decline of Nationalism*. Ithaca NY: Cornell University Press.

Hallerberg, Mark (1996). "Tax Competition in Wilhelmine Germany and its Implications for the European Union." *World Politics* 48, April: 324–357.

Hallerberg, Mark und Scott Basinger (1997). "Internationalization and Changes in Tax Policy in OECD Countries: The Importance of Domestic Veto Players." *Paper Prepared for the European Consortium for Political Research Meetings*, Berne, Switzerland, February 27–March 4.

Härtel, Hans-Hagen (1997). "Steuerdumping oder Steuerwettbewerb?" *Wirtschaftsdienst* 1997/IX: 492.

Harvie, Christopher (1994). *Scotland and Nationalism. Scottish Society and Politics 1707–1994*. London/New York: Routledge.

Haufler, Virginia (1997). *Dangerous Commerce*. Ithaca NY: Cornell University Press.

Hechter, Michael (1992). "The Dynamics of Secession." *Acta Sociologica* 35: 267–283.

Held, David (1995). *Democracy and the Global Order: From the Modern State to Cosmopolitan Governance*. Cambridge: Cambridge University Press.

Helleiner, Eric (1994). *States and the Reemergence of Global Finance. From Bretton Woods to the 1990s*. Ithaca NY: Cornell University Press.

Hirsch, Joachim (1995). *Der nationale Wettbewerbsstaat : Staat, Demokratie und Politik im globalen Kapitalismus*. Berlin: Edition ID-Archiv.

Hirschman, Albert (1970). *Exit, Voice, and Loyalty – Responses to Decline in Firms, Organizations, and States*. Cambridge MA: Harvard University Press.

Hirst, Paul Q. und Grahame Thompson (1996). *Globalization in Question: the International Economy and the Possibilities of Governance*. Cambridge: Polity Press.

Hobsbawm, Eric J. (1992). *Nationen und Nationalismus. Mythos und Realität seit 1780*. Frankfurt a. M.: Campus Verlag.

Hobsbawm, Eric J. (1996). *Nationen und Nationalismus*. München: DTV.

Holitscher, Marc und Roy Suter (1999). "The Paradox of Economic Globalisation and Political Fragmentation: Secessionist Movements in Quebec and Scotland." *Global Society* 13, no. 3: 257–286.

Holm, Hans-Henrik und Georg Sørensen Hrsg. (1995). *Whose World Order? Uneven globalization and the End of the Cold War*. Boulder: Westview Press.

Holsti, Ole, Randolph Siverson und Alexander George Hrsg. (1980). *Change in the International System*. Boulder: Westview Press.

Horowitz, Donald L. (1985). *Ethnic Groups in Conflict*. Berkeley: University of California Press.

Horsman, M. und A. Marshall (1994). *After the Nation State*. London: Harper Collins.

Huntington, Samuel (1991). *The Third Wave: Democratization in the Late Twentieth Century*. London: University of Oklahoma Press.

Hurrell, Andrew (1995). "Explaining the Resurgence of Regionalism in World Politics." *Review of International Studies* 21, no. 4: 331–358.

IMF (International Monetary Fund). (1990- 1998). *International Capital Markets*. Washington DC: IMF.

411

IMF (International Monetary Fund). (Div. Jahrgänge). *Balance of Payments Statistics Yearbook.* Washington DC: IMF.

Inman, Rorbert und David Rubinfield (1996). "Designing Tax Policy in Federalist Economies: An Overview." *Journal of Public Economics* 60: 307–334.

Iversen, Torben (1999). "The Dynamics of Welfare State Expansion: Trade Openness, Deindustrialization and Partisan Politics." In: Paul Pierson Hg. *The New Politics of the Welfare State.* Oxford: Oxford University Press (forthcoming).

Jackson, Robert H. und Rosberg, Carl G. (1982). "Why Africa's Weak States Persist: The Empirical and the Juridical in Statehood." *World Politics* 35, no. 1: 1–24.

Jackson, Robert (1987). "Quasi-States, Dual Regimes, and Neo-Classical Theory: International Jurisprudence and the Third World." *International Organization* 41, no. 4: 519–549.

Jackson, Robert H. und Alan James Hrsg. (1993). *States in a Changing World: A Contemporary Analysis.* Oxford: Clarendon Press.

Jaggi, Markus und Rolf Weder (1999). "Die Mühen der Schweiz mit der EU: Kompensation der Verlierer als innenpolitischer Schachzug?" In *Neue Zürcher Zeitung*, Nr. 212, 13.9.1999: 16.

James, Patrick und Michael Lusztig (1997). "Quebec's Economic and Political Future with North America." *International Interactions* 23, no. 4: 283–298.

Jones, R. J. Barry und Michael Keating (1995). *The European Union and the Regions.* Oxford: Clarendon Press.

Jones, R. J. Barry (1995). *Globalisation and Interdependence in the International Political Economy.* London: Pinter Publishers.

Kahler, Miles (1996). "Trade and Domestic Differences." In Berger, Susanne und Roland Dore Hrsg. *National Diversity and Global Capitalism.* Ithaca NY: Cornell University Press: 298–332.

Kanbur, Ravi und Michael Keen (1993). "Jeux Sans Frontières: Tax Competition and Tax Coordination When Countries Differ in Size." *American Economic Review* 83, September: 877–892.

Kane, Edward J. (1987). "Competitive Financial Deregulation: An International Perspective." In Portes, Richard und Alexander K. Swoboda Hrsg. *Threats to International Financial Stability.* Cambridge: Cambridge University Press.

Kapstein, Ethan B. (1989). "Resolving the Regulator's Dilemma: International Coordination of Banking Regulation." *International Organization* 43, no. 2: 323–347.

Kapstein, Ethan B. (1991). *Supervising International Banks: Origins and Implications of the Basle Accord*: Princeton Essays in International Finance, no.185, December. Princeton NJ: Princeton University Press.

Kapstein, Ethan B. (1992). "Between Power and Purpose: Central Bankers and the Politics of Regulatory Convergence." *International Organization* 46, no. 1 265–287.

Kapstein, Ethan B. (1994). *Governing the Global Economy. International Finance and the State.* Cambridge MA: Harvard University Press.

Katzenstein, Peter J. (1978). *Between Power and Plenty: Foreign Economic Policies of Advanced Industrial States.* Madison: University of Wisconsin Press.

Katzenstein, Peter (1985). *Small States in World Markets. Industrial Policy in Europe.* Ithaca NY: Cornell University Press.

Keating, Michael (1996). *Nations Against the State: The New Politics of Nationalism in Quebec, Catalonia, and Scotland.* Basingstoke: Macmillan.

Keating, Michael und John Loughlin Hrsg (1997) *The Political Economy of Regionalism.* London: Frank Cass.

Kennedy, Paul (1993). *In Vorbereitung auf das 21. Jahrhundert.* Frankfurt a. M.: Fischer Verlag.

Keohane, Robert O. und Joseph S. Nye Hrsg. (1972). *Transnational Relations and World Politics.* Cambridge MA: Harvard University Press.

Keohane, Robert O. und Joseph S. Nye (1977). *Power and Interdependence: World Politics in Transition.* Boston: Little, Brown and Company.

Keohane, Robert O. (1984). *After Hegemony: Cooperation and Discord in the World Political Economy.* Princeton NJ: Princeton University Press.

Keohane, Robert O. Hg. (1986). *Neorealism and its Critics.* New York: Columbia University Press.

Keohane, Robert O. (1989). *International Institutions and State Power. Essays in International Relations Theory.* Boulder, San Francisco/London: Westview Press.

Keohane, Robert O. und Stanley Hoffmann Hrsg. (1991). *The New European Community. Decisionmaking and Institutional Change.* Boulder: Westview Press.

Keohane, Robert und Elinor Ostrom (1995). *Local Commons and Global Interdependence: Heterogenity and Cooperation in Two Domains.* London: Sage.

Keohane, Robert O. (1995). "Hobbes' Dilemma and Institutional Change in World Politics: Sovereignty in International Society." In Holm, Hans-Hendrik und Georg Sørensen. *Whose World Order.* Boulder: Westview Press: 168–174.

Keohane, Robert O. und Helen V. Milner (1996). *Internationalization and Domestic Politics.* Cambridge: Cambridge University Press.

Kerr, Clark, John T. Dunlop, Frederick Harbison und Charles A. Myers (1960). *Industrialism and Industrial Man.* Cambridge MA: Harvard University Press.

Kindleberger, Charles P. (1971). *The International Corporation.* Cambridge MA: MIT Press.

King, Alexander und Bertrand Schneider (1991). *The First Global Revolution: A Report by the Council of the Club of Rome.* New York: Pantheon Books.

King, Gary, Robert O. Keohane und Sydney Verba (1993). *Designing Social Inquiry. Scientific Inference in Qualitative Research.* Princeton NJ: Princeton University Press.

King, Mervyn A. und Don Fullerton (1984). *The Taxation of Income from Capital.* Chicago: The University of Chicago Press.

King, Mervyn (1996). *Tax Systems in the 21ᵗ Century.* Geneva: International Fiscal Association.

Kobler, Markus (1997). *Die Qualität ökonomischer Institutionen und ihre Bestimmungsgründe unter besonderer Berücksichtigung der Einkommens- und Vermögensverteilung und der Informationsfreiheit.* Dissertation. Basel: Universität Basel.

Kohler-Koch, Beate (1990). "Interdependenz." In Rittberger, Volker Hg. *Theorien der Internationalen Beziehungen.* Opladen: Westdeutscher Verlag: 110–129

Kopits, George Hg. (1992). "Tax Rate Harmonization in the European Community." *Occasional Paper* 94. Washington DC: IMF.

KPMG (1998a). *KPMG Corporate Tax Rate Survey* – March 1998 (www.tax.kpmg.net).

KPMG. (1998b). *Global Tax News.* (div. Ausgaben). (http://www.tax.kpmg.net).

Krasner, Stephen D. (1978). *Defending the National Interest: Raw Materials Investments and U.S. Foreign Policy.* Princeton NJ: Princeton University Press.

Krasner, Stephen D. (1983). *International Regimes.* Ithaca NY: Cornell University Press.

Krasner, Stephen D. (1985). *Structural Conflict. The Third World Against Global Liberalism.* Berkeley CA: University of California Press.

Krasner, Stephen D. (1994). "International Political Economy: Abiding Discord." *Review of International Political Economy* 1, no. 1: 13–19.

Krasner, Stephen D. (1995). "Compromising Westphalia." *International Security* 20: 115–151.

Krasner, Stephen D. (1999). *Sovereignty: Organized Hypocrisy.* Princeton NJ: Princeton University Press.

Krippendorff, Ekkehard (1985). *Staat und Krieg.* Frankfurt a. M.: Suhrkamp.

Krugman, Paul R. und Maurice Obstfeld (1987). *International Economics.* Glenview IL: Little Brown.

Krugman, Paul R. (1998). *What Happened to Asia?* http://web.mit.edu/krugman/www/DISINTER.html.

Kurzer, Paulette (1993). *Business and Banking.* Ithaca NY: Cornell University Press.

Laffont, Jean-Jacques und Jean Tirole (1990). "The Politics of Government Decision Making: Regulatory Institution." *Journal of Law, Economics & Organization* 6, no. 1: 1–32.

Lall, Sanjaya, et al. (1983). *The New Multinationals: The Spread of Third World Enterprises.* New York: John Wiley and Sons.

Lang, Tim und Colin Hines (1993). *The New Protectionism: Protecting the Future Against Free Trade.* London: Earthscan.

Lasswell, Harold Dwight (1958). *Politics: Who Gets What, When How.* With postscript (1958). New York: Meridian Books.

Latsis, Spiro J. (1972). "Situational Determinism in Economics." *British Journal of Philosophy of Science* 23: 207–245.

Lee, Clive (1995). *Scotland and the United Kingdom. The Economy and the Union in the Twentieth Century.* Manchester: Manchester University Press.

Lee, Dwight und Richard McKenzie (1989). "The International Political Economy of Declining Tax Rates." *National Tax Journal* 17/March: 79–84.

Lehmbruch, Gerhard (1977). "Liberal Corporatism and Party Government." *Comparative Political Studies* 10: 91–126.

Levy, Rodger (1990). *Scottish Nationalism at the Crossroads.* Edinburgh: Scottish Academic Press.

Lewis, Norman (1996). "Globalisation and the End of the Nation State." *Paper presented at the Annual Convention of the International Studies Association,* San Diego CA, 16–20 April 1996.

Lindbeck, Assar (1976). "Stabilization Policy in Open Economies with Endogenous Politicians." *American Economic Review* 66: 1–19.

Lindbeck, Assar (1977). *Economic Dependence and Interdependence in the Industrialized World.* Stockholm: Institute for International Economic Studies, University of Stockholm.

Lipset, Seymour M. (1959). "Some Special Requisites of Democracy: Economic Development and Political Legitimacy." *American Political Science Review* 53, no. 1: 69–105.

Lipson, Charles (1985). *Standing Guard: Protecting Foreign Capital in the Nineteenth and Twentieth Centuries.* Berkley: University of California Press.

Lopez, George A. et al. (1995) "The Global Tide." *The Bulletin of the Atomic Scientists* 51, no. 4: 34f. und 39.

Lucatelli, Adriano (1997). *Finance and World Order: Financial Fragility, Systemic Risk and Transnational Regimes.* Westport CT: Greenwood Press.

Mann, Michael Hg. (1990). *The Rise and Decline of the Nation-State.* Oxford: Oxford University Press.

Martin, Lisa L. (1992). *Coercive Cooperation: Explaining Multilateral Economic Sanctions.* Princeton NJ: Princeton University Press.

Martin, Lisa L. (1993). "The Rational State Choice of Multilateralism." In Ruggie, John Hg. *Multilateralism Matters: The Theory and Praxis of an Institutional Form.* New York: Columbia University Press: 91–124.

Martin, Pierre (1997). "When Nationalism Meets Continentalism: The Politics of Free Trade in Quebec." In Keating, Michael und John Loughlin Hrsg. *The Political Economy of Regionalism.* London: Frank Cass: 236–261.

Mathews, Jessica T. (1997). "Power Shift." *Foreign Affairs* 76, no. 1: 50–66.

Matten, Chris (1996). *Managing Bank Capital: Capital Allocation and Performance Measurement.* Chichester: John Wiley & Sons.

Mayall, James (1995). "Globalization and the Future of Nationalism." In Japan Foundation Center for Global Partnership Hg. *The End of the Century: the Future in the Past.* Tokyo/New York: Kodansha International: 441–460.

McGeary, Johanna (1999). "Freedom Fighters." *World* 153, no.9, March 8.

McGrew, Anthony G. (1998). "The Globalization Debate: Putting the Advanced Capitalist State in its Place." *Global Society* 12, no. 3: 299–321.

McLuhan, Marshall und Bruce R. Powers (1995). *The Global Village. Der Weg der Mediengesellschaft in das 21. Jahrhundert.* Paderborn: Junfermann.

McRoberts, Kenneth (1993). *Quebec: Social Change and Political Crisis.* Toronto: McClelland & Steward.

Meadows, Donella H. und the Club of Rome (1972). *The Limits to Growth; a Report for the Club of Rome's Project on the Predicament of Mankind.* New York: Universe Books.

Meadwell, Hudson (1993a). "The Politics of Nationalism in Quebec." *World Politics* 45, no. 2: 203–241.

Meadwell, Hudson (1993b). "Transitions to Independence and Ethnic Nationalist Mobilization." In Booth, William James, Patrick James und Hudson Meadwell

Hrsg. *Politics and Rationality*. Cambridge: Cambridge University Press: 191–213.

Michelmann, Hans J. und Panayotis Soldatos (1994). *European Integration. Theories and Approaches*. Boston: University Press of America.

Mitchell, James (1997). "Scotland, the Union State and the International Environment." In Keating, Michael und John Loughlin Hrsg. *The Political Economy of Regionalism*. London: Frank Cass: 406–421.

Mitchell, Ronald B. (1994). *Intentional Oil Pollution at Sea. Environmental Policy and Treaty Compliance*. Cambridge MA: The MIT Press.

Mitchell, Ronald B. und Thomas Bernauer (1998). "Empirical Research on International Environmental Policy: Designing Qualitative Case-Studies." *Journal of Envionment and Development* 7, no. 1: 4–31.

Mitrany, David (1943). *A Working Peace System*. London/New York/Toronto: Oxford University Press.

Mittelman, James H. Hg. (1996). *Globalization: Critical Reflections*. Boulder: Lynne Rienner Publishers.

Modelski, George Hg. (1979). *Transnational Corporations and World Order*. San Francisco: W.H. Freeman.

Muir, Ramsay (1932). *The Interdependent World and its Problems*. London: Constable & Co.

Murphy, Dale D. (1995). *Open Economies and Regulations: Convergence and Competition Among Jurisdictions*. Dissertation, MIT, Department of Political Science. Cambridge MA.

Murphy, Dale D. und Kenneth A. Oye (1998). "Comparative (Regulatory) Advantage: Firm-State Relations in the Global Economy." *Paper Prepared for the Annual Meeting of the International Studies Association*, Minneapolis MN, March 18.

Myrdal, Gunnar (1960). *Beyond the Welfare State*. New Haven: Yale University Press.

Nader, Ralph, et al. (1993). *The Case Against 'Free Trade': GATT, NAFTA, and the Globalization of Corporate Power*. San Francisco: Earth Island Press.

Narr, Wolf-Dieter und Alexander Schubert (1994). *Weltökonomie: Die Misere der Politik*. Frankfurt a. M.: Suhrkamp.

Navaratna-Bandara, Abeysinghe M. (1995). *The Management of Ethnic Secessionist Conflict*. Aldershot: Dartmouth.

Nettl, J.P. (1968). "The State as a Conceptual Variable." *World Politics* 20, July: 559–592.

Neyer, Jürgen (1996). *Spiel ohne Grenzen: Jenseits des sozial kompetenten Staates*. Marburg: Tectum Verlag.

Noll, Roger (1989). "Economic Perspective on the Politics of Regulation." In Schmalensee, Richard und Robert D. Willig Hrsg. *Handbook of Industrial Organization*. Vol. 2, New York: Elsevier Science: 1253–1287.

Nollert, Michael (1992). *Interessenvermittlung und sozialer Konflikt. Über Bedingungen und Folgen neokorporatistischer Konfliktregelung*. Pfaffenweiler: Centaurus-Verlagsgesellschaft.

North, Douglas C. (1990). *Institutions, Institutional Change and Economic Performance*. New York: Cambridge University Press.

Oatley, Thomas und Robert Nabors (1998). "Redistribute Cooperation: Market Failure, Wealth Transfers, and the Basle Accord." *International Organization* 52, no. 1: 35–54.

O'Connor, James (1973). *The Fiscal Crisis of the State.* New York: St. Martin Press.

OECD *Historical Statistics 1960–1994.* Paris: OECD Publications.

OECD (1991). *Taxing Profits in a Global Economy: Domestic and International Issues.* Paris: OECD.

OECD (1997). *Financial Market Trends.* No. 66, February. Paris: OECD Publications.

OECD (1998a). *Revenue Statistics 1965–1996.* Paris: OECD.

OECD (1998b). *The Tax/Benefit Position of Employees 1995–1996.* Paris: OECD.

OECD (1998c). *Recent Trends in Foreign Direct Investment.* Paris: OECD.

OECD (1998d). *Harmful Tax Competition: An Emerging Global Issue.* Paris: OECD.

OECD (div. Jahrgänge). *National Accounts of OECD Countries.* Paris. OECD.

Ohmae, Kenichi (1990). *The Borderless World.* London: Harper Collins.

Ohmae, Kenichi (1995a). *The End of the Nation State: The Rise of Regional Economics. How New Engines of Prosperity are Reshaping Global Markets.* London: Harper Collins.

Ohmae, Kenichi, Hg. (1995b). *The Evolving Global Economy: Making Sense of the New World Order.* Boston: Harvard Business Review Book Press.

Olson, Mancur (1965). *The Logic of Collective Action: Political Goods and the Theory of Groups.* Cambridge MA: Harvard University Press.

Olson, Mancur (1982). *The Rise and Decline of Nations. Economic Growth, Stagflation, and Social Rigidities.* New Haven: Yale University Press.

Oman, Charles (1996). *The Policy Challenges of Globalisation and Regionalisation.* OECD Development Centre: Policy Brief no. 11.

Österud, Öyvind (1997). "The Narrow Gate: Entry to the Club of Sovereign States." *Review of International Studies* 23, no. 2: 167–184.

Ostrom, Elinor (1990). *Governing the Commons. The Evolution of Institutions for Collective Action.* New York: Cambridge University Press.

Owens, J. (1994). "Tax Reform in OECD Countries." In OECD. *Taxation and Investment Flows: An Exchange of Experiences between the OECD and the Dynamic Asian Economies.* Paris: OECD.

Oye, Kenneth A. (1992). *Economic Discrimination and Political Exchange. World Political Economy in the 1930s and 1980s.* Princeton NJ: Princeton University Press.

Oye, Kenneth A. und Dale D. Murphy (1994). *Trade and Environment: Regulatory Divergence and Harmonization Among Open Economies.* Cambridge MA, Center for International Studies, MIT, Projektvorschlag und Gespräche mit den Autoren.

Oye, Kenneth und James Maxwell (1995). "Self Interest and Environmental Management." In Keohane, Robert und Elinor Ostrom. *Local Commons and Global Interdependence: Heterogenity and Cooperation in Two Domains.* London: Sage.

Oye, Kenneth, Thomas Bernauer und Renate Schubert (1999). *Regulatory Diversity Among Open Economies*. Manuscript.

Palan, Ronen (1998). "Trying to Have Your Cake and Eating It: How and Why the State System Has Created Offshore". *International Studies Quarterly* 42, no. 4: 625–644.

Pauly, Louis W. and Simon Reich (1997). "National Structures and Multinational Corporate Behavior: Enduring Differences in the Age of Globalization." *International Organization* 51, no. 1: 1–30.

Paterson, Lindsay (1994). *The Autonomy of Modern Scotland*. Edinburgh: Edinburgh University Press.

Pearce, David (1992). *The MIT Dictionary of Modern Economics*. Cambridge MA: MIT Press.

Pecchioli, Rinaldo M. (1983). *The Internationalization of Banking*. Paris: OECD.

Peltzman, Sam (1976). "Toward a More General Theory of Regulation." *Journal of Law and Economics*. 19, no. 2: 211–240.

Penn World Tables (1995). An Expanded Set of International Comparisons, 1950–1992. Version 5.6. Cambridge MA: National Bureau of Economic Research.

Phillips, Nicola (1998). *Globalization and the Paradox of State Power: Perspectives from Latin America*. Working Paper 16/98. Center for the Study of Globalization and Regionalization. University of Warwick. Warwick, UK.

Pierson, Christopher (1991). *Beyond the Welfare State?* Cambridge: Polity Press.

Plümper, Thomas (1996). *Der Wandel weltwirtschaftlicher Institutionen: Regimedynamik durch ökonomische Prozesse*. Berlin: Duncker & Humbolt.

Polèse, Mario (1995). "Economic Integration, National Policies, and the Rationality of Regional Separatism." In Tiryakianc, Edward A. und Ronald Rogowski. *New Nationalisms of the Developed West*. Boston: Allen & Unwin: 109–127.

Polity III Data (1995). *Political Structure and Regime Change, 1800–1994*. Gurr, Ted Robert Hg. Ann Arbor MI: Inter-University Consortium for Political and Social Research (ICPSR).

Price Waterhouse (div. Jahrgänge). *Corporate Taxes*.

Quinn, Dennis (1997). "The Correlates of Changes in International Financial Regulation." *American Political Science Review* 91, no. 3: 531–551.

Reinicke, Wolfgang H. (1995). *Banking, Politics and Global Finance: American Banks and Regulatory Change, 1980–1990*. Aldershot: Edward Elgar.

Reinicke, Wolfgang H. (1998). *Global Public Policy: Governing without Government?* Washington DC: Brookings Institution Press.

Rhein, Eberhard (1997). "Herausforderung der Globalisierung. Europa vor neuen Aufgaben." *Internationale Politik*, 52, Nr. 1: 55–60.

Risse-Kappen, Thomas (1994). "Wie weiter mit dem 'demokratischen Frieden'?" *Zeitschrift für Internationale Beziehungen* 1, Nr. 2: 367–379.

Rittberger, Volker und Peter Mayer Hrsg. (1993). *Regime Theory and International Relations*. Oxford: Clarendon Press.

Robertson-Wensauer, Caroline Y. (1989). *Ethnische Identität und politische Mobilisation: das Beispiel Schottland*. Baden-Baden: Nomos-Verlagsgesellschaft.

Robertson, Roland (1992). *Globalization: Social Theory and Global Culture.* London: Sage.

Robinson, John (1983). *Multinationals and Political Control.* New York: St.Martin's Press.

Rodrik, Dani (1996). "Why Do More Open Economics Have Digger Governments?" *NBER Working Paper No. 5537*, April.

Rodrik, Dani (1997). *Has Globalization Gone too Far?* Washington DC: Institute for International Economics.

Rogowski, Ronald (1989). *Commerce and Coalitions: How Trade Affects Domestic Political Alignments.* Princeton NJ: Princeton University Press.

Rosecrance, Richard (1996). "The Rise of the Virtual State." *Foreign Affairs* 75, no. 4: 45–61.

Rosenau, James N. und Ernst-Otto Czempiel (1992). *Governance Without Government: Change and Order in World Politics.* New York: Cambridge University Press.

Rosenau, James N. (1996). "The Dynamics of Globalization: Towards an Operational Formulation." *Paper presented at the Annual Meeting of the International Studies Association*, San Diego CA, 16–20 April.

Rousslang, Donald J. (1997). "International Income Shifting by US Multinational Corporations." *Applied Economics* 29, no. 7: 925–934.

Ruggie, John Gerard (1983). "International Regimes, Transactions, and Change: Embedded Liberalism in the Postwar Economic Order." In Krasner, Stephen D. Hg. *International Regimes.* Ithaca NY: Cornell University Press: 195–231.

Ruloff, Dieter und Marc Holitscher (1997). "Vom Supermachtantagonismus zum Krieg der Wirtschaftsblöcke." In Mader, Gerald, Wolf-Dieter Eberwein und Wolfgang R. Vogt Hrsg. *Europa im Umbruch: Chancen und Risiken der Friedensentwicklung nach dem Ende der Systemkonfrontation.* Vol. 2. München: Studien für europäische Friedenspolitik.

Sandler, Todd (1992). *Collective Action: Theory and Applications.* Ann Arbor: The University of Michigan Press.

Scharpf, Fritz W. (1991). *Crisis and Choice in European Social Democracy.* Ithaca NY: Cornell University Press.

Scharpf, Fritz W. (1993). "Legitimationsprobleme der Globalisierung: Regieren in Verhandlungssystemen." In Böhret, Carl und Göttrik Wewer Hrsg. *Regieren im 21. Jahrhundert - Zwischen Globalisierung und Regionalisierung.* Opladen: Leske + Budrich: 165–185.

Scharpf, Fritz W. (1994) "Community and Autonomy: Multi-Level Policy-Making in the European Union." *Journal of European Public Policy* 1, no. 2: 219–242.

Scharpf, Fritz W. (1996). "Politische Optionen im vollendeten Binnenmarkt." Jachtenfuchs, Markus und Beate Kohler-Koch Hrsg. *Europäische Integration.* Opladen: Leske + Budrich.

Scharpf, Fritz W. (1997). "Globalization: The Limitations of State Capacity." *Swiss Political Science Review* 4, no. 1: 92–98.

Schimmelfennig, Frank (1994). "Internationale Sozialisation neuer Staaten: Heuristische Überlegungen zu einem Forschungsdesiderat." *Zeitschrift für Internationale Beziehungen* 1, Nr. 2: 335–355.

Schirm, Stefan A. (1997). "Transnationale Globalisierung und Regionale Kooperation." *Zeitschrift für Internationale Beziehungen* 4, Nr. 1: 69–106.

Schjelderup, Guttorm (1993). "Optimal Taxation, Capital Mobility and Tax Evasion." *Scandinavian Journal of Economics* 95, no. 3: 377–386.

Schmidt, Manfred (1982). *Wohlfahrtsstaatliche Politik unter bürgerlichen und sozialdemokratischen Regierungen: Ein internationaler Vergleich.* Frankfurt a. M.: Campus Verlag.

Schmitter, Philippe C. Hg. (1977). *Corporatism and Contemporary Policy-Making in Western Europe.* Special Issue of Comparative Political Studies, Vol.10, no.1.

Scholte, Jan Aart (1996). "Beyond the Buzzword: Towards a Critical Theory of Globalization." In Kofman, Eleonore und Gillian Youngs Hrsg. *Globalization: Theory and Practice.* London: Pinter.

Schüller, Alfred (1996). "Gefährden internationale Kapitalmärkte Stabilität und Wohlstand? Ein Plädoyer gegen die Forderung nach verschärfter Finanzmarkt-Regulierung." *Neue Zürcher Zeitung,* Nr. 302, 28.12.1996: 27.

Senghaas, Dieter Hg. (1983). *Peripherer Kapitalismus: Analysen über Abhängigkeit und Unterentwicklung.* Frankfurt a. M.: Suhrkamp.

Senti, Richard (1999). *GATT-WTO: die neue Welthandelsordnung nach der Uruguay-Runde.* Zürich: Institut für Wirtschaftsforschung der ETH.

Shleifer, Andrei und Robert Vishny (1999). *The Grabbing Hand.* Cambridge MA: Harvard University Press.

Simon, Henry (1948). *Economic Policy for a Free Society.* Chicago: Chicago University Press.

Singer, Max und Aaron Wildavsky (1993). *The Real World Order: Zones of Peace, Zones of Conflict.* Chatham NJ: Chatham House Publishers.

Singh, Jasjit und Thomas Bernauer Hrsg. (1993). *Security of Third World Countries.* Aldershot: Dartmouth.

Sinn, Hans-Werner (1990). "Tax Harmonization and Tax Competition in Europe." European Economic Review 35, no. 1: 1-22.

Sinn, Hans-Werner (1991). The Case for European Harmonization. In Winkler, Georg Hg. *Tax Harmonization and Financial Liberalization in Europe.* New York: St. Martin's Press.

Skocpol, Theda (1979). *States and Social Revolutions : A Comparative Analysis of France, Russia, and China.* Cambridge: Cambridge University Press.

Smith, Terry (1992). *Accounting for Growth: Stripping the Camouflage from Company Accounts.* London: Century Business.

Snyder, Jack und Robert Jervis (1995). *Coping with Complexity in the International System.* Boulder: Westview Press.

Sobel, Andrew C. (1994). *Domestic Choices, International Markets. Dismantling National Barriers and Liberalizing Securities Markets.* Ann Arbor: University of Michigan Press.

Spero, Joan E. und Jeffrey A. Hart (1997). *The Politics of International Economic Relations.* 5th Edition. New York: St. Martin's Press.

Spruyt, Hendrik (1994a). "Institutional Selection in International Relations: State Anarchy as Order." *International Organization* 48, no. 4: 527-557.

Spruyt, Hendrik (1994b). *The Sovereign State and its Competitors.* Princeton NJ: Princeton University Press.

Steinmo, Sven (1993). *Taxation and Democracy*. New Haven: Yale University Press.

Stepan, Alfred (1978). *The State and Society: Peru in Comparative Perspective*. Princeton NJ: Princeton University Press.

Stiftung Entwicklung und Frieden Hg. (1998). *Globale Trends 1998*. Frankfurt a. M.: Fischer Taschenbuch.

Stigler, George (1971). "The Theory of Economic Regulation." *Bell Journal of Economics and Management Science*. 2, no. 1: 3–21.

Stopford, John, Susan Strange und John S. Henley (1991). *Rival States, Rival Firms: Competition for World Market Shares*. Cambridge: Cambridge University Press.

Strange, Susan (1994a). "Wake up, Krasner, the World Has Changed." *Review of International Political Economy* 1, no. 2: 209–219.

Strange, Susan (1994b). *States and Markets: An Introduction to International Political Economy*. London: Pinter Publishers.

Strange, Susan (1996). *The Retreat of the State: The Diffusion of Power in the World Economy*. Cambridge: Cambridge University Press.

Strange, Susan (1998). *Mad Money*. Manchester: Manchester University Press.

Tanzi, Vito und Ludger Schuknecht (1995). *The Growth of Government and the Reform of States in Industrial Countries*. Washington DC: International Monetary Fund.

Tanzi, Vito (1995). *Taxation in an Integrating World*. Washington DC: Brookings Institution.

Tanzi, Vito (1996). *Globalization, Tax Competition and the Future of Tax Systems*. Washington DC: IMF Working Paper 96/141.

Taylor, Charles L. Hg. (1983). *Why Governments Grow: Measuring Public Sector Size*. Beverly Hills: Sage.

Thomson, Janice und Stephen Krasner (1989). "Global Transactions and the Consolidation of Sovereignty." In Czempiel, Ernst-Otto und James N. Rosenau Hrsg. *Global Changes and Theoretical Challenges: Approaches to World Politics for the 1990s*. Lexington MA: Lexington Books: 195–219.

Tiebout, Charles (1956). "A Pure Theory of Local Expenditures." *Journal of Political Economy* 64, no. 5: 416–424.

Tilly, Charles Hg. (1975). *The Formation of National States in Western Europe*. Princeton NJ: Princeton University Press.

Tilly, Charles (1985). "War Making and State Making as Organized Crime." In Evans, Peter B., Dietrich Rueschemeyer und Theda Skocpol Hrsg. *Bringing the State Back In*. Cambridge: Cambridge University Press: 169–191.

Tiryakian, Edward und Ronald Rogowski Hrsg. (1985). *New Nationalisms of the Developed West: Toward Explanation*. Boston: Allen & Unwin.

Tobin, Glenn (1991). *Global Money Rules: The Political Economy of International Regulatory Cooperation*. Dissertation. Harvard University: John F. Kennedy School of Government.

UN (1973). *UN Department of Economic and Social Affairs. Multinational Corporations in World Development*. New York: United Nations.

UN (1992). *World Investment Report 1992. Transnational Corporations as Engines of Growth*. New York: United Nations.

UN (UN Center for Transnational Corporations) (1993). *World Investment Directory.* Vol. I – III. New York: United Nations.

UNCTAD (1996). *World Investment Report.* Geneva: United Nations.

UNCTAD (1997). *World Investment Report.* Geneva: United Nations.

Van Evera, Stephen (1997). *Guide to Methods for Students of Political Science.* Ithaca NY: Cornell University Press.

Verdier, Daniel (1998). *Domestic Responses to Free Trade and Free Finance in OECD Countries.* San Domenico di Fiesole: European University Institute.

Verdross, Alfred und Bruno Simma (1984). *Universelles Völkerrecht: Theorie und Praxis.* Berlin: Duncker und Humbolt.

Vernon, Raymond (1977). *Storm Over the Multinationals.* Cambridge MA: Harvard University Press.

Victor, David G., Kal Raustiala und Eugene B. Skolnikoff (1998). *The Implementation and Effectiveness of International Environmental Commitments : Theory and Practice.* Cambridge MA: MIT Press.

Vogel, David (1995). *Trading Up: Consumer and Environmental Regulation in a Global Economy.* Cambridge MA: Harvard University Press.

Vogel, Steven K. (1996). *Freer Markets, More Rules: Regulatory Reform in Advanced Industrial Countries.* Ithaca NY: Cornell University Press.

Wagner, Adolf (1883). "The Nature of the Fiscal Economy." In Musgrave, Richard A. und Alan R. Peacock Hrsg. (1953) *Classics in the Theory of Public Finance.* London: Macmillan: 1–8.

Wallerstein, Michael und Adam Przeworski (1995). "Capital Taxation with Open Borders." *Review of International Political Economy* 2, no. 3: 425–445.

Walter, Gregor, Sabine Dreher und Marianne Beisheim (1997). "Globalization in the OECD World." *Paper prepared for the Annual Convention of the International Studies Association.* Toronto, 18–22 March.

Waltz, Kenneth N. (1979). *Theory of International Politics.* Reading: Addison, Wesley.

Walz, Hartmut (1988). "Quellenbesteuerung von Zinseinkünften." *Wirtschaftswissenschaftliches Studium* 17: 85–87.

Waters, Malcolm (1995). *Globalization.* London: Routledge.

Webb, Michael C. (1998a). "Global Markets and State Power: Explaining the Limited Impact of International Tax Competition." *Paper prepared for the Annual Meeting of the International Studies Association.* Minneapolis MN, 17–21 March.

Webb, Michael C. (1998b). "Reconciling Practice and Structure: US Regulation of Transfer Pricing by Transnational Firms." In Sinclair, Timothy und Kenneth Thomas. *Structure and Agency in International Capital Mobility.* London: MacMillan.

Weibust, Inger (1998). "Do Environmental Regulations Converge over Time? Evidence from Industrial Air Pollution Regulations in Selected European Union and OECD Countries." *Paper prepared for the Annual Meeting of the American Political Science Association.*

Weichenrieder, Alfons J. (1996). "Fighting International Tax Avoidance: The Case of Germany." *Fiscal Studies* 17, no. 2: 27–58.

Weiss, Linda (1997). "Globalization and the Myth of the Powerless State." *New Left Review* 225, Sept./Oct.: 3–27.

Weiss, Linda (1998). *The Myth of the Powerless State*. Ithaca NY: Cornell University Press.

Wood, John (1981). "Secession: A Comparative Analytical Framework." *Canadian Journal of Political Science* 14, no. 1: 107–134.

World Bank (1993). *World Data '93*. Washington DC: World Bank.

World Bank (1998). *World Data '98*. Washington DC: World Bank.

White, William R. (1996). *International Agreements in the Area of Banking and Finance: Accomplishments and Outstanding Issues*. Bank for International Settlements, Monetary and Economic Department. Working Paper no. 38, October.

Williamson, Olivier E. (1985). *The Economic Institutions of Capitalism*. New York: Free Press.

Wilson, James Q. (1980). *The Politics of Regulation*. New York: Basic Books.

Winter, Ralph Jr. (1977). "State Law, Shareholder Protection, and the Theory of the Corporation." *Journal of Legal Studies* 6, no. 2: 251–292.

Wirtschaftsdienst (1997). "Internationaler Steuerwettbewerb: Unfair und schädlich?" *Wirtschaftsdienst* 1997/II: 69–70.

World Data (1995). World Bank Indicators on CD-ROM. Washington: World Bank.

Yandle, Bruce. (1983). "Bootleggers and Baptists: The Education of a Regulatory Economist." *Regulation* May/June: 12–16.

Young, Oran R. (1994). *International Governance. Protecting the Environment in a Stateless Society*. Ithaca NY: Cornell University Press.

Young, Oran R. (1995). *Global Governance. Drawing Insights from the Environmental Experience*. Dickey Center Dartmouth College, Hanover-NH.

Young, Robert A. (1992). "Does Globalization Make an Independent Quebec More Viable?" In Riggs, A. R. und Tom Velk. *Federalism in Peril*. Vancouver: The Fraser Institute.

Young, Robert A. (1995a). "The Political Economy of Secession." *Constitutional Political Economy* 5, no. 2: 221–245.

Young, Robert A. (1995b). *The Secession of Quebec and the Future of Canada*. Montreal: McGill-Queen's University Press.

Zevin, Robert B. (1992). "Are World Financial Markets More Open? If so, Why and With Which Effects?" In Banuri, Tariq und Juliet B. Schor. *Financial Openness and National Autonomy*. Oxford: Claredon Press.

Zürn, Michael (1998). *Regieren jenseits des Nationalstaates*. Frankfurt a. M.: Suhrkamp.

Tageszeitungen, Wochen- oder monatliche Zeitschriften, Agenturen

Accountancy
Agence Europe
American Banker
Blick durch die Wirtschaft
Börse Online
Cash
Die Tageszeitung
Economist

423

Economist Intelligence Unit
EC Tax Reviewer
EU–Nachrichten
Far Eastern Economic Review
FDCH Regulatory Intelligence Database
Financial Times
Finanz und Wirtschaft
Globe and Mail
Impulse
Independent
Institutional Investor
Manager Magazin
Market News Service
Mondaq Business Briefing
Neue Zürcher Zeitung
Nikkei Weekly
Reuters News Service
Spiegel
Süddeutsche Zeitung

Auswahl der benutzten WWW-Links

Bank für Internationalen Zahlungsausgleich (BIZ)
⇒ http://www.bis.org
Bureau de la Statistique de Québec
⇒ http://www.bsq.gouv.qc.ca/bsq/
Europäische Union
⇒ http://europa.eu.int/
Eurostat
⇒ http://europa.eu.int/en/comm/eurostat/
International Association of Insurance Supervisors
⇒ http://www.naic.org/otherinf/iais
International Finance and Commodities Institute (IFCI)
⇒ http://www.risk.ifci.ch
Organization for Economic Cooperation and Development
⇒ http://www.oecd.org
International Organization of Securities Commissions (IOSCO)
⇒ http://www.iosco.org
Internationaler Währungsfonds (IMF)
⇒ http://www.imf.org
KPMG International Tax Centre
⇒ http://www.tax.kpmg.net/
Price Waterhouse
⇒ http://www.pwcglobal.com/gx/eng/main/home/index.html
UNCTAD
⇒ http://www.unctad.org/

If you have any concerns about our products,
you can contact us on
ProductSafety@springernature.com

In case Publisher is established outside the EU,
the EU authorized representative is:
Springer Nature Customer Service Center GmbH
Europaplatz 3, 69115 Heidelberg, Germany

Printed by Libri Plureos GmbH
in Hamburg, Germany